JN451229

국제커뮤니케이션

나남
nanam

나남신서 · 1281

국제커뮤니케이션

2008년 3월 15일 발행
2008년 3월 15일 1쇄

편자_ 황상재 · 전범수 · 정윤경
발행자_ 趙相浩
발행처_ (주) 나남
주소_ 413-756 경기도 파주시 교하읍
출판도시 518-4
전화_ 031) 955-4600 (代)
FAX_ 031) 955-4555
등록_ 제 1-71호(79. 5. 12)
홈페이지_ www.nanam.net
전자우편_ post@nanam.net

ISBN 978-89-300-8281-5
ISBN 978-89-300-8001-9 (세트)
책값은 뒤표지에 있습니다.

나남신서 · 1281

국제커뮤니케이션

황상재 · 전범수 · 정윤경 편

나남
nanam

International Communication

Edited by

SANG JAE HWANG
BUM SOO CHON
CHUNG YOON KYUNG

nanam

서 문

필자가 국제커뮤니케이션 과목을 위해《정보사회와 국제커뮤니케이션》교재를 발간한 지 10년이 지났다. 요즘은 10년이 아니라 3년 아니 3개월 단위로 세상이 변한다고 하니 국제커뮤니케이션을 둘러싼 환경도 지난 10년 사이에 산전벽해가 무색할 정도로 엄청나게 변화하였다.

국제커뮤니케이션이란 용어에서 알 수 있듯이 국제커뮤니케이션은 국제간 커뮤니케이션 현상을 연구하는 학문분야다. 따라서 국제커뮤니케이션 연구는 국제환경과 국경을 가로질러 정보와 콘텐츠를 유통시키는 커뮤니케이션 기술변화에 전적으로 영향을 받는다.

필자가 1998년《정보사회와 국제커뮤니케이션》교재를 발간할 당시에는 제 2차 세계대전 후 국제사회 질서의 기본 축이었던 서방진영과 공산진영의 냉전이 1992년 소비에트 연방의 해체로 막을 내린 지 몇 해 지나지 않은 때였다. 따라서 당시는 공산주의 패배에 따른 미국식 자유민주주의 체제와 가치에 대한 믿음이 차고 넘치던 시대였다. 국제사회는 미국주도의 신자유주의 제도의 틀을 하나 둘씩 도입하였다.

하지만 지난 10년간 국제사회의 변화를 보면 이러한 믿음이 얼마나 잘못된 것임을 알 수 있다. 2001년 9·11테러에 이어 지금도 계속되고 있는 아프가니스탄과 이라크 전쟁들, 한국도 예외는 아니었지만 많은 아시아 국가들을 고통으로 몰고 갔던 IMF사태, 국제사회에서 초강대국으로서 중국의 부상. 이 모든 것이 지난 10년 사이에 국제사회에서 일어난 변화였다.

커뮤니케이션 기술 면에서 보면 지난 10년간 변화의 파장은 더욱 크다. 커뮤니케이션 기술은 국제커뮤니케이션 역사가 시작된 이래로 지난 한 세기 반 이상 국제간 자유로운 커뮤니케이션 유통을 막고 있던 장애요인을 무너뜨렸다. 인터넷과 위성방송이 그 주인공이다. 필자가 1998년 《정보사회와 국제커뮤니케이션》 교재 발간을 준비할 당시만 해도 월드와이드웹이 나오기 전으로 인터넷이 오늘날과 같이 이렇게 빨리 발전하리라 아무도 예측하지 못했다. 위성방송은 이제는 부유한 강대국 전유물이 아니라 세계적인 보편적 매체로 자리잡고 있다. 세계 최빈곤 국가의 하나인 몽골. 필자가 5년 전에 방문한 몽골에서 가장 인기 있는 외국 채널이 바로 우리나라 위성방송인 아리랑TV이다.

이번에 새로이 만든 《국제커뮤니케이션》은 국제환경과 커뮤니케이션 기술변화를 반영시키고자 하였다. 이 책은 처음부터 필자와 같은 대학에 있는 전범수 교수, 그리고 순천향대학교에 재직중인 정윤경 교수와 함께 준비하였다. 책을 준비하면서 우리는 지난 몇 년 사이에 우리 학계에 국제커뮤니케이션 분야를 연구하는 학자들이 예상외로 많다는 사실을 알았다. 몇 차례 회의를 통해 우리 능력에 비추어 볼 때 새로이 교재를 작성하기보다는 기존의 국제커뮤니케이션 연구성과물을 추려 한 권의 교재를 만드는 것이 효율적이라는 결론에 도달하였다.

최종적으로 17명의 교수들이 필자로 참여해 주었다. 이 자리를 빌어 자신들의 옥고를 《국제커뮤니케이션》에 실릴 수 있도록 허락해 주신 선생님들께 감사의 말씀을 드린다.

《국제커뮤니케이션》에는 외국학자들의 논문을 포함해서 17명의 국내 교수들이 그동안 〈언론학보〉나 〈언론과 사회〉 등에 발표한 논문들을 실었다.

각 장은 필자가 수업시간에 강의하는 순서에 따라 편집하였다. 우선 서문에서 Robert S. Fortner의 글을 중심으로 국제커뮤니케이션 역사를 다뤘다.

제 1장은 역시 Robert S. Fortner의 글을 중심으로 국제커뮤니케이션을 바라보는 시각에 대하여 서술하였다.

제 2장은 Robert L. Stevenson의 논문 내용이 골격을 이루고 있으나 오래된 통계와 자료가 많아 필자가 새로운 정보와 내용을 포함시켰다. 특히 국제적인 뉴스통신사 부분은 김영욱과 김경모가 연구한 "미디어 환경변화와 뉴스통신사의 새로운 역할"을 주로 참고하였다.

제 3장은 1980년대 초까지 국제커뮤니케이션 분야에서 많은 비중을 차지했던 발전커뮤니케이션에 관하여 기술하였다.

제 4장은 신정보질서의 역사적 맥락을 살펴보고 그 결과물이라 할 수 있는 맥브라이드 보고서 내용을 다루었다.

제 5장은 John Tomlinson 저, 강대인 선생님의 역서인 《문화제국주의》 내용을 발췌하여 정리하였다. 문화제국주의에 대한 이해도 많지 않고 방대한 분량의 내용을 한 장으로 정리한다는 것도 쉽지 않은 일이라 생략하려고 했으나 국제커뮤니케이션 강의에 꼭 필요한 내용이라 포함시켰다.

제 6장은 국제커뮤니케이션 쟁점에서 중요한 위치를 차지하는 위성

방송에 관한 논의들을 서술하였다.

제 7장과 제 8장은 국제뉴스 보도에 관한 내용으로, 제 7장은 박기순 · 이남표, 제 8장은 심훈 교수의 논문을 실었다.

제 9장과 제 10장, 제 11장은 국제간 프로그램 유통에 관한 장으로 제 9장은 유세경 · 정윤경, 제 10장은 조항제, 그리고 제 11장은 전범수 교수가 필자로 참여해 주셨다.

제 12장과 제 13장은 WTO체제 이후 국제커뮤니케이션에서 점차 비중이 확대되고 있는 초국적 미디어 기업들에 관한 내용으로 제 12장은 정재민, 제 13장은 전범수 교수의 논문이다.

제 14장과 제 17장은 국제간 영상물 소비와 효과에 관한 내용으로 한류를 주연구대상으로 삼았다. 제 14장은 유세경 · 이경숙, 제 15장은 정윤경, 제 16장은 윤경원 · 나미수, 제 17장은 김수정 · 양은경 교수의 논문이 실렸다.

제 18장과 제 19장은 뉴미디어와 국제커뮤니케이션 내용으로 제 18장 위성방송은 김명중, 제 19장은 김은규 교수의 논문을 실었다. 끝으로 제 20장은 필자 논문으로 국가 이미지와 한류의 내용을 담았다.

다시 한번 이번 《국제커뮤니케이션》 교재에 좋은 논문을 보내주신 필자 선생님들과 같이 작업하는 수고를 해주신 전범수, 정윤경 교수에게도 고마운 인사를 전한다. 끝으로 성실하게 원고교정을 해준 상윤모 석사 3기 학생에게도 감사의 말을 전한다.

2008년 3월
행당동에서 황 상 재

나남신서 · 1281

국제커뮤니케이션

차 례

서 론

Robert S. Fortner

1. 국제커뮤니케이션이란

1) 국제커뮤니케이션 연구의 필요성

21세기 세계화로의 진행이 가속화됨에 따라 국경을 가로 질러 지구촌을 하나로 묶는 국제커뮤니케이션이 과거에 비해 주목받고 있다. 커뮤니케이션 현상이 우리 사회의 정치, 경제, 사회, 문화 등 다방면에 영향을 주고받는 것처럼 국제커뮤니케이션 역시 국제정치, 세계문화, 지구촌 사회 등 복잡한 문제와 연관을 맺는다. 그리고 국제커뮤니케이션은 인권, 기술에서 지적 사고의 결과를 소유할 수 있는 권리, 즉 지적 재산권에 이르기까지 다양한 분야에 대한 관심을 필요로 한다.

국제사회에서 국가간 조화, 평화, 갈등과 분쟁이 빈번하게 발생하듯이 국제커뮤니케이션 역시 국제사회에서 긍정적 기능과 함께 부정적 영향을 끼친다.

아래는 국제커뮤니케이션 활동의 몇몇 간단한 예들이다.

- 제 1차 세계대전에서 연합군이 승리한 이유에는 여러 가지가 있지만 다섯 개의 대륙에 깔린 영국의 해저전선과 로이터의 활약에 힘입은 바도 크다. 당시 독일에서는 "독일을 패배시킨 것은 영국 군함이 아니라 플리트가(*Fleet Street*: 로이터 건물이 있는 곳)라고 얘기했다.

  제 1차 세계대전중 독일 잠수함이 로이터의 해저케이블 절단작전을 수행하면 영국해군은 즉각 복구작전에 나섰다. 한번은 영국의 케이블 수리선이 케이블 절단부분을 발견해 보니 빈 병이 하나 매달려 있었고 "악질적인 반독 선전의 거짓말쟁이 로이터에게 천벌을"이라는 글귀가 씌어진 전단이 들어 있었다. 이는 가장 중요한 국제커뮤니케이션 기관인 국제통신사들이 전쟁시에 수행한 역할을 가장 잘 보여주는 사례이다.

- 북경 천안문(天安門) 광장에서 학생들 시위가 있던 1989년 5월 중국정부는 VOA와 BBC방송의 중국 내 송신을 방해하기 시작하였다. 중국정부는 학생들이 자신들 활동에 대한 일반 공중의 지지도를 알아보기 위한 수단으로 VOA와 BBC방송을 듣기 때문에 이들 방송들이 학생들의 시위와 사회적 불안을 계속 조장시킬 것이라고 여겼다. 6월 북경에서 학생들과 노동자들에 대한 일제 단속과 진압이 있은 후 미국에 있는 중국 유학생들은 팩스를 이용하여 미국언론이 전하는 새로운 소식들을 중국에 있는 동료들에게 보내주기 시작했다.

- 1988년 처음으로 미국을 방문한 H군은 해가 떨어지면 기숙사 밖으로 나가지 못했다. H군이 미국을 방문하기 전 미국에 대한 인상은 범죄와 폭력, 섹스가 난무하는 나라였다. 하지만 얼마 지나지 않아 미국은 H군이 걱정했던 것보다 안전한 나라인 것을 알고 안심했다. H군이 미국에 오기 전 미국에 대한 이미지는 한국에서 접한 미국 영화와 TV프로그램을 통해서 형성되었는데, 미국 영화와 TV프로그램에서 접한 미국은 범죄와 폭력이 난무하는 사회였다.

이러한 예는 국제커뮤니케이션을 통해서 전달되는 내용들이 타국에 대한 이미지를 형성하는 데 결정적 영향을 미친다는 사실을 보여주는 것이다.

▪ 미국의 이라크 공격이 본격적인 지상전으로 이어지면서 이라크군은 물론 현지 민간인과 미군의 사상자들이 늘어가는 가운데, 네티즌 개개인이 자율적으로 운영하는 온라인 사이트 '블로그'(*blogs*)가 전쟁의 물결에 휩쓸린 개개인의 삶과 의식을 전 세계에 보여주는 새로운 매체로 크게 주목받고 있다. 블로그를 통해, 참전군인의 가족들은 혈육을 잃을지도 모른다는 어두운 공포를, 이라크인들은 융단폭격을 맞고 있는 바그다드에서의 절박한 삶의 모습을, 반전 운동가들은 시민들을 거리의 시위로 이끌어내기 위한 강렬한 메시지들을 디지털카메라로 찍은 생생한 사진과 함께 전례 없이 빠른 속도로 전 세계 네티즌들에게 곧장 전달하고 있는 것이다.

▪ 프랑스는 2006년 미국의 CNN인터내셔널, 영국의 BBC월드, 카타르의 '알 자지라' 등을 경쟁상대로 삼는 국제방송의 탄생을 선포하였다. 이것은 향후 지구촌 뉴스를 둘러싸고 국제적 담론 형성의 경쟁이 더욱 치열해질 것임을 예고한다.

프랑스 24로 명명된 국제방송은 2003년 2월 '2차 걸프전' 직전 출범 계기를 맞았다. 도미니크 드 빌팽 프랑스 국방장관은 유엔에서 미국의 이라크전에 반대하는 명연설로 우레와 같은 박수를 받았다. 드 빌팽 장관은 그러나 호텔방에서 미국 방송들이 자신의 연설을 작게 취급하는 데 대해 크게 분노했다. 자크 시라크 대통령 등 프랑스 지도부는 이때 '프랑스적 시각'을 담는 24시간 방송의 필요성을 절감했다.

▪ 일본의 중년여성들이 무리를 지어 한국 드라마 〈겨울연가〉의 촬영지를 보기 위하여 한국을 방문하고 한국 드라마를 한국말 원어로 시청하기 위하여 한국말을 배우고, 〈대장금〉이 홍콩에서 최고의

> 시청률을 기록하고 〈대장금〉의 인기가 음식의 천국이라는 홍콩에서 한국음식의 인기를 높이고 있다. 이러한 사례는 국제커뮤니케이션이 문화에 미치는 영향을 잘 말해 주고 있다.

이것들은 국제커뮤니케이션 체계로 이루어진 몇몇 활동의 예들이다. 이런 체계를 통해서 우리는 세계 곳곳에서 발생하는 뉴스를 접하고 드라마를 보면서 우리들이 직접 경험하지 못한 국제적 사건에 대한 정보를 얻고 의견을 말하며 다른 나라와 문화에 대한 이미지와 태도를 형성하기도 한다.

2) 국제커뮤니케이션의 정의

국제커뮤니케이션을 간단히 정의하자면 국가간 경계를 가로질러, 즉 민족국가의 국경을 넘어서 이루어지는 커뮤니케이션이다. 종종 국경간(*transborder*) 또는 국가간(*transnational*) 커뮤니케이션이라 하기도 한다.

하지만 이와 같은 정의는 국경의 경계를 자유로이 넘나들면서 정보와 메시지를 유통시키는 인터넷과 같은 미디어의 출현으로 무의미해지고 있다.

국제커뮤니케이션은 민족, 국가간 커뮤니케이션을 의미한다. 따라서 국제커뮤니케이션에서는 국가의 정보주권, 문화주권, 국제사회에서 정보자원 통제 등이 중요시되는 쟁점이었다. 하지만 세계화로의 국제패러다임 변화와 인터넷과 위성과 같은 초국적 미디어의 급속한 발전과 보편적 확산으로 국경을 기반으로 하는 민족국가의 목소리는 줄어들고 점차 국제사회에서 세계적인 비정부기구나 초국적기업과 같은 비국가적 기구의 발언권이 강화되고 있다. 이러한 변화에 따라 국제커뮤니케이션이라는 용어 대신에 글로벌 커뮤니케이션이라는 용어가 선호되는 경향이 있다.

여기서는 국제커뮤니케이션에 대한 명확한 정의를 내리기보다는 국제커뮤니케이션의 역사를 통해 국제커뮤니케이션이 연구대상으로 다루고 있는 분야를 살펴봄으로써 국제커뮤니케이션에 대한 정의를 대신할 것이다.

2. 국제커뮤니케이션 역사

1) 국제 커뮤니케이션의 시대구분

국제커뮤니케이션에 대한 정확한 기원은 없다. 11세기에 형성되기 시작한 현대 민족국가들 사이에 커뮤니케이션이 이루어지면서 국제커뮤니케이션이 시작되었다는 사실은 분명하다. 그러나 로마, 그리스, 이집트, 바빌론과 같은 고대의 대제국들이 정치적으로, 언어상으로, 문화적으로 독특한 많은 국가들로 이루어진 거대한 영토를 가로질러 커뮤니케이션할 수 있는 방법을 확립했기 때문에 11세기 이전에도 역시 국제커뮤니케이션은 존재했다. 세계사에서 제일 먼저 등장하는 제국주의 국가인 로마는 기원전에 본국과 자신들이 지배하는 지역과 국가를 연결하는 교통망을 건설하여 정기적으로 정보와 메시지를 유통시켰다.

하지만 19세기 이전까지 국제커뮤니케이션은 전적으로 인간과 말이나 비둘기 같은 동물 등에 의존하였다. 그러나 여기서는 커뮤니케이션 기술을 중심으로, 즉 전신기술이 국제간 커뮤니케이션의 중요 수단으로 이용되기 시작한 1830년대로 거슬러 올라가서 국제커뮤니케이션 역사를 살펴보았다. 지금까지의 국제커뮤니케이션 역사는 4단계로 분류할 수 있다.

성공적인 전기·전신 실험은 일찍이 1837년에 시작되었다. 1840년경 프랑스는 이미 장거리 커뮤니케이션 수단으로 전신을 사용하기 시작하였다. 1844년경에는 미국에서도 전신이 운영되었으며, 철도가 건설중이어서 국가간 교통 흐름을 쉽게 하기 위하여 국제간 철로 표준화를 위한 국제협상을 필요로 하였다. 국가간 뉴스 흐름, 경제거래와 심지어 개인간 커뮤니케이션을 한층 활발하게 한 것은 기차와 증기선, 전신이었다. 이 기술들은 또한 개발중인 식민지에 대한 제국주의의 지배력을 공고하게 해주었다.

19세기 중반 몇십 년 동안에 지배국가들은 국제커뮤니케이션 시스템을 만들려는 교섭을 시작했다. 커뮤니케이션 힘을 알고 있던 국가지도자들은 커뮤니케이션 기술발전이 필요하다는 것을 깨달았다. 초기의 국제커뮤니케이션 기술과, 뒤이어 발전한 기술들은 궁극적으로 국제무대에서 선전대상으로서의 대중들을 창조하는 데 기여하였고, 더 나아가 국제정치에서 뉴스를 중요한 고려대상으로 만들었으며, 세계경제를 서로 의존하는 하나의 통일체로 묶었다.

(1) 국제커뮤니케이션의 제1세대 : 국제협정의 시대(1835~1932)

국제커뮤니케이션은 19세기 중엽 이후 전보와 같이 조직화된 형태로 출발한 이래로, 국가의식의 계속적 발전과 맥을 같이한다. 특히 유럽에서는 19세기 이후 점증하는 국가의식과 더불어 국제무대에서 주요 파워집단으로 자국의 합법성을 획득하기 위하여 군사적인 면에서나 경제적인 면에서 국가간 경쟁이 치열해졌다. 19세기 중엽 국제전신이 가능해졌을 때 유럽국가들은 전 세계를 무대로 자국 영토를 확장하는 데 열과 성을 다했다. 1870년대에 유럽 열강국은 아시아, 아프리카를 식민지로 분할하고 해저 전신케이블을 이용하여 자신들의 영향력을 확대해 나갔다. 1877년 BCC(British Colonial Conference)는 케이블 커뮤니케이션이야말로 제국의 방어를 위한 가장 적합한 수단이라고 천명하였다. 남아프리카 희망봉의 대표자였던 헨드릭 헤프마이어(Hendrick Hefmeyer)는 제국주의 확장에서 국제커뮤니케이션의 중요성을 다음과 같이 표명하고 있다. “제국을 완전하게 방어하기 위해서는 우리는 현실적으로 태평양과 잉글랜드로부터 남아프리카를 지나 서오스트레일리아에 이르는 케이블을 필요로 한다”(Colonial Conference, 1887: 226).

커뮤니케이션은 이러한 광대한 제국을 통제하는 수단이 되었으며 이는 결국 해저전신케이블, 무선, 궁극적으로는 라디오에 대한 통제권을 둘러싼 국제간 갈등을 불러일으켰다.

이 첫 번째 시대에는 전기·전신(1837), 해저케이블(1866), 전화(1876), 무선(1897), 그리고 라디오(1907)와 같은 초기의 국제커뮤니케이션 기술들이 발전했다. 또한 국제뉴스만을 전문적으로 취급하는 최초의 국제통신사들이 생겨났다. 1835년에는 프랑스의 아바스 통신사(Havas Agency, AFP의 전신)가, 1849년에는 독일의 볼프(Wolf) 통신사가, 1848년에는 미국의 AP(Associated Press), 1851년에는 영국의 로이터즈(Reuters)가 출발을 했다. 1920년대에는 전파를 사용하는 국제전화와 국제 라디오방송 분야에서 주요한 발전이 있었다.

커뮤니케이션에 전기가 응용되자 처음으로 커뮤니케이션과 관련된 국제협정기구인 ITU(International Telegraph Union)가 1865년 구성되었다. 이 기구는 근대 최초의 국제기관이자 기술적 네트워크의 국제적 규제를 위한 최초의 조직이었다.

1912년 타이타닉호 참사의 여파로 여러 나라들은 선박들이 적절한 무선장비를 갖추고 훈련된 통신사들을 승선시킬 것을 요구하는 국제협정에 서명했다. 각국의 무선국 운영사들은 1903년 베를린에서 첫 회의를 가진 이래 비록 공식적 국제기구는 아니었지만 IRU(International Radiotelegraph Union)로 알려진 조직이 결성되었다. 1932년에는 TU(Telegraph Union)와 RU(Radiotelegraph Union)가 통합되어 ITU(International Telecommunication Union)가 결성되었다.

이런 노력들은 한 가지 중요한 공통된 목표를 갖고 있다. 즉, 지배국간 또는 지배국과 식민지 국가 사이에 국제커뮤니케이션을 편리하게 하자는 것이다. 예를 들면, 1865년 ITU를 설립하고 파리에서 조인된 전신협정은 국제적 법인단체를 만들어 그것으로 하여금 전신요금표를 관리하고 국제전보수입을 분배하고 암호를 사용하며 메시지 비밀을 보장하는 데 필요한 장치를 정할 뿐만 아니라, 전신서비스에 대한 기술적 상호연결기준을 정하는 등의 일을 하도록 했다.

이 당시 국제커뮤니케이션의 중요한 쟁점 중 하나는 독점문제였다. 1903년과 1906년의 무선전신회의에서도 역시 독점에 관한 문제가 다루어졌다. 마르코니 회사는 타사의 장비를 사용하는 선박들과 교신하는 것을 금지하는 정책을 채택해 왔다. 이러한 독점정책은 타이타닉호의 참사가 일어날 때까지 지속되었다.

이 시대에서 가장 중요한 국제커뮤니케이션 미디어는 신문과 전신들이었으며, 그 뒤에는 AP, Reuter와 같은 통신사들이 있었다.

(2) 정치화와 선전의 시대(1933~1969)

제2차 세계대전은 국제간 커뮤니케이션이 발달할 수 있는 좋은 토양을 제공하였다. 전쟁에 참전한 국가들은 국제커뮤니케이션을 선전전의 중요한 도구로 인식하고 이에 대해 많은 투자와 연구를 하였다. 국제커뮤니케이션의 대표적 미디어인 국제방송국이 대부분 이 시점에 탄생하였다. 1933년 독일의 아돌프 히틀러는 '허위선전의 주창자'인 요제프 괴벨스를 선전상으로 임명하였다. 1932년 국제방송을 처음 시작했던 영국의 BBC는 1935년 외국어 방송가능성을 고려하기 시작했다. 미국은 제2차 세계대전에 참가하면서 VOA를 만들어 제3제국 국민들에게 방송을 시작했다.

라디오의 정치화는 제2차 세계대전 동안 뚜렷하게 진행되고 있었다. BBC와 VOA 같은 방송국들이 표면적으로는 비선전적 태도를 유지하려고 노력했지만 실제로는 외국어로 적대적인 나라에 보내는 프로그램을 편성했다는 사실 자체만으로도 방송내용과 관계없이 방송의 정치적 역할을 잘 나타내는 것이었다.

전쟁 동안 해저케이블 역시 군사목표가 되었으며 국가의 통신사들은 외국 여론에 영향을 주기 위한 수단이 되었다. 나치는 그들의 국내, 국제 뉴스 운영국의 내용물을 지도하기 위한 정교한 시스템을 가동하였으며 연합국 역시 자국의 통신사들을 보조하거나 지원했다. 이런 활동들은 나치가 영국이 후원하는 비밀 라디오방송에 했던 전파방해처럼 전쟁 내내 계속되었다.

냉전이 시작되면서 국제커뮤니케이션 선전전의 양상이 자본주의 국가 대 공산주의 국가로 바뀌었다. 미국은 '철의 장막' 너머로 갈 수 있는 세 개의 독립서비스를 만들었다. 그것은 동유럽으로 보내지는 RFE(Radio Free Europe), 소련으로 보내지는 RL(Radio Liberty), 그리고 그 당시 동독에 둘러싸여 있던 서베를린에 위치한 RIAS(Radio in the American Sector)이다. 이에 대해 소련은 1943년 북미방송을 시작으로 서방으로 라디오 모스크바(Radio Moscow) 방송을 내보냈으며 서방세계의 국제방송국인 RFE/RL, VOA, BBC, 그리고 라디오 이스라엘(Radio Israel)의 전파를 방해하기 시작했다.

이 시대 동안 국내 미디어 운영을 엄격히 관리하거나 그 내용을 구체적으로 지시하는 권위주의 국가들에게서 국제커뮤니케이션은 자국 안정을 위협하는 잠재적 요인이었다. 그러한 예로는 동유럽에서 소련의 헤게모니에 대항해서 일어났던 1965년 헝가리 폭동을 들 수 있다. 이 시기에 RFE는 소련군대와 싸우는 헝가리 시민들에 대한 서방의 원조가 있을 것이라는 메시지를 허위로 방송했다. 당시 소련군대가 헝가리 도시에 들어가 처음 한 일은 시민들이 점령했던 라디오방송국을 되찾는 것이었다. 이 시대의 가장 중요한 국제커뮤니케이션 미디어는 라디오이며 그 배후에는 VOA와 같은 국제방송국들이 있었다.

(3) 복잡성의 증가와 도전의 시대(1970~1989)

정치화와 선전의 시대는 이 시기에서도 계속되지만 세 번째 시대에는 위성과 같은 새로운 커뮤니케이션 기술들이 등장하고, 국제무대에서 비동맹국들이 연합하면서 지배국들의 헤게모니에 대항함으로써 국제커뮤니케이션에서 복잡한 환경이 조성되었다. 또한 이 시대의 국제커뮤니케이션 특징으로는 커뮤니케이션 활동과 내용을 결정하는 데 경제적 요인이 정치적 요인과 동등하게 작용했으며, 국제사회에서 국제커뮤니케이션의 문화적 영향력에 주목하기 시작했다는 점이다.

1970년 중반 이후로는 미디어 소비의 주도적 종류였던 포터블 라디오가 쇠퇴했다. 선진국과 개발도상국 모두에서 자동차용 라디오, 오디오 카세트(포터블과 자동차용 모두), 하이파이 컴포넌트, 텔레비전, 그리고 비디오 카세트가 포터블 라디오를 추월했다. 위성의 능력을 보면 1965년 발사된 Early Bird는 240개의 음성채널과 1개의 흑백텔레비전 채널을 송신하였으나 1980년에 발사된 INTELSAT V는 1만 2천개의 음성회로와 2개의 컬러텔레비전 채널로 채널 전송용량이 빠른 속도로 증가하였다. 다양한 새로운 미디어들이 국제사회에서 빠른 속도로 보급이 늘어났지만 소수의 열강국과 다수의 개발도상국 간의 미디어 보급의 격차는 점차 벌어졌다.

국제사회에서 미디어의 확산으로 국제커뮤니케이션이 국제사회에 미치는 정치적 영향력과 더불어 그 문화적 함의에 주목하기 시작했다. 또한 영상서비스를 제공하는 텔레비전과 더불어 국가간 통신과 정보를 제공하는 텔레커뮤니케이션이 중요한 미디어로 부각되기 시작하였다. 선진국들은 자신들의 다양한 국제 방송 및 텔레커뮤니케이션 서비스를 위하여 더 많은 새로운 주파수의 할당을 주장하고 이에 대응해서 개발도상국들은 국제사회에서 자신들의 미래를 위해 주파수를 보존하려고 함에 따라 주파수 할당 자체가 국제무대에서 중요한 논쟁거리가 되었다.

이 시기는 또한 국제무대에서 국제커뮤니케이션에 관한 개발도상국들의 목소리가 드높았던 시절이었다. 이들 국가들은 소수 선진국이 지배하는 국제커뮤니케이션 흐름을 변화시키기 위하여 많은 쟁점들을 제기하고 유네스코(UNESCO)를 중심으로 한 국제무대에서 신정보커뮤니케이션 질서(*New World Information and Communication Order*)를 주창하였다.

(4) 신국제질서와 지구촌시대(1989~현재)

신국제질서의 변화는 1945년 제2차 세계대전 종식 이후 국제질서를 움직이는 양대 축의 하나였던 구소련 붕괴로 인한 이데올로기 종언이 출발점이 되었다. 구소련과 동구권의 몰락으로 공산주의가 붕괴되고 공산주의 국가들이 자본주의 경제체제로 편입됨에 따라 국제질서를 움직이는 중심축으로 이데올로기 대신에 경제가 그 중심에 서게 된다.

WTO(World Trade Organization)체제라는 상징어가 의미하듯이 이제 경제는 더 이상 국민국가가 아닌, 자본 그 자체를 단위로 하는 국경 없는 경제의 논리에 의해 운영되기에 이르렀다. 정치, 문화 역시 더 이상 지역적 또는 국가 내부의 사회적 활동으로서 이해될 수 없는 세계정치, 지구촌문화가 그 실체를 이루고 있다. 신국제질서 안에서 국제커뮤니케이션이 미치는 함의는 다음과 같다.

첫째, 전 세계를 하나로 묶는 인터넷의 급속한 발전과 보급, 그리고 위성방송의 보편적 확산으로 1960년대 맥루한이 예언한 지구촌 시대가 전개되었다. 그리고 인터넷이 만들어 내는 공간은 기계어만 유통되는 세계가 아니라 우리의 모든 인간사—정치, 교육, 대화, 상거래, 사랑 등—가 가능한 가상현실의 세계로 발전하고 있다. 글로벌 네트워크가 만들어 내는 지구촌의 전개는 국제커뮤니케이션 분야에서 지금까지 접해 보지 못한 수많은 도전적 과제들을 제기하고 있다.

위성방송도 더 이상 소수 선진국의 독점물이 아니다. 국경을 넘어서 자유롭게 프로그램을 전파함으로써 그 자체가 국제커뮤니케이션의 핵심적 미디어로 자리잡은 위성방송은 전 세계를 하나의 문화권으로 묶어 놓고 있다.

인터넷과 위성방송의 보편적 확산은 문화의 동질화를 가속화시키고 국제무대에서 갈등을 촉발시키고 있다. 헌팅턴이 지적한 것처럼 이데올로기 대신에 서로 다른 문명이 국제사회에서 갈등의 중요한 원천으로 등장하고 있다.

둘째, 급속한 정보화 사회의 발전과 뉴미디어의 발달로 국제간 커뮤니케이션 유통량이 급속도로 증가하고 있으나 그 양상을 보면 미국을 중심으로 한 소수의 초국적 미디어기업들이 국제간에 유통되는 커뮤니케이션 생산물을 독과점적으로 생산하는 반면에 대부분 국가들은 소비국으로 머물고 있다. 그리고 이러한 현상이 가까운 시일 내에 개선될 가능성이 희박하다는 점이다. 따라서 정치적 관심에서 시작된 국제커뮤니케이션 쟁점들이 문화에서 점차 경제적 쟁점으로 시야가 확대되고 있다. 셋째, 세계화는 또한 시장기능의 공간적 확대와 심화를 가속화하여 지역간 상호의존을 심화시켰다. 따라서 과거에는 한 국가의 고유주권의 영역으로 간주되었던 경제관행, 환경, 문화 등 모든 영역의 문제가 국제적 과제로 되었다. 상호의존의 심화로 특징되는 국제질서 속에서 그 상호의존의 결과를 규제하고 국가간 협조를 강화하기 위한 국제기구의 중요성이 강조되고 있다. 국제커뮤니케이션 분야도 예외는 아니다.

넷째, 이데올로기의 붕괴, 초국적기업들의 급격한 확장, 전 지구적 통신망과 네트워크의 보편적 이용, 국민국가 상위에 있는 국제기구나 국제공동체(NGO)의 위상강화 등의 요인들이 복합적으로 작용하여 영토에 기반을 둔 국가주권이 약화된다.

현재 국제사회는 신국제질서라는 용어로 대변되는 대변혁의 시기이며 문명사적으로는 정보화 사회로의 변화기에 있다. 따라서 21세기 국제사회에서 커뮤니케이션 문제는 과거와는 비교되지 않을 정도로 그 중요성이 더욱 부각될 것이다. 뿐만 아니라 국가간 상호의존도가 점차 심화됨에 따라 국제커뮤니케이션의 쟁점은 국외는 물론이고 국내에도 많은 분야—정치, 문화, 경제 등—에 영향을 미칠 것이다.

제 1 장

국제커뮤니케이션을 바라보는 두 가지 시각과 관심영역

Robert S. Fortner

1. '지구촌' 대 '지구 대도시'

우리들은 지구촌에 살고 있다고 말하는 것에 익숙해졌다. 맥루한이 새로이 만들어 낸 이 용어는 커뮤니케이션 테크놀로지가 촌락생활의 말하기와 듣기 위주의 커뮤니케이션 양식을 현대에서도 재현할 것이라는 믿음을 표현하고 있다. 과거와 현대가 다른 점이 있다면 과거의 촌락생활과는 달리 지구촌 시대에서는 텔레비전과 인터넷과 같은 텔레커뮤니케이션을 통한 커뮤니티 결합을 마을 경계를 넘어 지구의 크기로 확장시켰다는 점이다.

그러나 '지구촌'의 개념은 드러낸 것 이상으로 감춘 것이 많기 때문에 부적당한 은유이다. 입과 귀에 의한 커뮤니케이션 양식에 의존하는 마을생활은 친밀한 분위기 속에서 이루어진다. 마을 사람들은 교회와 같은 신성하고, 마을회당과 같은 세속적 장소이자 권력의 장소이며 추방의 장소뿐만 아니라 지리적 공통점을 지닌 커뮤니티 안에 살고 있다. 그들의 생활은 서로 얽혀 있다. 일상의 경험을 공유하는 사람들

속에서 태어나고 결혼하고 죽는다. 그들의 생활방식은 공유하는 가치, 역사, 지식에 의해서, 공동의 적과 친구를 가짐으로써 만들어진다. 사람들 사이의 관계(남자와 여자, 노인과 청년, 군인과 어린이들)는 모두 알고 있다. 마을 사람들은 금기를 어겼을 때 받는 벌—커뮤니케이션 단절, 심한 경우 추방까지도 포함해—을 알고 있다. 마을(또는 종족의) 생활규범을 따르는 것을 거절하면 추방되어 동질성을 상실할 수도 있다.

커뮤니케이션은 사람들이 개인과 조직의 동질성을 구성하고 유지하게 하는 수단이라 할지라도 그 자체로서는 앞서 언급한 정도의 완전한 동질성과 친밀감을 제공하지는 않는다. 지구촌에서 뿐만 아니라 촌락에서도 커뮤니케이션은 사건을 알리고 삶의 모습을 보여줄 수 있으며, 수천 마일 떨어져 있을 때조차 그들의 삶을 공통적으로 이끄는 잠재적 공통요소를 만들어 낸다. 커뮤니케이션을 통해서 사람들은 다른 사람들과 그들의 유사성과 차이점을 알 수 있다.

커뮤니케이션은 먼 곳에서 일어나는 복잡한 활동을 이해하는 수단이 될 수 있으며, 특별한 환경(예를 들면, 우크라이나 지진, 정상회담, 베를린 장벽 철거, 북경의 천안문 광장에서 전개되는 사건들, 걸프전, 소련의 쿠데타 시도, 중동에 관한 마드리드 평화회담)에 있는 다양한 사람들을 결합시킬 수 있다. 그러나 먼 거리를 가로질러 발생하는 커뮤니케이션은 촌락생활에서와 같은 친밀감을 재현하지는 않는다. 오히려 그러한 유형의 커뮤니케이션은 사회의 엘리트집단 또는 관료집단들에게 유리하게 우리의 일상사를 통제할 수 있는 기초를 제공한다. 따라서 그러한 유형의 커뮤니케이션이 반드시 친밀감을 더 많이 준다거나 민주적으로 영향을 주는 것은 아니다(Pletdell-Bouverie, 1991).

커뮤니케이션 시스템이 점차 속도가 빨라지고 복잡해짐에도 불구하고 맥루한이 그렸던 지구촌과는 거리가 먼 것 같다. 현실의 세계에서는 지구촌이 아니라 지구 대도시(*global metropolis*)가 창조되었다. 마을과 달리 대도시에 사는 사람들은 다른 사람들의 생활에 대해서 아는 바가 없다. 예를 들면, 단지 구경거리가 될 만한 범죄만이 자신들이 아닌 다른 집단 사람들에 대한 관심을 불러일으킬 뿐이다. 대도시에 사는 어떤 집단의 사람들은 다른 집단의 사람들에 비해서 더 잘 알려져 있다. 그들의 결혼은 항상 지방신문의 페이지를 장식하고 그들의 장례식은 중요한 기삿거리로 다뤄진다. 반면에 어떤 집단의 사람들은 자신들이 사회 속에서 이탈행동(보통 범죄행위)을 할 때까지 미디어의 주목을 받지 못한다. 달리 말해 대도시를 구성하는 시민들 사이에 유통되는 정보는 불평등하다는 것이다. 시민들의 대부분은 그 지역의 엘리트들을 다른 계층의 사람들보다 더 잘 알고 있다. 그렇기 때문에 친근감이란 제한적이며 인위적으로 조성되는 것이다.

1) 커뮤니케이션 수단에 대한 접근

대도시는 유산자(*haves*)와 무산자(*have-nots*)의 불평등으로 가득찬 곳이다. 커뮤니케이션 의미에서 유산자와 무산자의 의미는 두 가지이다. 첫째, 커뮤니케이션을 수용할 수 있는 수단에 대한 접근이 사람들에게 균등하게 부여된 것이 아니다. 어떤 집단은 사회에서 무엇이 발생했는가를 보고 들을 수 있는 모든 수단을 소유하고 있을 것이다. 그들은 잡지와 신문을 구독할 수 있는 능력과 라디오와 TV, VCR, 위성방송용 안테나를 보유하고 있다. 반면에 다른 집단은 경제적 요인들에 의하여 다양한 종류의 미디어에 대한 접근이 제한된다.

둘째, 커뮤니케이션할 수 있는 도구에 대한 접근이 사람들에게 공평하게 부여된 것이 아니다. 컴퓨터(인터넷), 팩시밀리, 전화기(이동전화를 포함하여)는 사회 내에서 보다 부유한 계층에 집중되어 있는 반면에 기본전화조차도 가난한 지역 주민들에게는 제한되어 있다. 다시 말하면 유산자와 무산자의 커뮤니케이션 의미는 정보의 부자와 정보의 빈자로 대별될 수 있다.

2) 커뮤니케이션 시스템 통제

대도시에서의 커뮤니케이션 시스템은 국가나 개인회사에 의해 중앙에서 통제되고 관리된다. 주고받는 식의 촌락형태 토의는 거의 찾아볼 수 없다. 촌락에서의 커뮤니케이션은 흔히 수평적인 반면 도시에서의 커뮤니케이션은 위에서 아래로 전달되는 수직적인 형태의 중앙통제를 받는다. 커뮤니케이션 시스템에 대한 접근허가는 관료적 협정에 따라 이루어진다. 정부와 조직 관료들이 커뮤니케이션 시스템의 설치장소, 서비스요금과 내용을 결정한다.

대도시에서의 커뮤니케이션은 사회의 일반적 현상인 종교, 인종, 성차별을 반영하고 있다. 이러한 차이들은 대도시 구성원들의 참여수준과 형태에 마을의 경우보다 더 큰 영향을 준다. 사회적 불평등은 대도시에서는 영구적인 것이다. 다양한 집단이 지리적으로 떨어진 곳에서 생활하면서 다른 가치관을 지니고 대조되는 역사와 지식을 갖고 있다. 다른 기준으로 적을 규정하고, 다른 전략으로 위협에 대처한다. 권력의 적법성처럼 권력에 대한 신뢰도도 다르다. 게다가 대도시 엘리트집단이 아닌 다른 집단에서의 커뮤니케이션은 획일화된 관료적 통제 시스템 바깥에서 우연히, 비규칙적으로 이루어진다. 조직화된 커뮤니케이션 시스템은 자신들의 생활방식을 고수하려는 특권계층의 노력으로 합법화되었으며, 엘리트들의 의도처럼 확실히 다른 집단들을 배제하고 있다. 따라서 시스템의 가치는 시스템이 무엇을(또는 누구를) 포함하고 포함하지 않느냐에 달려 있다. 다시 말해 대도시는 구체적으로 사회경제적, 문화적, 정치적 신분이 다르지만 서로 이웃으로서 상호교류하는 가운데 종종 긴장 속에, 때로는 폭력을 초래하면서 서로 영향을 주는 촌락들의 집합체라고 할 수 있다.

이러한 양상은 국제관계에서도 마찬가지다. 지구촌에서 국가간 커뮤니케이션 관계도 한 국가 내의 사회집단간 커뮤니케이션처럼 커뮤니케이션 시스템을 통제, 관리하는 소수의 지배국가와 이에 영향받는 다수의 국가로 이루어진다. 그리고 커뮤니케이션 기술발전이 국가간 관계를 보다 밀접하게 만들었다는 주장은 착각에 불과한 것일지도 모른다.

커뮤니케이션 기술의 발달이 멀리 떨어져 있는 국가에서 발생하는 변화를 알리고 조사, 보고하며 그 의미를 분석하는 데 도움을 주며 또한 대화와 개인적 감정 전달을 용이하게 해줌으로써 아주 멀리 떨어져 있는 사람들을 연결시켜 주었지만, 커뮤니케이션 기술 그 자체가 친밀감, 새로운 동질성 또는 불공평의 소멸을 가져다주진 않았다. 커뮤니케이션 기술발전이 지구촌을 탄생시킨 것이 아니라 대도시가 기술의 도움으로 외연적 확장이 일어났을 뿐이다.

2. 국제커뮤니케이션의 역할

국제커뮤니케이션의 긍정적 역할은 국경을 넘어 뉴스, 방송프로그램, 인터넷 콘텐츠와 같은 정보를 유통시킴으로써 국제사회에 대한 올바른 이해를 통해 국제사회 평화에 기여하는 것이다. 하지만 현실은 국제사회에서 힘 있는 국가가 사회통제수단을 제공하는 커뮤니케이션 수단을 기초로 하여 국제사회의 정보와 '지식을 관리, 통제'하고자 한다. 사회통제는 사회의 중심에서 주변부를 대상으로 이루어진다.

기존의 사회통제는 두 개의 틀 안에서 이루어진다고 보아야 한다. 국가적(또는 국내적) 틀과 국제적(또는 세계적) 틀이다. 국내에서 정치적, 경제적 엘리트들이나 국가(*the state*)는 사회목표를 설정하고, 행동규범을 세워 강화해 나가고, 생계를 위해 무엇을 할지 어떤 물건을 구입할 수 있나 등을 결정하여 대다수 국민들을 통제하려고 한다. 국제적으로도 어떤 국가들은 다른 나라의 외교정책이나 수입-수출 활동, 텔레커뮤니케이션이나 방송시스템의 기술적 기준 등에 영향을 줌으로써 다른 나라를 통제하려 할 수도 있다.

과거 공산주의 시절에 구소련은 몇 년 동안 VCR과 PC(그리고 인가된 타자기)의 수입을 엄격히 제한함으로써 잠재적으로 위협이 될 수 있는 정보에 접근하는 것을 막았다. 각국의 정부는 "정보는 강력한 관념적 정치무기이며 주권국가를 붕괴시킬 수도 있다"는 블라디미르 아르테모프(Vladimir Artemov)의 말이 옳다는 것을 인정하고 한두 가지 방법으로 그 힘을 통제할 수단을 강구해왔다.

국제커뮤니케이션이 사회통제의 수단으로 사용됨에 따라 그것이 미치는 영향은 다음과 같은 측면에서 살펴볼 수 있다.

1) 국제정치

조사기관에 따라 다르지만 세계은행의 통계에 따르면 지구촌의 국제체제(*International System*)는 약 230개의 국가로 이루어져 있다. 하지만 수많은 국가들로 이루어진 지구촌에서 소수의 강대국에 의하여 국제커뮤니케이션이 통제, 지배당하고 있기 때문에 국제사회에서 강대국의 목소리는 크게 들리는 반면에 대다수 국가들의 목소리는 배제당하고 있다. 따라서 국제사회의 주요 아젠더 대부분은 국제커뮤니케이션을 장악한 소수 강대국의 이익에 따라 설정된다.

2) 국내정치

외부로부터 자국에 들어온 국제커뮤니케이션이 국내정치에 미치는 영향을 보면 국경을 넘어 들어오는 국제커뮤니케이션은 국내에서 유통되는 국내의 통제를 받는 공식적 견해를 부인하고 국내조직들이 외부의 통제를 받도록 하여 이전보다 국내 시민들에게 정보선택의 기회를 더 많이 제공한다. 이렇게 주변으로부터 정보가 스며드는 현상은 이란의 호메이니가 이란에 있는 그의 추종자들에게 연락하기 위해 오디오 카세트를 사용한 예에서도 볼 수 있다.

3) 경 제

국제커뮤니케이션을 이용해 강대국에 기반을 둔 초국적기업들은 시장과 상품정보, 재고 공급, 부품원료, 에너지, 또는 수송 등에 빨리 접근함으로써 개발도상국들의 기업보다 경쟁상의 우위를 차지할 수 있다. 예를 들면, 초국적기업들(TNCs)은 사설망을 만들어 활동계획에 필요한 정보를 얻으며, 정부는 상품시장 전략에 필요한 정보를, 국제증권거래소와 중앙은행은 증권과 채권가격 경향, 환율과 무역균형에 필요한 정보를 얻는다.

4) 문 화

세계화가 가속화됨에 따라 각국의 차별화된 문화적 특질이 사라지고 지구촌적 문화의 동질화가 가속화되고 있다. 미국문화의 산물인 청바지가 전 세계 청소년 문화의 아이콘으로 자리잡았고, 맥도널드 햄버거 문화로 대변되는 패스트푸드가 각국의 고유한 전통음식 문화를 대체하고 있다. 각국의 서로 다른 문화적 특성을 축소시켜 서구중심의 문화로 동질화시키는 힘의 중심에는 국제커뮤니케이션 미디어에서 전파하는 문화물과 국제광고들이 있다.

5) 국제커뮤니케이션 관심영역

(1) 국경을 초월하여 유통되는 메시지와 콘텐츠 흐름

전통적으로 국제커뮤니케이션 연구는 국경을 초월한 메시지의 흐름에 집중되었다. 제 1차 세계대전 이래로 국제커뮤니케이션에 관한 연구는 주로 외국인을 대상으로 하는 선전을 주요 연구대상으로 하였다. 더 나아가 국제커뮤니케이션 연구는 국가간 뉴스의 흐름과, 미디어 소프트웨어(오디오, 비디오, 영화) 수출을 통한 문화종속의 유형과 그 메커니즘을 밝히는 데 주력하였다.

(2) 국제커뮤니케이션 주요 행위자들 분석

국제커뮤니케이션 역사는 공간을 초월하여 정보나 메시지를 전달하고 유통시키는 커뮤니케이션 기술의 발전과 궤도를 같이한다. 이들 주요 행위자들의 체제와 활동 등을 분석함으로써 국제커뮤니케이션 메커니즘을 밝히고자 한다.

① 국제통신사들

전기통신이 발달하기 전 국제커뮤니케이션의 중요한 행위자는 로이터나 AP 등 통신사들이다. 이들 통신사들은 세계 각국에서 발생하는 뉴스를 수집, 가공하여 100여 개가 넘는 국가들의 미디어들과 계약을 맺어 국제뉴스를 제공하고 있다.

② 국제방송

라디오 시대에서 국제커뮤니케이션 총아는 VOA나 BBC 월드와 같은 국제방송국들이다. 이들 방송국들은 특히 동서냉전 시대에 철의 장막, 죽의 장막 너머로 자본주의와 민주주의 이념과 가치를 전파시키는 데 주도적 역할을 수행하였다.

③ 글로벌 텔레비전

1980년대 중반부터 나타난 글로벌 텔레비전의 발흥은 1980년대부터 전 세계에 널리 보급되기 시작한 위성과 1989년대 이후 동서냉전의 붕괴 이후 시작된 미디어 정책에서 탈규제와 사유화의 산물이다. 글로벌 텔레비전의 대표적 미디어인 CNN은 걸프전 때 전 세계 시청자들을 대상으로 글로벌 텔레비전의 위력을 잘 보여 주었다.

④ 초국적 미디어 기업

WTO체제의 서곡으로 전 세계가 하나의 경제권으로 통합됨에 따라 미국중심의 서방 미디어 기업들에 의한 세계 각국의 미디어 시장 지배력이 심화되고 있다. 디즈니와 워너와 같은 초국적 미디어 기업들은 막강한 자본력과 경영상의 압도적 우위를 바탕으로 세계 각국의 미디어 시장을 빠른 속도로 잠식하고 있다.

⑤ 국제기관

로이터나 디즈니와 같은 미디어 기업들이 국제커뮤니케이션 현장에서 직접 업무를 담당하는 주요 당사자들이라고 한다면 UNESCO나 ITU와 같은 국제기구들은 국제사회에서 국제커뮤니케이션 체제를 관리하고 통제하는 국제기구들이다.

⑥ 비정부국제기구

1990년대 중반 이후 인터넷의 등장으로 지구적 시민사회 영역에서 인터넷을 매개로 한 지구촌적 사회운동이 비정부국제기구를 중심으로 전개되고 있다. 국적을 초월하여 이루어지는 사회운동은 신자유주의 세계화에 저항하면서 대안적 세계화를 주장하고 있다. 국제커뮤니케이션 분야도 예외가 아니다.

국제커뮤니케이션 분야에서도 소수의 초국적 미디어 기업에 의하여 관리받는 국제커뮤니케이션 질서에 대항하여 새로운 국제커뮤니케이션 질서를 만들기 위하여 다양한 활동을 전개하고 있다. 대표적인 것이 1999년 시애틀에서 이루어진 WTO 반대시위 과정에서 설립된 독립미디어센터(IMC)다.

(3) 국제커뮤니케이션 효과분석

국제커뮤니케이션이 수용국가 또는 수용자에게 미치는 영향에 관한 연구가 이에 해당된다. 한류가 국제사회에서 한국의 이미지에 미치는 영향에 관한 연구들이 국제커뮤니케이션 효과분석에 관한 연구사례이다.

3. 국제커뮤니케이션의 효과

매스커뮤니케이션 효과에 대한 연구들에서는 대효과이론이 나온 이래로 미디어의 강력한 효과를 부정하는 이론들이 많이 나오고 있지만 아마도 국제커뮤니케이션 효과는 다를 것이다. 사회의 엘리트들이 항상 노골적이고 직접적인 선전어필을 통해서만 비엘리트집단들을 통제하는 것만은 아닌 것처럼, 국제사회의 지배국가들도 다양한 수단을 이용하여 다수의 국가들을 통제하고 있다. 즉, 커뮤니케이션 기술의 소유, 국제적 규제기구 또는 내용생산물 지배를 통한 규제방식이 노골적 선전방식보다 효율적일 수 있다.

국경을 초월하는 메시지의 효과를 아는 것이 쉬운 일은 아니다. 예를 들면, 각국의 선전이 얼마나 효율적인가를 아는 것은 때로는 불가능한 것처럼 전쟁중 적대국가에 들어가 자국방송이 적대국 수용자들에게 미치는 선전방송 효과를 측정할 수 없기 때문이다.

국제커뮤니케이션에서 효과를 둘러싼 쟁점은 수용된 정보를 처리하는 수용자의 역할 때문에 더욱 복잡해진다. 동일한 정보라고 할지라도 수용자의 정보에 대한 인식과 관심 정도에 따라 그 효과가 달라진다. 따라서 정보제공자가 수용자에게 누릴 수 있는 통제의 정도는 항상 불확실한 것이다. 정보에 대한 수용자 자율성 문제는 후에 논의할 문화제국주의 논쟁과도 밀접한 연관이 있다. 서구의 문화물(영화, 비디오, 그리고 음악레코딩, 컴퓨터 프로그램)이 비(非)서방세계를 지배하고 있다는 사실은 부정하기 어렵다. 하지만 그것이 미치는 영향력은 명백한 경제적 효과 외에는 증명하기 어렵다. 예를 들면, 서구문화물에 장기간 접촉했을 때 어떤 변화가 발생하며, 그것이 자국 문화에 미치는 영향은 무엇인가 등의 질문에 대해 대답하기는 어렵다.

제 2 장 전 세계 뉴스 유통

Robert L. Stevenson

1. 도 입

여러분의 연령에 따라 다음의 몇몇 사건 또는 전부가 기억될 것이다. 1963년 케네디 대통령의 암살, 1969년 인류 최초의 달착륙, 1989년 베를린 장벽 붕괴, 1991년 바그다드 공습 등이 바로 그런 사건들이다. 우리가 이 사건들에 대해 알고 있는 것은 매스미디어를 통해서이다. 보통 우리를 사건현장으로 처음으로 가장 극적으로 데려가는 것은 텔레비전이다.

이 장에서 우리는 전 세계 뉴스시스템과 그것이 어떻게 작용하는가를 살펴본다. 우리는 또한 어떻게 세계가 다양한 관점에서 평가될 수 있는가를 간단히 살펴보고 뉴스시스템이 미국에 의해 통제된다는 주장을 고찰한다. 서구, 특히 영국-미국의 전 세계 뉴스 지배는 최소한 그들의 대중문화의 지배만큼 논란이 되고 있다. 이러한 지배는 부분적으

* 국제적 (방송뉴스) 통신사 부분은 김영욱과 김경모가 연구한 "미디어 환경 변화와 뉴스통신사의 새로운 역할"에서 발췌한 내용을 담았다.

로 1980년대 미국과 영국의 유네스코 탈퇴를 가져온 신세계정보질서에 대한 논쟁을 일으켰다.

글로벌 통신시대에 미디어가 그 사건들을 기록하기 위해 현장에 있지 않는다면 때때로 사건들은 일어나지 않은 것처럼 보인다. 1980년대 아프리카 기아문제는 이를 다룬 영상이 우리 거실로 전해졌을 때에만 세계의 관심을 모을 수 있었다. 1970년대 캄보디아에서 크메르루주의 민족 말살은 공포스러운 내용이나, 영상이 거의 없었기 때문에 크게 주목받지 못했다. 독재자들은 전 세계 미디어로부터 그들 자신을 고립시키려 하지만 보통 제한적이고 일시적으로 성공할 뿐이다.

우리는 미디어와 하루도 떨어져 살 수 없고 미디어는 매일 전 세계 각국에서 발생하는 뉴스를 생생하게 전달해 주고 있다. 하지만 우리는 전 세계 뉴스시스템과 즉각적으로 접촉함에도 불구하고 우리 대부분은 뉴스시스템에 관해서 거의 알고 있지 못하다.

2. 전 세계 뉴스시스템

1) The Big Four, 더하기 또는 빼기 하나

세계에 대부분의 뉴스를 공급하는 소수의 세계 통신사들은 잘 알려져 있지 않다. 그들은 대부분 영-미권 통신사들이다.

통신사에 관한 연구는 '4대' 통신사들에 초점을 맞추는데, 이는 4대 통신사들 모두가 전 세계적으로 운영되고 있고 대부분의 신문들에 실리는 국제뉴스의 약 절반을 공급하기 때문이다. 심지어 방송국에도 네 개의 — AP, UPI, 로이터, AFP — 통신사들은 중요한 정보원이다. 모든 뉴스활동에서 그들은 오랜 노하우를 가지고 있으며 날마다 일상적인 정부활동, 주식시장, 스포츠 경기상황에 대한 요약정보를 제공한다. 세계의 알려지지 않은 지역에서 쿠데타와 지진이 발생할 때 이를 처음 보도하는 것은 항상 4대 통신사이다.

역사상 최초의 통신사는 아바스 통신사(Agence Havas)로 1835년 프랑스의 아바스(Charles Havas, 번역가)에 의하여 설립되었다. 그는 외국신문을 번역해서 번역된 기사를 신문사와 외교관계 기관, 금융계 등에 사람 또는 전서 비둘기(파리-런던을 7시간 만에 연결)를 이용하여 배달하였다. 이후 모르스 전신이 발명되자 아바스는 런던, 브뤼셀, 빈 등지에 특파원을 파견하면서 취재망을 넓혀 초기 통신사의 지위를 확보하였다.

1848년 미국의 뉴욕에 AP가, 1849년 독일에서 유태계 독일인 의사 볼프(Bernhard Wolff)가 볼프 통신사를, 1851년 영국에서 유태계 독일인 출판업자 로이터가 로이터 통신을 설립하였다.

당시 볼프는 다른 통신사보다 빠른 속도로 발전하였는데, 이는 독일을 통합한 비스마르크가 유럽제패 구상을 추진하기 위한 여론조작의 수단으로 볼프 통신사를 이용하겠다는 계획하에 국가적 지원을 받은 결과였다.

설립초기에는 이들 통신사들은 자신들의 취재범위가 자국하고 자국이 진출한 식민지 국가에 한정되었으나 1886년에 아바스 통신사와 로이터 통신사가 재정에 관한 뉴스 교환을 계기로 세계 통신사들간에 카르텔을 형성함으로써 명실공히 국제적 통신사의 기능을 수행할 수 있었다.

4대 통신사들은 세계를 4대 취재권역으로 분할하여 뉴스를 취재, 교환하기로 합의하였다. 아바스는 프랑스, 스위스, 이탈리아, 이베리아반도, 중앙 및 남아메리카, 로이터는 영국제국, 터키, 인도, 극동아시아, 이집트, 볼프는 독일, 오스트리아, 스칸디나비아, 러시아, 발칸반도, 그리고 미국의 AP통신은 당시 프랑스와 영국, 독일에 비하여 식민지 지역이 적었고 국력도 떨어졌기 때문에 미국 지역만을 담당하였다. 통신사들 사이에 카르텔이 형성됨에 따라 로이터는 1893년 아바스와 볼프를 대신하여 유럽뉴스에 목말라하는 AP와 뉴스협정에 조인하였다. 따라서 AP는 영국의 뉴스는 로이터로부터 유럽 및 라틴 아메리카 제국의 뉴스는 볼프와 아바스로부터 로이터를 경유하여 입수할 수밖에 없었다. 카르텔에 묶인 AP는 브라질과 같은 남미국가의 뉴스도 직접 교환할 수 없었으며 런던을 경유하여 로이터로부터 받아야 했다.

이러한 뉴스카르텔은 히틀러의 등장으로 독일의 통신사가 국용화되고 국제사회에서 미국의 위상이 높아짐에 따라 AP가 탈퇴한 1940년까지 64년간 지속되었다.

독일의 볼프(Wolff)와 프랑스의 아바스(Havas), 일본의 도메이(同盟) 통신사는 제1, 2차 세계대전에서 조국이 패전함에 따라 활동을 중지했다. 구소련의 타스통신은 소련연방 해체와 더불어 이타르-타스로 변경되었다.

제1, 2차 세계대전을 거치면서 국제통신사의 이중적 역할이 극명하게 드러났다. 전쟁중에 모든 통신사들은 국익을 위한 선전전에 충실하였다. 제1차 세계대전 당시 로이터는 독일로부터 함대나 군대보다 강력하고 위험한 존재라는 악명을 받았다. 미 국무성 특별고문 맥마흔은 1946년 "로이터는 특별한 관계가 있는 영국정부로부터 특수권익과 원조를 받는 결과 영국의 국익을 옹호하도록 뉴스를 손질한다"라는 지적을 받을 정도였다.

제2차 세계대전 후 주축국 통신사의 몰락과는 대조적으로 미국계 통신사(AP, UP, INS)는 전 세계적으로 통신망을 확장하면서 메이저 통신사로 약진하였다.

국제무대에서 처음으로 등장한 국제통신사들은 국제간 정보유통에 기여한다는 긍정적 역할을 수행했지만 국제정보질서 형성에 있어 서방통신사 지배전통이라는 부정적 유산을 남겨 놓았다. 이들 국제통신사들은 평상시는 서방세계 가치와 문화의 전도사로, 전쟁시는 선전전의 도구로 기능하였다.

뉴스의 세계는 100% 진실을 담고 있는 것이 아니라 가공의 세계다. 여기서 가공이라 함은 없는 사실을 만들어냈다는 의미가 아니라 특정 지역과 특정 사건만이 뉴스로 만들어지며 보도된다는 것이다. 뉴스는 특정한 시각에서 굴절되어 전달된다는 의미에서의 가공이다. 자국의 이해가 반영될 수밖에 없는 국제뉴스에서의 굴절 정도는 국내 뉴스에 비해 정도가 심하다.

다음과 같은 일화는 국제뉴스 세계의 특성을 잘 말해주고 있다.

> "19세기 말까지 세계 통신사는 영국의 로이터, 프랑스의 아바스, 독일의 볼프 통신사가 3분하고 있었으며 미국에 대한 뉴스를 유럽에 전달하는 역할은 영국의 로이터가 담당하였다. 당시 로이터는 미국으로부터 어떤 뉴스가 전달되어야 할지를 결정했는데, 미국은 로이터가 미국에 관한 신뢰할 만한 기사를 보도하는 대신에 서부에서의 인디언 소탕, 남부에서의 린치사건과 북부의 기괴한 범죄들에 관한 뉴스만 세계에 보도한다고 비난하였다."

(1) The Associated Press

AP는 아마도 세계에서 가장 큰 뉴스조직일 것이다. 이는 미국과 캐나다의 신문과 방송들이 소유하고 있는 비영리 기업이다. 실제로 이 나라의 거의 모든 미디어 생산물들은 AP 서비스를 이용한다. 거대한 국내적 기반은 AP 소득의 대부분을 제공하며, 거대 통신사들 가운데 최고라는 평가를 받고 있다. 2006년경 121개국에서 8천 5백 개의 뉴스 기관들이 AP로부터 기사와 사진을 받고 있다.

(2) United Press International.

AP와는 달리 UPI는 민영의 영리기업으로 1907년 설립된 UP와 INS(1909년 설립)가 1958년 합병하면서 만들어졌다.

1970년까지는 AP와 경쟁했으나 1970년대 이후 미국 신문사들간 경쟁이 심화되고 신문사 수가 줄어듦에 따라 AP와의 경쟁에서 밀려나 런던에 있는 방송사에 소유권이 넘어갔다.

재정적 어려움에도 불구하고 UPI는 매일 100개국의 6천 고객에게 1천4백만 단어를 타전한다. 또한 미국 밖에서 81개국에 105명의 통신원들을 유지했다.

(3) Reuter

로이터는 국제통신사의 역할과 함께 전 세계에서 가장 큰 금융정보 공급자로서의 역할을 동시에 하고 있다. 최근에는 미국의 '다우 존스'와 제휴를 맺어 시너지 효과의 극대화를 꾀하고 있다. 또한 1992년 당시 제1의 TV 통신사였던 VIS NEWS를 매입, 로이터 TV로 개칭하고 각국의 방송사들에게 영상뉴스를 제공하는 등 다양한 미디어 확장을 기하고 있기도 하다. 2004년 현재 209개 국가에 18개의 언어로 뉴스와 정보를 전달하고 있다. 현재 세계에서 가장 큰 멀티미디어 통신사이다.

(4) Agence France Presse

AFP는 전 세계 4대 뉴스서비스 독점집단들 중 유일한 비(非)영미권 통신사이다. AP와 UPI처럼 AFP는 국제활동을 위한 시장을 제공하는 거대 국내서비스를 운영한다. AFP는 프랑스 대사관에 뉴스서비스를 판매하여 프랑스 정부로부터 대부분의 수익을 얻으며, 제3세계 미디어에 대한 판매로 수익을 보충한다. 정부에 대한 재정 의존형태는 서구 언론인들을 불편하게 만들지만 AFP는 독립성과 전문성으로 국제적 명성을 유지하고 있다. 이 통신사는 150개국에서 550명의 상근 통신원을 보유하며 144개국에 1만 2천 5백의 가입자들을 보유했다.

(5) 타스, 소련의 전신 통신사

타스는 '더하기 하나'에 속하는 통신사이다. 공산주의가 몰락할 때까지 타스는 다른 소련 미디어처럼 당과 국가의 무기로 운영되었다. 이 통신사는 통신원들이 주재해 있는 국가의 수, 뉴스가 공급되는 언어의 수, 유포되는 단어의 수를 기준으로 할 때 주요 세계 통신사 중 하나로 간주될 수 있다. 그러나 영향력과 뉴스 미디어에 의한 사용을 기준으로 하면 타스는 결코 경쟁력을 갖추지 못했다. 구소련과 소수의 소련 고객국가들을 제외하면 이 통신사는 뉴스원으로서 그 존재가 미미했다. 1992년 초 타스는 이름을 ITAR(Information Telegraph Agency of Russia)로 바꿨다.

혁명 전의 통계를 보면 127개국에 150명의 해외특파원들을 유지하고 있고, 93개국에 5천 백 명의 가입자들을 보유하는 것으로 나타났다.

2) 세계적 지배

4대 통신사, 혹은 3대나 5대 통신사는 모두 본질적으로 한 부류로 분류할 수 있는 규모와 영향력을 가지고 있다. UPI는 뒤처져 있지만, 모두 1백 개 이상의 국가에 지국이나 특파원들을 유지하고 있으며, 여섯 개 이상의 언어로 뉴스를 공급하고, 하루 수백만 단어를 처리하며 몇 초마다 전 세계 게시판에 나타날 수 있는 지구촌 규모의 통신 네트워크를 유지한다. 모든 국가에서 일상적 뉴스를 지배하는 대형사건이 발생할 경우 세계 통신사들은 그것이 일어난 시간과 장소에 대한 이야기를 얻을 수 있고, 그 사건이 여전히 뉴스로서 존재하는 동안 전 세계 신문과 방송에 기사를 내보낼 인적, 기술적 자원을 가지고 있다.

4대 통신사의 지배 이유가 논쟁의 주제이다. 이러한 지배가 갖는 함의 또한 논란이 되고 있다. 4대 통신사가 뉴스 유통을 독점하고 있다는 것, 그들이 "사실상의 헤게모니와 지배하려는 의지"를 가지고 있다는 것은 중요한 비판이 된다. 거대 서구 통신사들이 전 세계 뉴스 유통에 영향을 주는 것은 사실이지만 다른 통신사들의 역할 또한 중요하다.

3) 코끼리의 나머지 부분

코끼리의 서로 다른 부분들을 묘사하는 세 명의 장님 이야기는 세계 뉴스시스템을 검토하는 것과 유사하다. 하나의 시각에서 우리는 전 세계 뉴스 유통을 지배하는 자원을 가진 세계 거대 통신사들만을 본다. 그러나 만일 좀더 자세히 살펴보면 4대 통신사에 의한 국제뉴스 지배라는 쟁점을 더 복잡하게 만드는 시스템의 다른 부분들을 볼 것이다. 서구에서 더 작은 서비스와 전문화되고 대안적인 통신사들은 그들을 필요로 하는 소규모 수용자들을 위하여 다양한 시각을 갖는 뉴스를 제공한다.

제 3세계에서 정보 홍수는 압도적이 아니지만, 개발도상국가에서 가장 가난한 신문이나 방송국(또는 그것을 공급하는 국내 통신사)조차도 실제 보도에 이용할 수 있는 것보다 몇 배나 많은 정보를 다양한 정보원으로부터 받는다.

4) 2류급 서구 통신사들

4대 통신사보다 소규모로 활동하는 6개의 통신사들이 4대 통신사의 그늘에서 운영중이다. 여기에는 dpa(독일), ANSA(이탈리아), EFE(스페인), Kyoto(일본), 신화(중국), MENA(이집트)가 포함된다. 그들은 많은 언어로 뉴스를 내보내고 50(1백 대신)개국에서 적극적으로 활동하며, 매일 수만 또는 수십만(1백만 대신) 단어를 전송한다. 보통 그들은 일반 게시판을 보내고 — 아마도 모국으로부터의 뉴스에 좀더 의존한 — 몇몇 지역지향적 서비스를 한다. 보다 큰 통신사들은 경제 또는 피처서비스를 제공하며, 몇몇은 4대 통신사처럼 특정 지역에 맞는 서비스를 제공하고 있다. 세계 몇몇 지역 — 특히 라틴아메리카와 아시아 — 에서 이 서비스들은 정보혼합에 두드러진 기여를 하고 있다.

(1) 전문화되고 보완적인 통신사들

기술적 혁신과 4대 통신사 지배에 대한 불만의 산물인 새롭고 다양한 뉴스원들이 1970년대와 1980년대에 번창했다. 전문화된 정보원에는 제 3세계와 발전 쟁점들을 지향하는 Inter Press Service(IPS), Depthnews, South-North News나 비동맹운동의 회원국 통신사들이 공급하는 뉴스들을 전송하는 비동맹 뉴스 풀(NANA)과 같은 통신사들이 포함된다.

(2) 국내 통신사들

NWIO에 관한 논쟁기간 동안 미디어 발전을 위한 노력은 통신사가 부족한 소수 국가들에 국내 통신사를 설립하고 이미 운영중인 통신사를 강화하는 데 초점을 두었다. 1990년대에는 사실상 세계의 모든 국가들이 자체적인 국내 통신사를 가지고 있었다. 대부분의 통신사는 세계 통신사들로부터 수집한 소량의 국제뉴스와 자체 제작하는 국내 뉴스의 지역적 교환을 조합하는 중간규모의 통신사들이다. 종종 그들은 그 나라의 취약한 신문, 방송, 정부기관들의 유일한 뉴스원이다.

특히 제 3세계 국가에서 국내 통신사들은 몇 가지 기능을 수행한다. 대부분 기능은 국내 뉴스 보도와 유포에 집중한다. 보다 큰 통신사들은 인접국가나 지역 중심국에 한두 명의 특파원을 보유하고 있으나 나머지 지역에 관한 정보는 4대 통신사나 보완 또는 전문서비스에 의존한다.

통신사는 또한 자국과 세계 나머지 지역과의 중요한 연결을 대표한다. 매일 국내 뉴스는 보통 인접국의 국내 통신사와 교환협약에 의해 주요 통신사로 전송된다.

(3) 지역교환

1970년대 언론인들과 정치인들이 전 세계 뉴스시스템을 비판적으로 보았을 때 가장 취약한 부분은 지역간 뉴스교환이었다. 많은 제3세계 지도자들은 왜 우리는 인접국이 무엇을 하고 있는가를 알아보기 위해 뉴욕, 런던, 파리에 본부를 두고 있는 세계 통신사들에 의존해야 하는가라는 의문을 제기하였다. 그 당시 몇몇 지역간 뉴스교환은 성공적으로 이루어지고 있었다. 이제 더 많은 교환이 이루어지고 있다.

1990년대 세계의 모든 지역은 최소한 하나의 지역교환 통신사를 갖고 있으며 대부분 지역은 여러 개가 있다. CANA(Caribbean News Agency)와 남태평양 군도의 Pacnews(Pacific Islands Broadcasting Association News Service)는 대체로 정부로부터 독립적으로 운영되고 있으며, 세계 통신사들이 공급하는 보도 격차를 메우는 데 어느 정도 성공하고 있다. 다른 통신사들, 특히 PANA(Pan-African News Agency)와 NANA(Non-Aligned News Agency)는 '모든 국가는 스스로 말해야 한다'(또는 침묵을 선택한다)는 NWIO의 원칙에 의해 운영되고 있으며 회원 통신사들이 제공하는 뉴스만을 전달한다. PANA, NANA, 그들의 유형을 따르는 다른 통신사들은 계속 유지되고 있으나 세계 뉴스시스템을 통해 소용돌이치는 뉴스의 파도에 거의 기여하지 않는다. 종종 선의와 기술적 능력을 가진 사람들에 의해 운영됨에도 불구하고, 그들은 지배적인 서구 서비스와 서구적 개념의 뉴스가 지닌 세계적 호소력과의 경쟁이 어렵다는 것을 보여주는 실례로 간주된다.

5) 방송 뉴스

우리가 실제로 본 적도 거의 없고 어떻게 운영되는지도 거의 모르고 있음에도 불구하고 주요 서구 통신사들의 이름들은 매우 잘 알려져 있다. 로이터나 AP의 기자들은 통신사가 어떻게 운영되는지를 알게 해주는 옛날 영화들에서 자주 등장했다. 그러나 방송 뉴스에 대해서는 그렇지 않다. 세계무대에서 괄목할 만한 활동을 보이는 CNN을 제외하고는 아주 적은 수의 TV 뉴스 통신사들만이 세계적인 방송 뉴스의 도매업자로 익명으로 운영되고 있다.

(1) 국제적 (방송뉴스) 통신사들

전통적인 인쇄뉴스 통신사 시장과 별도로 전 세계의 방송 미디어에 다양한 뉴스 시청각물(뉴스화면, 음향, 그래픽, 통계자료 등)을 제공하는 TV뉴스 통신사 시장의 괄목할 성장 또한 지난 20여 년 동안 뉴스 통신사 시장에서 일어난 구조변화로 주목받고 있다. 이 시장은 우선 활발한 인수합병을 통한 소유권 변동(Visnews는 Reuters Television으로 흡수, UPITN은 ABC-DISNEY의 TV뉴스 통신사인 WTN으로 변모했다가 AP의 Associated Press Television Network에 흡수)을 거쳐 인쇄뉴스 통신에서 TV뉴스 통신으로 진출한 두 개의 지배적인 영상뉴스 서비스(Reuters TV, APTN)가 시장을 장악한 구조로 정착되었다. 뿐만 아니라 전 지구적 규모로 방송을 송출하는 초국가적 TV뉴스채널(CNN, BBC World, Sky News 등)의 확산도 특징적 현상의 하나로 꼽힌다. 케이블과 위성을 통해 자신의 뉴스생산물을 수용자에게 직접 제공하거나 다른 방송사에 뉴스화면을 제공하며, 인터넷을 통해 뉴스 서비스를 제공한다. 하지만 동시에 그 자신이 전통적인 TV뉴스 통신사의 텔레비전 뉴스를 공급받기도 하는 뉴스통신사의 고객(*media client*)이라는 점에서 전통적인 뉴스통신사 시장의 '도매업/소매업' 구분을 무의미하게 만들고 있다. 각 지역의 공영방송이 주축이 된 지역간 뉴스교환시스템(Eurovision, Asiavision, Afrovision 등)이 여전히 건재하면서 주요 뉴스통신사와 뉴스교환에 관여하는 현상도 TV뉴스 통신시장의 구조를 더욱 다양하게 만드는 요소이다.

텔레비전 뉴스의 국제 유통과 관련하여 가장 영향력이 큰 뉴스통신사는 AP(Associated Press Television News)와 Reuters(Reuters Television)이다. 두 뉴스통신사는 전통적으로 뉴스 텍스트와 사진을 제공했으나, 사업 다변화를 통해 방송사나 금융정보 데이터베이스에 온라인 뉴스와 텔레비전 뉴스서비스 등 시청각 뉴스물도 함께 제공하고 있다. TV뉴스 공급업자로서 APTN과 Reuters TV는 전 세계 방송사들이 필요로 하는 뉴스 자료화면(*news footage*)의 대부분을 공급한다. 지방·지역·전 지구 차원에서 TV뉴스채널이 증가하고 또 다양해지더라도 이들 방송사 대부분은 극소수의 초국가 TV뉴스 통신사에 국제뉴스 자료를 거의 의존하는 것이 현실이다. 전 세계를 커버하는 위성네트워크에 대한 접근이 가능한 두 TV뉴스 통신사는 위성뉴스 취재방식(*satellite news-gathering deployments*)을 통해 각 방송사에서 직접 방송이 가능하거나 지역언어를 첨가하여 재편집할 수 있게 준비된 뉴스 자료화면을 회원사에 공급한다. 2000년 현재 APTN에는 110개국의 330개 회원사가 가입해 있고, Reuters TV는 93개국의 310개 회원사를 확보하고 있다. 초국가 TV뉴스 통신사에 국제뉴스의 원천이 집중되는 이른바 '전 지구적 뉴스편집실'(*global newsroom*) 현상은 뉴스제작에 요구되는 자원을 삭감하려는 일반 미디어 기업의 경영방침이 일조하기 때문이기도 하지만, 결국 국제뉴스 보도의 획일화를 초래할 우려가 있다(Gurevitch, Levy & Roeh, 1991; Patterson, 1998).

TV뉴스 통신사 부문의 성장은 TV뉴스의 세계화에 기인하는 상호연관된 몇 가지 요소들의 결과라고 할 수 있다. 위성 및 케이블, 그리고 인터넷 기술의 발달과 더불어 전 지구적 규모의 TV뉴스채널이 급속하게 증가했고, 국제커뮤니케이션 레짐의 탈규제화 정책으로 각국의 공영방송은 일반적으로 쇠퇴하는 반면에 상업방송이 강화되는 추세가 뚜렷해졌으며, 공영방송이 주축이 된 범지역간 뉴스교환시스템이 시장 확장과 경쟁을 동시에 유발했기 때문이다.

(2) 위성텔레비전 뉴스

위성을 이용한 세계적인 뉴스 전용 채널로는 단연 미국의 CNN이 돋보인다. CNN은 현재 유일하게 전 지구적으로 24시간 동안 뉴스만을 전문적으로 방송하는 채널이다. 1980년 24시간 뉴스 전용 케이블 방송으로 시작했으나 설립 5년 만에 전 세계의 방송뉴스를 선도하는 명실상부한 국제뉴스 공급자로 급부상했다. Intelsat, Interspunik, PanAmSat은 물론 지역 위성망을 연결하는 'blanket the globe'와 같은 공격적인 세계화 전략의 주요한 결과였다. 150명의 해외특파원을 고용하고 32개의 해외지부를 운영하는 CNN International은 전 세계적으로 2억 2천 백만 가구에 달하는 시청자를 확보하고 있다.

CNN에 이어 중요한 위성뉴스 채널로 BBC World를 들 수 있다. 24시간 방송하는 국제뉴스 및 정보채널인 이 방송은 위성, 케이블, 공중파 등 전 세계의 방송망을 활용하여 18개국에 전파를 보낸다. 유럽, 아시아, 남미 지역의 시청자에겐 그 지역의 중요 소식을 포함한 차별화된 뉴스프로그램을 공급하는 등 지역화서비스를 제공한다. 250명의 해외특파원을 활용하여 42개의 해외지부를 운영하며, 시청권은 전 세계의 1억 3천 5백만 가구에 이른다.

CNN이나 BBC에는 미치지 못하지만 Sky News 역시 매우 중요한 국제 TV뉴스 공급자이다. 1989년 주로 영국과 유럽을 대상으로 24시간 뉴스방송 채널로 서비스를 시작한 이래, 1999년 현재 40여 개국의 7천만 명이 이 채널을 시청하고 있다. CBS, ABC, Bloomgerg TV 등 주요 방송사와 제휴하여 점차 국제적인 보도 및 시청범위를 넓혀가고 있다.

이처럼 앵글로-아메리칸 미디어가 주도하는 전 지구적인 TV뉴스채널에 대항하여 등장한 국제위성뉴스가 1996년 11월 카타르에서 시작한 알 자지라(Aljazeera) 방송이다. '자지라'는 아랍어로 '섬' 또는 '바다'라는 뜻이다. 개국 이후 폭발적으로 시청자를 확보하고, 중동 전역을 대상으로 전파를 내보냄으로써 '방송혁명'을 일으켰다는 평가까지 받았다. 특히 9·11 테러 이후 알카에다와 오사마 빈 라덴에 관한 잦은 특종보도로 유명해진 알 자지라의 명성에 영어방송이 더해지면 국제사회에서 폭넓은 영향력을 발휘하게 될 것으로 예상된다.

6) 국제 뉴스 통신사 시스템

세계 뉴스시스템은 놀랄 정도로 큰 동시에 놀랄 만큼 작다. 이 시스템은 지구 전체를 보도하기 때문에 — 또는 그런 것처럼 보이기 때문에 — 크다. 이 시스템의 추적보도를 영원히 피할 수 있는 나라나 사건은 거의 없다. 물론 보도자원은 불균등하게 배급된다. 대부분의 통신사들은 산업화된 북구와 민주화된 서구에 있으며 그들의 자원은 수입과 고객이 있는 곳에 배치된다. 하지만 어떤 통신사도 세계의 모든 나라에서 활동하지 않고, 아무도 국제뉴스의 수집가와 배포자로 주로 활동하지 않기 때문에 이 시스템은 놀랄 정도로 작다. AP와 UPI는 자신들의 거대한 국내 기반에 의존하고, AFP는 국내시장과 정부보조에 의존하며, 로이터는 자신의 기술, 금융, 그리고 경제서비스에 의존한다. 심지어 가장 큰 통신사들도 해외특파원 수가 수십 명 내지 수백 명(수천 명이 아닌)이고 예산은 몇 백만 달러(수백억 달러가 아닌)에 불과하다. 소니, 엡슨, 필립스 같은 기업규모와 비교하면 통신사는 작은 기업이다.

하지만 우리들 대부분은 전 세계 대부분의 신문에 외국뉴스의 약 절반을 공급하는 동일한 정보원으로부터 지구촌 사건에 관해 알게 된다. 방송국들 또한 일일 세계보도를 위해 통신사들에 상당부분 의존한다.

그러나 세계 뉴스시스템을 보면 보다 더 복잡하다. 많은 신문사와 방송사들이 주요 국가 또는 지역에 상근 특파원들을 상주시키고 있으며 그렇지 못할 경우에는 보통 지역기자들로 구성된 비상근 통신원, 몇 개의 미디어에서 동시에 일하는 프리랜서 작가, 또는 지역 미디어 자체에 의존하여 뉴스를 전달받는다.

1970년대 중반, 미디어 빈곤대륙에서도 가장 취약한 통신사 중 하나인 가나 통신사도 5개의 서구국가, 5개의 사회주의 국가, 2개의 북아프리카 국가 등 12개의 개별 통신기사에 대한 접근권을 가지고 있었다. 1982년 나이지리아 통신사는 AFP, TASS, dpa, OPECNA(OPEC 통신사), IPS, 로이터, UPI 경제서비스로부터 기사를 받았다.

미국에서 소규모, 그리고 중규모 신문은 AP를 포함하여 하나 또는 두 개의 보완서비스 이상으로부터 받은 정보를 취급한다. 노스캐롤라이나 산악지대의 작은 라디오 방송국도 세계 뉴스에 관한 간략한 헤드라인과 AP의 매 시간 방송서비스에 가입할 수 있다. 불충분한 뉴스가 제 3세계 일부지역에서 여전히 문제라면, 서구지역에서의 문제는 뉴스가 너무 많다는 것이다—너무 많은 뉴스가 뉴스 룸으로 흘러들어 오며, 우리의 가정과 생활로 너무 많이 흘러들어와서 우리들이 등을 돌리도록 한다. 어떤 연구에 따르면 4대 통신사가 하루 약 3천 3백만 단어를 생산한다고 측정했는데, 이는 AP의 1천 7백만, UPI의 1천 1백만, AFP의 3백 40만, 로이터의 1백 50만으로 나뉜다. 반면 몇몇 2류급과 전문통신사들은 그들의 생산량을 수백만이 아닌 수천 단어로 측정한다. dpa(독일, 11만 5천), ANSA(이탈리아, 30만), efe(스페인, 50만) 그리고 IPS(개발-지향적 Inter Press Service, 10만). dpa의 경우 11만 5천 단어도 대부분의 고객이 선택할 수 있는 보도량의 10에서 100배에 이르는 양이다.

7) 뉴스 가치

신문의 모든 이슈와 모든 방송 뉴스는 하루 동안의 세계 스냅사진이다. 편집자들은 매일의 지구사진을 찍을 수 있는 공간과 시간을 채우기에 충분한 뉴스를 보유하고 있는가를 걱정하지 않는다. 그들의 문제는 항상 무엇을 포함시켜야 하고 무엇을 포함시켜서는 안 되는가를 결정하는 것이다. 뉴스는 세계 모든 사람들과 사건들에 대한 무작위 표본이 아니다. 세계의 몇몇 사람들, 몇몇 사건들, 그리고 몇몇 부분들은 다른 것들보다 전 세계 뉴스를 통해 보도될 가능성이 크다.

지역적으로 중요한 국제적 사건도 국제통신사, 국제통신사와 계약을 맺은 국내통신사 또는 국내 미디어의 선택을 받지 못하면 세계무대에서 전적으로 무시된다.

여러 미디어 이론에 대한 논의에서 우리는 어떤 종류의 사람, 장소, 그리고 사건을 뉴스 가치가 있는 것으로 선택해야 하는지에 관한 동의가 부족하다는 것을 알 수 있다. 공산주의 언론인들은 뉴스를 맑스가 예측한 것처럼 역사의 진행으로 보며 서구 제국주의에 대항하는 해방전쟁이 아니면 반란을 뉴스 가치가 없는 단순한 사건으로 무시할 것이다. 발전론적 언론인들은 병원의 개원이 뉴스이지만 반란은 뉴스가 아니라고 말할 것이다. 물론 서구 언론인들은 두 가지를 바꾸어 생각할 것이다. 세계에 대한 서구 미디어의 독특한 영향 때문에 일반적으로 서구 제국에서 뿐만 아니라 전 세계의 신문과 방송 보도에는 서구의 뉴스가 반영되어 있다.

왜 어떤 지역과 사건, 사람들은 전 세계 뉴스로 선택되는 반면에 다른 뉴스는 무시되는가? 국제뉴스 선택에 영향을 주는 요인들을 다음과 같다.

(1) 뉴스 수집과 배급의 용이성

기자들은 그들이 배치된 지역에서 보도하며, 그들은 다음과 같은 몇 가지 기준에 의해 특정 지역에 배치된다. 즉, 많은 사건이 일어나는 큰 나라, 훌륭한 항공서비스와 정보통신을 갖춘 나라, 생활하기 편한 나라 등이다. 대부분의 특파원과 자원은 북부에 있으며 남부에는 별로 없다. 정보원의 편향된 배치는 물론 소득과 고객을 반영하지만 이따금 한 나라나 지역을 외부에서 더 잘 취재할 수 있는 현상도 반영한다.

(2) 중심국가의 중요성

뉴스는 인접국가로, 그리고 인접국가로부터 확장된 교역과 문화적 연계를 가진 국가들간에, 그리고 서로를 위협하는 국가들간에 유통되는 경향이 있다. 이것은 미국 미디어에서 중국, EU, 일본, 구소련에 관한 상대적으로 풍부한 보도, 그리고 상황에 따라서 중미, 중동국가들에 대한 보도에서 알 수 있다. 캐나다와 멕시코에 대한 보도 부족은 설명할 길이 없다.

(3) 보도의 용이성

우리는 뉴스를 얻기 쉬운 곳에서 뉴스를 얻는다. (1) 번의 몇몇 요인들이 여기에도 적용되지만 관용적인 정부, 믿을 수 있는 미디어, 공통 언어, 그리고 효율적인 기반구조가 추가된다.

8) 제 3세계의 불만

어떤 면에서 제 3세계 국가들의 불만은 국제적 영향력의 원천으로서 전통적인 부와 정치권력이 감소하는 반면 정보—언어, 대중문화, 그리고 물론 뉴스—가 증가하는 세계 정보경제로의 전환을 반영했다. 그 결과는 개발도상국의 전통적 문화와 모순되는 북반구 선진국들이 여전히 지배하는 세계였다.

서구 뉴스 미디어에 대항하는 발언 가운데 가장 영향력 있는 것 중 하나는 유네스코 대사로 일했던 튀니지의 Mustapha Masmoudi에 의해 제기되었다. 그의 긴 연설은 "현대사회의 커뮤니케이션에 대한 총체적 문제"를 고려하기 위해 1976년 유네스코 총장이 임명한 특별위원회인 맥브라이드위원회에서 제시되었다. 아래의 인용문은 제3세계의 불만의 본질과 강한 감정을 보여주고 있다.

> "북구와 남구 간의 심각한 양적 불균형은 … 선진국으로부터 나와서 개발도상국으로 향하는 뉴스와 정보의 양과 반대방향으로의 유통량 차이에 의해 생성되었고 … 선진국에서 사실상의 독점을 초래한다. 사실상의 헤게모니와 지배하려는 의지는 … 개발도상국가 문제와 관심, 그리고 열망에 대한 선진국, 특히 서구 미디어의 두드러진 무관심에서 증명된다. … 이는 무엇보다도 정보유통에 대한 통제를 통해서 발휘되고 있으며, 대부분 개발도상국가들의 방해 없이 운영되는 초국가적 통신사들에 의해서 왜곡되고 지배되며, 전적으로 주요 국제 컨소시엄에 의해 지배되는 기술통제에 기반하고 있다. … 그들에 의해 처리된 뉴스, 즉 그들이 여과하고 삭제하며 왜곡시킨 뉴스만을 개발도상국가들에 전달함으로써 초국가적 미디어는 개발도상국가에 세계를 바라보는 자신들 방식을 부여한다. … 더욱이 (그들은 종종) 가장 적대적인 시선으로 — 정말로 그들이 관심을 보일 때 — 이들 공동체들을 표현하며, 위기, 파업, 거리시위, 소요 등을 강조하거나 심지어 그들을 비웃는다.
>
> 오늘날의 개발도상국가에 관한 뉴스의 편향적 해석에는 정치적, 경제적, 그리고 문화적 식민주의 형태를 반영하고 있다. 이것은 특정 사례에서 그 의미가 제한적이거나 심지어는 존재하지 않는 사건들을 강조하고, 고립된 사실을 수집하고 그것들을 '전체'인 것처럼 제시하고 그것들로부터 도출되는 결론이 반드시 초국가시스템과 이 시스템이 구축된 나라들 이익에 우호적 방식으로 조정하는 것으로

구성된다. … 심지어 중요한 뉴스도 문제 미디어가 소속된 나라 여론에 이익이 되는 다른 정보에 치중함으로써 무시될 수 있다. 그런 뉴스는 고객 국가들에 전달되며 실제로 이들 나라 독자들과 청취자들이 그러한 뉴스에 아무런 관심이 없다는 사실에도 불구하고 그들에게 전달된다.”

(1) NWIO의 전주곡

서구 저널리즘에 대한 이러한 철저한 고발은 전 세계 뉴스시스템의 서구지배에 대한 논쟁의 본질과 감정, 그리고 완전히 서구적인 언론개념에 대한 (일부의) 거부를 의미한다. 심지어 이 발췌문에서도 신세계정보질서 논쟁의 몇 가지 핵심주장은 명백하다.

① 전 세계 정보시스템은 주변부의 더 작고 약한 국가들을 중심부의 강대국들에 의존하게 하는 옛 제국주의 경제·정치시스템의 재현이다.
② 정보는 전 세기에 세계 대부분을 정복했던 식민군대와 마찬가지로 20세기에 북구국가들에 의해 지배의 도구로 이용된다.
③ 서구 뉴스에 내재된 문화적 가치는 제 3세계에 부적합하며 발전에 역기능을 한다.
④ 순수한 발전은 제 3세계 국가들이 전 세계 정보시스템에서 벗어나고, 서구 모방이 아닌 그들의 필요, 문화적 가치, 전통에 기초한 그들 자신의 것을 확립할 때에만 가능하다.
⑤ 식민지 시대 후의 평등은 과거의 착취에 대한 보상으로 부국들로부터 빈국으로 자원의 대량 이전을 필요로 한다. 이것이 모든 국가들간에 뉴스와 다른 정보의 균형된 유통을 이루는 방법이다.

(2) NWEO(*New World Economic Order*)부터 NWICO(*New World Information and Communication Order*) 까지

NWICO(신세계정보질서) 논쟁 자체는 1960년대와 1970년대 유네스코에서 주로 일어났던 보다 광범위한 논쟁의 산물이었다. 그 논쟁은 북반구의 부유하고 산업화된 민주주의와 남반구의 대부분 가난한 국가들간의 크고 증가하는 격차에 초점을 맞추었다.

NWEO/NWICO 논쟁에 대한 대부분의 발언은 세계적 종속이론 또는 라틴아메리카의 기원을 알려주는 스페인어 dependencia에서 비롯되었다.

종속이론가들에 따르면 전 세계 경제시스템은 식민세력들이 자신들의 이익을 위해 구축하였다. 영국의 식민지였던 인도가 자국에서 생산된 면을 원료로 직조된 영국산 직물을 구매하기 위하여 많은 비용을 지불하도록 만든 체제가 영국의 식민지 규칙이다. 간디의 독립투쟁의 상징은 그가 매일 영국의 식민통치에 항거하여 사용했던 수백 년이 된 물레였다. 이의 현대적 변형은 북미의 소비자들이 식품점에서 얼마를 지불할 것인가의 측면에서 세계 커피가격을 보도하는 것이었다. 북미 신문에 보도되는 커피가격이 어떤 국가에게는 국가 경제적 부를 결정했다. 북부 가정주부들의 값싼 커피 한 잔은 남부 농부의 경제적 재앙이었다.

두 가지 개념이 종속에 대한 주장에서 중요하다. 하나는 중심부 또는 핵심 대 주변부 개념이다. 소수의 식민지 권력이 전 세계 시스템의 중심부를 구성한다. 그들은 간헐적으로 서로 싸웠으나 본질적으로는 세계적 카르텔로 작용하며, 아프리카와 아시아의 거대한 땅덩어리를 자기들끼리 나누고 아프리카, 아시아를 전 세계 시스템의 주변부에 머물게 하였다.

(3) 종속이론

두 번째 개념은 종속 자체이다. 종속이론에 따르면 전 세계 경제운영시스템은 핵심국가들은 강력해지고 부유하게 하는 반면, 주변부 국가들은 가난하고 약하게 해서 핵심부로부터의 투자와 보호에 의존하도록 고안되었다.

1975년 유네스코는 종속이론 주장에 기반한 신세계경제질서(NWEO)를 요구하는 결의안을 통과시켰다. 모든 결의안처럼 그 결의안 역시 강제적 조항이 아니었으며 서구국가들은 거의 관심을 기울이지 않았다.

세계 부의 흐름이 점점 제조, 원료에 의존하는 시대에서 정보와 정보를 통제하는 기술에 좌우되는 정보화시대로 전환됨에 따라 UNESCO를 중심으로 한 국제사회에서 NWICO에 대한 요구는 높아졌다. 하지만 결국 NWEO가 실현되지 않은 것처럼 NWICO의 목적은 결코 실현되지 않았으며 발언조차 사라졌다. 1990년대에 들어서면서 신세계정보질서에 대한 논의는 거의 역사유물이 되었으며 서구지배에 대한 비판자들조차도 다루는 일이 드물게 되었다.

제 3 장 그릇된 출발: 미디어와 발전연구의 경향

Thomas L. McPhail

NWICO로의 움직임은 외관상으로 연관성이 없는 몇 가지 요인들이 합쳐져 이루어졌다. 이러한 요인들은 제2차 세계대전 종전 후 주요 산업화 국가들에 의해 널리 퍼진 근대화 이론과 실천의 실패와 거부가 주된 이유이다. 간단히 말해 근대화 이론은 실패했다.

근대화 이론은 매스커뮤니케이션 시스템을 저개발국가들(LDCs: *Less Development Countries*)이 산업화로 점진적으로 이동하는 데 필요한 요소들 중에서 본질적인 것으로 간주했다.

하지만 커뮤니케이션 실천과 근대성 성과 간에는 연관성이 많지 않은 것으로 밝혀졌다. 서구에서 교육텔레비전이 교실에서 계획된 혁명을 이루지 못한 것처럼 1950년대와 1960년대에 후발 개발국들이 산업화된 국가로 급속하게 발전하기 위한 만병통치약으로서의 방송계획 또한 실현되지 못했다.

방송은 저개발국가에서 제한적 성공만을 거두었다. 실제로 라디오, 텔레비전은 신흥국가들(*the newly formed nations*)에게는 문화적 이익보다는 문화적 해악을 끼쳤는지도 모른다. NWICO를 계기로 축적된 사회과학 이론과 관련 미디어 연구 대부분에서 근대화와 커뮤니케이션 정책들에 대한 대대적인 재검토가 이루어졌다.

1. 발전이론과 커뮤니케이션의 역할

1960년대와 1970년대에 발전의 성과를 논의하면서 윌버 슈럼(Wilbur Schramm)과 다니엘 레너(Daniel Lerner)는 "많은 신생국가들이 GNP로 환산되는 경제성장을 이룩했지만 이들 국가들의 높은 인구증가율에 비추어 볼 때 실질적인 발전결과는 실망스럽다"라고 평가하였다. 이러한 진단은 일반적으로 국제커뮤니케이션과 매스커뮤니케이션 이론을 공부하는 연구자들 사이에 발전이론과 그러한 접근법들에 대하여 재고하도록 했다.

1980년대 초까지 발전커뮤니케이션 연구는 서구, 특히 미국의 매스커뮤니케이션과 근대화 과정에 대한 일반화와 연구방법론으로 특징지을 수 있다. 발전커뮤니케이션은 미국 매스커뮤니케이션 연구의 산물이다.

서구와 제3세계 비판가들은 발전과 커뮤니케이션이라는 미국과 그 밖의 서구의 이론적 모형과 연구방법론 접근법에 질문을 던지고 있다.

근대화와 근대화 촉진프로그램에 관한 대부분의 연구와 정책입안에서 안내자 구실을 하던 발전이론 모델은 유럽과 미국 특히 19세기와 20세기의 이들 국가들의 경험과 발전패턴으로부터 도출된 것이다.

경제학, 정치학, 커뮤니케이션 분야에서 대부분 서구 이론가들은 유럽과 미국을 발전시켰던 패턴과 동력을 서구문화의 특수하고 한시적인 역사 현상의 일부가 아니라 그 이상으로 적용할 수 있는 근대화 모델로 이해했다. 그들은 근대화가 "모든 사회가 참여하거나 모든 사회 발전에 본질적인 것"(Eisenstadt, 1976: 38)으로 결정적이고 움직일 수 없으며 보편적 과정이라고 서구 과정을 예로 들어 결론지었다. 그들은 근대화가 국가의 차이에 관계없이 재현될 수 있는 특성을 지닌 뚜렷한 패턴이 있다고 주장했다. 이러한 특성들은 산업화, 도시화, 문자해독률과 교육의 증가, 매스미디어, 정치적 통일, 차별화로 이어지고, 이는 경제적 성장과 근대화로 연결된다는 것이다. 이에 더하여 근대화 과정을 지체시켰던 전통의 붕괴를 가져다준다.

레너(1955)는 발전과 커뮤니케이션이라는 그의 기념비적 연구인 "전통사회의 통과"(*The Passing of Traditional Society*)에서 발전과 근대화라는 서구적 모형에 기초한 많은 연구들의 탁월성과 보편적 타당성에 대한 초기의 발전사고에서 이러한 강조점을 보여주고 있다.

> "우리가 보여주고자 하는 대로 근대화의 서구적 모형은 세계적 타당성을 지닌 특정 구성요소들과의 인과적 연쇄(*sequence*)를 보여준다. 예를 들어, 도시화 정도가 높은 모든 곳에서는 문자해독률이 증가하는 경향이 있었다. 미디어 노출의 증가는 좀더 넓은 경제적 참여(1인당 소득)와 정치적 참여(투표)와 '함께 나타났다.' 서구에서 도출된 모형은 역사적 사실이다. 동일한 기본적 모형은 인종, 피부색, 주의(*creed*)라는 변수에 상관없이 세계 모든 대륙의 근대화가 진행중인 사회에서 실질적으로 다시 나타난다."

이러한 인과적 연쇄에 대해 부연설명하면서, 그는 시골에서 도시환경으로의 인구이동이 근대국가 이전에 발생해야만 하는 첫 번째 단계라고 설명한다. 도시화는 다음 단계, 즉 문자해독률의 증가와 매스미디어 노출 증가를 이끌고, 그것은 스스로를 상상할 수 있는 공감(*empathy*) 또는 능력을 차례로 발생하게 만든다. 이것은 이어 좀더 큰 경제적, 정치적 참여라는 마지막 단계를 위한 전제조건이 된다.

1) 경제적 성장 모형

발전단계에 대한 가장 잘 알려진 범주화는 로스토우(Rostow, 1971)가 "경제발전단계"(*The Stages of Economic Growth*)에서 전개한 것이다. 그는 발전과정이 다섯 단계로 나뉠 수 있다는 것을 발견했다.

> 전통사회 — 도약(*take-off*)을 위한 전제조건의 구축 — 지속되는 성장으로의 도약 — 성숙화로의 추동 — 고도의 대량소비 시대.

이러한 패러다임은 사회 발전의 진화론적 관점을 반영하는 것으로 각 단계는 생물학적 진화단계들과 유사하게 선행단계를 통과하여 진화한다고 믿었다. 이러한 유형의 패러다임 대부분은 전통사회와 근대사회는 진화론적 단계(*scale*)의 양극점(*opposite ends*)에 놓이게 된다. 즉, 전통사회는 진화의 초기단계로 근대사회로 나아가는 것이 발전하는 것이다. 그러므로 생물학적 진화와 같이 발전은 역행할 수 없는 것으로 가정된다.

2) 발전 패러다임에 대한 비판

발전에 대한 지배적 패러다임은 신생국가들에게 약속한 발전 성공의 일화를 창조해내지 못했다. 비판들이 1970년대와 1980년대에 쏟아졌다. 초기의 비판가 이나야툴라(Inayatullah, 1976)는 패러다임에 대해 가장 납득할 만한 비판을 제시했다. 그는 발전을 보편적 과정으로 가정한 패러다임 가정의 타당성과 근대화의 서구적 패턴과 그것을 용이하게 했던 주변 가치들이 모든 사회에도 들어맞는다고 한 내부논리에 문제를 제기한다.

또한 그는 진화론적 단계의 꼭대기에 있는 선진서구사회는 발전의 지향점이기 때문에 이상적이고, 단계의 밑바닥에 있는 전통사회는 근대화가 일어나지 않는다면 완전히 포기되어야 한다는 지배적 패러다임의 진화론적 주제에 문제를 제기한다.

그가 문제 삼고 있는 근대성 대(對) 전통의 이분법은 근대화가 지배적 패러다임하에서 개념화되었고 여전히 개념화되고 있다는 견지에서 "산업적/농업적", "서구/비서구", "발전된/낙후된"과 같은 수많은 이분법적 연속체의 하나일 뿐이라는 것이다. 이러한 관계정립은 "근대적", "산업화된", "서구적" 이데올로기적 애호 또는 문화적 편견을 수반하게 된다는 것이다(Frey, 1973: 340~342).

지배적 패러다임하의 또 다른 문제점은 발전모형에 반영되어 있는 경제 결정론적 시각이다. 발전 패러다임의 가장 두드러진 특징은 경제적 성장, 특히 자본집중과 기술에 기초한 산업화를 경험한 서구국가들의 발전을 신생국가들에게 동등하게 적용할 수 있다고 생각했다는 점이다.

3) 경제적 성장 모형의 부적절성

지배적인 패러다임하에서는 중앙집권적 경제계획이 "국가가 발전목표를 추구함에 있어 적법하고 합리적인 수단"이라고 가정되었다(Rogers, 1976a: 215). 경제적 발전이 국가적 수준에서 결집되어야만 하고 광범위한 스케일로 수행되어야 한다고 여겨졌다. 소규모 스케일, 노동집약적 운영은 비효율적이라고 여겨졌다.

근대화에서 경제적 요인 못지않게 다른 요인도 중요하다. 경제적 힘만이 발전을 가져다주지 않으며 "프로테스탄트 윤리"의 수용과 같은 구조적인 태도변화가 필요하다.

외부로부터 신생국에 수입된 경제적 실행, 기술, 그리고 미디어 프로그램은 그것들을 운영할 내부 준비가 되지 않았기 때문에 종종 혼란을 일으켰다. 발전론 연구가들은 발전의 전제조건으로서 매스미디어 노출, 텔레커뮤니케이션, 정치적 · 사회적 구조변화, 사회적 유동성, 그리고 개인심리학 같은 비경제적 변수들을 구체화하면서 발전에 대한 종래의 경제적 설명에서 비경제적 설명으로 이동해 갔다. 아이젠슈타트(Eisenstadt, 1976: 34)는 다음과 같이 말한다.

> "초기에는 경제영역의 우선권을 가정하는 경향이 강했다. 그러므로 발전을 위한 경제적 해결책 — 또는 근대성으로 '도약'시킬 추진력 — 에 강조점이 놓여졌다. 그러나 경제 우선권의 가정은 발전과 근대적 경제시스템의 효율적 운영이 경제적 요인만으로 이해될 수 없다는 것을 알게 되었을 때 비교적 초반에 포기되었다."

저개발국가 내에서 변화를 도모하고자 한 제 1세계의 노력은 성공적이지 못했다. 세계은행의 발전보고서(*Development Report*)는 개발도상국들의 산업화는 여전히 상대적으로 형편이 나쁘다고 지적하고 있다. UNESCO의 사무총장, M'Bow는 이 세기의 말까지 전 세계적으로 9억 5천 4백만 명의 문맹 성인들이 있을 것이라고 예견한다.

결론적으로 말해 연구자들은 발전이론들의 기초가 되는 미디어 역할에 대하여 문제를 제기하기 시작했다.

라틴아메리카의 연구자들을 주도하는 루이스 라미로 벨트란(Luis Ramiro Beltran, 1976: 23)은 또한 저개발국가의 미디어 연구가 가지는 중요한 문제를 다음과 같이 지적한다.

> "당연하게 미국은 그 나라의 특별한 구조적(문화적, 경제적, 그리고 정치적) 환경에 적합한 목표와 사회과학의 방법과 유형을 철학적으로 설계하고 구성했다. 미국의 미디어 연구는 지배체제를 도와주고 정당성을 획득하며 일탈행동을 막기 위하여 기존 사회질서에서 우세한 욕구, 목표, 가치와 규범에 준거하여 연구하는 과학이다."

그와 다른 연구자들은 라스웰(Lasswell, 1948)과 라자스펠트와 머튼(Lazarsfeld & Merton, 1948)으로 거슬러 올라가는 미디어이론의 기능주의 학파에 의문을 제기하고 있다. “누군가를 위한 기능주의”라는 것이 비판의 핵심이다. 즉, 기능주의 학파의 연구는 미디어 시스템을 위한 적법하고 합리적인 행동으로 미디어의 엘리트 지위를 받아들이고 현상유지를 강화시켜 준다는 것이다.

또한 발전모델에서 미디어 역할을 보면 일방적이고 상의하달 방식의 일로 간주한다. 정보와 사회경제적 이득분배의 균등성에 대해서는 관심을 기울이지 않는다. 중앙정부가 경제와 정보의 확산을 관리하도록 하면 궁극적으로 대부분의 가난한 사람들은 상의하달 방식의 발전 주도에서 보상을 얻을 것이라고 가정하고 있다.

요약하자면 지배적인 발전 패러다임하에서 매스커뮤니케이션의 발전은 전통사회가 근대성으로 이행하는 데 통과해야만 하는 변화의 보편적이고 필연적인 과정이며, 매스커뮤니케이션은 중앙집권적인 정부기관들이 서비스할 때 최고 기능을 발휘할 수 있다고 생각하였다.

중앙집권적인 매스커뮤니케이션은 일반 공중의 열망을 촉진시키고 전반적인 경제적 성장과 1인당 소득 향상이라는 목표를 위해 근대화에 필요한 새로운 사고, 가치, 그리고 발명들의 수용을 용이하게 해준다고 믿었다. 역기능적인 사회구조 속에서 분배와 변화의 균등성을 촉진하는 미디어의 역할부분은 지배적인 패러다임하에서는 고려되지 않았다. 또한 미디어 소유와 통제 효과와 같이 외국 매스커뮤니케이션의 영향에 대한 비판적 문제들은 언급하지 않았다.

이러한 발전패러다임에서 커뮤니케이션 역할에 대한 이해는 미국중심의 매스커뮤니케이션 연구의 이론적 전통과 모델 내에서 수행된 연구들로부터 영향을 받았다.

2. 미국의 매스커뮤니케이션 연구경향과 발전커뮤니케이션에 대한 오류

커뮤니케이션 연구자들이 그들의 관심을 발전으로 돌렸을 때 그들은 두 가지 유산을 물려받았다. 첫째, 그들은 다른 영역, 즉 경제학, 정치학, 심리학, 그리고 사회학에서 이루어진 발전과정에 대한 이론에 의해서 강한 영향을 받았다. 둘째, 발전커뮤니케이션 연구자들에게 영향을 미친 또 다른 요인은 커뮤니케이션에 대한 기능주의 연구라는 이미 잘 구축된 전통, 방향, 정향성이다.

1) 기능주의

이러한 경향들은 소비사회의 마케팅 관심사를 반영하는 1930년대와 1940년대 미국의 상업적 경향을 지닌 매스커뮤니케이션 연구에서 형성되기 시작했다. 매스커뮤니케이션 연구의 선구자 중의 하나인 라자스펠트(Lazarsfeld, 1941)는 이러한 연구유형을 "행정적 연구"라고 묘사했다. 재스퍼스(Jasperse, 1979: 9)는 행정적 연구를 이런 식으로 특징짓는다.

> "그러한 연구는 미디어 수용자에 초점을 맞추고, 연구목표는 미디어 의도를 좀더 완전하게 실현시켜 줄 정보제공을 목적으로 미디어 이용에 대하여 연구하고 다양한 환경에서 미디어 영향을 평가하는 것을 포함한다. 행정적 연구는 따라서, 매스미디어 시스템 구조 내의 조건들을 조사하고 그 방식에 대한 사실(*facts*) 수집을 강조하면서 미디어 연구는 경험적인 방법론 쪽으로 기울어진다."

역사적으로 미국의 매스커뮤니케이션 연구는 전반적인 사회과정들로부터 분리시켜 특수한 미디어 의도, 메시지, 프로그램, 효과를 따로 수행해왔다. 미국의 매스커뮤니케이션 연구는 커뮤니케이션과 커뮤니케이션 요구(*needs*)가 작용하는 전반적인 사회, 이데올로기, 정치, 문화, 그리고 경제시스템과의 연계를 시도하지 않았다.

미국 매스커뮤니케이션 연구자들은 사회적 통제, 설득, 태도변화와 같은 문제를 조명하기 위하여 사실들을 수집하고 분류하는 데 중점을 두었다. 1930년대에 시작하여 오늘날에도 남아 있는 이러한 경향은 개념적이고 사색적, 이론적, 철학적으로 또는 역사적으로 논쟁적인 접근법에 반대되는 것으로서 수량적이고 경험적이며 행동주의적인 과학방법 쪽에 치중하는 것이다(Jasperse, 1979: 13).

광범위한 시스템과 사회적 맥락분석에 반대되는 미시수준의 수량적, 경험적 방법론에 대한 강조는 대부분 초기 매스커뮤니케이션 조사연구가 메시지 효과라는 특수하게 정의된 문제를 다루기 위한 방송, 정치 또는 광고조직을 위해서 의뢰받은 것이라는 점을 고려할 때 그리 놀랄 만한 일은 아니다. 이러한 조직들은 어떤 종류의 정치적 선전 또는 설득기술이 기대되는 효과, 즉 개인행동상에서 투표, 구매, 일치(*conformity*) 등을 창출할 것인가를 알고자 했다. 그들은 이러한 발견이 어떻게 거대한 사회적, 이데올로기적, 경제적 조직과 관련이 있는가에 대한 관심이 아니라 특정 수용자에 대한 특정의 메시지와 프로그램, 그것들의 단기간의 효과에 관한 구체적 데이터에 주로 관심이 있었다. 효과를 발견하기 위한 수용자 연구는 매스커뮤니케이션 연구를 거의 독점하게 되었다(De Fleur & Ball-Rokeach, 1975).

이러한 효과에 대한 강조와 "적응" 경향을 지닌 기능주의적 연구들로부터 영향을 받은 미국 매스커뮤니케이션 연구자들은 체제 내 존재(*system-in-being*)를 당연한 것으로 받아들이는 경향이 있었다. 커뮤니케이션에 대한 그들의 이해가 권력의 차별적 분산 또는 미디어 접근, 미디어 권력 중심에서의 갈등, 또는 매스미디어 메시지 내용에서 사회 권력 구조의 이데올로기적 지원과 같은 시스템의 기본적 특성을 보여주는 데 실패함으로써 기존체제를 암묵적으로 지지해 주는 경향이 있었다.

미국의 경우 매스커뮤니케이션 연구에서 체제에 대한 쟁점들을 너무나 등한시했다. 하지만 제3세계의 경우에는 누가 미디어를 소유하고 통제하는가, 어떤 목적으로 미디어를 이용하는가? 하는 쟁점에 대한 중요성이 점진적으로 확대되었다. 소수의 제3세계 미디어 시스템에 대한 경험적 연구 중의 하나에서 클리핀저(Clippinger, 1977)는 누가 커뮤니케이션 시스템을 소유하고 통제하며 그것에 의해 누가 이익을 얻는가를 조사했다. 그는 알제리와 엘살바도르의 커뮤니케이션 테크놀로지 개혁을 살펴보았고 다음과 같이 결론짓는다.

> "두 가지 사례연구에서 중요한 발견은 엘살바도르와 알제리 정부는 커뮤니케이션 발전의 우선적 수익자라는 것이다. 부분적으로 이것은 놀랄 만한 발견은 아닌데, 그것은 정부가 일반적으로 모든 주요한 커뮤니케이션 시스템을 소유·경영하기 때문이다."

2) 구조주의

쉴러(Schiller)와 같은 몇몇 비판가들은 누가 커뮤니케이트하는가라는 문제에 좀더 깊숙이 파고들어 엄밀하게 조사해왔고 제3세계 커뮤니케이션 시스템과 그들이 생산하는 메시지의 실제 정보원과 실제 형성자가 서구인들이라는 것을 발견했다. 대부분의 저개발국가들은 자신들의 역사, 욕구, 관심사, 가치, 문화를 반영시킬 국내적인 커뮤니케이션 시스템을 구성하기 위한 전문가 또는 물질적 자원이 없다. 그래서 그들은 서구 커뮤니케이션 테크놀로지의(보통 외국의 촉진프로그램을 통한) 이전과 국내 생산물보다 훨씬 더 싸게 구입할 수 있는 서구

텔레비전 시리즈물, 할리우드 영화, 그리고 와이어 카피와 같은 소프트웨어에 의존해야 한다. 그리고 이에 더하여, 거의 모든 국제적 커뮤니케이션 산업은 거대한 서구의, 주로 미국에 본사가 있는 다국적(*transnational*) 미디어와 텔레커뮤니케이션 복합기업에 의해 소유되고 통제되고 있다.

이러한 것은 서구인들을 우위에 두고자 하는 상품, 취향, 가치, 태도, 그리고 문화적 양식을 위한 수요와 필요를 영원히 존속시키기 위해 의도적이든 그렇지 않든 간에 커뮤니케이션 산업을 이용하는 서구의 정치적, 이데올로기적, 그리고 경제적인 엘리트의 세심하고 비가시적인 네트워크와 아주 밀접하게 묶여 있다. 저개발국가가 텔레커뮤니케이션 하부구조—간단한 단파 라디오 장비로부터 위성을 통한 컬러텔레비전 방송국에 이르기까지—를 구매, 대여, 또는 기부를 통해서 수입하거나 다른 소프트웨어를 수입할 때 그것은 생활양식을 수입하게 되는 것이다. 쉴러는 이것을 문화제국주의 또는 문화적 세력의 확장으로 묘사하고 있다.

3) 전문주의

문화제국주의에서 없어서는 안 되지만 거의 논의되지 않는 부분은 수입된 커뮤니케이션 하부구조의 기술관리와 운영을 위하여 필요한—기술자, 엔지니어, 프로듀서, 감독, 스태프, 해설자 등—전문기술적인 부분들이다. 이러한 전문기술자들은 일상적으로 서구에서 빌려오거나 훈련받으며, 저개발 국가들의 방송 의도 또는 목표를 벗어날지도 모르는 전문주의와 관계가 있는 가치시스템과 태도를 개발국들에 이식한다고 클리핀저(Clippinger, 1972)는 말한다.

"전문기술적인 '엘리트'는 이러한 기술들을 관리하고 유지하도록 요구

> 받고 있으며 이 집단의 관심사는 테크놀로지가 궁극적으로 제공되기를 바랐던 사람들의 관심사와 차이가 날 수도 있다. 확실히 테크놀로지에 의해 서비스받는 집단이 서구적 기술과 태도를 상대적으로 적게 이해하는 교육받지 못한 사람들일 때 자신들의 관심사를 쉽게 구체화할 수 없고, 효율적으로 표현할 수 없다. 따라서 자본집약적이고 기술적으로 복잡한 본성을 지닌 위성, 전화기술과 같은 진보된 커뮤니케이션 기술들이 발전과정에서 바람직한 결과를 초래하기보다는 방해가 될는지도 모른다."

수용자 연구에 편향적이었기 때문에 미국의 매스커뮤니케이션 연구는 국내적이든 국제적이든 미디어 제도와 또 다른 정보원과 권력구조를 묶으려는 연구조사에 집중되지 못했다. 본질적으로 발전커뮤니케이션 전문가들은 서구적인 유형의 테크놀로지와 커뮤니케이션 하드웨어가 발전이라고 여겨지는 서구적 유형의 경제적 성장에 도움이 된다고 생각했다. 하지만 그들이 지지했던 정책은 저개발국가들의 발전과 삶의 질을 향상시키지 못했을 뿐만 아니라 서구에 대한 의존을 촉진시켰다. 그리고 지배 엘리트들의 손아귀에 새로운 커뮤니케이션 권력을 집중시킴으로써 불균형적 이익분배를 더욱 악화시키고, 저개발국가들의 국민들에게 부적합하고 접근할 수 없는 서구적 이상을 촉진시키며, 서구와 저개발국가 간 경제적 격차를 더욱 확장시킴으로써 저개발국가들 내에 긴장과 좌절을 불러일으켰다.

유럽의 연구경향은 "행정주의적" 학파의 연구경향에 반대하는 "비판적인" 것이다. 재스퍼스(Jasperse, 1979: 10)는 이러한 비판적인 학파에 대해 말한다.

> "비판적인 연구자의 임무는 지배적인 사회적 · 경제적 힘을 설명하는 총체적 이론을 공식화하는 것으로 특정 시스템 내에서, 인간의 욕구가 — 커뮤니케이션 욕구를 포함하는 — 어떻게 적응하게 되고 무시되

며 오용되는지를 보여주는 것이다."

비판적 연구는 커뮤니케이션을 광범위한 사회학적 이슈와 관련시켜 검토하는 보다 전반적인 구조 내에서 수행된다.

3. 새로운 출발

발전과 커뮤니케이션의 역할에 대한 맑스주의적 모형은 1970년대에 나타나게 되었다. 이러한 모형들은 저발전의 원인을 제 3세계를 통해 실행하는 서구 자본주의 시스템의 지배와 제국주의적 통제에 의해 유발되는 국제적 불균형에서 찾는다. 실질적인 발전을 위해서는 저개발 국가들뿐만 아니라 현행 국제경제체제 모두에서 급진적 변화가 필요하다는 것을 보여주고 있다.

이러한 맑스주의적 발전도식은 국제적인 커뮤니케이션 산업의 경제적·정치적 통제를 통해 문화적으로, 그리고 이데올로기적으로 제 3세계 국가를 식민주의적 의존상태로 존속시키려는 다국적 기업의 역할에 대한 인식과 연관성을 갖고 있다. 발전에 대한 마오이즘적 모형은 또한 1970년대에 관심을 받았다. 유(Yu, 1976: 232)가 지적한 마오이즘 모형은 다음과 같다.

> "도시화를 포기하고 대신 시골에 부업(*sideline*)과 가내(*cottage*) 산업을 부흥시키며 육체적·정치적 노동, 산업과 농업, 그리고 도시와 농촌 사이의 차이점을 제거하고자 하고 농부의 무리를 대도시로 몰려가게 하는 것이 아니라 농촌에서 산업에 대해 교육하는 모형이다."

로마클럽의 《성장의 한계》(*The Limits of Growth*)에 의해 영향을 받은, 발전에 대한 다른 모형(Schumacher, 1973)은 낡은 스타일의 거대한 발전도식에 반대하여 "작은 것이 아름답다"는 대안을 강조하였다.

연구의 다른 측면에서 새로운 출발이 거시적·미시적 수준 모두에서 사회적 구조가 발전커뮤니케이션에 미친 영향을 측정하기 위한 보다 복잡한 도구를 발견하는 과정에 있다. 요약적으로 서구학자들의 이론적 전통과 연구전통은 매스커뮤니케이션을 공부하는 현재의 연구자들에 의해 재검토되고 있다. 결국 발전커뮤니케이션이 무시해 온 맑스주의적 연구방법과 유럽의 비판학파의 문화연구는 서반구에서 관심을 얻고 있다.

요약하자면 발전의 전제와 이론적인 접근법, 그리고 이에 더하여 북부 미국의 행정주의적 미디어 연구는 이러한 접근법을 지속시킬 길잡이 또는 충분한 희망을 제시해 주는 데 실패했다. 대부분 유럽에 기초를 둔 비판적 학파는 중요한 대안을 제공한다.

▪ 참고문헌

Barhouti, S. (1974), "The role of communication in Jordan's developments."

Beltran, L. (1976), "Alien premises, objects and methods in Latin American communication research," *Communication Research*, 3, pp. 107~134.

Clippinger (1977), "Who gains by communications development? Studies of information technologies in developing countries," pp. 65~187 in United States Senate hearings before the Subcommittee in International Operations of the Committee on Foreign Relations, June 8~10.

Cruise O'brien, R. (1977), "Professionalism in broadcasting in developing countries," *J. of Communication*, 27, pp. 150~153.

Curran, J., M. Gurevitch, and J. Woollacott(1977), *Mass Communication and Society*, London : Arnold.

DeFleur, M. and S. Ball-rokeach(1975), *Theories of Mass Communication*, New York : Longman.

Eisenstadt, S.(1976), "The changing vision of modernization and development," in W. Schramm and D. Lerner(eds.), *Communication and Change : The Last Ten Years and the Next*, Honolulu : Univ. Press of Hawaii.

Frey, F.(1973), "Communication and development," in I. de Sola Pool et al.(eds.), *Handbook of Communication*, Skokie, IL : Rand McNally, pp. 337~461.

Golding, P. & G. Murdock(1978), "Theories of Communication and Theories of Society," *Communication Research*, 5, pp. 339~356.

Gubak, T.(1969), *The International Film Industry*, Bloomington : Indiana Univ. Press.

Halloran, J.(1974), *Mass Media : The Challenge of Research*, Leicester, England : Leicester Univ. Press.

Inayatullah, I.(1976), "Toward a non-Western model of development," in D. Lerner and W. Schramm(eds.), *Communication and Change in Developing Countries*, Honolulu : Univ. Press of Hawaii.

Innis, H.(1972), *Empire and Communications*, Toronto : Univ. of Toronto Press.

______(1951), *The Bias of Communication*, Toronto : Univ. of Toronto Press.

Jasperse, S.(1979), "A comparison of European and American traditions of mass communication research," Presented at the meeting of the Association for Education in Journalism, Houston, August.

Lasswell, H. D.(1948), "The structure and function of communication in society," in L. Bryson(ed.), *The Communication of Ideas*, New York : Harper.

Lazarsfeld, P. (1941), "Remarks on administrative and critical communication research," *Studies in Philosophy and Social Science*, 9, pp. 2~16.

Lazarsfeld, P. & R. Merton (1948), "Mass communication, popular taste, and organized social change," in L. Bryson (ed.), *The Communication of Ideas*, New York : Harper.

Lent, J. (1977), "Foreign news in American media," *J. of Communication*, 17, pp. 46~66.

Lerner, D. (1955), *The Passing of Traditional Society*, New York : Free Press.

Nordenstreng, K. (1968), "Communication research in the United States : a critical perspective," *Gazette*, 14, pp. 207~216.

Rogers, E. (1976a), "Communication and development : the passing of the dominant paradigm," *Communication Research*, 3.

______(1976b), *Communication and Development : Critical Perspectives*, Beverly Hills, CA : Sage.

______(1976c), "Where are we in understanding the diffusion of innovation," in W. Schramm and D. Lerner (eds.), *Communication and Change : The Last Ten Years and the Next*, Honolulu : Univ. Press of Hawaii.

______(1969), *Modernization Among Peasants : The Impact of Communication*, New York : Holt, Rinehart, and Winston.

Rostow, W. (1971), *The Stages of Economic Growth*, Cambridge : Cambridge Univ. Press.

Schiller, H. (1976), *Communication and Cultural Domination*, White Plains, NY: M. E. Sharpe.

______(1974), "Waiting for orders … some current trends in mass communication research in the United States." *Gazette*, 20, pp. 11~21.

______(1969), *Mass Communications and American Empire*, New York : A. M. Kelley.

Schramm, W. (1964), *Mass Media and National Development*, Paris : UNESCO.

Schramm, W. & D. Lerner (eds.) (1976), *Communication and Change : The Last Ten Years and the Next*, Honolulu : Univ. Press of Hawaii.

Schumacher, E. (1973), *Small Is Beautiful*, London : Blond.

Sharp, R. (1979), "Towards a new model of development," *Populi*, 6 (2), pp. 15~20.

Varis, T. (1974), "Global traffic in television," *J. of Communication*, 24 (I) : pp. 102~109.

Wells, A. (ed.) (1974), *Mass Communications : A World View*, New York : Orbis.

Williams, R. (1974), "Communication as a cultural science," *J. of Communication*, 24 (3), pp. 17~25.

Yu, F. (1976), "Research priorities in development communication," in W. Schramm and D. Lerner (eds.), *Communication and Change : The Last Ten Years and the Next*, Honolulu : Univ. Press of Hawaii.

제 4 장

NWICO와 맥브라이드 보고서

Kusum J. Singh & Bertram Gross

쇠퇴기에 접어든 국제커뮤니케이션계에서 1980년대의 몇 안 되는 업적 중 하나는 1980년대 초반 유네스코에서 발행한 신세계 정보와 커뮤니케이션 질서(*New World Information & Communication Order*)에 관한 맥브라이드 보고서다. 커뮤니케이션 문제 연구를 위한 국제위원회(위원장인 Sean MacBride의 이름을 따서 맥브라이드위원회라고 일반적으로 불려진)에 의해 준비된 보고서는 《다양한 목소리, 하나의 세계 : 커뮤니케이션과 사회 오늘과 내일》(*Many Voices, One World: Communication and Society Today and Tomorrow*)이라는 제목으로 출판되었다. 처음으로 세계 각국의 전문가들이 머리를 맞대고 만든 이 보고서는 "학문적인 설명문보다는 타협적인 문서", "거대한 전 세계의 청중들을 위하여 소규모 전문가 집단이 준비한 정치적 문서였다"라는 비판을 받았다.

맥브라이드 보고서에 반대하여 제 1세계 미디어 지도자들은 1981년 초에 반-카라카스 모임을 조직하고 탈로아 선언(*the Declaration of Talloires*)을 제시하였으며 이는 미국과 영국 등 제 1세계 국가들의 유네스코 탈퇴로 이어졌다.

1. 맥브라이드위원회 : 배경과 형성

맥브라이드위원회의 출현을 이해하기 위해서는 제2차 세계대전 이후 옛 식민제국의 와해와 함께 일어난 "제3세계주의"(*Third Worldism*)의 기원을 돌아보아야 한다. 1956년 반둥회의에서 식민지 지역의 지도자들은(유고슬라비아의 참여로) "비동맹"운동을 조직했다. 그들은 비동맹운동을 자본주의와 공산주의 사이의 완충제, 즉 미국에 의해 주도되는 제1세계와 소련에 의해 주도되는 제2세계 사이의 완충제로서 작용하는 제3의 힘으로 정의하였다.

이 움직임이 성장함에 따라 비동맹 지도자들은 "신식민주의"(또는 신제국주의) 와 "문화적 제국주의"에 대하여 두 갈래로 공격을 시작했다. 이러한 공격의 핵심은 노골적이지는 않지만 서로 대립되는 두 개의 제3세계 집단간의 불편한 연합에 기반을 두고 있다. 이 두 집단들은 자국의 전 사회구조를 혁명화하려는 반자본주의자들과 서구의 다국적 기업에 의한 지배를 반대하거나 그들로부터 보다 유리한 조건을 얻는 데 관심을 가지는 토착 자본주의자들로 구성되어 있다. 처음부터 소련(그리고 조금은 다른 방식으로 중국도) 은 자본주의 세계를 분할하려는 의도하에 처음부터 제1세계에 대항하는 제3세계 국가들의 단합된 노력을 지원하였다.

결과적으로 UN과 유네스코와 같은 기관에서 국제적 안건에 대한 투표결과가 시간이 흐름에 따라 대폭적으로 변화하였다. 1950년대까지만 해도 대부분의 제3세계 국가들이 서구의 편에 섰기 때문에 소련(소련 블록) 은 여전히 소수에 속했다. 그러나 1970년대에 소련 블록과 제3세계 국가들 대부분이 공조 투표를 함으로써 미국과 같은 제1세계가 소수로 전락하였다.

이처럼 UN에서 제 3세계 국가들의 보다 강력해진 입지로 인해(세계은행이나 국제통화기금의 관리에 참여하지 않음에도 불구하고) 두 가지 유형의 비동맹운동의 움직임은 1973년에 이르러 명확한 형태를 띠게 되었다. 1973년 알제리회의에서 비동맹 지역의 지도자들은 신국제경제질서와 신국제정보질서에 대한 긍정적인 제안을 마련했다.

1974년 5월 UN 총회는 신국제경제질서의 구축 선언을 채택했다. 이 선언은 "불평등, 지배, 종속, 협소한 자기 이익, 분화"로 특징지어진 기존의 질서를 "경제나 사회적 체계와 관계없이 국가들간에 동등, 주권의 평등, 상호의존, 공공이익, 국가들간의 협조"에 기초한 새로운 질서로의 전환을 요구하였다. 이러한 추상적 개념에는 서방세계로부터 보다 많은 재정적 지원을 받을 수 있으며, 서구 기술에 대한 접근이 늘어나리라는 희망이 담겨 있었다.

그러나 이런 희망은 스태그네이션(*stagnation*)과 인플레이션(*inflation*) (종종 스태그플레이션으로 불리는)으로 점철된 세계 경제위기 때문에 무산되었다. 이와 같은 상황에서 개발도상국의 무역조건은 악화되어 서방시장에서 개발도상국 제품들이 차지하는 입지는 축소된 반면에 재정, 기술 원조는 UN기구를 통하기보다는 개별국가들간에 직접 이루어지는 쌍방향적 성격을 띠게 되었다. 이는 곧 서방세계 개인기업들이 개발도상국에 투자하고 통제하는 데 필요한 우호적 환경이 조성된 반면, 개발도상국들이 생산한 제품들이 서방시장에 접근할 수 있는 입지를 잃었다는 것을 의미한다.

다양한 제 3세계 지도자들과 전문가들은 신식민주의적 문화지배에 강력한 공격을 전개했다. 이 공격은 유네스코의 튀니지 종신대사인 Mustapha Masmoudi에 의해 가장 명확하게 정교화되었는데, 그는 자유시장과 자유무역 등의 자유유통이라는 서방의 개념들은 신제국주의적 통제라는 본질을 감추고 있다고 주장하였다.

제 3세계 지도자들은 또한 UN 총회의 경제질서에 대한 선언과 맥을 같이하는 국제간 정보유통에 관한 선언을 유네스코 회의에서 요구했다. 2년간의 지속적 논쟁이 있은 후 1978년 유네스코에 참가한 각국 대표들은 실질적으로 구체적 내용이 없는 일반적 성격의 매스미디어 선언을 다수의 찬성 속에 채택했다.

일반적인 선언문 이상으로 발전하기 위하여 UNESCO는 제 1세계 국가들과 제 3세계 국가들 양측의 입장에 관한 타협안을 도출하기 위하여 커뮤니케이션 문제 연구를 위한 국제위원회를 설치하기로 동의했다. 유네스코 총장인 세네갈의 Amadou-Ashtar M'Bow는 위원회의 회장으로 맥브라이드(Sean MacBride)를 선출하였다.

맥브라이드는 1920년대와 1930년대 아일랜드 공화군에서 활동했으며 나미비아에서 UN 위원으로서의 활동은 그에게 노벨평화상과 레닌평화상을 안겨주었다. 그룹을 결성하는 데 있어서 M'Bow는 공식적으로 정부를 대표하지는 않지만 "세계의 이데올로기적, 정치적, 경제적, 그리고 지리적 스펙트럼을 대표할 수 있는" 전문가들을 찾았다. 이러한 스펙트럼의 본질은 다음의 내역에 의해 제시된다.

- 제 1세계 : Elie Abel(미국), Hubert Beuve-Mery(프랑스), Sean MacBride(아일랜드), Michiko Nagai(일본), Johannes Pieter Pronk (네덜란드), Betty Zimmerman(캐나다)
- 제 2세계 : Sergei Losev(소련), Bogda Osolnik(유고슬라비아)
- 제 3세계 : Elebe Ma Ekonzo(자이레), Mochtar Lubis(인도네시아), Gabriel Garcia Marquez(콜롬비아), Mustapha Masmoudi(튀니지), Fred Isaac Akporuaro(나이지리아), Gamal El Oteifi(이집트), Juan Somvia(칠레), Boobi George Verghese(인도)

16명으로 구성된 위원들은 자본주의, 사회주의, 비동맹국가들로 구성되었으며 그 총 책임자는 아일랜드의 맥브라이드였다. 위원회는

"*Many Voices : One World*"라는 NWICO의 지지자들과 반대자들 간의 협상에 대한 기록으로 보이는 장황한 보고서를 출간하였다.

이것이 1980년 벨그레이드에서 개최된 UNESCO 총회에서 채택된 NWICO에 대한 결의문의 기초가 되었다. 이 결의문에서는 (1) 자유로운 유통, (2) 균형, (3) 저널리스트들에 대한 자유와 책임, (4) 문화정체성에 대한 존중과 다른 국가들과의 커뮤니케이트할 권리들을 접목시키려 시도했다는 점이 주목받고 있다. 결의문은 다음과 같다.

총회에서

(1) 정보와 커뮤니케이션 신질서(NWICO)는 다음과 같은 점에 기초한다.

① 현 상황을 특징짓는 불평등과 불균형의 해소.

② 특정 독점자들에 의한 부정적 효과(공적 또는 사적인)와 독점자들의 집중현상 방지.

③ 정보와 아이디어들이 좀더 광범위하고 균형 잡힌 상태에서 자유로이 흐를 수 있도록 내적, 외적 방해요소들을 제거.

④ 정보원과 정보 채널의 다원성.

⑤ 언론과 정보에 대한 자유.

⑥ 커뮤니케이션 미디어에 종사하는 모든 저널리스트들과 전문가들에 대한 자유 보장, 책임과 분리시킬 수 없는 자유.

⑦ 발전도상국들이 그들이 처한 상황과 조건들을 발전시킬 수 있는 능력.

⑧ 이러한 목표 성취를 선진국들이 도울 수 있는 진지한 의지.

⑨ 각 문화정체성에 대한 존중, 각 국가가 그들의 이해관계 희망, 사회적, 그리고 문화적 가치들을 세계에 알릴 권리.

⑩ 평등, 정의, 상호이익에 기초한 정보의 세계적 공유에 참여할 인간의 권리를 인정(존중)하는 것.

⑪ 인종적, 사회적 집단과 개인의 정보원에 대한 접근권과 커뮤니케이션 과정에 능동적으로 참여할 수 있는 공중의 권리 존중.

(2) 이러한 NWICO는 UN에 명시된 국제법과 제반 규정들에 근거하여 제정되어야 한다.
(3) 정보와 커뮤니케이션 문제에는 다양한 해결책의 제시가 필요한데 이는 사회적, 정치적, 문화적, 그리고 경제적 문제들이 국가마다 상이하기 때문이고 한 국가 내에서도 집단마다 다르기 때문이다.

2. NWICO 출발과 발전

신국제정보와 커뮤니케이션 질서(NWICO)의 개념은 원래 비동맹운동의 100개 이상 회원국들에 의해 개발되었다. 1973년 8월 알제리에서 열린 제4차 정상회의에서 매스미디어 문제들에 관한 논의가 이루어졌다. 제4차 정상회의의 "경제협력을 위한 행동 프로그램"에서 개발도상국들이 보다 많은 사상의 상호교환을 증진하기 위해 "매스커뮤니케이션 분야에서 단결된 행동을 취할 것"을 촉진하는 특별담화를 채택하였다.

2년 후 비동맹운동 외무장관회의는 페루의 리마에서 "정보와 매스커뮤니케이션 확산분야에서의 협력"이라는 특별결의안을 채택했다. 결의안에서는 개발도상국가들의 뉴스통신사 연합을 창설하기 위한 유고슬라비아의 통신사 TANJUG의 창설을 지지하였고 모든 정보관련 문제들을 논의하기 위한 국제세미나 개최를 제안하였다. 이 심포지엄은 1976년 3월 튀니지에서 열렸고, 신정보와 커뮤니케이션 질서의 확립과정을 위한 실질적인 시발점으로 볼 수 있다.

이 심포지엄 보고서는 "개발도상국 국민들은 정보 지배의 희생자들이며 이러한 지배는 그들의 가장 순수한 문화적 유산에도 타격을 준다"고 주장했다. 보고서는 계속해서 "정보 지배는 아주 미묘하고 다양한 형태를 가지고 있다. 즉, 거대 국제언론사와 같은 강력한 초국가업체들에 의한 정보의 가장 큰 부분에 대한 통제와 조작에서부터 강대국들의 정보미디어에 대한 기술통제에 이르기까지 다양한 모습으로 나타난다.

보고서는 개발도상국가들이 사용하는 위성에 의한 커뮤니케이션은 선진기술을 소유한 자들의 의지에 달려 있으며 개발도상국가들의 정치, 경제, 사회적 현실에 결정적 영향을 미친다고 지적하고 있다.

"NWICO"라는 표현이 처음으로 사용된 것은 이 심포지엄에서였다. 보고서의 제 27항은 다음을 강조한다.

> "세계 정보가 소수에만 호의적이고 다른 국가들은 무시하는 불안정성을 보이기 때문에, 이러한 상황을 변화시키고 정보의 비식민화를 획득하며 정보에서 신국제질서를 주도하는 것은 비동맹국가들과 개발도상국가들의 의무이다."

심포지엄 보고서에 기초하여 1976년 7월 뉴델리에서 열린 정보의 비식민화에 관한 비동맹국가 장관회의에서 26개 제안을 채택했다. "뉴델리 선언"은 다음과 같다.

1. 현재 세계정보유통은 심각한 부적합과 불균형을 보이고 있다. 정보와 커뮤니케이션 수단은 소수 국가들에 집중되어 있다. 대다수 국가들은 소수 중심부로부터 유포된 정보의 수동적 수용자로 쇠락하고 있다.
2. 이 상황은 종속과 지배의 식민지 시대를 영속시킨다.
3. 정보의 확산은 현재 소수 선진국가의 소수 언론사들 손에 의해 조정되며 나머지 세계 사람들은 이러한 언론사의 매체를 통해 서로를 보고 심지어는 그들 자신도 보도록 강요된다.
4. 정치적, 경제적 종속이 식민주의의 유산인 것처럼 정치적, 경제

적 성장의 성취를 방해하는 것은 정보분야의 종속이다.

5. 정보수단이 소수에 의해 지배되고 독점되는 상황에서 정보의 자유는 실제로 자신들이 선택하는 방식으로 정보를 전달하고 객관적으로 정확하게 정보를 전달하고 받을 권리를 갖는 나머지 다수의 사람들을 사실상 부인하는 소수의 자유를 의미하게 되었다.
6. 비동맹국가들은 특히 이러한 현상의 희생자이다. 세계평화, 정의, 평등한 국제경제질서 구축을 위한 그들의 개인적 또는 집단적 노력은 국제 뉴스 미디어에 의해 무시되고 오해되었다. 정치적, 경제적 독립과 안정을 지키려는 그들의 노력은 훼손되었다.
7. 비동맹국가들은 현재 상황에서 서로를 알기 위한 수단들을 거의 갖지 못하고 있다. 단지 기존의 뉴스 미디어와 뉴스 센터, 필요한 자원이 결여된, 저개발되거나 미개발된 그들의 뉴스 미디어를 통해서 알고 있을 뿐이다.

이 선언은 비동맹운동의 최고 주체인 정상회의에서 한 달 후 채택되었다. 제 5차 정상회의의 정치선언(Colombo, 1976. 8)은 "정보와 매스커뮤니케이션 분야에서 새로운 국제질서는 새로운 국제경제질서만큼 중요하다"고 결론지었다. 콜롬보 정상회의의 정치선언은 세 가지 긴 항목을 추가했다.

161. 비동맹국가들은 과거 식민지 시대의 유산인 비동맹국가와 선진국가 간의 점증하는 커뮤니케이션 능력의 격차에 대한 우려를 갖고 있다. 이 격차는 다수의 국가들을 편향되고 부적합하며 왜곡된 정보의 수동적 수용자로 전락시키는 종속과 지배의 상황을 만들었다. 그들의 국가적, 문화적 정체성의 보다 완전한 확인과 확신은 따라서 그들에게 이러한 심각한 불균형을 시정하고 상호협력의 새로운 시대에 보다 큰 추진력을 제공하기 위한 긴급한 단계를 시행할 것을 요구한다.

162. 국내 정보 미디어의 해방과 발전은 객관적이고 정확하게 정보

를 전달하고 전달받을 권리가 거부된 세계의 대다수 사람들의 정치, 경제, 사회적 독립을 위한 전반적 투쟁의 통합적 부분이다. 정보원의 독립은 정보분야의 종속이 결국 정치적, 경제적 성장의 성취를 방해하기 때문에 기술적 독립만큼 중요하다.

163. 비동맹국가들은 지역 내의 기반과 함께 쌍무적(雙務的)이고 보다 적극적인 협력을 취하고, UN과 다른 국제포럼에서의 활동에서 협력함으로써 이러한 목표들을 달성해야 한다. 비동맹국가들이 자신들의 기존 기반구조를 강화하고 이 분야에 이미 도입된 과학적 기술발전의 이점을 최대한 이용하는 것이 특히 필요하다.

정상회의는 "뉴델리 선언"을 지지했고 다음과 같은 신국제정보와 커뮤니케이션 질서의 실행을 위한 제도화된 기제의 설립을 허가했다.

- 비동맹 국가들간 정보 조정을 위한 정부간 위원회(IGC)
- 비동맹 뉴스 풀의 조정위원회(NANAP)
- 비동맹 국가들의 방송기구 조정위원회(BONAC)

콜롬보 정상회의에서의 이와 같은 결정과 함께 개발도상국가들은 콜롬보 정상회의 2개월 후 케냐 나이로비에서 열린 제 31차 UN총회와 제 19차 유네스코총회에 NWICO의 확립에 대한 아이디어를 기초결의안 형식으로 제출하였다.

UN 결의안(31/139)은, 1976년 12월 16일 정보와 커뮤니케이션 분야에서 개발도상국에 대한 보다 많은 지원을 요구하는 결의안이 만장일치로 채택되었다. 총회는 유네스코—1946년 창립된 이후로 커뮤니케이션 문제를 다루는 특별기구—가 보고서를 준비하고 제 33차 총회 의제에 그 항목을 다시 포함시키도록 하였다.

총회 결의안 4.141은 "유네스코는 개발도상국가들을 종속상태로부터 벗어나도록 도울 수 있는 UN기구의 하나로 간주될 수 있다"고 했다. 유네스코 총장은 튀니지 심포지엄, 뉴델리 회의, 콜롬보 정상회의의 "정보와 커뮤니케이션에 관련된 제안들"에 "특별한 주의를 기울이고," "이러한 제안들과 일치하는 정규적 프로그램 활동에 우선권을 주도록" 결정하였다. 또한 유네스코 총장은 현 세계의 커뮤니케이션 문제 전반을 연구하기 위한 국제위원회의 설립과 "정보의 균형 있는 국제적 유포를 달성하기 위한 제 19차 총회의 다양한 결정들과 이 분야에서 개도국들에 대한 지원을 제공할 필요성"을 제안하였다.

제 20차 총회(파리, 1978)는 현행 국제커뮤니케이션 체제 수호를 주장하는 제 1세계국과 변화를 요구하는 개발도상국 간의 상호 주장을 적당한 선에서 타협한 "매스미디어 선언"을 채택했다. 선언에서 유네스코 회원국들은 "새롭고 보다 공정하고 보다 효과적인 세계 정보커뮤니케이션 질서의 구축을 위한 개발도상국들의 염원"에 대한 관심을 표명했다.

제 21차 총회(베오그라드, 1980)는 커뮤니케이션 문제 연구를 위한 국제위원회(맥브라이드위원회)의 보고서를 논의했으며 NWICO의 확립 촉진을 위한 구체적 제안을 갖는 장문의 결의안을 채택했다. 결의안은 NWICO의 11개 원칙을 개관하고, "이러한 새로운 세계 정보커뮤니케이션 질서는 UN 헌장에 제시된 것처럼 국제법의 기본원칙에 기초해야 한다"고 했다.

이 총회에서 유네스코에서 확립한 "커뮤니케이션 발전을 위한 국제프로그램"(IPDC: *International Program for Development of Communication*)에 대한 결의안을 채택했다. IPDC에 관한 제안에서 유네스코 회원국들은 "대부분 커뮤니케이션 분야에서 선진국과 개도국 간에 존재하는 심각한 종속상황과 기술적, 전문적, 물질적, 재정적 성격의 두드러진 불평등, 나아가 정보분야에서 국제관계에 대한 더 많은 참여와 민주화, 식민주의 잔재 극복에 대한 요구"를 강조했다. 그들은 "신국제정보 커뮤니케이션 질서를 구축할 필요성"을 강조했으며, 개발도상국가에 대한 지원이 정치적으로 관련되어서는 안 되고, 개발도상국들에게 근대적 커뮤니케이션 기술에 대한 접근을 촉진하는 우호적 조건을 증진시키는 방향으로 이루어져야 한다고 주장했다.

1973년 알제리의 제 4차 정상회의 이후 NWICO의 구축을 향한 노력의 결과는 무엇인가? 이 질문에 대한 대답은 모순적이다. 한편으로는 개발도상국가들의 상황이 개선되는 측면이 있으며 다른 한편으로는 증가하는 종속과 넓어지는 격차의 상반된 경향이 여전히 존재한다.

개발도상국가들에게 긍정적인 성과를 다음과 같이 요약할 수 있다.

첫째, 개발도상국가 정보시스템의 개발이 가속화되고 있다. 지난 15년간 개발도상국가들의 일간신문과 라디오, 그리고 텔레비전 수상기의 수는 두 배 이상으로 증가했다.

둘째, 개발도상국가들간에 실질적인 지역간, 지역 내 협력의 질이 향상되었다. NWICO의 노력의 주요 결과는 개발도상국 지역 내 통신사의 구축이다. 1980년대 초, 아프리카의 범아프리카 뉴스통신사(PANA), 아시아의 아시아 뉴스 네트워크(ANN), 라틴아메리카의 ALASEI가 개발도상국가들의 합자투자로 시작되었다. 아랍지역의 CANA와 같은 지역 하부서비스도 개발되었다. 그들은 어느 정도는 다른 초국가 뉴스통신사들의 일방적인 정보를 교정하는 개발도상국들에 관한 믿을 만한 정보를 제공한다.

라디오와 텔레비전 방송분야에서도 유사한 과정이 일어났다. 비동맹운동의 지역간 기구인 BONAC은 NANAP과 유사한 방법을 개발했다. 즉, 조정위원회를 갖고 지역협력을 촉진하였다. 아시아 태평양 방송연합(ASBU), 아랍 방송연합(ABU), 아프리카의 라디오와 텔레비전 네트워크 연합(URTNA), 그리고 라틴아메리카 방송연합(ULCRA)은 이 분야에서 개발도상국가들을 위한 발전을 이루어왔다. 아랍국가들의 최초 통신위성인 ARABSAT의 출범은 TV페스티벌의 조직과 프로그램 은행의 설립과 유사하다. 이는 라디오와 텔레비전 방송분야에서 개발도상국가들 노력의 구체적 결실이다.

셋째, NWICO의 설립과정을 촉진하기 위한 정치적 기제가 비동맹운동 내에 존재한다. 1973년 이후 NWICO가 정상회의의 단독의제가 되었다는 사실은 특히 중요하다. 확립된 기제와 함께 이는 그러한 과정의 지속을 보장해 준다.

1976년 비동맹국가들의 정보조정을 위한 정부간 위원회(IGC)는—뉴델리(1976), 하바나(1977), 로마(1979), 바그다드(1980), 조지타운(1981), 라 발레타(1982)의 연례회의와 함께—1983년 뉴델리의 제7차 정상회의에서 재조직되었다. 정상회의는 새롭고 보다 고위급인 "비동맹국가들의 정보장관회의"(COMINAC)를 설립하고 정치적 조정의 향상을 결의했다.

넷째, NWICO의 설립과정을 위한 확고한 목적, 원칙, 그리고 개념들이 있다. NWICO의 개념화는 영구적이고 발전적인 과정이다. 이는 실질적으로 알제리 정상회의에서 시작되었으며 지속되고 있다.

NWICO 개념의 발전은 지속과 변화 간의 통일을 보여준다. 목적(탈식민화와 민주화)과 원칙(자결, 주권, 불간섭, 협력)은 변함이 없었다. 국내적 노력과 국제적 노력 간의 관계와 다른 세계적 문제들과 NWICO의 상호연관과 관련된 발전이 가시화되었다.

개발도상국가들의 대다수는 그들이 NWICO를 처음 요구했을 때, 새로운 국제 "매스미디어" 질서의 관점에서 생각했다. 1980년대에 들어서자 더 많은 비동맹운동 회원국들은 NWICO는 매스커뮤니케이션뿐 아니라 정보통신과 데이터 커뮤니케이션도 포함해야 한다는 것을 인식했다. 그들은 새로운 정보와 커뮤니케이션 기술 도전은 매스미디어가 제기한 지적이고 문화적인 활동들을 능가한다는 것을 깨달았다. 그들은 정보문제가 국가안보와 경제개발에 밀접하게 연관된 전략적 문제임을 인식했다. 그래서 개념은 부분적으로 소프트웨어에서 하드웨어로 전환되었다.

다섯째, NWICO의 구축과정을 촉진하기 위해 UN체제 내에서 새로운 국제적 기제와 도구가 탄생하였다. UN체제 내에서 국제협상 의제에 NWICO 문제를 도입한 것은 국제사회에서 구체적인 정치적, 경제적 조치들을 가져왔다. 대표적인 것이 1980년에 유네스코에서 설립한 커뮤니케이션 개발을 위한 국제프로그램(IPDC)이다. 초기 7년간 IPDC는 개발도상국가들에서 2천만 달러 상당의 2백 개 이상의 커뮤니케이션 프로젝트를 추진했다.

하지만 정보와 커뮤니케이션 분야에서 개발도상국의 상황을 개선하기 위한 이러한 경향은 다른 한편 최소한 세 가지 측면에서 정체 또는 퇴보라는 반대 경향에 직면하고 있다.

첫째, 정보와 커뮤니케이션 분야에서 선진국과 개도국 간의 격차가 확대되고 있다. 국가 정보능력 발전에 약간의 진보가 있었음에도 불구하고, 개발도상국가에서 발전속도는 특히 〈표 4-1〉과 〈표 4-2〉에서 나타나듯 라디오와 TV 분야에서 선진국보다 느리다.

둘째, 개발도상국가들 내에 새로운 불균형이 존재한다. 이미 다소 충분한 수준에 이른 개도국들이 있는 한편 어떤 나라의 경우 1970년 목표의 최소치인 100명당 5개의 신문, 5개의 라디오 수신기, 5개의 TV 수상기도 보급되지 못하였다. 심지어 1985년에도 후발국가들은 이 최소치에 이르지 못하였다. 라디오 수신기는 21개국, TV수상기는 43개국, 신문은 60개국에서 목표를 달성했을 뿐이다.

이러한 “불균형한 저개발”의 한 가지 결과는 NANAP과 BONAC 같은 비동맹운동의 제도 내에 다른 국가들을 지배하는 몇몇 강력한 국가들이 존재한다는 것이다. 뉴스 풀의 100개 회원 중 $\frac{1}{4}$만이 정규적으로 활동하고 있다. 유사한 상황은 PANA에서도 나타난다. 이러한 전 아프리카 네트워크의 뉴스서비스를 수신하거나 송신할 기술, 인력, 재정능력이 없는 PANA 회원국들이 있다.

또 다른 결과는 "불균형한 저개발" 영역에서 고도의 커뮤니케이션 기술 도입이 격차를 줄이기는커녕 더 늘리는 결과를 가져왔다는 것이다.

예를 들어, ARABSAT의 출범은 엄청난 과잉용량을 만들면서 아랍세계에서 텔레비전과 라디오 프로그램 유통의 새로운 불균형을 창조했다. 이 운동에 의해 만들어진 실용적 도구들이 — 독립성을 강화하고 자기의존을 생성하며 정보유통의 현존하는 불균형을 교정하기 위한 목

〈표 4-1〉 라디오 방송분야에서 개발된 국가들과 개발중인 국가들 간의 격차

	라디오 방송			
	전송자		수신기	
	1970년	1983년	1970년	1983년
개발된 국가들	16,200	21,640	5억 7천2백만	9억 9천6백만
개발중인 국가들	5,990	8,370	1억 1천2백만	3억 9천4백만
차이	10,300	13,270	4억 6천만	6억 2백만

자료 : 《유네스코 통계연감 1986》(Paris, 1987), pp. VI ~ 13ff.

〈표 4-2〉 텔레비전 방송분야에서 개발된 국가들과 개발중인 국가들의 격차

	텔레비전 방송			
	전송자		수신기	
	1970년	1983년	1970년	1983년
개발된 국가들	16,900	41,800	2억 5천5백만	5억 2천1백만
개발중인 국가들	800	3,570	2천3백만	9천2백만
차이	16,100	38,230	2억 3천2백만	4억 2천9백만

자료 : 《유네스코 통계연감 1986》(Paris, 1987), pp. VI ~ 13ff.

적으로 — 다시 초국가 통신사들의 지배하에 놓이는 반생산적 기제로 변화할 수도 있다는 위험은 매우 명백하다. ARABSAT의 남아 있는 용량은 거대 초국가 네트워크들에 의해 재빨리 이용될 수 있다.

셋째, NWICO의 설립을 위한 UN체제 지원이 감소하고 있다. 서방국가들, 특히 미국은 NWICO운동을, 전 세계적으로 정보를 수집하고 처리하며 배급하는 자신들의 언론자유에 대한 위협이라고 규정했다. 헤리티지재단, 세계언론자유위원회, 전미출판인연합, 국제출판인연맹, 그리고 그 밖의 기구들이 NWICO의 설립과정에 대항하는 실질적인 "전쟁"을 시작했다.

이러한 대립 결과로 개발도상국가들은 정보분야에서 저개발상태를 극복하고 정보의 국제유통을 탈식민화하고 민주화하기 위한 그들의 시도를 완전히 이루지 못했다. 미국과 영국의 유네스코 탈퇴, 대다수 서방국가들의 IPDC에 대한 재정봉쇄, 유네스코와 UN 내에서 NWICO의 개념에 대한 연구와 논의의 감소, 정보문제에 관한 UN방안에 반대하는 투표 등은 NWICO확립에 효과적으로 기여할 수 있는 UN체제의 노력을 감소시켰다.

3. 보고서에 대한 반박 : 탈로아 선언

유네스코의 베오그라드 총회는 그후 맥브라이드 보고서에 부분적으로 제시된 두 제안들을 따라 활동을 진행했다.

첫째, 총회는 개발도상국들의 언론인들을 훈련시키고, 커뮤니케이션 하부구조 발전에 기여하기 위한 국제프로그램인 IPDC를 제안했는데, 이는 미국중심의 제안이었다.

둘째, 베오그라드 총회는 신세계커뮤니케이션 질서를 보다 충실히 정의하고 뉴스 미디어 보도에서 광고 영향을 조사하며, 위성통신의 국제 규제가능성을 연구하기 위한 일련의 작업프로그램을 허가했다.

또 프랑스 정치학자들에 의해 제기된 내용으로 언론인들에게 그들이 일반적으로 받아들여진 언론인 윤리강령을 위반한 경우 회수될 수 있는 신분증 발급을 제안하였다.

이러한 결정에 대하여 제1세계 국가들은 언론자유를 침해할 것이라고 비난하면서 특히 면허에 대한 제안에 대하여 강력하게 반발했다. 〈뉴욕타임스〉(*The New York Times*)와 〈뉴리퍼블릭〉(*The New Republic*)은 유네스코가 이러한 시도를 기각하지 않으면 미국 대표들은 "모두 사퇴할 것"이라고 주장했다. 제1세계 지도자들은 윤리면허증에 대한 제안뿐 아니라 (보고서에서 주장되지 않았던) 맥브라이드 보고서의 여러 제안들에 대한 반대의견을 표명하기 위하여 프랑스의 탈로아에 모였다.

제1세계 지도자들은 탈로아 선언을 통해 "자유유통"이라는 제1세계 국가들의 원래 이념을 재확인했으며 균형을 이룬(*balanced*)이라는 단어를 삭제했다. 상업화, 독점 또는 관료제에 대한 보고서의 비평을 특별히 언급하지 않고, "소비자에 대한 서비스로서, 자율적으로 유지되는 언론을 위한 재정지원을 제공하는 데 있어서 광고의 중요성"에 대한 지지를 확인했다. 커뮤니케이션의 민주화에 대한 보고서 주장에 논평하지 않고, 그들은 "자유롭게 정보를 받을 국제적 권리"를 지지하고 "이러한 기본권리를 침해하는 어떠한 것에 대해서도" 반대를 표명했다. 마지막으로 윤리와 면허에 관해서 그들은 매우 노골적으로 반대의견을 주장했다.

선언에 대한 후속문에서 제1세계 대표들 중 하나이자 세계 언론자유위원회와 자유협회(Freedom House)의 일원인 레너드 서스먼(Leonard Sussman)은 제1세계의 대표들이 "전 세계 정보의 자유유통 팽창을 궁극적 의무로 받아들이는 제3세계 국가들에게만 커뮤니케이션 기술원조를 제공할 것"임을 분명히 선언해야만 한다고 주장했다. 맥브라이드 보고서에 대한 제 1세계국가들의 대응에 대하여여 〈뉴욕타임스〉는 "언론의 국제규제를 위하여 장기간 지속된 캠페인의 휴전은 끝났다"고 말했다.

4. 미국에서의 NWICO에 대한 반대운동

NWICO에 대한 정의는 서방국가들에게는 정보의 자유로운 유통을, 제 3세계 국가들에게는 균형유지를 도모하였음에도 불구하고 미국 정부와 미디어들은 NWICO와 유네스코에 대한 지속적 비판을 제기하였다.

20세기 초까지 국제커뮤니케이션 무대에서 약자였던 미국의 경험을 보면 왜 미국이 정부차원에서 NWICO에 대한 저항운동을 전개했는지 동시에 미국 미디어가 왜 반대했는지를 알 수 있다.

미국의 미디어는 1940년대부터 국제커뮤니케이션을 독점하고 있었던 영국과 프랑스로부터 벗어나려는 시도를 계속했다. 1942년 AP의 부장이었던 켄트 쿠퍼(Kent Cooper)는 "*Barriers Down*"이라는 저서에서 다음과 같이 주장했다.

> "뉴스의 해외전달에서 AP를 제외하면 로이터와 아바스(Havas, 프랑스)는 다음과 같은 목적을 충족시켰다.
> (1) AP가 경쟁에 참여하지 못하도록 막았다.
> (2) 미국을 비방하는 뉴스를 마음대로 제시할 수 있었다.
> (3) 반박 없이 그들 국가들 뉴스의 경우는 좋은 내용만을 보도할 수 있다."

> "그들이 속한 국가들은 항상 찬양되었다. 이는 영국과 프랑스 문명의 대단한 발전에 대한 보도를 통해 가능했고 이로 인한 혜택은 물론 전

세계로 돌아가는 것으로 알려졌다."

또한 쿠퍼는 다음과 같은 항의를 했다.

"로이터가 미국으로부터 어떤 뉴스가 전달되어야 하는지를 결정한다. 그 뉴스에서는 전쟁상태에 있는 서부 인디언들의 모습이 보도되었다. 미국의 책임에 관한 기사는 수십 년 동안 전혀 전달되지 않았다."

이러한 비판은 오늘날 NWICO 지지자들의 견해를 반영하고 있다. 나아가 오늘날 제3세계 국가는 미국이 이러한 대열에 합류하였다고 본다. 1946년 1월 윌리엄 벤턴(William Benton) 국무차관의 다음과 같은 견해에 대해 국무성의 보도가 있었다.

"그는, 미 국무성은 미국의 사적 통신사, 잡지, 영화, 그리고 전 세계에 확산된 다른 커뮤니케이션 미디어의 확장에 존재하는 인위적인 벽들을 붕괴할 수 있도록 정치적, 외교적 모든 수단을 동원하겠다고 말했다. 언론의 자유, 정보를 교환할 자유는 우리 외교정책의 매우 중요한 부분이다."

NWICO에 대한 더 긴 역사적 안목이 정보의 자유로운 흐름에 대한 접근방법은 하나 이상이라는 사실을 이해하는 데 도움이 될 것이다. 또한 이는 미국이 직면해 있던 같은 문제로 제3세계 국가의 정책들이 자극되어 있다는 사실도 NWICO를 인식하는 데 도움이 될 것이다.

유네스코에 대항하는 공격의 주요 골자는 Time, UPI, AP, NAB를 포함하는 31개 미디어 조직으로 구성된 세계 언론자유위원회(WPFC)로부터 제기되었다. WPFC는 미디어 경영자의 이익을 주로 대변해 주며 그들이 기증한 기부금에 의해서 운영되고 있다. 세계 언론자유위원회는 〈맥브라이드 보고서〉와 〈벨그레이드 결의문〉 모두를 반대하며 그들은 프랑스에서 1981년 회담을 개최하였는데, 이 회의는 "자유의 목소리"로 지칭되었다. 이 회담에서는 선언문이 채택되었는데, "정보의 자유로운 흐름의 확대를 위한 모든 노력과 협력"을 주창하였고, 유네스코에는 언론을 규제하는 규정의 제정과 뉴스 내용을 규제하려는 시도를 중단할 것을 촉구하였다. 미국 의회도 이 운동에 적극 동참하였다. 결국 레이건 행정부는 1984년 말 유네스코에서 공식 탈퇴하였다.

▪ 참고문헌

Galbraith, John K. (1980), "Galbraith on Communication," in Carl Marcy (ed.), *Items on East-West Relations : Just for the Press*, Washington, D. C. : American Committee on East-West Accord, April/May.

Gross, Bertram(1980), *Friendly Fascism : The New Face of Power in America*, New York : Evans.

Hamelink, Cees(ed.) (1980), *Communication in the Eighties : A Reader on the "MacBride Report"*, Rome : IDOC International.

Krauthammer, Charles(1981), "Brave News World," *The New Republic*, March 14.

Lewis, Paul(1981), "Gloves Come Off in Struggle With Unesco," *New York Times*, May 24.

Masmoudi, Mustapha(1979), "The New World Information Order," *Journal of Communication*, 29(2), Spring.

New York Times(1981), "And 'Ethical' Censorship at UNESCO," *New York Times editorial*, February 17.

Singh, Kusum(1979), "Gandhi and Mao as Mass Communicators," *Journal of Communication*, 29(3), Summer.

______(1977), "Elite Control and Challenge in Changing India," in

George Gerbner (ed.), *Mass Media Policies in Changing Cultures*, New York : John Wiley and Sons.

Singh, Kusum and Bertram Gross (1981), "Alternative Communication Strategies in Third World Countries," *Communicator* (Journal of the Indian Institute of Mass Communication), January. Also in *Economic and Political Weekly* (Bombay), February 21, 1981.

Stavianos, L. S. (1981), *Global Rift : The Third World Comes of Age*, New York : William Morrow.

Sussman, Leonard (1981), "Opposing Assaults on the World's Free Press," *Wall Street Journal*, June 16.

United Nations (1978), "The New World Order for Information," *Tunisian Ministry of Information*, October 20, A/SPC/33/L. 5.

United Nations (1980), "Assessment of the Progress made in the Establishment of the New International Economic Order ···." Report of the Director-General for Development and International Economic Co-operation, August 7, A/S-11/5.

제 5 장 문화제국주의에 대한 네 가지 담론

John Tomlinson

1. 문화제국주의의 개념

문화제국주의라는 용어는 특별히 오랜 역사를 가지고 있지는 않다. 그것은 다른 많은 급진적 비평용어들과 더불어 1960년대에 출현하여 20세기 후반의 대표적 유행어의 하나가 되었다. 그 용어에 대한 기존 정의들은 수없이 많이 있지만 잘 알려진 학자의 지적은 다음과 같다.

> "제국주의 특히 문화제국주의로 알려진 문제에 접근할 때에는 항상 어떤 불안이 뒤따른다. 이 포괄적인 개념은 잘못된 의미로 사용되는 경우가 지나칠 정도로 많다"(Mattelart, 1979: 57).

마틀라르가 암시하고 있는 바 그 문제의 하나는 문화제국주의가 포괄적인 개념이라는 것이며, 그로써 폭넓게 유사한 현상들을 언급하고 있다는 것이다.

그러므로 문화제국주의의 개념을 간략하고 명확하게 정의하기 위해서는 '문화'와 '제국주의' 각각에 대한 폭넓은 이해가 요구된다. 이를 위해 우리는 윌리엄스(Williams, 1983: 160)의 저서 《핵심 용어》(*Keywords*)에서 이러한 구성요소가 되는 용어들에 대한 그의 짤막한 설명을 참고할 것이다.

윌리엄스는 특별히 제국주의라는 용어의 발전에서 두 가지 요소에 주목하고 있다. 하나는 그것으로써 정치체제를 주로 언급하는 경우와 또 하나는 경제체제를 주로 언급하는 경우이다. 전자는 식민지 지배와 관련하여 19세기 영국인들의 사용례에서 유래되었고 후자는 근대자본주의 발전의 여러 단계를 분석한 20세기 초 맑스주의적 방법에 그 뿌리를 두는 것으로, 이렇게 역점을 두는 방식의 차이점이 이 용어에 내재하는 모호성을 설명해 준다. 왜냐하면 그는 오늘날 제국주의라는 용어는 미국과 소련 모두의 행동을 기술하고 또 탄핵하기 위하여 사용된다고 주장하고 있기 때문이다. 하지만 '미국의 제국주의'는 정치적 '식민주의'의 형태를 취하는 것이 아니라 주로 전 세계에 걸친 자본주의와 관련된 경제적 지배를 가리킨다. 반면 '소련의 제국주의'는 주로 소련에 의한 동구권 위성국가들의 정치적 지배를 기술하기 위하여 소련 맑스주의자를 비판하는 사람들이 사용하고 있다. 그래서 그는 제국주의라는 동일한 단어가 그 당시 세계에서 가장 확실히 대립되는 두 개의 정치경제체제를 기술하기 위하여 부정적 의미로 사용된다는 점을 강조하고 있다.

문화에 대한 정의는 더욱 복잡하다. 1950년대 이래 주목받고 있는 연구의 하나로서, 인류학자인 크래버와 클럭혼(Kroeber & Kluchkhohn, 1952: 47)은 영국과 미국 문헌에서만 문화에 대한 150개 이상의 정의를 모았다. 여기에서 우리는 문화의 정의를 둘러싼 상당한 혼란이 있다는 점과, 또한 문화의 개념은 매우 광범위하여 이 모든 정의들을 수용하고 있음을 알 수 있다. 문화에 대한 가장 일반적인 정의는 어떤 복잡한 전체의 양상에 대한 인식에서 출발한다. 사실 문화개념에 대한 이러한 입장이 가장 일반적이었을 것이다. 이러한 유형의 정의는 19세기 영국 인류학자인 타일러(E. B. Tylor)가 잘 표현하곤 했는데 지금도 자주 인용되고 있다.

> "문화란 … 지식, 신념, 예술, 법률, 풍속 등 사회구성원으로서의 인간들이 획득한 모든 다른 능력과 관습을 포함하는 복합체이다" (Tylor, 1987; Goudsblom, 1980: 56).

이러한 정의는 인간생활이 하나의 전체적 경험이라는 인식을 반영하고 있다는 점에서 분명히 매력적이다. 하지만 문화를 가장 폭넓게 받아들일 수 있는 하나의 정의로 묶어버린다면, 이론적으로는 아무 쓸모도 없는 정의인 일반론으로까지 격하될 가능성이 크다. 이런 측면에서 역사는 유용하게 정의될 수 없다는 니체의 의견을 음미할 필요가 있다. 문화야말로 역사적으로 발전된 것으로 이를 이해하기 위해서는 현대적 담론에서 사람들이 어떻게 그 용어를 사용하고 있는가를 이해하는 것이 더 중요하다.

윌리엄스는 그러한 입장을 받아들여 문화에 대한 정의를 세 가지로 구분하였다. (1) '지적, 정신적, 심미적 발달의 일반적 과정'을 기술하는 것, (2) '일반적으로 사람들이, 시대가, 집단이, 또는 인류가 갖는 특정한 생활양식'을 시사하는 것, (3) '지적 활동 중에서 특히 예술적 활동의 성과와 실천'을 의미하는 것 등이 그것으로서, 문화제국주의에 대한 담론에서는 (2)와 (3)이 지배적으로 나타난다.

(2)에서 우리가 주목하는 것은 문화의 복수화라는 측면이다. 문화를 복수형으로 말하는 것은 인류발전의 '올바른' 유형, 예를 들면 문명에 대한 유럽중심적 개념에 암시되어 있는 문화는 하나뿐이라는 아이디어를 반박하는 것으로, 매우 중요한 의미를 지니고 있다. 즉, 이는 특정한 문화의 주권(*sovereignty*)에 대한 어떤 의미를 내포하고 있다.

'삶을 살아가는 방식'의 문제는 다른 어떤 것에 의해서가 아니라 바로 이 문화를 소유한 특정한 집합체가 빚어낸 판단에 의한 것이다. 이러한 사상은 일반적으로 현대 자유주의적 사상 전체를 지배하는 것이고, 문화제국주의를 인식하기 위한 기초적인 것이다.

윌리엄스의 세 번째 유형도 또한 문화제국주의에 대한 담론의 중요한 측면을 파악하는 데 도움을 준다. 그가 말하는 것처럼 '지적 활동, 특히 예술적 활동의 성과와 실천'의 의미는 아마도 가장 널리 퍼져 있는 일상적 이해일 것이다. 대부분의 사람들에게 문화는 '음악, 문화, 미술, 조각, 연극, 영화'를 의미한다. 그러나 예술활동 성과와 실천에는 약간 고급문화적인 색조에서부터 대중문화나 오락, 특히 매스미디어까지도 포함한다. 이러한 인식은 예술과 철학을 통한 언어로부터 저널리즘, 패션, 그리고 광고에 이르기까지 '사회의 상징적 활동'(*signifying practices*)으로서 문화를 보는 현대문화 연구에서 보편적으로 사용되고 있다.

세 가지 유형의 문화에 대한 설명을 제시한 후 윌리엄스는 문화라는 용어에 대한 하나의 '참된' 의미탐구에 반하는 충고를 하고 있다.

> "학문에서 개념의 사용이 명확해야 한다는 것은 분명하다. 그러나 일반적으로 말해서 중요한 것은 의미의 범위와 중복성이다. 의미의 복합성은 일반적으로 인류발전과 특정한 생활양식 관계에 관한, 그리고 이 두 가지 모두와 예술 및 지성의 성과와 실천과의 관계에 관한 논의의 복잡함을 가리키고 있다."

지금 '문화제국주의'라는 합성용어에서 '문화적' 요인에서 문제가 되는 것은 바로 이러한 의미의 복합성과 그것이 나타내고 있는 논의이다. 그래서 우리는 여기에서 학술분야의 전문용어에서 한정시키지는 않고 넓은 범위의 담론—학문, 논의, 문학, 관료 등 기타—에 등장하는 용어를 다루고 있다. '문화'라는 용어가 지금도 여전히 발전하고 있다는 윌리엄스의 지적을 받아들인다면 '문화제국주의'라는 용어를 사용하는 가운데 파생되는 의미 또한 다양하리라는 사실을 받아들여야 한다.

2. 문화제국주의 테제: 장님 코끼리 만지기

13세기 이슬람 수피(Sufi)교의 선생인 루미(Rumi)는 손의 감촉만으로 코끼리를 묘사하려는 장님들에 대한 이야기를 한 바 있다. 어떤 사람은 코를 만져 보고 코끼리를 밧줄 같다고 했고, 다른 사람은 다리를 만져 보고서 코끼리는 나무 같다고 했으며, 또 다른 사람은 귀를 만져 보고서 코끼리는 부채와 같다고 묘사했다. 이 이야기의 요지는 미개한 상태의 인식과 지각이 어떻게 전체로서의 진실, 즉 응집된 실재로서의 코끼리를 놓치고 있는가를 보여주는 것이다.

바로 이와 같은 피상적 이해가 문화제국주의에 대한 학문적 언급에서도 예외가 아니라는 점을 지적할 필요가 있다. 턴스톨(Tunstall)이 말하는 것처럼, 문화제국주의의 테제는 "세계 도처에서 전통적 지역문화가 미국의 경박한 상품들과 매스미디어 생산물들의 무차별적 대량판매에 의해 파괴되고 소멸되는 현상"을 호소하고 있으나, 문화제국주의에 관한 다양한 저작과 언사들 속에는 일관성이 존재하지 않는다는 것이다. 맑스주의적 비평가들이 그 용어를 사용했을 때와, 자유주의적 비평가들이나 유네스코에서 한 국가의 대표가 그 용어를 사용할 때는 그 사용방식이 전혀 다르다.

3. 문화제국주의를 말하는 네 가지 방식

때때로 문화제국주의 비평가들은 문화제국주의를 문화적 지배라고 부르고 있다. 제3세계 문화제국주의의 경우에는 제국주의는 현재의 지배와 과거 식민지 시대 간의 연결을 가리키고 있는 것이다. 여기서 주목할 것은 제국주의라는 용어가 일련의 경제적 의미와 정치적 의미 양쪽 모두를 지닌다는 그 모호성에 있다. 따라서 우리가 제국주의라는 용어를 선택할 때면 그 용어가 갖는 모호성을 수용할 수밖에 없는 것이다. 그런데도 '제국주의'와 '지배'라는 용어에 공통적인 것은 부정적인 의미로 두드러지는 바, 권력, 지배, 혹은 통제의 개념을 포함하고 있다는 사실이다.

1) '미디어 제국주의'로서의 문화제국주의

출판된 대다수 문화제국주의에 대한 담론들은 미디어 — 텔레비전, 영화, 라디오, 인쇄매체, 광고 — 의 문제를 핵심에 위치시키고 있다. 미디어 제국주의에 대한 담론으로부터 야기되는 주요 쟁점들은 지배가 발생했다고 말하는 방식과 관계가 있다. 미디어 제국주의에 대한 비판가들은 종종 지구적인 미디어 구조의 제도적 양상에 관심을 갖고 있다. 제3세계에서 값싼 텔레비전 프로그램을 덤핑판매하는 것이나 혹은 서구 통신사들의 시장지배와 같은 그러한 쟁점들에 초점을 둠으로써 그들은 기본적으로 정치경제적 지배형태에 대한 비판을 확대하고 있다.

한편으로는 세계적 규모에서 미디어 소유와 운영에 관련된 문제가 있다. 이런 논점은 미디어 생산물 — 텔레비전 프로그램, 광고, 뉴스 등 — 이 생산되고 분배되는 방식과, 그리고 특히 강력한 다국적기업의 시장지배와 관련이 있다. 다른 한편으로는 이러한 시장지배가 어떠한 의미를 갖는가 하는 문제가 있다. 외국 텔레비전 프로그램의 소비 등이 한 사회 내의 문화유형에 어떠한 영향을 미치는가? 그것이 서구에 만연되어 있는 '소비자중심주의'(*comsumerism*)의 확산과 같은 문화적 가치들을 의미있게 변화시키는가? 또는 그것은 올바른 전통적 문화를 파괴하고 압도하거나 떠밀어 내고 있는가?

첫 번째 쟁점은 보통 정치경제학의 문제 혹은 제도의 '거시 사회학'의 문제로 여겨질 것이다. 여기에 관련된 지배의 개념은 주로 경제적 관점에서 설명할 수 있다. 그것은 신제국주의의 일부로서 제 1세계와 제 3세계 간의 종합적 관계를 구조화하는 것이다. 따라서 이 지배는 발전도상사회의 '종속이론'으로 설명된다. 두 번째 쟁점들은 앞서의 경제제국주의와 구별되는 문화적인 것이다. 여기에서 함축하는 바는 미디어 텍스트의 내용과 그 수용이 '제 3세계 사람들의 생활과 인간관계'에 끼치는 영향과 관련하여 그 구체적 분석방법이 존재한다는 생각이다. 하지만 이러한 접근방식은 전자의 구조적 접근방식과는 달리 바로 문화적 차원이기 때문에 연구에 많은 어려움과 복잡성이 자리잡고 있다.

대표적인 미디어 제국주의에 대한 담론들을 살펴보기로 하자. 첫 번째 쟁점을 대표하는 학자로는 쉴러를 들 수 있다. 쉴러(1976)는 미디어 제국주의에 관해 가장 많은 글을 쓴 학자 중 하나로 장기간에 걸쳐 이들 문제들에 대해 일관된 태도를 유지해 온 사람이다. 그의 접근방법은 월러스타인의 '세계체제'의 관념과 종속이론을 받아들인, 넓은 의미의 신맑스주의 패러다임의 전형이라 할 수 있다. 종속이론은 과거 식민지 국가들이 여전히 서구에 의존하는 상태로 남아 있다고 강조하는 것은 물론이며, 그의 접근방법에서 중요한 열쇠 — 최소한 쉴러가 채택한 방식 — 는 근대 지구적 자본주의가 갖는 통합적 체계의 성격이다. 이 접근방법에서는 다국적기업, 때로는 초국적기업을 집중적으로 다루었는데, 그 이유는 일반적으로 그것이 지구적 자본주의체제에서 가장 중요한 단위를 상정하고 있기 때문이다.

다국적기업들의 막강한 경제력과 세계적 규모의 시장, 천연자원과 노동력 착취로부터 얻는 이익은 결국 많은 비판가들에게 자본주의 발전의 중요한 요소 및 제3세계 경제의 주요 결정요인을 상징하는 것으로 생각되었다. 쉴러의 관심의 초점은 '근대 세계체제의 핵심인 다국적기업의 이데올로기적 지지기반이 되는 정보분야 하부조직'인 매스미디어에 부여된 역할이다. 그에 따르면 다국적 미디어 기업들은 근대 세계체제 및 그 체계를 선도하는 다국적기업의 '선전, 보호와 확장을 위한 대리인'으로서 활동한다는 것이다.

쉴러의 접근방법과 대조적인 것은 특정 미디어 텍스트에 초점을 두고 그들의 제국주의적 성격을 밝히는 목적을 가진 분석들이다. 이러한 분석들은 많지 않지만 아리엘 도르프만과 아르망 마틀라르의 《도날드 덕을 어떻게 읽을 것인가: 디즈니 만화의 제국주의적 이데올로기》가 대표적이다(Dorfman & Mattelart, 1975; Dorfman, 1985).

책 제목이 시사하는 것처럼 도르프만과 마틀라르는 월트 디즈니 세계의 때묻지 않고 건전한 외관 뒤에 감추어진 제국주의적 가치관을 폭로하고 있다. 《도날드 덕을 어떻게 읽을 것인가》는 살바도르(Salvadore)의 민중통일정부의 혁명적 사회주의가 잠시 번성하던 때 칠레에서 집필되었다. 미국의 묵인하에 피노체트(Pinochet) 장군이 무력으로 군사혁명위원회를 구성한 1973년 이후 이 책은 공공연히 소각되었고 책의 저자는 강제 추방당했다. 그후 이 책은 여러 언어로 번역, 소개되어 현재에는 반제국주의 문화비평의 고전이 되었다.

이 책에는 제국주의 이데올로기의 정의와 그 효과이론화라는 기본적인 이론적 동향이 있다. 도르프만과 마틀라르는 디즈니 만화에서 이데올로기적 주제의 목록을 폭로하고 있다. 예를 들면, 돈과 '강제적인 소비자중심주의'에 대한 강박관념: 서구로부터의 모험가들에 의해 무진장한 부를 '취하는' 원천으로서 '이국' 땅(즉 제3세계)에 대한 끊임없는 언급, 인종적, 문화적 고정관념에 의한 제 3세계 국가들의 묘사(그리고 특히 이들 국가 국민들의 '유아화'), 자연적으로는 변화되지 않으며 윤리적으로 정당화되는 자본가 계급의 제시, 직접적인 반공산주의와 반혁명적 선전, 종속적 대상으로서 고정관념으로 묘사되는 여성 등이 그것이다.

하지만 도르프만과 마틀라르의 연구 이래로 많은 연구들이 텍스트의 이데올로기적 효과에 대한 의문을 제기하였다. 대표적 연구로 1980년대 미국 텔레비전 연속드라마 〈달라스〉의 효과를 분석한 이엔 앙(Ien Ang)의 연구 Watching Dallas를 지적할 수 있다(Ang, 1985: 1~2). 이 연구를 수행하기 위하여 연구자들은 3쌍으로 구성된 50개의 포커스 그룹을 조직하여 각각에게 〈달라스〉 1회분 에피소드를 보여주었다. 그리고 그 내용에 대한 이해를 조사하였는데, 텍스트에 대한 수용은 미디어 비판가들이 상상한 것보다 더욱 능동적이고 비판적이었으며, 그들의 반응 또한 더욱 복잡하고 반영적이어서 그들의 문화적 가치관은 조작과 침입에 대해 저항력이 있음을 밝히고 있다.

2) 국가담론으로서의 문화제국주의

미디어가 문화제국주의 논의에서 가장 일반적인 초점이라면, 외국문화가 토착문화를 침입하고 있다는 관념은 문화제국주의 서술에서 가장 일반적인 방식이다. 어떤 점에서 보면 문화제국주의에 관해서 이야기하는 거의 모든 사람들은 이러한 방식으로 이야기하고 있다. 우리들은 이미 턴스톨의 정의에서 그 전형적 실례를 보았는데, 그는 미국으로부터의 문화상품 수출에 의해 지역문화가 위협받는 현상을 이야기하고 있다.

그러나 이와 같은 논의에서 한 걸음 더 나아가면 많은 모호성에 직면하게 된다. 우선 지역문화는 어디에 소속된 문화인가? 지역은 어떤 지역인가? 한 마을, 한 국가, 한 초국가적 지역(예를 들면, 라틴아메리카)의 어떤 문화를 의미하는가? 국가담론으로서의 문화제국주의 논의가 가장 활발하게 진행된 UNESCO에서 문화는 국가에 제한된다. 그러므로 우리가 지금부터 행할 논의도 한 국가의 문화적 동질성에 대한 생각과 이 동질성에 대한 문화제국주의가 가져온 위협이라는 것에 집중시킬 수밖에 없다.

하지만 유네스코에서의 문화제국주의에 대한 담론은 모순에 직면한다. 대부분의 유네스코 대표들은 그들 문화의 정체성에 대하여, 또한 그로부터 파생하는 세계문화의 다양성, 그리고 다른 문화에 대한 상호존중 의식의 중요성에 대하여 이야기한다. 그리고 이들은 문화의 다양성을 국가주권과 연관시키고 있다. 따라서 "많은 대표들이 영토적 독립과 국가주권의 기초적 개념을 재확인하지 않고서는 문화적 정체성을 말할 수 없음을 고려했다"(UNESCO, 1982: 59)고 유네스코에서 발간된 보고서는 밝히고 있다. 그 보고서는 문화적 자율성에 대해서도 동일하게 국가주권과 연관시키고 있다. 그 보고서의 건의에는 국가 정체성 —'국가의 정신적 가치들 … 국가 전체로서의 윤리, 습관, 그리고 관습 등'으로서의 문화적 정체성 — 에 대한 언급이 많다.

이러한 담론은, 한편으로는 모든 수준에서 다원주의를 주장하면서 다른 한편으로는 현재의 국경이라는 관점에서 문화적 방어를 주장하는 모순을 지니며, 그로 말미암은 모호성은 개념적 혼란을 가져온다. 예컨대, 문화에서 언어의 중심적 측면은 일반적으로 인정된다. 그러나 슐레진저는 이렇게 말하고 있다.

> "만약 언어가 분명히 문화적 정체성의 중심이라면, 다양한 언어적 집단들이 한 민족국가 안에 공존하기도 하지만 국경을 넘어서 다른 국가들에 상주하는 경우도 있다는 점에서 문화적 정체성이라는 것이 국가적 정체성과 동일시될 수 없다"(Schlesinger, 1987: 227).

뿐만 아니라 민족문화라 할지라도 자기동일화의 가능성은 많지 않다. 예를 들면, 프랑스의 민족문화와 스리랑카의 민족문화 간에는 문화정체성을 구별하기가 어렵지 않은데, 하지만 이들 문화조차도 내부적으로 다원적이라는 사실을 인식할 필요가 있다. 거의 모든 국가가 민족적으로 다양한 민족들로 구성되어 있으며, 이들 민족공동체들은 서로 영향력과 권력장악을 위하여 충돌하거나 같은 국가 안에서도 쉽게 조화를 이루지 못하면서 살아가고 있다.

3) 세계자본주의에 대한 비판으로서의 제국주의

이것은 신맑스주의 특유의 화법이다. 어떤 의미에서 정치적인 것보다는 오히려 경제적인 것에 대하여 '제국주의'라는 용어를 사용하고 있는 레닌주의자들의 전통을 따르는 것이다(Lennin, 1966). 이러한 관점에서는 일반적으로 국가(*nation-state*)라 부르는 정치적 통일체의 집합으로서 세계를 보지 않고 오히려 지구적인 자본주의 정치경제적 체제로 세계를 보는 것이 보통이다. 따라서 문화제국주의의 주체는 미국과 같은 특정국가가 아니며 자본주의 그 자체가 진정한 제국주의 권력역할을 수행한다는 인식을 전제로 한다.

확실히, 맑스가 보았던 것처럼 자본주의는 하나의 '생산양식' 이상의 것이다. 그것은 기술적, 경제적, 정치적, 사회관계적, 경험적, 상징적 국면을 모두 통합한 문화적 전체성을 의미한다. 그러므로 자본주의적 문화에 의한 세계적 지배로서 문화제국주의에 대한 화법이 존재해야 한다.

세계자본주의에 대한 비판으로서의 제국주의 담론에는 두 가지 접근방법이 존재한다. 첫째는 문화제국주의에 대한 많은 담론들에 대해 공통되는 주장으로서, 자본주의는 균질화 작용(*homogenizing*)을 가진 문화세력이라는 주장이다. 이는 이 세상 모든 곳에서 똑같이 보고 느끼는 인식을 말하고 있다. 예컨대 세계 어느 도시일지라도 다음과 같은 요인들에 의해 결정되는 획일적 형태를 보이고 있다. 자동차의 수요가 그렇고, 건축 스타일이 유사해지고, 가게는 똑같은 상품들을 진열하고, 문화적 다양성의 출입문인 공항도 거의 동일한 '국제적' 스타일을 가지며, 서구의 대중음악은 뉴욕에서 뉴델리에 이르기까지 똑같은 라디오와 카세트 녹음기로부터 흘러나오고 있다.

신맑스주의자들의 담론에 의하면 이러한 문화적 유사성의 배후에는 다국적 자본주의에 의한 경제적 강제가 작용하고 있다는 것이다.

두 번째 접근방식은 자본주의의 확산이 소비자중심주의 문화(*a culture of consumerism*), 즉 모든 경험을 상품화하는 문화 확산이라는 주장으로 집약된다. 이 또한 문화제국주의에 대한 담론과 자본주의 사회에 대한 더 폭넓은 신맑스주의적 비판 양자에서 매우 보편적으로 나타난다.

동질화의 위협이 자본주의 확산에서 중심적 요소로 지각된 한 가지 이유는 다국적 시장의 자명한 논리, 즉 획일성은 효율성이 높은 획일적인 제품—'세계적 상품'—을 판매함으로써 확산된다는 논리이다. 그러면 소비주의는 무엇이 잘못되었는가? 이에 대한 답을 내리기 전에 이 위협에는 두 가지 접근방법이 있다는 것을 이해할 필요가 있다. 하나는 소비문화를 서구적 양식으로 보고 그것을 비판하는 입장이다. 또 하나의 논의는 자본주의 문화가 세계 도처로 확산될 때의 불평등한 방식에 대해 언급하고 있다. 우리는 종속이론가들이 제3세계의 종속적 경제에 대한 다국적 자본주의의 결정적 영향을 지적하고 있음을 살펴보았다. 그리고 이 영향력 가운데는 다국적 제품과 밀접히 관련되어 '소비주의'에서 얻는 이익 일부를 향유하는 '흡수'된 부문과 빈곤에 허덕이게끔 운명지어진 '소외'된 부문을 구분하는 영향도 포함되어 있다.

4) 근대성에 대한 비판으로서의 문화제국주의

마지막 화법은 개별적 문화에 대한 것이 아니라, 말하자면 이 세계 자체에 대한 문화제국주의의 영향을 강조하는 것이다. 우리들은 그것을 근대성(*modernity*)에 대한 비판적 담론이라 말할 것이다.

우리가 이해하지 않으면 안될 '근대성'은 지구적 발전의 주된 문화적 방향에 대하여 가리키고 있다. 근대적 생활양식의 결정요인 중에는(일련의 생산과 소비로 파악되는) 자본주의뿐만 아니라 도시계획, 매스커뮤니케이션, 유력한 전문적, 과학적, 합리주의적 이데올로기, (주로 세속적인) 국가체제 등의 유형을 포함한다. 근대성에 대한 비판으로서의 문화제국주의 개념은 이들 지구적 문화의 결정요인들의 지배에 대한 비판을 의미한다.

하지만 이러한 담론은 매우 역설적이고도 모호한 측면이 많다. 우선 근대성 비판으로서의 문화제국주의 담론에서 근대성이라는 용어는 단순히 문화적 현재를 언급하는 데 사용되었다. 하지만 유럽의 사회이론가와 문화이론가들은 역사의 어떤 특정 시점에서 발생하는 근본적 변화, 즉 근대성으로 이행하는 과정을 16세기에까지 거슬러 파악하고 있다. 이는 근대성이라는 용어가 매우 신축적임을 알 수 있다. 이러한 문제는 별개로 하더라도 사회적 혹은 문화적 분석의 또 다른 틀과 연관짓는 데에는 많은 모호성이 남는다.

하지만 근대성이란 관념은 서구에 사는 사람들의 문화적 경험을 대표하는 가장 일반적인 방식으로 이해되었고, 그러한 만큼 근대화 담론은 전 세계로 확산되는 자본주의적 소비주의, 도시산업주의, 매스미디어 등을 포함한 문화의 변화 양상을 이해하도록 해 줄 하나의 맥락으로 이해될 수 있다.

문화제국주의에 대한 이러한 함의는 근대자본주의가 확산과정을 통해 '강한' 문화가 '약한' 문화를 침략하는 것이 아니라, 오히려 그 반대로 되어 문화적 부패가 서구로부터 근대화과정을 통해 나머지 세계로 확산되는 것으로 인식하고 있다는 점이다.

▪ 참고문헌

Ang, I. (1985), *Watching Dallas : Soap Opera and the Melodramatic Imagination*, London : Methuen.

Dorfman, A. (1985), *The Empire's Old Clothes*, London : Pluto Press.

Dorfman, A. & A. Mattelart (1975), *How to Read Donald Duck : Imperialist Ideology in the Disney Comic*, New York : International General Editions.

Goudsblom, J. (1980), *Nihilism and Culture*, Oxford : Basil Blackwell.

Krober, A. L. & C. Kluckhohn (1952), "Culture : a Critical Review of Concepts and Definition," Papers of the Peabody Museum of American Archaeology and Ethnology (Harvard), Vol. 47.

Lennin, V. I. (1966) *Imperialism : The Hights Stages of Capitalism*, Moscow : Progress Publishers.

Mattelart, A., et al. (eds.) (1979), *Communication and Class Struggle*, Vol. 1, New York : International General.

Schiller, H. E. (1976), *Communication and Cultural Domination*, New York : M. E. Sharpe.

Schlesinger (1987), "On National Identity : Some Conceptions and Misconceptions Criticised," *Social Science Information*, Vol. 26 (2).

Tylor, E. B. (1987), *Primitive Culture*.

UNESCO (1982), Final Report of World Conference on Channel Policies, Mexico City and Paris : UNESCO.

Williams, R. (1983), *Keywords*, London : Fontana.

제 6 장 위성방송의 확산과 신정보질서

황 상 재

1. 머리말

위성방송은 수신국 규제를 받지 않고 국경을 넘어 정보를 송신할 수 있는 능력 때문에 국제정보질서에 관한 세계적 담론에서 항상 중요한 비중으로 다루어졌다. 국제무대에서 위성방송에 관한 제 1세계와 제 3세계 간의 담론은 제 1세계 국가들의 '국제정보유통의 자유원칙'과 제 3세계 국가들의 '국제정보유통의 균형 원칙'이라는 2분법적 대립구조 틀에서 가장 타협하기 어려운 영역이었다.

국제정보유통을 바라보는 논의는 1970년대 초 서방 4대 통신사에 의하여 지배되는 국제정보유통의 불균형에 대한 문제의식에서 시작하였다. 제 1세계에서 생산되어 제 3세계 국가로 유입되는 정보는 양적으로 일방적일 뿐만 아니라 질적으로도 서방 통신사들의 눈과 시각을 통해서 걸러지고 왜곡되었기 때문에 뉴스의 해석에서 정치적, 경제적, 그리고 문화적 식민지 형태가 잠재되어 있다는 것이다. 따라서 정보의 불균형은 문화지배로 이어지고 더 나아가 경제적 착취를 위한 기제로 작용하고 있다는 것이다. 이러한 문제제기에 따라 UNESCO가 중심이 된 국제무대에서 국제간 정보유통의 불균형을 바로잡기 위한 제3세계 국가들의 시도는 서방국가들의 부분적 양보와 제3세계 국가들의 지역 공동의 노력, 그리고 서방 통신사로부터 정보를 받는 제3세계 국가들 정부의 의지에 따라 그 실현가능성을 엿볼 수 있었다(서정우, 1987: 236; 김지원, 1991: 70).[1)]

하지만 위성방송은 여타의 커뮤니케이션 매체와 차별화되는 특성 때문에 국제무대에서 국가간 타협의 여지도, 그리고 불균형을 바로잡기 위한 제3세계 국가들에 의한 자력의 성과도 기대하기 어려운 분야였다. 신문이나 지상파방송과는 달리 위성은 제조와 발사, 운영에 막대한 자본과 기술을 필요로 하기 때문에 이를 소유, 운영할 수 있는 능력이 있는 국가는 미국과 영국, 구소련 등 극소수에 국한되었다는 점에서 국제간 정보자원 불균형 현상이 가장 두드러진 분야였다. 뿐만 아니라 신문, 잡지와 같은 인쇄매체나 라디오, TV와 같은 지상파방송의 경우 필요하다면 정보가 유입되는 국가의 의지에 따라 규제가 가능하나, 우주로부터 직접 가정에 전달되는 위성방송은 수신국 정부 규제를 무력화시킬 수 있다.

이런 점에서 국제정보질서를 수립하기 위한 국제무대에서 위성방송 문제는 항상 정보의 일방적인 수신국 입장이 될 수밖에 없는 대다수 제3세계 국가들이 가장 타협하기 어려운 분야였다. 국제정치적으로는 동서 양 진영에 해당되지 않으면서 국내정치적으로는 권위주의 정부하에 있는 많은 제3세계 국가들의 경우 정치, 문화, 경제적 주권 유지가 국가정책의 가장 중요한 우선순위를 차지하고 있었다. 따라서 국경

1) 국제무대에서 정보불균형을 시정하기 위한 노력은 첫째, 제3세계 국가들이 지역적 결속을 통해서 공동으로 비동맹통신사를 설립하거나, 둘째, UNESCO와 같은 국제기관 등의 프로젝트를 통해서 제3세계 언론기관 시설투자와 언론인 교육을 지원하는 등의 방안이 주를 이루고 있다.

을 넘나드는 위성방송의 등장은 현실적 영향력과는 관계없이 가능성만으로도 많은 제 3세계 국가들에게 커다란 위협요인으로 간주되었던 것이다.

하지만 위성방송에 관한 국제적 담론들이 1990년대에 들어서면서 변화하기 시작한다. 위성방송에 관한 국제적 논의가 프로그램을 인접국가로 전송할 수 있는 능력을 보유하고 있는 제 1세대 국가들의 '정보유통의 자유원칙'과 전파월경의 일방적 피해자인 제 3세계 국가들의 '정보주권원칙'이라는 2분법적 대립구도에서 벗어나는 양상을 보이고 있는 것이다.

전통적으로 제 3세계에 속해왔던 국가들도 위성을 발사하거나 또는 위성을 임대하여 인접국으로 방송전파를 월경하는 위성방송 환경변화에 따라 위성을 통한 국제간 정보유통질서는 과거 소수 송신국에서 다수 수신국으로의 일방적 유통이라는 단순구도에서 벗어나 매우 복잡한 다층구조를 보여 주고 있다. 또한 과거와 달리 통신위성과 방송위성에 대한 구분이 국제무대에서 더 이상 구속력을 지니지 못함에 따라 각국은 위성방송을 통한 해외정보(프로그램) 송출문제에 대해 지금까지의 소극적 입장에서 벗어나 인접국에 대한 문화수출이라는 공세적 전략으로 전환하고 있다. 일본이 1994년 위성방송을 이용한 국제방송을 금지시킨 법안을 개정하여 자국 위성을 이용하여 아태지역에 자국 문화를 수출하려는 정책전환은 국제무대에서 위성방송에 대하여 변화된 담론을 반영하고 있다.

2. 국제간 정보유통에 대한 상호 대립적인 시각

국제사회에서 국제질서를 규정짓는 동인으로서 정보의 중요성에 대한 인식은 오래 전에 있었지만 이를 제도적 틀 안에서 다루기 시작한 것은 제 2차 세계대전 이후 UN의 창설부터이다. 미국을 주축으로 하는 서방선진국들은 '정보의 자유유통' 원칙을 인권과 개인의 자유, 그리고 언론자유의 차원과 등식화하여 1948년 제네바의 〈정보자유회의 선언문〉에 이어, 같은 해 유엔에서 채택된 〈세계인권선언〉 속에 '정보의 자유유통' 원칙을 주요 항목으로 조문화하는 데 성공하였다.

당시는 서방선진국들뿐만 아니라 전후의 불과 50개 내외의 유엔회원국 중 거의가 미국이 주창한 정보자유유통원칙에 찬성하였다. 이러한 원칙에 찬성한 신생독립국가들은 자국의 발전에 필요한 정보가 서방국가로부터 자유롭게 유입되어 자국의 발전과 국제간 이해증진에 크게 기여할 수 있으리라는 기대를 품고 있었던 것이다. 하지만 이러한 기대가 UN이 정한 발전의 연대라고 하는 1960년대를 거치면서 환상에 불과하다는 사실을 많은 개발도상국들은 깨닫게 된다.

제 2차 세계대전의 종식과 함께 식민지 상태에서 벗어나 정치적 독립을 이룩하였던 많은 신생국들은 그들의 종주국이었던 선진국들의 경제적 원조와 모델에 따라 경제적 독립을 위하여 20여 년 동안 많은 노력을 했다. 하지만 그 결과는 자신들과 선진국과의 빈부격차는 더욱 넓어졌으며 기술과 재정, 무역 등 모든 분야에서의 선진국 의존도가 한층 심화되어 극복하기 어려운 새로운 유형의 식민지 형태로 변화된 모습이었다. 그리고 자신들 사회발전의 기폭제 역할을 해주리라 기대되었던 매스미디어는 신식민지를 위한 가장 강력한 도구로 자리잡고 있음을 깨닫게 되었다.

폴란드 태생의 제쿠보위즈(Jakubowicz)는 제 2차 세계대전 이후 정립된 국제정보질서에 대한 문제인식을 다음과 정리하고 있다(Jakubowicz, 1985: 81; 김지운, 1991: 23 재인용). 첫째, 기존의 국제정보질서는 "식민지 통치시대의 유산인 자본주의 세계의 '중심부'와 '주변' 사이의 관계를 영속"시키고 있다. 둘째, 그것은 "주변 국가들에 대한 중심부 국가들의 정보 및 커뮤니케이션 지배를 보존"해 주며, 이는 한편에서는 서방선진국들의 매체로 하여금 불완전하고, 일방적이며, 왜곡된 개발도상국관을 전파케 하고, 다른 한편에서는 "개발도상국들이 자신들에 관한 뉴스를 세계에 공급하며, 여타 세계에 관해 충분하고, 공정하며 독자적인 정보를 입수할 수 있는 가능성을 박탈"하고 있다. 셋째, 그것은 문화전파와 지식 이전의 메커니즘을 내포하는데, 이는 개발도상국들을 지속적으로 선진국 문화에 대한 종속상태에 얽매어 놓아 개발도상국 주민들 사이에 외래의 이념, 문화특징, 그리고 시스템을 확산시킨다고 주장한다.

국제정보질서에 대한 이와 같은 문제의식에 따라 비동맹국들이 중심이 되어 국제무대 위에서 새로운 국제정보질서를 구축하기 위한 공동의 노력이 전개되기 시작한다. 국제기구에서 국제간 정보유통의 문제가 주목받기 시작한 시기는 1960년대다. 1960년대 초반 이후로 세계적인 정보유통 문제들에 관한 UNESCO의 접근방법은 여러 전문분야가 서로 협력하는 특성을 띠기 시작하였는데, 이는 특히 제 2차 세계대전이 종결된 1945년 이후 독립한 많은 아프리카, 아시아 국가들의 지난 20년간의 경험과 자각의 결과에서 비롯된 것이다. 이들 신생국들은 국가발전에서 매스미디어의 중요성을 인식하고 UN 산하기관인 UNESCO로 하여금 개발도상국들의 경제, 문화, 정치, 사회발전에서 매스미디어의 역할에 많은 관심을 기울일 것을 요구하였다. 이러한 쟁점들을 논의하기 위하여 조직된 라틴아메리카, 아시아, 아프리카 각 지역의 전문가 모임은 정보의 사회경제적, 정치적 영향을 강조하였고 이들 지역 내에서 정보유통의 불균형과 이것이 야기하는 문제점에 대하여 논의하였다. 이런 측면에서 서정우는 1960년대를 새로운 국제정보질서에 대한 문제가 제기된 시기라고 규정하고 있다(서정우, 1987: 234).

국제무대에서 제3세계 국가들을 중심으로 새로운 정보질서를 구축하기 위한 노력은 1970년대를 거쳐 1984년 미국이 제3세계 국가들의 입장에 동조하는 UNESCO를 탈퇴하기까지 역사적 과정에서 많은 변화를 보이는데, 논의의 핵심은 국제간 정보유통에서 양적, 질적인 불균형을 시정하려는 제3세계 국가들의 '정보의 균형 잡힌 유통원칙'과 현재의 국제정보질서를 계속 유지하려는 서방선진국들의 '정보의 자유유통' 원칙 간의 갈등이었다.

3. 국제간 정보유통 미디어로서 위성방송과 새로운 정보질서의 모색

국제간 정보유통을 위한 미디어로서 위성방송은 기존 매체와 구별되는 특징을 지니고 있다. 첫째, 3만 6천㎞ 정지궤도에 위치한 위성을 통해 전송되는 위성방송은 가시청 범위가 넓기 때문에 인접국으로 방송전파를 전송할 수 있다. 둘째, 위성방송은 우주상공에서 전파가 발신되기 때문에 신문이나 지상파방송과는 달리 수신국 정부가 정보유통을 통제할 수 있는 문지기로 작용할 수 없다는 점이다.

셋째, 하나의 지구정지궤도 위성으로 지구표면상 ⅓의 통신을 수행할 수 있으므로 궤도 위의 인공위성 3개를 적당히 배치하면 전 지구를 대상으로 통신할 수 있다.

넷째, 위성은 우주상공에서 지상으로 전파를 발사하기 때문에 전파의 범위 내에 있는 다수의 지구국이 동시에 정보를 수신할 수 있다.

다섯째, 위성방송은 지상파방송처럼 다수의 중계설비를 경유하지 않는다. 경유하는 중계설비가 많으면 중계과정에서 잡음에 의한 간섭 현상이 일어나는 등 전송품질이 떨어질 우려가 있다. 그러나 위성통신에서의 중계는 전적으로 트랜스폰더에 의해 이루어지고 다단계의 중계를 거의 필요로 하지 않기 때문에 전송품질이 우수하다.

위와 같은 특성을 지닌 위성방송은 국제정보유통에서 전통적인 국경중심의 개념을 와해시키고 개별 정부들의 독자적 미디어정책 능력까지 약화시킴으로써 오래 전부터 국제무대에서 중요한 쟁점으로 부각되었던 것이다.

1) 위성방송과 국제커뮤니케이션 질서에 관한 국제적 담론의 변화

국제무대에서 위성방송에 대한 규제의 필요성에는 정치적, 문화적, 그리고 경제적 동기가 공동으로 자리잡고 있지만, 위성방송을 규제하려는 국가들의 노력은 무엇보다도 외부의 정치적 선전이 자국민들에게 전달되는 것을 막으려는 필요성에서 시작되었다고 할 수 있다. 그런 점에서 노덴스트렝과 쉴러의 지적처럼 위성방송에 관한 국제적 담론은 근본적으로 정치이데올로기적 측면이 강했다(Nordenstreng & Schiller, 1979: 118).

국제무대에서 정치선전은 1936년 제 2차 세계대전중 '평화를 위협하는 방송이용에 관한 국제협약'(*International Convention Concerning the Use of Broadcasting in the Cause of Peace*)이 체결된 이래로 금지되었다. 하지만 조항이 의미하는 방송이란 단파라디오 방송을 의미하였고 전시를 제외하고는 정치선전 의미에 대한 국제적 공감대가 형성되지 않은 상태였다. 따라서 권위주의 정부하에 있었던 제 3세계 국가들 또는 공산주의 이데올로기만이 유일한 지배이데올로기로 받아들여졌던 소련과, 민주주의적 정치체제와 자본주의 경제하에서 정보자유원칙에 따라 다양한 사상과 견해가 자유롭게 유통되는 미국에서의 정치선전의 의미가 서로 달랐던 것이다. 미국의 일반적 뉴스와 프로그램도 많은 제3세계 국가의 지도자들이나 구소련의 위정자들 눈에는 정치선전물로 간주되었던 것이다.

위성방송 전파월경의 또 다른 문제는 문화종속에 관련된 논의이다. UNESCO를 중심으로 한 국제회의에서 문화종속 문제는 이미 오래 전부터 중요한 논쟁거리였지만, 위성방송에 의한 문화침투 가능성은 종래의 문화종속 논쟁을 한층 가열시켰다. 미국을 중심으로 한 제1세계와 제3세계 간 매스미디어(지상파방송 및 영화 등)를 통한 프로그램 유통이 양적으로나 질적으로 불균형한 상태에 있기 때문에 제3세계 국가의 전통적 민족문화가 소멸되어 제1세계 문화에 의한 제3세계 국가의 문화종속이 심화되고 있다는 문화종속론자들의 주장이 국제무대에서 많은 공감대를 형성하고 있었다(Tomlinson, 1994). 따라서 폴이 지적한 것처럼 당시는 제3세계 국민들은 물론이고 제1세계 국민들조차도 높은 가격의 파라볼라 안테나를 구입하여 위성방송을 수신할 만한 경제적 여력이 부족했음에도 불구하고 수신국의 규제를 받지 않고 국경을 넘나드는 위성방송의 문화침투력은 그 가능성만으로도 문화종속을 가속화시킬 수 있는 매체로 주목받았다(Pool, 1974: 27).

셋째, 경제적 침해의 문제다. 자본주의 경제제도를 채택한 제1세계 국가들의 위성방송 프로그램과 동시에 전달되는 광고의 범람은 경제발전 단계에 있는 제3세계 국가들 국민의 소비성향과 상대적 박탈감을 조장하고 나아가 세계자본주의 경제체제에 국내경제의 종속을 초래할 위험이 있다는 것이다.

국제무대에서 직접위성이 거론된 시기는 1960년대까지 거슬러 올라갈 수 있지만 본격적으로 논의를 시작한 시기는 1970년대 들어서부터다. 1971년 UN 하부기관인 ITU(International Telecommunications Union)는 우주공간 원격통신을 위한 세계 라디오회의(*World Administration Radio Conference for Space Telecommunications*)를 개최하였다.

여기서 채택된 원칙과 규정은 국제법하에서의 조약과 같은 구속력을 지니고 있다. ITU 규정은 위성통신을 구축할 계획이 있는 국가들에게 사전에 자신들이 구축하려는 시스템에 대한 기술적인, 그리고 운영에 관한 정보를 제공할 의무와 다른 국가가 이미 사용하는 지상계 무선시설과 우주국 시설을 상호 조정할 의무를 부과하였다. 그래서 다른 국가가 제안한 위성에 영향을 받을지도 모르는 국가가 이의를 제기하면 이들 국가들은 상호조정 과정을 밟아야 한다고 못박고 있다. 하지만 상호조정 과정이 다른 국가의 직접위성방송 구축과 이용에 대한 비토권을 부여한 것은 아니다. 비토권 대신에 당시 새로 만들어진 라디오 규제원칙에는 다음과 같은 조항을 덧붙여 수신국 권리를 보호하는 조치를 취하였다.

> "스필오버되는 지역의 국가들 사이에 협정을 맺지 못하면 전파를 송신하는 국가는 모든 형태의 기술적 수단을 강구하여 전파가 다른 지역에 스필오버 되지 않도록 최선을 다해야 한다"(Laskin & Chayes, 1974: 13).

이와 같은 조항 어디에도 위성으로부터 전파되는 신호가 스필오버 됨으로써 야기되는 문제에 대한 법적 구속력을 지닌다는 의미로 해석될 수 있는 내용은 없지만 그 조항이 지니는 의미는 명백하다. 즉, 국제규범적으로 스필오버를 원치 않는 국가에 위성신호가 전파될 수 있는 가능성을 사전에 제어하기 위한 기술규제 의도가 내포되어 있으며, 이와 같은 조항은 후에 국제무대에서 위성방송 규제준칙의 기본이 되었던 사전동의 원칙으로 발전하였다. 이 회의에서 각국은 주파수대 할당 안에 대해서는 합의를 보았지만 우주상공의 정지궤도 이용에 관한 규칙문제는 동·서 진영과 남·북 간 의견차이를 좁히지 못하고 UN 총회로 넘어가게 되었다.

당시 UN과 같은 국제무대에서 위성방송에 관한 논의의 핵심은 위성방송의 전파월경으로 인한 수신국의 정치, 문화, 경제적 침해를 막기 위한 규제장치에 관한 것으로 세 가지 입장이 서로 대립하고 있었다. 첫째, 동서냉전이 국제사회질서를 특징짓는 당시의 시대적 분위기에 따라 소련을 중심으로 한 공산진영 국가들과 제 3세계 국가들은 위성방송에 대한 엄격한 규제를 주장하여 위성방송을 송신할 때 인접 수신국의 사전동의 원칙(*a principle of prior consent by a receiving country*)과, 국제차원에서의 위성방송 운영강령의 필요성을 강조하였다. 둘째, 언론자유원칙에 대한 뿌리 깊은 사회적 전통을 지닌 미국은 1948년 채택한 세계인권선언 제 19조(정보의 자유유통원칙) (Pool, 1979: 148 재인용)[2]를 근거로 국제무대에서의 위성방송에 대한 어떤 형태의 사전규제나 국제기구의 관여를 반대하였다. 셋째, 캐나다와 스웨덴의 입장으로 이들 국가들도 위성방송 규제원칙을 제안하였다.

하지만 구소련의 제안과 달리 캐나다와 스웨덴은 사전동의원칙에는 찬성하였으나 그러한 동의는 각국이 참여할 때 현실화될 수 있다는 인식에 따라 국제법상의 규제보다는 관련된 지역국가간 상호협약에 의한 규제원칙을 지지하였다. 그리고 동의에 임하는 국가는 자신들의 법체제와 통제하에 자국의 영토 안에서 이루어지는 위성방송 활동에 참여할 권리가 있으며, 그러한 참여는 관련된 국가들 사이에 이루어진 국제적 협약에 의하여 관리되어야 한다는 입장이다(Laskin & Chayes, 1974: 3~19).

1972년 11월 15일 UNESCO 제 17차 총회에서 표결 결과 55 대 7로 〈정보의 자유유통, 교육의 확산, 그리고 문화교류를 위한 우주방송

2) 인권선언문 제 19조 : Everyone has the right to freedom of opinion and expression; this right includes freedom to hold opinions without interfere and to sex, receive and impart information and ideas through any media and regardless of frontiers.

에 관한 지도원칙에 관한 선언문〉(*Declaration of Guiding Principles on the Use of Space Broadcasting for the Free Flow of Information, the Spread of Education and Greater Cultural Exchange*) (Pool, 1974: 130)[3]이 채택되었다. 그후 각국들은 이러한 선언문을 근거로 자국의 입장에 따라 위성방송을 규율하는 선언의 초안을 UN에 제출한 이래로 크고 작은 국제무대에서 자국의 주장을 제도화하기 위한 노력을 기울이게 되는데, 그 결과가 국제사회의 제도적 차원으로 가시화된 것은 1982년 12월 10일 UN 총회에서다. 당시 UN은 미국, 일본, 독일을 비롯한 일부 서방국가들의 반대에도 불구하고 찬성 107표, 반대 13표, 기권 13표로 '국제 직접 TV방송을 위한 인공위성의 국가이용에 관한 규제원칙' (*Principles Governing the Use by States of Artificial Earth Satellites for International Direct Television Broadcasting*)을 채택하였다. 이 규제원칙은 위성방송 관계당사국들의 사전통보와 사전합의를 그 핵심적 내용으로 하고 있다(Ploman, 1984: 183).[4] 하지만 1982년 규제원칙은 국제

---

3) 채택된 선언문 중 위성방송과 관련된 조항은 다음과 같다.

Ⅱ. 1. 위성방송은 모든 국가의 주권과 동등함을 존중해야 한다.
   2. 위성방송은 근본적으로 비정치적이어야 한다.

Ⅵ. 2. 모든 국가는 위성방송에 의하여 자국민들에게 전달되는 교육프로그램의 내용을 결정할 권리를 가진다.

Ⅶ. 2. 문화적 프로그램은 서로 다른 문화적 특성을 인정해야 한다. … 그리고 자국의 문화를 보존하려는 모든 국가 국민들의 권리를 존중해야 한다.

Ⅸ. 1. 모든 국가는 자국 외의 다른 국가의 국민들에 대한 위성방송에 관해서는 사전동의에 도달하거나 또는 그러한 노력을 강구하는 것이 필요하다.
   2. 상업방송의 전송에 관해서는 송신국과 수신국 간 특정한 협약을 맺어야 한다.

4) 관련된 주요 내용은 다음과 같다. 첫째, 자국의 범위를 넘어서는 직접위성방송을 실시하고자 하는 국가는 지체없이 대상 혹은 수신되는 국가에게 그러한 사실을 통보하여야 한다. 둘째, 자국의 범위를 넘어서는 직접위성방

법상 법적 구속력이 없을 뿐만 아니라 합의과정에서 국제질서 헤게모니를 행사하는 미국을 정점으로 하는 서방국가들과 공동으로 합의를 도출해 내지 못했다는 한계점을 지니고 있다. 이러한 한계점으로 1970년대 이후 국제공동의 합의로 국경을 넘어서 전파되는 위성방송을 규제하기 위한 공동의 노력이 실제적 성과를 거두지 못하고 1980년대 이후부터는 새로운 변화를 맞이하게 된다.

4. 신국제질서와 국제위성방송의 환경변화

1970년대에서 1980년대 중반기까지 위성방송에 대한 국제적 담론은 머리말에서 언급한 것처럼 국제정보유통에서 서방 뉴스미디어의 지배구조를 변화시키기 위한 제 3세계 국가들의 신정보질서운동의 맥락 위에서 다루어지고 있다. 하지만 1980년 중반 이후부터는 급속히 변화하는 위성방송 환경과 새로이 정립되는 국제질서에 따라 국제사회에서 위성방송에 대한 논의는 새로운 양상으로 전개된다. 그 이유는 첫째, 1980년대 이후 급속히 변화하는 위성방송 환경과, 둘째, 문화제국주의 논쟁의 초점변화, 그리고 끝으로 신국제질서라는 동인에서 찾을 수 있을 것이다.

1970년대 중반 이후 미국을 중심으로 한 서방 강대국들이 채택한 우주개방정책(*Open Sky Policy*)에 힘입어 위성방송 관련 기술이 빠른 속도로 발전하고 위성산업 경쟁이 가속화된다. 우주개방정책으로 지금까지 금지되었던 일반인들의 통신위성을 이용한 직접위성방송 수신이 허용되었고, 정부가 지정한 특정 사업자들만이 위성을 운영할 수

송의 실시는 통고의 의무를 이행한 후에야 가능하다. 또한 ITU의 제반 협정과 원칙을 준수하여야만 한다. 셋째, 위성신호가 불가피한 사정으로 전파침입을 야기할 경우에는 ITU의 관련규정이 적용되어야 한다.

있는 시대에서 시장진입이 자유로워지는 시장자율화라는 위성방송 환경변화를 불러일으킨다. 그리고 우주개방정책은 국제적으로 1980년대까지만 해도 소수 국가들에 의하여 독점되었던 방송위성이 많은 국가들에 확산되는 계기를 마련해 준다. 미국과 캐나다와 같은 전통적 위성강국들에서는 1980년대 들어서면서 위성의 성장률이 정체상태를 보이는 반면에, 제 1세계 국가 이외의 국가에서는 빠른 속도로 성장하고 있음을 알 수 있다. 일례로 1980년대까지만 해도 위성의 불모지였던 아시아 지역에만 2000년까지 약 120개의 위성이 추가로 발사되었고 위성방송 채널수만 1천 개가 넘는다.

위성방송이 특정 소수 국가의 독점물이던 시대와 달리 1990년대 오면서 제 3세계권에 속하는 많은 국가들까지도 위성방송을 소유할 수 있게 됨에 따라 위성방송 소유의 불균형에 대한 국제적 논란은 가라앉게 되었다. 위성방송에 관한 국제적 담론에서 제 3세계국가들 주장의 이론적 배경이 되었던 문화제국주의에 대한 비판적 연구성과 또한 위성방송에 관한 논의를 전환시킨 주요 배경이 되었다. 1980년대 초에 이미 문화제국주의론의 발상지인 라틴아메리카 학자들(Sarti; Salinas & Paldan, 1979)이 지적한 것처럼 문화제국주의는 미국의 문화적 영향력에 대한 민족주의적 거부감에 사로잡힌 나머지 그 분석수준이 도식화된 맑시즘에 지나치게 의존하고 있으며, 그 결과로 미국 문화 지배로부터 벗어나기 위한 정책 대응도 대부분 비효율적이라는 비판에 직면하고 있었다.

맥애너니의 주장(McAnany & Wilkinson, 1972: 733~735)을 비롯하여 미디어 메시지의 이데올로기 분석에 입각한 문화제국주의 패러다임 안에서 전제된 '무기력한 수용자'상을 반박할 수 있는 수용자에 관한 많은 연구성과도 문화제국주의자들의 주장을 약화시킨 중요한 이유가 되었다. 예를 들면, 1980년 문화제국주의에 대한 비판가들의 많은 주목을 받았던, 〈달라스〉를 분석한 앙(Ien Ang)의 " 〈달라스〉 시청"

(Ang, 1985; Tomlinson, 1994 재인용) 연구에서 연구자는 기존 문화제국주의자들이 주장하는 것처럼 수용자들이 '제국주의적 텍스트'에 노출됨으로써 즉각적인 이데올로기 영향을 받는다는 생각이 얼마나 비현실적인가를 보여 주었다. 1980년 이후 많은 연구자들도 〈달라스〉와 같은 '제국주의적 텍스트'에 대한 수용자들의 수용을 연구한 결과 수용자들은 문화제국주의자들이 상상하는 것 이상으로 능동적이며 비판적이고, 반응은 더욱 복잡하고 그들이 지닌 문화적 가치관은 외부로부터의 조작과 침입에 대한 강한 저항력이 있음을 밝히고 있다.

하지만 위성방송 환경의 변화와 문화제국주의 연구에 대한 반성이 국제무대에서 위성방송에 대한 담론 변화로 이어진 것은 아니다. 더욱 중요한 배경으로는 신국제질서라는 그 이전 세대와는 분명히 다른 세계질서와 이를 움직이는 행위주체들의 변화가 자리잡고 있다.

신국제질서의 변화는 1945년 제 2차 세계대전 종식 이후 국제질서를 움직이는 양대 축의 하나였던 구소련 붕괴로 인한 이데올로기 종언이 출발점이 되었다. 구소련과 동구권의 몰락으로 공산주의가 붕괴되고 공산주의 국가들이 자본주의 경제체제로 편입됨에 따라 국제질서를 움직이는 중심축으로 이데올로기 대신에 경제가 그 중심에 서게 된다.

WTO체제라는 상징어가 의미하고 있듯이 이제 경제는 더 이상 국민국가가 아닌 자본 그 자체를 단위로 하는 국경 없는 경제의 논리에 의해 운영되기에 이르렀으며 정치, 문화 역시 더 이상 지역적 또는 국가 내부의 사회적 활동으로서 이해될 수 없는 세계정치, 지구촌문화가 그 실체를 이루고 있다. 이러한 시대적 변화 중 우리 주제와 연관된 것을 지적한다면 세계화, 국가주권의 약화, 지역간 상호의존도의 심화로 요약될 수 있을 것이다(김경원, 1995; 이상우·하영선, 1992). 이를 좀 더 부연해서 설명하면 다음과 같다.

첫째, 초국적 기업활동의 급격한 확장, 전 지구적 통신망과 네트워크의 보편적 이용, 국가간의 대량적 인구이동, 국민국가의 상위에 있는 국제기구나 국제공동체의 위상강화 등의 모든 요인들이 복합적으로 작용하여 인류역사상 처음으로 세계사회에 대한 논의가 국제사회를 이해하는 논리적 선결과제로 되고 있다.

둘째, 세계화는 또한 시장기능의 공간적 확대와 심화를 가속화하여 지역간 상호의존을 심화시켰다. 따라서 과거에는 한 국가 고유의 주권 영역으로 간주되었던 경제관행, 환경, 문화 등 모든 영역에서의 문제가 국제적 과제로 되었다. 상호의존의 심화로 특징되는 국제질서 속에서 그 상호의존의 결과를 규제하고 국가간 협조를 강화하기 위한 국제기구의 중요성이 강조되고 있다.

셋째, 세계화의 진행과정은 당연히 국가주권을 약화시킨다. 오늘날 우리가 몸담고 있는 국제체제는 16세기 이후에 굳어진 근대국가라는 단위체제 위에 세워져 있다. 국가는 일정한 영토 내부에 존재하는 물적, 인적 자원에 대한 통제력을 가지고 있으며 이는 대외적으로 주권의 절대성으로 나타난다. 그리고 이와 같은 국가주권에 대한 주장은 직접위성방송에 대한 국제적 담론에서 제 3세계 국가들이 내세운 문화주권 또는 정보주권에 대한 입장과 맥을 같이한다. 하지만 시장기능의 급속한 확대는 이러한 국가의 규제적 속성을 무력화하고 주권의 절대성과 영토개념을 허물어뜨리고 있는 것이 세계화 문제의 본질이다.

넷째, 구질서시대에 국가간 공동체를 결성하는 데 기반이 되었던 이념적 공동체 대신에 경제적 또는 문화적 동질성을 배경으로 하고 지역에 근거한 지역공동체가 형성되고 있다. 대표적인 것으로 서유럽 국가들의 공동체인 EU, 미국을 중심으로 캐나다, 그리고 멕시코가 결합한 북미자유무역지역(NAFTA), 그리고 동남아 국가들의 공동체인 AFTA (ASEAN Free Trade Area)를 지적할 수 있다. 이들 지역공동체 국가들은 기타 지역의 공동체국가들과 경쟁하기 위해서 국가간 동맹과 협력관계를 맺어 하나의 소지구촌(*miniglobalization*)을 형성하고 소지구촌 내 시장을 단일화하며, EU 같은 지역공동체들은 더 나아가 문화공동체까지 형성하는 데 협력을 공고히 하려는 움직임을 보이고 있다.

이와 같은 신국제질서의 중요한 특징들은 위성방송의 보편적 확산이라는 위성방송 환경의 변화와 문화 소비자로서의 수용자에 대한 연구 패러다임 변화에 보태어져 국제무대에서 위성방송에 대한 담론의 변화로 이어지고 있다. 위성방송 담론변화의 가장 큰 특징은 국제무대에서 갈등과 반목 대신에 협상과 타협의 길로 나아가고 있다는 점이다. 예를 들면, 주권의 절대성에 기반을 두고 자국 의지와 관계없이 자국 영토를 넘나드는 위성방송에 대한 강력한 국제적 규제를 주장한 제3세계 국가들도 입장을 변화하여, 타국으로부터의 방송이나 정보의 흐름을 인정하는 입장에서 국제적인 규제법규 대신에 문제가 되는 당사국간 상호협의와 협력하에서 직접위성방송 문제에 접근하고 있다. 더 이상 위성방송이 소수의 송신국과 다수의 수신국이라는 일방적 관계가 아닌 과거의 수신국이 오늘의 송신국으로 전환되는 쌍방적 관계변화로 인하여 국제무대에서 위성방송문제는 상호 관련된 국가들간 또는 지역간 타협의 길을 통해 해결책을 모색하는 방향으로 나아가고 있다.

▪ 참고문헌

김경원 · 임현진(공편) (1995), 《세계화의 도전과 한국의 대응》, 나남.

김명중(1995), "위성방송의 동북아 국가간 국제협력방안," 국제학술심포지엄 동북아의 위성방송과 국제협력방안 발표논문, 10.

김명중 외(1993), 《위성방송》, 언론연구원 총서 15.

김지원(편저) (1991), 《국제정보유통과 문화지배》, 나남.

박천일 · 김희정(1995), "위성방송 활성화를 위한 정책방안 연구 — 아시아, 태평양 지역국가들의 위성방송 정책 및 법제의 비교분석을 중심으로 —," 〈통신정책이슈〉, 통신개발연구원, 5월.

서정우(1987), 《국제커뮤니케이션론》, 나남.

이상우 · 하영선(공저)(1992), 《현대국제정치학》, 나남.
한국방송개발원(1994), 〈방송개발원보〉 5월호.
한국방송개발원(1995), "아시아지역 위성방송 현황과 국내 이용형태 조사연구."
황상재(1992), 《케이블TV와 직접위성방송의 정착화에 관한 연구》, 한국방송개발원.

Ang, I.(1985), *Watching 〈Dallas〉 : Soap Opera and the Melodramatic Imagination*, London : Muthuen.
Faucett, J. E.(1986), *Outer Space : New Challenge to Law and Policy*, Oxford: Charenden Press.
Jakubowicz, Karol(1985), "Third World News Cooperation Schemes in Building a New International Communication Order: Do They Stand a Chance?" *Gazette*, 36.
Laskin, P. L. & A. Chayes(1974), "A brief history of the issues," The Aspen Institute Program on Communication and Society Series on Communication.
McAnany, Emile G. & Kenton T. Wilkinson(1972), "From Cultural Imperialists to Takeover Victims? Questions on Hollywood's Buyouts From the Critical Tradition," *Communication Research*, Vol. 19(December).
Nordenstreng, K. & H. Schiller(1979), *National Sovereignty and International Communication*, New Jersey : Ablex Publishing Co.
Ploman, Edward(1984), *Space Earth and Communication*, Boston : Frances Printer.
Pool, Ithiel de Soal(1979), "Direct Broadcasting Satellites and the Integrity of National Cultures," in Karrale Nordenstreng and Herbert I. Schiller(eds.), *National Sovereignty and International Communication*, New Jersey : Albex Publishing Co.
Pool, Ithiel De Sola(1974), "Direct Broadcasting Satellites and The Integrity of National Cultures," *The Aspen Institute on Communications and Society Series on Communication*.

Salinas, R., & Paldan, L. (1979), "Cultural in the process of dependent development : Theoretical perspectives" in K. Nordenstreng & H. Schiller (eds.), *National sovereignty and international communication*, NJ : Albex.

Sarti, I. (1982), "Communication and Cultural Dependency : A misconception" in E. McAnany, J. Schnitman, & N. Janus (eds.), *Communication and Social Structure : Critical Studies in mass media research*, New York : Praeger.

Tomlinson, John, 강대인(역) (1994), 《문화제국주의》, 나남.

UNESCO(편) (1990), 김영석(역), 《국제정보질서문화론》, 나남.

Wang, G. (1993), "Satellite TV and the Future of Broadcast TV in the Asia-Pacific," *Media Asia*, Vol. 20, No. 3.

제 7 장

글로벌 커뮤니케이션: 국제 뉴스원과 세계의 이미지 매핑 (*Mapping*)

박기순 · 이남표

1. 서 론

새로운 천년, 그리고 새로운 세기가 열렸다. 이 새로운 시대를 준비하는 과정이었던 지난 1990년대는 국내외적으로 정치, 경제, 사회, 문화의 모든 측면에서 말 그대로 급격한 변화와 혼돈의 시기였다. 그 변화의 와중에서 무엇보다도 한국사회를 사로잡았던 화두로 우리는 '세계화'와 '정보화'를 꼽을 수 있을 것이다.

'세계화'(*globalization*)라는 말은 1993년 김영삼 정부의 출범과 함께 본격적으로 등장하기 시작했다. 이 말은 곧 언론을 뒤덮으며 우리에게 익숙해졌고, 각 분야의 종사자들이 "국제 경쟁력을 길러야 한다"는 요지의 공익광고는 많은 사람들에게 "당신의 세계 경쟁력은?"이란 말을 유행시키기도 했다. 이러한 세계화 붐은 정치적, 사회경제적 배경을 지니고 있다. 1991년 소련의 몰락으로 세계는 이데올로기의 대립과 경쟁에서 벗어났다. 동시에 양극체제가 종결되고 단일한 자본주의 세계체계가 성립됨에 따라서 새로운 무한경쟁의 시대가 시작되었다. 다국적 기업의 외피를 쓴 세계 금융자본은 국경과 문화권을 자유롭게 넘나들며 이윤추구에 몰두하기 시작했다. 마틴과 슈먼(Martin & Schumann, 1996)은 이 새로운 무한경쟁의 시대를 "20 대 80의 사회"라고 이름 붙였다. 그들은 세계가 20%의 잘사는 나라와 80%의 못사는 나라로 양분되고 있으며, 특정 국가 내에서도 20%의 잘사는 계층과 80%의 못사는 계층으로 뚜렷한 구별을 보이게 된다고 지적했다. 따라서 한국사회 또한 80%의 하나로 몰락할 것인가 아니면 20%의 하나로 올라설 것인가의 기로에 서 있다는 것이 세계화 논리의 배경이다. 국제경쟁력을 갖추지 못한 개인과 기업과 국가는 몰락한다. 그러니 개인과 기업, 그리고 국가는 이 변화의 시대에 살아남기 위해 최선을 다해야 한다는 것이 세계화의 실제 내용이다. 세계화를 부르짖은 김영삼 정권이 IMF라는 몰락의 위기를 몰고왔다는 사실은 아이러니가 아닐 수 없다. 그러나 그 세계화 논리의 이면에 놓여 있던 판단은 지금도 유효하며 세계 무한경쟁의 자본주의 시대는 계속되고 있다.

한편, 1995년 무렵부터 한국사회는 본격적인 정보화시대, 인터넷시대로 진입하기 시작했다. 이때부터 웹브라우저(*Web Browser*)의 보급과 기존 PC통신의 인터넷망 구축을 통해 월드와이드웹(*World Wide Web*)이 폭발적으로 대중화되기 시작했다. 추상적으로만 여겨졌던 정보화가 인터넷의 급속한 대중화로 구체성을 띠게 되었다. 그로부터 불과 6년이 지난 오늘, 한국사회는 세계에서 몇 손가락에 꼽히는 인터넷 강국으로 군림하게 되었다. 그러나 정보화사회의 전망은 혼란스럽다. 극단적 낙관론과 비관론은 이제 설 곳을 잃었지만, 긍정적 효과 못지않게 부정적 현상이 도처에서 나타나고 있다. 일부 커뮤니케이션 학자들은 정보화사회가 전자민주주의와 매체의 다양화·민주화 가능성에도 불구하고 새로운 불평등 구조를 낳을지도 모른다고 우려하고 있다(강상현, 1996: 205~212). 이들은 1970년대와 1980년대에 비동맹 기구와 UNESCO 맥브라이드위원회가 지적했던 글로벌 커뮤니케이션과 정보유통의 불균형이 새로운 차원에서 심화되고 증폭될 것이라고 지적한다.

그렇다면 과연 지난 수년 동안 진행된 세계화와 정보화는 구체적으로 글로벌 커뮤니케이션 질서를 어떻게 재편하고 있는 것일까? 또, 한국 언론은 이러한 글로벌 커뮤니케이션의 질서 변화에 어떻게 대응하고 있는 것일까?

본 연구는 한국 신문의 국제면 뉴스를 분석함으로써 위와 같은 질문들에 답하고자 하는 시도이다. 언론매체의 국제면은 세계를 바라보는 유력한 창의 하나다. 굼퍼트와 캐스카트(Gumpert & Cathcart, 1982)가 지적했듯이 우리는 이 창을 통해서 직접적으로 만날 수 없는 외부의 세계를 보고, 듣고, 읽는다. 그렇게 얻은 이미지는 실제의 현실과는 다른 매체의 현실이며, 이 매체의 현실은 오늘날 실제의 현실을 넘어서서 우리에게 지배력을 행사하고 있다.

2. 이론적 배경

지난 1970~1980년대에 글로벌 커뮤니케이션 연구에서 가장 치열했던 논쟁은 서구 선진국의 뉴스 헤게모니에 맞서 '새로운 세계 정보와 커뮤니케이션 질서'(*New World Information and Communication Order*)의 정립을 촉구하는 제3세계의 문제제기를 둘러싸고 벌어졌다(김승현, 1991; Frederick, 1993: 158~186). 이 시기에는 '문화제국주의론'에 입각한 많은 연구들이 쏟아졌는데, 그 대다수가 제1세계에 비해서 제3세계가 "불완전하고, 일방적이고, 왜곡된" 모습으로 비춰지고 있다고 비판하면서 국제정보유통의 불균형을 지적했다(김지운, 1991: 17~23). 실제로 1970년대에서 최근에 이르기까지 국제뉴스 보도에 관한 여러 연구들은 그 주제와 접근법의 차이에도 불구하고 한 가지 공통적인 연구결과를 제시하고 있는데, 이는 국제 뉴스에서 특정 지역과 국가가 보다 중요하고 긍정적인 이미지로 묘사되고 있다는 것이다(Gerbner & Marvanyi, 1977; Larson, 1979; Matta, 1979; Frederick, 1993; Giffard & Rivenburgh, 2000).

이러한 배경에서 글로벌 커뮤니케이션에서의 "뉴스 가치"와 "정보의 흐름"을 설명하고자 여러 이론과 연구 접근법이 경쟁적으로 제시되었다. 1970~1980년대에 나타났던 접근법들은 크게 나누어서, 첫째, 국가와 지역들 사이에서 나타나는 뉴스의 흐름을 연구하는 지리적 접근법(*geographical approaches*), 둘째, 동종매체 사이 및 이종매체 사이에서 나타나는 보도 경향의 차이를 분석하는 접근법(*media approaches*), 마지막으로 특정 사건과 시간대를 중심으로 국제뉴스 보도를 연구하는 접근법(*event and time approaches*) 등으로 설명할 수 있다(Hur, 1984).

그러나 서구 선진국 중심의 국제뉴스 보도 경향이 모든 지역과 국가에서 단일한 형태로 나타나지 않는다는 사실이 많은 연구자들을 당혹스럽게 만들었다. 거버너와 마르베니(Gerbner & Marvanyi, 1977)는 국가와 매체마다 세계에 대해 다른 이미지를 구성하고 있으며, 특히 그러한 이미지는 매체의 수용자뿐만 아니라 뉴스 생산자조차도 직접 접하기 어려운 외부세계에 관한 것이기 때문에 정확한 사실에 근거해서 검토하고 수정하기 어렵다는 연구결과를 제시했다. 그들의 연구는 선진자본주의, 사회주의, 제3세계 등 여러 체제의 국가와 언론매체가 어떻게 다른 방식으로 세계를 구성하는가에 관한 양적 비교분석인데, 지리적 근접성과 국가체제에 따라서 매체가 세계의 이미지를 구성하는 양식은 차이가 있다는 결과를 얻었다.

따라서 어떠한 요인들이 국제뉴스 보도 및 그에 따른 세계의 이미지 구성에 영향을 미치는가를 체계적으로 설명할 필요성이 대두되었다. 이에 관해서, 우(Wu, 2000)는 글로벌 커뮤니케이션 연구에서 "현실 세계"(*real world*)와 "뉴스 세계"(*news world*) 사이의 차이를 설명하려는 접근법을 두 가지로 나누어서 설명한다. 첫째는 뉴스 생산자들이 특정 사건에 대해서 뉴스 가치를 판단하고, 이에 따라 취재, 편집, 유통에 이르는 여러 단계에 이르기까지의 '게이트키핑' 과정에 초점을 맞추는 관점이다. 둘째는 보다 거시적인 접근법으로, 국제정보의 흐름이 정치, 경제, 사회, 문화적인 글로벌 체계를 반영 및 구성하고 있다는 전제에 입각해서 변인들 사이의 관계를 설명하려는 입장이다. 김경모(2000) 또한 비슷한 분류방식을 제시한 바 있다. 그는 전통적인 글로벌 커뮤니케이션 연구경향으로 사건지향적/게이트키핑적 관점(*event-oritented/gatekeeping perspective*)이라는 미시적 접근법과 상황지향적/국제환경적 관점(*context-oriented/logistic perspective*)이라는 거시적 접근법을 대비시킨다.

게이트키핑 과정에 주목하는 미시적 접근법은 국제뉴스의 선정을 개인적 문제로 한정짓는다는 약점을 가지고 있다(김경모, 2000: 10). 따라서 지나치게 심리적 요인에 집착하거나 아니면 게이트키핑에 영향을 미치는 무수한 요인들을 나열하는 데 그칠 우려가 존재한다. 또한 커뮤니케이션 테크놀로지의 급격한 발전으로 로이터, AP, AFP와 같은 몇몇 거대 통신사들이 유일한 국제뉴스의 창구 역할을 맡았던 시대가 지나가고 있다는 측면에서 게이트키핑의 중요성이 약화되고 있다는 지적도 있다(김승현, 2000: 100). 반면에 거시적 접근법에서는 단위국가에서 관찰할 수 있는 국제뉴스 보도의 지역적·매체적 편차에 대한 설명력이 부족하다는 지적(김경모, 2000: 11)이 있으며, 국가에 따라서 지리·정치·경제·문화적 요인들의 국제뉴스 결정력이 다르기 때문에 객관적이고 체계적으로 글로벌 커뮤니케이션을 설명하기 어렵다는 한계점이 있다(Rosengren, 1977).

한편 지금까지 국내의 글로벌 커뮤니케이션 연구를 돌이켜보면, 앞에서 언급한 두 가지 한계점이 동시에 드러난다. 첫째, 거시적 연구들은 실증적 자료 제시와 분석을 소홀히함으로써 지나치게 정태적이고 단순화된 '문화제국주의론'을 반복하면서 스스로 객관적 설명력을 반감시켰다. 둘째, 게이트키핑 과정에 초점을 맞추는 미시적 연구들은 거시적 요인들을 설득력 있게 결합시켜내지 못함과 동시에 일회적 연구에 그침으로써 우리 언론이 그리고 있는 세계의 이미지를 부분적으로만 보여주는 데 그쳤다(김현수, 1991; 김덕모, 1996).

따라서 "뉴스를 통해서 우리가 바라보고 읽고 듣는 세계가 뉴스 가치와 뉴스 취재 및 배급의 글로벌 체계에 의해 결정된다"(Wu, 2000: 111)는 관점에 입각해서 미시적 접근법의 단점을 보완하면서 설명력을 갖춘 체계적인 거시적 접근법을 도입할 필요가 있다.

이런 점에서 볼 때, 38개국의 국제뉴스에 대한 분석을 통해 글로벌 커뮤니케이션의 결정요인을 설명하려는 우(Wu, 2000)의 연구는 흥미를 끈다. 그는 국제뉴스 보도의 일반적 결정요인을, (1) 각국의 지리적 크기와 인구 및 경제력, (2) 국가들 사이의 물리적 거리와 정치, 경제, 문화적 교류의 양, (3) 뉴스 생산과 유통에 영향을 미치는 국제적 통신사 및 언론사의 배치로 구분한 다음, 어떤 요인의 영향력이 결정적인가를 분석하고자 했다. 그의 연구결과에 따르면, 국제뉴스 보도의 양을 결정하는 가장 중요한 요인은 국가들 사이의 무역량으로 나타났다. 더불어서 국제적 통신사의 소유와 통신사의 지사나 특파원의 존재 유무가 국제뉴스의 선택에서 중요한 역할을 하는 것으로 드러났다. 또 국토 및 인구의 크기, 지리적 근접성 등의 요인이 갖는 결정력은 부분적으로 입증되었다. 반면, 언어 및 문화적 동질성과 유사성은 국제뉴스의 결정요인으로 작용하지 않는다는 결과가 나왔다. 이러한 결과를 일반화하기는 어렵지만, 1990년대를 경과하면서 이데올로기적 대립이 아니라 경제적 교류가 글로벌 커뮤니케이션에 더욱 큰 영향을 미친다는 추론을 가능하게 한다.

3. 연구문제 및 연구방법

1) 연구문제

본 연구는 앞의 논의의 연장선상에서 글로벌 커뮤니케이션의 역동적인 변화 양상에 초점을 맞추고자 한다. 이는 먼저 우리 신문에 나타나는 국제뉴스 공급원의 분석을 통해 세계화·정보화의 격랑 속에서 변화하는 뉴스 생산과 유통의 병참학(*logistics*)을 살펴보는 작업이 될 것이다. 아울러, 신문의 국제뉴스가 보여주는 세계의 이미지를 지리적 크기 및 근접성, 인구분포, 교역량과 같은 변인들과 비교하여 실증적으로 분석함으로써 그 변화의 양상을 추적하고자 한다. 이러한 분석은 우(Wu, 2000)가 제시한 연구결과를 거버너와 마르베니(Gerbner & Marvanyi, 1977)가 그렸던 세계에 대한 미디어의 이미지 지도(*media map*)에 비추어보는 것이기도 하다. 이를 연구문제로 밝히면 다음과 같다.

- 연구문제 1
  한국 신문에서 국제뉴스의 정보원은 어떻게 변화하고 있는가?
- 연구문제 2
  한국 신문의 국제뉴스에서 나타나는 세계의 이미지 매핑(*mapping*)은 어떻게 변화하고 있는가?

2) 연구방법

(1) 분석대상

본 연구의 분석대상은 〈조선일보〉와 〈한겨레신문〉의 국제면 기사이다. 〈조선일보〉는 우리 사회 최대 일간지이며 보수적 논조를 가지고 있다. 반면에 〈한겨레신문〉은 대중적 일간신문 중에서 유일하게 진보적 색채를 지니고 있다. 〈조선일보〉와 〈한겨레신문〉을 각각 분석대상으로 선정한 이유는 세계화·정보화의 물결 속에서 우리 언론의 국제뉴스 보도가 어떻게 변화하고 있는가를 가장 뚜렷하게 대비되는 방식으로 보여줄 수 있다고 판단했기 때문이다.

분석시기는 1992년과 2000년으로 각각 정했다. 이러한 시기 선정은 두 가지 이유 때문이다. 첫째, 소련 및 동구권의 변화가 일단락되고 새로운 세계질서가 시작되기 시작한 무렵이 1992년이다. 또 1992년은 14대 대통령 선거를 통해서 세계화를 표방하는 문민정부가 선출된 해이기도 하다. 한편 2000년은 연구 여건이 허락하는 범위 내에서 최대한의 시차를 두고 1992년과 국제뉴스의 보도를 비교해 볼 수 있기 때문에 자연스럽게 선정했다.

분석대상은 언론재단의 데이터베이스인 KINDS 검색으로 얻었으며, 국제면에서 해설과 칼럼을 제외한 스트레이트 기사 전체를 대상으로 했다. 이를 통해 나타난 1992년 1월 1일부터 12월 31일까지 국제면의 전체 기사량은 〈조선일보〉가 3,105건, 〈한겨레신문〉이 2,409건이었다. 또 2000년 1월 1일부터 12월 31일까지는 〈조선일보〉와 〈한겨레신문〉이 각각 2,333건과 3,600건이었다.

(2) 분석방법

연구문제의 해결을 위한 기본적 분석방법으로는 내용분석(*content analysis*)을 채택했다. 내용분석은 메시지를 수량적으로 분석함으로써 그 특성을 살펴보는 연구방법이다. 이 분석방법은 매체의 내용이 어떻게 현실세계를 묘사하고 있는가를 연구하는 데 널리 이용되고 있다 (Wimmer & Dominick, 1994: 198~201).

연구문제 1에서는 구체적 연구대상인 총 11,447건의 기사를 뉴스원에 따라 분석했다. 국제뉴스에서는 정보를 최초로 발신한 개인이나 조직이 아니라 그 정보를 뉴스로 가공해서 전달하는 매체가 존재한다.

따라서 여기에서의 분석 또한 우리 신문이 특정 뉴스를 얻게된 뉴스 전달매체를 대상으로 삼았다. 특정 기사에 뉴스원이 두 개 이상 존재할 때에는 복수처리해서 각각을 모두 연구결과에 포함시켰다. 단, 기사내용에는 특정 매체를 정보원으로 밝혔지만 기사 머리나 말미에 통신사를 통해 얻은 뉴스임을 밝힌 경우에는 그 통신사를 뉴스원으로 분석했다. 또 국내 신문의 특파원이 취재해서 보도한 기사의 경우에는 따로 처리했다.

연구문제 2에서는 분석시기 동안의 각 신문 국제뉴스가 어떻게 세계를 구성하고 있는가를 밝히기 위해 거버너와 마르베니(Gerbner & Marvanyi, 1977)의 연구를 분석 모델로 삼았다. 이들은 1970년 5월 24일에 9개국에서 발행된 60개의 일간신문을 대상으로 국가별 "외부세계"(*outside world*)에 대한 이미지를 비교 연구했다. 이는 특정 국가의 언론이 세계의 어떤 국가와 지역을 중심적으로 보도하고 있는가를 밝히기 위한 것이었다. 이 연구는 분석결과를 토대로 실제의 물리적인 세계지도와는 다른 독특한 모양의 세계지도를 작성했다. 그 세계지도는 각국 언론의 보도량에 따라서 세계 각 지역의 크기를 결정했다.

본 연구에서도 거버너와 마르베니의 연구방법을 따라서 신문의 국제면에서 보도하고 있는 각 나라를 분석했다. 이때, 각각의 기사가 2개국 이상에 관한 내용을 보도하고 있을 경우, 특정 국가가 중심 내용을 차지할 때는 1개국, 비교적 고르게 여러 국가에 관한 내용을 보도하는 경우에는 모두를 분석에 포함시켰다.

따라서 본 연구에서 사용하는 "세계의 이미지 매핑"이란 우리가 세계에 대해서 가지고 있는 이미지(*pictures in our head*)를 그린다는 것이 아니라 신문이라는 매체가 그려내고 있는 일종의 세계지도(*media map*)를 뜻한다. 다시 말하자면, "지리적 세계지도"(*geographical world map*)를 신문의 국제뉴스 게재 비율에 맞춰 재구성한 것을 가리킨다.

아울러 지리적 크기와 근접성만으로 우리 언론에 나타난 세계의 이미지를 설명하려는 단조로움을 극복하고자 인구분포와 교역량을 함께 비교해서 분석했다. 인구분포는 UN이 발표한 1992년과 1999년의 세계인구조사 결과를 토대로 했다. 1992년의 세계인구 자료는 통계청의 통계정보시스템인 KOSIS(http://www.nso.go.kr) 사이트를 이용해서 수집했다. 그러나 2000년의 세계인구 자료를 얻을 수 없는 관계로, 이를 대신할 수 있는 가장 최신의 자료인 1999년 세계인구조사 결과를 인터넷 온라인 백과사전 '엔사이버'(EnCyber)에서 수집했다(http://www.encyber.com). 한편 한국과 세계 각국의 교역량에 관한 자료는 재무부가 발간한 《무역통계연보》 1992년 판과 2000년 판을 통해 수집했다.

4. 연구결과

1) 국제 뉴스원

(1) 〈조선일보〉의 국제 뉴스원

① 1992년

1992년의 경우, 〈조선일보〉 국제면 분석을 통해 나타난 뉴스원은 모두 66개 매체였으며, 이들은 총 3,661회에 걸쳐 뉴스를 제공한 것으로 드러났다(〈표 7-1〉 참조).

주요 뉴스원은 영국의 로이터통신(1,122건)을 비롯, 프랑스의 AFP 통신(996건), 미국의 AP통신(703건), 조선일보 특파원(233건), 미국의 UPI통신(153건) 등의 차례로 나타났다. 로이터, AFP, AP의 3대 통신사는 모두 2,821회에 걸쳐 뉴스를 공급했는데, 이는 1992년 국제면 전체 기사의 80%에 달하는 양이다.

국가별로 살펴보면, 영국과 프랑스는 로이터와 AFP통신을 제외하고는 주요 뉴스원으로 국제뉴스를 공급하는 매체가 특별히 눈에 띄지 않았다. 그러나 로이터와 AFP통신만으로도 전체 뉴스 공급의 60%에 가까운 양을 제공했다. 미국은 AP와 UPI통신을 비롯해서 모두 9개 매체가 899차례 뉴스원으로 기능했는데, 영국과 프랑스보다는 적은 양이지만 상대적으로 여러 매체가 뉴스원의 역할을 담당했다. 다음으로 일본(229건)과 중국(65건)은 각각 229회와 65회에 걸쳐 국제뉴스를 공급했는데, 이는 영국, 프랑스, 미국의 상위 3개국과는 상당한 차이가 있는 것으로 나타났다. 특히 중국은 〈표 7-1〉에서 보듯, 주요 10대 뉴스원에 단 하나의 뉴스매체도 끼지 못했다.

한편 옛 사회주의권으로 볼 수 있는 국가들 중에는 유일하게 러시아만이 55건의 뉴스를 공급했으며, 제 3세계권의 경우, 모두 12개 뉴스매체가 합계 23건의 뉴스를 공급하는 데 그침으로써 〈조선일보〉의 국

〈표 7-1〉 1992년 〈조선일보〉의 주요 뉴스원

주요 뉴스원	국가	건수	백분율
(1) 로이터통신	영국	1,122	30.68
(2) AFP통신	프랑스	996	27.20
(3) AP통신	미국	703	19.20
(4) 조선일보특파원	×	233	6.36
(5) UPI통신	미국	153	4.18
(6) 교도통신	일본	108	2.95
(7) 타스통신	러시아	46	1.25
(8) 요미우리신문	일본	38	1.03
(9) DPA통신	독일	30	0.82
(10) 워싱턴포스트	미국	26	0.71
기 타	×	206	5.62
총 계		3,661	100.00

〈표 7-2〉 1992년 〈조선일보〉의 전체 뉴스원

국가	뉴스원	건수
영 국	로이터통신	1,122
	가디언	1
	소 계	1,123
프랑스	AFP통신	996
	피가로	2
	르몽드	1
	소 계	999
미 국	AP통신	703
	UPI통신	153
	워싱턴포스트	26
	뉴욕타임스	12
	월스트리트저널	1
	타임	1
	ABC	1
	LA타임스	1
	NBC	1
	소 계	899
일 본	교도통신	108
	요미우리신문	38
	산케이신문	24
	니혼게이자이신문	16
	아사히신문	13
	마이니치신문	12
	도쿄신문	6
	지지통신	6
	닛케이신문	2
	시사지 UIESW	1
	시사지 AERA	1
	조총련기관지 조선	1
	신보TBS	1
	소 계	229
중 국	사우스차이나모닝포스트	12
	신화통신	11
	문회보	9
	명보	7
	성도일보	7
	대공보	65
	더 스탠더드	5
	성도만보	1
	신만보	1
	연합만보	1
	인공일보	1
	중국시보	1
	홍콩경제일보	1
	소 계	65
러시아	타스통신	46
	네자비시마야 가제타	3
	노보메 브레미야	1
	모스크바타임스	1
	베크	1
	시사지 코메트산트	1
	이즈베스티야	1
	1 TV	1
	소 계	55
독 일	DPA통신	30
	슈피겔	2
	도이체스차이퉁	1
	디벨트	1
	이치란트풍크쥐트	1
	소 계	35
기 타	조선일보 특파원	233
	이집트 알 아흐람	5
	이집트 알 아흐바르	4
	이집트 MENA통신	4
	이탈리아 ANSA통신	2
	리비아 알 곰흐리야	1
	스위스 주르날 드 즈네브	1
	아프간 이스라익스프레스	1
	이란 IRNA통신	1
	이집트 아흐베르엘 욤	1
	인도 UNI통신	1
	태국 채널9 TV	1
	팔레스타인 WAFA통신	1
	소 계	256

주: 홍콩 및 대만의 뉴스매체는 중국에 포함시켰다.

제뉴스에 미치는 영향이 지극히 미미한 것으로 드러났다. 그나마 중동 분쟁에 관한 뉴스원 역할을 맡았던 이집트의 매체가 14차례 뉴스를 제공했다.

② 2000년

2000년의 경우, 1992년과는 달리 미국이 가장 커다란 국제뉴스의 정보원으로 떠올랐다. 매체별로 보면, 프랑스의 AFP통신(389건), 조선일보 특파원의 보도(384건), 미국의 AP통신(364건)이 거의 비슷한 수치로 주요 뉴스원 1, 2, 3위를 차지했으며, 이어서 상당한 차이를 두고 독일의 DPA통신(66건), 영국의 BBC방송(50건)이 뒤를 이었다. 조선일보 특파원을 제외한 상위 3대 뉴스매체의 국제뉴스 공급은 모두

〈표 7-3〉 2000년 〈조선일보〉의 전체 뉴스원

주요 뉴스원	국가	건수	백분율
(1) AFP통신	프랑스	389	22.84
(2) 조선일보 특파원	×	384	22.55
(3) AP통신	미국	364	21.37
(4) DPA통신	독일	66	3.88
(5) BBC	영국	50	2.94
(6) CNN	미국	47	2.76
(7) 뉴욕타임스	미국	38	2.23
(8) 워싱턴포스트	미국	23	1.35
(9) 교도통신 더 타임스	일본 영국	21	1.23
기 타	×	300	17.62
총 계		1,703	100.00

〈표 7-4〉 2000년 〈조선일보〉의 전체 뉴스원

국가	뉴스원	건수
미 국	AP통신	364
	CNN	47
	뉴욕타임스	38
	워싱턴포스트	23
	월스트리트저널	16
	USA투데이	14
	ABC	12
	LA타임스	10
	CBS	8
	뉴스위크	5
	블룸버그통신	4
	타임	4
	비즈니스위크	3
	Fox TV	3
	MSNBC	3
	UPI통신	3
	US뉴스앤드월드리포트	3
	CNBC	2
	내셔널 지오그래픽	1
	뉴 리퍼블릭	1
	뉴욕 리뷰 오브 북스	1
	뉴욕포스트	1
	덴버포스트	1
	마이애미헤럴드	1
	보스턴 글로브	1
	샌프란시스코 크로니클	1
	스크립스 하워드 뉴스	1
	포브스	1
	포천	1
	퓨처리스트	1
	C-SPAN TV	1
	소 계	575
프랑스	AFP통신	389
	르몽드	2
	르 누벨 옵세르바퇴르	1
	피가로	1
	소 계	393
영 국	BBC	50
	더 타임스	21
	로이터통신	19
	파이낸셜타임스	15

국가	뉴스원	건수
영국	선데이타임스	11
	데일리텔레그래프	7
	선데이텔레그래프	3
	가디언	2
	옵서버	2
	이코노미스트	2
	인디펜던트	2
	뉴사이언티스트	1
	런던타임스	1
	브리티시메디컬저널	1
	익스프레스	1
	인디펜던스선데이	1
	소 계	135
독일	DPA통신	66
	디 벨트	3
	디 빌트	3
	슈피겔	3
	프랑크푸르트 알게마이네차이퉁	2
	ARD TV	2
	베를리너모르겐포스트	1
	베를리너차이퉁	1
	빌트 암 길탁	1
	소 계	82
일본	교도통신	21
	요미우리신문	11
	아사히신문	10
	니혼게이자이신문	8
	마이니치신문	3
	도쿄신문	2
	산케이신문	2
	시사지 AERA	1
	지지통신	1
	소 계	59
중국	신화통신	14
	인민일보	5
	사우스차이나모닝포스트	4
	명보	3
	신보	2
	아시아위크	2
	파이스턴이코노믹리뷰	2

국가	뉴스원	건수
중 국	선데이모닝포스트	1
	성도일보	1
	스타 TV	1
	아주주간	1
	장난르바오	1
	중국시보	1
	중화일보	1
	청년보	1
	톈진일보	1
	해방군보	1
	TVBS	1
	소 계	44
러시아	인테르팍스통신	3
	네자비시마야 가제타	1
	이타르타스통신	1
	코메르산트 데일리	1
	콤소몰스카야프라우다	1
	N-TV	1
	소 계	8
기 타	조선일보 특파원	384
	벨기에 르 수아르	2
	이란 IRNA통신	2
	이스라엘 예루살렘포스트	2
	인니 옵서버	2
	호주 시드니모닝헤럴드	2
	뉴질랜드 RNZ	1
	시리아 SANA통신	1
	싱가포르 스트레이츠타임스	1
	우크라 우니안통신	1
	이란 이슬람공화국통신	1
	이집트 MENA통신	1
	인니 수하라카르야	1
	인니 자카르타포스트	1
	칠레 엘메르쿠리오	1
	페루 엘 코레르시오	1
	페루 리베라시온	1
	포루투갈 루시통신	1
	핀란드 STT통신	1
	소 계	407

819회로 전체의 50%에 조금 못 미쳤다(〈표 7-3〉 참조).

한편 1992년과 비교할 때 가장 두드러진 차이점은 '뉴스원의 다변화' 현상이다. 미국은 31개 뉴스매체가 뉴스원의 역할을 했고, 영국은 16개 매체, 중국은 18개 매체가 국제뉴스를 공급했다. 반면 1992년에 비해 로이터, AP, AFP의 3대 통신사가 차지하는 비중은 현저하게 줄어들었다. 또한 절대적인 수가 크게 나타나지는 않았지만, 러시아를 제외한 옛 사회주의권의 몇몇 뉴스매체가 국제뉴스의 공급원으로 나타났고, 제 3세계의 경우에는 중남미의 뉴스매체도 일부 등장한 것도 1992년과는 다소 다른 분석결과였다.

(2) 〈한겨레신문〉의 국제 뉴스원

① 1992년

〈한겨레신문〉은 1992년의 경우, 로이터통신(890건), AFP통신(690건), AP통신(584건), 한겨레 특파원(205건), UPI통신(113건) 등의 순서로 국제뉴스를 공급한 것으로 나타났다. 로이터, AFP, AP의 3대 통신사 국제뉴스 공급은 모두 2,164건으로 전체의 80%에 약간 못 미쳤는데, 이는 1992년 〈조선일보〉에 대한 분석결과와 거의 일치했다(〈표 7-5〉 참조).

그러나 국가별로 살펴보면 〈조선일보〉와 약간의 차이점이 드러나는데, 일본의 뉴스매체가 차지하는 비중이 상대적으로 낮은 반면에 중국의 뉴스매체들이 높은 비중을 차지했다. 물론 〈조선일보〉와의 차이가 크지는 않았다. 한편 〈조선일보〉와는 달리 러시아를 제외한 옛 사회주의권의 뉴스매체인 유고의 탄유그통신이 한 차례 뉴스원으로 기능했지만, 제 3세계권의 뉴스매체가 담당하는 국제뉴스 공급원의 역할은 여전히 미미했다(〈표 7-6〉 참조).

② 2000년

2000년의 경우 〈조선일보〉와 마찬가지로 미국이 가장 중요한 국제뉴스의 공급국가로 나타났다. 미국은 39개 뉴스매체가 모두 890차례에 걸쳐서 〈한겨레신문〉에 국제뉴스를 제공했다. 반면에 주요 뉴스원을 살펴보면, 1992년과는 달리 한겨레 특파원이 가장 중요한 국제뉴스의 공급원으로 드러났다. 이어서 프랑스의 AFP통신, 미국의 AP통신, 독일의 DPA통신 등이 주요 뉴스원 역할을 했다. AFP, AP, DPA의 3대 통신사가 차지하는 비중은 39%를 약간 넘었는데, 이는 2000년 〈조선일보〉의 분석결과보다 낮은 수치였다(〈표 7-7〉 참조).

1992년과 비교할 때 2000년의 분석결과가 보여주는 가장 커다란 차이점은 전체 국제뉴스 공급에서 AP, AFP 등 국제적 통신사가 차지하

〈표 7-5〉 1992년 〈한겨레신문〉의 주요 뉴스원

주요 뉴스원	국가	건수	백분율
(1) 로이터통신	영국	890	32.26
(2) AFP통신	프랑스	690	25.04
(3) AP통신	미국	584	21.19
(4) 한겨레특파원	×	205	7.44
(5) UPI통신	미국	113	4.10
(6) 교도통신	일본	61	2.22
(7) 타스통신	러시아	47	1.71
(8) DPA통신	독일	20	0.73
(9) 사우스차이나모닝포스트	중국	15	0.55
(10) 요미우리신문	일본	14	0.51
기 타	×	117	4.25
총 계		2,756	100.00

〈표 7-6〉 1992년 〈한겨레신문〉의 전체 뉴스원

국가	뉴스원	건수
영국	로이터통신	890
	스카이 TV	1
	소 계	891
미국	AP통신	584
	UPI통신	113
	워싱턴포스트	9
	뉴욕타임스	3
	워싱턴타임스	2
	뉴스위크	1
	디펜스 앤드 포린어페어스	1
	월스트리트저널	1
	LA타임스	1
	소 계	715
프랑스	AFP통신	690
	주르날 드 주네브	1
	소 계	691
일본	교도통신	61
	요미우리신문	14
	산케이신문	12
	아사히신문	12
	니혼게이자이신문	8
	도쿄신문	4
	지지통신	4
	마이니치신문	2
	소 계	117
중국*	사우스차이나모닝포스트	15
	더 스탠더드	8
	신화통신	7
	싱다오일보	7
	원후이바오	6
	차이나데일리	6
	다궁바오	5
	밍바오	3
	궁전일보	1
	칭바오	1
	CNA	1
	소계	60
러시아	타스통신	47
	네자비시마야 가제타	2
	소 계	49
독일	DPA통신	20
	슈피겔	1
	소 계	21
기타	한겨레 특파원	205
	유고 탄유그통신	2
	이집트 알 아흐람	2
	남아공 주간지 메일	1
	이라크 INA통신	1
	이집트 알 아흐바르	1
	소 계	212

주: 홍콩 및 대만의 뉴스매체는 중국에 포함시켰다.

는 비중이 현격하게 줄어들었다는 것이다. 반면에 〈뉴욕타임스〉(103건), BBC(82건), 〈월스트리트저널〉(59), 〈파이낸셜타임스〉(51건), 〈워싱턴포스트〉(48건) 등 세계적인 유명 신문·잡지사와 방송사들이 국제뉴스 공급에서 차지하는 비중이 크게 증가했다(〈표 7-8〉 참조). 또한 1992년에는 모두 11개국 41종의 매체가 국제뉴스를 공급한 반면에 2000년에는 35개국 145종의 매체가 319건의 뉴스를 공급한 것으로 드러나, 뉴스원의 다변화 현상이 〈조선일보〉보다 훨씬 뚜렷하게 나타났다. 아울러, 중국이 일본을 제치고 보다 중요한 국제뉴스 제공 국가로 나타났으며, 제3세계권 뉴스매체들도 보다 활발하게 뉴스원의 역할을 담당한 것으로 밝혀졌다. 그러나 전반적으로 미국, 프랑스, 영국의 3개국이 차지하는 높은 비중에 커다란 변화가 나타나지는 않았다.

〈표 7-7〉 2000년 〈한겨레신문〉의 주요 뉴스원

주요 뉴스원	국가	건수	백분율
(1) 한겨레 특파원	×	565	21.81
(2) AFP통신 AP통신	프랑스 미국	453	17.48
(4) DPA통신	독일	113	4.36
(5) 뉴욕타임스	미국	103	3.98
(6) BBC	영국	82	3.17
(7) 월스트리트저널	미국	59	2.28
(8) 파이낸셜타임스	영국	51	1.97
(9) 워싱턴포스트	미국	48	1.85
(10) 교도통신	일본	40	1.54
기 타	×	624	24.08
총 계		2,591	100.00

〈표 7-8〉 2000년 〈한겨레신문〉의 전체 뉴스원

국가	뉴스원	건수
미국	AP통신	453
	뉴욕타임스	103
	월스트리트저널	59
	워싱턴포스트	48
	CNN	30
	LA타임스	27
	MSNBC	23
	ABC	22
	USA투데이	20
	블룸버그통신	11
	크리스천사이언스모니터	11
	UPI통신	10
	포브스	7
	Nature	7
	뉴스위크	6
	사이언스	6
	포천	6
	C넷	5
	ZD넷	5
	뉴욕데일리뉴스	2
	디펜스뉴스	2
	마이애미헤럴드	2
	보스턴글로브	2
	비즈니스위크	2
	시카고트리뷴	2
	업사이드투데이	2
	이이타임스	2
	팜비치포스트	2
	CBS	2
	US뉴스앤드월드리포트	2
	뉴 리퍼블릭	1
	뉴요커	1
	댈러스모닝뉴스	1
	새너제이 머큐리	1
	워싱턴타임스	1
	타임	1
	하트퍼트 쿠란트	1
	Fox TV	1
	Z넷	1
	소 계	890
프랑스	AFP통신	453
	르몽드	4
	소 계	457
영국	BBC	82
	파이낸셜타임스	51
	로이터통신	23
	더 타임스	19
	선데이타임스	12
	인디펜던트	12
	이코노미스트	10
	가디언	9
	뉴사이언티스트	6
	선데이텔레그래프	6

국가	뉴스원	건수
영국	옵서버	6
	데일리텔레그래프	5
	데이터임스	1
	브리티시메디컬저널	1
	왓츠온인런던	1
	유로비즈니스	1
	소 계	245
독일	DPA통신	113
	디 벨트	13
	슈피겔	11
	프랑크푸르트 알게마이네차이퉁	4
	벨트 암 존타크	3
	쥐트 도이체 차이퉁	2
	디 빌트	1
	디 차이트	1
	베를리너 차이퉁	1
	비르트샤프츠보헤	1
	쿠리어	1
	ARD 방송	1
	소 계	152
중국	신화통신	32
	사우스차이나모닝포스트	22
	명보	13
	차이나데일리	10
	경제일보	5
	성도일보	5
	아시안월스트리트저널	5
	연합만보	5
	인민일보	4
	빈과일보	3
	아시아위크	2
	파이스턴이코노믹리뷰	2
	TVBS	2
	명일보	1
	베이징모닝포스트	1
	베이징청년보	1
	생환시보	1
	스탠더드	1
	신보	1
	아시안타임스	1
	연합보	1
	쟁명	1
	중국시보	1
	진바오	1
	차이나비즈니스	1
	차이나인터넷뉴스	1
	해방군보	1
	소 계	124
일본	교도통신	40
	아사히신문	15
	니혼게이자이신문	14

국가	뉴스원	건수
일본	요미우리신문	10
	산케이신문	5
	마이니치신문	4
	도쿄신문	1
	지지통신	1
	소 계	90
러시아	이타르타스통신	11
	브레먀	2
	인테르팍스통신	2
	노바야 가제타	1
	AVN	1
	소 계	17
기타	한겨레 특파원	565
	이스라엘 예루살렘포스트	4
	이스라엘 하아레츠신문	4
	벨기에 르 수아르	3
	이라크 INA통신	3
	말련 베르나마통신	2
	시드니모닝헤럴드	2
	싱가포르 비즈니스타임스	2
	유고 탄유그통신	2
	유고 베타통신	2
	이란 IRNA통신	2
	뉴질랜드 헤럴드	1
	말련 스트레이츠타임스	1
	멕시코 시글로베이하우스	1
	벨기에 일간 드스탄다르드	1
	브라질 주간지 베야	1
	스위스 르마뎅	1
	오스트리아 ORF TV	1
	이란 알 아흐람 신문	1
	이스라엘 하레츠	1
	이집트 미들이스트타임스	1
	이집트 MENA통신	1
	이탈리아 ANSA통신	1
	인니 안타라통신	1
	인니 옵서버	1
	중동경제조사(MEES)	1
	짐바브웨통신	1
	칠레 엘메르쿠리오	1
	카타르 알자리라	1
	캐나다 내셔널리포트	1
	콜롬비아 엘 티엠포	1
	태국 네이션	1
	태국 스트래지틱 인텔리전스	1
	포루투갈 루사통신	1
	페루 리베라시온	1
	페루 카날엔 방송	1
	포루투갈 TSF라디오	1
	소 계	616

2) 국제뉴스에 나타난 세계의 이미지 매핑

우리가 사는 지구를 지리적 모습대로 나타내면 아래의 〈그림 7-1〉과 같다. 물론 언론은 지리적 크기와 근접성에 비례해서 세계의 모습을 보여주지 않는다. 여기에서 단지 지리적인 세계의 이미지를 신문 국제면에서 나타나는 세계의 각 지역 및 국가에 대한 분석결과와 비교해 볼 수 있는 일종의 기준으로 제시하고자 한다.

(1) 1992년의 세계 이미지 매핑

① 〈조선일보〉

1992년, 〈조선일보〉에 가장 빈번하게 나타난 지역은 러시아 및 동유럽으로 분석대상 전체 3,321건의 국제면 뉴스기사의 28.45%(945건)을 차지했다. 이어서 동아시아 22.25%(739건), 북미 13.01%(432

〈그림 7-1〉 실제의 지리적 세계

건), 서유럽 9.84%(327건), 중동 9.82%(326건), 서남/동남아 9.76%(324건)의 차례로 나타났다. 중남미와 오세아니아는 각각 1.39%(46건)와 0.24%(8건)에 그쳤다(〈표 7-9〉 참조).

분석결과를 국가별로 살펴보면, 러시아가 가장 자주 기사화되었던 나라로 밝혀졌다. 러시아는 분석대상 모두 455차례에 걸쳐서 〈조선일보〉 국제면 뉴스에 나타났다. 러시아에 관한 빈번한 보도 덕분에 러시아 및 동유럽 지역 관련 보도가 전체 기사량의 30% 가까이를 차지한 것으로 분석할 수 있다. 다음으로 자주 기사에 오른 국가는 미국으로 모두 429건의 기사에 나타났다. 그러나 같은 북미지역인 캐나다가 불과 3건의 기사에만 등장했기 때문에 북미는 러시아 및 동유럽과 동아시아에 이어서 세 번째로 많이 보도된 지역으로 밝혀졌다. 러시아와 미국에 뒤이어 일본(339건)과 중국(313건)이 〈조선일보〉 국제면에 빈번하게 기사화되었다(〈표 7-10〉 참조).

〈표 7-9〉 1992년 〈조선일보〉에 나타난 지역

지역	건수	백분율
러시아 및 동유럽	945	28.45
동아시아	739	22.25
북미	432	13.01
서유럽	327	9.84
중동	326	9.82
서남/동남아	324	9.76
아프리카	174	5.24
중남미	46	1.39
오세아니아	8	0.24
계	3,321	100.00

〈표 7-10〉 1992년 〈조선일보〉에 나타난 국가

지역	국가	건수
동아시아	대만	83
	몽골	4
	일본	339
	중국(홍콩 포함)	313
	소 계	739
서남·동남아	네팔	2
	라오스	1
	말레이시아	12
	미얀마	10
	방글라데시	2
	베트남	33
	스리랑카	5
	싱가포르	3
	인도	40
	인도네시아	17
	캄보디아	53
	태국	44
	터키	21
	파키스탄	29
	필리핀	52
	소 계	324
중동	레바논	24
	사우디아라비아	4
	오만	1
	요르단	6
	이라크	90
	이란	37
	이스라엘	114
	카타르	2
	쿠웨이트	10
	팔레스타인	38
	소 계	326
서유럽	네덜란드	5
	노르웨이	2
	덴마크	6
	독일	128
	로마교황청	4
	룩셈부르크	1

지역	국가	건수
서유럽	리히텐슈타인	1
	벨기에	8
	스위스	3
	스페인	6
	아일랜드	1
	영국	70
	오스트리아	1
	이탈리아	21
	프랑스	69
	핀란드	1
	소 계	327
러시아 및 동유럽	그루지야	34
	라트비아	3
	러시아(CIS)	455
	루마니아	3
	리투아니아	7
	몰도바	21
	벨로루시	6
	보스니아	62
	불가리아	4
	슬로베니아	5
	아르메니아	30
	아제르바이잔	40
	아프가니스탄	29
	알바니아	10
	에스토니아	3
	우즈베키스탄	6
	우크라이나	70
	유고연방	87
	체코슬로바키아	14
	카자흐스탄	16
	키르키즈스탄	4
	크로아티아	9
	타지크스탄	18
	투르크메니스탄	7
	폴란드	9
	헝가리	3
	소 계	945

지역	국가	건수
북미	미국	429
	캐나다	3
	소 계	432
중남미	멕시코	2
	베네수엘라	3
	볼리비아	1
	브라질	8
	아르헨티나	3
	에콰도르	1
	엘살바도르	2
	콜롬비아	1
	쿠바	8
	파나마	1
	페루	16
	소 계	46
아프리카	가나	1
	나이지리아	3
	남아공	29
	리비아	48
	모잠비크	1
	세네갈	1
	소말리아	23
	시리아	22
	알제리	21
	앙골라	3
	이집트	15
	자이르	3
	카메룬	1
	코트디부아르	1
	콩고	2
	소 계	174
오세아니아	뉴질랜드	2
	피지	2
	호주	4
	소 계	8

② 〈한겨레신문〉

〈한겨레신문〉의 1992년 국제면 기사에서도 〈조선일보〉와 마찬가지로 러시아 및 동유럽이 전체의 28% 이상을 차지하며 가장 빈번하게 나타났다(758건). 다음으로는 동아시아 26.62%(718건), 북미 16.64%(449건), 서유럽 9.12%(246건), 서남/동남아 7.26%(196건), 중동 6.89%(186건)의 차례로 나타났다. 이러한 순서는 〈조선일보〉와 매우 유사하다. 유일한 차이는 서남/동남아와 중동의 순서가 바뀌었다는 것이다. 그러나 서유럽, 중동, 서남/동남아시아의 3개 지역이 커다란 격차를 보이는 것은 아니므로 순서변화의 의미는 미미하다(〈표 7-11〉 참조).

국가별 분석결과 역시 전반적으로 〈조선일보〉의 경우와 비슷하다. 다만 미국이 444건에 걸쳐 보도됨으로써 406건의 러시아를 제치고 1992년 〈한겨레신문〉의 국제면에 가장 많이 나타난 국가로 밝혀졌다.

〈표 7-11〉 1992년 〈한겨레신문〉에 나타난 지역

지역	건수	백분율
러시아 및 동유럽	758	28.10
동아시아	718	26.62
북미	449	16.64
서유럽	246	9.12
서남/동남아	196	7.26
중동	186	6.89
아프리카	93	3.49
중남미	46	1.70
오세아니아	5	0.18
계	2,697	100.00

그러나 미국과 러시아의 보도량의 차이가 세계의 각 지역에 대한 〈한겨레신문〉의 전체적인 보도순위를 뒤바꿀 정도는 아니었다(〈표 7-12〉 참조).

한편 아프리카, 중남미, 오세아니아 지역의 국가들에 대한 분석결과 또한 약간의 차이는 존재하지만 〈조선일보〉에 대한 분석결과와 뚜렷한 차별성은 드러나지 않았다.

③ 인구분포, 교역량과의 비교

지금까지의 분석결과를 1992년의 세계 인구분포 및 교역량과 비교해보자. 각 지역과 국가의 인구는 지리적 크기와 함께 지역 및 국가의 중요성을 보여주는 중요한 지표이다. 또한 우(Wu, 2000)의 연구결과에 따르면, 교역량은 무엇보다도 결정적으로 특정 지역과 국가에 대한 국제뉴스 보도를 좌우하는 변인으로 제시되었다.

〈표 7-13〉과 〈표 7-14〉는 각각 1992년 세계의 인구분포 및 한국과 다른 나라와의 교역량을 보여주고 있다. 아울러 〈그림 7-2〉와 〈그림 7-3〉은 이를 지도 이미지로 제시한 것이다.

〈그림 7-4〉와 〈그림 7-5〉는 각각 1992년 〈조선일보〉와 〈한겨레신문〉의 국제면 기사 분석결과를 세계의 이미지 지도로 제시한 것이다. 앞의 그림들과 비교해보면, 무엇보다도 러시아 및 동유럽의 이미지가 크게 다르다는 것을 한눈에 알 수 있다. 1990년에 베를린 장벽이 무너지고 1991년 8월에는 소련이 붕괴된 이후, 1992년의 한국 신문이 옛 사회주의권의 국제적 위치가 현저하게 약화되는 과정에 대해 크게 뉴스 가치를 부여했다고 분석할 수 있다.[1]

1) 본 연구는 양적 분석을 중심으로 했다. 따라서 구체적인 분석결과를 따로 얻지는 못했지만, 1992년의 한국 신문이 옛 소련에 속하는 독립국들의 갈등과 내전을 중요하게 다루고 있음을 내용분석 과정에서 확인할 수 있었다.

〈표 7-12〉 1992년 〈한겨레신문〉에 나타난 국가

지역	국가	건수
동아시아	대만	73
	몽골	3
	일본	343
	중국*(홍콩포함)	299
	소 계	718
서남·동남아	네팔	1
	라오스	1
	말레이시아	7
	미얀마	6
	방글라데시	2
	베트남	23
	인도	16
	인도네시아	5
	캄보디아	26
	태국	40
	터키	18
	파키스탄	10
	필리핀	41
	소 계	196
중동	레바논	17
	사우디아라비아	6
	아랍에미리트	3
	요르단	1
	이라크	52
	이란	19
	이스라엘	68
	쿠웨이트	5
	팔레스타인	15
	소 계	186
서유럽	그리스	2
	네덜란드	3
	덴마크	9
	독일	96
	룩셈부르크	2
	벨기에	4
	스위스	3
	스웨덴	2
	스페인	2
	아일랜드	5
	영국	48
	오스트리아	1
	이탈리아	13
	포루투갈	1
	프랑스	55
	소 계	246
러시아 및 동유럽	그루지야	18
	라트비아	1
	러시아(CIS)	406
	루마니아	6
	리투아니아	6
	몰도바	10
	보스니아	40
	불가리아	2
	아르메니아	17
	아제르바이잔	30
	아프가니스탄	22
	알바니아	6
	에스토니아	2
	우즈베키스탄	3
	우크라이나	52
	유고연방	71
	체코슬로바키아	32
	카자흐스탄	5
	크로아티아	8
	타지크스탄	11
	투르크메니스탄	1
	폴란드	7
	헝가리	2
	소 계	758
북미	미국	444
	캐나다	5
	소 계	449
중남미	니카라과	1
	멕시코	3
	베네수엘라	2
	브라질	10
	아르헨티나	2
	엘살바도르	2
	칠레	1
	쿠바	8
	파나마	2
	페루	15
	소 계	46
아프리카	남아공	20
	리비아	30
	모잠비크	1
	세네갈	2
	소말리아	9
	수단	1
	시리아	7
	시에라리온	1
	알제리	12
	앙골라	2
	이집트	6
	콩고	2
	소 계	93
오세아니아	아이티	3
	호주	2
	소계	5

〈표 7-13〉 1992년 세계 인구분포

1992년	인구(천 명)	백분율(%)
서남/동남아	1,674,437	31.75
동아시아(한국 제외)	1,257,255	23.84
아프리카	666,960	12.65
중남미	454,825	8.62
러시아 및 동유럽	411,727	7.81
서유럽	364,154	6.90
북미	283,923	5.38
중동	134,783	2.55
오세아니아	26,199	0.50
계	5,274,263	100.00

〈표 7-14〉 1992년 교역량

1992년	무역량(천 달러)	백분율(%)
동아시아	47,755,843	30.78
북미	39,652,210	25.56
서유럽	21,981,032	14.17
서남/동남아	19,006,970	12.25
중동	10,075,820	6.49
중남미	7,421,419	4.78
오세아니아	4,840,932	3.12
아프리카	2,787,692	1.80
러시아 및 동유럽	1,631,852	1.05
계	155,153,770	100.00

〈그림 7-2〉 1992년 인구분포에 따른 세계의 이미지 매핑

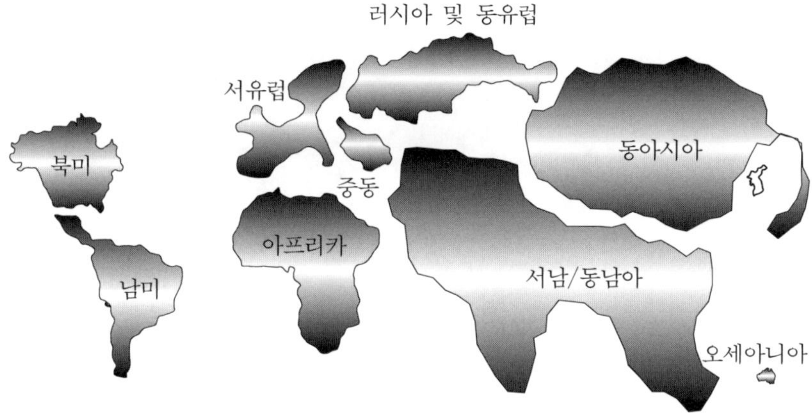

〈그림 7-3〉 1992년 교역량에 따른 세계의 이미지 매핑

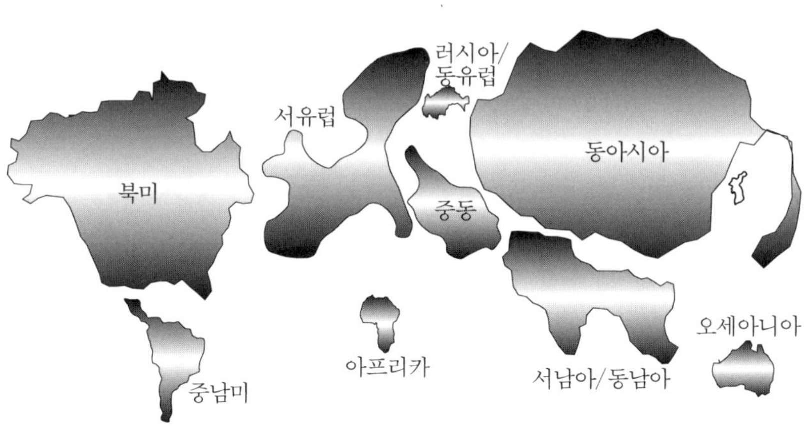

〈그림 7-4〉 1992년 〈조선일보〉에 나타난 세계의 이미지 매핑

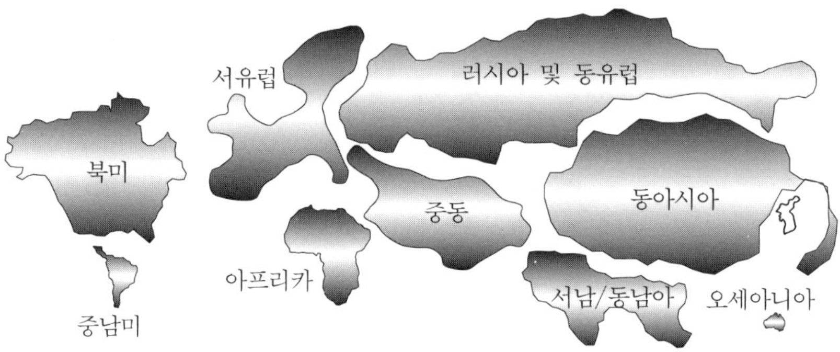

〈그림 7-5〉 1992년 〈한겨레신문〉에 나타난 세계의 이미지 매핑

(2) 2000년의 세계 이미지 매핑

① 〈조선일보〉

2000년 〈조선일보〉 국제면에 가장 빈번하게 기사화되었던 지역은 북미로 모두 707건의 기사에 나타났다(26.74%). 다음은 동아시아로 526건(19.89%)의 기사가 실렸다. 이어서 서유럽, 중동, 러시아 및 동유럽에 관한 기사가 각각 392(14.83%), 284(10.74%), 245건(9.27%)으로 나타났다(〈표 7-15〉 참조).

1992년과 비교할 때, 두드러진 차이점은 러시아 및 동구권의 기사량이 대폭 줄었다는 것이다. 반면에 북미지역에서는 미국관련 기사가 무려 696건이나 나타났다. 미국 다음으로 빈번하게 보도된 국가는 295건의 일본이었는데, 이는 미국의 절반에도 크게 못 미치는 수치다. 서남/동남아시아와 중남미 국가를 다루는 기사량이 1992년보다 증가했지

〈표 7-15〉 2000년 〈조선일보〉에 나타난 지역

지역	건수	백분율
북미	707	26.74
동아시아	526	19.89
서유럽	392	14.83
중동	284	10.74
러시아 및 동유럽	245	9.27
서남/동남아	239	9.04
아프리카	114	4.31
중남미	113	4.27
오세아니아	24	0.91
계	2,644	100.00

〈표 7-16〉 2000년 〈조선일보〉에 나타난 국가

지역	국가	건수	지역	국가	건수	지역	국가	건수
동아시아	대만	54	서유럽	스웨덴	7	중남미	베네수엘라	5
	몽골	1		스위스	10		볼리비아	3
	일본	295		스페인	9		브라질	2
	중국	176		영국	127		아르헨티나	3
	소 계	526		오스트리아	18		에콰도르	4
서남·동남아	네팔	4		이탈리아	9		온두라스	1
	동티모르	5		포루투갈	1		칠레	17
	라오스	2		프랑스	68		콜롬비아	1
	말레이시아	9		핀란드	2		쿠바	19
	미얀마	6		소 계	392		파나마	1
	방글라데시	3	러시아 및 동유럽	그루지야	4		파라과이	1
	베트남	13		라트비아	1		페루	35
	브루나이	1		러시아	121		소 계	113
	스리랑카	4		루마니아	5	아프리카	나이지리아	5
	싱가포르	12		리투아니아	2		남아공	5
	인도	26		보스니아	2		르완다	3
	인도네시아	79		불가리아	1		리비아	1
	캄보디아	2		슬로바키아	2		모잠비크	6
	태국	13		슬로베니아	1		세네갈	1
	터키	7		아르메니아	1		시리아	15
	파키스탄	17		아프가니스탄	8		시에라리온	11
	필리핀	36		알바니아	1		앙골라	1
	소 계	239		우즈베키스탄	1		에리트레아	7
중동	레바논	13		우크라이나	4		에티오피아	8
	바레인	2		유고연방	50		우간다	5
	사우디아라비아	10		체첸	20		이집트	17
	아랍에미리트	1		체코	2		짐바브웨	22
	예맨	4		카자흐스탄	2		케냐	3
	이라크	25		크로아티아	3		코트디부아르	2
	이란	26		키르키즈스탄	2		콩고	2
	이스라엘	131		타지크스탄	1		소 계	114
	쿠웨이트	1		폴란드	6	오세아니아	뉴질랜드	2
	팔레스타인	71		헝가리	5		솔로몬군도	4
	소 계	284		소 계	245		투발루	2
서유럽	그리스	11	북미	미국	696		피지	15
	네덜란드	9		캐나다	11		호주	1
	노르웨이	5		소 계	707		소 계	24
	덴마크	4	중남미	과테말라	2			
	독일	92		니카라과	1			
	로마교황청	11		도미니카	3			
	벨기에	9		멕시코	15			

만, 가장 큰 증가폭을 보인 것은 역시 미국이었다(〈표 7-16〉 참조).

결국, 2000년의 분석결과를 요약해서 말하자면 두 가지가 눈에 띈다. 첫째, 미국 관련 보도의 대폭 증가와 반대로 러시아 및 동유럽 관련 보도의 대폭 감소이다. 둘째, 1992년의 국제면 총 기사량 3,321건에 비해서 2000년에는 총 기사량이 2,644건으로 줄어들었음에도 불구하고 보도하는 국가의 수는 103개국에 관해서 109개국으로 소폭 증가했다는 점을 꼽을 수 있다.

② 〈한겨레신문〉

2000년의 〈한겨레신문〉 국제면 또한 〈조선일보〉와 똑같은 순서인 북미 817건, 동아시아 476건, 서유럽 314건, 중동 228건, 러시아 및 동유럽 159건으로 나타났다. 그러나 북미 지역 관련 기사가 국제면 총 기사량의 ⅓을 넘어섰다는 점에서 〈조선일보〉보다 미국중심의 보도 경향이 더욱 두드러지게 나타났다. 반면, 러시아 및 동유럽 관련 기사가 가장 큰 폭으로 감소했고, 동아시아 관련 기사도 눈에 띄게 줄어들었다(〈표 7-17〉 참조).

국가별로 살펴보면, 미국 관련 보도가 압도적으로 많은 802건으로 2000년 〈한겨레신문〉 국제면 총 기사건수의 약 35%를 차지했다. 이는 두 번째로 많이 보도된 일본의 254건보다 3배를 훨씬 넘는 수치다. 〈한겨레신문〉은 일본에 이어서 중국 182건, 영국 130건, 이스라엘 94건의 차례로 보도 비중을 두었다. 이스라엘은 중동지역의 끊임없는 분쟁으로 기사화 빈도가 높은 것으로 보인다. 그러나 1992년의 경우 48건에 불과했던 영국 관련 기사가 특별한 까닭 없이 무려 3배 가까이 증가한 점은 흥미롭다. 2000년의 영국에 세계의 주목을 끌 만한 뉴스거리가 없었음에도 불구하고 〈한겨레신문〉의 영국 보도 비중이 크게 증가한 이유는 국제뉴스 정보원의 다변화 과정 속에서 찾을 수 있을 것이다. 영국의 로이터통신이 1992년에 〈한겨레신문〉의 가장 중요한 뉴스원 역할을 했지만, 로이터가 실제로 공급한 뉴스의 대부분은 영국 관련 뉴스가 아니었다. 하지만, 2000년에는 BBC방송과 〈파이낸셜타임스〉가 주도적인 영국의 국제 뉴스원으로 기능했기 때문에 상대적으로 영국 관련 기사가 많았을 것이라고 분석할 수 있다(〈표 7-18〉 참조).

③ 인구분포 및 교역량과의 비교

위의 분석결과를 〈표 7-19〉 및 〈그림 7-6〉의 1999년 세계 인구분포와 〈표 7-20〉 및 〈그림 7-7〉의 2000년 교역량과 비교해보면 〈그림 7-8〉과 〈그림 7-9〉로 나타낼 수 있다.

〈표 7-17〉 2000년 〈한겨레신문〉에 나타난 지역

지역	건수	백분율
북미	817	35.69
동아시아	476	20.79
서유럽	314	13.72
중동	228	9.96
러시아 및 동유럽	159	6.95
서남/동남아	129	5.64
아프리카	79	3.45
중남미	75	3.28
오세아니아	12	0.52
계	2,289	100.00

〈표 7-18〉 2000년 〈한겨레신문〉에 나타난 국가

지역	국가	건수
동아시아	대만	40
	일본	254
	중국	182
	소 계	476
서남/동남아	네팔	1
	동티모르	5
	말레이시아	4
	미얀마	5
	방글라데시	1
	베트남	12
	브루나이	1
	스리랑카	6
	싱가포르	10
	인도	16
	인도네시아	30
	캄보디아	3
	태국	4
	터키	5
	파키스탄	8
	필리핀	18
	소 계	129
중동	레바논	3
	바레인	1
	사우디아라비아	5
	아랍에미리트	1
	예맨	5
	오만	1
	요르단	1
	이라크	19
	이란	15
	이스라엘	94
	쿠웨이트	2
	팔레스타인	81
	소 계	228
서유럽	그리스	2
	네덜란드	4
	노르웨이	6
	덴마크	3
	독일	78
	로마교황청	6
	벨기에	4
	스웨덴	5
	스위스	8
	스페인	3
	아이슬란드	1
	아일랜드	1
	영국	130
	오스트리아	9
	이탈리아	7
	프랑스	47
	소 계	314
러시아 및 동유럽	러시아	84
	루마니아	4
	보스니아	1
	불가리아	1
	아프가니스탄	5
	우크라이나	1
	유고연방	36
	체첸	14
	체코	3
	카자흐스탄	1
	크로아티아	2
	키르키즈스탄	2
	폴란드	4
	헝가리	1
	소 계	159
북미	미국	802
	캐나다	15
	소 계	817
중남미	과테말라	1
	도미니카	1
	멕시코	7
	베네수엘라	2
	볼리비아	1
	브라질	3
	아르헨티나	3
	에콰도르	2
	칠레	16
	콜롬비아	3
	쿠바	12
	파나마	1
	파라과이	1
	페루	22
	소 계	75
아프리카	가나	1
	나이지리아	4
	남아공	2
	레소토	1
	르완다	1
	리비아	2
	모잠비크	5
	시리아	5
	시에라리온	10
	알제리	1
	앙골라	1
	에리트레아	7
	에티오피아	7
	이집트	7
	짐바브웨	19
	케냐	3
	코트디부아르	2
	콩고	1
	소 계	79
오세아니아	뉴질랜드	2
	피지	4
	호주	6
	소 계	12

〈표 7-19〉 1999년 세계 인구분포

1999년	인구(천 명)	백분율(%)
서남/동남아	1,924,395	33.04
동아시아(한국 제외)	1,401,835	24.06
아프리카	707,915	12.15
중남미	495,837	8.51
러시아 및 동유럽	412,762	7.08
서유럽	388,536	6.67
북미	303,757	5.21
중동	161,546	2.77
오세아니아	29,778	0.51
계	5,826,361	100.00

〈표 7-20〉 2000년 교역량

2000년	무역량(천 달러)	백분율
동아시아	108,370,614	32.62
북미	71,654,946	21.57
서남/동남아	43,639,919	13.14
서유럽	42,279,158	12.72
중동	31,807,696	9.57
중남미	12,534,828	3.77
오세아니아	10,096,960	3.04
아프리카	6,485,053	1.95
러시아 및 동유럽	5,374,313	1.62
계	332,243,487	100.00

〈그림 7-6〉 1999년 인구분포에 따른 세계의 이미지 매핑

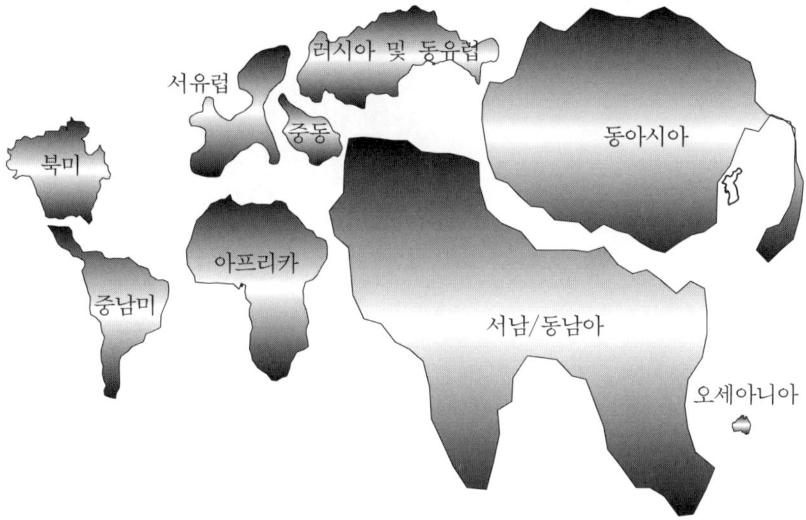

〈그림 7-7〉 2000년 교역량에 따른 세계의 이미지 매핑

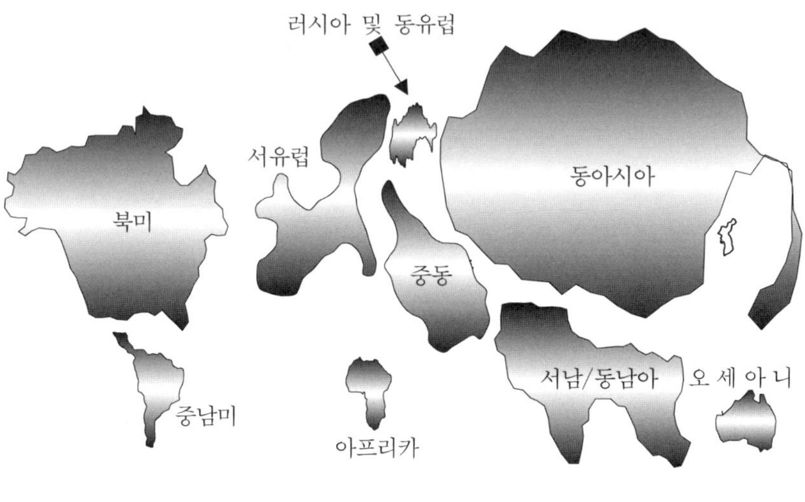

〈그림 7-8〉 2000년 〈조선일보〉에 나타난 세계의 이미지 매핑

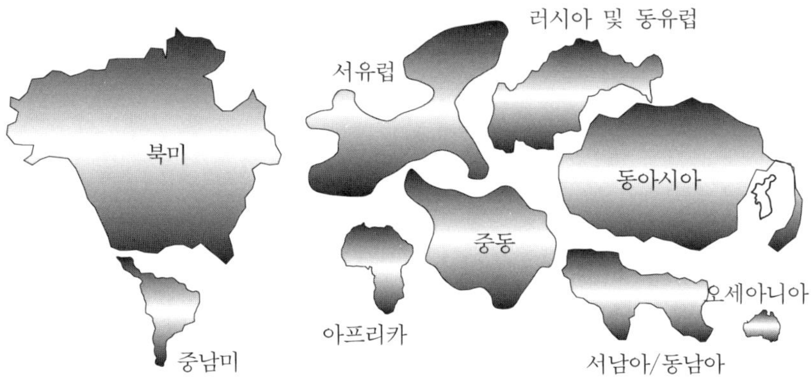

〈그림 7-9〉 2000년 〈한겨레신문〉에 나타난 세계의 이미지 매핑

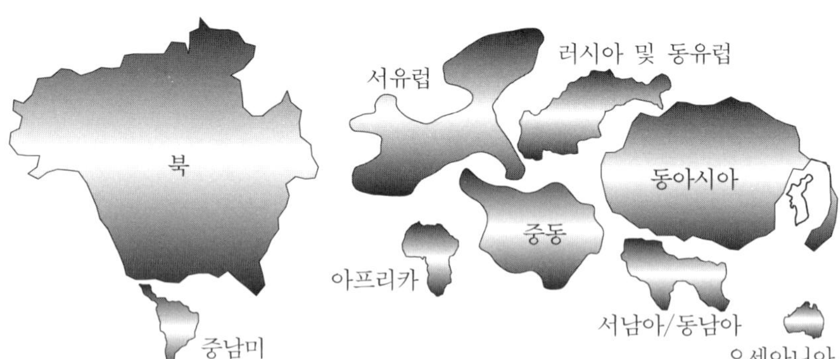

5. 논의 및 결론

지금까지의 분석결과를 종합해보면 1992년과 2000년의 신문 국제뉴스는 정보원과 세계에 관한 이미지에서 몇 가지 주목할 만한 차이점을 나타내고 있다. 먼저 뉴스원에 관해서 논의해보자.

첫째, 1992년과 2000년의 신문 국제면에 나타난 뉴스원을 비교해보면, 정보화의 진전에 힘입은 뉴스원의 다변화를 일정 부분 발견할 수 있다. 〈조선일보〉와 〈한겨레신문〉 양자 모두 로이터, AP, AFP 등 거대 국제 통신사에 대한 의존도가 낮아졌다. 〈조선일보〉의 경우, 뉴스의 다변화 현상은 부분적으로만 나타났다. 반면에 〈한겨레신문〉의 경우, 뉴스원의 다변화 현상이 보다 뚜렷하게 드러났다. 이는 인터넷의 성장과 대중화에 따른 것으로도 해석할 수 있다. 인터넷 이용이 본격화되기 전인 1992년만 하더라도, 수많은 세계의 뉴스매체들을 개별 신문사가 일일이 구독하고 검토하기가 대단히 어려웠을 것이다. 그러나 인터넷의 등장으로 저널리스트들이 손쉽게 세계의 매체들을 검색하고 원하는 기사를 실시간으로 얻을 수 있게 되었다. 커뮤니케이션 테크놀로지의 발전이 뉴스원의 다변화를 촉진시키고 있다는 또 다른 근거는 TV가 국제뉴스의 정보원으로 차지하는 비중이 현격하게 증가한 것에서도 찾을 수 있다. 이전에는 해외의 TV를 실시간으로 접한다는 것이 거의 불가능했다. 그러나 불과 몇 년 사이에 그것이 가능해졌고, 이는 신속함을 생명으로 하는 일간신문의 국제뉴스에 해외 TV뉴스가 정보원으로 등장할 수 있도록 만들었다.

둘째, 뉴스원의 다변화가 균형잡힌 글로벌 커뮤니케이션과 정보의 흐름을 의미하는 것은 아니다. 뉴스원의 다변화는 다양한 시각을 접할 수 있다는 점에서 분명히 바람직한 것이다. 그러나 1992년과 2000년의 국제뉴스 정보원에 대한 분석결과는 다변화를 곧 다양한 시각으로 해석하기 어렵게 한다. 〈한겨레신문〉의 예를 들어 살펴보자. 뉴스원으로 기능한 뉴스매체의 종류가 8년 사이에 41종에서 145종으로 크게 늘어났다. 그러나 미국, 영국, 프랑스 등 서구 선진국의 뉴스매체가 전체 국제면 기사에서 차지하는 비중은 거의 변화하지 않았다. 오히려 미국의 경우, 715건에서 890건으로 늘어났다. 또한 제 3세계권의 뉴스매체가 차지하는 비중이 다소 증가하긴 했으나, 특별한 의미를 부여하기에는 미미한 수치에 불과하다. 따라서 세계화와 정보화가 공정하고 균형적인 글로벌 커뮤니케이션의 가능성은 제공하지만 그 결과를 낙관하기는 어렵다.

다음으로 신문 국제뉴스가 보여주는 세계의 이미지에 관해 논의해보자.

첫째, 1992년과 비교해볼 때 2000년의 국제뉴스가 제시하는 세계는 미국을 비롯한 서구중심적 세계의 이미지가 강화되었다. 〈조선일보〉와 〈한겨레신문〉 양자 모두 미국에 관한 뉴스가 큰 폭으로 증가했다. 〈한겨레신문〉의 경우에는 증가폭이 거의 2배에 달했다. 결국, 지난 8년 동안 진행되었던 세계화는 서구중심적인, 특히 미국중심적인 세계관을 강화시켜주는 효과를 빚어냈다고 평가할 수 있다.

둘째, 지리적 크기 및 인접성, 인구분포는 앞에서 제시한 여러 〈그림〉에서 확인할 수 있듯이 우리 신문의 국제뉴스 가치부여와 직접적 관련이 없는 것으로 나타났다. 그러나 교역량은 러시아 및 동유럽을 제외하고는 어느 정도 국제뉴스의 결정요인 역할을 한 것으로 해석할 수 있다. 이는 우(Wu, 2000)의 연구결과를 전면적으로 입증한 것은 아니지만, 오늘날의 글로벌 커뮤니케이션 연구에서 경제가 차지하는 비중을 새삼 심각하게 고려해야 할 필요성을 다시금 확인해주는 것이었다.

1990년대를 겪으면서 우리 사회는 급속한 세계화와 정보화의 물결에 휩싸이기 시작했고, 이는 지금도 진행중이다. 본 연구는 이 혼란스러운 변화의 시대에 우리 언론의 국제뉴스가 어떻게 변모하고 있는가를 뉴스원과 세계에 대한 이미지라는 두 가지 측면에서 살펴보려는 시도였다.

연구결과를 요약해보면 다음과 같다. 첫째, 우리 신문의 국제뉴스 정보원은 지난 8년 동안 상당한 변화를 겪었음이 드러났다. 이러한 변화의 주요 내용은 뉴스원의 다변화였으며, 그 원인은 커뮤니케이션 테크놀로지의 발전에 따른 정보화의 진전으로 간주할 수 있다. 그러나 뉴스원의 다변화가 서구 선진국의 정보원 독점현상을 크게 변화시키고 있지는 못한 것으로 나타났다. 둘째, 우리 신문의 국제면에 대한 양적 분석결과가 보여주는 세계의 이미지는 보다 미국중심적, 서구중심적으로 변화하는 것으로 나타났다. 이 같은 변화는 글로벌 커뮤니케이션 질서가 세계화라는 이름하에 선진국, 강대국 중심으로 재편되고 있음을 의미하는 것으로 볼 수 있다.

덧붙여서 본 연구를 수행하는 동안 연구자들의 흥미를 이끌었던 점을 한 가지 소개하자. 연구를 시작할 무렵에는 "〈조선일보〉와 〈한겨레신문〉의 국제뉴스가 상당한 차이를 보이지 않을까"라고 미리 짐작했었다. 그러나 분석결과는 두 신문의 차이가 거의 없는 것으로 나타났다. 물론 두 신문의 보도내용에 대한 질적 분석은 다른 결과를 보일 수도 있다. 그러나 적어도 어떤 외부세계의 매체를 국제뉴스 정보원으로 선택할 것인가와 어떤 국가에 뉴스 가치를 부여할 것인가라는 문제에서는, 우리 신문들의 '색깔' 차이가 두드러지지 않았다. '색깔'보다도 분명한 것은 협소한 '선택의 폭'이었다.

본 연구에는 많은 한계가 있다. 무엇보다도 양적 내용분석을 중심으로 하였기에, 뉴스의 메시지가 구성하는 세계에 관한 담론을 분석하지 못했다. 이러한 한계 때문에 우리 언론이 제시하는 세계의 이미지를 단지 수량적, 피상적으로만 살펴보는 데 그쳤다. 아울러, 뉴스원에 관한 연구도 지나치게 단순한 분석방법에 의존함으로써 세계적 차원에서 진행중인 뉴스매체들의 수직적, 수평적 통합의 의미를 충분히 고려하지 못하였다. 마지막으로, 보다 연구의 폭을 넓혀서 지난 1970년대 및 1980년대까지도 연구의 범위에 포함시켰더라면 한결 의미 있는 연구결과가 나왔을 것이라고 덧붙인다.

▪ 참고문헌

강상현(1996), 《정보통신혁명과 한국사회》, 한나래.

김경모(2000), "중앙일간지 국제면의 기사선정 유사성에 관한 연구," 《한국언론학보》 제 44-3호, pp. 5~39.

김덕모(1996), "한국 언론의 국제뉴스 결정요인에 관한 연구," 성균관대학교 신문방송학과 박사학위논문.

김승현(1991), "국제사회의 변화와 국제커뮤니케이션의 패러다임," 한국언론학회(편), 《한국 언론학의 쟁점과 진로》, 나남.

김승현(2000), "세계화와 국제커뮤니케이션 연구의 새로운 문제들," 《한국언론정보학보》 제 14호, pp. 89~114.

김지운(편) (1991), 《국제정보유통과 문화지배》, 나남.

김현수(1991), "한국신문 외신보도의 Gatekeeping 과정에 미치는 내적 통제요인에 관한 연구," 연세대학교 석사학위논문.

임동욱(1997), "정보통신혁명과 초국적 정보질서," 《한국언론학보》 제 42-1호, pp. 199~231.

Frederick, H. (1993), *Global Communication & International Relations*, Belmont, CA: Wadsworth Inc.

Gerbner, G. & G. Marvanyi(1977), "The Many Worlds of the World's Press," *Journal of Communication*, Vol. 27, No. 1, pp. 52~66.

Giffard, C. A. & N. K. Rivenburgh(2000), "News Agencies, National Images, and Global Media Events," *Journalism & Mass Communication Quarterly*, Vol. 77, No. 1, pp. 8~21.

Gumpert, G. & R. Cathcart(1982), "Media Stereotyping: Images of the Foreigner," in Samovar, L. & R. Porter(eds.), *Intercultural Communication*(3rd ed.), Belmont, CA: Wadsworth Inc.

Hur, K. K.(1984), "A Critical Analysis of International News Flow Research," *Critical Studies in Mass Communication*, No. 1, pp. 365~378.

Larson, J. F.(1979), "International Affairs Coverage on U.S. Network Television," *Journal of Communication*, Vol. 29, No. 2, pp. 136~147.

Martin, H-P. & H. Schumann(1996), *Die Globalisierrungsfalle*, 강수돌(역)(1997), 《세계화의 덫》, 영림카디널.

Matta, F. R.(1979), "The Latin American Concepts of News," *Journal of Communication*, Vol. 29, No. 2, pp. 164~171.

McChesney, R. & E. M. Wood & J. B. Foster(1998), *Capitalism and the Information Age: The Political Economy of the Global Communication Revolution*, 김지운(역)(1999), 《커뮤니케이션 기술혁명의 정치경제학》, 나남.

Rosengren, K. E.(1977), "Four Types of Tables," *Journal of Communication*, Vol. 27, No. 1, pp. 67~75.

Wimmer, R. & J. Dominick(1994), *Mass Media Research: An Introduction*(4th ed.), Belmont, CA: Wadsworth Inc. 유재천·김동규(역)(1995), 《매스미디어 조사방법론》, 나남.

Wu, H. D.(2000), "Systematic Determinants of International News Coverage: A Comparison of 38 Countries," *Journal of Communication*, Vol. 50, No. 2, pp. 110~130.

제 8 장

1995년 북한 기아에 대한 〈뉴욕타임스〉와 〈워싱턴포스트〉의 보도 분석: 허만과 촘스키의 프로파간다 모델을 중심으로

심 훈

1. 여는 글

지난 1995년 여름, 몇 차례의 대홍수가 북한 전역을 휩쓸었다. 그 해 여름의 예기치 못했던 자연재해는 북한지역 대부분의 곡창지대를 초토화하며 가을철 수확물을 강타했다. 순식간에 1백만 톤 이상의 곡물들을 쓸어가버린 것으로 추정된 그 해의 홍수는 한국 역사상 1백년 만에 최대 규모였던 것으로 알려졌다(Park, 1997). 가뜩이나 취약하던 북한의 식량구조는 이 재앙으로 말미암아 결정적 타격을 입었다. 때문에, 지난 1947년 '조선민주주의인민공화국'이라는 이름 아래 건국, 반세기 이상을 서방세계와의 교류를 단절한 채 독자생존을 영위해 온 북한은 마침내 전 세계에 식량, 의약품 및 유실된 철도와 도로 복구 등을 위한 구조를 요청하기에 이르렀다.

미국국민들에게 제3세계의 재해가 더 이상 눈길을 끄는 뉴스가 아님에도 불구하고 북한의 기아는 지난 1990년대의 미국 언론 편집국에서 가장 주목받는 국제뉴스 가운데 하나였다. 이는 지난 수십 년간 대부분의 세계로부터 단절된 고립국가였던 북한으로부터의 구호요청이 한반도에서 제 2의 '베를린 장벽 붕괴'를 고대해온 미국 언론에 있어 이례적이면서도 흥미진진한 뉴스소재임에 분명했기 때문이다(Jordan, 1996a).

본 논문은 허만과 촘스키(Herman & Chomsky, 1988)가 그들의 저서 《제조되는 뉴스》(*Manufacturing News*)에서 제시했던 프로파간다 모델 분석에 의거, 미국 언론이 자연재해 보도에 대한 인도주의적 초점을 흐림으로써 결과적으로 굶주린 북한주민들을 뉴스에서 다룰 가치가 없는 희생자들(*unworthy victims*)로 격하했다는 증거를 제시하고자 한다. 미국 언론에 있어 북한 기아 보도의 주된 관심은 북한주민보다 북한정권에 맞춰져 있었으며, 취재대상 역시 기아 그 자체보다 기아가 야기한 북한 내부의 혼란과 모순, 부조리로 집중되는 경향을 보였다. 결론적으로 미국 언론은 이 문제를 '정치적 기아'(*political famine*)에서 비롯된 현상으로 쟁점화했으며, 뉴스 전반에 걸쳐 반공산주의적 합의를 도출하기 위한 보도자세를 견지해온 것으로 분석됐다. 실제로, 북한의 기근은 그 규모에 있어 지난 1980년대 중반과 1990년대 초반 에티오피아와 소말리아에서 각각 발생했던 재앙들에 필적한 것으로 알려지고 있다(Yamamori, 1997). 그럼에도 불구하고 미국 언론은 이 문제를 다루는 데 있어 동정적이고 인도주의적인 시각의 개입을 차단한 한편, 지극히 제한된 범위 내의 이념적 뉴스를 전달하는 보도 양태를 보여 주었다.

흔히 제 3세계에 대한 미국 언론의 뉴스는 그들의 이데올로기적 편향을 가늠하는 척도로 비유되곤 한다(Parenti, 1995). 이와 관련해 수많은 학술논문들이 미국 언론사들의 국제뉴스가 다분히 정치적 편견 아래 제작되고 있음을 증명하고 있다(e.g., Dahlgrean & Chakrapani, 1982). 때문에 해당 국가에서 발생하는 정변 또는 재해 역시 미국 언론이 부르짖는 슬로건인 '중립적 보도'의 대상에서 제외되는 경우가 빈번하다는 것이 여러 학자들의 공통된 연구결과이다(Dickson, 1992; Entman, 1991; Keshishian, 1997).

이러한 현상에 대한 원인으로, 정치경제학적 접근은 시간이 흐를수록 지배계급의 이해에 더욱 종속 또는 유착되는 미디어의 내재적 특성을 자주 언급하곤 한다(Murdock, 1989). 지배계급의 이념적 이해를 지지하기 위해, 언론이 일련의 뉴스 제작과정을 통해(i. e., *gatekeeping, filtering*) 신중하게 뉴스를 거르고, 파워 엘리트들의 중심적 가치에 맞게 현실을 재구성한다는 것이다(i. e, *framing, agenda-building*).

필자는 자연재해에 대한 미국 언론의 보도 행태 또한 이와 같은 이데올로기적 통제로부터 예외가 아님을 상기시키고자 한다. 대체적으로, 자연재해에 대한 뉴스보도는 '자연재해의 비정치성'(Keshishian, 1997: 332)으로 인해 뉴스 제작자들과 독자/시청자들의 동정심을 유발하기 마련이다(Moeller, 1998). 그러나 북한의 경우 기아문제는 정치적 의제로부터 분리된 채 독립적으로 취급된 적이 없으며, 미국 언론에 의해 인도주의적이기보다 이념적 렌즈로 투영됐다.

논문 의제를 전개함에 있어, 본 연구자는 북한의 기아를 정치적 기근으로 구축, 보도하기 위해 활용됐던 미국 언론 보도의 틀짓기 유형과 보도언어 등에 관해 논의할 것이다. 이에 따라, 본문에서는 우선 제3세계에 대한 미국 언론의 보도를 연구한 논문들에 대해 간략히 살펴본 후, '표상'과 '묘사', '정치적 담론' 등의 세 가지 차원에서 이념 편향적 보도가 어떤 식으로 치밀하게 이루어지는가를 살펴보고자 한다.

2. 제3세계, 미국 언론과 프로파간다 모델

커뮤니케이션학의 정치경제학자들은 언론이 외부의 압력으로부터 독립적이며 진실을 보도하기 위해 헌신하고 있다는 미디어 종사자들의 주장을 부정한다(e.g., Curran, Gurevitch, & Woollacott, 1982; Garnham, 1979). 그러기보다 그들은 매스미디어가 지배적 이데올로기를 강화하고 유지하는 차원에서 뉴스를 생산, 조정, 전달한다고 믿는다. 사실, 정치경제학적 접근은 그 주된 사상적 배경을 커뮤니케이션의 산물이 자본주의적 생산양식에 따른 하나의 상품이라는 맑스주의적 사고에 기초하고 있다(이효성, 1991). 이와 함께 커뮤니케이션 상품에 내재된 사상이나 가치 등에 깊은 관심을 나타내며, 이의 분석을 통해 커뮤니케이션의 이데올로기적, 문화적 체계를 파악하고자 한다(Murdock, 1989).

전통적으로 영국의 커뮤니케이션 정치경제학자들이 미디어의 소유와 통제, 시장구조 등에 주된 관심을 보인 반면(Murdock & Golding, 1974; Murdock & Golding, 1979), 미국의 언론학자들은 정치경제학적 접근에 있어 미디어의 메시지에 내재된 이념적 내용을 연구, 분석하는 데 더욱 역점을 두어왔다. 예를 들어, 진보적 언론학자인 할린(Hallin, 1987)은 미국의 언론이 한국전과 베트남전, 그리고 이라크전 등의 전쟁보도를 통해 지배계급의 정치적 이념을 확산시켜 온 과정을 상세히 추적하고 있다. 1960년대 후반의 학생운동에 관한 연구로 자주 인용되는 그의 저서 《전 세계가 지켜보는》(*The Whole World is Watching*)에서, 기틀린(Gitlin, 1980: 9) 역시 지배적 자본주의 이념 형성을 위한 중요한 사회권력으로서의 미국 언론이 "이데올로기의 확산을 위한 핵심적 체계"로서의 역할을 견지하고 있다고 주장하고 있다.

이데올로기의 재생산이라는 차원에서 미국 언론의 정치경제학적 보도는 공산국가에 대한 뉴스에서 더욱 명백하고 광범위하게 드러난다. 예를 들어, 허만과 촘스키(Herman & Chomsky, 1988)는 캄보디아와 동티모르 학살사건에 대한 미국 언론의 상반된 보도태도를 집중적으로 꼬집고 있다. 이들 두 학자에 따르면, 미국 언론은 공산주의 국가인 캄보디아에서의 학살은 대대적으로 보도했던 반면, 미국의 우방국인 인도네시아 정부가 자행한 동티모르 학살은 철저히 묵과했다. 중국과 한국에서 일어났던 민주화운동에 대한 김성태(Kim, 2000)의 연구 역시, 미국 언론이 일방적인 시각으로 정부의 해외정책을 충실히 반영하는 보도 행태를 취하고 있다는 주장을 뒷받침하고 있다. 김성태에 따르면, 중국의 천안문과 한국의 광주 민주화운동이 놀라우리만치 유사한 성격의 정치적 운동이었던 데 반해, 미국 언론은 중국의 천안문 사태만 집중적으로 다뤘을 뿐 광주 민주화운동은 거의 취급하지 않았던 것으로 분석됐다. 마찬가지로 엔트만(Entman, 1991)의 연구도 미국 언론의 국제보도가 지배계층의 이념을 전달한다는 비판이론적 주장을 지지하고 있다. 엔트만은 대한항공기와 이란 항공기의 피격사건을 분석한 결과, 미국 언론이 구소련의 대한항공기 격추를 '도덕적 폭거'(*moral outrage*)로 규정한 데 반해, 미국의 이란 항공기 격침은 기술적 문제로 격하시키는 이중성을 보였다고 지적했다.

자연재해도 정치경제학적 보도 행태에서 결코 예외가 될 수 없다는 것이 필자의 시각이다. 차이점이 있다면 학살이나 폭동, 반란 등과 달리 자연재해의 경우에는 공산국가들의 희생자들이 미국 언론의 이목을 거의 받지 않는다는 사실이다. 아프리카에서 가장 가난한 공산국가인 에티오피아에서 지난 1984년 발생한 대규모 기근은 한 카메라 기자의 생생한 취재가 영국 BBC에 방영되기 전까지는 미국 언론의 이목을 끌지 못했었다(Philo, 1993). 비슷한 시기의 이란과 아르메니아의 지진에 대한 미국 언론의 보도 역시, 미국과 양국간의 역학관계에 따라 지극히 편향적으로 이루어졌다는 분석결과도 발표되고 있다(Keshishian,

1997). 케쉬쉬안에 따르면 지난 1988년의 아르메니아 지진과 지난 1990년의 이란 지진을 보도함에 있어 〈뉴욕타임스〉와 〈워싱턴포스트〉는 대규모의 지진피해를 당한 이란보다는 그 피해규모가 이란의 절반도 안 되었던 아르메니아의 지진에 더욱 동정적인 뉴스기사를 내보낸 것으로 조사됐다. 소비에트공화국의 일원이었던 아르메니아는 미국과 소련의 관계가 급속도로 가까워지던 당시의 국제상황에 대한 반사이익으로 미국 언론의 인도적이면서도 심층적인 눈길을 받은 데 반해, 외교적으로 미국과 매우 적대적인 관계를 유지하고 있는 이란의 재해는 그다지 매스컴의 관심을 끌지 못했다는 것이 그의 분석이다.

이 같은 관점에서 볼 때, 허만과 촘스키(1988)가 그들의 저서, 《제조되는 뉴스》에서 논하는 프로파간다 모델과 '가치적/무가치적 희생자'의 이분법적 개념들은 이 연구논문의 전개에 핵심적 근간을 제공하고 있다. 허만과 촘스키에 따르면 정치경제학적으로 지배계층에 예속된 미디어는 기본적으로 지배계층의 이념을 생산, 전파하는 선전기구의 역할을 담당하고 있다. 프로파간다 모델에서 미디어는 '소유권,' '광고수익,' '출입처 의존도,' '반공주의,' '미디어 비평' 등과 같은 다섯 가지의 여과장치들을 통해 의도적으로 뉴스를 걸러낸다고 보고 있다. 이 같은 과정을 거쳐 미디어는 지배적 이념을 강화하는 한편, 이의 유지를 위한 프로파간다 캠페인을 활성화한다는 것이다. 본 논문에서는 북한 기아에 대한 미국 언론의 보도 양태와 관련, 프로파간다 모델의 다섯 가지 필터들 가운데 '출입처 의존도,' '반공산주의', 그리고 '미디어 비평' 등 세 가지 여과장치들의 작동과정 등을 집중적으로 살펴볼 것이다. 이와 함께 미국의 정책목표에 희생자들의 사례가 얼마만큼 유용하게 활용될 수 있는가에 따라 미국 언론이 결정하는 '가치적/비가치적' 희생자의 이분법적 구분이 북한주민들의 경우 어떻게 적용되는지의 여부도 분석할 것이다. 허만과 촘스키(Herman & Chomsky, 1988)에 따르면 언론에서 다룰 가치가 있다고 판정되는 희생자들은 동정적 시각에서 생생하고 반복적으로 다뤄지는 반면, 그다지 가치가 높지 않은 희생자들은 거의 주목받지 못하는 것으로 나타나고 있다.

본 논문에서는 이들 두 학자가 제시했던 위의 개념들에 대한 유용성을, 미국에 적대적인 공산국가에서 발생한 자연재해에 대한 미국 언론의 보도 행태를 분석함으로써 검증해 보고자 한다. 이는 허만과 촘스키의 연구를 비롯, 수많은 관련논문들이 적성/우방 국가의 '폭력'이라는 주제에 집중돼온 까닭에, 적성국가에서의 자연재해와 그 피해자들에 대한 보도 분석에 대해서는 알려진 바가 별반 없기 때문이다. 그러나 허만과 촘스키의 이분법적 분류에 따른 일반적 인식과 달리 필자는 적성국가에서의 자연재해 피해자들이 이들 국가에서의 폭력에 의해 발생한 희생자들과는 달리 미국 언론으로부터 그다지 주목을 끌지 못할 것으로 예상하고 있다. 다시 말해, 미국 언론은 이념적 측면에서 활용가치가 떨어지는 희생자들에 대한 보도를 축소 또는 무시하는 방식으로 자연재해에 접근한다는 것이 필자의 가설이다. 이는 인도주의적 보도가 자본주의 및 미국중심주의적 뉴스 가치의 최고의 보도기준으로 삼는 미국 언론의 내재적 본질과 필연적으로 상충할 수밖에 없다는 정치경제학적 가정을 근거로 한다. 필로(Philo, 1993)와 케쉬쉬안(Keshishian, 1997)의 연구논문들은 이 같은 맥락에서 천재지변의 비극과 진행상황이 미디어의 이념적 노정에 따라 편향적으로 중계-보도된다는 실증적 예를 제공하고 있다.

3. 방 법

본 논문은 자연재해에 대한 미국 언론의 '텍스트 분석'에 특별한 관심을 기울이고자 한다. 이는 저널리즘에 있어 이데올로기적 보도와 관련된 대부분의 최신 연구들이 계량분석의 일종인 내용분석(*content analysis*)에 주로 의존했기 때문이다. 예를 들면, 구티에레즈 빌라로보스, 헤르토그, 러쉬(Gutierrez-Villalobos, Hertog, Rush, 1994)는 미국의 파나마 침공에 대한 미국 언론의 전략, 전술적인 논평들을 수치화해 그 데이터를 발표한 바 있다. 케쉬쉬안(1997)의 경우, 지진에 대한 동정적 보도를 비교, 그 누계를 분석했으며, 김성태(Kim, 2000)는 뉴스 정보원의 유형과 성향을 계량화했다. 반면, 머민(Mermin, 1996)의 경우에는 텍스트 분석을 방법론으로 활용했으나, 그의 연구소재는 이념적 보도성향이 보다 극명히 드러나는 전쟁기사들이었다.

일반적으로 텍스트 분석은 "미디어가 전달하는 내용 및 형태의 문화적, 이념적 가정들에 집중돼 있는 텍스트를 질적으로 읽어내는 분석"으로 알려져 있다(Fûrsich & Robin, 2002: 194). 사실, 필자는 내용분석에 있어 계량가능한 범주의 항목들이 기사 사이사이에 녹아있는 이념적 편견들을 샅샅이 밝혀내는 데는 다소 무리가 있다고 본다. 따라서 본 연구자는 텍스트 안에 내재된 '의미'와 '문맥적 코드'라는 이슈를 기준으로 미국 언론의 보도 행태를 해부해 보고자 한다. 실제로 언론사회학자인 리스(Reese, 1990)가 밝힌 것처럼 단어와 구절의 유사한 배열 또는 결합을 추적하는 내용분석이 텍스트 안에 내재하는 이념을 발견해 내는 데는 분명 어느 정도의 한계가 있게 마련이다. 따라서 정치경제학적 이데올로기같이 추상적이면서도 꼬집어 밝히기 힘든 성질의 연구과제를 분석하기 위해서는 때로 텍스트 분석같이 단어와 문맥, 문장과 글의 흐름 등을 언어학적 측면에서 파고드는 방법이 필요한 것이 사실이다.

본 논문은 두 고급 정론지인 〈뉴욕타임스〉와 〈워싱턴포스트〉를 연구대상으로 선정했다. 이들 두 신문이 특히 국제뉴스와 관련, 대중과 정부의 의사결정에 미치는 영향력과 위상 등이 여타 인쇄매체에 비해 월등하다는 점은 주지의 사실이다. 분석시기는 〈뉴욕타임스〉에 북한의 재해와 관련한 첫 기사가 발행됐던 지난 1995년 6월 22일부터 마지막 데이터 수집이 끝난 2001년 8월 24일까지의 6년 2개월간이었다.

데이터는 '북한 기아'[1] 라는 주제와 관련된 모든 신문기사를 모집단으로, 렉서스-넥서스(Lexis-Nexis) 라는 뉴스 데이터베이스를 통해 검색됐다. 그러나 사진과 그래프 등 시각적 정보들은 수집대상에서 제외됐다. 분석기간 동안 수집된 기사의 총 건수는 131개였으며,[2] 유형별로는 스트레이트 뉴스(84.5%), 사설(6.7%), 특집기사(6.7%), 기고문(2.1%) 등의 순으로 나타났다.

수집한 데이터를 분석함에 있어, 필자는 텍스트 분석 이외에 내용분석도 병행해 사용하였다. 비록 텍스트 분석이 이 논문의 주된 방법임엔 틀림이 없으나, 내용분석 또한 텍스트 분석으로는 밝히기 힘든 사실들을 일목요연하게 유형별로 펼쳐 보일 수 있다는 장점이 있기 때문이다. 예를 들어, 내용분석은 정보원의 종류별 빈도 및 속성 등을 계량화해 한눈에 파악하는 데 매우 유용한 역할을 했다. 이럴 경우 텍스트 분석은 정보원 각각의 목소리에 담긴 의미와 맥락을 세부적으로 파악하기 위해 이용됐다. 그러나 본 연구는 텍스트 분석을 활용함에 있

1) 북한의 경우, 스커드 미사일 판매, 핵개발, 평화회담 등 여러 가지 이슈들이 동시에 걸려 있는 경우가 많아 북한에 대한 신문기사도 여러 가지 의제들이 함께 인쇄되는 경우가 많았다. 본고에서는 뉴스 제목과 기사 초반의 리드기사가 북한 기아, 식량지원, 홍수 등에 관한 내용일 경우를 대상으로 연구표본을 수집했다.

2) 연구분석 기간중 〈뉴욕타임스〉에서는 47개의 북한 기아 뉴스가 검색된 데 반해, 〈워싱턴포스트〉에서는 타임스의 배에 가까운 84개가 검색됐다.

어 문법과 어휘, 배열 등과 같이 세세한 면보다는 단어와 의미 등과 같은 좀더 거시적인 측면을 살펴보는 데 더욱 많은 시간을 할애했다.

이와 같은 두 가지 분석을 통해 필자는 미국 언론에 투영된 북한의 기아문제를 세 가지 측면, 즉 '표상'과 '묘사,' 그리고 '정치적 담론' 등의 차원에서 다뤘다. 사실 텍스트 분석방법은 매우 광범위할 뿐만 아니라 저자의 연구목적에 따라 다양하게 변형돼 사용되는 것이 사실이다. 본 논문에서는 텍스트 분석의 방법에 대해 교과서적 지침을 안내하는 페어클로(Fairclough, 1995)의 《미디어 담론》(*Media Discourse*)이라는 책에서 그 방법론을 차용했음을 밝히고자 한다. 페어클로는 그의 책에서 미디어의 담론을 분석함에 있어, '표상'과, '정체성,' '사회적 관계' 및 '정치적 담론'을 대표적 방법으로 제시하며, 그 실천방안을 세세히 서술하고 있다. 그러나 본 논문에서는 '정체성'을 연구목적에 맞춰, '묘사'로 대체했으며, '사회적 관계'—페어클로는 주로 TV의 토크쇼에서 나타나는 진행자와 시청자의 사회적 관계를 담론분석의 한 방법으로 다루고 있다—는 분석 매체의 특성상 본 연구의 방법론에서 제외시켰다.

이 연구에서는 '표상'과 관련, 북한 기아문제를 둘러싼 중심/주변적 목소리들의 특성에 대해 살펴보고자 한다. 여기에서 던져질 질문은 "어느 목소리가 북한 기아문제를 전달하는 데 주도적 역할을 했는가?" 하는 것이다. 이와 함께 소외된 목소리가 있다면 어떻게 차별적으로 보도됐는지에 대한 분석도 병행되고 있다. '묘사'의 경우에는 미국 언론이 전파했던 북한과 북한정부의 이미지에 대해 자세히 알아보고자 한다. 따라서 연구자는 "어느 종류의 이미지들이 어떻게 창조, 투영되었는가?"에 대한 질문을 제기하고 그에 대한 답을 찾고자 한다. 마지막으로, 지배적 이데올로기의 조율 및 개입과 관련, "어떤 정치적 담론이 어떠한 방식으로 구축되는가?"에 대한 질문과 분석이 병행될 것이다.

4. 표상 (*Representation*)

〈뉴욕타임스〉와 〈워싱턴포스트〉의 기아 보도 분석에서 드러난 첫 번째 사실은 해당 언론사의 지면에서 북한정부와 인도주의 단체들이 철저히 소외됐다는 점이다. 확실히 〈뉴욕타임스〉와 〈워싱턴포스트〉는 기사를 내보내는 데 있어 이들에게 매우 좁은 지면과 적은 기회를 허용했다. 〈표 8-1〉에서 나타난 바와 같이 두 신문의 주된 기사 정보원들은 미국, 유엔, 그리고 한국 등 세 곳에 집중돼 있는 것으로 나타났다. 반면, 북한당국 등에서 흘러나온 정보들은 취재기자들로부터 별 주목을 받지 못했다. 〈워싱턴포스트〉의 경우, 오직 5.4%의 정보만이 북한정부로부터 인용됐으며, 〈뉴욕타임스〉는 그 정도가 더욱 심해

〈표 8-1〉 정보원의 유형별 빈도 : 1995~2001

정보원 유형	워싱턴포스트		뉴욕타임스	
	#	%	#	%
미국 행정관료	83	22.5	38	22.1
기타 미국 정보원	53	14.4	18	11.6
유 엔	49	13.3	39	22.7
한국 행정관료	27	7.3	13	7.6
기타 한국 정보원	20	5.4	16	9.3
북한 행정관료	20	5.4	5	2.9
기타 북한 정보원	24	6.5	4	2.3
일 본	21	5.7	6	3.5
기 타	72	19.5	31	18.0
총 계	369	100.0	170	100.0

2.9%에 불과했다. 북한당국이 의도적으로 공식 접촉을 회피했는지, 또는 〈뉴욕타임스〉와 〈워싱턴포스트〉가 북한으로부터 나온 인용구를 의도적으로 누락했는지는 명확하지 않다. 하지만 유엔과 함께 중국이나 일본 같은 여타 주변국들에서 이용가능한 다수의 북한 정보원들을 고려해 볼 때, 그 수치가 매우 낮은 것임에는 틀림없다.

미국발 정보원의 경우를 좀더 자세히 들여다보면 정부를 제외하고는 정치인(32.9%)들이 최대의 정보원을 구성했으며, 전문가 집단(21.4%)이 그 뒤를 이은 것으로 나타났다. 반면, 사설 종교 구호단체 등(14.3%)은 인용에 있어 빈도수가 가장 낮은 것으로 조사됐다. 이와 함께 북한주민들에게 동정적인 의견이나 태도 역시 거의 나타나지 않았던 것으로 분석됐다. 예를 들어, 〈뉴욕타임스〉나 〈워싱턴포스트〉는 "더욱 많은 원조를 원하는"[3] 지미 카터(Jimmy Carter) 전 미국 대통령 같이 대북 원조에 있어 호의적인 인물들을 단 한번도 인터뷰한 적이 없었던 것으로 드러났다(Jordan & Sullivan, 1996). 대신, 〈워싱턴포스트〉의 경우, 로버트 돌(Robert Dole)같이 클린턴 행정부의 대북정책을 유약하다고 줄기차게 비판해 온 공화당의 매파 인물들에게 많은 지면을 할애했다. 때문에 북한 기아와 관련한 〈뉴욕타임스〉와 〈워싱턴포스트〉의 기사에는 출입처를 중심으로 매우 제한적이고 한정적인 목소리들만이 인쇄, 전파된 것으로 분석됐다.

북한 기아 보도에 있어 간과할 수 없는 또 하나의 사실은 바로 북한 정부로부터 나온 인터뷰와 인용의 '시의성' 및 '속성'을 꼽을 수 있다. '시의성'이 기아 보도에서 북한정부에 대한 미국 언론의 배제방식을 잘 보여주고 있다면, '속성'은 미국 언론이 어떠한 방식으로 북한의 반응을 선택, 보도했는지를 잘 나타내고 있다. 예를 들면, 〈뉴욕타임스〉에 나왔던 북한정부의 다음 인용을 보자.

---

3) 〈워싱턴포스트〉지는 지미 카터 전 미국 대통령을 이와 같이 지칭했다.

> "왜 유엔의 구호제의를 거절했는지에 대한 이유를 설명하면서 백씨는 '적대적 요소들', 특히 남한이 구호요청을 정치적 문제와 연결시키려 했기 때문이라고 말했다. 그는 북한당국은 적들이 구호활동을 사찰 및 기타 다른 정치적 목적의 전초전으로 이용하려 하는 것에 대해 우려하고 있다고 말했다"(4/02/96, Sec. A, 4쪽).

데이터 분석결과에 따르면 〈뉴욕타임스〉는 북한 기아와 관련된 첫 보도를 내보낸 아홉 달 뒤에서야 처음으로 북한 관리의 이야기를 신문에 내보냈다. 더욱 놀라운 사실은 이 기사에서도 단지 두 단어, 즉 "적대적 요소들"이라는 단어들만이 직접 인용됐다는 것이다. 미디어 텍스트에서 담론의 대표성을 논의함에 있어, 직접적인 인용을 간접적인 인용으로 바꾸는 과정은 상징적 의미를 함축하고 있다. 만약 인터뷰된 내용이 직접 인용되지 않고 간접적인 인용으로 언급될 경우, 실제로 행해졌던 말들이 취재기자 또는 데스크의 편집 속에 "대표적 담론으로 통합되는" 경향이 농후하기 때문이다(Fairclough, 1995: 81).

〈워싱턴포스트〉도 북한정부를 대하는 데 있어 〈뉴욕타임스〉와 대동소이한 행보를 보였다. 〈뉴욕타임스〉보다는 빠르게 북한정부의 입장을 보도했음에도 불구하고 〈워싱턴포스트〉 역시 첫 보도 이후 두 달이 지나서야 북한정부의 반응을 처음으로 언급했다. 그러나 〈워싱턴포스트〉는 북한 관리의 인터뷰 내용을 실으면서 〈뉴욕타임스〉와 마찬가지로 기아문제에 대한 언급은 누락시켰다.

> "평양은 인도주의적 지원의 결여에 대해 분노를 표시했다. 지난 주, 북한 외무부의 한 관리는 '만약 적대적 요소들이 계속해서 인도주의적인 도움을 막으려는 시도와 함께 〔이 문제의〕 정치화를 꾀한다면, 우리는 더 이상 이른바 도움으로 일컬어지는 것에 대한 희망에 기대지 않을 뿐더러 우리만의 길을 나아갈 것이다'라며 자신이 말한 바가 무엇을 의미하는지 명확히 하지 않은 채 이같이 밝혔다"(1/27/96, 18쪽).

신문에 나타난 인터뷰 당사자의 인용문을 분석하는 것은 연구자로 하여금 취재원과 기자의 관계를 파악하는 단초를 제공한다. 이는 많은 경우, 기자가 정보원을 통해 자신이 표명하고자 하는 것을 기사화하기 때문이다(Reese, 1990). 신문 지상에 찍히는 인용들이 대부분 기자수첩의 수많은 취재내용 가운데 여과, 선택된다는 사실을 감안하면 최초의 인용이 지니는 의미는 더욱 중요하다고 볼 수 있다. 이 같은 맥락에서 볼 때 활자화된 인용들은 종종 해당 기사에 내재돼 있는 이데올로기를 부지불식간에 반영하곤 한다. 명백히, 〈뉴욕타임스〉와 〈워싱턴포스트〉에 인쇄됐던 북한당국의 직접적인 반응은 신중하게 취사선택된 것들이었다. 북한당국으로부터 흘러나온 최초의 인용문들에는 북한의 기아에 대한 언급이 전혀 없었다. 대신, 이들 인용문은 대부분 지속적이고 반복적으로 서방에 대한 북한당국의 비우호적 태도와 정서를 드러내곤 했다. 이 같은 관점에서 볼 때, 인터뷰 당사자들에게 던져졌으리라고 예상되는 질문들은 북한의 정치적 불편함을 부각시키기 위해 의도되어진 것으로 해석될 수 있다. 의심할 여지없이, 이 같은 인용들은 원조에 대한 일말의 감사함도 없는 북한을 불만에 가득 차, 불평만 해대는 까다로운 재해국으로 인식시키도록 몰고 가는 데 일조했다.

인용의 속성과 함께 또 하나의 논쟁점은 바로 인용의 위치문제를 들 수 있다. 모든 보도에 걸쳐 〈뉴욕타임스〉와 〈워싱턴포스트〉가 북한정부의 얘기를 결코 기사의 첫머리나 앞부분에 배치한 적이 거의 없었기 때문이다. 많지 않은 기회에도 불구하고 북한의 반응은 언제나 기사의 중간, 뒷부분 또는 맨 끄트머리에 놓여 있곤 했다. 데이터 분석자료에 따르면 총 25건의 북한당국 인터뷰 기사 가운데 단 한 건만이 서두에 배치됐으며, 15건은 중간, 그리고 나머지 9건이 기사의 후반부에 배치됐던 것으로 나타났다. 북한당국은 말할 기회는 물론 시의성, 배치순서 등 모든 면에서 일방적으로 불리한 상황으로 내몰리고 있었다.

따라서 독자가 어렵게 북한당국의 반응을 접할 수 있었다면, 그것은 이미 때늦은 인터뷰일 뿐만 아니라, 내용 면에서는 신경질적이며, 대부분 기사의 중간 이후에 있다는 것을 뜻했다.

5. 묘사 (*Portrayal*)

미국 언론보도의 두 번째 특징은 북한과 북한정부에 대한 부정적 묘사로 귀결된다. 반공산주의적 기치하에 미국 언론은 기력이 약해졌지만 여전히 '사악한' 북한의 상황을 집중 조명했다. 기사 전반에 걸쳐 세 가지의 대표적인 틀짓기 보도인 '위기중심적 보도', '북한 때리기', 그리고 '피해자 비난하기'가 검색됐다. 이 같은 틀짓기 보도들은 식량지원에 대한 깊이 있는 논의를 희석시키며, 인도주의적 관심을 분산시키는 역할을 했다. 때로는 함께, 때로는 따로 등장했던 위의 틀짓기 보도 행태들은 결과적으로 북한 기아문제를 선정적이면서 흥미진진한 오락뉴스로 격하시켰다.

1) 위기중심적 보도

TV뉴스에 있어 라슨(Larson, 1983)은 라틴아메리카, 남아시아, 동유럽과 아프리카의 경우, 위기 관련 사건을 제외한 보도는 거의 방송을 타지 못한다고 분석하고 있다. 유사하게 위버와 윌호이트(Weaver & Wilhoit, 1981: 62)도 개발도상국에서의 뉴스는 선진국들의 뉴스와 달리 "정치적 폭력, 내란, 무장 충돌" 등에 집중된다는 결과를 발표한 바 있다.

북한 기아에 대한 최초의 뉴스 가치는 제3세계에 대한 미국 언론의 전통적 보도규범을 특징짓는 '위기중심적' 틀짓기에서 비롯됐다. 초기부터 〈뉴욕타임스〉와 〈워싱턴포스트〉는 군부의 급작스런 붕괴나 제2의 한국전과 같은 혼돈적 상황이 북한에서 발생할 수 있음을 집중적으로 다뤘다. 예를 들어, 〈뉴욕타임스〉는 북한 기아에 대한 두 번째 기사에서 극히 이례적으로 한국의 한 신문기사를 그대로 인용하며 "중국의 지도자들은 기근과 함께 여타 경제적 어려움들이 북한으로 하여금 잠재적 불안을 제거한다는 차원에서 남한과의 또 다른 전쟁을 준비토록 자극하고 있다고 생각한다"고 전했다(12/14/95, A19). 2주 뒤, 〈뉴욕타임스〉의 또 다른 사설은 북한의 식량부족이 "폭력적인 정치 혼란을 가져올 수 있음"을 강하게 지적했다(12/30/95, Sec. 1, 26쪽). 〈뉴욕타임스〉에 의한 북한의 상황은 이듬해에 더욱 악화됐다. "북한에 있어 진짜 위협은 총체적 붕괴"라고 명명된 제목의 기사에서 〈뉴욕타임스〉의 시올리노(Sciolino, 1996)는 북한의 붕괴를 매우 현실적인 시나리오로 내다봤다. 기사에서 그는 북한정권의 붕괴가능성에 대한 미국당국의 고뇌를 기정사실화하며 다음과 같이 기술했다.

> "미국 정부가 북한이 경제적으로 많은 문제점을 지니고 있어 자칫 스스로 붕괴하기 쉽다는 남다른 고민에 휩싸여 있다. 위협을 제거하기보다 북한이 갑작스럽게 붕괴한다면 내부적 혼란과 함께 피난민들의 홍수, 그리고 만일 상황이 더욱 악화된다면 한국전까지도 발발할 가능성이 있다"(2/18, Sec. 4, 5쪽).

마찬가지로 〈워싱턴포스트〉도 〈뉴욕타임스〉와 비슷한 양상의 보도 행태를 보여주었다. 1995년 12월에 〈워싱턴포스트〉는 "북한 전역에 식량 부족 경계경보, 남침의 촉매제가 될 굶주림이 무섭다"라는 제목의 기사를 내보냈다(Sullivan, 1995). 이 기사에서 〈워싱턴포스트〉는 "북한에서 예측가능한 유일한 일은 북한이 예측 불가능하다는 사실"이라며 북한의 상황이 한 치 앞을 내다 볼 수 없을 정도로 불투명하다고 보고했다. 한 달 뒤 〈워싱턴포스트〉의 케빈 설리반(Kevin Sullivan, 1996)은 "철저히 소외되고 베일에 가려진 북한이 역사상 가장 예측불허의 상태에 놓여 있다"며 한반도 북부에서의 위기상황이 최고조에 달했음을 다시 한번 강조했다(A11). 1996년 2월에 발행한 사설에서도 〈워싱턴포스트〉는 남한에 대한 북한의 자살공격 또는 북한 난민들의 대거 유입 등에 대한 가능성을 재차 언급했다(2/13/96, A18). 이와 함께 〈워싱턴포스트〉는 두 달 뒤인 1996년 4월에 북한 내부의 불안정성에 대해 다시 한번 일침을 가했다(Jordan, 1996a). "북한 붕괴 예상 증가 전문가들, 평양 붕괴는 오직 시간만이 문제"라는 선정적인 제목의 기사하에 〈워싱턴포스트〉는 북한이 동독 스타일의 전철을 밟을 가능성이 매우 높음을 지적했다. 그러나 이 같은 위기적 보도는 해가 바뀌어도 북한 내부에서 별다른 변화가 감지되지 않자 슬며시 사라져버렸다. 그 순간부터 또 다른 틀짓기가 대두되기 시작했다.

2) 북한 때리기

위기적 보도는 서방언론이 제 3세계를 다룰 때 흔히 사용하는 전략 가운데 하나이다. 그러나 단순히 저개발국이면서 가난한 북한의 상태가 미국 언론의 보도 방향을 결정짓는 유일한 요소는 아니었다. 프로파간다 모델에 있어 가장 핵심적인 필터 중의 하나인 '반공산주의' 깔대기가 바로 미국 언론의 대북한 기아문제에 대한 여과기로 작용했기 때문이다. 아마, 북한이 서방언론과의 접촉을 기피했던 이유 가운데 하나가 바로 〈뉴욕타임스〉의 "배고픈 북한, 자존심도 버렸다"와 같은 식의 보도를 우려했기 때문일지도 모른다(Kristof, 1997). 사실, 북한 정부에 대한 비판적 시각은 〈뉴욕타임스〉가 "〔북한〕정권이 건국 이후 공산주의 북한을 지탱해온 '주체'라는 의식을 포기하며 세계를 향해 도움의 손길을 내밀고 있다"는 첫 보도를 내보낸 이후 이미 어느 정도 예견돼 있었다(12/30/95, Sec. 1, 26쪽). 엄밀히 말하자면, 북한이 이제껏 주체사상이라는 국가철학을 버린 적이 없음에도 불구하고 <뉴욕타임스>는 북한의 구원요청이 곧 주체의식의 포기와 동일하다는 식으로 논리를 전개해 나갔다.

유엔과 북한정부가 국제사회의 도움을 요청하면 할수록 미국 언론의 북한 때리기는 그 강도를 더해갔다. <뉴욕타임스>와 <워싱턴포스트>의 취재기자 및 편집진들은 사악함에 가득찬 악의 축[4]을 비판하는데 온갖 형용어구를 동원했다. 보도 초기에 북한정부는 흔히 '스탈린식의 군부통치'(Goshko, 1995)나 '오랜 기간 고립된 적대적인 공산국가'(<워싱턴 포스트>, 12/24/95, C8) 정도와 같이 비교적 객관적인 표현들로 묘사되곤 했다. 그러나 북한 내부의 기아 상태가 갈수록 악화되기 시작하면서 미국 언론들은 북한을 향해 신랄한 독설을 내뿜기 시작했다. 예를 들면, <워싱턴포스트>는 사설을 통해 북한을 "외세에 대한 의존을 거의 실토하지 않는 천민 공산정권"이라고 비난했다(2/13/96, A18). <워싱턴타임스>의 한 기사도 북한을 일컬어 "정책과 수행능력, 의도 등을 예측하기 불가능한 아시아의 블랙홀"이라고 규정했다(Sciolino, 1996: 5). <워싱턴포스트>의 또 다른 사설은 북한을 "스탈린식 강제노동수용소"라고 부르면서 왜 서방세계가 "많은 전문가들이 사망진단서를 발급하려는 북한정권을 연장하기 위해 애를 쓰고 있는가"라며 의문을 제기했다(6/6/96, A28). 마찬가지로 <뉴욕타임스>의 니콜라스 크리스토프(Nicholoas Kristof, 1997)는 북한이 "세계에서 가장 존속 값어치가 없는", "태양계에서 명왕성 다음으로 가장 멀리 떨어져 있는 국가"라고 맹비난하기도 했다(A6). 이 같은 관점에서, 북한의 수도 평양이 "영화 세트와 같은 초현실주의적 환경"속의 "사당"(祠堂)과 흡사하다는 비난은 그다지 놀라워 보이지 않았다(<뉴욕타임스>,

4) 부시 미 대통령은 지난 2001년, 그의 취임사를 통해 이란, 이라크와 더불어 북한을 세계평화를 위협하는 '악의 축'(*axis of evil*)으로 규정했었다.

5/26/96, Sec. 4, 3쪽).

미국 언론의 북한 때리기를 논의하는 데 있어 기아에 허덕이는 북한 주민들이 기사의 제목이나 본문에 거의 등장하지 않는다는 사실은 주목할 만하다. 실질적 피해자임에도 불구하고 북한은 그 죄를 사면받기 힘든 범법자로 묘사됐으며, 〈뉴욕타임스〉와 〈워싱턴포스트〉는 북한주민들과 그들의 사악한 정권을 분리해 다루는 것을 거부했다. 이 같은 보도 행태는 시간이 흐르면서 점차 구체적으로 발전했다. 예를 들어, 기아 초기에는 북한정권에 대한 전반적이면서 총체적인 비난이 주류를 이루곤 했다. 그러나 해를 거듭할수록 비난의 대상은 유엔 관리들을 대하는 북한정부의 일처리 방식이나 식량배분 등 보다 구체적인 것으로 세밀하고 구체적으로 전개됐다.

3) 피해자 비난하기

미디어는 사회적 약자가 구조적이고 만성적인 폭력 등에 의해 피해를 당했을 경우, 가해자보다는 피해자를 비난함으로써 사건의 본질을 개개인의 잘못으로 돌리려는 경향을 보인다(Meyers, 1994). 이 같은 전략을 통해 언론은 교묘하게 사건의 본질을 호도, 구조적 문제에 대한 해결보다는 의제를 한정적이고 시한적인 방면으로 국한시키곤 한다. 마찬가지로, 〈뉴욕타임스〉와 〈워싱턴포스트〉 역시 북한의 기아문제를 다룸에 있어 피해 당사국인 북한의 식량배급에 대한 불투명성을 줄기차게 문제 삼고 나왔다. 그러나 북한당국에 대한 미국 언론들의 1차적 비난은 북한의 폐쇄성에서부터 시작됐다. 예를 들어, 1996년 6월에 〈워싱턴포스트〉의 메리 조단(Mary Jordan, 1996b)은 북한은 '비밀의 왕국'이라는 논쟁을 본격적으로 제기하며 북한의 폐쇄성이 국제적 원조를 방해하는 주된 장애물이라고 주장했다. 조단은 기사에서,

> "구호 종사자들은 북한 기아문제를 '유령 기아'라고 부른다. 신문과 방송에서 독자와 시청자들의 가슴을 저미는 비쩍 마른 어린이들의 모습을 볼 수 있었던 에티오피아나 소말리아와 달리, 북한에서는 그와 같은 이미지들이 전혀 없기 때문이다. 이와 같은 일들이 세계의 동정을 불러일으키는 데 한계로 작용하고 있으며, 어떤 이들은 북한 기아의 심각성 자체에 의문을 제기하고 있는 실정이다"(A23).

라고 밝혔다. 사실 조단은 자신의 기사에서 북한의 폐쇄적 자세뿐만 아니라 기아의 진위 자체에 대한 의심을 거론했다. 즉, 서방언론에 대한 북한의 비협조적 정책이 기아의 규모가 상당히 부풀려졌다는 의심을 불러일으키고 있다는 것이었다.

〈뉴욕타임스〉의 경우도 마찬가지로, 유엔세계식량계획(*World Food Program*)의 감독관으로서 북한 관리들의 비협조적 태도를 비난한 캐서린 버티닌(Catherine Bertinin)의 인터뷰 기사를 장문으로 실었다(Rosenthal, 1998). 사실, 버티닌은 기사에서 점차 개선되는 북한의 식량사정에 대해 자세히 기술했다. 그러나 〈뉴욕타임스〉는 북한정부에 대한 그녀의 짤막한 비난을 기사의 첫머리에 배치, 북한당국에 대한 비난의 수위를 높였다. 〈워싱턴포스트〉 역시 평양을 향해 "부적절한 홍보"를 내세워 강도 높은 비판을 이어갔다.

> "사람들을 감동시키는 데 있어 타의 추종을 불허하는 〔미국〕 텔레비전은 이제껏 굶주린 북한 어린이들에 대한 방송을 내보낸 적이 거의 없다. '소말리아나 르완다의 경우, TV에 나온 가슴 저린 장면을 보고 사람들이 즉석에서 25달러짜리 수표를 끊었습니다'라고 한 구호자는 말한다. '그 같은 일들이 시청자들에게 있어 양심의 가책을 덜어주며 그들이 무엇인가를 하고 있다는 느낌이 들게 했습니다. 그와 같은 방식으로 해서 우리는 수백만 달러를 모금할 수 있었습니다. 그러나 북한에서는 그러한 일이 결코 일어나고 있지 않습니다'"

(Sullivan, 1997: 19).

과연 미국 언론은 굶어 죽어가는 북한주민들의 영상을 시청자와 독자들에게 전달하고자 했는가? 북한정부에 대한 미국 언론의 지탄과는 달리, 외부로 유출된 북한주민들의 비참한 실상은 〈뉴욕타임스〉와 〈워싱턴포스트〉로부터 별다른 주목을 끌지 못했다. 1998년 12월, 일본의 비정부단체 중의 하나인 RENK(Rescue the North Korea People! Urgent Action Network)가 도쿄의 한 외신기자 클럽에서 북한주민이 촬영한 비디오를 상영한 적이 있다. 이 자리에서 공개된 비디오테이프에는 그해 말 한 탈북 난민이 그의 누더기 옷 속에 카메라를 몰래 들고 다시 북한에 들어가 찍은 내용이 담겨 있었다(Ishida, 1998; Hindell, 1998). 이날 상영된 비디오테이프들은 모두 세 개로 "맨발의 여윈 고아들이 지저분한 길거리 시장에서 생선뼈를 핥아먹고 있는 장면"과 "여성들이 서로의 머리에서 이를 잡아주는 광경," 그리고 "굶어 죽었거나 국경 경비대에 의해 사살된 것으로 보이는 친구들의 시체를 건지기 위해 한 청년이 강으로 뛰어드는 장면" 등이 담겨 있었다(Sullivan, 1999). 사실, 이 필름들은 북한이 구호요청을 한 이후 처음으로 공개된 검열되지 않은 북한 내부의 모습이었다. 그러나 이에 대한 미국 언론의 반응은 놀랄만치 냉담했다. 렉서스-넥서스 데이터베이스에 의한 자료검색은 미국 언론이 이들 필름을 결코 여론화하지 않았음을 보여주었다. 조사결과 오로지 영국의 데일리 텔레그라프(Daily Telegraph)와 일본의 〈요미우리〉 신문만이 이들 필름에 대해 간략히 보도했음이 밝혀졌다.

그러나 무엇보다도, 북한을 괴롭힌 것은 북한 군대가 구호식량을 전용하고 있다는 미국 언론의 끊임없는 의심이었다. 이 같은 의혹은 비단 식량모금을 위한 인도주의적 운동에 족쇄를 채웠을 뿐만 아니라, 북한에서 일하는 유엔 직원들의 노력에 대한 의구심을 자아내기에 충분했다. 돌이켜보면 이와 같은 의혹들은 전혀 새로운 것이 아니었다. 유사한 비판은 에티오피아와 소말리아의 경우에도 있었다. 국제 구호단체에 의한 식량배분에 대해 당시의 서방언론들 역시 군으로의 식량 전용가능성을 줄기차게 지적해왔었다. 그러나 필로(Philo, 1993)의 입장에서 보면 그 같은 언론의 태도는 사건의 본질을 흐리는 '과장된 변명'에 지나지 않는다. 이유는 언론의 사명이 무엇이 불가능한가를 보도하기보다는 무엇이 가능한가에 대해 보다 진지하게 고민하는 데 있기 때문이란 것이 그의 설명이다.

1999년 2월에 〈워싱턴포스트〉는 사설을 통해 북한 기아는 "모든 종류의 자유에 대한 억업과 광기어린 정책에 대한 북한의 아집이 낳은, 자연재해가 아닌 정치재해"라는 견해를 밝혔다(2/14/99, B6). 이 사설에서 〈워싱턴포스트〉는 또 구호식량이 필요한 곳에 이르기보다 군부와 당 간부들에게 전용되고 있다고 덧붙였다. 한 달 뒤, 유엔세계식량계획의 지역 감독관인 주디 쳉 홉킨스(Judy Cheung-Hopkins, 1999)는 〈워싱턴포스트〉에 보낸 짤막한 편지를 통해 그와 같은 주장을 정면으로 반박했다.

주디는 사설의 모순을 조목조목 짚어가며 〈워싱턴포스트〉가 잘못된 사실을 전달하고 있음을 분명히 했다. 그녀는 이어, 유엔이 북한에서의 식량분배과정을 항구 도착순간부터 분배기관을 거치는 전 과정에 걸쳐 세밀히 관찰하고 있다고 덧붙였다. 또, 유엔에서 주로 제공하는 옥수수와 밀은 군이나 당의 관심과는 거리가 먼 것들이라며, 그들은 이미 쌀에 대한 최우선적인 접근권을 가지고 있다고 설명했다. 그러나 필자의 데이터 분석 결과에 따르면 미국 언론의 그와 같은 주장에 대한 반박 등이 결코 뉴스 면에 소개된 적은 없었다. 더욱이 이 같은 입장에 대한 유엔 관리나 북한정부의 인터뷰 내용도 실린 적이 없었다. 북한은 여전히 미국 언론에 의해 제기된 온갖 의혹들로 인해 난타당하고 있었다.

6. 정치적 담론

세 번째이자 마지막으로 살펴보고자 하는 특징은 기사 행간에 드러난 이데올로기의 발현이다. 그러나 〈뉴욕타임스〉와 〈워싱턴포스트〉는 이데올로기를 전달하는 방식에 있어 각기 다른 여정을 보였다. 예를 들어, 〈뉴욕타임스〉가 정치적 담론을 뉴스 면에 직접적으로 내보내는 것을 선호한 반면, 〈워싱턴포스트〉는 사설과 특집기획, 논평 등의 의견 면을 통한 우회적 방법으로 자사의 정치적 입장을 표출한 것으로 밝혀졌다.

〈뉴욕타임스〉는 첫 기사에서부터 자사의 정치적 견해를 서슴없이 드러냈다. 북한 기아의 초기단계에서 〈뉴욕타임스〉는 "구호에 대한 필요성이 폐쇄적인 북한을 개방토록 강요할 수 있을 것"이라고 밝혔다(8/31/95, A6). 같은 해 12월에 계속된 두 번째 관련기사에서 〈뉴욕타임스〉는 유엔 관리의 말을 인용해 북한의 불행을 이용해야 할 필요성을 역설했다. "만일 지금 우리가 손을 뗀다면, 마지막 '베를린 장벽'을 무너뜨릴 수 있는 절호의 기회를 놓치는 것이다"(12/14/95, Sec. A, 19쪽).

장문의 또 다른 기사 "북한, 기아 치료제 미국에서 구함"은 〈뉴욕타임스〉의 입장을 보다 공공연히 드러내고 있다(Crossette, 1997). 북한 기아 관련 보도로는 유일하게 1면을 장식했던 이 기사는 미국에서 농작물을 시찰하는 한 북한 관리에 대한 특집이었다. 놀랍게도 〈뉴욕타임스〉는 2천 단어가 넘는 이 기사에서 북한 관리의 입으로부터 단지 "인상적"과 "부러운"의 두 단어만 직접 인용했다. 실제로 이 기사에서는 공산주의에 비해 우월한 자본주의체제가 곳곳에서 강조됐다. 이와 함께 〈뉴욕타임스〉는 기사에서 유엔 직원의 말을 통해 공산주의 경제 특히 북한 경제의 비효율성을 간접적으로 지적했다.

> "중앙계획경제는 가난한 국가들에게 어느 시점까지는 효율적입니다. 그녀(유엔 직원)가 말했다. 그리고 나서 사람들은 보다 나은 삶을 열망하는 인간의 본능을 필요로 하게 됩니다. 성장은 욕망과 함께 오는 것이니까요"(8/29/97, Sec. A, 1쪽).

언론인들은 자신들의 이념을 전개하는 과정에서 유사한 성향의 정보원을 통해 의견을 암묵적으로 개진하곤 한다. 언론사 내의 직업적 이념을 조사했던 리즈(Reese, 1990)는 사회주의자였던 전 〈월스트리트 저널〉 기자 켄트 맥도갈(Kent MacDougall)에 대한 연구를 통해 기자가 정보원을 이용, 자신이 말하고자 하는 바를 기사화했던 사실을 지적하고 있다. 그의 의견을 개진함에 있어 자신의 입맛에 맞는 전문가에 의탁함으로써 맥도갈은 그가 말하고자 하는 방향으로 기사의 주제를 끌고 갈 수 있었다는 것이다. 마찬가지로 〈뉴욕타임스〉 역시 장문의 1면 특집기사에서 북한 관리의 부러운 표정과 유엔 관리의 의견을 집중적으로 부각시킴으로써 자사의 의제를 명백히 전달하고자 했다.

그러나 북한정부를 겨냥한 보다 직접적인 비난은 그로부터 1년 뒤 〈뉴욕타임스〉의 사설에 다시 실렸다. "기아: 인간이 만든 재앙"이라는 제목의 사설에서 〈뉴욕타임스〉는 기아와 관련 북한정부의 비민주성을 공격했다.

> "자연은 홍수와 가뭄을 야기하지만, 대부분의 사회는 그 같은 곤경 속에도 식량을 구하는 방법을 발견해왔다. 어리석게도, 기아는 이 같은 길들이 차단당했을 때 발생한다. 하버드대학의 경제학자인 아마르티아 센(Amartya Sen)은 민주적인 정부와 자유로운 언론을 가진 국가는 비록 가난하다 할지라도 결코 심각한 기아에 직면해 본 적이 없다고 강조한다. 자유로운 언론은 경보기처럼 작동하며, 민주주의의 압력이 통치자들로 하여금 기아를 양산하는 정책들을 배제하도록 유도하기 때문이다"(〈뉴욕타임스〉, 7/26/98, Sec. 4, 14쪽).

사실 〈뉴욕타임스〉의 사설에 간접적으로 인용된 아마트야 센의 논리는 많은 논란의 여지를 남기고 있다. 무엇보다도 제 3세계의 빈국일지라도 민주주의적 체제 아래 자유로운 언론을 지니고 있다면 기아를 피할 수 있다는 그의 명제가 매우 비현실적이기 때문이다. 이는 '빈곤'이라는 난제와 민주주의가 같이 병행할 수 없다는 현실을 인류의 역사가 반증하고 있다. 이러한 관점에서 본다면, 아마트야 센의 주장은 기아 발생의 원인과 속성을 정부체계 및 통치 과오에 귀속시키는 결론적인 이야기를 담고 있다.

반면, 〈뉴욕타임스〉와 달리 〈워싱턴포스트〉는 북한 기아에 대해 직접적으로 뉴스 면에서 이념적 담론을 거론하지는 않았다. 〈워싱턴포스트〉는 대신 사설, 특집, 독자투고란 등의 의견란을 통해 간접적으로 그들의 정치적 견해를 표명했다. 예를 들어, 〈워싱턴포스트〉는 북한 기아와 관련한 첫 사설에서 미국이 북한의 핵 위협을 완화하기 위해 북한의 상황을 적절히 이용해야 할 필요성이 있음을 역설했다(12/24/95, C8). 두 달 뒤, 또 다른 사설에서 〈워싱턴포스트〉는 미 정부의 원조금 제의에 대해, "(원조금이) 북한의 핵폭탄 계획을 억제할 수 있는 확실한 보증금이 돼야 한다"고 주장하기도 했다(2/13/96, A18). 때문에 인도주의적인 도움에 관한 첫 언급이 〈워싱턴포스트〉의 첫 보도에서부터 무려 15개월이 지난 뒤에서야 사설에 실린 것은 그리 놀라울 것이 없었다(2/9/97). 그러나 그 같은 기사의 배경에도 다음과 같은 정치적 이유가 있었다.

> "북한 정권의 붕괴는 고대되고 있지만 기아에 의한 붕괴는 매우 위험하다. 기아는 혼돈을 야기할 뿐 민주주의를 가져오지는 않는다. 현 정권은 상상하기 힘들겠지만 보다 더 곤란한 정부로 대체될 수 있다. 북한의 1백만 군대는 자살공격을 감행할 수도 있다. 또 굶주린 주민들이 물밀듯이 남쪽으로 몰려 내려올 수도 있다"(C6).

같은 날 월드 비전(World Vision)이라는 구호단체의 부총재였던 앤드류 나치오스(Andrew Natsios) (1997)는 '아웃룩'(*Outlook*)이라는 <워싱턴포스트>의 외부 기고란에 "북한 살리기: 기아를 놓고 정치적 흥정을 하지 마라"라는 제목으로 장문의 원고를 썼다. 나치오스는 논평에서 미국정부가 당과 군부와는 무관한 수십만 명의 일반주민들이 굶어 죽도록 놓아둬서는 안 된다고 주장했다. 그러나 나치오스의 이 같은 의견은 바로 며칠 뒤 국무성의 정책고문관을 역임한 로버트 매닝(Robert Manning)과 보수적인 헤리티지 재단의 아시아연구센터의 소장인 제임스 프르지스텁(James Przystup)에 의해 반박당했다(1997). "나를 먹여 살려라, 그렇지 않으면, 너를 죽이겠다"는 매우 도전적인 제목 아래 매닝과 프르지스텁(Manning & Przystup, 1997)은,

> "물론 굶주린 주민들은 부양돼야 한다. 그러나 식량지원이라는 정책을 이해하지 못하는 것은 순진하고 잘못된 생각이다. 북한을 위한 인도적 경제지원은 북한의 군사적 위협이 줄어들고 그들이 경제를 개방하는 정도에 따라 병행돼야 한다"(2/20/97, A23).

며 나치오스의 의견을 신랄히 비난했다. 북한의 재앙을 안타까워하는 구호주의자들에 대한 또 다른 장문의 신랄한 공격은 그로부터 약 6주 뒤에 다시 재개됐다. 특집란에 "왜 숙적을 부양해야 하는가?"라는 제목하에 <워싱턴포스트>의 신디케이트 칼럼리스트인 찰스 크라우싸머(Krauthammer, 1997)는 미국 클린턴 행정부의 '순진하기 그지없는' 대북정책을 신랄하게 비판하고 나섰다. 그는 식량지원에 따른 반대급부가 무엇보다도 선행돼야 한다며 다음과 같이 주장했다.

> "식량원조를? 좋습니다. 그러나 북한이 무엇인가를 양보해야만 가능합니다. 식량을 원조한다구요? 그럼 한 가지 조건 아래 식량을 공급

하겠습니다: 휴전선에 배치돼 있는 군의 상당수를 1백㎞쯤 뒤로 철수해야 합니다”(A27).

10여 일 뒤, ‘편집자에게 보내는 편지’라는 고정란에 한 익명의 독자에 의해 짤막한 글이 실렸다. “북한 부양은 좋은 정책”이라는 제목 아래, 투고자는 크라우싸머의 견해를 신랄하게 비판했다. 그는 편지에서 크라우싸머에게 ‘북한정부’와 ‘북한주민’ 간의 구별에 대한 필요성을 언급하며 북한 기아를 다루는 데에 정치적 측면과 비정치적 측면의 차이성을 인식해야 한다고 강조했다.

이처럼 식량원조 문제를 다루는 데 있어 활발한 논의가 벌어졌던 〈워싱턴포스트〉의 독자 의견란에서 식량원조를 찬성하는 사람들과 이를 반대하는 사람들의 원고채택은 양적으로 균형을 이루었는가? 본 연구의 내용분석에 따르면 독자들의 원고를 수렴함에서 〈워싱턴포스트〉는 그다지 만족스럽지 못한 형평성을 보여준 것으로 나타났다. 비록 북한에 대한 식량지원을 찬성하는 이들의 의견이 종종 지면을 장식하기는 했으나 〈워싱턴포스트〉가 허용한 총체적인 기사의 수와 양은 현격한 대조를 보였다. 예를 들어, 특집란에 기고된 원고의 경우, 5개의 기사들만이 북한 원조에 대해 우호적이었던 반면, 부정적인 견해는 8개로 더욱 많았다. 기사량을 비교해 보면, 이 같은 차이는 더욱 극명해진다. 북한 원조에 대해 부정적인 입장은 무려 8천 8백 82단어에 이른 반면, 굶주린 북한주민들을 생각하자는 견해는 비판적 목소리의 32.2%에 불과한 2천 8백 64단어에 머물렀다. 주목할 만한 사실은 유엔 관리였던 나치오스를 제외한 투고자들이 모두 일반독자들이었던 데 반해, 북한 원조에 비판적 목소리 중 대다수가 정부 정책자문관 또는 전문가 등이었다는 사실이다.

허만과 촘스키의 입장에서 본다면 이는 성공적 비평(*flak*)으로 작용할 수 있다. 실제로 허만과 촘스키는 결코 무시할 수 없는 외부 권력기관으로부터의 비평이 결국 미디어가 전달하고자 하는 메시지의 내용에 영향을 끼칠 수 있다고 평했다. 미디어가 비평을 수용함에서 일반 독자와 달리 권력기구나 유력자의 지적으로부터 자유롭기 힘들기 때문이다. 이 같은 관점에서 본다면 〈워싱턴포스트〉의 경우 워싱턴의 씽크탱크들이 주축이 된 강경파의 목소리를 대거 의견란에 실음으로써 자사의 의도가 어떠하든 북한 원조를 못마땅하게 여기는 비우호적 시각에 더욱 무게를 둔 것으로 나타났다.

7. 맺는 글

이 글을 쓰게 된 동기는 공정하고 객관적인 언론의 당위성을 설파하기보다 언론이 이념의 속박에서 벗어나기 얼마나 힘든가에 대한 실증적 예를 알아보기 위한 것이었다. 주지하다시피 〈뉴욕타임스〉와 〈워싱턴포스트〉는 객관성과 공정성을 앞세운 보도로 세계적 명성을 얻고 있는 엘리트 언론들이다. 그러나 비정치적인 자연재해조차도 이념적 렌즈로 투영하는 이들 신문의 북한 기아 보도 과정은 객관성을 최고의 가치규범으로 삼으려 노력하는 언론인들의 길이 얼마나 멀고 험한가를 잘 보여주고 있다. 엄밀히 말하면, 본 논문은 〈뉴욕타임스〉와 〈워싱턴포스트〉의 정치적 입장보다는 그들이 어떠한 방식으로 이념적 보도를 양산, 수행해왔는가의 '과정'과 '방식'을 밝히는 데 주된 관심을 기울이고 있다.

수많은 비판커뮤니케이션 학자들의 지적대로 언론은 조직구성의 속성에 절대적으로 영향을 미치는 사회구조로부터 결코 자유로울 수 없으며, 뉴스 역시 필연적으로 이데올로기를 내포하고 있다(Herman & Chomsky, 1988; Tuchman, 1991). 돌이켜보면 매일의 뉴스보도에서 이념적 편견을 꼬집어 낸다는 것은 결코 쉬운 일이 아니다. 이념적 표현은 대체로 텍스트에서 그대로 드러나는 것이 아니라 깊숙이 내재되어 있으며, "상식적이고 당연히 받아들여지는 가정들" 속에 녹아들어 있기 때문이다(Fairclough, 1995: 45). 그러나 정치경제학적 이데올로기의 실질적 작용을 탐색하는 데 있어, 본고는 북한 기아 보도에 대한 분석이 '경제적' 측면보다는 '정치적', '비판적' 측면의 이데올로기에 더 집중된 사실을 부정할 수 없다. 사실, 전통적인 정치경제학적 접근은 "지배적인 정치기구나 국가가 미디어 기구의 수입에 대한 통제"를 통해 경제적 측면을 설명하고자 한다(Curran, Gurevitch, Woollacott, 1982: 18). 하지만 쿠란, 구레비치, 울라코트 등(Curran, Gurevitch, Woollacott, 1982)이 설명한 대로 이 같은 통제의 작용을 경험적으로 조사하거나 밝히는 것은 현실적으로 무척 어려운 작업이다. 이 같은 사정을 감안, 본 연구는 정치경제학자인 허만과 촘스키의 프로파간다 모델에 의거해 뉴스에 스며들어 있는 정치적 편견의 '작동'과정을 밝히는 데 중점을 두었다.

명백히 말해 북한 기아를 다루는 데 있어 인도주의와 정치경제학적 보도는 결코 양립할 수 없는 물과 기름 같은 존재였다. 비록 북한의 재앙이 "20세기에 가장 끔찍한 기아의 하나"로 불렸음에도 불구하고 (Crossette, 1999) 미국 언론은 북한의 재해를 "자연이 아닌 정치가 빚어낸 기근"으로 규정했다(〈워싱턴포스트〉, 2/14/99, B6). 때문에 보도 전반에 걸쳐 미국 언론은 북한주민들이 자연재해의 피해자라는 사실을 부각시키기보다 북한 정권의 무책임성 등을 비난하는 데 상당수의 지면을 할애했다.

미국 언론은 또 이념적으로 지배적 이데올로기에 우호적인 정보원을 편향적으로 선택하거나 정보원의 말을 특정 방향으로 재구성함으로써 이념적 선동효과를 증폭시켰다. 이 같은 관점에서 본다면 명백히 정부관리들의 잦은 등장과 보수적인 정치인들의 지면 선점은 〈뉴욕타임스〉와 〈워싱턴포스트〉가 보도방향을 특정 좌표로 향하도록 힘을 실어 주었다. 마찬가지로 의견란에 대거 등장하는 전문가들의 역할 역시 주목할 만하다. 대개 보수적이며 워싱턴의 씽크탱크와 연계된 이들 전문가 집단은 또 다른 '뉴스 형성자'(*news shapers*)로서 그들의 관점을 선전, 전파하는 데 매우 강력한 위력을 발휘했다. 반면, 북한의, 북한을 위한 목소리들은 허만과 촘스키(Herman & Chomsky, 1988)가 얘기하는 이념적 '여과과정'을 통과하지 못했다. 결과적으로 〈뉴욕타임스〉와 〈워싱턴포스트〉는 배고픈 북한주민들과 북한정부를 구별짓는 보도를 지양했으며, 의제를 상황과 시기에 따라 계속 바꿔나갔다. 이 점에서 북한의 기아는 끝끝내 반공산주의 필터를 통과하지 못했다.

그럼에도 불구하고, 북한 기아 보도에 대한 〈뉴욕타임스〉와 〈워싱턴포스트〉의 전략적 차이는 짚어볼 필요가 있다. 비록 〈뉴욕타임스〉가 〈워싱턴포스트〉에 비해 상대적으로 적은 양의 기사를 내보냈음에도 불구하고 〈뉴욕타임스〉의 기사 행간에서는 이념적 색채가 종종 검출됐기 때문이다. 대부분 취재원의 직접적인 인용을 거쳐 보도된 이러한 시도들은 북한 기아를 보는 〈뉴욕타임스〉의 근본적 시각을 직설적으로 전달하곤 했다. 반면 〈워싱턴포스트〉의 경우 식량구호와 관련한 비판적 기사들이 주로 사설과 의견란에 배치되었다. 특히, 북한 구호를 둘러싸고 의견란에서 두드러지게 나타나는 찬성파와 반대파의 불공정한 기사 분량은 〈워싱턴포스트〉 역시 이념적 문제에서 자유롭지 못하다는 것을 의미하고 있다. 허만과 촘스키(1988)의 프로파간다 모델에서는 이 같은 〈워싱턴포스트〉의 전략을 성공적인 '미디어 비평'으로 결론지을 수 있다. 이들 두 학자에 따르면, 미디어에 실리는 비평들은 언론사의 이념적 스펙트럼을 효율적으로 제어하는 중요한 수단으로 작용한다. 이에 관해 리스(1990: 436)는 주류 언론의 경우 진보보다는 보수적인 비평에 더욱 호의적이라며, 이는 '미디어 비평'이 사회의 패러다임을 지탱시켜 주는 장치역할을 하기 때문이라고 밝히고 있다.

무수히 많은 본고의 약점들 가운데 굳이 한 가지를 짚고 넘어가자면, 북한 기아 문제와 관련한 미국 및 한국 정부의 대북외교정책에 대한 연대기적 연구의 부재를 꼽을 수 있다. 이는 국가안보 및 자본주의적 이념과 표리의 관계에 있는 정치경제학적 언론보도의 작동을 보다 구체적으로 보여줄 수 있기 때문이다. 그러나 연구의 방대함과 필자의 능력 부재로 그 부문까지 다루지 못한 점은 큰 아쉬움으로 남는다.

끝으로 사족을 달자면, 미국에 적대적인 북한에서 발생한 재해에 대해 "미국 언론이 호의적일 수 없지 않겠냐"는 당위론적 질문은 정치경제학적 측면에서 강자의 이데올로기를 의식적 또는 무의식적으로 합리화하고 있다는 점을 강조하고자 한다. 자연재해로 고통받는 사람들이 정권의 잘못으로, 또 상대국가의 정략적 이해관계로 축소보도되거나 희생될 수밖에 없다는 언론적 입장은 힘의 논리에 의거해 자칫 인간의 온갖 비극을 합리화할 수 있기 때문이다. 이는 곧 인간 비극을 조명하는 데 있어 비판적 이론과 시각의 존재적 필요성을 의미하는 것이기도 하다. 언론은 의제를 설정하고, 이미지를 창조하며, 수용자들의 의식을 구축해 나가는 데 결코 무시 못할 영향력을 발휘하고 있다. 이 같은 환경 속에 언론이 자연재해를 보도함에 있어 어떠한 방식으로 이데올로기의 수혜자와 피해자들을 조직적으로 양산하는지에 대한 보다 진전된 연구가 시급하다.

▪ 참고문헌

이효성(1994), "구조주의, 문화주의, 정치경제학의 시각," 김지운·방정배·이효성·김원용(편), 《비판커뮤니케이션 이론》, 나남.

Altschull, J. H. (1994), *Agents of power: The media and public policy* (2nd ed.), White Plains, NY: Longman.

Corcoran, F. (1986), "KAL 007 and the evil empire: Mediated disaster and forms of rationalization," *Critical Studies in Mass Communication*, 3, pp. 297~316.

Crossette, B. (1999, August 20), "Korean famine toll: More than 2million," *New York Times*, Sec. A, p. 6.

______(1997, August 29), "North Koreans seek famine's antidote in U.S.," *New York Times*, sec. A., p. 1.

Curran, J. (1990), "The new revisionism in mass communication research: A reappraisal," *European Journal of Communication*, 5, pp. 135~164.

Curran, J., Gurevitch, M., & Woollacott, J. (1982), "The study of the media: Theoretical approaches," in M. Gurevitch, T., Bennett, J. Curran, & J. Woollacott (eds.), *Culture, society and the media*, London: Methuen, pp. 11~29.

Dahlgren, P. H., & Chakrapani, S. (1982), "The third world on TV news: Western ways of seeing the 'other'," in W. C. Adams (ed.), *Television coverage of international affairs*, Norwood, NJ: Ablex Publishing, pp. 45~65.

Dickson, S. H. (1992), "Press and U.S. policy toward Nicaragua, 1983~1987: A study of the New York Times and Washington Post," *Journalism Quarterly*, 69, pp. 562~571.

Donohue, G. A., Tichenor, P. J., & Olien, C. N. (1995), "A guard dog perspective on the role of media," *Journal of Communication*,

45(2), pp. 115~132.

Elliott, P. (1977), "Media organisations and occupations: An overview," in J. Curran, M. Gurevitch, & J. Woollacott(eds.), *Mass Communication and society*, London: Edward Arnold.

Entman, R. (1991), "Framing U.S. coverage of international news: Contrasts in narratives of the KAL and Iran Air incidents," *Journal of Communication*, 41(4), pp. 6~27.

Fairclough, N. (1995), *Media Discourse*, London: Edward Arnold.

Fûrsich, E., & Robin, M. B. (2002), "Africa.com: The self-representation of sub-Saharan Nations on the world wide web," *Critical Studies in Mass Communication*, 19, pp. 190~211.

Gans, H. (1979), *Deciding what's news*, New York: Vintage Books.

Garnham, N. (1979), "Contribution to a political economy of mass communication," *Media, Culture and Society*, 1(2), pp. 123~146.

Gitlin, T. (1980), *The whole world is watching: Mass media in the making & unmaking of the New Left*, Berkeley: University of California Press.

Goshko, J. M. (1995, December 12), "Lack of donors threatens U.N. food mission to North Korea," *Washington Post*, A34.

Gutierrez-Villalobos, S., Hertog, J. K., Rush, R. R. (1994), "Press support for the U.S. administration during the Panama invasion: Analyses of strategic and tactical critique in the domestic press," *Journalism Quarterly*, 71, pp. 618~627.

Hayward, E. (2001, August 16), *Tufts dean: Dictatorship dooms N. Korea to collapse*, Boston Herald, p. 8.

Herman, E. S. (1985), "Diversity of news: 'Marginalizing' the opposition," *Journal of Communication*, 35, pp. 143~152.

Herman, E. S., & Chomsky, N. (1988), *Manufacturing consent: The political economy of the mass media*, New York: Pantheon Books.

Hindell, J. (1998, December 19), "Secret film shows plight of starving children in North," *Daily Telegraph*, p. 17.

Hopkins, J. (1999, March 10), "Food for those who need it," *Washing-*

ton Post, A22.

Ishida, K. (1998, December 19), "Videos show starvation in North Korea," *Yomiuri Shimbun*, p. 3.

Jameson, S. (1993, June 12), "North Korea tests missile able to reach Japan," *New York Times*, p. A13.

Jordan, M. (1996a, April 6), "Speculation grows on demise of North Korea; analysts expect Pyongyang government to 'implode or explore we are not sure when'," *Washington Post*, A11.

Jordan, M. (1996b, June 11), "Hidden from world media, hunger spreads in North Korea, aid workers say," *Washington Post*, A23.

Jordan, M. & Sullivan, K. (1996, June 1), "U. S. unwilling to increase food aid for North Korea," *Washington Post*, A22.

Keshishian, F. (1997), "Political bias and nonpolitical news: A content analysis of an Armenian and Iranian Earthquake in the New York Times and the Washington Post," *Critical Studies in Mass Communication*, 14, pp. 332~343.

Kim, S. S. (1996), "North Korea in 1995: The crucible of 'Our Style Socialism'," *Asian Survey*, 36(1), pp. 61~72.

Kim, S. T. (2000), "Making a difference: U. S. press coverage of the Kwangju and Tiananmen pro-democracy movements," *Journalism & Mass Communication Quarterly*, 77, pp. 22~36.

Kristof, N. D. (1997, May 29), "A hungry North Korea swallows a bit of pride," *New York Times*, A6.

Larson, J. F. (1983), *Television's window on the world*, Norwood, NJ: Ablex.

Larson, J. F, McAnany, E. G., & Storey, J. D. (1986), "News of Latin America on network television, 1972~1981: A northern perspective on the southern hemisphere," *Critical Studies in Mass Communication*, 3, pp. 169~183.

Manning, R. A., & Przystup, J. (1997, February 20), "Feed me or I'll kill you," *Washington Post*, A23.

Mazarr, M. J. (1995), "Going just a little nuclear: Nonproliferation lessons from North Korea," *International Security*, 20(2), pp. 92 ~122.

Mermin, J. (1996, April/June), "Conflict in the sphere of consensus? Critical reporting on the Panama invasion and the Gulf War," *Political Communication*, 13, pp. 181~194.

Merrill, J. (1994), "North Korea in 1993: In the eye of the storm," *Asian Survey*, 34(1), pp. 10~18.

Meyers, M. (1994), "News of battering," *Journal of Communication*, 44(2), pp. 47~63.

Millman, J. (1984, October), "Reagan's reporters: How the press distorts the news from Central America," *The Progressive*, 48, pp. 20~23.

Min, T. J., Jr. (1996), "Food shortage in North Korea: Humanitarian aid versus political objectives," *The Human Rights Brief*, 4(1). The Center for Human Rights and Humanitarian Law, at Washington College of Law, American University. Online at http://www. wcl. american. edu

Moeller, S. D. (1998), *Compassion fatigue: How the media sell disease, famine, war and death*, New York: Routledge.

Murdock, G. (1989), "Critical activity and audience activity," in B. Dervin, L. Grossberg, B. J. O'Keefe, & E. Wartella(eds.), *Rethinking communication: Volume 2, paradigm exemplars*, Newbury Park, CA: Sage.

Natsios, A. (1997, February 9), "Feed North Korea: Don't play politics with hunger," *Washington Post*, C1.

Parenti, M. (1995), *Inventing reality: The politics of news media* (2nd edition), New York: St. Martin's Press.

Park, K. (1997), "Explaining North Korea's negotiated cooperation with the U.S.," *Asian Survey*, 37(3), pp. 623~636.

Philo, G. (1993), "From Buerk to band aid: The media and the 1984 Ethiopian famine," in J. Eldridge(ed.), *Getting the message:*

News, truth and power, New York: Routledge, pp. 104～125.

Reese, S. D. (1990), "The news paradigm and the ideology of objectivity: A socialist at the Wall Street Journal," *Critical Studies in Mass Communication*, 7, pp. 390～409.

Rosenthal, E. (1998, April 13), "Despite gains, North Korea is pressed on food aid," *New York Times*, sec. A, p. 3.

Sciolino, E. (1996, February 19), "An economic basket case: In North Korea the threat is total collapse," *New York Times*, Sec4, p. 5.

Solomon, W. S. (1992), "News frames and media packages: Covering El Salvador," *Critical Studies in Mass Communication*, 9, pp. 56～65.

Sugawara, S. (1998, September 4), "North Korea fires ballistic missile toward Japan, Tokyo reports: Pentagon confirms firing, calls it 'serious development'," *Washington Post*, A17.

Sullivan, K. (1997, August 24), "North Korea's Stalinist image mutes images of famine: aid increasing but many donors still wary of repressive regime," *Washington Post*, A19.

______(1996, January 26), "North Korean 'famine' debated: South Korea, U.S., Japan fail to agree on aid," *Washington Post*, p. A18.

______(1995, December 22), "Food shortages fuel alarm over North Korea: Hunger feared as catalyst for aggression," *Washington Post*, A11.

Sullivan, K., & Jordan, M. (1999, March 13), "U.S. wrestles with policy on N. Korea: famine, nuclear threat raise stakes in debate," *Washington Post*, A1.

Sumser, J. (1987), "Labels used to define Central American situation," *Journalism Quarterly*, 64, pp. 850～853.

Tuchman, G. (1991), "Media institutions: qualitative methods in the study of news," in K. B. Jensen, & N. W. Jankowski. (eds.), *A handbook of qualitative methodologies for mass communication research*, London: Routledge, pp. 79～92.

______(1972), "Objectivity as strategic ritual: An examination of newsmen's notions of objectivity," *American Journal of Sociology*, 77, pp. 660~679.

UNESCO(1980), Many voices one world, report of the international commission of the study of communication problems, Paris: Kogan Page.

Weaver, D. H., & Wilhoit, G. C. (1981), "Foreign news coverage in two U. S. wire services," *Journal of Communication*, 3, pp. 5~63.

Yamamori, T. (1997). "The Korea famine," Online at http://www.pbs.org

제 9 장

국내 지상파텔레비전 프로그램의 해외판매 결정요인에 관한 연구

유세경 · 정윤경

1. 서 론

국가간의 영상물 유통이 소수국, 특히 미국을 중심으로 불균형적으로 흐르고 있는 현상에 대하여 커뮤니케이션 학자들은 크게 두 가지 시각으로 그 배경이나 원인을 설명한다. 한 부류의 학자들은 미국이 프로그램을 일방향적으로 해외로 배급하는 것은 미디어 기업의 이윤을 추구함과 동시에 미국정부의 이익을 대변하기 위한 것이며, 미국적 가치체계를 전달함으로써 이를 소비하는 주변국들의 문화종속을 심화시키기 위한 것이라고 설명한다(Mattelart, 1977; Tunstall, 1977; Schiller, 1969 등). 또 다른 부류의 학자들은 소수 영상 선진국에서 주변국으로 일방향적으로 영화나 프로그램이 유통되는 것은 시장력에 따른 자연스런 경쟁의 결과라고 주장한다(Watermam, 1993; Wildman & Siwek, 1993; Hoskins & Mirus, 1988 등). 특히 미시경제학적 틀을 통해 프로그램의 흐름을 이해하고자 하는 후자의 시각은 최근 세계적으로 매체산업의 경제적 중요성이 부각되면서 더욱 강조되고 있다.

이 같은 국제적 흐름 속에서 국내 지상파방송사들의 프로그램 수출이 최근 꾸준히 증가되는 것으로 보고되고 있다. 지난 1997년 MBC 드라마 〈사랑이 뭐길래〉가 12억 중국인이 모두 시청하는 CCTV(중앙 TV)에서 방송되어 중국 TV 사상 인기 3위를 기록하였고, 베트남에서는 한국 프로그램 수입 붐까지 일고 있다(〈조선일보〉, 2000. 3. 3). 그렇다면 과연 우리나라의 프로그램이 이렇게 해외에 수출되는 현상도 최근 부각되는 미시경제학적 틀을 통해 논리적으로 설명할 수 있을까?

발전된 방송 인프라와 많은 인구 등 큰 자국시장을 소유한 나라의 프로그램 제작에는 많은 자본이 투입되므로 소규모의 다른 지리적 시장으로 유통된다는 미시경제학적 프로그램 유통 모델은 미국의 프로그램 유통에 대한 원인을 설명하는 데 있어 상당한 타당성을 지닌 것으로 보인다. 미국은 세계에서 가장 큰 시장을 소유하고 있으며, 영상물에 대한 자본투자가 어떤 나라보다도 높아 문화적 이질감을 극복시킬 수 있는 경쟁력을 지니고 있기 때문이다(Wildman & Siwek, 1993). 그러나 미시경제학적 시각은 영상산업의 주변국, 특히 우리나라와 같은 소규모 시장에서 제작되는 프로그램의 수출이 증가되는 현상을 충분히 설명하는 데는 한계가 있을는지도 모른다. 스트라바(Straubhaar, 1984)는 영산산업의 주변국에서 제작되어 '역미디어제국주의'(*reverse media imperialism*) 논의를 불러온 '텔레노벨라'(*Telenovela*)의 성공 및 미국으로의 수출은 기존의 시각을 통해서는 설명하기 어렵다고 지적하고, 국가간의 프로그램 유통은 수출국과 수입국 간의 정치, 경제, 문화적 관계를 다양하게 고찰함으로써 설명될 수 있다고 주장한다.

본 연구에서는 남미의 상황을 중심으로 제시된 '중도적 이론'(*middle-range theory*)을 바탕으로 최근 2~3년간 안정적인 해외시장 확보와 더불어 꾸준한 수출신장을 이루고 있는 국내 지상파방송사 프로그램의 해외판매에 영향을 미치는 요인들에 대하여 살펴보고자 한다. 특히 '어떤 특징을 지닌 프로그램이, 어떤 나라로 많이 판매되고 있는가'라는 프로그램 내, 외적 차원의 영향에 대하여 총체적으로 고찰하여 보고자 한다.

2. 국가간 영상물 유통에 관한 이론들

1953년 국제언론기구(IPI)가 선진국과 개발도상국 간의 불균형적인 정보유통을 지적하면서부터 정보 흐름의 불균형 문제는 국제커뮤니케이션 연구의 주요 과제가 되었다(Kim & Barnett, 1996). 특히 1970년 이후부터 커뮤니케이션 학자들은 세계 영상물 시장에서의 미국 지배구조에 대하여 활발한 논의를 진행해 오고 있다. 이들이 경험적 연구를 통해 일관되게 지적하는 것은 국제시장에서의 미국 배급사들의 지배적인 역할과 국제 프로그램 영상물 유통이 미국주도로 일방적으로 이루어지고 있다는 사실이다(Antola & Rogers, 1984; Varis, 1974). 최근에는 라틴아메리카와 아시아 일부 국가들의 대미 영상물 무역 의존도가 차츰 낮아지는 현상이 연구를 통해 보고되고 있으나(Straubhaar et al., 1992), 국제 영상물 구조가 미국주도로 이루어지고 있다는 사실에 대해서 이의를 제기하는 학자는 없는 것으로 보인다. 그러나 지난 30여 년 간 다양한 시각과 연구들이 발전되었음에도 불구하고 세계 영상물 시장에서 이 같은 불균형적 유통이 생겨나게 된 배경과 원인에 대해서는 일치되는 시각을 보이지 못하는 것이 사실이다.

불균형적 유통을 설명하는 시각은 크게 두 가지로 귀결된다. 미디어 제국주의 또는 미국 헤게모니와 관련된 이데올로기적 시각과 경제적 시각이 그것이다. 문화제국주의로 정리되는 전자의 시각을 대표하는 쉴러는 미국이 자국의 프로그램을 해외시장에 배급할 때의 동기에 주목한다(Shiller, 1969). 미국이 자국의 문화상품을 일방향적으로 해외로 배급하는 이유는 세계를 미국의 군사적 지휘와 미국의 상업문화로 통제하고자 하는 노력의 산물이라는 것이다. 이러한 시각의 학자들은 미국주도의 불균형적 유통에 결정적 역할을 담당하는 미국의 초국적기업과 그 동기에 주목하고, 초국적기업이 국제정보의 흐름을 통제하고, 세계시장에서 영향력을 발휘하기 위하여 재정과 기술, 마케팅을 장악하고 있음을 증명한다(Tunstall, 1977). 그러나 이러한 시각은 대체로 구체적 증빙이 이루어지기 어렵다는 이론적 결점을 지니고 있으며, 지나친 단순화라는 이유로 비판받고 있다(Roach, 1997).

풀(Pool, 1977)은 미국 프로그램의 세계적 확산은 문화제국주의적 시각보다는 시장체제라는 자연스러운 논리에 의거할 때 보다 잘 이해할 수 있다고 주장한다. 이러한 논의에 따라 최근 제시된 미시경제학적 시각의 학자들은 미디어 기업이 시장경제체제 내에서 이윤 극대화를 목표로 움직이는 경제적 조직임을 전제하고, 일방향적 흐름의 원인을 규명하기 위해 프로그램이라는 상품의 특성과 각 시장의 이질성에 주목한다. 미시경제학적 유통 모델은 프로그램의 공공재적 특징을 기반으로 각 시장의 크기가 프로그램의 흐름을 결정짓는 중요한 요인으로 작용하고 있음을 설명한다. 미시경제학자들에 의하면(Dupagne & Waterman, 1998; Waterman & Rogers, 1994; Waterman, 1993; Wildman & Siwek, 1993; Owen & Wildman, 1992 등), 세계 프로그램 시장은 다수의 시장으로 세분되는데, 이 시장들을 구성하는 수용자들은 미디어 지출, 언어 등에서 상당히 이질적인 특성을 지니고 있다는 것이다. 만약 어떤 시장의 잠재수용자들의 미디어 지출이 높고, 언어적으로 그 규모가 클 경우, 제작자의 입장에서 볼 때 이들은 그렇지 않은 시장의 수용자들보다 높은 제작가치를 지니게 되고, 이윤 극대화를 추구하는 프로그램 제작자들은 이 시장을 대상으로 한 프로그램 제작에 더 많은 예산을 투입하게 된다. 또한 일단 상대적으로 많은 예산을 투입하여 제작된 프로그램은 수용자에 대한 소구력이 그만큼 높아지기 때문에 목표시장의 수용자뿐만 아니라 다른 지리적 시장의 수용자에 대해서도 그렇지 않은 프로그램보다 높은 소구력을 지니게 된다. 반면에 작은 시장에서 상대적으로 낮은 예산을 투입하여 제작된 프로그램은 문화적, 언어적 소구력도 낮을 뿐만 아니라 질적으로도 완성도가 낮기 때문에 질 높은 프로그램에 익숙해진 큰 시장의 수용자를 대상으로 판매하기 어렵게 된다. 이에 따라 프로그램은 큰 시장에서 작은 시장으로 일방향적으로 유통된다는 것이다. 그러나 이들의 주장 역시 실증적 데이터 분석에 의한 경험적 연구의 부족으로 이론적 단계에 그치고 있다는 문제점을 지니고 있으며(Dupagne & Waterman, 1998), 각 나라의 역사적, 문화적 특수성을 강조함으로써 개별 현상에 대한 구체적 설명을 바탕으로 하는 일반화의 부정이라는 비판이 따른다(강태영, 1994). 더욱이 최근 10여 년 간 브라질을 비롯한 라틴아메리카의 대미 무역 의존도가 차츰 낮아지고 있다는 연구결과들이 제시되고 있으며(Mattos, 1984; Antola & Rogers, 1984), 이는 미시경제학적 시각만으로는 충분히 설명하기 어려운 현상으로 지적되고 있다.

이와 같이 이데올로기적 시각과 경제적 시각이라는 경쟁적인 두 가지 시각만을 통해서는 최근의 프로그램 유통현상을 보다 충분히 설명할 수 없게 됨에 따라, 국제 프로그램 유통을 설명할 수 있는 보다 총체적인 새로운 시각에 대한 요구가 높아지게 되었다.

맥애너니(McAnany, 1986)는 영상물의 국제적 유통을 현실적으로 이해하기 위해서는 무엇보다도 국제 영상산업의 특성과 기능 및 경제구조, 개별 국가들과의 관계, 각국의 역사와 사회적 특수성 및 발전단계, 그리고 수용자에 대한 문화적 영향을 동시에 고려할 수 있는 보다 구체적이고 포괄적인 연구가 필요하다고 지적하고 있다. 스트라바(1991) 역시 영상물 유통은 수출국과 수입국 간의 상호 의존성에 따라 변동적이며 양국의 정치, 경제, 문화적인 관계에 따라 다양하게 나타날 수 있다고 주장하고 있다. 쉬멘트 등(Schement, Gonzalez, Lum and Valencia, 1984)은 이를 '중도적 이론'(*middle-range theory*)으로 정리하고 있다. 이들은 중도적 이론을 지배적인 두 시각의 중도적 시각으로 경험적 검증이 가능하고 이론적으로 타당한 이론이라고 설명한다. 이들에 의하면, 수용자가 해외에서 제작된 프로그램을 시청하기 위해서는 우선 언어나 문화가 수용가능해야 한다고 설명한다. 또한 수용자들의 구매력과 같은 경제적 요인뿐만 아니라 프로그램 수입에 대한 호의적 분위기 등 해당 국가의 정책 내용 역시 국가간 프로그램의 흐름에 영향을 미치는 중요한 요인이 된다고 밝히고 있다. 수용자와 광고시장의 크기, 정부의 정책과 같은 국가의 내적 상황을 보다 구체적으로 살펴보아야만 프로그램 유통을 충분히 이해할 수 있다는 것이다(Straubhaar, 1984).

국제뉴스 흐름에 관한 연구에서도 이와 유사한 요인들이 국제뉴스 구조나 흐름에 영향을 미치고 있음이 발견되고 있다. 초기의 국제뉴스 흐름에 관해 연구한 오스트가드(Ostgaard, 1965)에 의하면 정치적 요인과 경제적 요인, 정부의 검열, 매체 소유주가 국제뉴스 흐름에 영향을 미치고 있음을 알 수 있다. 헤스터(Hester, 1973)는 경제적 요인 이외에도 문화적 근접성, 정치적 요인이 국가간의 정보 흐름에 중요한 영향을 미친다고 설명하고 있다.

프로그램이나 뉴스와 같은 국가간의 정보유통에 관한 이와 같은 일련의 연구들을 정리해 볼 때, 프로그램의 국가간 유통에 영향을 미치는 프로그램 외적 요인에는 수입국의 경제적 요인, 문화적 요인, 정치적 요인이 복합적으로 작용한다고 정리된다.

3. 국가간 프로그램 유통에 영향을 미치는 요인들

1) 외적 요인들

(1) 경제적 요인

미시경제학적 유통 모델을 연구하는 학자들은 각국의 시장 크기가 프로그램의 흐름을 결정짓는 중요한 요인으로 작용한다고 주장한다. 이러한 미시경제학적 모델의 주요 개념인 시장의 크기는 다양한 변인들을 통해 측정되고 있다. 위드만과 지벡(Wildman & Siwek, 1993)은 프로그램의 잠재수용자의 크기와 이들의 수입을 통해 시장의 크기를 측정한다. 워터맨(Waterman, 1993)은 두 나라간 유통 모델(*two-country Model*)에서 보다 다양하고 구체적인 수치를 통해 시장의 크기를 측정한다. 그는 국내총생산(GDP), 인구, 광고비, 시청료, GDP 대비 TV광고, 인구 대비 TV 수입, GDP 대비 TV 수입과 같은 지표를 통해 시장의 크기를 측정하고, 미국과 5개 유통 대상국의 시장 크기를 비교하고 있다. 그에 의하면 미국의 제작자들은 영국, 프랑스, 독일, 이탈리아, 일본보다 월등히 큰 자국시장을 소유하고 있기 때문에 더 많은 예산을 프로그램 제작에 투입하며, 이들이 제작한 프로그램은 작은 시장을 소유한 국가로 유통된다는 것이다.

이와 같이 프로그램은 큰 시장에서 작은 시장으로 유통되기 때문에, 자국시장이 큰 나라는 주로 프로그램의 수출국으로 역할하게 된다. 베리스(Varis, 1974)의 연구에서 국제 프로그램 수출에서 중요한 위치를 차지하는 미국, 프랑스, 영국이 세계경제에서 차지하는 비중이 높게 나타나는 것은 이 같은 사실을 입증한다. 따라서 프로그램 수출국들은 프로그램의 수입이 절대적으로 낮게 나타난다. 세계에서 가장 큰 자국시장을 소유한 미국의 경우 세계 영상산업의 80%를 지배하는 프로그램 수출국인 반면(Sochay & Litman, 1992), 프로그램의 수입이 극히 미미하며, 전체 지상파 방송시간의 1~2%만을 수입프로그램으로 편성하는 데 그친다(Wildman & Siwek, 1993).

반면에 자국의 시장이 작을수록 프로그램의 수출보다는 수입이 많은 것으로 나타난다. 듀파인과 워터맨(Dupagne & Waterman, 1998)은 서구유럽 17개국의 61개 방송사들이 편성하는 픽션물 중 수입프로그램 비율, 특히 미국으로부터 수입한 프로그램 비율을 각국의 시장 크기와의 관계 속에서 분석한 바 있다. 이들의 연구결과에 의하면, 특정 국가의 GDP가 낮을수록, 방송사 총수입이 낮을수록 프로그램 수입비율이 높은 것으로 나타난다. 또한 영어구사 수준이 높은 국가일수록 미국 프로그램의 소구력이 높을 것이라는 가설과는 달리 국민의 영어구사 수준이 높을수록 미국 프로그램의 수입이 낮은 것으로 나타났다. 이에 대해 연구자들은 유럽에서 영어구사 수준이 높은 국가들은 전통적으로 수입프로그램의 편성비중이 낮은 공영방송체제를 표방하고 있기 때문일 것으로 해석하고 있다.

이같이 국가간 프로그램 유통에 관한 대부분의 연구는 미국을 중심으로 한 서구유럽 등 영상산업 선진국들에 그 초점을 맞추고 있으며, 아시아 지역 내의 프로그램 유통에 관한 연구는 매우 부족하다. 이러한 현상에 대해 워터맨과 로저스(Waterman & Rogers, 1994)는 최근 아시아 시장에서 관찰되는 경제성장 및 빠른 뉴미디어 보급으로 아시아 지역의 중요성이 점차 강조되고 있으며, 이 지역의 방송시장에 대한 연구가 필요하다고 주장한다. 이들은 홍콩, 인도네시아, 일본, 한국, 말레이시아, 필리핀, 싱가포르, 대만, 태국 등 아시아 9개국의 프로그램 수입에 관한 연구에서 각국의 시장 크기가 프로그램 수입과 자국에서 제작되는 프로그램의 양을 결정하고 있음을 밝히고 있다. 이들은 이 연구에서 수입국 시장의 크기를 인구수, GDP, TV 보유대수, VCR 보유대수, 텔레비전 수입, 텔레비전 광고비 등을 통해 측정하고 있다. 연구결과를 살펴보면, 자국시장이 클수록 국내에서 제작하는 프로그램의 양이 많아지고, 프로그램 수입이 감소하는 것으로 나타났다. 또한 이들 국가가 수입한 프로그램은 이들 국가들보다 부유한 국가에서, 제작비가 많이 투입된 프로그램을 수입하는 것으로 나타났다.

이상에서와 같이 국가간 프로그램 유통에 영향을 미치는 경제적 요인은 대부분의 연구에서 인구수, GDP, 방송사 총수입, 광고비를 통해 측정되고 있다. 그러나 최근 뉴미디어 확산이 가속화됨에 따라 각국의 시장규모를 측정함에 있어 새로운 매체의 보급 정도가 반드시 고려되어야 할 것으로 보인다. 새로운 매체나 채널의 증가는 프로그램 제작기반이 되는 국내 경제 인프라를 강화시키는 역할을 하며, 나아가 자국 프로그램의 경쟁력을 향상시키는 역할을 한다(Waterman, 1993). 또한 새롭게 등장한 매체는 기존의 매체를 대체하는 것이 아니라 기존의 매체와 상호 보완적인 공생관계를 유지하게 되며, 이러한 미디어 공생(*media symbiosis*) 관계로 인하여 새로운 매체의 등장은 그 나라의 전체적인 영상산업의 규모와 내용을 비약적으로 발전시키는 역할을 하기 때문이다(정보통신정책연구원, 1998).

(2) 문화적 요인

일반적으로 수용자들은 여타의 조건이 동일할 경우 다른 지리적 시장에서 제작된 프로그램보다 국내에서 제작된 프로그램을 보다 더 선호한다. 외국 프로그램이 주는 문화적 이질감이나 언어적 차이로 인하여 소구력이 떨어지기 때문이다. 수용자들이 자국의 프로그램을 보다 더 선호하는 현상을 설명하기 위하여 호스킨스와 미루스(Hoskins & Mirus, 1988)는 '문화적 할인'(*cultural discount*)이라는 개념을 도입한다. 이들은 "프로그램이란 제작국의 문화에 기반하므로 그 문화 내에서는 소구력을 지닐 수 있지만, 그 밖의 문화권에 노출될 경우 프로그램이 지니는 특정 스타일, 가치, 신념, 행동과 수용자와의 동일시가 어렵기 때문에 소구력이 감소되며, 더빙이나 자막처리도 이러한 소구력 감소에 영향을 미치는 요인으로 작용한다"고 설명한다. 따라서 수용자들은 다른 조건이 동일하다면 문화적으로 근접한 프로그램을 선택하게 되며, 문화적 할인효과는 프로그램의 지리적 확대를 저해하는 요인으로 작용하게 되는 것이다.

쉬멘트 등(Schement, Gonzalez, Lum & Valencia, 1984)은 미국의 영상물이 남미에서 점차 소구력을 잃고 있는 이유도 문화적으로 근접한 프로그램을 선호하는 수용자의 성향 때문이라고 설명한다. 최근 우리나라에서도 해외에서 수입한 프로그램들의 시청률이 점차 하락하는 것으로 나타나고 있다(정윤경, 1999). 수용자들이 자국에서 제작된 프로그램을 선호하는 이러한 현상은 자국의 경제적 기반이 허락하는 한 그 정도가 지속적으로 확대될 것으로 예측되기도 한다(Pool, 1977). 즉, 특정 국가의 영상산업 발전은 자국 시청자들의 요구를 충족시킬 만큼까지 이루어지며, 영상산업이 발전함에 따라 프로그램의 수입이 감소된다는 것이다.

수용자들이 문화적으로 근접한 정보를 보다 더 적극적으로 수용하고 있음은 국제정보의 흐름을 연구하는 학자들에 의해 비교적 오래 전부터 연구되었다. 헤스터(Hester, 1973)는 문화적 근접성이 국가간의 정보유통을 결정하는 주요 요인으로 작용하고 있으며, 근접한 국가간 정보 유통량은 그렇지 못한 국가간의 정보 유통량보다 많다고 주장한다. 그에 의하면 문화적 근접성이란 언어, 두 나라간 여행자 수, 국제결혼, 식민 경험과 같은 역사적 관계를 통해 측정될 수 있다. 쉬멘트 등(Schement, Gonzalez, Lum & Valencia, 1984)은 미국에서 SIN (Spanish International Network)이 성공하게 된 것은 미국의 서반아어 사용인구의 영향이 컸다고 설명하고, 언어나 인종적 특성이 프로그램 유통을 결정하는 요인이 될 수 있다고 주장한다.

이와 같은 연구들을 통해 볼 때 국가간의 프로그램 유통에 가장 중요한 영향을 미치는 문화적 요인은 지리적 근접성, 국가간의 언어적 공통성, 역사적 경험들을 통해 구성된 두 나라간의 유사한 문화적 배경, 여행자수, 국제결혼 등과 같은 두 나라간의 교류로 요약될 수 있다.

(3) 정치적 요인

국가간의 프로그램 유통에서 정부는 기본적으로 게이트키퍼와 같은 역할을 담당하게 된다. 정부가 방송의 자율권을 인정하고 있는가, 혹은 프로그램의 수입에 대하여 호의적 입장을 지니고 있는가에 따라 국가간 프로그램 유통은 직접적 영향을 받기 때문이다.

1976년 이탈리아 정부가 상업방송을 허용한 이후 미국으로부터의 프로그램 유입이 증가된 것 역시 정부의 역할이 프로그램 유통에 영향을 미친 예라고 할 수 있다(Waterman, 1993). 스트라바(1984)도 브라질 정부가 방송사의 자율권을 인정해줌으로써 결과적으로 해외의 투자가 위축되고 수입프로그램을 대체할 수 있는 국내 방송사의 자체제작이 증가되었다고 주장한다. 마토스(Mattos, 1984) 역시 브라질의 TV Globo의 발전은 브라질 정부 정책변화에 영향을 입은 바 크다고 주장한다. 1970년대 브라질 정부가 텔레비전 프로그램의 폭력성을 강력히 규제하고, 문화적 정체성을 요구함으로써 텔레비전 방송사의 프로그램 수입이 감소되었다는 것이다.

또한 트레이시(Tracy, 1993)에 의하면 미국과 러시아라는 수퍼파워가 세계를 이분하여 지배하는 이유로 특정 국가가 어떠한 정치적 체계를 표방하고 있는가에 따라 프로그램의 흐름이 다르게 나타난다고 설명한다. 그에 의하면 서구유럽의 수입프로그램 중 40%가 미국으로부터 유입된 프로그램인 반면, 러시아의 프로그램은 동구유럽권에 막대한 영향력(20%)을 행사하는 것으로 나타난다.

그러나 방송에 대한 정부의 직접적인 규제 정도나 각국의 정치형태가 프로그램의 유통량에 영향을 미칠 것이라는 이러한 일관된 주장과는 달리, 경험적 연구들을 통해서는 상반된 결과가 발견되고 있다. 72

개국간의 프로그램 흐름에 영향을 미치는 요인에 관하여 경험적 연구를 실시한 유(Yoo, 1991)는 오락물의 유통 비중에는 경제적 요인이 정치적 요인보다 강력한 영향을 미칠 것이라는 예상과는 달리 정부시스템, 정치적 이데올로기 등의 정치적 요인이 더 큰 영향을 미치고 있다고 결론짓고 있다. 킴과 바넷(Kim & Barnett, 1996)의 연구 역시 특정 국가의 정치적 자유의 정도가 국제뉴스 흐름의 구조를 설명해주는 주요한 변인이 되고 있음을 증명하고 있다. 반면에 듀파인과 워터맨(Dupagne & Waterman, 1998)은 서구유럽 국가들의 미국 픽션프로그램 수입량에 영향을 미치는 요인에 관하여 연구한 결과, 수입프로그램에 대한 쿼터제는 수입량에 유의한 영향을 미치지 않는다고 밝히고 있다.

이러한 상반된 결과가 도출되는 원인이나 배경에 대해서는 최근의 국제정치 환경의 변화를 고려해야 할 것으로 보인다. 공산 러시아의 붕괴와 중국의 점진적인 시장개방 등 최근 국제정치의 상황변화를 고려해 볼 때, 정치체계나 이데올로기라는 설명변인은 국가간의 프로그램 흐름을 결정하는 데 있어 그 설명력이 다소 제한적일 것으로 판단된다. 아직까지도 공산사회주의를 표방하는 중국이나 베트남에서 '한국드라마 열풍'이 불고 있는 점은 이 같은 주장을 뒷받침해준다고 하겠다.

지금까지 국가간 프로그램 유통에 영향을 미치는 외적 요인으로 경제적 요인, 문화적 요인, 정치적 요인을 살펴보았다. 그러나 오스트가드(Ostgaard, 1965)는 국제정보 흐름에는 정치적, 경제적 요인과 같은 정보 외적 차원뿐만 아니라 뉴스의 가치와 같은 정보 내적 차원 두 가지가 모두 영향을 미친다고 주장하고 있다. 이와 마찬가지로 프로그램의 해외판매 역시 프로그램 외적 차원에 의해서만 결정되는 것이 아니라 개별 프로그램이 지닌 내용 등의 정보에 의해 영향을 받게 된다. 따라서 프로그램 유통에 영향을 미치는 프로그램 외적 요인과 더불어 프로그램 내적 요인을 고찰해 볼 필요가 있다.

2) 국가간 프로그램 유통에 영향을 미치는 프로그램 내적 요인

(1) 프로그램 유형 및 주제

국가간의 프로그램 유통을 분석한 연구들에 의하면 특정한 유형의 프로그램이 다른 유형의 프로그램보다 활발히 유통되고 있음을 발견하게 된다. 문화적 할인이 국제적으로 유통되는 프로그램 유형에 직접적 영향을 미치기 때문이다. 뉴스나 공공문제에 대한 프로그램의 경우, 오락물보다 문화적 특수성이 많이 포함될 수밖에 없다. 따라서 이러한 유형의 프로그램은 해외시장으로 판매되는 경우가 드물다. 뉴스프로그램에 대한 치명적인 문화적 할인효과는 미국 프로그램의 주요 소비국인 캐나다의 시청행태에서 극명하게 드러난다. 영어권 캐나다인이 시청하는 주시청시간대 뉴스의 44%는 지상파텔레비전이나 케이블을 통해 수신되는 미국의 뉴스프로그램으로 이루어져 있다. 그러나 실제로 영어권 캐나다인의 미국 뉴스 수신율은 19%에 그치고 있다. 이러한 사실은 미국 뉴스가 영어권 캐나다인에게서 국내 뉴스의 대체 프로그램이 될 수 없음을 의미하며(Caplan & Sauvageau, 1986), 해외시장에서 프로그램 유형에 따라 차별적 판매가 이루어짐을 간접적으로 암시해준다.

따라서 프로그램이 해외시장으로 유통될 때에는 이러한 문화적 할인을 최소화할 수 있는 유형을 중심으로 거래가 이루어지게 된다. 가장 활발하게 유통되는 프로그램 유형은 오락물, 특히 드라마로 분석되고 있다(한국방송개발원, 1997). 세계 프로그램 시장을 미국, 캐나다, 남미, 서유럽, 러시아, 동구권, 아시아의 권역별로 나누어 유통되는 프로그램 유형을 분석한 베리스(Varis, 1993)의 연구 역시 오락물의 유통이 가장 높은 비율을 차지하고 있다고 밝히고 있다. 오락물은 대부분

국가의 방송편성에서 가장 높은 비중을 차지하는 프로그램 유형이기 때문에 국제적 프로그램 유통은 더욱 이러한 유형에 치중하게 된다.

오락프로그램 이외에는 다큐멘터리의 유통이 중요한 비중을 차지하는 것으로 나타난다(한국방송개발원, 1997). 우리나라 지상파텔레비전이 1991년부터 1996년까지 수입한 프로그램을 유형별로 살펴보더라도 장편영화가 70.4%, 시리즈물이 11.0%, 만화가 10.2%로 오락물이 대부분을 차지하고 있으며, 나머지 8.4%가 정보프로그램으로 분류할 수 있는 다큐멘터리 등으로 이루어져 있어(공보처, 1997), 국가간 프로그램 유통에 프로그램 유형이 중요한 영향을 미치고 있음을 확인할 수 있다.

듀파인과 워터맨(Dupagne & Waterman, 1998)은 프로그램 유형을 픽션물과 논픽션물로 나누어 국가간의 프로그램 유통이 이러한 유형에 따라 차이를 보임을 증명한다. 이들은 유럽에서 편성되는 전체 프로그램 중 미국 프로그램이 차지하는 비율을 계산할 경우 수입 비중이 그다지 심각하게 나타나지 않으나, 프로그램을 픽션물에 국한하여 계산할 경우 미국 프로그램의 비중은 53%에 달한다고 밝히고 있다.

그러나 동일한 픽션물, 동일한 드라마 유형이라 할지라도 그 내용이 다루는 주제에 따라 문화적 할인은 상당히 달라질 수 있다. 예를 들어 역사적 내용을 담은 사극은 이에 대한 배경적 지식이 프로그램의 이해를 돕기 때문에 국제적 유통에 부정적 영향을 미치게 된다. 정치, 시사적인 사건을 다루는 다큐멘터리 역시 자연을 다루는 다큐멘터리에 비해 해외판매의 가능성이 낮아진다. 그러나 탈시대적, 탈문화적, 보편적인 소구력을 지니고 있는 애정을 다루는 멜로 드라마의 경우는 문화적 할인의 영향을 상대적으로 적게 받을 수 있는 것이다. 따라서 각 프로그램이 다루는 내용을 구체적으로 살펴보지 않은 채, 프로그램 유형을 드라마, 다큐멘터리 등과 같은 일반적 유목으로 분류할 경우, 문화적 할인이 프로그램 유형에 미치는 영향을 왜곡하거나 과장할 가능성이 존재한다.

이는 특정 유형의 프로그램에 포함되는 문화적 할인요소를 감소시킬 경우, 그 유형의 프로그램이 해외시장으로 보다 잘 판매될 수 있다는 사실을 통해서도 증명된다. 1980년대 말까지 프로그램 수출대국인 미국에서 수출되는 프로그램 유형도 주로 드라마, 영화 중심으로 국한되었다. 미국에서 발달된 시트콤 프로그램의 경우, 1980년대 말까지 그 내용에 포함되는 언어적 함축이나 제스처 등의 이질성으로 해외시장에서의 판매에 부정적 영향을 받았기 때문이다. 그러나 1980년대 말부터 〈코스비쇼〉, 〈후스 더 보스〉, 〈골든 걸스〉, 〈ALF〉와 같은 시트콤들이 해외시장에서 활발히 판매되기 시작하였는데, 이는 시트콤 제작자들이 미국적 요소의 가미를 자제한 결과라고 분석되고 있다. 반면에 미국적인 문화와 언어를 강조하는 〈아멘〉이나 〈바니 밀러〉와 같은 시트콤들은 문화적 할인 때문에 해외시장에서 여전히 외면받고 있다(Button, 1988).

(2) 시청률

플레처(Fletcher, 1993)는 프로그램이란 다른 상품과는 달리 인간의 인식 틀에서 그 가치가 형성되는 상품이며, 인식의 틀은 프로그램에 지불하는 가격, 방영시간, 편집기술과 같은 물리적인 질에 기반하기보다는 관객의 수, 언론의 비평, 사람들의 평가, 인기 등에 기반하여 형성된다고 설명한다. 그는 특히 네트워크 방영시 다양한 집단 내의 시청률은 신디케이션 시장에서의 가치를 결정하는 가장 중요한 요인이 되고 있다고 주장한다. 높은 시청률은 대수용자 소구력이 높음을 객관적으로 증명하는 유일한 단서가 되기 때문인 것이다.

시청률이 후속 창구에서의 판매에 영향을 미치고 있음은 국가간 프로그램 유통보다는 국경 내 신디케이션 연구에서 주로 밝혀졌다. 1963년부터 1991년까지 미국의 3대 네트워크에서 주시청시간대에 방송된 프로그램의 후속 시장 수입과 네트워크의 프로그램 편성에 관해 연구한 위드만과 로빈슨(Wildman & Robinson, 1995)에 의하면, 독립방송사와 케이블로의 판매 여부에 가장 큰 영향을 미치는 요인은 네트워크에서의 시청률인 것으로 밝혀졌다. 시청률 이외에도 프로그램이 최초로 신디케이션 되었을 때 얼마나 많은 에피소드가 판매가능하였는가라는 프로그램 편수도 판매에 중요한 영향을 미치는 것으로 나타났다.

로빈스(Robinson, 1996) 역시 지상파텔레비전에서 이미 방영된 프로그램이 후속 시장으로 판매됨에 있어 시청률, 프로그램 유형, 편수, 제작시기가 결정적 영향을 미치고 있음을 밝히고 있다. 그녀가 1964년부터 최근까지 어떤 특징을 지닌 프로그램이 신디케이션 시장에서 높은 성과를 거두고 있는가에 관해 연구한 결과, 후속 창구에서의 판매에 가장 결정적인 영향을 미치는 변인은 무엇보다도 시청률로 측정된 네트워크에서의 성과인 것으로 나타났다. 프로그램의 편수 역시 독립방송사로의 판매를 설명하는 중요한 변인인 것으로 밝혀졌다. 단 프로그램 편수가 누적될수록 신디케이션 가치에 기여하는 정도가 점차 감소되는 것으로 나타났다.

시청률은 순수한 프로그램의 내용적 요인에 의해 좌우되기도 하지만, 구조적 요인에 의해 어느 정도 예측가능한 특징을 지닌다. 물론 이는 수용자의 능동성을 전제하느냐 혹은 수동성을 전제하는가에 따라 관점을 달리하게 되는 복잡한 문제이지만, 최근의 연구자들은 프로그램의 내용 요인보다는 구조적 요인, 즉 수용자의 시청가능성, 편성, 채널 특성 등의 요인에 의해 시청이 결정되고 있다고 주장한다(Cooper, 1993). 즉, 어떤 시간대에 어떤 채널에서 어떤 편성방법으로 방송되는가에 따라 시청자의 크기가 어느 정도 예측가능하다는 것이다. 이는 결국 시청률에 프로그램의 방영시간대, 방송 채널 등의 정보가 압축될 수 있음을 의미한다.

또한 시청자의 크기는 광고수입과 정적인 상관관계를 지니고 있다

(Takada & Henry, 1993). 특히 가장 많은 시청자가 시청가능한 시간대는 주시청시간대로 분류되어 광고요율이 가장 높게 책정된다. 광고수입은 텔레비전의 주요 수입원이기 때문에 이 시간대에 더 많은 시청자를 끌어들이기 위한 방송사간의 경쟁이 치열해진다. 따라서 방송사들은 가능하면 많은 재원을 이 시간대에 제작되는 프로그램에 투자하여 높은 광고수익을 올리고자 노력하게 된다. 장용호에 의하면, 기대수익이 높은 주시청시간대에 편성되는 프로그램에 예산을 집중적으로 투입하는 이와 같은 현상은 위험한 재화인 프로그램을 다루는 방송사의 입장에서 볼 때 극히 합리적인 선택의 결과라고 한다(장용호, 1997).

따라서 시청률이 높은 프로그램은 예산의 투자가 집중적으로 이루어지는 프로그램이며, 예산이 많이 투입된 프로그램은 시장의 지리적 확대에서 그만큼 유리한 조건을 지니게 된다. 결론적으로 볼 때 시청률이라는 개별 프로그램이 지닌 정보는 국경 내 신디케이션뿐만 아니라 국가간 프로그램 유통에도 영향을 미치게 되는 것이다.

(3) 프로그램 편수

프로그램을 수입하는 국가의 수입쿼터 제한이나 방영매체의 특성으로 인하여 프로그램의 편수는 특정 프로그램이 해외시장으로 판매되는데 영향을 미칠 것으로 보인다.

대부분의 아시아 국가들은 전통문화의 보전과 자국 영상산업의 발전을 위하여 수입프로그램의 편성을 규제하고 있다. 중국의 경우 33개 광역서비스와 CCTV는 주시청시간대에 15%, 전체 편성비율에서 25% 이하로 수입프로그램을 방영하도록 규정하고 있다. 드라마의 경우는 수입이 20개의 에피소드(편)로 제한되어 있다. 케이블텔레비전은 외국 프로그램을 전체 ⅓ 이하로 편성하도록 제한하고 있다(김영, 1999).

또한 수출된 프로그램은 지상파방송사에서 방송되는 경우 외에도 케이블이나 위성 등에서 방송되는 경우가 많은데, 이들 매체는 줄띠편성의 특징을 지닌다. 줄띠편성이란 시청자들로 하여금 꾸준한 시청습관을 구성케 하기 위하여 주로 낮 시간 방송에 이용되는 편성방법으로 동일한 프로그램을 동일한 시간대에 주말을 제외한 주 5회 편성하는 기법이다(Owen, Beebe & Manning, 1974). 미국의 경우 평균적으로 네트워크는 일 년에 한 시리즈당 22편 내지 24편의 프로그램을 제작하고 있는데, 이는 신디케이션에서 4주 내지 5주간 줄띠편성될 수 있는 분량이 된다. 만약 프로그램의 편수가 적어 재방송이 잦을 경우 시청자는 그만큼 시청을 회피하게 된다. 따라서 한 시리즈의 편수가 증가될수록 후속 시장에 판매될 가능성은 자연적으로 증가하게 되는 것이다. 그러나 편수가 너무 많아 오래 방송할수록 '시청자의 피로'(*viewer fatigue*)가 발생되어 차츰 시청자들은 싫증을 느끼게 된다. 따라서 프로그램 한 편당 기여하는 판매되는 가치는 차츰 줄어들게 된다. 즉, 편수 증가에 따라 판매한계가치가 감소하게 된다(Wildman & Robinson, 1995).

4. 연구문제 및 연구방법

최근 국내 영상산업의 경쟁력 강화와 관련된 주요 관심사는 과연 어떤 내용의 국내 지상파텔레비전 프로그램이 어떤 나라로 수출되고 있는가에 관한 것이다. 이에 따라 본 연구에서는 국내 지상파텔레비전 프로그램의 해외판매에 영향을 미치는 요인에 관해 구체적으로 분석해 보고자 한다. 앞에서 살펴본 선행연구에 의하면 프로그램의 국가간 흐름은 수입국의 경제, 문화, 정치 등 국가간의 관계에 의해 영향을 받고 있음과 동시에, 개별 프로그램이 지닌 특성이라는 프로그램 내적 요인 역시 프로그램의 해외판매에 영향을 미치게 됨을 알 수 있다. 따라서 본 연구는 첫째, '국내 지상파텔레비전 프로그램이 어떤 나라로 많이 판매되고 있는가'와 관련된 해외 판매량에 영향을 미치는 프로그램 외적 요인과, 둘째, '과연 어떤 내용의 프로그램이 해외로 판매되고 있는가'에 관한 해외판매 여부에 영향을 미치는 내적 요인에 관한 분석을 하고자 한다.

본 연구의 분석은 연구문제에 따라 각각 다른 두 개의 데이터 세트를 대상으로 이루어진다. 먼저, 연구문제 1의 분석대상은 국내 KBS 1, 2, MBC, SBS를 통해 1997년부터 1999년 사이에 국내에서 제작되어 방송된 모든 프로그램 중 해외에 판매된 프로그램을 대상으로 하였다. 외주제작 고시비율에 의하여 국내의 독립제작사에서 제작된 프로그램은 분석에 포함하였다. 독립제작사에서 제작된 프로그램을 분석에 포함한 이유는 국내 방송사의 경우, 외주제작 고시비율의 대부분을 자회사의 제작물로 채우고 있으며, 독립제작사의 프로그램을 구입하는 경우에도 관례상 방송사가 프로그램과 관련된 모든 권리를 양도받고 있기 때문이다.

연구문제 2의 분석대상은 같은 기간중 국내에서 방송된 프로그램 중 해외판매 비율이 가장 높은 드라마 유형으로 국한하였다. 해외로 판매되는 프로그램 중 드라마가 차지하는 비율은 70%에 이른다(한국방송개발원, 1996). 만화가 차지하는 부분 역시 11%에 이르지만, 해외판매된 만화는 순수 국산기술에 의해 만들어졌다기보다는 국제 공동제작된 것이 대부분이다. 더욱이 공동제작 파트너인 외국기업이 저작권을 갖고 자체적인 기존 판로를 이용해 수출하는 경우가 많고, 국내 방송사는 그 판매배당금만 받는 형식을 취하고 있다. 또한 근본적으로 우리나라에서 제작되는 만화의 편수가 많지 않아 소수의 동일한 프로그램만이 지속적으로 판매되고 있는 점 또한 만화를 분석에서 제외하는 이유가 되었다. 다큐멘터리 유형은 본 연구의 분석에 포함하고자 하였으나, 해외 수출비중이 3.0%에 그칠 뿐만 아니라 수출된 다큐멘터리 프로그램도 분석기간 내에 속하는 1997년부터 1999년 사이에 방송된 최근의 프로그램이기보다는 그 이전에 방송된 프로그램이 많아 분석이 불가능하였다. 또한 드라마 중에서도 구체적인 주제를 파악하기 어려운 'KBS 단막극장', 'MBC 베스트 극장' 등의 단막극은 분석에서 제외하였다.

5. 연구결과

1) 프로그램 수출량에 영향을 미치는 외적 요인

국내 지상파텔레비전 방송 3사가 지난 3년 동안 드라마를 판매한 국가는 모두 24개국인 것으로 나타났다. 이 중 아시아 국가가 11개국, 미국, 유럽 등의 기타 국가가 13개국으로, 국내 프로그램이 판매된 전체 국가 중 아시아 국가는 반에 못 미치는 것으로 나타났다. 반면에 아시아 국가로 판매된 드라마의 양은 전체의 95.1%를 차지하는 것으로 나타났다. 특히 일본, 대만, 중국, 베트남으로 수출되는 프로그램 양은 국내 방송사의 수출 중 절대적인 비중을 차지하고 있으며, 동시에 꾸준히 증가하는 것으로 나타났다.

이와 같이 각국으로 판매된 프로그램의 양에 어떠한 요인이 영향을 미치고 있는가를 구체적으로 분석하기에 앞서, 분석에 투입된 각 요인별 상관관계를 살펴보았다. 상관관계 분석결과 몇 가지 독립변인간의 높은 상관관계가 발견되었다. 수입국의 TV 보유대수와 인구수($r=.9800$, $p<.001$), 수입국의 총방송광고비와 유료 채널수($r=.9254$, $p<.001$), 수입국의 VCR 보급대수와 각국의 GNP($r=.7042$, $p<.01$), 우리나라와의 무역량과 유료 채널수($r=.7700$, $p<.001$), 무역

량과 인구이동량(r=.8282, p〈.001)의 상관관계가 상당히 높은 것으로 나타났는데, 이는 이들 독립변인간의 관계가 서로 독립적이지 못함을 의미한다.

독립변인간의 관계가 상호 독립적이라는 조건은 회귀분석에 적용되는 중요한 전제조건 중의 하나이며, 앞에서와 같이 독립변인들간에 강한 선형관계가 존재할 경우 다중공선성을 의심할 수 있다(강병서, 1993). 이와 같이 변인들이 밀접하게 연계되어 있을 때 다른 변인을 고정시키고 특정 변인만을 변화시키는 것이 거의 불가능하여 회귀계수는 독립변수가 종속변수에 미치는 독자적 영향력을 제대로 반영할 수 없게 된다. 이러한 다중공선성은 상관계수가 높다고 해서 반드시 발생하는 것은 아니나, 일반적으로 독립변인간의 상관계수가 높을 때(r 〉 0.8 또는 0.9) 발견되는 경우가 많다. 또한 그 검색이 용이하지 않아 독립변인간의 높은 상관관계 등을 통해 그 존재를 확인하고 있다(김두섭, 1993). 다중공선성의 교정을 위해서는 표본의 크기를 늘리거나, 다중공선성을 유발하는 변수를 회귀모형에서 제거시키는 방안, 또는 요인분석을 통하여 비슷한 변수들의 묶음을 만들어내고, 각 묶음에서 이론적으로 가장 중요한 한 변수를 선택하여 나머지 변수들을 대표하게 하는 방법이 일반적으로 이용되고 있다(강병서, 1993; 김두섭, 1993).

본 연구의 경우 지상파텔레비전 프로그램이 수출된 국가를 모집단으로 하기 때문에 인위적으로 표본을 증가시키는 것이 불가능하며, 사례수가 적기 때문에 추가적으로 요인분석을 실시하는 것 역시 적절한 대처방안이 아니라고 판단된다. 따라서 이원적 상관관계가 높은 변인 중 종속변인에 대한 설명력이 낮은 변인을 제외시킨 뒤 단계적 중다회귀분석을 실시하였다. 단계적 중다회귀분석에 투입된 독립변인은 수입국의 GNP, 총방송광고비, TV 보유대수, 지상파 채널수, 케이블 보급 비율, 지리적 위치, 우리나라와의 인구 이동량, 수입국 정부의 직접 방송규제 여부이다. 국내 지상파텔레비전 프로그램의 해외 판매량에 영향을 미치는 경제적 요인, 문화적 요인, 정치적 요인 중 가장 강력한 영향을 미치는 요인을 탐색하기 위하여 단계적 회귀분석을 실시하였다.

분석결과 국내 지상파텔레비전의 프로그램 수출에 가장 강력한 영향을 미치는 변인은 우리나라와 수입국간의 인구 이동량인 것으로 나타났다. 일단계 중다회귀분석 결과 투입된 두 나라간의 인구 이동량이 종속변인인 국내 프로그램 수출량의 변량 중 79%를 설명하는 것으로 나타났다(수정된 R2=.79033). Beta값이 양의 값을 나타내고 있으므로 두 나라간 인구 이동량이 많을수록 국내 지상파텔레비전의 프로그램 수출이 증가되고 있음을 알 수 있다. 두 나라간의 인구 이동량이 많다는 사실은 상대국의 문화나 취향에 노출될 가능성이 높음을 의미하며, 양국의 수용자들이 서로의 프로그램에 함축된 이러한 코드를 적극적으로 해독하고 감상할 수 있는 능력을 갖추게 됨을 의미한다. 이러한 이유로 국내 지상파 프로그램은 양국간의 인구 이동량이 많은 나라로 수출될 확률이 높아지는 것이다. 더욱이 인구 이동량과 무역량은 .82라는 높은 상관관계를 지니고 있음을 볼 때, 국내 프로그램의 수출은 경제적 요인에 의해 영향을 받기보다는 문화적 근접성과 기존의 무역통로를 따라 이루어지고 있음을 알 수 있다.

두 번째 단계의 중다회귀분석 결과, 수입국의 총방송광고비 변인을 회귀식에 추가할 경우 종속변인의 설명력을 9% 정도 향상시키는 것으로 나타났다(수정된 R2=.88093). 총방송광고비의 Beta값은 음의 값을 나타내므로 변인의 영향이 부적임을 알 수 있다. 즉, 국내 지상파텔레비전의 프로그램 수출은 총광고비가 낮은 나라일수록 증가될 확률이 높다는 것이다. 이는 미시경제적학적 프로그램 유통 모델이 설명하는 바와 일관된 결과라 할 있다. 즉, 국내 지상파텔레비전 프로그램은 우리나라보다 시장이 작은 나라로 주로 유통되며, 영상 선진국인 시장이 큰 나라로 유통될 확률은 상대적으로 희박하다는 것이다. 결론적으로 국내 지상파텔레비전 프로그램의 주요 소비국은 우리나라와의 인구이동량이 빈번하고 작은 시장을 소유한 국가임을 알 수 있다.

그 밖의 독립변인인 GNP, TV 보유대수, 지상파 채널수, 케이블 보급 비율, 지리적 근접성, 정부의 직접규제 여부 등은 국내 프로그램의 해외 수출량이라는 독립변인을 예측함에 있어 기여하지 못하는 것으로 나타났다. 특히 대다수의 프로그램이 아시아 지역으로 수출되는 현황에 비추어 볼 때 지리적 근접성이 프로그램 수출량에 유의한 영향을 미치지 못하는 것은 주목할 만하다. 이는 미국, 호주, 영국 등 아시아 이외의 국가들이 적지 않은 국내 프로그램을 수입하고 있으며, 아시아 지역이 전체 사례수의 절반에 미치지 못하기 때문일 것으로 해석할 수 있다. 또한 국가간 인구 이동량이라는 문화적 요인과 총방송광고비라는 경제적 요인이 우리 나라의 프로그램 수출량에 영향을 미치고 있는 데 반해, 정부의 직접규제 여부라는 정치적 변인은 종속변인을 예측하는 데 유의한 영향을 미치지 못하는 것으로 나타났다.

2) 프로그램 수출 여부에 영향을 미치는 내적 요인

국내 프로그램의 해외판매 여부를 결정하는 프로그램의 내적 요인 분석은 지난 3년간 방송된 총 219편의 드라마를 대상으로 이루어졌다.

시청률, 편수, 드라마의 주제라는 프로그램 내적 요인이 프로그램의 해외판매 여부라는 종속변인에 어떠한 영향을 미치는가를 알아보기 위하여 비선형회귀 모형인 로지스틱 회귀분석을 실시하였다. 로지스틱 회귀분석은 종속변인이 두 개의 범주를 지니는 이분변수일 때 이용하는 회귀분석방법으로, 프로그램이 지닌 내적 특성에 따라 해외로 판매되었는가, 혹은 판매되지 않았는가를 살펴보기 위한 본 연구에 적합한 분석방법인 것으로 판단되었다.

로지스틱 회귀분석 결과, 시청률이 프로그램의 해외판매 여부라는 종속변인에 가장 결정적인 영향을 미치고 있는 것으로 나타났다($p<.001$). 시청률의 비차비 [(Exp(B)]는 1보다 크므로 시청률이 높을수록 해외판매 가능성이 높아짐을 알 수 있다.

반면에 프로그램의 편수는 프로그램의 해외판매 여부에 통계적으로 유의한 영향을 미치지 않는 것으로 나타났다. 프로그램 편수가 해외판매 여부에 유의한 영향을 미치지 않는 것은 일단 시청률이 높을 경우, 보다 짧게 재편집하거나 부분판매의 형식을 통해 판매할 수 있기 때문인 것으로 풀이된다.

한편 문화적인 내용의 포함 정도가 높은 역사/시대문제를 다루는 드라마나, 가정/사회관계를 다루는 드라마가 애정 드라마보다 판매가능성이 낮을 것이라는 일반적 믿음과는 달리 드라마에서 다루는 중심주제는 판매 여부에 유의한 영향을 미치지 않는 것으로 나타났다. 이는 국내 프로그램의 대부분이 문화적 근접성이 높은 국가로 판매되고 있기 때문에 여타의 문화권에 비해 우리 역사/시대 문제에 대한 관심과 이해가 높기 때문인 것으로 해석할 수 있다. 실제로 우리 문화에 대한 이해를 필요로 하는 SBS의 〈임꺽정〉, 〈홍길동〉 등이 대만의 CATV로 판매된 예는 이를 입증해준다. 또한 KBS의 〈용의 눈물〉은 일본의 재일동포를 대상으로 하는 KNTV로 판매된 바 있다.

따라서 국내에서 방영된 드라마의 편수가 얼마나 많은가, 어떠한 주제를 다루고 있는가와 관계없이 시청률이 높을 경우 해외판매될 가능성이 높아진다는 결론이 가능하다.

6. 결 론

공공재적 성격을 지니는 프로그램에는 마모성이 나타나지 않으며, 소비자 한 명을 추가하는 데 드는 한계비용이 0에 가깝기 때문에 시청자 규모가 증가됨에 따라 이익이 증가된다(장용호, 1989). 이러한 이유로 최근 각국은 해외시장 개발을 통해 부수수입을 확대하고자 노력하고 있다. 국내 방송산업 역시 시장의 확대가 절실히 요구되고 있으며, 이를 위해서는 국내 프로그램의 해외판매 결정요인에 관한 보다 체계적이고 총체적인 연구가 필요하다고 판단된다. 이러한 요구에 따라 본 연구에서는 국내 지상파텔레비전 프로그램의 국가별 해외 판매량과 판매 여부를 결정하는 요인에 대하여 고찰하여 보았다.

연구결과 국내 방송시 시청률이 높은 프로그램이 우리나라와 인구 이동량이 많고, 총방송광고비가 낮은 나라로 판매될 가능성이 높은 것으로 나타났다. 특히 인구 이동량은 해외 판매량을 결정짓는 가장 강력한 요인으로 작용하고 있음이 밝혀졌다. 이러한 연구결과는 두 가지 결론의 도출을 가능하게 해준다.

첫째는 국내 방송프로그램의 수출은 우리나라와 수출국간의 정치, 경제적 요인보다는 문화적 요인에 의해 그 판매량이 결정될 가능성이 높다는 것이다. 두 나라간 인구 이동량이라는 문화적 요인은 해외 판매량을 79% 정도 설명하고 있는 데 반해, 경제적 요인인 총방송광고비는 분석에 추가될 경우 설명력을 9% 향상시키는 데 그친다. 이러한 점에 비추어 볼 때, 국내 프로그램의 국제적 유통에는 문화적 요인의 영향력이 더 크게 작용함을 알 수 있다. 물론 총방송광고비가 프로그램 유통량에 유의한 영향을 미치는 것으로 나타나, 프로그램은 시장의 규모가 큰 곳에서 작은 곳으로 유통된다는 미시경제학적 유통 모델이 부분적으로 검증되었다. 그러나 경제적 요인이 국가간의 프로그램 유통에 결정적 역할을 한다고 주장하는 미국을 중심으로 한 미시경제학적 연구와는 달리, 본 연구의 결과가 시사하는 바는 우리나라와 같이 국제영상산업의 주변국에서 제작된 프로그램은 경제적 요인보다는 문화적 요인에 의하여 움직이는 경향이 클 수 있다는 것이다.

경제적 논의에 의해 프로그램의 국가간 유통을 설명하는 것은 세계에서 가장 거대한 자국시장과 여타의 국가에서 상상하기 어려운 막대한 제작비가 투자되는 미국의 프로그램에 준할 때만 합당한 것일는지도 모른다. 우리나라와 같이 소규모 자국시장을 지닌 프로그램은 해외시장에 소구할 수 있는 경제적 장점이 상대적으로 빈약하며, 더욱이 우리가 프로그램을 판매해야 할 해외시장은 우리보다 더 강력한 시장력을 지닌 미국의 프로그램에 의해 이미 선점당하고 있다. 이러한 미국의 존재는 소규모 국가의 프로그램이 시장력을 바탕으로 수출되는데 장애물이 될 수밖에 없으며, 이러한 이유로 우리와 같은 영상산업 주변국들은 경제적 요인이 아닌 문화적 요인에 의해 해외판로를 개척할 수밖에 없다는 것이다. 특히 국내 프로그램의 수입이 높은 것으로 나타난 우리나라와 인구교류가 많은 나라는 일본, 중국, 홍콩, 미국 등으로, 이 중 미국을 제외하면 모두가 우리나라의 주변에 위치하는 국가라는 사실에 주목해야 할 것이다. 비록 우리와 같은 아시아 대륙에 속해 있지도 않고, 총방송광고비도 높은 미국, 호주, 영국으로의 프로그램 수출이 적지 않은 비율을 차지하는 점으로 인하여 지리적 근접성이 수출량에 유의한 영향을 미치지 못하는 것으로 나타났으나, 기술적 통계는 대부분의 국내 프로그램 수출이 우리와 유사한 공통의 기호나 선호체계를 구축하는 주변국에 집중되고 있음을 보여준다. 문화적 근접성에 기반하여 프로그램의 해외판로를 개척하는 이 같은 현상은 미국을 제외한 여타의 국가들이 공통적으로 직면하는 문제일는지도 모른다. 아시아 국가 중 시장의 규모가 가장 큰 일본의 프로그램 역시 시장규모가 작은 다른 아시아 국가로 활발히 수출되지 못하고 있는데,

이는 일본이 시장규모와 제작비 투입 면에서 미국에 훨씬 못 미치기 때문이라고 분석되고 있다(Waterman & Rogers, 1994).

둘째, 드라마의 주제, 편수에 관계없이 시청률이 높은 프로그램의 해외판매 확률이 높게 나타남으로써 국내 방송사들이 선의의 시청률 경쟁을 통해 국제경쟁력 확보에 노력해야 한다는 결론이 가능하다. 미국의 경우 미국 내의 성공작과 해외수출 실적이 서로 다르게 나타나는 경우가 적지 않게 발생한다. 그러나 우리의 경우 국내 시청자를 대상으로 경쟁력을 확보하는 것이 곧 국제시장에서 경쟁력을 확보하게 됨을 의미하므로 우선 국내시장에서의 경쟁력을 갖추는 것이 중요할 것으로 보인다. 특히 드라마가 주로 다루는 주제에 관계없이 시청률에 의해 판매될 확률이 많은 부분 결정됨에 비추어 볼 때, 지나치게 불건전하거나 왜곡된 남녀관계에 집착하기보다는 다양한 프로그램의 기획, 제작능력을 키우도록 노력해야 할 것이다. 또한 동일한 프로그램을 통해서도 보다 더 높은 시청률을 올릴 수 있는 과학적이고 효율적인 편성전략이 함께 연구되어야 할 것이다. 이와 더불어 국내시장에서의 성과가 높은 프로그램을 중심으로 우리와 문화적으로 근접한 국가를 대상으로 적극적인 마케팅 노력을 기울여야 할 것이다.

세계는 점차 글로벌화되고 있으며, 글로벌 시대는 소수 선진국 중심의 통합된, 절대적인 문화가 지배하는 시대가 아니라 탈중심적인 다수의 문화가 공존하는 시대가 될 것이라고 예측되고 있다(Featherstone, 1990). 국내 방송사는 우리와 문화적 이해를 함께 하고 선호체계가 유사한 국가들을 대상으로 해외 창구화 전략을 모색하여 틈새시장 공략을 통해 글로벌 문화 형성에 동참해야 할 것이다.

▪ 참고문헌

강병서(1993), 《다변량통계분석》, 학현사.

강태영(1994), "텔레비전 프로그램의 국제적 유통에 관한 연구: 경제적 측면과 문화적 함의," 《언론연구》 여름호.

공보처 신문방송국(1997년 2월), "방송프로그램 수출입 현황," 미간행.

김두영(1993), 《사회과학을 위한 회귀분석》, 법문사.

김영(1999, 6월), "방송 프로그램 수출 활성화방안에 관한 연구-중국시장분석을 중심으로," 연세대학교 언론홍보대학원 석사학위논문.

문화관광부(1988), "방송영상산업진흥대책," 미간행.

오택섭(1996), 《사회과학 데이터 분석법》, 나남.

장용호(1997), "프로그램 구성의 Portfolio 모형-불확실성하의 합리적 선택," 《한국방송학보》 제 9호, pp. 5～44.

______(1989), 《한국 TV산업의 시장구조, 행위 및 성과에 관한 연구》, 서강대 언론문화연구소, p. 15.

정보통신정책연구원(1998-20), "컨텐트산업의 현황과 정책과제."

정윤경(1999), "국내 방송구조변화에 따른 지상파방송의 프로그램 수입, 편성행위와 성과변화," 《방송연구》 여름호.

〈조선일보〉, 2000년 3월 3일, 31면.

한국관광개발연구원(1999), 《한국관광연감》.

한국방송개발원(1997-06), 《방송프로그램의 국제경쟁력 제고방안 연구》.

______(1996-16), 《국제 프로그램 시장 연구》.

KITA(1998), 《한국무역통계》.

Antola, L., & E. M. Rogers(1984), "Television Flows in Latin America," *Communication Research*, 11(11), pp. 183～202.

Button, Graham(1988), "Laughing All the Way," *World Screen News*, February, pp. 20～25.

Caplan, G., & F. Sauvageau(1986), Report of the Task Force on Broadcasting Policy, Ottawa: Ministry of Supply and Services

Canada.

Cooper, R. (1993), "An expanded, intergrated model for determining audience exposure to Television," *Journal of Broadcasting & Electronic Media*, 37, pp. 401~418.

Dupagne, M. & D. Waterman (1998), "Determinants of U. S. Television Fiction Imports in Western Europe," *Journal of Broadcasting & Electronic Media*, 42(2), pp. 208~220.

Featherstone, Mike (1990), "Global Culture: An Introduction," *Theory, Culture & Society*, 7, pp. 1~14.

Fletcher, James (1993), "The Syndication Marketplace," in A. Alexander, J. Owers & R. Carveth (eds.), *Media Economics: Theory & Practice*, Hillsdale, NJ: Lawrence Erlbaum Associates, Publishers, pp. 283~307.

Hester, A. (1973), "Theoretical consideration in predicting volume and direction of international information flow," *Gazette*, 19, pp. 238~247.

Hoskins, Colin., & Rolf Mirus (1988), "Reasons for the US Dominance of the International Trade in Television Programmers," *Media, Culture and Society*, 10, pp. 499~515.

Kim, K. & G. Barnett (1996), "The determinants of international news flow: A network analysis," *Communication Research*, 23(3), pp. 323~352.

Mattelart, A. (1977), "Cultural Imperialism in the Multinational Age," Current Views on the World Information Order 68.

Mattos, S. (1984), "Advertising and Government Influences-The Case of Brazilian Television," *Communication Research*, 11(11), pp. 203~220.

McAnany, Emile G. (1986), "The Logic Cultural Industries in International Perspective: Convergence or Conflict?" in Brenda Cervin, et al. (eds.), *Progress in Communication Sciences*, Vol. 7, Norwood, NJ: Ablex, pp. 1~29.

Ostgaard, E. (1965), "Factors influencing the flow of news," *Journal of Peace Research*, 2, pp. 39~64.

Owen, Bruce M., Jack H. Beebe, & Willard G. Manning, Jr. (1974), *Television Economics*, MA: Lexington Books.

Owen, Bruce M., & Steven S. Wildman (1992), *Video Economics*, Cambridge, MA: Harvard University Press.

Pool, Ithiel de Sola (1977), "The changing flow of television," *Journal of Communication*, 27(2), pp. 139~149.

Renaud, Jean-Luc, & Barry Litman (1985), "Changing Dynamics of the Overseas Marketplace for TV Programming," *Telecommunications Policy*, 9, pp. 245~261.

Roach, C. (1997), "Cultural imperialism and resistance in media theory and literary theory," *Media, Culture and Society*, 19, pp. 29~54.

Robinson, K. S. (1996), "The performance of first-run and off-network syndicated television programs, 1964~1993," Doctoral Dissertation, Northwestern University.

Schement, J. R., I. N. Gonzalez, P. Lum, & R. Valencia (1984), "The International Flow of Television Programs," *Communication Research*, 11(11), pp. 163~182.

Schiller, H. I. (1969), *Mass communication and American empire*, New York: Kelley.

Sochay, Scott & Barry Litman (1992), "Export Markets and the U.S. Motion Picture Industry," *Journal of Media Economics*, 5(3), pp. 31~55.

Straubhaar, J., S. Youn, C. Campbell, K. Champagnie, L. Ha, S. Shrikhande, M. Elasmar, T. Ahn,, M. Chen, S. Clarke, & M. Takahashi, M. (1992), Regional TV markets and TV program flows, Paper presented to the annual Telecommunications Policy Research Conference, Solomons, MD.

Straubhaar, J. (1991), "Beyond Media Imperialism: Assymetrical Interdependence and Cultural Proximity," *Critical Studies in Mass*

Communication, 8, pp. 39～59.

______(1984), "Brazilian Television The Decline of American Influence," *Comunication Research*, 11(11), pp. 221～240.

Takada, H. & W. Henry(1993), "Analysis of network TV commercial time pricing for top-rated prime time programs," *Journal of Current Issues and Research in Advertising*, 15(2), pp. 59～70.

TBI Yearbook(1998).

Tracy, Michael(1993), "A Taste of Money: Popular Cultrue and the Economics of Global Television," in Noam & J. C. Millonzi (eds.), *The international market in film and telelvision programs*, pp. 163～198.

Tunstall, J. (1977), *The Media are American*, New York: Columbia Univ. Press.

Varis, Tapio(1993), "Trends in the Global Traffic of Television Programs," in E. M. Noam & J. C. Millonzi(ed.), *The international market in film and television programs*, Norwood, NJ: Ablex.

______(1974), "Global Traffic in Television," *Journal of Communication*, 24(1), pp. 102～109.

Waterman. D. (1993), "World Television Trade: The Economic Effects of Privatization and New Technology," in E. M. Noam & J. C. Millonzi(ed.), *The international market in film and television programs*, Norwood, NJ: Ablex, pp. 59～81.

Waterman, D. & E. Rogers(1994), "The Economics of Television Program Production and Trade in Far East Asia," *Journal of Communication*, 44(3), pp. 89～111.

Wildman, Steven & Karla S. Robinson(1995), "Network Programming and Off-Network Syndication Profits: Strategic Links and Implications for Television Policy," *Journal of Media Economics*, 8(2), pp. 27～48.

Wildman, Steven, & Siwek, Stephen(1993), "The Economics of Trade in Recorded Media Products in a Multilingual World: Implications for National Media Policies," in E. M. Noam & Joel C. Millonzi (eds.), *The international market in film and television programs*, Norwood, NJ: Ablex, pp. 13~40.

Yoo, E. (1991), "Analysis of determining factors for TV program and film flow across nations in 1983: An empirical study," Doctoral Dissertation, Indiana University.

제 10 장
제3세계 텔레비전 장르의 국제화 현상에 대한 연구: 텔레노벨라 논쟁의 재해석

조 항 제

1. 서론: 문제의 제기

1980년대 중반 들어 기존의 국제적 텔레비전 프로그램의 흐름에 변화가 일고 있다. 이 변화의 주인공 중의 하나는 텔레노벨라(*telenovelas*)라 불리는 라틴아메리카(특히 브라질과 멕시코)의 텔레비전 픽션이다. 라틴아메리카 텔레비전의 초창기부터 있었던 이 장르가 기존 할리우드에 못지않게 전 세계적으로 유통되고, 선진국에까지 역수출되면서 국제 프로그램 흐름의 새로운 경향을 낳고 있는 것이다. 이렇듯 경제적 측면이나 국제정치적 측면에서 결코 서구와 어깨를 나란히 할 수 없었던 제3세계의 프로그램이 전 세계적으로 유통되는 현상은 기존의 국제현상을 설명하는 유력한 패러다임이었던 문화·미디어 제국주의론[1] (이하 문화제국주의론)의 '일방적 흐름'과는 명백히 배치되는

1) 문화제국주의론과 미디어제국주의론은 분석적 차원에서는 구분되기도 하나 핵심적 논리는 크게 다르지 않다는 점에서 이 글은 이를 통칭하고자 한다. 박홍원(Park, 1998)이 정리한 그 논리는 대체로 다음과 같은 세 가지

것이어서 이 현상을 두고 많은 논의가 있었다.

특히 텔레노벨라는 문화제국주의론을 비판해왔던 미국 라틴아메리카 연구자들에 의해 집중적 주목을 받았다. 이미 '다 식은 국'으로 여겨졌던 전파이론이나 상품주기이론 등도 이 텔레노벨라로 부활하였고, 과거 NWICO 논쟁과 최근의 쿼터논쟁에서 미국의 입장이었던 자유시장론도 새롭게 조명받게 되었다. 물론 이에 대한 반론도 만만치 않았다. 주로 라틴아메리카 연구자들에 의해 제기된 텔레노벨라 비판은 이전 문화제국주의론의 미국·서구 비판뿐만 아니라 권위주의체제의 지배 블록에 대한 비판 또한 폭넓게 아우르고 있어 이 논쟁은 텔레노벨라에만 머무르지 않고 제3세계의 문화적 지형과 관련된 많은 논제들을 다루었다.

사실 텔레노벨라 논쟁은 잘 알려진 다른 논쟁처럼 단시일에 집중적으로 이루어진 논쟁은 아니다. 1984년 《커뮤니케이션 리서치》(*Communication Research*, Vol. 11, No. 2)가 변화된 라틴아메리카 상황을 다루면서 텔레노벨라를 집중적으로 주목한 이래 텔레노벨라는 꾸준한 관심의 대상이 되었고 이에 따라 논쟁도 상당한 기간에 걸쳐 간헐적으로 진행되었다. 따라서 이 논쟁은 대략 10여 년에 걸친 이 분야의 이론사적, 현실사적 추이도 반영하고 있다.

텔레노벨라 논쟁은 다음과 같은 두 가지 측면에서 큰 의미가 있다. 첫째는 이론적 측면으로, 이 논쟁은 1990년대 들어 달라진 국제환경에서도 기존 이론(특히 문화제국주의론)이 얼마만큼의 적실성을 가지고 현실을 설명할 수 있느냐를 재검토해 볼 수 있는 계기를 제공한다. 라틴아메리카를 대표하는 브라질과 멕시코의 사례에서 출발한 이 논쟁

이다. 첫째는 서구 미디어산업의 독점화, 초국적화와 글로벌 차원에서 그들에 의한 정보의 통제, 둘째는 미디어 생산물의 일방향적 흐름, 셋째, 서구의 미디어제도와 자본주의 이데올로기(예를 들면, 소비주의)의 이전 등이다.

은 직접적으로는 텔레노벨라가 국제 흐름의 다변화, 곧 기존의 '지배'냐 '피지배'냐의 이분화를 극복하는 제 3의 가능성이 될 수 있느냐에 대한 검토작업이며, 한 걸음 더 나아가서는 (만약 달라졌다면) 그 달라진 국제구도를 설명할 수 있는 새로운 패러다임에 대한 탐구의지를 촉발한다. 둘째는 정책적인 측면이다. 이른바 다미디어 · 다채널 시대의 도래로 프로그램에 대한 수요가 폭발적으로 팽창한 가운데에서 텔레노벨라는 기존의 불평등 흐름을 중화시킬 수 있는 귀중한 선례를 제공하고 있다. 지금까지는 일방적 소비국이었던 제 3세계도 조건과 정책 여하에 따라 생산국이 될 수 있는 가능성을 텔레노벨라는 열어주었다. 어쩌면 이론적 측면에서는 다른 현실과 이론의 여러 변화들이 보다 근본적으로 기존 이론의 재검토를 요구하고 있으므로 텔레노벨라는 오히려 정책적 측면에서 더욱 주목받고 있다고도 볼 수 있다. 그러나 이 글이 살펴보고자 하는 것은 후자보다는 전자이다. 후자의 경우는 실용적 용도의 전략적 접근이 요구되는 부분이므로 논쟁의 이론적 측면을 재검토해보고자 하는 이 글의 목적과는 큰 차이가 있기 때문이다.

2. 텔레노벨라 논쟁의 개요

텔레노벨라는 텔레비전식 장르 구분으로 보면 일일극 형태의 솝오페라이며 드라마의 내용 구분으로 보면 멜로드라마에 해당된다. 주로 브라질과 멕시코를 비롯한 라틴아메리카에서 생산되며, 한 시리얼이 일주일에 6번, 6~8개월 정도 프라임타임대에 방송된다. 형식은 멜로드라마이지만 다루는 소재는 비교적 자유롭고, 특히 브라질의 텔레노벨라는 사회적 이슈를 많이 다루고 있다.

그런데 이 텔레노벨라가 1980년대 들어 미국(주로 히스패닉권)과 라틴아메리카의 구식민모국이었던 포르투갈, 그리고 유럽 제국에까지

(역) 수출되고, 이 수출도 일회적인 경우나 유사 문화권간 흐름만이 아닌 장기적인 프로그램 흐름, 타 문화권간의 교류로까지 확대됨으로써 "뒤바뀐 미디어제국주의"(Rogers & Antola, 1985) 로까지 불리게 되었다. 주로 미국 라틴아메리카 연구자들에 의해 집중적으로 포착, 제기된 이 현상은 기존 미국 지배의 일방향적 국제 흐름이 변화될 수 있는 가능성을 보여주고 있다는 점에서 새로움을 넘어 기존 패러다임의 수정까지 요구하고 있다.

대부분의 대중 장르가 그렇듯이 텔레노벨라의 발전사 역시 매우 복합적이다. 브라질을 중심으로 그 약사를 간추려보면, 브라질에서 텔레노벨라의 기원은 1947년 상파울루 라디오의 〈Fatalidade〉라는 라디오노벨라까지 거슬러 올라간다. 이 라디오 장르는 이전에 쿠바에서 제작된 라디오시리얼인 〈El Derecho de Nacer〉(*The Right to Be Born*) 에서 영향받은 것인데, 당시 쿠바의 하바나 스튜디오는 주로 미국의 비누기업을 스폰서로 라디오노벨라를 제작하였다. 이 라디오노벨라는 1960년대까지 브라질 방송을 풍미하게 되는데, 쿠바나 아르헨티나에 비해 브라질 텔레노벨라의 특징은 에피소드의 길이가 짧다는 점이었다 (Mattelart & Mattelart, 1990).

텔레비전에서는 1963년에 아르헨티나 작가의 원작을 각색한 〈2. 5499 Ocupado〉(*2.5499 Engaged*) 가 처음으로 방송되었는데, 방송 1개월 만에 일일극으로 바뀔 정도로 인기를 모았다. 그때까지만 하더라도 브라질 텔레비전의 픽션 장르는 수입프로그램이나 외국 원작 시나리오가 지배적이었다. 초기의 텔레노벨라는 주로 쿠바나 아르헨티나로부터 수입된 시나리오를 번안한 것과 이전의 라디오노벨라를 텔레비전용으로 각색한 것이 주류를 이루었다. 텔레노벨라가 인기를 모으자 각 방송사들은 앞 다투어 텔레노벨라를 제작 · 방송하였고 라디오노벨라를 집필하면서 경력을 쌓았던 브라질의 기존 작가들은 서서히 수입 시나리오로부터 벗어나기 시작하였다. 1968년에 TV 투피(TV

Tupi) 에서 방송된 〈Beto Rockfeller〉는 현대적 텔레노벨라의 원형으로 평가되는데, 비디오테이프로 처음 제작되면서 이전에는 볼 수 없었던 구어와 자유로운 감정표현, 빠른 리듬, 경쾌한 캐릭터 등을 담아냈다(Mattelart & Mattelart, 1990). 이 〈Beto Rockfeller〉는 텔레노벨라가 사회적 현실에 근접하게 되는 시초가 된다.

텔레노벨라는 여러 논자들(Lopez, 1995; Martin-Barbero, 1995; Mattelart & Mattelart, 1990; Oliveira, 1993)에 의해 추적된 바대로 프랑스 및 라틴아메리카의 신문 연재소설(*serial novels*)과 미국의 라디오·텔레비전 솝오페라, 그리고 브라질의 식민지 및 독립 이후 시대(19세기 말~20세기)의 지역적 문학전통 등의 영향을 받았다. 올리베이라는 18세기 초 옥외에서 성행한 프랑스의 멜로드라마에 텔레노벨라의 기원을 두고 있다. 마틴-바베로는 아르헨티나의 서커스, 쿠바의 담배공장에서 있었던 구연 이야기, 할리우드의 영향을 받은 대중영화 등을 꼽는다.

이러한 텔레노벨라의 기원에 대한 주장을 종합하면, 텔레노벨라는 미국 텔레비전의 솝오페라에 깊이 영향받았으면서도 여러 면에서 이와 다르다. 가장 큰 차이는 텔레노벨라의 경우 처음과 끝이 있는 '닫혀 있는' 스토리구조를 갖고 있다는 점이다(Allen, 1995). 미국의 솝오페라는 끊임없이 에피소드가 이어지면서 따로 끝이 없는 '열려 있는' 구조를 갖고 있다. 또 솝오페라가 주로 여성·주부를 대상으로 가정적 관심사를 다루면서 낮에 방송되며 자국시장이 중심이 되는 데 비해, 텔레노벨라는 모든 유형의 시청자를 대상으로 프라임타임대에 방송되며 해외시장도 목표한다는 점에서 다르다. 그래서 솝오페라에는 젠더 문제가, 텔레노벨라에는 계급적인 문제가 제기된다. 미국의 솝오페라가 광고주(또는 대행사)에 의해 직접 제작된 지극히 상업적인 장르였다면, 텔레노벨라는 일찌감치 방송사에 의해 제작·편성이 이루어진 상대적으로 '문화적'인 장르였다. 미국의 솝오페라가 상대적으로 제작진이나 출연진 등에 의해 저급한 장르로 취급되는 데 비해 텔레노벨라는 라틴아메리카 스타시스템의 중심을 이룬다(Lopez, 1995). 주제영역에서도 텔레노벨라는 통속적 멜로의 포맷을 따르기는 하지만 역사적 주제도 다루며 때때로 자국 내지 인접 국가들 내의 유명한 문학작품을 각색하기도 한다. 최근 들어 정치적 상황이 일부 변화하면서 표현영역이 넓어져 다양한 정치적 · 사회적 아젠다도 다루고 있다(Straubhaar, 1991; Hamburger, 2000; La Pastina, 2001). 마텔라르와 마텔라르(Mattelart & Mattelart, 1990)는 이를 가리켜 텔레노벨라가 공공적 토론의 '반향실'(*echo chamber*)이 되었다고 본다.

이렇게 형성된 텔레노벨라는 1970년대 초반에 이미 자국(주로 브라질, 멕시코 등의 라틴아메리카 내 메이저 마켓)의 프라임타임대를 '점령'하고, 1977년에는 이전까지 가장 인기가 높았던 미국의 픽션시리즈물의 시청률을 능가하였다. 브라질이 처음 텔레노벨라를 수출한 것은 1975년에 포르투갈에서 방송된 TV 글로보(TV Globo)의 〈Gabriela〉였다. 이 성과(시청률)가 대단히 컸으므로 TV 글로보는 첫 수출부터 국제시장의 가능성을 인식하기 시작하였다. 이후에는 주로 문화권이 유사한 인근 나라에 수출되었으나 일부는 이탈리아에서도 방송됨으로써 비이베리아권 유럽으로까지 무대를 확장하였다(De Melo, 1990). 그리고 1990년대에 들어서서는 무려 128개국에 수출됨으로써 가장 많은 나라에서 방송되는 장르로 성장하였다. 특히 사회주의 국가나 전(前) 사회주의 국가에서도 인기가 있고, 문화권이 전혀 다른 중국에서도 큰 반향을 일으켰던 점은 매우 특징적인 현상이다(Oliveira, 1993). 이러한 수출의 성과는 경제적인 측면에도 반영되어 1977년에 TV 글로보의 수출액은 1백만 달러에 불과했지만 그로부터 9년 후인 1985년에는 이보다 12배가 늘어난 1천 2백만 달러에 이르렀다(De Melo, 1990). 이렇듯 브라질이 주로 라틴아메리카 외의 국가에서 활약이 컸던 데(라틴아메리카에서의 수입은 전체 해외수입의 20%에 불과) 비해 멕시코는 초반에는 미국과 중미, 남미 등의 스페인어 시장에 수출이 집중되었다가 1990년대 들어 수출선이 넓어지고 있다. 멕시코의 텔레노벨라 수출액은 아메리카 지역에서만 1994년에 천만 달러에서 1997년에는 3천 5백만 달러로 증가하였다. 전체 프로그램 수출액은 1996년에 1억 달러가 되었는데, 이 중 텔레노벨라가 85%를 차지했다(Paxman & Saragoza, 2001).[2] 텔레노벨라는 이미 1970년대에 턴스톨(1977)이 중간 수준에서의 혼성 장르의 성장으로 주목한 바 있었지만 1990년대에 들어서서는 할리우드에 비견되는 국제적 상품으로 성장한 것이다.

그러나 이러한 텔레노벨라에 대해서는 평가가 엇갈린다. 가장 긍정적인 평가는 앞서 언급한 바 있는 미국의 이론가군에 의해 제기되었다. 특히 로저스와 안톨라(Rogers & Antola, 1985)는 전파이론의 입장에서 텔레노벨라가 이 이론을 확인시켜 주는 사례로까지 간주한다. 스트라바(1984; 1991; 1996) 역시 텔레노벨라가 지역(국제) 시장 형성의 원천이 될 프로그램 교류의 전형을 보여준다고 주장한다는 점에서 이들과 다르지 않다. 스트라바의 주장은 이미 잘 알려져 있는 전파이론이나 문화제국주의와는 다른 '문화적 다원주의'나 '글로벌/로컬'(*global/local*) 모델(Sreberny, 2000), 또는 절충적-개량주의(*mediative-reformist*) (Mahamdi, 1992)에 속한다고 볼 수 있어 좀더 자세한 검토를 필요로 한다.

스트라바 주장의 핵심은 문화적 종속과 관련된 갈등의 정도와 폭을 다원화하고 좀더 '유연하고 복잡한' 관계를 설정하는 데 있다(Straubhaar, 1991). 즉 기존의 문화제국주의 이론이 중심국의 엘리트

2) 같은 장르라 하더라도 제작되는 국가에 따라 텔레노벨라는 내용과 형식에서 많은 차이가 있는데, 브라질의 경우는 멕시코에 비해 세부 플롯과 복선이 많은 좀더 원형에 가까운 텔레노벨라이며, 멕시코의 텔레노벨라는 내용에서 보다 단선적이고 주제도 보편적이다(Mattelart & Mattelart, 1990: 12).

·자본과 주변국의 엘리트·자본의 관계를 보편적 차원에서 주로 결합 또는 하위의 포섭 수준에서 파악하거나, 갈등이 있다 해도 미미한 수준으로 이해했던 데 비해 "개별 나라 또는 산업의 역사적 발전의 독특한 성격을 분석적으로 강조하는 개별화 입장에 서 있는 스트라바는 이 또한 주요한 갈등으로 보아 이들간의 관계의 성격을 다차원화하는 것이다. 그가 보기에 이 갈등은 "국내 엘리트와 초국적 엘리트 사이에서, 주요 국내 엘리트들의 이해관계, 기업의 경쟁, 주요 제작인력의 의제와 행동, 특히 정책입안자, 인프라의 공급자, 그리고 광고주로서의 국가 개입의 효과 사이에서" 발생하며, 이 갈등이 개별 나라나 미디어산업의 독특한 역사를 구성한다. 이 다이내믹스를 토대로 그는, 상대적으로 완전한 종속관계를 한 끝으로 하고 전적인 상호의존관계를 다른 한 끝으로 하는 미디어 발전의 연속선, 곧 '비대칭적 상호의존'으로 기존의 중심-주변 관계를 대체하려 한다. 이에 따르면 미국도 완전히 독립적인 것은 아니며 가장 인기 있는 품목인 텔레노벨라를 생산하면서 과거의 수입품목을 대체한 브라질이나 멕시코 등은 과거의 종속에서 종속이 완화된 다른 형태로 변화된 셈이다. 스트라바가 보기에 브라질 미디어산업의 중추인 TV 글로보(모기업 Rede Globo)는 미국자본(Time-Life)과의 합작관계를 해소한 1970년대 초반 이래 신문, 영화, 음반 등을 비롯하여 다양한 관련산업을 수직적·수평적으로 통합하고, 프로그램 내 광고까지 감행하는 '야만적 자본주의'를 통해 기업적 호순환을 유지하면서 자체의 독특한 시장, 문화, 경제, 그리고 규제환경에 대응해서 원래의 미국 모델과 다른 독특한 형태를 취하고 있다.

비판적 접근은 주로 브라질의 연구자군, 올리베이라(Oliveira, 1993)나 헤롤드(Herold, 1986) 등에 의해 이루어졌다. 올리베이라는 우선 자신의 접근이 '질'적인 것이라는 점을 강조한다. 그가 질적인 측면을 강조하는 이유는 텔레노벨라가 가진 여러 면모 가운데서 특히 정치적·경제적 기능이 중요하다고 보기 때문이다. 그래서 그는 먼저 텔레노벨라의 생산자인 TV 글로보와 군부 권위주의 체제의 관계에 주목한다. 이 관계에서 파악된 TV 글로보는 군부체제의 필요에 부응한 '공식적 네트워크'이며, 대중에게는 브라질의 실상을 보지 못하게 하는 '마취제'나 '진정제'에 불과하다. 경제적 측면에서도 텔레노벨라는 등장인물의 서구적 라이프스타일을 통해 '머천다이징'으로 불리는 프로그램 내 광고를 행하면서 극단적 소비주의를 조장한다. 이 소비주의의 대상은 대부분 미국에 근거지를 둔 초국적 소비재이다. 이렇게 보면, 텔레노벨라는 그 기능이 사실상 할리우드 생산물과 크게 다르지 않게 되며, 미국 포맷의 혼성화 또는 제 3세계적 버전에 불과해진다. 헤롤드 역시 브라질 영화운동의 산물인 시네마 누오보(Cinema Nõvo)와 비교하여 텔레노벨라 등의 텔레비전 프로그램이 브라질 문화가 아닌 할리우드의 브라질화에 불과하다고 비판한다.

한편 텔레노벨라와 함께 거론된 또 다른 새로운 현상은 미국에 대한 제 3세계의 자본수출의 가능성이다. 1954년 멕시코의 텔레비자(Televisa)의 자회사로 출범한 SIN(Spanish International Network)의 발전[3]은 나중의 텔레문도(Telemundo)[4]와 더불어 기존의 발전론자들(Rogers

3) 1980년대 말까지의 SIN의 약사와 그 발전과정에 대해서는 싱클레어(Sinclair, 1990b)를 참조할 수 있다. SIN은 미국 FCC의 외국자본 소유 제한과 내분 때문에 이름도 유니비전(Univision)으로 바뀌고 소유도 우여곡절을 거친 끝에 복싱 프로모터 출신의 페렌치오(Jerrold Perenchio)와 텔레비자, 그리고 베네수엘라의 베네비전(Venevision)의 합작 소유가 되었다(〈Forbes〉, 1996. 7. 1).

4) 이 텔레비전은 SIN의 내분과정에서 만들어졌다. 1981년부터 1986년까지 SIN의 뉴스는 쿠바 출신의 미국인이었던 고도이(Gustavo Godoy)에 의해 주도되었다. 그러나 1986년에 SIN의 소유가 재편되면서 자블루도브스키(J. Zabludovsky)가 고도이의 뒤를 잇게 되었는데, 자블루도브스키는 멕시코의 제도혁명당(PRI)에 대한 비판적 보도태도를 용납하지 않았다. 이에 반발한 고도이 등은 투자회사인 릴라이언스 캐피탈(Reliance Capital)의 자금으로 1987년에 새로운 히스패닉 네트워크인 텔레문도를 설립하였

& Antola, 1985)을 크게 흥분시켰다. 1982년 당시 SIN은 5개의 직할 스테이션에, 33개의 저출력 UHF 스테이션과 스페인어 고정시간대를 갖고 있는 168개의 스테이션과 제휴관계를 맺는 등 미국의 거대 네트워크인 NBC보다 더 많은 제휴사들을 거느렸다. 그리고 SIN은 주로 텔레노벨라와 버라이어티쇼로 이루어진 멕시코의 프로그램을 65%나 편성했다. 이후 이 방송은 이름과 소유관계가 변화되었지만, 변하지 않았던 것은 프로그램 공급원으로서의 텔레비자와 주편성 장르인 텔레노벨라의 굳건한 위치였다. 이러한 자본 및 프로그램 수출의 사례는 미국 내에서 제3세계의 가능성을 말해주는 것으로 역시 기존 이론의 전제와는 상반된 것이었다.

3. 논쟁의 재해석 및 제언

1) 텔레노벨라의 성과 : 국제적 흐름

텔레노벨라의 성과에 대한 재검토를 위해서는 우선 이 현상의 정체에 대해 면밀하게 살펴보아야 할 필요가 있다. 즉, 이 현상이 변화된 것이라면 어떤 측면의 변화이며, 또 이 변화는 어떻게 해석되어야 하는지, 그리고 이 해석은 기존 이론의 어떤 부분과 어떻게 관련(보강,

---

다(Sinclair, 1990b). 그러나 이 텔레비전은 유니비전의 기세에 밀려 이후 소유권이 일본의 소니로 넘어갔다가 최근 다시 NBC에 매각되었다. NBC의 텔레문도 매입 이유는, 2010년에 이르러 미 국민의 약 14%를 차지할 것으로 예상되는 히스패닉 시장의 중요성 때문이다. 미국 내 히스패닉 인구는 2020년에는 16.3%를 차지할 것으로 예측되며, 이들을 대상으로 한 인종 마케팅 역시 이에 비례해 크게 성장할 것이다(Paredes, 2001). 이의 여파로 유니비전 또한 CBS의 비아컴(Viacom)에 흡수될 것이라는 설이 크게 나돌고 있다.

수정, 폐기 등)을 맺는지에 대해서이다. 특히 맨 나중의 의문은 이 문제가 제기된 시점이 NWICO운동 논쟁이 진행되는 가운데 미국이 UNESCO를 탈퇴(1985년)해버린 시점과 묘하게 맞물려 있다는 점에서 정치적 성격을 아울러 지닌다고 할 수 있다.

로저스 등의 자유시장론자들이 텔레노벨라를 통해 본 것은 기존 문화제국주의론의 설명력의 한계이다. 텔레노벨라 현상은 기존의 연구들 가운데 바리스(Varis, 1974; 1984) 등의 'UNESCO 연구', 라틴아메리카의 'ILET(*The Instituto Latinoamericano de Estudios Transnacionales*) 연구'(대표적인 것으로 Beltrán & Fox, 1979) 같은 제 1세계-제 3세계 간의 프로그램 흐름에 대한 양적 지표연구에 대해서는 일종의 '역전'으로 읽힐 수 있다. 특히 로저스와 안톨라(Rogers & Antola, 1985)가 지적한 대로 일부 제 3세계에서 지역간 교류가 커지고 있는 점을 포착했으면서도 10년간 큰 변화가 없었다는 정태적 결론을 내린 바리스의 주장에는 새로운 전망이 요구된다. 또 문화적 종속이 텔레비전의 발전에서 일시적 단계라기보다는 '고착된 구조'로 보았던 쉴러 등의 주장 역시 잘못된 가정을 가졌다고 하지 않을 수 없다(Tunstall, 1977). 로저스 등이 내린 결론에 따르면, 적어도 양적이고 산업적인 측면에서 텔레노벨라가 새로운 전환의 가능성을 보여주고 있는 점은 부인할 수 없는 사실이 된다.

그러나 이들이 텔레노벨라의 예를 제 3세계 일반으로 확장시킬 수 있다고 보거나 한 걸음 더 나아가 NWICO운동의 목표인 '균형'이 '자유로운' 시장의 이윤 동기에서 달성될 수 있다고 하는 주장은 기존의 전파이론이나 상품주기이론을 반복하는 것에 불과하다. 매카나니 등(McAnany, 1984; Sinclair, 1990a; Sreberny, 2000)의 지적대로 이러한 논증이 여타 제 3세계 일반으로 확장되어 이른바 '대응 흐름'으로 될 수 있다는 주장은 과장된 것이다. 왜냐하면 이들의 주장에는 TV 글로보나 텔레비자의 성장과정이나 국제화 과정에 내재된 특수성에 대한 설명이 빠져 있기 때문이다. 또 경제적 저발전을 비롯한 제 3세계의 한계 때문에 TV 글로보나 텔레비자가 국제시장에서 선진국의 메이저들과 '공정하게' 경쟁할 수 없다는 구조적 측면도 고려되고 있지 않다. 사실 이 점에서 바리스의 기술적 · 비이론적 사고(McAnany, 1985)를 전파론자들도 답습하는 셈이다. 또 이들이 크게 주목한 SIN/유니비전이 보여준 그간의 성공은 미국 내 히스패닉 집단의 문화적 특성과 연관된 특수한 이유 때문이지(Barrera & Bielby, 2001), 전파이론이나 상품주기이론이 말하는 '전파'와 '주기'의 효과가 아니다.

텔레노벨라가 가져온 변화는 양적인 측면에서 나타난 국제 흐름의 변화이다. 이 변화는 제 1세계와 제 3세계 사이에서도 가능성을 보여주지 않는 것은 아니지만, 주로는 제 3세계의 유사 문화권 사이에서 나타난다. 따라서 적어도 객관적 또는 경험적 '사실' 면에서 제 1세계와 제 3세계 사이의 양적 불균형 형태의 제국주의 현상은 큰 변화가 없는 셈이다.[5] 그러나 '담론'으로서의 제국주의 개념은 다르다(객관적 사실과 담론 사이의 구분은 Boyd-Barrett, 1998). 제국주의의 담론에는 이러한 일방향적 흐름 외에도 미국 및 자본주의 제 1세계의 정치 · (특히) 경제적 지배와 이의 파생물이자 수단이기도 한 문화적 지배, 곧 문화의 '주입'(*imposition*)과 동질화, 토착문화의 파괴가 같이 착종되어 있다. 따라서 담론에서는 제 3세계 사이의 활발한 문화적 교류라는 새로운 현상을 감당해낼 수 없게 된다. 그리고 이 점은 이 담론에 내재

---

5) 남아메리카에 대한 최근 연구(Chmielewski Falkenheim, 2000)를 보면 1983년 연구(Varis, 1984)에 비해 지역간 교류(16.7%)가 크게 늘기는 했지만, 여전히 미국은 가장 비중이 큰 수입국이다(전체 평균으로 25.5%). 이 점의 가장 큰 이유는 프로그램의 흐름이 여전히 일방적이기 때문이다. 즉, 최근의 변화는 미국 → 라틴아메리카라는 과거의 흐름에 라틴아메리카의 (GDP가) 큰 나라 → 라틴아메리카의 작은 나라와 큰 나라 ↔ 큰 나라의 흐름이 추가되면서 발생한 것일 뿐이다. 물론 이 추가는 매우 중요한 현상이지만, 일방향성의 성격이 크게 바뀐 것은 아니다.

한 각종 이분화 — 제 1세계/제 3세계, 지배/피지배, 적극적/수동적, 생산자/소비자, 엘리트/대중 등 — 의 수정 필요성과도 연결된다. 최근 들어 사실 측면에서 텔레노벨라를 비롯해 이 이분화에 속하지 않는 점이지대가 점차 커지고 있기 때문이다(Barker, 1997).

이 점에서 올리베이라(Oliveira, 1993)의 비판 또한 이 분야의 동태적 과정을 무시한 환원주의적 결정론에 가깝다. 올리베이라가 텔레노벨라를 파악하는 방식은 대체로 세 가지의 논리적 연쇄로 이루어져 있다. 즉, (1) 텔레노벨라를 생산하는 TV 글로보는 그간의 권위주의 정권과의 유착으로 각종 특혜를 받았고 그 반대급부로 정권의 목소리를 대변해왔으며(달리 말해 대중의 민주화·경제적 평등에 대한 의지를 억압해왔으며), (2) 텔레노벨라의 형식과 내용 또한 미국의 상업적 포맷을 복제한 말 그대로의 대중장르에 불과하고, (3) 결론적으로, 그 기능은 전 인구의 80%를 차지하는 브라질 대중의 진정한 열망을 무시하는, 대리만족의 '슈퍼마켓'이나 체제의 새로운 수호자라는 것이다. 올리베이라가 텔레노벨라의 현실적 성과를 무시하지 않으면서도 이러한 비관적 결론에 이르게 된 것을 이해하지 못할 바는 아니다. 그러나 올리베이라는 권위주의 정권과 시장지배적 상업방송, 그리고 그 생산물을 아무런 매개 없이 단선적으로 연결시키는 환원주의의 우를 범하고 있으며 라틴아메리카 방송의 (양적) 자립의 역사적 조건, 텔레노벨라와 미국 솝오페라의 여러 차이점, 수용자의 다양한 반응을 무시하고 있다. 명시적이지는 않지만 이 점에서 올리베이라는 민주주의 정부(더 궁극적으로는 경제적 평등까지 달성한 민주주의적 사회주의) — 공영방송(적어도 규제가 있는 상업방송) — 민중의 현실과 열망을 반영하는 리얼리즘적 드라마를 그 이상적 기준으로 삼는 듯하다.

그러나 올리베이라의 주장에는 이상에 가깝게 가기 위해 반드시 거쳐야 하는 단계나 도정, 특히 스트라바가 제시한 일정한 자립의 '기반'을 마련하는 과정이나 절차에 대한 고려가 결여되어 있다. 즉, 정치적으로 독립은 되었지만 경제적 측면에서의 독립은 요원했고, 민주주의보다는 권위주의가 오히려 보편적이었던 제3세계에서, 그것도 서구에서조차 태생에서부터 짙은 정치성을 띠었던 방송이 도입자본이나 정권의 입김에서 벗어나 일정한 자립(율)의 기반을 만들 수 있는 길은 매우 협소한 것이었다. 이 점은 경제적인 측면에서 브라질보다 훨씬 나았던 대만이나 한국 등에서도 마찬가지였다(Lee, 1979; 한국의 사례는 이 책의 제3장 참조). 따라서 비교사회적 측면에서 볼 때 제3세계 방송의 국가와의 유착 또는 국가의 직접운영, 미국과 유사한 상업주의적 운영(곧 정치적 자율보다 경제적 측면에서의 자립 필요성)은 초(중)기의 보편적 현상으로 볼 수 있다. 다시 말해 어느 정도는 거칠 수밖에 없는 필연적 현상일 수도 있다는 것이다.

이러한 환원주의의 우는 기실 문화제국주의론이 공히 안고 있는 문제이기도 하다. 특히 쉴러나 종속이론의 영향을 강하게 받은 라틴아메리카의 초기 연구자들의 가정은 문화영역에서 나타난 갈등이나 모순에서 출발했다기보다는 경제영역의 종속이 문화영역으로 투영된 것에 가까웠으므로 다분히 환원주의적이고 기능주의적(Tomlinson, 1991/1994)인 성격을 지니고 있었다. 이 점은 종속이론적 문화제국주의론을 비판했던 살리나스와 팔단(Salinas & Paldan, 1979), 사티(Sarti, 1981) 등의 후기 연구들에서조차 '계급구조 및 투쟁'으로 환원의 대상만 바뀌었을 뿐 그대로 이어졌다. 이 환원주의는 정치적, 경제적 불균형관계 또는 계급적 불평등관계가 해소되지 않으면 문화적 불균형도 타파될 수 없다는 폐쇄적 환원론을 초래해 문화영역의 특수성과 다양성을 추적하기 어렵게 하였고, 은연중에 '단절(*dissociation*)의 전략', '비자본주의적 발전의 길'이나 극단적인 '민족주의', '좌파혁명'을 그 대안으로 삼는 것이기도 했다(Hallin, 1998; Schiller, 1996). 텔레노벨라는 제3세계 모두가 그렇게 될 수 있다는 가능성으로 확대될 수 있는 것은 아니지만, 이렇게 단절된 국가에서 나올 수 있는 현상은 더더욱 아니다.

이 점은 기존 문화제국주의론이 가지고 있던 문화종속의 주요 변인들—텔레비전을 중심으로 볼 때, 미국의 대외정책(냉전기의 헤게모니), 초국적기업의 텔레비전에 대한 직접투자(직접적 자본종속), 텔레비전의 소유·통제구조 및 편성·제작패턴의 이전(제도 및 테크놀로지·전문성 종속), 뉴스 및 프로그램의 일방적 흐름(콘텐츠 종속), 광고주·대행사로서의 초국적기업의 활동(간접적 자본종속) 등—이 설명하고자 하는 대상국의 성격에 따라 다원화·중층화되거나 보다 구체성을 가지지 않으면 안 된다는 점을 잘 보여준다. 즉, 브라질이나 멕시코 텔레비전의 양적 자립은 국내시장의 크기, 산업화 정도 및 광고재원의 크기, 국가의 대외정책·문화정책, 토착문화에 대한 정체성의 수준, 초국적 광고주의 선택, 공영방송의 비중이나 민영방송의 수 같은 방송시스템의 편제 등이 복합적으로 작용한 결과이기 때문이다. 이러한 변인들은 특히 최근 들어 같은 제 1세계 내부(유럽 vs 미국)에서도 '종속'현상이 등장함으로써 선진국 사이에서도 과거 제 3세계가 제기했던 논제가 그대로 반복되는 변화도 설명할 수 있다.

다른 한편으로 논쟁의 양측 모두는 왜 텔레노벨라가 국제 장르가 될 수 있었는지에 대해서는 언급하지 않고 있어 논의의 중요한 축 하나를 잊고 있다. 그간 풀이나 로저스 등의 자유시장론에 입각한 일부 미디어경제학자들의 비교적 설득력 있는 시장분석(Dupagne, 1992; Dupagne & Waterman, 1998; Hoskins et al., 1988; 1989; 1997; Waterman, 1988; Wildman & Siwek, 1988; 1993)과 싱클레어 등이(Sinclair, Jacka & Cunningham, 1996) 제기한 문화·언어권별로 (국제) 시장이 분화된다는 지리언어(*geolinguistic*) 또는 지리문화(*geocultural*) 테제에 따르면 텔레노벨라가 국제시장에서 성공할 수 있었던 이유는 두 가지, 즉 자국 문화시장의 크기와 부로 이루어지는 '내부의 기회이익'과 히스패닉 문화권이 가진 국제적 범위 때문이다. 내부의 기회

이익은 미국시장에서 미국식 텔레문도가 멕시코식 유니비전에 밀린 이유에서 잘 증명된다. 유니비전은 텔레비자가 멕시코라는 1차 시장의 크기에 따른 제작비 규모, 히스패닉 문화권에서 텔레비자가 가지는 우위 등을 온전히 활용할 수 있었기 때문에 텔레문도를 앞설 수 있었다. 그리고 문화권 설명은 빌터리스트와 미어스의 최근 연구(Biltereyst & Meers, 2000)에서 볼 수 있다. 이들에 따르면 1990년대 이후 텔레노벨라의 유럽에서의 성과는 히스패닉 문화권인 일부 남부유럽(포르투갈, 스페인, 이탈리아 등)과 경제적 어려움으로 자체 제작기반이 취약한 동구유럽에 국한되었을 뿐 전 유럽으로 일반화시킬 수 없다. 물론 올리베이라 등은 국내적 맥락에 중점을 두어 이 부분에 큰 관심을 기울이지 않았다. 지금까지 문화제국주의론의 테제에 입각하여 국제 프로그램시장의 세부 역학을 연구한 것으로는, '지배하기 위해 준다'는 명제를 제시한 마함디(Mahamdi, 1992)의 연구가 사실상 유일하지 않은가 한다. 따라서 이러한 공백 역시 큰 가설만을 실증 없이 반복해온 기존 문화제국주의의 한계 중 하나가 된다.

이와 더불어 살펴볼 필요가 있는 것은 앞서 언급한 바 있는 TV 글로보와 텔레비자 등의 자본수출과 관련된 국제적 활동이다. 1990년대 들어 이 방송(사)들은 텔레노벨라의 성공에 힘입어 미국의 히스패닉 시장과 라틴아메리카의 다른 나라의 신설 민영방송, 그리고 스페인, 포르투갈, 이탈리아 같은 유사 문화권에 있는 유럽의 방송에 과거 미국 네트워크가 보여줬던 형태의 직접투자를 하고 있다. 미국과 라틴아메리카에 대한 투자는 텔레비자가, 유럽에 대해서는 TV 글로보가 보다 적극적이다. 이러한 이들의 활동은 문화제국주의가 강조하는 경제적 종속담론에 비추어 볼 때 매우 특이한 일임에 틀림없다.

이에 대한 연구자들의 입장은 크게 세 가지로 나뉜다. 첫째는 앞서의 안톨라와 로저스 등의 '뒤바뀐 제국주의' 입장이다. 둘째는 허만과 맥체스니(Herman & McChesney, 1997)의 입장으로, 이들은 텔레비자, TV 글로보 등의 활동을 글로벌 미디어의 두 번째 층으로 놓으면서 브라질 등을 종속국이 아닌 '신'제국주의 국가, 또는 '준'제국주의 국가로 분류한다. 이 입장은 턴스톨이 주장한 바 있는 '중간 수준'(*middle level*)의 발전론을 받아들여 기존 제국주의론의 이분법을 일부 수정한 것이지만, 다른 입장에 비해서는 제국주의이론에 좀더 가까운 형태이다. 텔레노벨라를 "전통적인 북-남 담론으로 다루기보다는(또는 다룰 뿐만 아니라) 후기 자본주의 문화산업의 글로벌 전략과 관련된 담론으로 확고하게 위치시켜야 한다"고 주장하는 빌터리스트와 미어스(Biltereyst & Meers, 2000)도 이 입장으로 분류될 수 있다. 셋째는 글로벌 시장이 언어적 · 문화적 분할선에 따라 일정하게 분할되고 있다는 싱클레어 등(Sinclair, Jacka & Cunningham, 1996; Sinclair, 1999)의 입장이다. 이 입장은 둘째에 비해 보다 다원화된 세계질서를 상정한다.

첫째 입장은 앞서 본 대로 현실을 과장하고 있다. 둘째 입장과 셋째 입장은 문화제국주의의 본질을 상업시스템의 확장으로 본다는 면에서는 다르지 않으나 글로벌 질서에서 이들 제 3세계 미디어의 문화적 자율성을 어떻게 평가하느냐에 따라 입장이 갈린다. 둘째 입장은 이미 글로벌 시장질서가 메이저 중심으로 완전히 재편되어 제 3세계 미디어는 그 질서의 하위파트너로 편입되는 길 외에는 다른 선택이 없다고 주장한다. 이들이 내세우는 가장 큰 증거는 이들 제 3세계 미디어가 메이저들과 같은 목적과 전략을 가진 철저한 상업방송이라는 점이다. 따라서 이들은 텔레노벨라를 메이저의 것의 모방 이상으로 보지 않으며, 시장질서와 문화질서를 같은 차원에 놓음으로써 여전히 지배의 논리를 유지한다. 이들이 메이저의 하위 파트너로 편입된 예로 드는 것은 머독(Murdoch)의 뉴스사(News Corp.)와 텔레비자, TV 글로보가 합작해서 만든 디지털 위성방송 '스카이 라틴아메리카'(Sky Latin America)이다. 이에 비해 셋째 입장은 글로벌 시장에 편입된 제 3세계 미디어를 세계질서의 또 다른 축으로 여긴다는 점에서 다르다. 이들도 최근 현상이 후기 자본주의의 맥락 속에서 이루어지고 있음을 부인하지 않는다(오히려 먼저 주장했다). 그러나 이들은 자본질서의 재편과 문화질서가 병행되고 있다고 봄으로써 제3세계 미디어가 가진 문화적 자율성을 중시한다. 적어도 문화적 측면에서는 할리우드의 전 세계적 유통과 미국 내 히스패닉의 유니비전 선호 현상을 같은 맥락으로 보기 어렵다는 것이다.

이러한 둘째와 셋째의 입장은 모두 일리가 있다. 그러나 둘째 입장의 약점은 그것이 문화적 특수성을 용인하지 않는 지나친 시장결정론에 빠져 있다는 점이다. 이를테면, 이 입장은 텔레노벨라를 단순한 모방으로 보기 어렵다는 주장에 충분한 반론을 전개하지 못한다. 셋째 입장에는 지리언어적·지리문화적 권역 내에 존재하는 불평등성을 간과하는 한계가 있다. 권역 내에서 경제적 불평등은 텔레비전 프로그램의 흐름과 일정한 연관을 맺고 있기 때문이다.

2) 텔레노벨라의 구조/기능: 헤게모니와 혼성화

텔레노벨라를 비판하는 많은 연구들은 그것의 국제적 위상보다는 국내적 구조와 기능에 주목한다. 이들은 TV 글로보·텔레비자의 권위주의 정부(국가)와의 밀착성과 정부의 특혜, 그리고 '벌거벗은' 상업성을 집중적으로 비판한다. 예를 들어 드리마 등(De Lima, 1988; Mattos, 1980; Oliveira, 1993)은 TV 글로보가 사기업이기는 하지만 군사정부의 '공식적' 네트워크로 기능했으며 지금의 거대 방송으로 성장하기까지 권위주의 정권으로부터 각종 특혜를 받은 점을 지적하고 있다. 이들 방송이 봉건적 족벌의 지배 아래 준독점 및 수직적·수평적 통합구조를 구축하고 있는 점도 서구 자본주의체제에서는 불가능한 것이다. 멕시코의 텔레비자의 경우에도 이보다 정도는 덜하지만 국가의 지원을 받았고, 나중에는 국가가 필요한 규제를 하지 않거나 못 하면서 사기업에 '풍요로운' 환경을 제공한 경우이다(Paxman & Saragoza, 2001; Sinclair, 1990a). 이러한 관계를 근거로 한 이들의 텔레노벨라 비판은 (설사 환원론의 경향을 띠더라도) 일정한 설득력을 가진다.

이들의 비판은 이전의 좌파 문화제국주의론의 지배이데올로기 비판(Sarti, 1981)의 연장선에 있다. 이들에게 권위주의 정부나 상업방송의 지배적 가치는 대다수 제 3세계 민중의 진정한 이해에 반하는 것일 뿐이다. 따라서 이들이 제작 국적만을 기준으로 텔레노벨라가 국가-민족문화(*national culture*)의 형성에 기여하고 있다는 트레이시(Tracey, 1988)의 주장에 크게 반발하는 것도 충분히 이해될 수 있다.

그러나 이러한 국내적 문제를 아예 무시하거나 크게 보지 않는 로저스 등의 진영은 오히려 이러한 '벌거벗은' 상업성과 통합된 기업구조를 경쟁력의 일환으로 해석한다. 이들에게 중요한 것은 과정보다는 성공적인 수입대체와 수출이라는 결과이고, 이를 가능케 한 '시장'이다. 그러나 이는 TV 글로보나 텔레비자가 성장하는 과정에서 국가(권위주의적 정권)가 해왔던 적극적이면서 소극적인 역할을 무시하는 것이다. 바로 이 점에서 두 진영은 큰 차이를 보이고 있다.

전자가 주로 정치적 측면과 질적인 관점, 성장과정 등에서 텔레노벨라를 비판한다면 후자는 경제적 측면과 양적인 관점, 나중의 결과를 토대로 텔레노벨라를 옹호한다. 앞서 언급했듯이 양적이고 경제적인 측면에서는 텔레노벨라가 새로운 현상임에 틀림없다. 다만 질적인 측면에서도 텔레노벨라가 새로운 전형을 창출하고 있는가 여부가 문제인데, 이에 대해서는 우선 텔레노벨라의 혼성화 성격을 어떻게 판단할 것이냐가 관건이다.

지금까지 비판 진영은 이 혼성화가 할리우드의 포맷이 큰 변화 없이, 특히 소비주의의 조장 면에서 라틴아메리카식으로 얼굴만 바꾼 것으로 보았다. 이에 대해 옹호 진영은 텔레노벨라가 미국을 비롯해 외부의 영향을 강하게 받기는 하였으나 처음부터 라틴아메리카적 정서가 짙게 반영된 변용된 장르라고 주장한다. 이 점에 대한 필자의 판단은 혼성화 개념을 중립적 · 서술적인 것으로 보는 점에서 출발한다. 혼성화는 비판 진영이 말하는 지배와 '상호 배제적인' 것은 아니지만(Kraidy, 2002a), 혼성화는 모든 문화에 적용될 수 있고 특정한 문화에 대한 기술로는 의미를 갖지 않는다(Werbner, 1997). 따라서 혼성화에서 중요한 것은 혼성적인 것과 헤게모니적인 것이 중첩되는 구체적 맥락과 과정, 성격이다(Kraidy, 2002a).

올리베이라 등의 '정치주의'적 분석을 따를 때, 텔레노벨라의 혼성화는 확실히 헤게모니적인 것이다. 그러나 마텔라르나 로페즈, 마틴-바베로(Martin-Barbero, 1988) 등의 '문화주의'적 해석에 따르면 텔레노벨라는 이렇게 일원적(*monolithic*)으로 해석되기 어려운 다의적 현상이다. 이러한 문화적 해석은 1980년대를 거치면서 민주화 · 다원화되기 시작한 라틴아메리카 사회를 배경으로 하고 있다. 이러한 해석을 바탕으로 문화주의자들은 정치주의를 다음과 같이 비판한다.

> "새로운 정치적 · 문화적 장에서는, 지배를 단순한 문화적 주입의 전략으로 인식하면서 헤게모니적 미디어 메시지의 전유나 재의미화를 무시하는 사고로부터 벗어나는 것이 필수적이다. 이 지배개념은 다양한 사회적 집단이 미디어와 그 생산물을 '이용'한다는 점을 인정하지 않는다. 이러한 접근이 가진 한계 때문에 문화적 종속과 제국주의와 관련된 이론들, 그리고 미디어 메시지의 이데올로기적 독해에 이를 적용한 이론들이 큰 비판을 받게 되는 것이다"(Escosteguy, 2001).

문화주의적 해석에 따르면 텔레노벨라는 라틴아메리카에 특유한 전통적인 것과 근대적인 것의 혼합물이다. 그 혼합물은 라틴아메리카 수용자들의 문화적 수요의 일부가 문화산업에 의해 마련된 것으로, 이 수급현상은 오랜 기간에 걸쳐 형성되었다. 따라서 텔레노벨라는 처음부터 미국의 솝오페라와는 달랐다. 텔레노벨라의 기본적 형식인 멜로 또한 '여성적 형식'에 머물렀던 유럽이나 미국의 그것과는 다르다. 라틴아메리카에서 멜로는 기본적으로 계급담론이며, 엘리트 장르인 노벨라에 기초한 형식이다. 따라서 텔레노벨라는 멜로드라마의 형식을 라틴아메리카 특유의 방식으로 전유한 것으로 보아야 한다.

정치주의에 비해 이러한 문화주의가 강조하는 것은 텔레노벨라 담론의 역사성과 복합성이다. 이 주장은 대부분 수용자에 대한 현장연구를 통해 얻어졌다. 특히 빙크는 프랑크푸르트학파의 대중문화 비판에서 출발했으나 나중에는 "대부분의 텔레노벨라는 가족사나 애정문제 같은 개인관계를 다룬 것이고, 사회적 갈등을 모두 개인적 수준에서 해결하는 경향이 있다. 그러나 그 스토리와 필름 또는 비디오테이프 등에서 나타나는 내용은 계급과 성적 관계에 대한 비판적, '대응 헤게모니적'인 관점을 충분히 허용하고 있다"(Vink; Mahan, 1995에서 재인용)는 결론에 도달했다. 이 결론은 정치주의의 '지배이데올로기의 주입'과는 상반된 것이다.

정치주의 한계의 원인은 싱클레어(Sinclair, 1999)가 지적한 대로 정치주의가 외부의 문화적 영향을 단순히 제로섬게임으로 이해했기 때문인 것으로 보인다. 즉, 이들에게는 외부의 영향이 "한 개인 내에서 기존의 정체성과 공존하는 또 다른 정체성으로 나타날 수 있는" 가능성이 고려되고 있지 않다. 이러한 결여는 문화제국주의 담론의 '가부장적' 사고, 곧 서구로부터 온 '진짜가 아닌'(*synthetic*) 문화가 제 3세계의 진실한 문화를 위협한다는 가정(Garofalo; Golding & Harris, 1997에서 재인용)의 오류와 밀접히 맞닿아 있다. 또 소비주의의 조장 측면에서 텔레노벨라가 얼굴만 바꾼 할리우드로 보는 주장은 앞서 언급한 환원론의 재판이다. 이러한 주장은 텔레노벨라에 깃들여 있는 라틴적 정서를 모두 무시하는 결과를 가져올 수 있기 때문이다.

그리고 이러한 논의에서 반드시 고려되어야 하는 점은 현대문화에서 혼성화 현상이 가지는 보편성이다. 지금의 문화적 상황으로 볼 때, 혼성화는 비단 텔레노벨라만의 문제는 아닌 것으로 변전되고 있다. 지금까지 제국주의론자들은 제3세계가 선진국의 제도나 포맷에 일방적 영향을 받았으므로 이를 제국주의 현상으로 보았다. 그러나 최근 들어서는 해외 수용자의 시장 내 비중이 커지면서 할리우드가 제3세계적 포맷을 모방하거나 질적 '무국적화'로 변화(Noam, 1993; Wasser, 1995) 하는 사례가 늘고 있고, 텔레노벨라도 미국에서 제작되어 다시 고향으로 역수출되기도 해 이러한 혼성화의 경향은 미국 또한 예외가 아닌 전 세계적 현상이 되고 있다. 따라서 지금 벌어지는 이른바 '전지구화' 과정에서의 혼성화는 기존과는 다른 설명을 요구하고 있다고 볼 수 있다.

역사적 조건에서 볼 때 외부로부터 '도입'되지 않을 수 없었고 영화와는 달리 통속적 성격이 강하며 초기에 미국적 장르에 길들여진 수용자들을 대상으로 한 텔레비전에서 장르의 혼성은 단계적 측면에서 볼 때 불가피한 것으로 보아야 하지 않을까 한다. 텔레노벨라의 문화적 형식 자체는 마틴-바베로(Martin-Barbero, 1995)의 주장대로 산업화되기 이전의 대중적 표현과 미국식 포맷이 일정하게 혼성되어 나타난 현상이라는 것이다. 이 점에서 비판 진영이 이상화하는 민족적-토착적 정체성 개념은 정태적이며 순진한 개념으로 비판받아 마땅하다. 특히 헤롤드(Herold, 1986)가 주장하는 '참다운' 민족적 정체성은 수세기를 거슬러 올라가야 찾을 수 있는 그야말로 '화석'과 같은 것이며, 그만큼 현실과 동떨어져 있다. 톰슨(Thompson, 1995)의 지적대로 이는 "주의 깊은 정밀한 분석을 감당할 수 없는 '낭만적인' 견해"인 것이다.

상업제도 채택의 문제도 비판의 대상만은 아니다. 역사적 '경우의 수'에서 볼 때, 폭스(Fox, 1997; 1998)나 싱클레어 등(Sinclair, Jacka & Cunningham, 1996; Sinclair, 1999) 의 판단 대로 라틴아메리카에서 다른 길은 사실상 불가능했다. 또 설사 '가정'한다 하더라도 다른 길의 성공가능성은 그리 확신하기 어렵다. 이를테면, 유력한 다른 길 중의 하나인 공영제도는 성공의 관건이 그 저변 곧 사회 · 민주주의적 합의나 시민사회의 성숙도 여부에 달려 있다. 만약 라틴아메리카가 이 제도를 채택했다고 해도 이들이 겪은 극심한 정치적 혼란이 이 제도 나름의 장점을 그대로 살릴 수 있게 했을지는 큰 의문이 아닐 수 없다는 것이다. 이 점은 1970년대 멕시코의 에체베리아 정부 당시 국영화 되었던 텔레비전이 결국 나중에 다시 민영화(TV Azteca)되었던 것만 보아도 쉽게 짐작할 수 있다.

다만 향후가 문제인데 텔레노벨라가 '제 3의 전형'이 될 수 있는 가능성을 닫아놓을 필요는 없다고 생각한다. 애초의 텔레노벨라가 많은 변화를 겪으면서 지금의 형태로 성장했고, 이 변화에는 장르 내적 요인뿐만 아닌 수용자를 포함한 외적 요소 또한 크게 작용했기 때문이다 (McAnany & La Pastina, 1994). 이 점은 텔레노벨라가 결코 브라질과 멕시코의 국내적 맥락을 넘지 못하는 것과 밀접한 연관이 있다. 따라서 중요한 것은 혼성화의 의미에서 보았던 대로 텔레노벨라와 헤게모니적인 것이 중첩 · 분리 · 균열되는 구체적 맥락과 과정, 성격이고, 제도적 측면에서는 상업방송이 민주적 규제를 따를 수 있는 환경조성과 방안 마련이다.

3) 텔레노벨라의 수용자

텔레노벨라의 성과를 크게 평가하는 진영은 '이용과 충족연구'나 피스크(Fiske)식의 '적극적 수용자' 연구를 선호한다. 이들의 주장은 수용자가 자신과 문화적으로 가까운 국내 제작 프로그램을 선호하며, 이러한 선호성과 상업적 동기에 기초한 국내 제작기반이 텔레노벨라와 같은 새로운 국제 장르를 만드는 데 크게 기여했다는 것이다. 제작기반이 일정하게 갖추어진 상태에서는 국내 프로그램이 국외 프로그램에 비해 평균적으로 성과(시청률)가 높다는 것은 여러 차례의 실증연구를 통해 이미 잘 알려진 사실이다(유럽의 경우에는 Sepstrup, 1990; 라틴아메리카의 경우에는 Straubhaar, 1991).

이러한 주장에 대해 올리베이라를 비롯한 비판론자들도 텔레노벨라의 상업적 장점을 인정한다. 그러나 지금까지 봐온 대로 이들에게 중요한 것은 단순한 양적 인기도를 넘어 텔레노벨라의 사회적·문화적 영향이 과연 어떠하냐와 관련된 질적 평가의 문제이다. 이들이 보기에 텔레노벨라는 라틴아메리카의 탁탁한 현실을 드림으로 바꾸어놓는 신화에 불과하며, 그 인기는 결국 기존 체제를 강화하는 데 기여할 뿐이다. 이들은 은연중에 매스미디어의 강력한 영향을 전제하고 있다. 이 대립은 같은 책에서 서로 상반되게 매스미디어의 영향을 평가하는 드리마(de Lima, 1993)와 스트라바 등(Straubhaar, Olsen & Nunes, 1993)의 연구에서 가장 잘 드러난다.

이렇게 보면 이들의 논쟁은 서로에게 없는 것만을 주장하거나 강조점이 전혀 다른 평행선을 달리고 있는 셈이다. 옹호 진영에게 중요한 것은 수입프로그램을 대체하는 텔레노벨라라는 토착적 장르의 인기이며, 비판 진영에게 중요한 것은 이 장르의 문화적·이데올로기적 영향이기 때문이다. 그리고 이들은 지금껏 판가름 나지 않은 매스미디어 효과연구의 두 가지 가설(적극적인 수용자와 강력한 매스미디어)에 각기 근거해 있으므로 이론적 우위도 증명하기 어렵다.

그런데 이에 대해서는 일단 플랫폼이 확보된 이후에는 "자국 프로그램의 인기가 높다"는 보편적 사실에서부터 논쟁이 재검토되어야 하지 않을까 한다. 이 점은 '안방문화'적 성격이 강한 텔레비전에서는 스트라바(1991)가 주장했던 문화적 친근성이 강력하게 작용하기 때문으로 보아야 한다. 그리고 이 문화적 친근성은 민족적 정서를 담고 있는 만큼 올리베이라의 민족문화와 그렇게 멀리 떨어져 있는 것은 아닐 것이다(적어도 수입프로그램에 비해). 그러므로 지금의 라틴아메리카 상황은 이전의 수입프로그램이 지배하던 시절에 비해 훨씬 호전된 상황이라는 단순비교가 가능해진다.

두 번째로 중요한 사실은 텔레노벨라가 제한된 수용자층이나 제한된 주제를 다루는 미국의 솝오페라와 달리 말 그대로 전 국민적 인기를 얻고 있고, 주제도 사회적·정치적인 것을 즐겨 다루면서 사회적 캠페인의 기능도 일부 수행한다는 점이다. 브라질에서는 이를 기존의 상업적 머천다이징에 빗대어 '사회적 머천다이징'으로 부르고 있다(La Pastina, 2001).

셋째로 고려되어야 하는 중요한 점은 수용자의 수용태도가 미디어의 담론과 일치하는 것이 아니라 이 담론과 더불어 '상호적으로'(Webster, 1998) 구성되거나, 또는 담론과 다른 '모순적 방식'(Liebes & Katz, 1993)으로 형성된다는 점이다. 이 점에서 브라질의 도시 노동자들이 텔레노벨라를 시청하면서 자신의 현재에 대해 비판적으로 인지하고 사회적·성적 측면에서 변화의 필요성을 느끼기도 하지만 텔레노벨라가 주는 담론적 즐거움도 함께 누린다는 빙크(Vink; McAnany & La Pastina, 1994에서 재인용)의 이중적 수용 주장은 설득력이 있다. 그리고 반대로 이러한 이중적 수용태도는 사회적 캠페인 메시지에 대해서는 제도적 정치보다 가족과 성이 강조되는 '사적'인 독해로 나타난다는 점도 '모순적'이라는 맥락에서는 충분히 이해될 수 있는 것이다

(Hamburger, 2000).

마지막으로 지적할 수 있는 점은, 여러 연구자들의 주장대로 단순히 미디어를 통한 정보의 확산 또는 그 확산의 범위를 넓히는 테크놀로지의 고도화만으로는 이른바 동질적 문화 정체성은 확립되지 않는다는 점이다(Schudson, 1994; Waisbord, 1998). 역사적 측면에서 볼 때, 정체성은 그것이 국가적인 것이 되었건, 민족적·문화적인 것이 되었건 역사·문화와 정치·경제적 제도가 병행되면서 확립되었다. 이 점은 근대적 민족국가가 만들어질 당시의 인쇄술이나 국가적 통합에 기여한 방송의 경우에서 여실히 증명된다. 따라서 설사 미디어를 통한 제국주의화가 진행되더라도 다른 제도의 변화가 병행되지 않는다면 식민화나 동질화가 나타날 가능성은 없거나 있더라도 매우 제한된다.

이러한 능동적 수용자론에 대해 기존의 문화제국주의론자들은 수용에 대한 과도한 강조가 실제로 존재하는 국제적 힘의 불균형을 무시하게 될 우려가 있다고 비판한다(Hallin, 1998). 또 보이드-바렛은 "커뮤니케이션 영역의 식민화가 수용자의 태도, 신념, 그리고 행위와 단순 상관관계를 가정하지 않는다(Boyd-Barrett, 1998)"고 하면서 정확하게 식민화와 그에 대한 폭력적 저항이 공존하는 역설적 상황도 있을 수 있다고 주장한다. 제국주의론에서 중요한 것은 효과가 아니라 "어떤 목소리가 들리고, 어떤 목소리가 배제되는가"에 있다는 것이다. 구조적 맥락을 강조하는 이 주장들에서도 큰 오류를 발견하기는 어렵다. 그렇다면 문제는 역시 앞서 제기했던 기존 제국주의의 담론이 가정했던 수동적 수용자론의 오류와 텔레노벨라의 변화가능성에 있다.

필자가 보기에 비판 진영에서 제기한 텔레노벨라의 '지배적 담론'은 쉽게 고쳐질 수 있는 성격의 것은 아니다. 그러나 그 발전과정에서 본 바대로 텔레노벨라의 담론은 영구적인 것이 아니라 정치사회적 환경과 제작체제 등의 조건 및 수용자와의 끊임없는 대화를 통해 만들어지는 유동적인 것이다(Mattelart & Mattelart, 1990). 브라질 텔레노벨라의 소재확장도 이러한 맥락에서 이해되어야 한다. 텔레노벨라 역시 정치·경제·문화 측면에 걸친 라틴아메리카 전반의 수준을 일정하게 반영하는 것이기 때문이다.

한편 이들 모두의 주장에는 국외 수용자의 텔레노벨라에 대한 평가는 고려되어 있지 않다. 텔레노벨라가 국제 장르라는 점에서, 과거 냉전기에 '저강도 전쟁'(Schiller, 1991)으로까지 불렸던 '미국화'만큼은 아니라 해도 텔레노벨라가 국외 수용자에 미치는 영향 또한 중요하다. 이에 대한 연구는 거의 없지만, 이를 간접적으로 엿볼 수 있는 편린들은 있다. 이를테면 구사회주의국가였던 폴란드에서 방송되었던 브라질의 〈La Escrava Isaura〉에 대한 평가 같은 것이다. 이 텔레노벨라는 1985년에 방송되었는데, 폴란드 전체 수용자의 86%에 달하는 2천 8백만이 시청할 정도로 큰 인기를 모았다. 일부 문화비평가들은 "멜로드라마의 가장 나쁜 형태", "완전한 키치"라는 혹평을 하기도 했지만, 오히려 사회학자들은 "사회적 절망의 조건에서 국민들은 이 가공의 이야기를 통해 위안을 얻고 있다"는 긍정적 평가를 하였다(Mattelart & Mattelart, 1990). 요컨대 멜로물이 가진 일정한 장점이 당시 폴란드의 사회적 조건에서 긍정적으로 기능하였다는 것이다. 이 텔레노벨라는 사회주의 국가인 쿠바에서도 큰 인기를 모았는데, 노예 이야기를 다룬 이 텔레노벨라에 같은 역사적 경험을 가진 쿠바의 수용자들은 쉽게 공감했으며 그간 비하해왔던 멜로드라마적 동일시의 즐거움을 재발견했다. 로페즈(Lopez, 1995)는 여기에서 한 걸음 더 나아가 쿠바의 수용자들이 이 텔레노벨라 등에서 자기 나라의 고립에 대한 우려를 해소하고, 문화적 차이를 가지면서도 대중적 흥미를 가진 이 장르에서 상징적 '개방'을 체험했다고 주장한다. 이 점은 텔레노벨라 수용이 매우 다양하고 문화적이라는 점을 예증한다.

4. 결 론

한 세대를 풍미했던 문화제국주의론은 냉전이 끝난 1990년대 들어 많은 도전을 받고 있다. 라틴아메리카에서 개발된 텔레노벨라는 제3세계의 경제적 조건이 크게 달라지지 않은 가운데서도 국제적 장르가 되어 적어도 양적인 측면에서는 문화제국주의 담론의 전제를 부정했다. 그러나 브라질을 비롯한 라틴아메리카의 모든 텔레비전 장르가 텔레노벨라처럼 국제적 장르가 된 것은 아니며 또 모든 제3세계가 텔레노벨라 같은 국제 장르를 만들어내고 있거나 그러한 조건을 갖추고 있는 것도 아니다. 더욱이 텔레노벨라가 아무리 국제적 장르가 되었다 하더라도 외채와 빈곤, 불평등에 허덕이는 제3세계적 조건을 극복한 것은 더더욱 아니다. 따라서 텔레노벨라 현상은 문화제국주의 담론의 모든 전제의 폐기를 요구하는 것은 아니라고 생각된다. 그러나 현상의 변화를 이론이 제대로 추적하지 못할 때 기존 이론의 수정이나 새로운 이론의 창출은 불가피하다.

사실 문화제국주의 담론의 이론사적 궤적은 보편적-환원주의적(총체적)-구조적 사고에서 개별적-비환원주의적-행위자적 사고틀로의 전환이 계속 이어졌다고 볼 수 있다. 물론 이는 초기의 폭로성(*denunciation*) 외인론이 해체되는 과정과 맥을 같이 하고 있다. 외인과 내인의 결합 및 상호작용을 주장한 살리나스와 팔단의 연구나 사티의 연구가 외인에 못지않은 내인을 부각시키면서 제국주의적 보편개념은 이미 해체되기 시작했던 것이다. 스트라바의 브라질 연구나 맥카나니의 제3세계 문화산업론 연구는 기존의 보편적 외인론의 한계를 실증하면서 과거 턴스톨류의 다원적이고 개별적 접근의 필요성을 일깨웠다. 이후의 추이를 감안한다면 이 시기에 나온 페제스(Fejes, 1984)의 (이데올로기적) 효과의 실증에 대한 필요성 주장은 그 본래의 뜻과는 관계없이 제국주의적 접근을 완전히 철회하자는 주장이 되고 말았다. 톰린슨의 기능주의·환원주의 비판은 이의 집대성이라 할 만하다. 뒤늦게 쉴러(1991)가 미국이 아닌 (일본을 포함한 서구 전반의) 초국적기업의 '지배'로 제국주의 개념의 외연을 넓히기는 했으나 이 역시 한계가 있기는 마찬가지였다. 제국주의를 외부뿐만 아니라 내부로까지 확장하고자 하는 보이드-바렛의 주장 역시 개념의 일반적 사용도로 볼 때 무리가 있다. 1990년대 들어서는 경제적 종속과는 관련이 없는 유럽에서 유사현상이 나타나게 되면서 (경제)환원주의적·구조적 접근이 완전히 해체되었고, 미디어경제학 등이 부각시킨 미시적 접근으로 논의의 차원도 바뀌어 국가, 자본, 시장 등의 행위자 변인들을 부각시켰다. 외인은 내인과 외인의 관계로, 보편은 개별로, 총체적·구조적인 사고는 비환원주의와 중범위(*middle-range*)·행위자적 접근으로 전환되어 온 것이다.

노골화된 서구중심성과 근거가 약한 진화론적 접근, 경험적으로도 관찰되는 불평등의 무시 때문에 적실성이 없는 것으로 평가받고 있던 발전이론의 경우에는 1980년대 중반 이후 그 지류 중의 하나인 미디어경제학에서 비교적 설득력 있는 시장분석을 내놓았다. 그러나 이의 밑바탕이 되는 '자유시장 접근'은 본문에서 살펴본 대로 일부 외에는 보편화가 어려운 비약이며, 글로벌 차원에서 엄존하는 불평등을 무시하는 약점을 여전히 가지고 있다. 또 국제무대에서 미국의 주장과 거의 유사해 이론적 설명력과는 별개로 항상 숨겨진 정치성을 의심케 한다.

이렇게 볼 때 지금까지 논의의 추이는 내인적(또는 내·외인의 관계) — 개별적 — 행위자적 접근으로 수렴되는 방향으로 전개되었다고 볼 수 있다. 그리고 이 과정은 기존의 변인 외에 많은 변인들을 새로이 등장시켰다. 따라서 앞으로의 관건은 기존의 변인과 새로운 변인을 결합·서열화한 새로운 '중범위 이론', 코모르의 표현을 빌면 "구조와 행위의 다중적이고 통합적인 기준"(Comor; Kraidy, 2002b)을 어떻게 개발하느냐에 달려 있다고 해도 과언이 아니게 되었다. 본문에서 제시한 싱클레어 등의 지리언어·지리문화 권역 테제는 후기 자본주의의 변화된 문화적 환경 속에서 문화제국주의(정치경제학), 미디어경제학, 문화이론 등을 적절히 혼합한 현재까지의 결론이다. 그러나 이 역시 수많은 사례연구와 비교(사)연구에 의해 적절히 수정·보완되어야 하는 잠정적인 것일 뿐이다.

물론 텔레노벨라 논쟁 자체에 대한 충실한 평가는 이러한 국제관계로만 좁혀질 수 있는 성격의 것은 아니다. 앞서 보았듯이 이 논쟁에는 대중문화 장르의 (정치적) 효과, 적극적인 수용자와 강력한 매스미디어, 포퓰리즘과 민족적 정체성의 관계, 대중미학과 근본주의 미학, 문화의 혼성화, 대중문화와 문화의 민주주의 문제 등 이 글에서 일부 판단의 준거로 활용했지만, 아직 뚜렷한 결말이 없는 과거와 현재의 여러 어려운 논제들이 고스란히 들어 있기 때문이다. 이 글에서는 앞서 서두에서 밝힌 바 있듯이 비교역사적 측면에서의 발전과정을 가장 중요한 평가의 근거로 삼았다.

뉴미디어가 새로이 시장을 창출하면서 미국을 비롯한 선진국 자본의 활동은 이전보다 더욱 커질 전망이다. 그러나 그 결과가 과거의 제국주의적인 것으로 나타날 것으로 단언하는 연구자는 이제는 거의 없다. 그리고 그 결과가 개별적(문화적, 민족적, 언어적 등) 차이와는 관계없이 일률적으로 나타날 것으로 생각하는 연구도 없다. 물론 현실면에서 이러한 경향성도 전혀 없지는 않을 것이다. 그러나 작용이 있다면 틀림없이 반작용도 있다. 지금 시점에서 단언이 가능한 것은 미래의 현상이 지금보다 훨씬 다원적으로 펼쳐질 것이며 텔레노벨라는 그 한 징후에 불과할 것이라는 점이다.

▪ 참고문헌

윤영철(1992), "사회발전논쟁과 문화제국주의론," 연세대학교 신문방송학과 언론연구논총, 《언론 사회 문화》 제 1집, pp. 217~236.

Allen, R. (1995), "Introduction," in R. Allen(ed.), *To be continued: Soap operas around the world*, NY: Routledge, pp. 1~26.

Barker, C. (1997), *Global television: An introduction*, Oxford: Blackwell.

Barrera, V. & Bielby, D. (2001), "Places, faces and other familiar things: The cultural experience of telenovela viewing among Latinos in the United States," *Journal of Popular Culture*, 34(4), pp. 1~18.

Beltrán, L. R., & Fox, E. (1979), "Latin America and United States: Flaws in the free flow of information," in K. Nordenstreng & H. I. Schiller(eds.), *National sovereignity and international communication*, Norwood, NJ: Ablex, pp. 33~64.

Biltereyst, D. (1991), "Resisting American hegemony: A comparative analysis of the reception of domestic and US fiction," *European Journal of Communication*, 6(3), pp. 469~497.

Biltereyst, D. & Meers, P. (2000), "The international telenovela debate and the contra-flow argument: A reappraisal," *Media, Culture & Society*, 22(4), pp. 393~413.

Boyd-Barrett, O. (1998), "Media imperialism reformulated," in D. Thussu(ed.), *Electronic empires: Global media and local resistance*, London: Arnold, pp. 157~176.

Chmielewski Falkenheim, J. (2000), "Asymmetries reconfigured: South American television flow in the 1990s," *Canadian Journal of communication*, 25(2), pp. 285~306.

De Bens, E. & de Smaele, H. (2001), "The inflow of American television fiction on European broadcasting channels revisited,"

European Journal of Communication, 16(1), pp. 51～76.

De Lima, V. A. (1988), "The state, television, and political power in Brasil," *Critical Studies in Mass Communication*, 5(2), pp. 108～128.

De Lima, V. A. (1993), "Brazilian television in the 1989 presidential campaign: Constructing a president," in T. E. Skidmore(ed.), *Television, politics, and the transition to democracy in Latin America*, Baltimore and London: The Johns Hopkins Univ. Press, pp. 97～117.

De Melo, J. M. (1990), "Brazilian television fiction," in P. Larson (ed.), *Import/export: International flow of television production*, Reports and Papers on Mass Communication No. 104(91～94), Paris: UNESCO.

Dupagne, P. (1992), "Factors influencing the international syndication marketplace in the 1990s," *Journal of Media Economics*, 5(3), pp. 3～29.

Dupagne, P. & Waterman, D. (1998), "Determinants of U. S. television fiction imports in Western Europe," *Journal of Broadcasting & Electronic Media*, 42(2), pp. 208～220.

Evans, P. (1979). *Dependent development*, Princeton, NJ: Princeton Univ. Press.

Fox, E. (1997), *Latin american broadcasting: From tango to telenovela*, Luton: John Lbbey Media.

Fox, E. (1998), "Latin American broadcasting and the state: Friend and Foe," in P. O'Neil(ed.), *Communicating democracy: The media and Political Transition*, Lynne Rienner Publishers, pp. 21～39.

Featherstone, M. (1990), "Global culture: An introduction," in M. Featherstone(ed.), *Global culture*, London: Sage, pp. 1～14.

Fejes, F. (1984), "Critical communication research and media effects: The problem of the disappearing audience," *Media, Culture and Society*, 6(2), pp. 219～232.

Hallin, D. (1998), "Broadcasting in the Third World," in T. Liebes & J.

Curran (eds.), *Media, Ritual and Identity*, London: Routledge, pp. 153~167.

Hamburger, E. (2000), "Politics and intimacy: The agrarian reform in a Brazilian Telenovela," *Television & New Media*, 1 (2), pp. 159~178.

Hamelink, C. J. (1993), "Globalism and national sovereignity," in K. Nordenstreng & H. I. Schiller (eds.), *Beyond national sovereignity: International communication in the 1990s*, Norwood, NJ: Ablex, pp. 371~393.

Havens, T. (2000), "'The biggest show in the world': Race and the global popularity of The Cosby Show," *Media, Culture & Society*, 22 (4), pp. 371~391.

Herman, E., & McChesney, R. (1997), *The global media: the new missionaries of corporate capitalism*, London: Cassell.

Herold, C. (1986), "Brazilian television in the 1980's: The making of 'Brazilianized' culture," M. A. thesis, Univ. of Texas at Austin.

Hoskins, C. & Mirus, R. (1988), "Reasons for the US dominance of the international trade in television programmes," *Media, Culture and Society*, 10 (4), pp. 499~515.

Hoskins, C., Mirus, R. & Rozeboom, W. (1989), "U. S. television program in the international market: Unfair pricing?" *Journal of Communication*, 39 (2), pp. 55~75.

Hoskins, C., McFadyen, S., & Finn, A. (1997), *Global television and film: An introduction to the economics of the business*, NY: Oxford Univ. Press.

Janus, N. (1981), "Advertising and the mass media in the era of the global corporation," in E. G. McAnany et al. (eds.), *Communication and social structure*, N. Y. : Praeger.

Kraidy, M. (2002a), "Hybridity in cultural globalization," *Communication Theory*, 2 (3), pp. 316~339.

Kraidy, M. (2002b), "Ferment in global media studies," *Journal of Broadcasting & Electronic Media*, 46 (4), pp. 630~640.

La Pastina, A. (2001), "Product placement in Brazilian prime time television: The case of the reception of a Telenovela," *Journal of Broadcasting & Electronic Media*, 45(4), pp. 541~557.

Lee, C. C. (1979), *Media imperialism reconsidered, the homogenizing of television culture*, Beverly Hills : Sage.

Liebes, T. & Katz, E. (1993), *The export of meaning*, Cambridge, MA: Polity Press.

Liebes, T. & Livingstone, S. (1998), "European soap operas: The diversification of a genre," *European Journal of Communication*, 13(2), pp. 147~180.

Lopez, A. (1995), "Our welcomed guests: Telenovelas in Latin America," in R. Allen(ed.), *To be continued* … Soap operas around the world, NY: Routledge, pp. 256~275.

McAnany, E. G. (1984), "The logic of cultural industries in Latin America: The television industry in Brasil," in V. Mosco & J. Wasko(eds.), *The Critical Communication Review*, Vol. 2, Norwood, NJ: Ablex, pp. 185~208.

McAnany, E. G. (1985), "Seminal ideas in Latin American critical research: An agenda for the north," in R. Atwood & E. G. Mcnany(eds.), *Communication and Latin American society*, Madison, Wisconsin: Univ. of Wisconsin Press, pp. 28~47.

McAnany, E. G. & Wilkinson, K. T. (1992), "From cultural imperialists to takeover victims?" *Communication Research*, 19(6), pp. 724~748.

McAnany, E. G. & La Pastina, A. C. (1994), "Telenovela audiences," *Communication Research*, 21(6), pp. 828~849.

Mahamdi, Y. (1992), "Television, globalization and cultural hegemony: The evolution and structure of international television," Unpublished doctoral dissertation, Univ. of Texas at Austin.

Mahan, E. (1995), "Media, politics, and society in Latin America," *Latin American Research Review*, 30(3), pp. 138~162.

Martin-Barbero, J. (1988), "Communication from culture: The crisis of the national and the emergence of the popular," *Media, Culture & Society*, 10(3), pp. 447~465.

Martin-Barbero, J. (1995), "Memory and form in the Latin American soap opera," in R. Allen(ed.), *To be continued … Soap operas around the world*, NY: Routledge, pp. 276~284.

Mattelart, M. & Mattelart, A. (1990), *The carnival of images: Brazilian television fiction*, NY : Bergin & Garvey.

Mattos, S. (1980), "The impact of Brazillian military government on the development of TV in Brazil," M.A. Thesis, Univ. of Texas at Austin.

Mattos, S. (1980), "The impact of Brazillian military government on the development of TV in Brasil," M.A. thesis, Univ. of Texas at Austin.

Mattos, S. (1984), "Advertising and government influences: The case of Brazilian television," *Communication Research*, 11(2), pp. 203~220.

Mayer, M. (2000), "Scholarly reaction: Letter to Dupagne and Waterman, determinants of U.S. television fiction imports in Western Europe," *Journal of Broadcasting & Electronic Media*, 44(4), pp. 731~733.

Nordenstreng, K. (1993), "Sovereignty and beyond," in K. Nordenstreng & H. I. Schiller(eds.), *Beyond national sovereignity: International communication in the 1990s*, Norwood, NJ: Ablex, pp. 461~463.

Nordenstreng, N. & Schiller, H. I. (eds.) (1979), *National soverignity and international communication*, Norwood, NJ: Ablex.

Noam, E. (1993), "Media Americanization, national culture, and forces of integration," in E. M. Noam & J. C. Millonzi(eds.), *The international market in film and television programs*, Norwood, N. J. : Ablex, pp. 41~58.

Oliveira, O. S. (1993), "Brazilian soaps outshine Hollywood: Is cultural imperialism fading out?" in K. Nordenstreng & H. I.

Schiller (eds.), *Beyond national soverignity: International communication in the 1990s*, Norwood, NJ : Ablex, pp. 116~131.

Paredes, M. C. (2001), "The reorganization of Spanish-language media marketing the United States," in V. Mosco & D. Schiller (eds.), *Continental order?* Lanham, Maryland: Lowman & Littlefield, pp. 120~135.

Park, Hong-Won (1998), "A Gramscian approach to interpreting international communication," *Journal of Communication*, 48 (4), pp. 79~99.

Paxman, A. & Saragoza, A. (2001), "Globalization and Latin media powers: The case of Mexico's Televisa," in V. Mosco & D. Schiller (eds.), *Continental order?* Lanham, Maryland: Lowman & Littlefield, pp. 64~85.

Rogers, E. & Antola, L. (1985), "Telenovelas: A Latin American success story," *Journal of Communication*, 35 (4), pp. 24~35.

Sarti, I. (1981), "Communication and cultural dependency: A misconception," in E. G. McAnany et al. (eds.), *Communication and social structure*, NY: Praeger, pp. 317~334.

Salinas, R. & Paldan, L. (1979), "Culture in the process of dependent development: Theoretical perspective," in K. Nordenstreng & H. I. Schiller (eds.), *National sovereignity and international communication*, Norwood, NJ: Ablex, pp. 82~98.

Sepstrup, P. (1990), "Transnationalization of television in Western Europe," *Acamedia Research Monograph*, 5, London : John Libbey.

Schiller, D. (1996), *Theorizing communication: A historical reckoning*, NY: Oxford Univ. Press.

Schiller, H. I. (1976), *Communication and cultural domination*, NY: International Arts and Sciences.

Schiller, H. I. (1991), "Not yet the post-imperialist era," *Critical Studies in Mass Communication*, 8 (1), pp. 13~28.

Sinclair, J. (1990a), "Neither west nor third world: The Mexican television industry within the NWICO debate," *Media, Culture and Society*, 12(3), pp. 343~360.

Sinclair, J. (1990b), "Spanish-language television in the United States: Televisa surrenders its domain," *Studies in Latin American Popular Culture*, 9, pp. 39~64.

Sinclair, J., Jacka, E. & Cunningham, S. (1996), "Peripheral vision," in J. Sinclair, E. Jacka & S. Cunningham (eds.), *New Patterns in global television: Peripheral vision*, NY: Oxford Univ. Press, pp. 1~32.

Sinclair, J. (1999), *Latin American television: A global view*, NY: Oxford Univ. Press.

Schudson, M. (1994), "Culture and the integration of national societies," *International Social Science Journal*, 46(1), pp. 63~81.

Sreberny-Mohammadi, A. (1991), "The global and the local in international communication," in J. Curran & M. Gurevitch (eds.), *Mass media and society* (1st. ed.), London: Edward Arnold, pp. 118~138.

Sreberny-Mohammadi, A. (2000), "The global and the local in international communication," in J. Curran & M. Gurevitch (eds.), *Mass media and society* (2nd. ed.), London: Edward Arnold, pp. 93~119.

Straubhaar, J. D. (1984), "Brazilian television the decline of American influence," *Communication Research*, 11(2), pp. 221~240.

Straubhaar, J. D. (1991), "Beyond media imperialism: Asymmetrical interdependence and cultural proximity," *Critical Studies in Mass Communication*, 8(1), pp. 39~59.

Straubhaar, J. D. (1996), "Distinguishing the global, regional and national levels of world television," in A. Sreberny-Mohammadi, D. Winseck, J. McKenna & O. Boyd-Barrett (eds.), *Media in global text: A reader*, London: Arnold, pp. 284~298.

Straubhaar, J. D., Olsen, O. and Nunes, M. C. (1993), "The Brazilian case: Influencing the voter," in T. E. Skidmore (ed.),

Television, politics, and the transition to the democracy in Latin America, Baltimore and London: The Johns Hopkins Univ. Press, pp. 118~136.

Thompson, J. (1995), *The media and modernity: A social theory of the media*, Stanford, CA: Stanford Univ. Press.

Tomlinson, J. (1991), 강대인(역) (1994), 《문화제국주의》, 나남.

Tracey, M. (1988), "Popular culture and the economics of the global television," *Intermedia*, 16(2), pp. 9~25.

Tunstall, J. (1977), *The media are American*, N. Y. : Columbia Univ. Press.

Valenti, J. (1993), "Expanding competition in the international market-An Industry Perspective," in E. M. Noam & J. C. Millonzi (eds.), *The international market in film and television Programs*, Norwood, NJ: Ablex, pp. 147~150.

Varis, T. (1974), "Global traffic in television," *Journal of Communication*, 24(1), pp. 102~109.

Varis, T. (1984), "The international flow of television program," *Journal of Communication*, 34(4), pp. 143~152.

Waisbord, S. (1998), "When the cart of media is before the horse of identity: A critique of technology-centered views on globalization," *Communication Research*, 25(4), pp. 377~398.

Wasser, F. (1995), "Is Hollywood America? The trans-nationalization of the American film industry," *Critical Studies in Mass Communication*, 12(4), pp. 423~437.

Waterman, D. (1988), "World television trade," *Telecommunication Policy*, 12(3), pp. 141~151.

Webster, J. (1998), "The audience," *Journal of Broadcasting & Electronic Media*, 42(2). pp. 190~197.

Werbner, P. (1997), "Introduction: The dialetics of cultural hybridity," in P. Werbner & T. Moddod(eds.), *Debating cultural hybridity: Multi-cultural identities and the politics and the politics of anti-racism*, London: Zed Books, pp. 1~26.

Wildman, S. S. & Siwek, S. E. (1988), *International trade in films and television programs*, Massachusetts: An American Enterprise Institute/Ballinger Publication.

Wildman, S. S. & Siwek, S. E. (1993), "The economics of the recorded media products in a multilingual world: Implications for national media policies," in E. M. Noam & J. C. Millonzi (eds.), *The international market in film and television programs*, Norwood, NJ: Ablex, pp. 13~40.

제 11 장 국가별 흥행영화 소비구조의 특성

전 범 수

1. 문제의 제기

1980년대에 들어오면서 30개~40개 정도의 글로벌 초국가 미디어 기업에 의해 전 세계 미디어 콘텐츠의 생산과 유통네트워크가 독과점화되기 시작했다(Herman & McChesney, 1997). 이는 글로벌 자본주의의 팽창이 문화상품의 생산과 배급영역에 많은 영향을 끼쳤음을 의미한다. 특히, 미국 할리우드의 영화자본 진출과 타 국가와의 교역 증가는 제 3세계 국가들뿐만 아니라 제 1세계 국가들의 문화산업 지형을 변화시키는 중요한 동인으로 작용했다. 이에 따라, 일부 학자들은 일방적인 미국문화의 유통에 근거한 문화적 동질화(*cultural homogenization*) 가설 또는 문화제국주의적 접근에 관심을 집중했다(Boyd-Barrett, 1977; Mattelart, 1979).

세계문화의 동질화를 주장하는 연구들은 주로 미국의 다국적 미디어 기업들에 초점을 맞추고 있으며, 제 3세계에서의 미국 문화상품의 영향 또는 효과를 다룬다. 이는 영화 및 텔레비전 프로그램들이 미국에서 생산되어 제3세계로 이동하는 궤적을 다룬 것이며, 이를 통해서 제3세계의 문화적 소비자들의 가치가 할리우드 가치와 동질화되는 과정에 주목한다(Robertson, 1994; Varis, 1985). 그러나 이러한 접근방식은 국가간에 교환되는 문화상품의 생산과 배급의 영역에 대한 분석이기 때문에 개별 국가 수준에서 일어나는 다양한 소비의 차원을 배제하고 있다. 개별 국가의 문화적, 경제적, 산업적 차이에 의한 선택적 문화소비행태를 설명하지 않고, 단순히 문화상품이 불균등하게 유통되고 있다는 사실만을 설명하고 있는 것이다. 뿐만 아니라 글로벌 문화에 대한 대부분의 논의는 경험적 연구에 의존하기보다는 사례중심의 추론에 의존해 온 경향이 있었기 때문에(Boli & Thomas, 1997), 보다 구체적으로 문화적 다양화 또는 동질화에 대한 체계적 설명을 제공하지 못했다.

따라서 Holton(2000)의 주장과 같이 경제적 세계화가 야기한 문화적 세계화 또는 문화적 통합의 추세를 다양한 시각으로 관찰하는 것이 보다 효용적일 수 있다. 그는 문화적 세계화 현상에 대한 다양한 시각을 문화의 동질화(*homogenization*), 양극화(*polarization*), 그리고 접합(*hybridization*)이라는 세 가지 과정으로 요약했다. 우선 문화의 동질화는 세계화에 따른 가치 또는 문화적 실천의 수렴을, 양극화는 기존 의미와는 대립적 방식으로 문화상품을 해석하는 방식이 될 수 있다. 그리고 문화적 접합은 문화의 혼성화를 의미하는데, 문화간 커뮤니케이션을 통해 새로운 문화적 결과가 생산될 수 있다는 것이다. 이러한 시각에서 경제적 세계화의 문화적 결과를 문화적 동질화의 시각에서만 관찰하는 것은 국제적 수준에서 행해지고 있는 문화상품의 유통, 소비, 영향 등의 복합관계를 설명하는 데에 충분하지 않다는 것을 살펴볼 수 있다. 세계화의 문화적 결과들은 다양하고 복잡한 특성들이 공존할 수 있기 때문이다(Holton, 2000).

보다 중요한 사실은 문화적 동질화와 이질화, 그리고 잡종화와 같은 문화의 비대칭적 변화구조는 개별 국가들의 독특한 경제적, 사회적, 문화적 조건에 따라 조응하는 패턴으로 이해할 필요가 있다는 것이다. 국지적 문화수용의 양식은 개별 국가가 처해 있는 지리문화적 속성, 영화상품 시장의 속성, 그리고 경제사회적 속성 등을 반영할 가능성이 있기 때문이다. 예를 들면, 개별 국가들은 지배적인 미국문화의 소비와 해석과정에서 자신의 문화적 양식을 규율하는 문명의 형태 또는 문화구역(*cultural zones*)의 영향을 받거나(Inglehart & Carballo, 1997), 문화적 할인 등의 독특한 문화적 취향이 개입될 수 있다(Waterman & Rogers, 1994). 반면, 영화의 산업적 시각에서 살펴보면, 영화와 같은 대중문화 양식은 이미 제작산업과 유통의 시스템이 소수 국가에 의존하기 때문에 전 세계적으로 영화의 소비방식이 표준화, 동질화된다는 주장이 설득력을 얻기도 한다.

본 논문은 각 국가의 영화 소비방식이 과연 미국의 할리우드 중심의 영화생산에만 의존하는지, 아니면 각 국가의 지리문화적, 영화시장 구조적, 경제사회적 조건들에 따라 차별화될 수 있는지를 검토하고자 한다. 특히, 본 논문은 시기적으로 1990년대의 5개년도를 선정해 각 국가의 톱 10 홍행영화의 소비구조를 분석함으로써 국가별 영화소비의 특성을 살펴볼 것이다. 이는 앞서 살펴본 것과 같이 경제적 세계화와 미국중심의 영화 생산구조를 바탕으로 홍행영화의 대부분이 할리우드 영화에 의존하는지 아니면, 자국 영화 또는 기타 국가 영화에 대한 취향과 선호도가 공존함으로써 문화의 혼성적 소비가 행해지는지를 살펴보기 위한 것이다. 국가별 영화소비의 구조적 분석은 두 가지 분석수준에서 진행될 것이다. 첫째, 개별 국가들의 국적별 홍행영화 소비의 특성과 이러한 소비의 유사성에 따라 국가별 군집들을 살펴봄으로써 영화소비의 일반적 패턴을 살펴볼 것이다. 두 번째 방식은 국가들의 속성에 따른 집단별 개별 영화의 선택구조가 어떻게 유사한지를 분석하는 것이다. 이는 개별 국가들의 문화적 요인들과 경제적 요인들, 그리고 산업적 요인에 따른 흥행영화의 소비의 차이를 탐색하기 위한 것이다.

2. 영화 소비에 대한 두 가지 접근방식: 문화적 동질화와 이질화 논의

경제적 세계화의 진전에 따라서 문화의 세계화를 관찰하는 방식은 근본적으로 다른 두 가지 가정에 기반한다. 우선 문화의 동질화에 초점을 맞추는 문화제국주의적 시각은 문화적 생산물의 생산과 소비를 규정하는 경제적 조건이 국지적 종속현상을 드러낸다는 것이며, 문화의 이질화를 강조하는 연구들은 문화적 전통의 수렴이 치열한 내적, 외적 저항을 거쳐 부분적으로만 진행된다고 주장한다. 각각의 접근방식은 타당한 설명력을 갖고 있는 반면 동시에 한계를 갖는다. 김호기(2000: 15)에 따르면, 문화제국주의론이 문화의 다양성, 문화의 주체적 수용과정을 과소평가하고 있다면, 문화다원주의론은 문화의 수용에 내재되어 있는 자본의 논리와 권력의 재생산을 과소평가하고 있다는 것이다.

이와 같이 최근의 문화적 동질성과 이질성에 대한 대립적 시각은 각기 다른 이론적 토대에 근거해 있다. 문화적 세계화를 문화적 제국주의로 평가하는 방식은 문화적 종속에 따른 동질화 논의의 핵심이다. 반면, 문화적 지구화는 문화적 상호침투에 의한 혼합방식에 초점을 맞춘다. 다시 말하면, 동질화론과 이질화론의 대립은 서구화와 문화적 혼융이라는 기본 시각의 차이를 반영한다(김호기, 2000). 문화의 다원성을 강조하는 시각에는 문화적 전통의 폐쇄성에 따른 국수주의와 일정 정도 이문화간 커뮤니케이션을 통한 혼성적 문화의 현상을 포함한다. 이러한 시각은 세계화의 진전에 따른 다문화의 공존이 가능하다는 것이지만, 반면 동질화의 이론은 문화적 생산을 규정하는 경제적 조건에 따라 지역성이 감소하는 대신, 생산과 유통을 확보한 일부 국가들의 시장지배력이 증가하는 현상에 분석의 초점을 맞춘다.

영화산업의 경우에도 이러한 논의에서 크게 벗어나지 못하고 있다. 영화소비의 획일성을 강조하는 동질화 논의는 소수의 할리우드 스튜디오 시스템의 수준에서 쟁점을 분석한다. 문화제국주의에서 비롯된 문화적 동질화 논의는 1990년대 중반을 거치면서 단일한 글로벌 문화가 존재할 수 있다는 가능성을 탐색했다. 이들은 구체적으로 문화상품인 영화의 생산구조에 초점을 맞춘다. 미국을 중심으로 한 영화생산의 과점화로 인해 전 세계적으로 영화소비는 일정 정도 유사성을 갖게 된다는 것이다. 세계 영화산업의 생산 중심지역은 미국의 할리우드를 중심으로 한 미국권역과 일본의 애니메이션을 중심으로 하는 일본권, 무술 및 소프트 오락영화를 생산하는 홍콩권역, 그리고 프랑스와 영국을 중심으로 하는 유럽권역으로 크게 나누어 볼 수 있다. 영화생산의 구조는 이와 같이 지역적 분포에 따라 소수 과점상태로 분포되어 있는 반면, 소비의 경우에는 전 세계적인 구조를 갖는다. 결과적으로 영화시장은 소비시장의 국제화가 가능하다는 점에서 문화적 동질화 논의와 깊은 연관성을 갖고 있다. 세계 영화시장에서 보편적으로 성공을 거둘 수 있는 영화를 제작할 수 있는 자본과 기술력을 가진 할리우드 영화에 대한 의존심화와 경제적 세계화를 통해 미국식 표준문화를 의미하는 문화적 동질주의가 보편화된다는 것이다(Mattelart, 1979; Varis, 1985).

거대한 자본을 바탕으로 많은 영화 라이브러리를 확보한 미국의 영화산업은 규모의 경제(*Economy of Scale*)를 목적으로 해외로 진출한다. 마르바스티(Marvasti, 2000)는 미국 영화산업의 규모의 경제지향, 영화산업 내의 불완전 경쟁구조, 그리고 미국을 제외한 다른 국가들의 문화주권 주장 등과 같은 요인들이 전 세계 영화산업의 구조를 형성하는 주요 변인으로 분석하고 있다. 미국 영화산업의 독점력은 영화라는 상품을 제작하는 데에 투입되는 많은 비용을 감당할 수 있는 자본력, 그리고 수평적 확대를 통한 시장규모의 경제를 목적으로 하면서, 제 3세계 영화시장에서의 경쟁을 무의미하게 만들고 있다는 것이다. 이에 대항할 수 있는 국가들이야말로 국내시장의 규모가 뒷받침될 수 있는 생산과 소비시장을 확보한 국가에 한정될 수밖에 없다는 것이다.

거대 영화시장을 갖고 있는 국가들, 특히 미국의 경우 해외에 수출한 영화 프로그램의 성공은 제작비의 규모, 장르, 그리고 미국에서의 흥행 성공 여부 등과 같은 요인들의 영향을 받는 것으로 나타나(김은미, 2000), 미국을 제외한 국가에서 자국 영화가 흥행에 성공하기 위해서는 미국 영화보다 많은 자본이 투자되어야 한다. 그러나 현실적으로 이는 미국을 제외한 다른 국가들에서는 실천되기 어렵다. 충분한 내부시장이 활성화되기 어렵기 때문이다. 워터맨과 자이카르(Waterman & Jaykar, 2000) 역시, 이탈리아와 미국 영화산업을 대상으로 양국의 국제교역을 분석하면서, 미국은 이탈리아보다 영화 배급 창구가 경제적으로 성공을 거두었으며, 이러한 구조적 특성이 상업적 영화의 제작을 위한 자본투자를 상승시켰기 때문에 결과적으로는 이탈리아보다 더 많은 영화제작을 가능하게 했다고 주장했다. 영화자본에 대한 투자규모와 영화제작 규모가 영화산업의 경쟁력과 밀접한 연관성을 갖고 있기 때문이다.

따라서 미국을 제외한 국가에서의 자국 영화 제작의 감소현상은 직접적으로 미국 영화의 증가 때문이라는 연구가 있다. 한(Han, 1998)에 따르면 유럽지역에서 미국 영화의 성장률은 매년 1.37%인데 비해 유럽 영화들의 성장률은 매년 1.13% 감소하는 것으로 나타났다는 것이다. 이는 해외시장에서 미국 영화의 시장지배력이 지속적으로 강화되었다는 것을 의미한다. 뿐만 아니라 최근에는 유럽 내 국가들의 영화소비의 대부분은 EU와 미국산 영화 중심으로 진행되고 있다. EU

지역에서 두 원산지가 차지하는 비중은 90%를 초과하고 있으며, 자국산 영화는 평균 14%, EU 국가의 경우에는 38%, 그리고 미국산 영화는 신규영화의 52%를 차지하고 있다(EC, 2001). 이러한 자국영화 제작 감소현상은 워터맨과 자이카르(2000)의 주장과 같이, 단순한 시장규모 차이보다는 각국의 영상산업을 뒷받침하는 전체 인프라가 증가하는 비율이 미국과 다른 국가와 차이가 나타나기 때문이다.

반면, 경제적 세계화의 진전에도 문화적 차별성을 강조하는 논자들의 주장은 경제적, 정치적 통합으로 국가들간에 어느 정도 문화의 융합이 진행되는 것은 사실이지만, 그렇다고 완전한 문화적 동질화는 이루어질 수 없다는 것이다. 예를 들면, 중국이나 대만과 같이 유교문화권에 포함된 국가들이 미국의 할리우드 영화와 일본의 애니메이션을 소비한다 하더라도, 그들의 기본적 가치구조나 자국의 문화소비행태가 스페인이나 이탈리아와 같은 가톨릭 계통의 문화권역에 포함된 국가들과 같아질 것이라고 주장하는 것은 무리가 있다는 사실이다. 보다 구체적으로, 잉글하트와 베이커(Inglehart & Baker, 2001)는 경제의 세계화가 문화의 동질화, 즉 미국화 또는 맥도널드 문화로 연계될 것인지를 관찰하기 위해 구체적 실증분석을 했다. 그들은 연구에 대한 결론을 내리면서, 각 국가들은 자기 고유의 전통적 가치가 있기 때문에 모든 국가들이 미국문화와 동조현상을 보이는 것은 아니라고 주장했다. 다시 말해, 경제적 발전의 변화는 보편적 세계관에 일정 부분 영향력을 미쳤지만, 전통적인 문화적 영향력도 나름대로 존속해왔다는 것이다. 이와 같은 주장은, 전 세계 국가들은 각기 다른 언어와 문화 등을 갖고 있기 때문에, 문화상품의 소비에서 국가별로 차이를 나타낼 수 있다는 것이다.

국가별로 다른 할리우드 영화에 대한 차별적 수용은 일관되고 독특한 문화구역이나 문화적 할인의 개념을 통해 이해될 수 있다. 잉글하트와 카발로(Inglehart & Carballo, 1997)에 의해 제시된 문화구역은 인종적, 종교적, 언어적 특성을 포함한 문화적 요인들을 공유하는 국가들간의 중요한 관계의 형태를 의미한다. 세계 가치 서베이(*World Value Surveys*)를 바탕으로 잉글하트와 카발로(1997)는 중남미, 아프리카, 유교권, 영어 사용권, 전 동구유럽권 등과 같은 서로 다른 문화구역에서 사람들의 기본가치체계의 균열을 관찰했다. 그들은 자신들의 연구결과를 바탕으로 독특한 문화적 전통의 지속성을 강조했다. 다시 말해 역사적으로 전해 내려온 문화적 패턴 또는 양식은 특정 문화구역 내에서는 동질적으로, 그리고 문화구역간에는 이질적 특성이 드러난다는 것이다. 그들의 기본적 주장의 기반은 헌팅턴(Huntington, 1996)의 세계문명에 대한 분류적 접근에서 비롯되고 있다. 세부적 분류는, 중화권, 일본, 힌두, 이슬람, 웨스턴, 중남미, 정교회, 아프리카 등의 8개 문명권을 포함하고 있다. 이러한 시민문명은 기본적 종교와 언어, 문화적 특성을 포괄하고 있으며, 특정 시민문명 지역에서는 각 국가들의 행위를 규율하는 역할을 담당하기도 한다. 이러한 관점에서, 시민문명적 접근방식은 문화적 공통성에 근거한 특정 구역 내 국가들의 가치체계와 행동의 유사성에 초점을 맞추는 것이라고 추론할 수 있다. 문화구역 개념으로 영화소비의 사례를 적용해보면, 한국과 일본, 중국 등은 언어는 다르지만 같은 유교문화권에 포함될 수 있으며, 영국과 미국 등은 언어뿐 아니라 문화적 측면에서 밀접한 관련성을 갖고 있다는 것이다. 다시 말해 문화구역은 개별 국가 수준이 아니라 문화적 군집 수준에서의 공통적 문화소비의 특성을 살펴보기 위한 분석개념이라고 할 수 있다.

문화적 할인개념 역시 문화상품의 차별적 소비에 대해 초점을 맞춘다. 문화적 할인은 일반적으로 미국 문화에 대한 특정 국가 국민들의 동화 정도를 의미한다(Dupagne, & Waterman, 1998). 문화적 할인은 시청자들은 자국어로 제작된 프로그램을 선호하거나 그렇지 않을 경우에는 자국의 문화적 가치를 갖는 텔레비전 프로그램을 선호하는 것을 설명하기 위한 개념이다(Waterman & Rogers, 1994). 미국을 제외한 국가의 문화적 할인의 정도가 높을수록 미국 영화에 대한 수용 정도가 낮아진다는 것이다. 그러나 문화적 할인은 대체로 영화보다는 텔레비전 드라마 등과 같은 텔레비전 프로그램에 적용된다. 영화산업은 자체 제작 비율이 적기 때문이다. 이와 같이 영상프로그램의 유통과정에서 문화의 영향력을 탐색하는 이들은 지역화에 연구를 집중한다. 경제적 세계화를 통해 국가간의 차별성이 감소하기는 하지만, 역동적인 문화상품의 소비는 특정 지리문화적 공간에서 진행된다는 것이다(하종원·양은경, 2002). 동아시아에서의 한류현상에 대한 연구를 포함해서 지역적인 프로그램 소비는 문화적 유사성의 영향을 받는다는 것이다. 예를 들면, 텔레비전 프로그램의 소비는 지역화 현상이 명확한 편인데, 영어 사용 국가들을 포함해서 기타 새로운 문화-언어시장으로 등장한 서유럽 시장, 라틴아메리카 시장, 프랑스어권 시장, 아시아 시장 등과 같은 동일 문화-언어권 시장을 통해 진행되고 있다(송경희, 2002).

결론적으로 영화 등과 같은 미디어 상품의 소비 역시 세계화의 진전에 따라서 동일한 방식으로 구조화되는지, 아니면 앞서 살펴본 것과 같이 문화구역이나 문화적 할인 등의 문화적 장벽으로 인해 국지적인 차별성을 갖게 되는가를 살펴보는 것은 중요한 의미를 갖는다. 그동안 문화적 동질화 및 이질화와 관련해서 기존의 연구들은 경험적 증거 또는 추론을 제공하지 않았다. 예를 들면, 문화제국주의와 같은 기존의 접근방식은 교환되는 상품의 생산과 배급의 분석에 기반한 것이 대부분이었기 때문에 지역적 수준에서 일어나고 있는 해외 문화상품 소비를 설명하지 못했다. 간단히 말해 국가별로 다른 문화적 차이 또는 문화적 실천방식을 배제한 것이다. 모라나(Mowlana, 1996)가 주장한 것과 같이 글로벌 문화는 가치나 태도의 측면에서 문화상품의 소비자를 동일한 주체로 평가하지 않는다. 문화상품의 국제적 유통 자체가 문화상품에 대한 소비자들의 선호도를 단일화시키는 것은 아니기 때문이다. 따라서 최근의 이론적 논의는 문화적 동질화와 이질화의 끊임없는 긴장관계 속에서 이들의 역동적 변화과정을 분석(Appadurai, 1990: 5)하는 데 초점을 맞추고 있다.

이와 비슷한 맥락에서 김민수(1998) 역시 세계화의 개념에서는 글로벌 압력과 지역국가의 저항이 동시에 존재하는 특성을 갖고 있다고 분석한다. 경제적 세계화의 문화적 결과는 각 지역조건에 따라 보편성과 특수성, 동질성과 이질성이 공존한다는 것이다. 성경륭(2001: 36 인용) 역시 문화의 세계화는 다음과 같은 의미를 갖고 있다는 주장을 제시한다. 첫째, 세계화는 경제적 측면에서 세계적 수준의 상호의존성과 통합성을 증진시키고 있으나 문화적 측면에서는 결코 국지주의와 특수주의의 경향성을 약화시키지 못하고 있다. 둘째, 문화적 측면에서 글로벌 문화와 국지적 문화는 한편으로는 양립하면서 다른 한편으로는 상호 충돌하는 양면성을 가지고 있다. 셋째, 세계화의 추세에도 특정 국가의 구성원들은 자신이 속한 국가와 민족집단에 대해 여전히 강한 일체감과 정체성을 가지고 있다는 것이다. 결론적으로, 이들의 주장은 경제적 세계화의 진전이 문화적 동질화에 일정 정도 영향력을 끼치는 것은 사실이지만, 지역적 또는 문화적, 경제적 조건에 따라 문화소비의 과정과 패턴이 달라질 수 있다는 것을 강조하고 있다.

3. 연구문제

본 논문은 개별 국가가 어떠한 국적의 영화를 소비하는지를 분석함으로써 국가별 문화상품 소비의 유사성 또는 차이를 살펴보려 했다. 시기적으로는 1992년, 1993년, 1994년, 1995년, 1998년 등 1990년대의 5년 동안에 주로 할리우드를 비롯한 다양한 흥행영화들이 세계 각국에서 어떻게 소비되었는지를 분석했다. 본 연구는 두 가지 방식으로 국가별 흥행영화 소비구조를 파악하고자 한다. 첫째는 국적별 영화소비의 특성과 유사성을 살펴봄으로써 국가별 영화소비의 유형을 파악할 것이다. 다음으로는 개별 국가들이 속해 있는 다양한 문화적, 경제사회적, 산업적 속성별로 영화 소비구조가 어떠한 차이를 갖고 있는지를 분석할 것이다.

4. 연구방법

1) 자 료

각국의 영화 소비구조에 대한 자료는 *Variety International Film Guide*에서 구했다. 이 책은 흥행실적에 따른 각국의 연간 톱10 영화들의 목록을 제공한다. 앞서 살펴본 것과 같이, 1990년대 5년 동안 톱10 영화목록을 포함하는 국가들은 많지 않았기 때문에, 5년 동안 3년 이상의 자료를 갖고 있는 31개국을 조사대상 국가로 선정했다. 일반적으로 톱10 영화들은 흥행순위에 따라 포함된 것들이기 때문에, 각국의 영화소비 추세를 명확히 드러낼 수 있다. 영화는 경제적 측면에서 파레토의 법칙(예를 들면, 100개의 영화가 제작되었더라도 모든 영화가 상업적으로 성공할 수 없고, 단지 상위 일부 영화의 대성공에 영화산업이 전적으로 유지되는 시스템으로 이해할 수 있다)이 적용될 수 있는 특성을 갖기 때문에(De Vany & Walls, 2002), 상위 10대 인기영화를 분석하는 것은 타당성을 갖는다. 국내시장의 경우 톱10 영화의 시장점유율(관객기준)은 2002년도 상반기 기준으로 50.4%에 달하고 있으며, 나머지 140개 영화가 50%의 시장을 분할하고 있다(영화진흥위원회, 2002). 이를 산술적으로 계산하면 톱10 영화는 편당 평균 5%의 시장점유율을, 그리고 나머지 영화들은 평균 0.35%의 시장점유율을 갖는 셈이다.

언어와 관련된 자료들은 Encyclopedia Britannica Website(www.britannica.com)로부터 수집했다. 본 연구에서 대상국가가 31개국으로 비교적 적기 때문에 언어의 유형별 분류를 다음과 같이 조정했다. 언어의 유형은 스페인어, 영어, 슬라브어, 기타 등 4개 언어권으로 구분되었다. 스페인어를 사용하는 국가는 4개국, 영어 사용 국가는 6개국, 슬라브어를 사용하는 국가들은 6개국, 그리고 기타 언어는 15개국이었다. 다음으로, 각국 영화시장의 특성을 반영하기 위해 영화매출 규모에 따른 극영화 시장규모와 연간 영화제작편수 등의 자료가 수집되었다. 우선 각 국가의 연간 영화제작편수와 관람비용에 대한 자료는 *Screen Digest*(2000a)의 1998년도 자료를 이용했다. 영화시장 규모와 영화제작편수는 각 국가의 영화 생산과 소비시장의 규모를 의미한다. 영화매출 규모에 따른 극영화 시장규모에 대한 자료는 *Screen Digest*(2000b) 1998년도 자료를 활용했다. 기타 각국의 경제사회학적 요인인 GNP, 인구규모, 문자해독률 등에 대한 자료는 UNESCO(2002)의 자료를 이용했다.

2) 영화소비 구조의 측정

영화소비의 유사성은 두 가지 분석수준에서 측정되었다. 첫 번째 방식은 5년 동안 개별 국가에서 소비한 흥행영화의 국적별 영화비율을 분석했다. 이러한 분석은 할리우드 영화와 자국 영화, 그리고 기타 국적의 영화를 어떠한 방식으로 소비했는지를 기반으로 국가별 차이를 살펴볼 수 있다. 다음으로는 각 국가가 속해 있는 다양한 속성들, 예를 들면, 지리문화적 요인, 영화시장 요인, 경제사회적 요인 등과 같은 차원에서 영화소비의 차이를 분석했다.

5. 분석결과

1) 국적별 영화소비에 따른 국가별 영화소비 구조

국가별 영화시장 변인들에 대한 기술 통계값을 살펴본 결과 조사대상 31개 국가들의 평균적인 미국 영화 소비비율은 73.72%으로 나타났다. 미국 영화 소비비율의 최대값은 94%, 최소값은 24%로 나타나 국가별로 미국 영화 소비 의존도 차이가 큰 것으로 나타났다. 자국 영화 소비비율의 경우에는 31개국 평균 12.95%로 각국에서 소비되는 톱10 영화 중 1편 정도가 자국 영화로 소비된다는 것을 살펴볼 수 있다. 자국 영화 소비비율의 최대값은 76%, 최소값은 0%였다. 미국 영화와 자국 영화를 제외한 나머지 기타 국가 영화 소비비율을 살펴볼 경우, 대상국가의 평균 소비비율은 10%로 자국 영화 소비비율과 거의 비슷하게 나타났다. 기타 국가 영화 소비비율의 최대값은 38%, 최소값은 0%로 나타났다.

분석대상 국가 중에서 연간 영화제작편수가 가장 많았던 국가는 일본으로 총 249편인 것으로 나타났으며, 연간 영화제작편수가 10편 미만인 국가는 총 11개국으로 전체의 36%나 되는 것으로 나타났다. 이러한 결과는 국가별로 영화제작편수의 차이가 비교적 크다는 것을 의미한다. 영화시장의 규모는 평균 4천5백만 달러인 것으로 나타났으며, 최대값은 1억 6천5백만 달러, 최소값은 580만 달러로 나타났다. 국가별 극장표 가격은 평균 4달러 17센트였으며, 가장 비싼 국가의 가격은 10달러 40센트, 가장 싼 곳의 가격은 51센트로 나타났다. 한편, 국가별 경제사회적 요인들의 일반적 특성을 살펴본 결과, 조사대상 국가들의 GNP 규모는 평균 120억 달러, 인구규모는 3천8백만 명, 문자해독률은 79.25%로 나타났다.

각 국가별 영화소비 형태를 국적별로 구분해 살펴본 결과, 미국 영화와 자국 영화, 그리고 기타 국가의 영화를 소비하는 방식은 국가별로 큰 차이가 나타났다. 우선 미국 영화 중심으로 흥행영화를 소비한 국가는 에스토니아(94%), 브라질(92%), 불가리아(87%), 영국(85%), 폴란드(85%) 등으로 나타났다. 반면, 미국 영화 소비비율이 낮은 국가로는 프랑스(51%)와 홍콩(24%) 등이었으며, 일본(63%), 한국(61%) 등의 경우에도 비교적 미국 영화 소비비율이 낮게 나타났다. 이들 국가는 자국 영화 소비비율이 높았기 때문에 미국 영화의 소비비율이 높지 않은 편이었다. 대상국가들 중에서 자국영화가 한 편도 포함되지 않은 국가들로는 브라질, 불가리아, 칠레, 에스토니아, 리투아니아, 스위스 등이 있다. 이들 국가들은 전적으로 미국 영화와 기타 국가들의 영화로만 톱 10 영화의 레퍼토리를 갖고 있다. 참고로 국적별 영화 소비비율간의 상관관계를 살펴보면, 자국 영화와 미국 영화 소비 간에는 유의미한 차이($r=-.812$, $p < .01$)가 나타났으며, 자국 영화와 기타 국가 영화 소비 간에도 유의미한 차이가 나타났다($r=-.441$, $p < .05$). 이는 자국 영화의 소비 증가는 미국 영화와 기타 국가 영화의 소비 감소와 밀접한 관련성이 있다는 것을 의미한다.

개별적인 국가들의 영화소비를 전체적으로 이해하기 위해, 국적별 영화소비에 대한 국가별 속성변인들을 기반으로 군집분석을 행했다. 군집분석 결과 3개의 하위집단들이 나타났다. 첫 번째 집단은 영국, 호주, 독일 등 23개 국가들이 포함된 가장 큰 규모의 군집으로 대부분의 국가들이 포함되어 있다. 이들은 대체적으로 미국 영화에 대한 소비비율이 높은 국가들로, 가장 보편적인 영화소비 패턴을 갖고 있는 셈이다. 두 번째 집단은 뉴질랜드, 스페인, 라트비아, 리투아니아 등 4개국이 포함된 군집으로 미국 및 자국 영화의 소비 이외에 다른 국가 영화의 소비량이 높은 특성을 갖고 있다. 다른 국가들에 비해 비교적 흥행영화의 국적별 다양성이 높은 군집이라고 할 수 있다. 세 번째 집단은 프랑스, 한국, 일본, 홍콩 등 4개국으로 구성된 군집으로서 자국 영화의 비율이 높은 군집이다. 흥행영화의 비율 중에서 자국 영화가 차지하는 비중이 높은 집단이다.

이들 집단간 영화시장 특성의 차이를 살펴보기 위해 분산분석을 행한 결과, 첫 번째 군집은 미국 영화 비율이 평균 80%, 자국 영화 비율 8%, 그리고 기타 국가 비율이 12%인 특성을 갖고 있었다. 이들 국가들은 영화시장 규모가 전체 3개 집단 중에서 중간 정도이며(평균 187.71백만 달러), 영화제작편수 역시 중간 정도(평균 30.40편)에 속하는 것으로 나타났다. 이는 자국시장의 상업화가 충분히 진전된 상황에서 미국 영화에 대한 수요가 존재한다는 것을 제시하고 있다. 다시 말해 적당히 규모가 뒷받침된 국가의 영화시장에서 미국 영화에 대한 수요가 높을 수 있다는 것이다. 두 번째 군집은 미국 영화가 차지하는 비율이 평균 62%대였으며, 자국 영화 소비비율은 4%로 3개 군집 중에서 가장 낮은 편이었으나, 반면 기타 국가 영화의 소비비율은 32%로 나타났다. 이들 국가들은 영화시장 규모가 작고(평균 123.67백만 달러), 영화제작편수가 작은 국가들(평균 18.75편)로 구성되어 있었다. 세 번째 집단은 미국 영화 소비비율이 50%대로 3개 군집에서 가장 낮은 편이었으며, 자국 영화 비율 42%, 기타 국가 영화 비율은 9%로 대체로 자국 영화의 비중이 높게 나타난 집단의 특성을 갖고 있었다. 이들은 3개 군집 중에서 영화시장 규모가 가장 크고(평균 724.80백만 달러), 영화제작편수가 많은 국가들(평균 141.75편)로서 미국을 제외할 경우 영화 제작이나 소비규모의 측면에서 세계 영화시장에서 차지하는 비중이 높은 국가들로 구성되어 있다.

이와 같은 군집분석의 결과를 통해 추론할 경우, 국적별 국가별 영화소비 패턴은 미국 영화에 대한 의존도와 자국 영화의 소비 정도에 따라 3개의 하위집단으로 구분되고 있다는 것을 살펴볼 수 있다. 특히, 이들 미국 영화 중심의 군집, 자국 영화 중심의 군집, 기타 국가 영화 중심의 군집 등은 자국 영화의 시장규모와 제작규모의 측면에서 서로 차이가 나타나고 있다. 다시 말해, 자체제작 규모가 증가하거나 시장규모가 클 경우에는 미국 할리우드 영화에 대적할 만한 자국 영화 소비가 차지하는 비중이 높아지고 있었다. 그러나 자국 영화 중심의 군집과 기타 국가 영화 중심의 군집에 포함된 국가들의 숫자가 각각 4개국에 불과한 반면, 미국 영화 중심의 군집에는 이를 제외한 대부분의 국가들이 포함됨으로써 전체적으로는 미국 영화에 대한 흥행 의존도가 높게 나타나고 있다.

2) 국가별 특성에 따른 영화소비 구조

앞서 살펴본 것과 같이, 국가별 흥행영화 소비구조는 할리우드 영화에 대한 의존도와 자국영화 소비패턴에 따라 3개의 하위군집이 형성될 수 있음을 살펴보았다. 다음으로는 각국의 문화적, 영화시장 특성별, 사회경제적 특성에 따른 영화소비의 구조적 차이를 분석했다. 우선, 국가별 자국 영화 소비비율을 지리문화적 요인별로 살펴볼 경우, 지역이나 언어 등의 차이에 따라 영화소비 행태가 달라지고 있었다. 이를 구체적으로 살펴보면 다음과 같다. 지역별로 살펴보면, 유럽이나 중남미, 아시아 등과 같은 지역 구분에 따라서 미국 영화와 기타 국적 영화의 소비구조에는 유의미한 차이가 나타나지 않았다. 그러나 자국 영화 소비 측면에서는 지역별 차이가 유의미하게 나타났다($F=4.581$, $p<.05$). 유럽지역의 국가들과 중남미 국가들은 자국 영화 소비비율이 각각 7.94%와 5.29%로 비교적 낮은 편이었지만, 아시아 등의 지역 국가들에서는 그 비율이 평균 23.90%로 아주 높게 나타난 것이다. 한편, 언어유형에 따른 영화 소비비율은 지역에 따른 영화소비 구조의 분석결과와는 다른 패턴을 갖고 있었다. 스페인어와 영어, 슬라브어, 그리고 기타 언어 등의 구분에 따라서 미국 영화와 자국 영화가 소비

되는 패턴은 집단별로 유의미하게 나타나지 않았지만, 기타 영화의 소비에서는 언어집단별 차이가 명확하게 나타났다. 특히, 스페인어와 슬라브어 계통의 국가들은 기타 국적의 영화 소비비율이 각각 19.57%와 19.90%로 다른 집단에 비해 높게 나타난 반면, 영어권은 12.0%, 기타 언어 국가권은 10.18%로 그 비율이 낮게 나타났다.

다음으로 각 국가의 영화시장 특성별 영화 소비비율을 살펴보면, 영화시장의 규모와 극장표 가격 등과 같은 영화시장 요인들은 영화소비구조에 큰 영향을 미치지 않는 것으로 나타났다. 다만, 영화제작편수의 규모에 따라서는 영화소비 패턴에 차이가 있는 것으로 나타났다. 다시 말해, 영화제작편수의 많고 적음은 자국 영화의 소비구조를 구분할 수 있는 유의미한 요인으로 나타난 것이다. 구체적으로, 영화제작편수가 10편 이하인 소규모 제작 국가의 경우에는 자국 영화 비율이 3.08%로 대상 유형에서 가장 낮은 편이었으며, 연간 11~40편 정도의 영화를 제작하는 집단에 속한 국가들은 자국 영화의 소비비율이 평균적으로 10.08%, 그리고 연간 41편 이상의 대규모 제작 국가들은 자국 영화를 소비하는 비율이 21.41%로 비교적 높게 나타났다. 이와 같은 결과는 영화제작편수의 규모가 커질수록 흥행영화 소비에서 자국 영화가 차지하는 비중이 높아질 수 있다는 것을 의미한다. 각 국가의 문화적 요인 및 영화시장 요인과 함께 사회경제적 특성별 영화 소비비율을 탐색했다. 각 국가의 GNP 규모와 인구규모, 그리고 문자해독률 등의 차이는 실제 영화 소비비율과는 유의미한 연관성을 나타내지 않는 것으로 나타났다. 간단히 말해, 국가의 경제적 풍요도, 인구의 구성 규모, 그리고 문자해독률의 높고 낮음 등이 실질적으로 각 국가의 영화소비 패턴에 큰 영향을 미치지 않는 것이다.

6. 논의 및 결론

본 논문은 두 가지 연구문제를 제기하고 있다. 첫 번째 연구문제는 "국적별 흥행영화 소비의 특성은 무엇인가?"에 대한 것이다. 이는 각국별 인기영화를 의미하는 톱10 랭킹 안에 포함된 영화의 국적별 소비를 살펴보는 것이다. 각 국가별로 자국 영화와 미국 영화, 그리고 기타 국가의 영화 등의 비율을 살펴본 결과, 분석대상 31개국 평균적으로 자국 영화와 미국을 제외한 국적의 영화소비가 비교적 낮은 것으로 나타났다. 그럼에도 일부 국가들의 영화소비는 다른 대부분의 국가와는 달리 자국 영화와 기타 국가의 영화에 대한 선호도가 높게 나타났다. 이와 같은 국가별 영화소비의 차이는 국적별 영화소비에 대한 요인들을 기반으로 행한 군집분석 결과에서도 확인할 수 있었다. 구체적으로 군집분석 결과 3개의 하위집단이 드러났는데, 첫 번째 집단은 대부분의 국가들이 포함된 군집으로 미국 영화에 대한 소비비율이 80%에 달하는 집단의 특성을 갖고 있었다. 이들은 흥행영화의 대부분을 미국 할리우드 영화에 의존하는 정도가 높은 집단이다. 두 번째 집단은 기타 국가 영화 소비가 높은 집단으로 뉴질랜드, 스페인 등 4개국이 포함된 군집이다. 이들은 자국 영화 소비비율도 가장 적은 편이며, 미국 영화 소비비율도 65%로 비교적 낮은 편이지만, 다른 국가 영화에 대한 소비비율이 31%가 넘는 등 영화소비의 다양성이 높은 집단의 특성을 갖고 있다. 다음으로는 자국 영화 소비비율이 월등히 높은 집단으로 프랑스와 한국, 일본, 홍콩 등이 포함된 집단이다. 이들은 미국 영화 소비비율이 50% 정도로 전체 흥행영화에서 차지하는 비중이 낮은 편이며, 반면 자국 영화 소비비율은 42%에 달하는 등 자국 영화 중심의 특성을 갖고 있다.

이와 같이 흥행영화의 소비패턴은 그 중심이 미국 할리우드 영화에 있는지 또는 자국 영화나 기타 국적의 영화에 있는지 등에 따라 크게 세 가지 집단으로 유형화될 수 있다. 특히 이러한 집단들은 영화시장 특성의 영향에 따라 군집의 특성을 갖고 있었다. 각각의 군집들은 영화시장 규모와 영화 자체제작편수가 서로 유의미하게 차별성을 갖고 있는 것이다. 자국 영화 소비가 높은 집단은 자체 영화시장 규모도 큰 편이며, 영화제작편수도 많은 국가들로 구성되어 있다는 점은 앞으로 자국 영화 시장의 발전이 선행되어야 자국 영화에 대한 선호도가 일정하게 유지될 수 있다는 점을 함축한다. 기타 자국 내 영화시장이 일정 정도 규모를 갖고 있는 국가들에서 미국 영화의 소비가 높게 나타난 것은 자국시장의 상업화가 선행된 이후 미국문화의 소비가 가속화된다는 것을 추론해 볼 수 있었다. 그러나 이와 같은 결론을 일반화하기 위해서는 보다 연구대상 국가의 수를 늘린 후에 영화소비 구조를 시기적으로 분석하는 작업이 선행되어야 할 것이다.

두 번째 연구문제는 "국가별 문화적, 영화시장, 경제사회적 요인들의 특성에 따라 각국별 흥행영화의 소비는 차이가 있는가?"이다. 앞서 살펴본 것과 같이, 영화의 소비패턴이 국가별로 다른 이유는 개별 국가가 갖고 있는 다양한 지리문화적 속성, 영화시장의 구조적 속성, 그리고 경제사회적 요인들의 차이에 근거를 갖고 있을 수 있다. 이러한 차이가 실제 흥행영화의 소비구조와 어떠한 연관성을 갖고 있는지를 탐색하기 위해 일원변량분석을 통해 속성별 영화소비 구조를 살펴보았다. 분석결과 지리문화적 요인은 영화소비에서 부분적으로 집단간 차이를 나타냈는데, 특히 지역 등의 요인은 자국 영화 소비에서, 그리고 언어적 요인은 기타 국적 영화의 소비에서 유의미한 차이를 드러냈다. 영화시장 요인의 경우 영화제작편수의 규모가 자국 영화 소비비율에서 집단간 차이를 나타냈을 뿐 시장규모와 극장표 가격 등의 요인은 집단별로 유의미한 차이를 나타내지 못했다. 연구문제 1에서도 살펴본 것과 같이 각국의 영화시장 규모는 영화소비가 유사한 국가들간에 유의미한 차이를 나타내기는 했지만, 실제로 각국별 영화소비의 구조를 설명하는 요인은 아닌 것으로 나타난 점은 앞으로 추가적 연구가 필요할 것이다. 그리고 GNP, 인구규모, 문자해독률 등과 같은 경제사회적 변인들 역시 그 유형별 특성에 따라 영화 소비비율의 유의미한 차이가 나타나지 않았다. 전체적으로 이러한 분석결과는 흥행영화의 소비는 문화적 요인과 영화 생산규모 등의 요인들이 부분적으로 영향을 끼칠 수 있다는 것을 의미한다.

결론적으로 본 연구에서는 글로벌 수준에서 할리우드 영화의 생산과 배급의 팽창이 다른 국가의 소비에 미치는 영향력이 강하게 존재하고 있었지만, 자국 영화에 대한 취향도 역시 일부 국가에서 강하게 존재하고 있다는 것을 살펴볼 수 있었다. 할리우드로 대표되는 미국의 영화들이 각국의 영화 랭킹을 독과점하기도 하지만, 소비의 방식은 국가별로 다르게 이루어지고 있다는 것이다. 영화소비의 다원적 패턴은 국가별 영화시장의 특성과 문화적 요인들에 의해 부분적으로 영향을 받을 수 있다는 것이다. 이러한 결과는 문화상품의 거래에 미치는 경제적 요인들의 효과에 초점을 두었던 기존 연구들(Mowlana, 1996)을 보완하는 것으로서 바넷 등의(Barnett et al., 1999) 연구에서와 같이, 세계체계의 구성이 문화적 차이에 의해 구분될 수 있을 것이라는 주장이나, 스트라바(1997)가 문화적 또는 역사적 유사성들은 지역적 문화시장을 형성한다는 주장과 유사하다.

간단히 말해 본 연구는 다음과 같은 의미를 갖는다. 첫째, 각 지역별, 국가별로 영화와 같은 문화상품의 소비는 동질적이지 않다는 것이다. 비록 국적별로는 미국 영화에 대한 의존도가 높지만, 개별 영화소비 차원에서는 서로 다른 취향이 존재한다는 것을 드러내고 있다. 미국의 영화상품이 국제적인 독과점적 시장지배력을 토대로 전 세계적으로 영화소비를 동질화시킬 수도 있지만, 실질적으로 문화상품의 수용형태는 각 국가들이 갖고 있는 문화적 차이와 영화시장 구조에 의해 부분적으로 차별화될 수 있는 것이다. 따라서 올슨(Olson, 1993: 38)의 주장과 같이, 미국 미디어의 글로벌 수용은 단지 할리우드 영화의 해외수출 규모를 반영하는 자료에 근거하기보다는 지역 소비자들의 수용행태를 설명할 수 있는 자료를 활용하는 것이 보다 구체적으로 각국의 영화소비를 분석할 수 있게 한다. 둘째, 자국 흥행영화 소비가 높은 국가들은 대체로 프랑스, 홍콩, 한국 등과 같이 영화제작편수가 많고 영화시장 규모가 큰 국가들이 대부분이다. 워터맨과 자이카르(Waterman & Jaykar, 2000)의 주장과 같이 자국시장에서 어느 정도 시장의 규모를 확보해야 자국 영화산업이 발전할 수 있다는 것과 유사한 결과를 나타낸다. 셋째, 각 국가들이 갖는 지리문화적 속성과 영화시장의 구조적 속성, 그리고 경제사회적 속성들 중에서 영화소비의 구조를 구별하는 주요 요인은 지리문화적 요인들과 영화 자체제작편수 등인 것으로 나타났다는 점이다.

▪ 참고문헌

김민수(1998), "동아시아에서의 매스커뮤니케이션 세계화,"《한국언론학보》 42권 4호, pp. 5~29.

김은미(2000), "자국 영화와 해외 영화의 경쟁에 관한 연구: 영상물의 창구화와 관련하여,"《한국언론학연구》 2권, pp. 6~28.

김호기(2000), "지구문화와 모더니티의 세계화,"《사회와 문화》 제 12집, pp. 1~19.

성경륭(2001), "세계화의 딜레마: 세계주의와 국지주의의 갈등,"《한국사회학》 제 35권 제 2호, pp. 29~57.

송경희(2002), "텔레비전의 세계화 · 지역화,"《동향과 분석》 통권 제 158호.

영화진흥위원회(2002), "2002년 상반기 국적별 관객수 및 시장점유율"(서울관객), 내부자료.

하종원 · 양은경(2002), "동아시아 텔레비전의 지역화와 한류," 《방송연구》 겨울호, pp. 67~103.

Aldenderfer, M. S., & Blashfield, R. K. (1984), *Cluster Analysis*, Beverly Hills, CA: Sage.

Appadurai, A. (1990), "Disjuncture and difference in the global cultural economy," *Public Culture*, 2(2), pp. 1~24.

Barnett, G. A., Salisbury, J. G. T., Kim, C., & Langhorne, A. (1999), "Globalization and international communication: An examination of monetary, telecommunications, and trade networks," *The Journal of International Communication*, 6(2), pp. 7~49.

Boli, J., & Thomas, G. M. (1997), "World culture in the world polity: A century of international non-governmental organization," *American Sociological Review*, 62, pp. 171~190.

Boyd-Barrett, O. (1977), "Media Imperialism: Toward an International Framework for the Analysis of Media Systems," in J. Curran, M. Gurevitch, & J. Woollacott(eds.), *Mass Communication and Society*, Beverly Hills, CA: Sage, pp. 116~135.

De Vany, A., & Walls, W. D. (1996), "Bose-Einstien dynamics and adaptive contracting in the motion picture industry," *The Economic Journal*, 106, pp. 1493~1514.

Dupagne, M., & Waterman, D. (1998), "Determinants of U. S. television fiction imports in Western Europe," *Journal of Broadcasting & Electronic Media*, 42(2), pp. 280~220.

Han, C. (1998), "The structure and implications of the international film flow from 1976 to 1993," Unpublished Thesis. Buffalo: Department of Communication, State University of New York.

Holton, R. (2000), "Globalization's cultural consequences," *Annals of the American Academy of Political and Social Science*, 570, pp. 140~152.

Huntington, S. (1996), *The Clash of Civilizations and the Remaking of*

World Order, New York: Simon and Schuster.

Inglehart, R., & Carballo, M. (1997), "Does Latin America exist? (And is there a Confucian culture?): A global analysis of cross-cultural differences," *Political Science & Politics*, 30(1), pp. 34~47.

Inglehart, R., & Baker, W. E. (2001), "Modernizations challenge to traditional values: Whos afraid of Ronald McDonald?" *The Futurist*, 35(2), pp. 16~21.

Marvasti, A. (2000), "Motion pictures industry: Economics of scale and trade," *International Journal of the Economics of Business*, 7(1), pp. 99~114.

Mattelart, A. (1979), *Multinational corporations and the control of culture*, Brighton: Harvester Press.

Mowlana, H. M. (1996), *Global communication in transition*, Thousand Oaks, CA: Sage.

Olson, S. R. (1999), *Hollywood planet: Global media and the competitive advantage of narrative transparency*, New Jersey: LEA.

Park, H. (1998), "A Gramscian approach to interpreting international communication," *Journal of Communication*, 48(4), pp. 79~99.

Robertson, R. (1994), "Globalization or glocalization?" *The Journal of International Communication*, 1, pp. 33~52.

Screen Digest (2000a), Film Production and Distribution trends: Shift in balance between US and rest of the world-Part 1. June 2000.

______ (2000b), 280+, September 2000.

Straubhaar, J. D. (1997), "Distinguishing the global, regional and national levels of world television," in Sreberny-Mohammadi, A., Winseck, D., McKenna, J and Boyd-Barret, *Media in global context: A reader*, New York: Arnold, pp. 284~298.

UNESCO (2002), *A Survey on National Cinematography*, Paris: France.

Variety (1994, 1995, 1996, 1998, 2000), *Variety International Film Guide*, London: Andre Deutsch.

Varis, T. (1985), *International Flow of Television Programmes*, Paris: UNESCO.

Waterman D., & Jayakar, K. P. (2000), "The competitive balance of the Italian and American film industries," *European Journal of Communication*, 15(4), pp. 501~528.

Waterman, D., & Rogers, E. M. (1994), "The economics of television program production and trade in Far East Asia," *Journal of Communication*, 44(3), pp. 89~111.

제 12 장 글로벌 미디어 기업의 인수합병 전략 연구: 진출 사업, 해외 지역, 합병 유형 분석

정 재 민

1. 문제의 제기

라디오나 텔레비전, 케이블, 신문 혹은 잡지 어느 미디어 기업이든지 생존을 위한 사업의 핵심은 시장논리를 따르고 있다(McManus, 1994). 따라서 미디어 기업들이 경쟁적 우위를 점하고 보다 높은 이윤을 얻기 위해 끊임없는 인수합병과 전략적 제휴를 통해 사업을 확장하려는 것은 당연한 일이다.

월트디즈니사는 1995년 ABC방송국과 21개의 라디오방송사, ESPN을 비롯한 유명 케이블 채널을 인수하였다. 다음 해 타임워너사도 CNN의 모기업인 터너방송사를 인수했고, 1999년 바이아컴은 CBS네트워크, 지역텔레비전/라디오방송사, MTV를 비롯한 케이블 채널, 인터넷사이트, 영화, 출판사업과 테마파크까지 인수했다. 인수합병의 물결은 2000년대에도 이어졌고 거래금액도 지속적으로 상승해 AOL-타임워너의 경우 1,660억 달러로 CBS-바이아컴 거래의 네 배에 달했으며 이는 미디어산업뿐만 아니라 전체 산업에서도 역사상 최대 규모로 기록되었다. 이와 같이 거듭된 인수합병을 통해 글로벌 미디어 기업들은 출판, 방송, 영화, 음반, 인터넷 등 전 분야에 걸쳐 미디어 자산을 운용하고 있다.

미디어 기업의 사업확장은 상품과 서비스의 영역에만 국한되는 것이 아니다. 또 다른 확장의 축은 국경을 넘어 상품과 서비스를 공급하는 지리적 시장의 확장에 있다. 만화의 국제적 유명세를 등에 업고 디즈니는 프랑스, 일본, 홍콩에 테마공원을 열었고 러시아 방송사와도 10년간 프로그램 공급계약을 맺었다. 또한 중국에도 디즈니 만화를 방송하고 캐릭터 상품매장을 여는 활발한 투자를 지속하고 있다(Campbell, 2002). 바이아컴은 MTV 채널을 아시아, 유럽, 라틴아메리카의 다수 국가들에서 운영하고 있고, 소니 역시 라틴아메리카와 아시아 국가에 제작단지를 설립하고 24개 채널을 운용하고 있다(Hitt, Ireland, & Hoskisson, 2001).

기업의 사업확장은 인수합병뿐만 아니라 자체개발에 의해서도 가능하다(Ramanujam & Varadarajan, 1989). 그러나 상품의 생명주기가 갈수록 짧아지고 자체개발의 비용이 상승하면서 기업들은 현존하는 기업의 인수합병을 통해 사업확장을 꾀하고 있다(Bradley & Korn, 1982). 특히 미디어산업에서는 다각화의 전략으로 가장 선호되어온 것이 기업 내부의 자체개발보다는 인수합병 전략이다(Chan-Olmsted & Albarran, 1998; Jung & Chan-Olmsted, 2005). 기업의 해외시장 진출 역시 다양한 방법으로 진행되었다. 수출, 라이선싱, 조인트벤처를 비롯한 전략적 제휴 및 인수합병 혹은 현지에 직접 자회사를 설립하는 방식이 그 대표적 예이다. 주목할 점은 1990년대 들어 탈규제와 사유화, 그리고 세계 권역별 경제권의 형성으로 국가간 인수합병이 가장 선호되는 방식으로 등장했다는 사실이다(Hitt et al., 2001). 따라서 본 연구 역시 미디어 기업의 인수합병에 의한 사업확장에 주목하고자 한다.

소수 기업에 의해 지배되는 미디어 상품의 생산과 분배체계는 다원주의 사회형성에 저해요소가 되고 전 세계적으로 획일화된 문화를 양산한다는 비판이 거세다(Demers, 2002; McChesney, 1997). 그러나 기업의 입장에서 보면 이러한 사업확장은 경쟁이 심화된 시장에서 경제적 효율성을 낳고 질 높은 상품을 공급하기 위한 불가피한 이윤창출 전략이다. 미디어 기업의 소유집중과 초국가적 침투가 궁극적으로 수용자에게 득이 되는지 실이 되는지의 문제는 초국가 미디어 기업의 등장 이래 매스커뮤니케이션 연구의 집중적인 조명을 받아왔다. 본 연구는 이해득실의 차원을 떠나 글로벌 미디어 재벌이라 불리는 이들 거대 미디어 기업들의 실제 사업확장 전략을 인수합병을 통해 살펴보고자 한다. 구체적으로 1991년부터 2002년까지 12년간 글로벌 미디어 기업들의 국내외 인수합병 거래를 분석함으로써 어떠한 사업분야로 진출했고, 어떤 인수합병 유형으로 진행되었으며 어떤 지역으로 진출했는지를 실증적으로 밝혀보고자 한다.

2. 문헌연구

국내에서는 1997년 금융위기 이후 기업의 인수합병에 대한 관심이 커지고 있지만 미국과 유럽에서는 오래 전부터 활발하게 인수합병이 진행되었다. 20세기 초(1890~1904) 대부분의 인수합병은 수평적 합병으로 동일 산업 내 경쟁기업들을 사들여 거대 독점기업으로 성장하였다. 한편 1920년대(1916~1929)는 주로 수직적 통합의 형태로 인수합병이 전개되었다(Viscuni, Vernon, & Harrington, 1996). 1960년대에 이뤄진 세 번째 인수합병의 물결은 재벌형(*conglomerate*) 복합기업들을 탄생시켰다. 즉, 기업들이 비관련 다각화를 수행하여 자신의 핵심사업과 관련성이 없는 기업들을 인수하였던 것이다. 1980년대 들어 미국에서는 석유, 은행 및 금융산업 등 규제가 완화된 산업에서 인수합병이 주로 일어났으며, 1980년대 후반에는 기업들이 과거에 수행해 온 비관련 사업부문을 매각하고 핵심사업으로의 재집중을 시도하면서 또 다시 인수합병이 붐이 일었다. 1990년대 인수합병의 물결에서 주목받는 점은 미디어 기업들이 대거 참여하고 있다는 사실이다. 1990년대 미디어 기업들의 인수합병 거래액은 3천억 달러를 상회했다 (Croteau & Hoynes, 2001).

그렇다면 이와 같은 인수합병의 물결은 왜 이어지는가? 인수합병은 무엇보다 인수대상기업의 가치를 판매자보다 구매자가 높게 평가하기 때문에 시작된다. 다시 말해 구매자가 인수대상기업이 가진 자산을 통해 더 많은 수익을 올릴 수 있다는 판단 아래 일어난다는 것이다. 보다 세부적인 이유에 따라 기업들은 다른 형태의 인수합병을 선택하게 되는데, 그 유형과 이론적 근거는 다음과 같다.

1) 수평적 합병

수평적 합병은 동일 산업 내 기업들간의 합병으로 독점과 과점 논쟁을 불러일으키는 시장집중을 야기한다. FTC는 석유 혹은 아이스크림 산업 내에서의 시장집중을 예로 들고 있는데, 결국 규모의 경제 실현으로 시장지배력 강화가 수평적 합병의 가장 중요한 근거로 제기되었다(Biggadike, 1979; Griffiths & Wall, 1999). 최근 한국의 은행들이 합병을 통해 대형화를 시도하는 현상은 규모의 경제를 활용하려는 의도이다. 케이블산업에서 복수 종합유선방송사업자(MSO)가 지속적으로 출현하는 것 역시 이와 같은 규모의 경제효과에 의존하는 것이다. SO간의 자체적인 인수합병과 CJ나 태광산업과 같은 대기업의 SO 인수로 시장구조가 변한 것이다. 지난 2년간 케이블텔레비전산업계의 인수합병에 투자된 돈은 1조 원이 넘고, 이 돈의 상당부분은 해외에서 조성된 자금이다. 해외 투자자들이 한국 케이블텔레비전 시장의 재편에 따른 규모의 경제효과를 기대했기 때문이다(박창신, 2005). 도일(Doyle, 2002)은 영국의 방송사들이 수평적 인수합병을 통해 규모를 키워 시장 점유율을 높이고 이윤을 창출했음을 실증적으로 규명했다. 같은 맥락에서 미국의 네트워크 방송사도 보다 많은 지역 가맹사를 소유함으로써 시장점유를 높여 광고주들에게 더 높은 협상력을 가지려 한다.

기업들의 수평적 인수합병은 위와 같은 내부적 요인뿐만 아니라 외부 규제환경으로부터도 영향을 받는다(Chan-Olmsted, 1998; Chon et al., 2003; Howard, 1998). 미국에서는 1996년 개정통신법(*Telecommunications Act*)을 통해 소유집중에 대한 규제를 완화했는데, 결국 이러한 규제변화로 동종산업 내에서 경쟁기업을 인수합병하려는 욕구는 더욱 증대되었다. 따라서 미디어 기업들의 인수합병 분석에 있어 1996년의 탈규제 정책은 핵심적인 전환점으로 작용할 수 있다. 또한 전 세계적인 방송 및 통신의 탈규제와 사유화는 글로벌 미디어 기업들의 해외시장 진출을 가속화하였다.

2) 수직적 합병

기업의 인수합병에 있어 하나의 기업이 다른 기업의 상품이나 서비스를 인풋 혹은 아웃풋으로 활용한다면 이는 수직적 합병의 형태를 이루는 것이다. 산업 내에서 생산과 유통을 일원화함으로써 거래비용을 감소시키고 판매와 구매에 있어 협상력을 높이는 것이다(Grant, 1998). 미디어 기업에서의 수직적 통합 역시 시장력에서의 협상력을 증대시킨다. 방송산업에서는 프로그램을 외부시장에서 구매하는 것보다 수직적 통합을 통해 제작 역량을 내부화함으로써 거래비용을 감소시키고 순환을 촉진시키며 그들이 정확하게 원하는 상품을 확보할 수 있기 때문이다. 미국 지상파방송사 가운데 유일하게 자체제작시스템을 갖추지 못했던 NBC는 간판 프로그램인 ER의 경우 편당 1천 3백만 달러를 제작사인 워너브러더스에 지불하는 불리한 상황에서 결국 비방디로부터 영화사와 프로그램 제작사들을 사들여 2003년부터 수직적 통합을 이루었다. 국내 지상파 시장은 시작부터 수직적 통합구조를 이루어 독점적 영향력을 행사해왔고 케이블텔레비전산업에서도 CJ그룹은 채널사업자와 지역방송국을 소유하면서 수직적 통합에 의한 영향력을 증대시키고 있다.

3) 보완적 합병

학자들은 수직적이거나 수평적이지 않지만 두 기업의 사업내용이 제품생산이나 배급, 기술, 마케팅에서 자원을 공유하며 서로 관련되어 있을 때 이를 동심형 합병(*concentric merger*)으로 칭한다(Chan-Olmsted, 1998; Whalen & Litman, 1997). 도일(Doyle, 2002)은 기업들이 보완적 활동으로 인식되는 결합을 꾀할 때 이를 대각선 확장(*diagonal expansion*)으로 이름짓는다. 다시 말해 신문기업이 취재인력과 조판, 인쇄, 마케팅을 공유할 수 있는 잡지사업을 사들이거나, 텔레비전 방송사가 제작기술과 인력운영에서의 노하우 전이가 용이한 라디오 방송사를 인수합병하는 경우 이는 기존 사업을 보완한다는 것이다. 보완성(*complementarity*)의 의미는 수평적 결합보다 광범위한 것이다. 수평적 결합이 동일 산업 내에서의 결합이라면 보완성은 다른 산업으로의 확대를 포함한 개념이다(Fan & Lang, 2000). 본 연구에서는 이와 같은 합병의 형태를 보완적 합병(*complementary merger*)으로 칭한다.

미디어 기업들이 이와 같은 보완적 형태의 인수합병에 나서는 이유는 무엇보다도 시너지의 획득에 있다. 신문기사 아이템 하나가 잡지기사, 단행본, 텔레비전 시리즈 및 영화로 이어지며 주제가는 음반으로 제작되기도 한다. 시너지의 또 다른 측면은 상호홍보에 있다. 복합 미디어 기업의 경우 소유하는 여러 자회사 매체를 통해 하나의 콘텐츠를 적극적으로 홍보함으로써 경쟁적 우위를 점할 수 있다(Jung, 2002; Williams, 2002). 미디어 상품은 수용자의 주목을 절대적으로 필요로 한다는 점에서 이러한 상호홍보 효과는 단일상품기업보다 절대우위에 놓일 수 있는 핵심요소로 작용하게 된다. 결국 '시너지'(*synergy*)로 불리는 이러한 개념적 우위는 규모의 경제(*economies of scope*)를 실현시키고자 하는 보완적 인수합병으로 귀결된다.

결국 규모의 경제를 추구하기 위해 미디어 기업들은 자사의 영역을 벗어나 기타 미디어산업에 진출한다. 그러나 기업이 신규시장에 들어가 독자적으로 사업을 키우는 데는 많은 시간과 노력이 요구되기 때문에 다른 분야에 빠르게 진출할 필요성이 있는 경우 이미 그 사업분야에서 성장한 업체를 인수하는 것이다. 1922년 잡지 〈타임〉(*Time*)을 창간함으로써 시작된 타임사는 새로운 사업으로 진출할 때마다 인수합병에 의존했다. 1968년 보스턴 출판사를 시작으로 영화, 음악, 케이블 및 지상파방송, 인터넷 사업으로의 진출을 모두 인수합병을 통해 이루어냈다. AOL과 타임워너의 합병이 성사된 것도 급속도로 성장하는 브로드밴드 시장에서 선점효과를 확보하려던 타임워너사의 욕구가 강력하게 발동했기 때문이다. 통신과 컴퓨터, 정보, 오락이 하나의 멀티미디어로 통합되는 시점에서 신속한 시장진입은 핵심적 요소로 작용할 수 있다.

4) 재벌형 합병

재벌형 합병은 사업의 위기를 감소시키고자 비관련사업으로 확장하는 전략이다(Green, 1990). 사업의 관련성으로 발생하는 수평적, 수직적 혹은 보완적 합병과는 달리 재벌형 합병이 규모의 경제를 실현시키거나 시너지를 창출하는 데 있어 불리한 것은 사실이다. 그러나 자금 유동성을 통한 효율성을 획득하여 시장의 불확실성을 감소시키고 자원을 할당하는 데는 유리하게 작용한다. 결국 단일사업으로는 불가능한 자금의 유동성을 확보함으로써 경영효율성을 증대시키는 것이다(Berger & Ofeck, 1995). 미디어 사업과 직간접 관련이 없는 모든 사업분야로의 진출이 재벌형 합병에 해당되는데, 예를 들어 보험이나 금융 혹은 부동산업을 사들이는 경우라고 볼 수 있다.

미디어 기업들은 수요의 불확실성이 내재된 미디어산업에서의 부진을 다른 산업에서의 이윤으로 보전할 수 있다. 또한 경기에 민감한 광고시장에 의존하지 않는 비미디어 사업에 진출하여 현금 유동성을 확보할 수 있다. 결국 특정산업의 불황이나 단기간의 손실을 극복하고 장기간 사업운영에 임할 수 있는 것이다.

5) 해외기업 인수합병

인수합병은 해외시장을 개척하는 좋은 방법으로도 작용한다. 해외시장에서 완벽한 기업정보를 갖고 새로운 유통망을 확보하고 생산시설을 갖추기까지는 많은 시간과 투자자금이 소요된다. 따라서 해외시장을 개척할 때 현지 기업을 인수하는 것이 훨씬 빠르고 손쉬운 방법인 것이다. 더욱이 문화적 요인이 크게 작용하는 미디어산업의 경우에 있어 이미 지역의 문화와 언어, 법률, 제도에 익숙한 현지 기업을 인수하는 것이 효율적이다. 국내시장에서의 규제 역시 사업확장에 걸림돌이 되는데, 이를 극복하기 위하여 해외시장으로 진출하기도 한다. 또한 기업들은 제품의 단가를 낮추기 위해 보다 싼 인건비나 재화를 찾아 다른 국가에 시설을 설립한다(Makino & Delios, 1996). 비용을 낮추기 위해 잡지사 〈타임〉(*Time*)과 경제 일간지 〈월스트리트저널〉(*Wall Street Journal*)은 세계의 각 지역별로 인쇄설비와 배급망을 설립하여 뉴스 콘텐츠를 보급하고 있다.

거숀(Gershon, 1997)은 미디어 기업의 해외사업 확장의 근거로 또 다른 이유를 추가시키고 있다. 미디어 기업들의 해외진출이 때로는 논리적으로 설명하기 힘든 그 어떤 힘에 의해 지배된다는 것이다. 뉴스코퍼레이션의 루퍼트 머독은 고대 제국의 건설자로 비유되고(Smith, 1991), 바그디키안(Bagdikian, 2000) 역시 현 세대 미디어 재벌들을 "지구촌의 제왕들"(*Lords of the global village*)이라고 칭한다. 이들은 최고 수준의 위험을 즐기는 사람들이고 새로운 상품개발을 위해 수십조의 달러를 기꺼이 쓰려는 모험가들이다. 다시 말해 그들에게 사업 거래는 하나의 예술이며 게임이라는 것이다(Gershon, 1997). 피카드(Picard, 1996) 역시 미디어 재벌들의 사업확장에 있어 리더들에게 경제적 요인뿐만 아니라 심리적 충동이 크게 작용했다고 분석했다.

본 연구는 이러한 논지에 근거하여 미디어 기업들이 인수합병을 통해 진출한 사업분야, 합병의 유형과 해외시장지역을 알아보고자 한다. 또한 분석 기업들을 핵심사업별로 그룹화하여 각 집단별로 진출사업, 인수합병의 유형, 해외진출지역에서 어떠한 차별성을 보이는지 밝히고자 한다. 아울러 내부적 요인이 아닌 외부 규제환경의 변화가 인수합병에 미친 영향도 살펴보고자 다음과 같은 연구문제를 제시한다.

- 연구문제 1-1) 글로벌 미디어 기업들의 인수합병 추세는 어떻게 변화하였는가?
- 연구문제 1-2) 글로벌 미디어 기업들의 해외기업 인수합병 추세는

어떻게 변화하였는가?

- 연구문제 1-3) 글로벌 미디어 기업들의 인수합병의 추세는 1996년 개정통신법 이전과 이후 어떠한 변화를 보이는가?
- 연구문제 2-1) 글로벌 미디어 기업들은 인수합병을 통해 어떤 사업분야로 진출하였는가?
- 연구문제 2-2) 글로벌 미디어 기업들은 어떤 유형의 인수합병을 선호하였는가?
- 연구문제 2-3) 글로벌 미디어 기업들은 어떤 해외국가를 대상으로 인수합병을 하였는가?
- 연구문제 3-1) 핵심사업별 집단에 따라 인수합병 대상사업은 어떠한 차이를 보이는가?
- 연구문제 3-2) 핵심사업별 집단에 따라 인수합병의 유형은 어떠한 차이를 보이는가?
- 연구문제 3-3) 핵심사업별 집단에 따라 해외 기업 인수합병은 지역별 차이를 보이는가?

3. 방법론

1) 샘 플

연구문제에 답하기 위해 미디어산업의 대표 저널인 *Broadcasting & Cable*이 발표한 총수입 기준 상위 25개 글로벌 미디어 기업을 선정했다. 버텔스만의 경우 저널의 목록에 포함되어 있지 않지만 매출액 규모(전체 순위 5위)와 글로벌 미디어 기업으로서의 지명도를 고려해 조사대상에 포함시켰다. 결과적으로 상위 26개 기업이 분석대상이 되었고(부록 1 참조) 조사기간은 1991년부터 2002년까지 12년간으로 설정했다. 1990년대는 미디어산업의 인수합병기로 불릴만큼 거대 규모의 거래가 빈번하게 이루어졌고 실제 거래액이 3천억 달러를 상회했다 (Croteau & Hoynes, 2001). 인수합병 거래자료는 톰슨 파이낸셜의 자회사인 SDC(Securities Data Company)가 발간한 데이터베이스에서 수집했다. SDC는 2백 개 이상의 뉴스 소스로부터 1일 단위로 인수합병에 대한 자료를 정리하고 있어 실질적으로 모든 거래를 포함한다고 볼 수 있다.

2) 인수합병 대상기업의 주요 사업

인수합병 대상기업(*target*)의 구분은 SIC(*Standard Industrial Classification*) 코드에 기준하였다. SIC체계는 미국 노동부에서 경제분석 자료 수집을 원활히 하기 위해 산업영역별로 각기 네 자리 숫자를 명명하여 분류한 기준방식이다. SIC체계는 기존연구에서 가장 빈번하게 적용된 기준이고, 또한 후속 연구가 동일한 자료를 가지고 연구할 수 있다는 장점이 있다(Sambharya, 2000). 미디어산업을 연구한 국내외 연구에서도 SIC체계가 광범위하게 적용되었다(전범수, 2002; 2003; Chon et al., 2002; Jung & Chan-Olmsted, 2005; Shaver & Shaver, 2002). 따라서 본 연구 역시 이 기준분류에 근거하여 미디어 기업들이 어떤 사업영역의 기업들을 인수하였는지를 분석한다.

아울러 본 연구에서는 인수합병으로 포함시킨 자산이 콘텐츠 제작업인지 배급망의 확보를 위한 것인지도 밝혀보고자 한다. 또한 인쇄나 제본, 시청각 장비제작, 광고대행업과 같이 미디어 상품 제작과 배급을 촉진시키는 기능을 수행하는 기업들의 경우 보조사업으로 구분하였고 은행, 보험, 부동산 등 미디어에서 벗어난 비관련 사업의 경우 기타 사업군으로 나누었다.

3) 합병유형의 구분

기존 연구에서 수평적 통합과 수직적 통합이 잘 구분되었던 반면 보완적 통합에 대한 논의는 충분하지 않았다. 그러나 신문기업이 잡지기업을 인수하는 것과 방송기업을 인수하는 것은 같은 미디어 자산을 추가하는 것이지만 다른 양상을 띤다. 신문기업은 잡지기업을 인수함으로써 제작인력과 인쇄 및 마케팅에서의 노하우를 쉽게 전이할 수 있지만 방송사업의 경우 인쇄매체의 특성을 전이시키는 데 어려움이 따른다. 따라서 보완적 결합의 경우 직접적 보완관계의 합병과 간접적 보완관계의 합병으로 세분한다. 〈표 12-1〉은 인수합병 유형에 따른 구분을 정리하고 있다.

거래유형의 기준은 직접 거래당사자(자회사)의 주요 SIC 코드에 따라 구분하였다. SIC 코드 첫 두 자리가 동일하면 직접적 보완관계로 그렇지 않으면 간접적 보완관계로 규정하였다. 인쇄기업들은 모두 27로 시작하는 SIC 코드(신문, 2711; 잡지, 2721; 서적, 2731; 기타 출판, 2741)를 띠고 있고 방송기업들은 모두 48로 시작하는 SIC 코드(라디오, 4832; 텔레비전방송, 4833; 케이블, 4841)를 띠고 있다.

4) 지역별 권역구분

기존 연구들은 정치, 지리, 경제적 상황(Kim, Hwang, & Burgers, 1989), 문화적 차원(Hofstede, 1991), 심리적 거리(Erikson, Johanson, Majkgard, & Sharma, 1997)에 의해 국가 권역을 구분하였다. 본 연구는 기존의 연구에서 설정된 국가 권역을 기반으로 하고 또한 문화상품에서 언어가 차지하는 영향력을 고려하여 세계시장을 일곱 개 권역으로 나누었다. 본 연구에서 미디어 재벌들이 인수합병 거래를 한 해외기업 국가들은 일곱 개 권역(북미 앵글로, 남미, 아랍, 동유럽, 서유

〈표 12-1〉 인수합병 유형에 따른 정의와 사례

유 형		정 의	예
수직적		제작과 배급의 결합	제작프로덕션+방송사
수평적		동일 산업 내의 결합	신문기업+신문기업
보완적	직접	매체간 유사산업 내의 결합	신문기업+잡지기업
	간접	매체간 이종산업간의 결합	신문기업+방송기업
재벌형		미디어산업 외부와의 결합	신문기업+금융기업

럽, 아시아, 아프리카) 중 하나로 포함된다.

5) 분석 대상기업의 집단화

상위 26개 기업은 복수의 사업자들이다. 그러나 그들의 핵심사업과 주요 수입원을 기준으로 그룹화하여 각 집단별로 인수합병에서 선호사업, 합병유형 및 해외진출지역의 차이를 분석해 보고자 한다. 먼저 SIC 기준으로 7개 기업(〈워싱턴포스트〉, 〈트리뷴〉, 〈가네트〉, 〈허스트〉, 〈뉴욕타임스〉, 〈스크립스〉, 〈벨로〉)이 2711(신문기업)로 구분되고, 버텔스만과 맥그로힐은 2731(서적출판), 메레디스는 2721(잡지출판)이다. 수입원 분석에서도 10개 기업 모두 인쇄출판에 의한 수입이 지배적으로 나타났다. 따라서 이들 10개 기업은 SIC 대분류 기준 27 그룹인 인쇄기업군으로 구분지었다.

8개 기업(케이블비전, 컴캐스트, 콕스, 차터, 에코스타, 아델피아, 휴그, 디스커버리)은 SIC 4841(케이블/유료 TV)이다. NBC는 4833(텔레비진 방송)이고, 클리어 채널은 4832(라디오)이다. 이들은 수입의 절반이상을 방송사업에서 거두고 있다. 따라서 이들 10개 기업은 방송과

케이블사업자로 지칭되는 SIC 48그룹인 방송기업군으로 분류하였다.

반면 나머지 6개 가운데 디즈니는 4833(텔레비전 방송), 비방디 유니버설, 뉴스코퍼레이션과 바이아컴은 7812(영화제작), 타임워너사는 7375(인터넷 서비스업자), 그리고 소니는 3651(시청각장비 제조업)로 분류되어 SIC 코드에 일관성이 없다. 디즈니의 경우 SIC 4833으로 방송사업자이지만 실제 수익은 영화사업이 더 높은 비율을 차지하고 있다. 타임워너의 경우 AOL이 타임워너사를 인수하여 주요 SIC코드가 7375, 즉 인터넷 서비스 제공업이지만 AOL로부터의 수입은 11.3%에 그치고 최대 수입원은 영화사업(38.7%)이다. 결국 6개 기업 모두 할리우드 메이저 영화사를 보유하고 미디어산업의 핵심 콘텐츠인 영화시장을 선도하고 있어 앞선 두 그룹과 차별화하기 위해 영화재벌군으로 분류하였다(부록 1 참조).

4. 결 과

본 연구는 매출액 대비 상위 26개 글로벌 미디어 기업이 12년간(1991~2002) 실시한 인수합병을 분석하였다. 첫 번째 연구문제로 설정한 인수합병의 흐름을 살펴보면 12년간 1,846건의 인수합병이 이루어졌다. 2000년부터 2002년까지 거래의 감소가 나타나긴 했지만 전반적으로 시간이 지남에 따라 거래가 늘어났음을 알 수 있다. 최근 3년간 거래가 감소한 한 가지 이유로는 전반적인 세계경제의 위축을 들 수 있다(Frank, 2002). 또한 이 연구는 거래가 종결된 인수합병만을 포함시키고 있다는 점에 주목해야 한다. 거래가 종료되기 위해서는 주주들의 승인과 정부의 법률 승인 절차가 필요하기 때문에 최근 3년간의 거래 감소를 실질적 감소로 받아들일 수는 없다.[1] 전체 인수합병을 자국 내 합병과 자국 외 합병으로 나누어볼 때 38.1%(703건)의 거래가 해외에서 이루어졌고 61.9%(1,143건)가 국내에서 이루어졌다. 〈그림 12-1〉은 인수합병의 변화를 나타내는데, 흥미로운 사실은 12년간 국내거래와 해외거래가 비슷한 추세를 보인다는 점이다. 다시 말해 국내시장에서 뿐만 아니라 해외시장에서의 인수합병도 비슷하게 증가세를 보이며 최근 3년간은 동일하게 감소세를 나타내고 있다.

한 가지 주목할 점은 해외시장에서의 인수합병 비율이 점점 높아지고 있다는 사실이다. 1990년대 초 30%를 밑돌던 해외인수합병률은 지속적으로 증가하여 1990년대 중반 이후 30%대 후반까지, 2000년대에 이르러 거의 50%까지 늘어났다. 자국 내 미디어 수요가 포화상태

〈그림 12-1〉 전체 및 국내 / 해외 인수합병 변화 추이

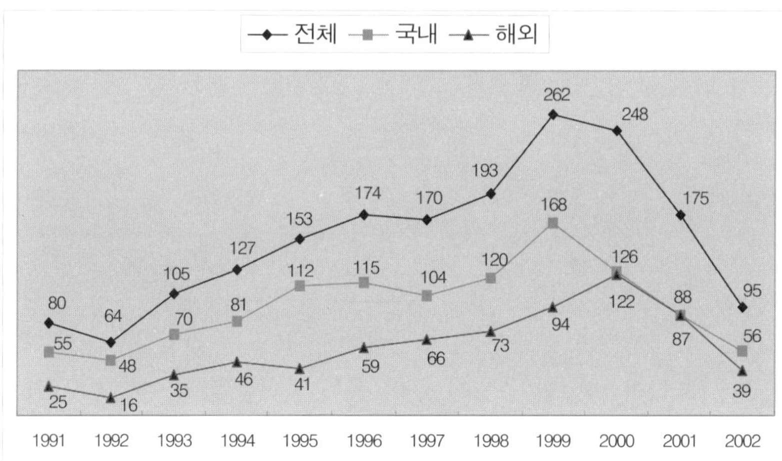

1) 실제로, 타임워너사의 경우 지난 3년간 86건의 인수합병을 선언했지만 이 가운데 2002년까지 거래가 종결된 사례는 56건에 불과하고 나머지는 아직 계류중에 있다. 뉴스코퍼레이션 역시 2000년부터 3년간 35건의 인수합병 거래를 시도했지만 23건의 거래는 아직 종료되지 않은 상황이다. 결과적으로 최근 몇 해의 인수합병 거래는 잠정적 수치이므로 증가할 수도 있다.

에 이르면서 보다 많은 기업들이 해외시장에 눈을 돌리고 있어 앞으로 이러한 해외인수합병의 증가세는 더욱 두드러질 전망이다(Chan-Olmsted & Albarran, 1998).

연구문제 1-3으로 제시했던 개정통신법 전과 후 인수합병의 추세를 살펴보면 양적 증가에 주목하게 된다. 1991년부터 1995년까지 5년간 529건(28.7%)의 인수합병이 이루어진 반면 1996년부터 7년간 1,317건(71.3%)의 인수합병이 이루어졌다. 최근 3년간 종결되지 않은 거래를 제외하고도 2.5배의 증가세를 보이고 있다. 개정통신법이 인수합병의 증가를 유도한 결정적 변수임을 확정지을 수는 없지만 1996년을 기점으로 컴캐스트, 콕스, 그리고 클리어 채널의 인수합병이 큰 수치로 늘어났다. 이들 기업은 케이블시스템 사업과 라디오 시장에서의 리더들로서 방송시장에서의 소유규제 완화를 골자로 한 개정통신법을 적극 활용했다고 볼 수 있다. 각 기업별 인수합병을 살펴보면 비방디 유니버설이 313건으로 가장 활발하게 인수합병에 나선 것으로 나타났다(〈표 12-2〉 참조). 뒤를 이어 버텔스만이 206건, 타임워너가 201건의 거래에 참여했다. 디즈니가 50건만을 성사시켜 11위로 기록된 점을 제외하면 헐리우드 영화사를 소유한 뉴스코퍼레이션(128건)과 바이아컴(112건), 그리고 소니(77건) 역시 거래 횟수에서 상위권으로 나타났다. 신문재벌인 〈트리뷴〉(155건)과 라디오 재벌인 클리어 채널(100건)의 거래량도 주목된다.[2] 동종산업에 있는 기업일지라도 매출액 규모에 따라 인수합병 거래 수에 차이가 있음을 알 수 있다. 케이

2) 클리어 채널의 경우 1996년 개정통신법이 통과된 시점부터 라디오 시장에서의 수평적 인수합병을 적극적으로 시도했고 1999년에는 라디오 업계의 2위였던 AMFM까지 인수하면서 라디오 시장을 지배하고 있다. 미국의 대표적 신문의 하나인 〈시카고 트리뷴〉을 펴내는 트리뷴사 역시 수평적 인수합병을 통해 적극적으로 신문시장에서의 지분을 넓혀왔고 2000년 〈엘에이 타임즈〉의 모기업 타임즈 미러사를 인수하면서 〈가네트〉에 이어 두 번째 규모의 신문기업으로 성장했다.

블 업계의 리더인 컴캐스트와 콕스가 각각 63건씩의 인수합병을 성사시킨 반면 소규모인 차터, 케이블비전, 아델피아는 20건 정도의 거래에 머물고 있다. 인쇄출판기업 역시 〈트리뷴〉을 포함하여 규모가 큰 〈가네트〉와 맥그로힐의 경우 거래 횟수가 많았지만 보다 작은 규모의 벨로, 스크립스, 〈뉴욕타임스〉, 메레디스는 그들 기업에 비해 현저히 낮은 10건 선상에서 거래를 이루었다. 세계 최고 권위지의 하나로 인정받는 〈뉴욕타임스〉 역시 사업영역을 확대해왔다. 그러나 직접적인 소유권 인수보다는 전략적 제휴로 다각화에 임하고 있어 인수합병의 수치가 낮게 나온 것으로 분석된다.[3] 〈뉴욕타임스〉가 전략적 제휴와 조인트벤처로 사업확장을 꾀해 인수합병이 12건에 머무른 반면, 같은 권위지의 하나인 〈워싱턴포스트〉는 세 배가 넘는 39건의 인수합병 거래를 성사시켰다. 이는 〈워싱턴포스트〉사가 다른 신문기업과의 차별화를 시도하며 교육사업의 인수합병을 시도했기 때문이다.[4] 외국기업의 인수합병을 분석해보면 비미국계 4개 회사가 상위 4순위를 차지하고 있다; 비방디(226건), 버텔스만(114건), 뉴스코퍼레이션(111건), 소니(50건). 자국시장이 협소한 유럽과 일본, 호주 기업이 미국이라는 큰 시장을 대상으로 기업들을 인수하고 있다. 또한 미국시장을 제외하고도 이들 기업의 해외진출이 미국기업보다 상대적으로 더 활발한 것으로 나타났다. 미국기업 중에서는 타임워너사가 49건, 클리어 채널이 40건의 거래를 종결지었고 뒤를 이어 바이아컴(24건), 〈가네트〉

---

3) 예를 들어, 방송사업으로 영역을 넓히면서 디스커버리사와의 공동투자로 조인트벤처 뉴스 채널 Discovery Times Channel을 신설했다. 계약의 일환으로 조인트벤처의 프로그램을 디스커버리가 소유한 다른 케이블 채널에도 공급하고 있다.

4) 교육서비스인 카플란(Kaplan)을 통해 어린이, 학생, 전문직을 위한 광범위한 시험준비와 트레이닝 서비스를 운영하고 있다. 신문기업의 정보라는 교육 성격이 강한 콘텐츠를 활용한 이미지 확장의 성공적 예로 손꼽히고 있다.

(18건), 디즈니(14건), 맥그로힐(12건)의 순서로 나타났다. 신문기업 중에서는 〈가네트〉가 유일하게 해외기업 인수에 적극적이었다.[5] 전체 거래 155건으로 분석 기업 중 네 번째로 많은 거래를 성사시킨 〈트리뷴〉이 해외기업 인수는 단 세 건에 그치고 있다. 이는 〈가네트〉가 신문사업을 중심으로 해외시장을 개척해나가는 반면 〈트리뷴〉은 합병 이후 타임즈 미러가 소유하고 있던 잡지사업을 분리시키고 신문과 지역방송, 그리고 인터넷 사업에 주력하면서 국내시장에서의 다각화에 주목한 결과로 보인다. 한편 라디오 기업인 클리어 채널이 해외기업 인수합병에서도 40건으로 많은 거래를 성사시킨 것은 클리어 채널이 외국 라디오 시장으로 진출을 넓힌 것과 아울러 해외 옥외광고 시장에 적극적으로 투자를 늘린 결과이다. 외국기업 4개사와 메이저 영화사를 소유한 타임워너, 디즈니와 바이아컴, 신문재벌 〈가네트〉, 라디오 재벌인 클리어 채널, 그리고 서적출판의 선두주자인 맥그로힐을 제외한 16개 기업은 10개 미만의 외국기업을 인수한 것으로 나타났다. 특히 차터, 벨로, 스크립스, 메레디스는 12년간 외국에서 단 한 건의 인수합병에도 참여하지 않았다. 사업의 성격상 케이블시스템 사업자의 경우 해외시장 확장이 용이하지 않는 측면도 있지만 상대적으로 규모가 크지 않은 미디어 기업들이 인수합병이라는 해외직접투자에 대해 신중한 선택을 하는 것으로 보인다.

연구문제 2는 보다 구체적으로 인수합병시 진출한 사업영역과 인수

---

5) 〈가네트〉는 미국 내에서 *USAToday*를 비롯한 107개의 일간지와 5백 개의 비일간지 출판을 거느린 최대의 신문재벌 기업으로 미국 시장에서의 지배력을 바탕으로 외국시장에서의 신문기업 인수에 주력했다. 2000년 영국의 News Communications & Media 그룹을 인수하고 캐나다의 톰슨사로부터 지역신문을 사들였다. 또한 조사대상 기간 이후지만 2003년 스코틀랜드, 벨기에, 독일, 괌, 홍콩과 싱가포르에서 신문기업을 사들인 것으로 나타났다.

〈표 12-2〉 기업별 인수합병 현황

순위	기업	1991	1992	1993	1994	1995	1996	1997	1998	1999	2000	2001	2002	합계
1	타임워너	18(2)	6(4)	14(3)	16(1)	21(3)	15(1)	12(2)	17(4)	26(5)	30(15)	14(6)	12(3)	201(49)
2	비방디	16(11)	10(4)	9(4)	16(11)	17(10)	24(20)	37(25)	33(23)	46(37)	41(33)	42(31)	22(17)	313(226)
3	디즈니	5(3)	1(0)	1(0)	3(1)	6(2)	4(1)	8(1)	4(0)	4(2)	3(1)	7(2)	4(1)	50(14)
4	바이아컴	3(1)	3(0)	6(0)	8(1)	14(2)	19(8)	9(2)	5(1)	22(1)	14(3)	1(1)	8(4)	112(24)
5	버텔스만	5(2)	7(4)	6(4)	13(9)	19(7)	32(14)	13(6)	26(17)	20(13)	36(23)	21(12)	8(3)	206(114)
6	컴캐스트	2(0)	3(0)	8(0)	1(0)	4(1)	6(0)	6(0)	10(0)	9(0)	4(0)	8(1)	2(0)	63(2)
7	소니	3(3)	1(1)	4(4)	5(4)	3(3)	1(1)	6(4)	9(7)	7(4)	13(7)	17(7)	8(5)	77(50)
8	뉴스코퍼	3(3)	4(3)	12(11)	18(15)	12(8)	10(9)	11(11)	10(8)	13(11)	23(22)	8(7)	4(3)	128(111)
9	휴그	0	0	0	0	2(0)	2(0)	3(2)	4(2)	5(1)	3(2)	0	0	19(7)
10	콕스	3(0)	1(0)	4(3)	5(1)	4(1)	7(0)	7(0)	5(2)	14(2)	11(0)	0	2(0)	63(9)
11	클리어채널	1(0)	7(0)	6(0)	3(1)	3(1)	8(2)	8(2)	12(2)	17(11)	15(7)	18(13)	2(1)	100(40)
12	가네트	5(0)	3(0)	1(0)	2(0)	4(0)	0	9(7)	10(6)	5(3)	5(1)	1(1)	3(0)	48(18)
13	NBC	1(0)	0	2(1)	2(0)	2(0)	2(0)	3(0)	2(0)	7(0)	12(3)	8(2)	2(0)	43(6)
14	트리뷴	5(0)	7(0)	14(0)	15(0)	24(1)	17(0)	10(0)	19(1)	27(1)	9(0)	6(0)	2(0)	155(3)
15	맥그로힐	4(0)	4(0)	7(3)	1(1)	2(1)	5(1)	4(2)	2(0)	4(1)	4(1)	6(2)	4(0)	47(12)
16	케이블비전	2(0)	0	3(0)	1(0)	0	2(0)	5(2)	3(0)	3(0)	2(0)	1(0)	0	22(2)
17	차터	0	0	0	0	1(0)	5(0)	1(0)	2(0)	8(0)	3(0)	3(0)	0	23(0)
18	허스트	0	1(0)	2(1)	1(0)	4(1)	1(1)	2(0)	6(0)	6(1)	4(1)	2(0)	1(0)	30(5)
19	에코스타	0	0	0	2(0)	1(0)	0	0	2(0)	1(1)	1(0)	0	0	7(1)
20	아델피아	0	0	0	1(1)	2(0)	0	0	4(0)	5(0)	6(0)	3(0)	1(0)	22(1)
21	뉴욕타임스	0	1(0)	1(0)	0	1(0)	3(0)	0	0	1(0)	1(1)	2(0)	2(1)	12(2)
22	워싱턴포스트	0	3(0)	2(1)	1(0)	1(0)	4(0)	4(0)	5(0)	6(0)	5(1)	4(1)	4(0)	39(3)
23	디스커버리	1(0)	0	1(0)	6(0)	2(0)	3(1)	2(0)	1(0)	0	1(1)	2(1)	1(1)	20(4)
24	스크립스	1(0)	1(0)	1(0)	2(0)	1(0)	1(0)	3(0)	0	1(0)	1(0)	0	1(0)	13(0)
25	벨로	1(0)	0	0	3(0)	3(0)	3(0)	4(0)	0	5(0)	1(0)	1(0)	1(0)	22(0)
26	메레디스	1(0)	1(0)	1(0)	2(0)	0	0	3(0)	2(0)	0	0	0	1(0)	11(0)
	합계	80(25)	64(16)	105(35)	127(46)	153(41)	174(59)	170(66)	193(73)	262(94)	248(122)	175(87)	95(39)	1,846(703)

주: ( )안의 숫자는 외국시장에서의 인수합병.

합병의 유형, 그리고 해외진출 국가를 분석해보는 것이었다. 전체 거래를 분석해보면 산업분류(SIC) 네 자리 기준으로 205개 사업이 인수합병대상이었다. SIC 첫 두 자리 기준으로 크게 묶었을 때도 51개 산업영역에 속한 기업들을 인수합병함으로써 활발한 다각화 현상을 보여주고 있다.[6] 〈그림 12-2〉는 26개 기업이 인수합병한 기업들을 사업영역별로 분류한 것인데, 라디오, 텔레비전, 케이블 등 방송영역이 전체 1,846건 중 502건으로 27.2%를 차지했다. 뒤를 이어 신문, 잡지,

〈그림 12-2〉 인수 대상기업의 사업영역별 분류

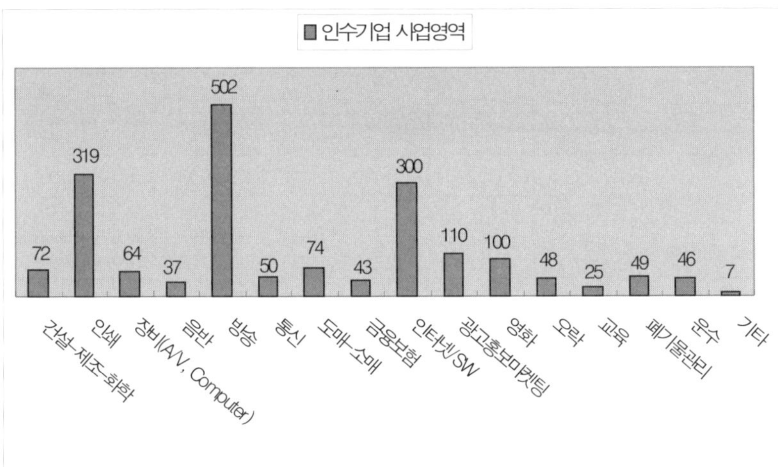

6) SIC기준으로만 사업영역을 구분할 수는 없다. 같은 상위 두 자리에 속하는 사업영역일지라도 세부적인 사업내용이 다를 수 있고 혹은 상위 두 자리가 다르더라도 유사한 사업영역에 해당되기도 한다. 예를 들어, 첫 두 자리가 15, 16, 17인 경우 건설업이라는 항목으로 묶일 수 있는 반면 같은 SIC 코드 73으로 시작하는 사업영역일지라도 광고홍보마케팅 서비스와 인터넷/소프트웨어로 나뉠 수 있고, SIC 코드 36그룹도 시청각 장비제조업이지만 3652의 경우 음반제작업으로 다시 나뉠 수가 있다.

서적출판의 인쇄영역이 319건(17.3%), 인터넷과 소프트웨어가 300건(16.3%), 광고/홍보/마케팅 분야가 110건(6.0%), 그리고 영화 및 비디오제작업이 100건(5.4%)으로 높은 빈도를 차지했다. 그 밖에도 음반, 테마파크 및 오락, 시청각장비제조, 통신업으로도 빈번한 진출을 시도했으며 미디어 사업과 직접 관련이 없는 건설/제조/화학, 금융보험, 교육, 운수, 폐기물 관리사업에도 상당수 진출한 것으로 나타났다.

전체 인수합병을 미디어산업 관점에서 콘텐츠 제작, 배급, 보조기능, 그리고 기타로 나누어 보았다. 콘텐츠의 중요성이 강조되었지만 미디어 기업들은 실제 인수합병에 있어 제작사업보다는 배급업을 중심으로 사들인 것으로 나타났다. 배급업자는 지역방송사, 케이블과 위성시스템, 서적판매, 북클럽, 극장, 비디오 대여, 인터넷 서비스 공급업자 등을 아우르고 있다. 반면 제작업의 경우는 영화, 방송프로그램 및 비디오, 뉴스, 음반, 게임 소프트웨어, 웹 콘텐츠 제작 등을 포함한다. 유사한 비율이지만 배급사업 인수가 681건으로 36.9%, 그리고 제작사업 인수가 589건으로 31.9%를 차지했다. 그 밖에 보조기능을 수행하는 기업 인수와 기타 사업체 인수가 각각 15%씩으로 나타났다. 콘텐츠 제작과 배급이라는 미디어사업에 보조적 역할을 수행하는 사업으로는 시청각 장비나 게임콘솔 제작, 테마파크나 스포츠 팀과 같은 엔터테인먼트 사업, 광고 및 홍보대행사, 인쇄/제본, 캐릭터상품 판매 등이 포함되어 있다.

인수합병의 거래를 유형별로 살펴본 결과 수평적 합병 유형이 605건으로 전체 거래의 32.8%를 차지해 가장 높게 나타났다. 그러나 직접보완과 간접보완 유형을 합쳐 하나의 보완합병으로 분석하면 798건(43.2%)으로 수평적 형태를 앞선다. 특히 간접보완 형태의 합병이 475건으로 직접보완 합병(323건)보다 많이 발생했다. 다시 말해 같은 인쇄산업 혹은 방송산업 내에서의 합병보다는 산업의 경계를 넘어 다른 미디어산업으로 진출한 경우가 훨씬 빈번하게 나타났다는 것이다.

알바란과 디믹(Albarran & Dimmick, 1996)이 밝힌 미디어산업에서 다양성의 경제와 시너지를 추구하기 위한 시도라고 볼 수 있다. 특이한 점은 제작, 배급, 유통의 수직적 통합이 미디어산업에서 거래비용을 감소시키고 시장에서의 협상력을 증대시킬 수 있음에도 불구하고 실제 수직적 합병은 228건(12.4%)에 불과했다. 한편 미디어 영역이 아닌 별도의 사업을 인수한 재벌형 합병도 215건으로 전체의 11.6%를 차지하고 있어 미디어 기업들의 다양한 다각화 추세를 반영하고 있다.

해외진출을 각 국가별로 분석해보면 12년간 48개국의 기업을 대상으로 인수합병에 나선 것으로 나타났다. 전체 703건의 해외기업 인수합병 중 미국기업이 대상이 된 거래가 211건(30.0%)으로 가장 빈번했고, 영국이 84건(11.9%), 독일이 48건(6.8%), 캐나다가 37건(5.3%), 스페인이 36건(5.1%), 그리고 프랑스가 32건(4.5%)이었다. 48개국의 기업을 대상으로 인수합병이 이루어졌지만 실제로 이들 상위 6개 국가가 전체의 63.7%를 차지했다. 지역별로 살펴보면 이러한 양극화 현상이 더욱 두드러지게 나타난다. 인수합병의 대상이 된 전체 해외기업 중 290건(41.3%)이 서유럽 국가들이었고, 미국과 캐나다를 중심으로 한 북미 앵글로 지역이 275건(39.1%)을 차지했다. 결과적으로 이들 두 지역에서 80% 이상의 해외인수합병이 일어났다. 뒤를 이어 아시아(54건, 7.7%), 동유럽(40건, 5.7%)과 남미(35건, 5.0%) 시장에서 거래가 이루어졌다. 한편 아랍과 아프리카에서는 각각 6건(0.9%)과 3건(0.4%)만의 거래가 이루어져 이들 두 지역이 직접투자 대상국가로는 기피된 것으로 분석되었다. 이는 직접투자대상지역의 선정에서 대상국가의 경제규모와 정치적 안정도가 결정적 변수로 밝혀진 선행연구들의 결과와도 일치하는 부분이다(Erramili & Rao, 1993; Jung, 2004).

연구문제 3-1은 주요 사업 기업군들이 진출한 사업영역별로 차이가 있는지를 알아보고자 하는 것이었다. 〈표 12-3〉은 기업군별로 인수한

〈표 12-3〉 주요 사업군별 인수합병 사업영역 차이

	제작	배급	보조	기타	합계
인쇄기업군	305(52.3)	173(29.7)	73(12.5)	32(5.5)	583(100)
방송기업군	39(10.2)	234(61.3)	98(25.7)	11(2.9)	382(100)
영화재벌군	245(27.8)	274(31.1)	123(14.0)	239(27.1)	881(100)
합계	589(31.9)	681(36.9)	294(15.9)	282(15.3)	1,846(100)

주: ( )안의 숫자는 %; X2=399.894; df=6; p〈.001.

사업들의 영역을 나타내고 있다. 인쇄기업군의 경우 제작사업을 담당하는 기업과 305건(52.3%)의 거래를 하였고, 배급사업자 173기업(29.7%), 보조사업자 73기업(12.5%), 그리고 기타 비미디어 사업자 32기업(5.5%)을 인수합병한 것으로 나타났다. 반면 방송기업군은 전체 61.3%를 배급사업자 인수합병에 주력했다. 다음으로 보조기능을 담당하는 기업들을 25.7% 사들였고, 제작업의 경우 10.2%만 인수합병에 나서 인쇄기업군과 대조적인 결과를 드러냈다. 비미디어 관련 사업 역시 11건(2.9%)만의 거래를 성사시킨 것으로 나타났다. 인쇄기업군이 제작역량 강화에, 방송기업군이 배급영역 확충에 주력한 반면 영화재벌군의 경우 제작과 배급에 모두 투자하고 있었다. 전체 31.1%의 거래는 배급사업자와, 27.8%의 거래는 제작기업과 이루어졌다. 보조적 기능을 하는 사업자는 14.0%만 사들인 반면 미디어와 관련이 없는 사업자의 인수가 27.1%에 달해 앞선 두 기업군과 대조적인 결과를 보였다. 이는 타임워너를 비롯한 재벌그룹들이 현금 유동성 확보를 위해 보험 및 금융, 부동산 사업에 적극적으로 투자하고 있기 때문인 것으로 분석된다.

다음으로 연구문제 3-2에서 제시했던 주요 사업군별 합병의 유형에서의 차이를 살펴보았다. 〈표 12-4〉는 교차검증 결과를 나타내는데,

〈표 12-4〉 주요 사업군별 인수합병 유형 차이

	수평	수직	직접보완	간접보완	재벌	합계
인쇄기업군	158(27.1)	56(9.6)	152(26.1)	176(30.2)	41(7.0)	583(100)
방송기업군	204(53.4)	36(9.4)	64(16.8)	39(10.2)	39(10.2)	382(100)
영화재벌군	243(27.6)	136(15.4)	107(12.1)	260(29.5)	135(15.3)	881(100)
합계	605(32.8)	228(12.4)	323(17.5)	475(25.7)	215(11.6)	1,846(100)

주: ( )안의 숫자는 %; X2=181.338; df=8; p〈.001.

인쇄기업군의 경우 176건의 거래(30.2%)로 간접보완 유형을 가장 선호했고 다음으로 수평적(158건; 27.1%), 직접보완(152건; 26.1%), 수직적(56건; 9.6%), 그리고 재벌형(41건; 7.0%)의 순서로 나타났다. 보완적 거래의 경우 직접보완과 간접보완 유형을 합하면 328건으로 전체의 56.3%를 차지한 것으로 나타나 인쇄기업은 이종 미디어산업으로 적극적 진출을 꾀한 것으로 분석된다. 방송기업군의 경우 결과가 상이하게 드러난다. 직접 혹은 간접보완적 거래가 103건으로 27.0%를 차지한 반면 수평적 결합형태의 거래가 204건으로 전체의 53.4%를 차지하고 있다. 수직적 거래는 9.4%로 인쇄기업군과 유사한 비율로 나타났고 재벌형 거래는 10.2%로 인쇄기업군에 비해 다소 높은 것으로 나타났다. 방송기업군의 경우 이종 미디어산업으로의 진출을 꾀하면서도 동종산업 내 기업의 인수합병에 보다 치중한 것으로 분석된다. 한편 헐리우드 메이저 영화사를 소유한 영화재벌군의 경우는 앞선 두 기업군에 비해 보다 다양하게 거래를 이룬 것으로 나타났다. 간접보완 260건(29.5%), 직접보완 107건(12.1%)으로 보완적 합병이 전체의 41.6%를 차지했고, 수평적 결합이 243건(27.6%), 그리고 수직적 결합이 136건(15.4%)을 차지했다. 특히 수직적 거래가 앞선 두 기업군에 비해 상당히 높은 것으로 나타나 시장거래에서 거래비용을 감소시키는 유인요소가 큰 것으로 보인다. 또한 재벌형 거래가 135건(15.3%)으로 이 역시 두 기업군과 차별화되는 비율이다. 결과적으로 인쇄기업군이 이종 미디어산업으로의 적극적인 진출을 꾀하고 방송기업군이 동종산업 내 기업들의 인수합병에 주목한 반면 영화재벌군은 보다 다양한 거래를 성사시키면서 동종 및 이종산업으로의 진출을 시도한 것으로 분석된다.

마지막으로 연구문제 3-3은 기업군별로 진출한 해외지역의 차이를 분석하고자 하였다. 〈표 12-5〉는 기업군별 진출국가 권역을 나타내고 있는데, 먼저 인쇄기업군의 경우 주대상지역이 서유럽으로 나타났다. 가장 활발한 해외진출을 꾀한 상위 두 번째 기업이 인쇄기업군에 속하는 독일의 버텔스만이었음을 상기할 때 서유럽의 높은 진출은 독일이 인접지역으로 적극적 투자를 넓힌 것으로 분석된다. 아울러 미국의 인쇄기업들도 캐나다에 이어 영국을 비롯한 서유럽에 주로 진출한 것으로 나타나 서유럽 편중 결과가 나타났다. 이어 북미 앵글로 지역 국가에서 31.8%의 거래를 성사시켰고 뒤이어 아시아, 동유럽, 남미 권역에서 인수합병을 이루었다. 그러나 아랍지역에서는 한 건만의 거래가 이루어졌고, 아프리카 시장에서는 단 한 건도 이루어지지 않았다. 방송기업군의 경우 현저하게 낮은 해외기업 직접투자를 보이고 있다. 이는 방송기업군이 시스템 배급체계를 중심으로 한 케이블 업체로 이루어져 있기 때문으로 분석된다. 즉, 인쇄매체보다 소유규제의 영향을 많이 받고 현실적으로 미국 내의 지역방송사 인수합병에 주력했기 때문이다. 소수의 인수합병이지만 주로 서유럽 시장에서 이루어졌고 남미시장으로의 비율이 14%로 인쇄기업군에 비해 높게 나타났다. 이는 남미국가들의 방송통신산업 탈규제와 사유화 정책에 따른 것으로 분석된다. 영화재벌군의 경우 앞선 두 기업군에 비해 지역별 투자가 다양하게 나타났다. 인쇄기업군과 방송기업군이 서유럽 시장으로 가장 많

〈표 12-5〉 주요 사업군별 해외기업 인수합병 권역별 차이

	북미	아랍	동유럽	서유럽	아시아	남미	아프리카	합계
인쇄기업군	50 (31.8)	1 (0.6)	7 (4.5)	86 (54.8)	8 (5.1)	5 (3.2)	0 (0)	157 (100)
방송기업군	14 (19.4)	0 (0)	2 (2.8)	43 (59.7)	3 (4.2)	10 (13.9)	0 (0)	72 (100)
영화재벌군	211 (44.5)	5 (1.1)	31 (6.5)	161 (34.0)	43 (9.1)	20 (4.2)	3 (0.6)	474 (100)
합계	275 (39.1)	6 (0.9)	40 (5.7)	290 (41.3)	54 (7.7)	35 (5.0)	3 (0.4)	703 (100)

주: ( )안의 숫자는 %; X2=53.022; df=12; p〈.001.

이 진출한 반면 영화재벌군은 북미 앵글로 지역에 44.5%의 투자를 했고 서유럽은 34.0%로 뒤를 이었다. 미디어 기술의 급진적 발달과 시장 수요가 증대되는 아시아 시장이 9.1%를 차지하며 세 번째 투자지역으로 나타난 것도 주목할 만하다. 역시 낮은 비율이지만 인쇄와 방송기업군이 인수합병을 꺼린 아랍과 아프리카에서도 직접 거래를 성사시킨 것으로 나타나 영화재벌군이 보다 폭넓게 해외시장 개척에 나서고 있는 것으로 분석되었다. 전체 해외기업 인수합병의 비율에서도 영화재벌군이 실시한 인수합병이 703건 중 474건으로 67.4%를 차지하고 있어 인쇄기업군과 방송기업군보다 더욱 집중적으로 해외기업확장에 나서고 있는 것으로 드러났다.

5. 논의 및 결론

미디어 재벌의 세계화에 대한 부정적 시각이 빈번하게 제기되었지만 이들이 어떠한 기업들을 사들였고 어떤 유형의 인수합병에 나섰는지 또한 어떤 국가로 진출했는지 실증적 자료에 근거해서 분석한 연구는 상대적으로 많지 않았다. 기업에 따라 다소의 편차가 있지만 글로벌 미디어 기업들은 1991년부터 12년간 인수합병을 지속적으로 늘려왔다. 12년간 기업들이 인수한 사업자들은 산업분류(SIC) 기준으로 205개 사업자에 해당되었고 이들을 사업영역별로 재구성해 보았을 때 방송과 신문/서적출판사업이 가장 선호되는 인수합병 대상사업이었다. 그외에 음반, 영화를 비롯한 미디어산업뿐만 아니라 인터넷과 기업의 상품거래를 촉진시키기 위한 광고/홍보/마케팅 분야로의 진출도 눈에 띄게 높은 비율을 차지했다. 아울러 미디어사업과 직접 관련이 없는 영역으로의 진출 역시 상당부분을 차지하고 있었다.

인수합병 대상기업의 사업내용을 기능별로 나누어 볼 때 제작사업보다는 배급사업 중심의 기업을 보다 선호했음이 드러났다. 미디어산업에서 콘텐츠 제작과 배급의 두 축은 오랫동안 지배력에서 우위 싸움을 지속해왔다. 미국에서도 3개의 지상파방송사 네트워크만이 존재했을 때는 배급의 병목현상으로 네트워크가 지배적 힘을 가졌지만 새로운 기술의 발달로 인한 채널의 증가는 콘텐츠의 중요성을 배가시켰다. 그러나 본 연구의 분석결과 글로벌 미디어 기업들이 제작사업보다는 오히려 배급사업자를 사들이는 데 더 많은 투자를 한 것으로 나타났다. 메이저 영화사를 포함한 제작능력을 갖춘 거대 기업들의 지배력이 감소했다고 볼 수는 없지만 배급업에 주력하는 기업들의 거대화는 이에 버금가는 지배력을 행사하기 시작했다. 컴캐스트는 AT&T Broadband를 인수함으로써 미국 가정에 다섯 가구당 한 가구 비율로

케이블 서비스를 제공하고 있다. 결국 컴캐스트는 콘텐츠 제공업자들의 프로그램을 거부함으로써 배급 우선의 모델을 제시할 수 있게 된 것이다.

해외시장에서의 인수합병을 보면 미국의 기업보다는 실제로 비미국 기업의 투자가 보다 적극적으로 이루어지고 있음을 알 수 있다. 또한 일반적으로 글로벌 미디어 기업이 전 세계에 진출해 있다는 고정관념에 비교했을 때 실제로 상당수 재벌기업들이 직접 인수합병을 통한 해외투자에는 신중한 자세를 취하는 것으로 분석된다. 본 연구에서 분석된 26개 기업 중 상위 10개 기업을 제외하고 나머지 16개 기업은 10개 미만의 해외기업을 인수했고 그 가운데 4개 기업은 12년간 전혀 해외기업의 인수합병에 나서지 않았다. 그러나 이 연구에서는 외국에 진출하여 현존하는 기업을 직접 인수합병한 사례만을 분석대상에 포함시켰음을 상기할 필요가 있다. 따라서 라이선스 협약이나 조인트벤처 등과 같은 여타의 전략적 제휴들을 포함시킨다면 해외 다각화는 더욱 극명하게 드러날 것이다. 예를 들어, 디즈니는 출판사업이 100개국 37개 언어로 운영되고 있다고 보고했고, 타임워너 역시 CNN이 200개 이상의 국가와 지역에 공급되고 있다며 그들의 글로벌 확장을 과시하고 있다(Hollifield, 2001). 그러나 이 연구는 자료의 일관성과 신뢰성의 문제로 실제 거래가 완성된 인수합병만을 포함시켰다. 그럼에도 불구하고 해외 다각화는 지속적으로 상승하고 있음을 알 수 있다.

해외기업 인수합병을 권역별로 보면 서유럽과 미국과 캐나다를 중심으로 한 북미 앵글로 지역에서의 인수합병이 전체 거래의 80%를 상회하고 있어 두 지역으로의 편중이 두드러졌다. 반면 아랍과 아프리카 지역에서는 인수합병이 극히 제한적으로 이루어졌다. 최근 미디어와 통신영역의 사유화를 통한 개방정책에 나선 남미시장으로의 진출(Alcala, 2001)이나 기술발달과 미디어 상품 수요 증대로 아시아 시장으로의 진출도 늘어나고 있는 실정이다. 이는 기존 연구들의 결과에서도 밝혀졌듯이 직접투자의 원칙인 상대시장의 경제적 규모와 정치적 안정도, 규제상황 등이 해외기업 인수합병의 주요 요인으로 작용하는 결과로 분석된다.

한류 열풍으로 국내 미디어 기업들의 해외시장 진출이 가속화되고 있다. 한국의 영화사가 일본 시장에 직배사를 설립하고, 지상파방송사들도 프로그램 수출을 촉진하기 위하여 해외지사 설립을 추진하고 국가간 공동제작에 임하고 마케팅 전략을 수립하고 있다. 그러나 본 연구에서도 드러나듯이 글로벌 미디어 기업들도 인수합병을 통한 직접투자에는 신중한 자세를 취하고 있다. 따라서 국내 기업들도 해외직접투자보다는 조인트벤처를 비롯한 각종 전략적 제휴를 통해 신중하게 해외시장 진출을 확대하는 것이 바람직할 것이다. 이번 연구에서 가장 주목할 부분 중의 하나는 보완적 합병의 유형이 가장 선호된 점이었다. 이는 미디어 기업들이 고유의 산업을 넘어서 이종매체로 활발하게 진출했다는 것이다. 특히 유사한 매체로 진출하는 직접보완 거래보다 성격이 다른 매체로 진출하는 간접보완 형태가 두드러지게 높은 비율로 나타났다. 미디어 기업들이 새로운 시장으로의 신속한 진입과 범위의 경제로 인한 시너지를 추구하고자 인수합병에 나섰음을 알 수 있다. 미디어산업에서 특정 매체를 넘어서 여러 분야에 자산을 소유함으로써 얻는 보완적 합병의 혜택은 '다양성의 경제'(*economies of multiformity*)로 불리기도 한다(Albarran & Dimmick, 1996). 전화회사가 현존하는 배급망을 통해 케이블텔레비전 서비스를 제공하거나 하나의 콘텐츠를 재가공하여 다른 배급채널로 유통될 때 이러한 다양성의 경제가 실현되는 것이다. 산업간 집중도(*cross-industry concentration*)는 1995년 상위 4개 기업 집중도가 25%, 상위 8개 기업 집중도가 40% 수준이었다. 그후 해마다 산업간 집중도는 심화되었고 2001년 기준으로 상위 4개 기업 집중도와 8개 기업 집중도가 각각 24%와 26%씩 높아졌다(Albarran & Mierzejewska, 2004). 결국 미디어 기업들은 이러한 보완적 합병을 지속적으로 추구하여 복합미디어 재벌로 탈바꿈한 것이다.

이러한 미디어 기업의 복합 미디어 사업 참여 경향은 국내시장에서도 나타나고 있다. 지상파 3사가 모두 영화제작에 참여하여 극장상영 후 자사의 채널을 통해 영화를 방영하는 사업을 추진중이고, 인터넷을 통한 다시보기, 지상파 DMB사업과 같은 뉴미디어 사업들을 병행하고 있다. 신문기업들 역시 다각화의 길을 적극 모색중이다. 기존의 종이신문과 출판사업으로 사업영역을 국한시켰던 신문기업들이 인터넷 비즈니스를 비롯하여 각종 사업에 참여하고 있다. 특히 신문과 방송의 겸영을 통한 시너지를 목표로 방송매체 시장으로의 진출을 적극 꾀하고 있다. 아울러 방송과 통신기술의 융합에 따라 통신기업들의 미디어 시장으로의 진출도 주목할 만하다. KTF가 국내 최대의 영화제작배급사인 싸이더스를 인수했고, 경쟁기업인 SKT 역시 영화제작사 iHQ를 인수하고 와이더댄을 통해 유료 음악사이트 멜론을 운영하고 있다. 결국 시너지를 목표로 하는 보완적 결합의 확대는 국내에서도 복합 미디어 기업을 지속적으로 탄생하게 하여 산업간 집중도를 심화시킬 것으로 전망된다.

본 논문의 연구목적은 정책적 함의를 도출하는 데 있지는 않다. 그러나 미디어 기업의 인수합병을 분석함에 따라 가장 선호되는 것이 자신의 사업영역을 벗어나 다른 미디어산업으로 진출하는 보완적 형태의 인수합병이었음에 주목하여 그 정책적 시사점을 찾아보고자 한다. 사유화된 미디어 기업의 경쟁을 우선시하는 미국에서도 미디어 기업의 소유와 집중에서 가장 우려되었던 것이 신문과 방송의 동일 지역 내 교차소유 문제였다. 이러한 우려는 결국 미디어 소유의 집중으로 다원화된 의견이 배제될 가능성이 높다는 점이었다. 그러나 겸영과 복수미디어 소유집중의 제한이 곧바로 다원화된 사상을 도출해내는 해결책이 될 수는 없다. 따라서 다원주의 사회를 위해 기여하는 미디어 환경을 만들기 위해서는 소유제한의 문제와 아울러 다른 정책적 진단이 동시에 고려되어야 할 것이다.

보완적 합병에 이어 수평적 통합의 거래가 빈번하게 발생하고 있었다는 것도 주목할 만한 결과이다. 이는 결국 기존의 연구에서도 지적되었듯이 수평적 인수합병으로 동종산업 내에서 규모의 경제를 실현시켜 경쟁환경을 완화시키고 시장지배력을 향상시키려는 의도로 볼 수 있다. 특히 1996년 개정통신법 제정이 콕스나 컴캐스트 같은 케이블시스템 사업자와 라디오산업의 리더인 클리어 채널에게 인수합병의 기회를 제공했다는 점이다.[7)]

본 연구는 실제로 미디어산업에서 인수합병의 절정을 이룬 1990년대와 2000년대 초반까지 인수합병이라는 직접투자를 분석하였지만 다음과 같은 한계를 안고 있어 후속 연구를 위한 제안점을 시사하고자 한다. 첫째, 실제 경영성과와의 연결을 시도해야 한다. 어떤 사업으로의 진출 혹은 어떤 유형의 인수합병이 보다 나은 성과를 낳았는지에 대한 분석이 요구된다. 시너지를 통한 범위의 경제를 추구하려는 보완적 인수합병이 가장 빈번하게 이루어졌지만 실질적으로 성과를 낳았는지는 미지수다. 해외시장으로의 진출 역시 어떤 지역 혹은 국가로의 진출이 경영성과를 끌어올렸는지에 대한 분석이 요구된다.

둘째, 본 연구가 매출액 대비 상위 26개 기업을 포함함으로써 실질적으로 거대 미디어 재벌들을 아우르고 있지만 일본의 소니, 독일의 버텔스만, 프랑스의 비방디 유니버설과 호주의 뉴스코퍼레이션사 등 4

7) 1996년을 기점으로 적극적인 수평적 인수합병을 통해 라디오 시장에서의 점유율을 높여온 클리어 채널은 1999년 업계 2위였던 AMFM을 인수하면서 현재 1,200여 개의 라디오 방송사를 소유해 실질적으로 미국시장을 지배하고 있다. 컴캐스트 역시 AT&T의 케이블시스템 망사업을 인수해 미국시장에서 지배적 위치에 오르면서 케이블산업계에서 콘텐츠 제작에 맞서 배급자의 영향력을 증대시키기에 이르렀다.

개 기업을 제외하고는 미국기업이라는 지역적 한계를 안고 있다. 따라서 후속 연구는 미국중심의 미디어 기업에서 벗어나 보다 많은 기업을 포함시켜야 할 것이다. 또한 통신과 미디어산업 간의 융합이 가속화되는 시점에서 통신기업들을 조사대상에 포함시키는 것도 의미있는 작업이 될 것이다.

끝으로 미디어 기업의 인수합병을 분석한 이 연구는 기업의 사업다각화와 확장에 주목하고 있지만 실제로 최근 미디어 기업들이 핵심사업으로의 선택과 집중으로 전략을 선회하고 있다. 따라서 인수합병에 의한 사업다각화가 아닌 다각화된 기업의 분리와 리포커싱에도 주목할 필요가 있을 것이다.

〈부록 1〉 Broadcasting & Cable 상위 기업 목록

순위	기업	국가	총매출액	주요 SIC	주수입원	집단구분
1	AOL Time Warner	미국	38.2	7375	영화	영화
2	Vivendi Universal	프랑스	31	7812	영화	영화
3	Walt Disney	미국	25.3	4833	영화	영화
4	Viacom	미국	23.2	7812	영화	영화
5	Bertelsmann	독일	19.1	2731	출판	인쇄
6	Comcast	미국	19.1	4841	케이블	방송
7	Sony	일본	17.1	3651	영화	영화
8	News Corp.	호주	13.8	7812	영화	영화
9	Hughes Electronics	미국	8.3	4841	케이블	방송
10	Cox Enterprises	미국	8.0	4841	케이블	방송
11	Clear Channel	미국	7.9	4832	라디오	방송
12	Gannett	미국	6.3	2711	신문	인쇄
13	NBC	미국	5.8	4833	방송	방송
14	Tribune	미국	5.3	2711	신문	인쇄
15	McGraw-Hill	미국	4.7	2731	출판	인쇄
16	Cablevision	미국	4.4	4841	케이블	방송
17	Charter	미국	4.1	4841	케이블	방송
18	Hearst	미국	4.1	2711	신문	인쇄
19	Echostar	미국	4.0	4841	위성	방송
20	Adelphia	미국	3.6	4841	케이블	방송
21	New York Times	미국	3.0	2711	신문	인쇄
22	Washington Post	미국	2.4	2711	신문	인쇄
23	Discovery	미국	1.8	4841	케이블	방송
24	E.W. Scripps	미국	1.5	2711	신문	인쇄
25	Belo	미국	1.4	2711	신문	인쇄
26	Meredith	미국	1.1	2721	잡지	인쇄

주: 비방디 유니버설/소니(미디어 수입기준).
자료: *Broadcasting & Cable* (2002년 5월 13일).

▪ 참고문헌

박창신(2005. 8. 24), “동네방송이 공룡 지상파 추월하나,” 〈주간조선〉, Available: http://weekly.chosun.com

전범수(2003), “한국 미디어 기업의 연관사업 다각화 추세와 특성: 1997～2000,” 《한국방송학보》 17권 1호, pp. 115～143.

______(2002), “글로벌 미디어 기업간 전략적 제휴의 구조와 결정요인,” 《언론과 사회》 10권 3호, pp. 153～184.

Albarran, A. B., & Dimmick, J. (1996), “Concentration and economies of multiformity in the communication industries,” *Journal of Media Economics*, 9(4), pp. 41～50.

Albarran, A. B., & Mierzejewska, B. I. (2004), “Media concentration in the US and European Union: A comparative analysis,” Paper presented at the 6th World Media Conference, Montreal, Canada.

Alcala, R. (December 1, 2001), “Overview: A year of contrasts,” Available: htp://web/lexis-nexis.com

Berger, P. G., & Ofek, E. (1995), “Diversification's effect on firm value,” *Journal of Financial Economics*, 37, pp. 39～65.

Biggadike, E. R. (1979), *Entry, strategy and performance*, Boston, MA: Harvard University Press.

Bradley, J. W., & Korn, D. H. (1982), “The changing role of acquisitions,” *Journal of Business Strategy*, 2(4), pp. 30～42; Broadcasting & Cable(2002. May 13), Annual listing of the top 25 media companies.

Campbell, R. (2002), *Media and culture*(3rd ed.), New York: McGraw-Hill.

Chan-Olmsted, S. M. (1998), “Mergers, acquisitions and convergence: The strategic alliances of broadcasting, cable television and telephone services," *Journal of MediaEconomics*, 11(3), pp. 33~46.

Chan-Olmsted, S. M., & Albarran, A. B. (1998), "A framework for the study of global media economics," in A. B. Albarran & S. M. Chan-Olmsted (eds.), *Global Media Economics*, Ames, Iowa: Iowa State University, pp. 3~16.

Chon, B. S., Choi, J. H., Barnettt, G. A., Danowski, J. A., & Joo, S. H. (2003), "A Structural analysis of media convergence: Cross-industry mergers and acquisitions in the information industries," *Journal of Media Economics*, 16(3), pp. 141~157.

Croteau, D., & Hoynes, W. (2001). *The business of media*, Thousand Oaks, CA: Pine Forge Press.

Demers, D. (2002), *Global Media* (2nd ed.), Cresskill, NJ: Hampton Press.

Doyle, G. (2002), *Understanding media economics*, Thousand Oaks, CA: Sage.

Erikson, K., Johanson, J., Majkgard, A., & Sharma, D. (1997), "Experiential knowledge and costs in the internationalization process," *Journal of International Business Studies*, 28(2), pp. 337~360.

Erramilli, M. K., & Rao, C. P. (1993), "Service firms' international entry mode choice: A modified transaction cost analysis approach," *Journal of Marketing*, 57(3), pp. 19~38.

Fan, J. P. H., & Lang, L. H. P. (2000), "The measurement of relatedness: An application to corporate diversification," *Journal of Business*, 73(4), pp. 629~660.

Frank, R. (2002, June 25), "Where have the masters of the big mergers gone?" *Wall Street Journal*, Sec. C., p. 1.

Gershon, R. A. (1997), *The transnational media corporation*, Mahwah, NJ: Lawrence Erlbaum Associates.

Grant, R. M. (1987), "Multinationality and performance among British manufacturing companies," *Journal of International Business Studies*, 18(3), pp. 79~89.

Green, M. B. (1990), *Mergers and Acquisitions*, New York: Routledge.

Griffiths, A., & Wall, S. (1999), *Applied economics* (8th ed.), Harlow: FT Prentice Hall.

Hitt, M. A., Ireland, R. D., & Hoskisson, R. E. (2001), *Strategic management: competitiveness and globalization* (4th ed.), Cincinnati, OH: South-Western College Publishing.

Hofstede, G. (1991), *Culture and organization: Software of the mind*, New York: McGraw-Hill.

Hollifield, C. A. (2001). "Crossing borders: Media management research in a transnational market environment," *Journal of Media Economics*, 14(3), pp. 133~146.

Howard, H. H. (1998), "The 1996 Telecommunications Act and TV stations ownership: 1 year later," *Journal of Media Economics*, 11(3), pp. 21~32.

Jung, J. (2002), "How magazines covered media companies' mergers: The case of the evolution of Time, Inc.," *Journalism and Mass Communication Quarterly*, 79(3), pp. 681~696.

Jung, J. (2004), "Acquisitions or joint ventures: Foreign market entry strategy of U.S. advertising industries," *Journal of Media Economics*, 17(1), pp. 35~50.

Jung, J. & Chan-Olmsted, S. M. (2005), "Impacts of Media Conglomerates' Dual Diversification on Financial Performance," *Journal of Media Economics*, 18(3), pp. 183~202.

Kim, W. C., Hwang, P., & Burgers, W. P. (1989), "Global diversification strategy and corporate profit performance," *Strategic Management Journal*, 10(1), pp. 45~57.

Makino, S., & Delios, A. (1996), "Local knowledge transfer and performance: Implications for alliance formation in Asia," *Journal of International Business Studies*, 27(5), pp. 905~927.

McChesney, R. W. (1997), *Corporate media and the threat to democracy*, New York: Seven Stories Press.

McManus, J. H. (1994), *Market driven journalism: Let the citizen beware*, Thousand Oaks, CA: Sage.

Picard, R. G. (1996), "The rise and fall of communications empires," *Journal of Media Economics*, 9, pp. 23~40.

Ramanujam, V., & Varadarajan, P. R. (1989), "Research on corporate diversification: A synthesis," *Strategic Management Journal*, 10, pp. 523~552.

Sambharya, R. B. (2000), "Assessing the construct validity of strategic and SIC-based measures of corporate diversification," *British Journal of Management*, 11, pp. 163~173.

Shaver, D., & Shaver, M. A. (2002), "Comparing merger and acquisition activity in the US and European Union during the 1990s," Paper presented at the 5th World Media Conference. Turku, Finland.

Viscuni, W. K., Vernon, J. M., & Harrington, J. E. (1996), *Economics of regulations and antitrust*, Cambridge, MA: MIT Press.

Whalen, P., & Litman, B. R. (1997), "Short-circuited mergers in the mass media: Credible and incredible evidence," in C. Warner (ed.), *Media Management Review*, Mahwah, NJ: Lawrence Erlbaum Associates, pp. 190~207.

Williams, D. (2002), "Synergy bias: Conglomerates and promotion in the news," *Journal of Broadcasting & Electronic Media*, 46(3), pp. 453~472.

제 13 장 글로벌 미디어 기업간 전략적 제휴구조

전 범 수

1. 문제의 제기

1980년대 이후로 전 세계 미디어산업의 지형에는 주목할 만한 변화가 있었다. 대규모 미디어 기업들에 의한 세계시장의 통합이 시작되면서, 지리적으로 분할되던 문화상품의 교역과 유통의 방식이 소수의 미디어 기업에 의존하는 생산시스템과 글로벌 소비시스템으로 변화하기 시작했던 것이다. 미국과 유럽, 일본의 미디어 기업에 의한 문화상품의 생산과 소비 네트워크의 독점은 문화산업의 글로벌 획일화를 야기시킬 수 있는 우려 때문에 많은 비판을 받기도 했다. 쉴러(1993)의 지적대로 글로벌 미디어 기업들은 기존의 다른 제조업 중심의 기업들과는 달리 세계의 소비자들로 하여금 유사한 문화적 소비를 가능하게 하는 문화제국주의의 상징이었기 때문이었다.

문화 또는 미디어 상품의 글로벌 팽창이나 확산은 곧바로 경제적인 세계화의 발전과정과 맥을 같이 한다. 허만과 맥체스니(Herman & McChesney, 1997)의 주장대로, 글로벌 미디어의 기원과 발전과정은 곧 시장경제의 세계화에 바탕을 두고 있기 때문이다. 이와 같은 맥락에서, 글로벌 미디어 기업들은 해외시장을 부가적인 또는 기본적인 수입원으로서 간주하면서 지리적 시장을 확대하고 있다. 예를 들면, 1996년 해외시장으로부터 할리우드가 얻은 수익은 전체 수익규모의 50.9%로서 이는 1986년의 40.7%와 1995년의 41.8%에 비해 크게 증가한 수치를 나타낸다(Vogel, 1998). 뿐만 아니라 한(Han, 1998)의 연구에 따르면 1970년대 이후로 할리우드의 해외시장 의존비율은 점진적으로 증가했던 것으로 분석되고 있다. 다시 말하면, 각국의 할리우드 소비량이 증가한 것으로 이해할 수 있다. 이와 같이 미디어 기업의 해외시장 진출은 최근 보편적인 미디어 기업들의 경영전략으로 자리잡고 있다.

미디어 기업들의 공간적 확대전략은 정보 또는 문화상품의 서비스 브랜드 효과와 경제적 특성(규모의 경제 등), 그리고 산업의 시장구조(독과점 구조 등)와도 연관성이 높지만, 새로운 정보테크놀로지의 발전으로 인한 자원 공유와 새로운 시장 선점을 위한 조직간 제휴 및 합병과도 밀접한 관련성이 있다(Harbison & Pekar, 1998; Kang & Sakai, 2000). 이러한 목적을 위해 기업들은 인수합병 또는 전략적 제휴의 방식을 활용한다. 그러나 신규시장 진출의 경우 또는 해외시장 진출시에는 과도한 불확실성이 존재하기 때문에 일반적으로 기업들은 인수합병 등과 같은 진입방식보다는 조직간 전략적 제휴방식을 통해 이익과 손실을 분담하는 전략을 선택한다. 이와 같은 조직간 관계구축은 조직간의 상호의존성(*inter-dependency*)을 의미한다. 글로벌 기업간 상호의존성은 기업들이 글로벌 공간에서 기업들간의 자원 공유를 통해 새로운 가치를 창출하기 위해 생겨난 구조적 개념이며(Doz & Hamel, 1998), 기업들이 국경을 넘어서 세계 공간적으로 팽창하게 되는 이유를 설명하는 중요한 차원으로 기능할 수 있다.

그러나 기존의 전략적 제휴 연구들은 글로벌 산업에서도 제조업 위주의 연구에 집중해왔다(Barley, Freeman & Hybels, 1992; Contractor & Lorange, 1998; Gomes-Casseres, 1996; Nohria & Garcia-Pont, 1991). 따라서 이러한 연구의 흐름에는 어떻게 글로벌 기업들이 어떤 지리문화적 또는 산업적 환경에서 전략적 제휴를 구축하는지에 대한 논의가 배제되어 있으며(Craig & Douglas, 2000), 미디어산업 등과 같은 지식서비스산업에 대한 적용 연구도 거의 없는 편이다. 이와 같은 맥락에서, 본 논문의 중심적 연구방향은 글로벌 미디어 기업들의 전략적 제휴 구조를 분석하고 그 결정요인들을 탐색하는 것이다. 특히, 미디어산업에서 콘텐츠의 생산과 소비를 기반으로 하는 엔터테인먼트산업을 중심으로 글로벌 공간에서 행해지는 미디어 기업들의 전략적 제휴의 특성을 살펴볼 것이다.

2. 미디어 기업간 전략적 제휴의 이해

1) 기업간 전략적 제휴

최근 급증하는 기업간 전략적 제휴는 자원의 공유를 통해 이익의 극대화를 추구하는 기업간 거래관계이다(Ahuja, 2000). 인수합병이 한 기업의 자원 획득과 통제에 대한 권한의 집중을 의미한다면, 전략적 제휴는 기업간 자원의 공유관계를 의미한다. 여기에서 기업이 갖고 있는 자원의 공유는 특정 상품이나 서비스 또는 정보, 기술 등의 교환관계를 의미한다(Auster, 1994). 다시 말해서 기업간 전략적 제휴의 이점은 비용의 공유, 기술이전, 정보의 공유 등을 포함한다(BanNir & Smith, 2002: 220). 이 과정에서 기업간 전략적 제휴의 연결망은 자원의 공간적 통로(*Networks As Loci of Resources*)로서 기능하는데, 겐왈리와 마다반(Gnyawali & Madhavan, 2001)은 기업간 연결망을 통해 교환되는 자원을 크게 자산(*asset*), 정보(*information*), 위상(*status*) 등 세 가지로 구분했다. 자산의 흐름은 돈, 장비, 기술, 조직적 기술 등을 의미하며, 정보의 흐름은 다양한 정보와 지식을, 그리고 위상의 흐름은 정당성, 권력, 인정 등의 요소들을 포함한다는 것이다.

기업간 전략적 제휴의 구축은 다양한 조직간 연계망을 통해 이루어진다. 일반적으로, 전략적 제휴의 형태로는 비공식적 협조에서부터 조인트벤처나 지분참여의 방식이 활용되고 있다. 이와 같은 전략적 제휴는 상대방의 자원을 보완적으로 활용하기 위한 미디어 기업들의 주요 사업전략 중의 하나라고 할 수 있다. 요약하면, 전략적 제휴는 "상품이나 테크놀로지, 서비스의 교환이나 공유 또는 공동개발 등과 연관된 기업들간의 자발적 조정행위"(Gulati, 1998: 293)로서 이러한 기업간 제휴관계는 다양한 목적과 형식으로, 그리고 다양한 산업의 경계를 넘나들면서 행해진다. 그러나 기업간 전략적 제휴가 일어나는 이유는 다양한 시각에서 이해될 수 있다. 전략적 제휴의 연계방식은 기존의 거래비용이론(*transaction cost theory*)이나 자원의존이론(*resource dependence theory*) 등과 같은 경제학적 위주의 시각뿐 아니라 최근에는 사회학적 설명에 초점을 맞추는 네트워크이론(*social network theory*) 등에 의해 설명되고 있기 때문이다. 거래비용이론은 기업간 경쟁의 강도를 줄임으로써 특정 산업 내의 행위자 수를 줄여서 새로운 기회를 창출하기가 더 쉽다는 시각을 갖고 있으며, 자원의존이론은 특정 산업 내의 경쟁의 강도가 증가할수록 불확실성을 줄이기 위해 비공식적, 공식적인 기업간의 전략적 제휴를 추진한다는 점을 분석한다. 이와 같은 이론적 접근은 산업의 경쟁구조와 전략적 제휴 간에는 밀접한 연관성이 있다는 것을 가정한다(Gomes-Casseres 1996; Gulati, Nohria & Zaheer, 2000). 다시 말하면, 새로운 시장이 형성될 경우, 증가되는 불확실성을 줄이기 위한 기업간의 전략적 제휴의 빈도는 증가한다는 것이다. 반면, 네트워크이론은 비록 전략적 제휴가 자원의 획득과 관련되지만, 이러한 제휴관계를 결정하는 것은 전략적 제휴에 참여한 기업들의 이전의 정보 또는 관계에 바탕을 둔다는 것이다. 이러한 접근방식은 단기적인 눈앞의 경제적 이익 대신에 상대방에 대한 신뢰구축을 통해 안정된 사업추진이 가능하다는 인간관계적 모델이라고 할 수 있다.

기존 기업조직의 전략적 제휴에 대한 연구는 각각의 조직이 연계되는 정도에 따라 다양한 특성을 나타낸다. 다시 말해, 기업 전략적 제휴의 패턴을 이해하는 데 있어 기업 전략적 제휴를 규정하는 방식은 다양하다. 노리아와 가르시아 폰트(Nohria & Garcia-Pont, 1991)는 세계 자동차산업에서 글로벌 차원에서 이루어지는 전략적 제휴를 분석하기 위해 9가지 형태의 기업간 연계유형을 제시했다. 이러한 기업 조직간의 결합형태는 합병, 인수, 자본제휴, 컨소시엄, 조인트벤처, 기술제휴, 개발협약, 공급협약, 제작협조, 그리고 마케팅협약 등을 포함한다. 이러한 조직간 관계의 분류는 서열척도에 근거해 유형적 분류(*categorical classification*)를 행한 것이다.

기업간 전략적 제휴의 연결 강도 구분방식의 경우와 달리 배링거와 해리슨(Barringer & Harrison, 2000)은 조직간의 연계 강도를 소유권 기준으로 두 가지 유형으로 구분했다. 우선, 조인트벤처와 자본제휴, 그리고 컨소시엄 등과 같은 연결망은 자본의 투자관계를 바탕으로 두 개의 조직이 강하게 연계된 조직간 연결망으로 규정된다. 이러한 연결망 형태는 특정 조직들이 의도적으로 다른 조직과의 연결을 시도한다는 점에서 자원배분에 근거한 권력교환의 관계와 밀접히 연계된다. 이와는 대조적으로 비주식(*non-equity*) 기반의 연결망은 자원의 공유에 초점을 맞추는 느슨한 방식의 전략적 제휴를 의미한다. 이러한 관계의 구축은 일반적으로 기업정보를 구하거나 또는 교환하기 위한 목적에서 행해진다.

2) 글로벌 네트워크를 구성하는 지리문화적 요인들

글로벌 경제로 이행하는 과정에서, 미디어 기업들의 국제적 팽창의 범위는 점차 넓어지고 있다. 그러나 지리적 범위의 확대는 어느 정도 지역적 통합에 기반을 둔 지역주의와 동반 발전하고 있다는 사실은 중요한 의미를 갖는다. WTO에 따르면 "1995년 이래로 상품과 서비스의 교역에 대한 지역무역협정만도 100개 이상 체결된 것"(http://www.wto.org)으로 파악되고 있다. 이와 같이 지역적 발전은 글로벌 관계에서 유럽연합, 동아시아, NAFTA 등 3각체제를 형성하고 있으며(Castells, 1996), 기존의 단일국가 개념은 지역국가(*regional states*)로 변화하는 과정을 거친다는 주장도 나오고 있다(Ohmae, 1995). 따라서 최근에는 세계화와 지역주의의 이중과정(*dual process*)의 발전에 많은 관심이 집중되고 있다. 버클리 등의 연구(Buckley et al., 2001)에 따르면 지금 논의했던 모순되는 두 가지 흐름이 글로벌 경제를 설명하는 데 활용되었다고 한다. 예를 들면, 경제의 세계화는 국제사업이나 교역의 장벽을 줄이는 데 기여해 온 것이 사실이지만, 개별 국가들은 지리적 근접성에 기초한 지역무역협정 지역으로 편입되는 상충되는 현상이 일반화되고 있다는 것이다. 이와 같은 경제적 교역의 이중성은 그대로 글로벌 커뮤니케이션 네트워크에도 적용될 수 있다. 킴과 바넷(Kim & Barnett, 2000: 93)의 연구에 따르면, "지역적 통합은 글로벌 커뮤니케이션 구조에서 지리정치학적, 경제적, 기술적 힘의 관계 측면에서 중요한 설명적 차원이 될 수 있다"는 것이다. 따라서 특정 국가나 또는 다국적 기업들의 자본투자나 교역의 흐름은 일정 부분 경제와 문화적 연계구조를 바탕으로 하는 지역적 속성의 영향을 받을 가능성이 높다. 국제경영학자인 굽타와 고빈다라얀(Gupta & Govindarajan, 2001)은 국제비즈니스에서 지역적 구조의 중요성을 다음과 같이 주장하고 있다.

> "세계 경제가 점차 세계화되어 간다는 사실은 단순히 모든 국가와 모든 산업이나 또는 모든 기업들이 같은 속도로 글로벌 차원에서 하나로 통합된다는 것을 의미하는 것은 아니다. 다양한 역사적, 정치적, 사회적, 그리고 지리적 이유들 때문에 다양성이 남아 있는 것이다. 글로벌 네트워크에서의 지역적 통합은 특정 지역에서의 사람과 상품, 정보, 자본, 권력의 흐름과 관련된 생산과 교환의 중복된 네트워크로 정의될 수 있다"(p. 5).

무역협정 지역을 포함한 지역네트워크와 관련된 기존의 연구들은 주로 그러한 지역적 영역 내에 포함된 국가 또는 기업들이 문화적, 경제적, 정치적 공통분모를 갖고 있다는 점을 강조해왔다. 다시 말하면, 지역별 커뮤니케이션 흐름의 구조는 경제적(Barnett et al., 1999), 문화적(Barnett, 1999), 과학이나 교육의 지식체계(Barnett & Wu, 1995; Chen & Barnett, 2000; Schott, 1993) 등에 의해 조건화될 수 있는 것과 의미가 같다. 문제는 지역적 공통점이 다양한 지역적 네트워크들을 모두 유사한 방향으로 구조화시킬 수 있는지에 대한 것이다. 이와 같은 연구는 경제와 문화적 소비 또는 교환의 구조를 설명하고 예측할 수 있는 중요한 이론적 근거를 제시할 수 있다. 기존의 연구들은 제한된 측면에서 중복된 네트워크의 특성들을 검토해왔다. 푸엔테스-바우스티스타와 바넷(Fuentes-Baustista & Barnett, 2000)의 연구는 중남미의 무역블록이 텔레커뮤니케이션의 교환패턴에 밀접한 관련성을 갖는다는 점을 강조했으며, 노글(Nogle, 1994)의 경우에는 12개 유럽국가의 이민 흐름을 연구하면서 국가간의 무역 흐름이 이민의 구조를 제약시키고 있음을 발견하기도 했다. 이러한 측면에서 각 국가 또는 기업들이 점유하는 네트워크상의 구조적 위치는 다른 네트워크에서의 구조적 위치와 조응하는 가능성이 높아질 수 있다는 추론이 가능하다.

경제적 또는 지리적 블록에 대한 논의뿐 아니라 문화적 측면에서 지역별 통합의 과정을 살펴볼 경우, 국가 또는 기업조직들의 문화적 차이는 글로벌 또는 지역 네트워크의 문화적 군집화를 형성하는 요인으로 기능할 수 있다는 점이다. 이러한 접근방식의 이론적 근거는 주로 헌팅턴(Huntington, 1996)의 세계 문명지역의 역할과 발전에 대한 논의에 의존해왔다. 이러한 시민문명은 종교와 언어, 문화적 특수성을 바탕으로 특정 문명권 지역 내에서 국가들의 행동을 규율하는 체계라는 것이다. 잉글하트와 카발로(Inglehart & Carballo, 1997) 역시 문화구역이라는 개념 소개를 통해 문화구역은 인종이나 종교언어와 같은 문화적 요인들을 공유하는 국가들간의 관계적 공간이라는 주장을 제시한다. 이와 같은 특정한 문화적 공간들은 커뮤니케이션이나 국제교역의 흐름을 일정부분 통제할 수 있는 가능성을 갖는다. 바넷 등의 연구(Barnett et al., 1999)에 따르면, 커뮤니케이션의 패턴은 종교와 언어, 그리고 물리적 근접성 등과 같은 지리문화적 집단들로 군집화될 수 있다는 것이다. 문화상품의 연구를 통해, 밥콕과 두-밥콕(Babcock & Du-Babcock, 2001)은 유럽지역 내에서의 영화 등의 영상프로그램의 흐름이 언어나 문화적 근접성에 의해 달라질 수 있음을 주장하기도 했다. 워터맨과 로저스(Waterman & Rogers, 1994)는 텔레비전 프로그램의 교역에서 문화적 근접성을, 바넷과 최(Barnett & Choi, 1995)는 국제통신의 구조적 결정요인으로서 언어에 초점을 두기도 했다. 이와 같이 문화적 요인들은 글로벌 기업의 연결망 구축과 해외진출 행위에도 중요한 역할을 담당할 수 있다. 게마와트(Ghemawat, 2001)의 주장대로, 글로벌 공간에서 기업의 상호작용을 결정하는 거리들은 문화, 행정, 지리, 그리고 경제적 차이 등에서 비롯될 수 있는 것이다. 각각의 차이는 기업들 또는 국가들간의 상호작용을 제약하는 요인들인 것이다.

3. 글로벌 미디어 기업간 전략적 제휴구조

미디어 기업간 전략적 제휴의 구조를 살펴보면, 첫째로 엔터테인먼트산업에서 전략적 제휴의 구조는 지역적, 문화적 요인과 산업의 유형에 따라서 다르게 연계되는 특성을 나타냈다는 점이다. 엔터테인먼트산업에서 전략적 제휴의 형성은 기업의 음악업 진출 여부와 밀접한 연관성이 있는 것으로 나타났다. 다시 말해, 음악과 같은 콘텐츠산업에 진출해 있는 미디어 기업들은 그만큼 다른 기업과의 상호의존도가 높고 해외진출에서도 유사한 방식으로 자본진출을 한다는 것이다. AOL 타임워너, 디즈니, 뉴스코퍼레이션, 바이어컴, 비방디 유니버설 등과 같은 소수의 다각화 미디어 기업들은 대부분 음악과 영화부문의 중심적 기업으로서 해외시장 개척에 적극적인 미디어 기업이다. 중요한 사실은 이들 기업이 독과점적 시장구조를 형성하고 있다는 것이다. 달리 말하면, 독과점적 시장구조를 갖는 산업일수록 자국시장을 벗어날 경우 경쟁기업과의 전략적 제휴를 적극적으로 구축하려 한다는 것이다.

이외에도 주목할 점은 일본기업들이 엔터테인먼트산업에서 자산규모 기준으로 상위권 순위 내에 포함되었음에도 실질적으로 전략적 제휴 구축에서 주변부 집단에 머물렀다는 점이다. 다시 말하면, 일본 미디어 기업들은 글로벌 제휴의 공간에서 독특한 위치를 점유하고 있었지만, 중심부에 접근하지 못하고 공간적으로 주변부화되는 패턴을 드러냈다. 언어적 차이 등과 같은 문화적 요인이 일본기업의 글로벌화를 제약하는 요인이 될 수 있음을 추론해 볼 수 있다. 반면, 유럽의 미디어 기업들은 최근 적극적으로 해외시장 진출과 개척에 집중하고 있다.

다음으로, 글로벌 미디어 기업의 전략적 제휴는 지리적 통합구조와 밀접한 연관성이 있다는 것이다. 전체적으로, 연구결과는 미디어 기업의 지역적 군집구조를 제시하고 있다. 흥미롭게도 이러한 지역적 군집화는 국제커뮤니케이션 연구에 대한 지역별 접근연구(Barnett et al., 1999; Kim & Barnett, 2000)와 일관된 패턴을 나타내고 있다. 특히, 글로벌 미디어 기업의 해외에 대한 자본의 직접투자 패턴은 엔터테인먼트와 통신산업이 지역적으로 분리되는 경향을 나타냈다. 뿐만 아니라 글로벌 엔터테인먼트 기업들간의 전략적 제휴구조 역시 공간적으로 지역화되는 추세를 나타냈다.

▪ 참고문헌

Auster, E. R. (1994), "Macro and Strategic Perspectives on Inter-organizational Linkages: A Comparative Analysis and Review with Suggestions for Reorientation," in P. Shrivastave, A. S. Huff, and J. E. Dutton (ed.), *Advances in Strategic Management*, Greenwich Conn.: JAI Press, pp. 3~39.

Babcock, R. D. & Du-Babcock, B. (2001), "Language-based communication zones in international business communication," *The Journal of Business Communication*, 38(4), pp. 372~412.

Barnett, G. A. (1999), "The social structure of international telecommunications," in H. Sawhney & G. A. Barnett (eds.), *Progress in Communication Sciences, Volume XV: Advances in Telecommunications*, Stanford, CT: Ablex, pp. 151~186.

Barnett, G. A., & Choi, Y. (1995), "Physical distance and language as determinants of the international telecommunications network," *International Political Science Review*, 16, pp. 249~265.

Barnett, G. A., Salisbury, J. G. T., Kim, C., & Langhorne, A. (1999), "Globalization and international communication: An examination of monetary, telecommunications, and trade networks," *The Journal of International Communication*, 6(2), pp. 7~49.

BarNir, A. & Smith, K. A. (2002), "Interfirm alliances in the small business: The role of social networks," *Journal of Small Business Management*, 40(3), pp. 219～232.

Barringer, B. R. & Harrison, J. S. (2000), "Walking a tightrope: creating value through interorganizational relationships," *Journal of Management*, 26(3), pp. 367～403.

Buckley, P. J., Clagg, J., Forsans, N. & Reilly, K. T. (2001), "Increasing the size of the 'country': Regional economic integration and foreign direct investment in a globalised world economy," *Management International Review*, 41(3), pp. 251～274.

Chen, T. M. & Barnett, G. A. (2000), "Research on international student flows from a macro perspective: A network analysis of 1985, 1989 and 1995," *Higher Education*, 39(4), pp. 435～453.

Contractor, F. J. & Lorange, P. (1988), *Cooperative Strategies in International Business*, Lexington, MA: Lexington Books.

Doz, Y. L. & Hamel, G. (1998), *Alliance Advantage*, Boston, Harvard Business School Press.

Fuentes-Bautista, M. & Barnett, G. A. (2000), "Telecommunications in the era of trading blocs: A longitudinal network analysis of the Americas(1991～1996)," Paper presented at the ICA.

Ghemawat, P. (2000), "Distance still matters: The hard reality of global expansion," *Harvard Business Review*, 79(8), pp. 137～147.

Gnyawali, D. R. & Madhavan, R. (2001), "Cooperative networks and competitive dynamics: A structural embeddedness perspective," *Academy Management*, 26(3), pp. 431～445.

Gulati, R. (1998), "Alliances and networks," *Strategic Management Journal*, 19(4), pp. 293～317.

Gulati, R., Nohria, N. & Zaheer, A. (2000), "Strategic Networks," *Strategic ManagementJournal*, 21(3), pp. 203～215.

Gupta, A. K. & Govindarajan, V. (2001), *The Quest for Global*

Dominance: Transforming Global Presence into Global Competitive Advantage, San Francisco, CA : Jossey-Bass.

Han, C. (1998), The structure and implications of the international film flow from 1976 to 1993, Unpublished Thesis, Buffalo: Department of Communication, State University of New York.

Harbison, J. R. & Pekar, P. (1998), *Smart Alliances*, Jossey-Bass Publishers, San Francisco.

Herman, E. S. & McChesney, R. W. (1997), *The Global Media: The New Missionaries of Corporate Capitalism*, London: Cassell.

Inglehart, R. & Carballo, M. (1997), "Does Latin America exist? (And is there a Confucian culture?): A global analysis of cross-cultural differences," *Political Science & Politics*, 30(1), pp. 34～47.

Huntington, S. (1996), *The Clash of Civilizations and the Remaking of World Order*, New York: Simon and Schuster.

Kang, N. & Sakai, K. (2000), *International Strategic Alliances: Their role in Industrial Globalization*, STI Working Papers. OECD.

Kim, K. & Barnett, G. A. (2000), "The structure of the international telecommunications regime in transition: A network analysis of international organizations," *International Interaction*, 26(1), pp. 91～127.

Nohria, N. & Garcia-Pont, C. (1991), "Global strategic linkages and industry structure," *Strategic Management Journal*, 12, pp. 105～124.

Nogle, J. M. (1994), "The system approach to international migration: An application of network analysis methods," *International Migration*, 32(2), pp. 329～341.

Ohmae, K. (1995), *The End of the Nation State: The Rise of Regional Economics*, New York: Free Press.

Schiller, H. I. (1993), "Transnational media: Creating consumers worldwide," *Journal of International Affairs*, 47(1), pp. 47～58.

Schott, T. (1993), "World science: Globalization of institutions and participation," *Science, Technology & Human Values*, 18, pp. 196 ~208.

Waterman, D. & Rogers, E. M. (1994), "The economics of television program production and trade in Far East Asia," *Journal of Communication*, 44(3), pp. 89~111.

제 14 장 동북아시아 3국의 텔레비전 드라마에 나타난 문화적 근접성 : 〈별은 내가슴에〉, 〈진정고백〉, 〈동변일출서변우〉 비교분석*

유세경 · 이경숙

1. 서 론

한국을 포함한 동북아시아의 수용자는 STAR-TV 위성방송과 다양한 채널을 통해 각 국가의 텔레비전 프로그램을 시청하면서 활발하게 이들 국가의 문화를 접할 수 있게 되었다. 한국의 텔레비전 프로그램도 주로 동북아시아 국가를 대상으로 수출되고 있으며, 이 지역으로부터 수입되는 텔레비전 프로그램도 점차 늘어나고 있다.[1] 이는 할리우

1) 1999년도에 텔레비전 프로그램의 수출현황을 살펴보면, 일본(23.6%, 179만 6천 달러), 다음이 중국(23.4%, 178만 달러), 대만(17.1%, 130만 천 달러) 순으로 아시아권에 집중되고 있다. 1999년도의 수입현황은 일본(5.0%, 142만 9천 달러), 홍콩(2.8%, 80만 8천 달러), 대만(1.9%, 53만 4천 달러), 중국(0.1%, 2만 2천 달러)이다. 수입은 아직까지 미국(70.6%)이나 영국(12.4%) 등의 선진국이 더 많지만, 이 통계는 액수를 기준으로 하기 때문에 수입 편당 단가가 높은 미국(9천 달러) 등이 편당 단가가 낮은 동북아시아(일본 2,300달러, 중국 2,200달러, 홍콩 1,100달

드에 의해 지배된 세계 영상물 유통질서를 고려할 때, 어떤 측면에서 기존 질서와는 다른 지역적인 유통질서를 형성할 가능성을 보여주는 희망적인 현상이다. 아직은 할리우드에 대한 의존이 크게 줄지 않았고 유통되는 텔레비전 프로그램도 텔레비전 드라마에 편중된 실정이지만, 1990년대 초반부터 시작된 동북아시아의 '지역화' 현상은 계속되고 있다(Chan & Ma, 1996). 이러한 지역화 현상은 다른 어떤 요인보다 문화적 요인에 의해 영향받는 것으로 나타났다(Goonasekera, 1998).

최근 들어 한국에서도 텔레비전 프로그램의 해외시장 진출이라는 측면에서 이러한 현상은 주목받게 되었고 학문적으로 논의되기 시작했다. 그러나 할리우드나 다른 지역의 텔레비전 프로그램 유통에 대한 관심에 비해 이 지역에 대한 관심이나 연구가 거의 없어 외부에서 개발된 개념들을 그대로 차용하는 실정이다. 세계 영상물 유통의 대표적 현상인 할리우드 영상물과 남미의 텔레노벨라 유통현상을 설명하는 개념인 '문화적 할인'이나 '문화적 근접성'이 거론되었으나, 이러한 개념의 적절성을 파악하기 위해 보다 다양한 측면에서 심도있는 논의가 필요하다. 이러한 필요성에도 불구하고 국제적인 프로그램 유통에 대한 문화적 요인을 체계적으로 검증하기는 어려운 점이 있다. 이는 '문화'라는 개념이 모호하고 유동적이어서 구체적인 자료를 통해 분석하기 어렵고, 영상물의 유통이 복잡하고 체계적이지 않아 자료 접근이 어렵다는 현실적 제약에서 비롯되었다.

이러한 점을 고려하여 본 논문은 다양한 문헌연구를 통해 동북아시아 지역의 텔레비전 프로그램 유통에 미치는 요인을 문화적 근접성으로 인식하면서, 무엇보다도 동북아시아의 텔레비전 프로그램 유통에 대한 연구는 문화적 근접성의 규명이 필요함을 주장하게 되었다. 이를

러 등) 국가보다 수입된 편수로 비교할 때보다 훨씬 더 많은 비중을 차지하는 것으로 나타난다(방송위원회, 2000).

위해 본 논문은 일상생활을 소재로 제작되어 지역의 문화적 특성을 가장 잘 보여주며 이 지역에서 활발히 유통되는 텔레비전 드라마에 나타난 문화적 근접성의 실체를 규명하고자 한다.

따라서 본 논문은 그동안 분명하게 실체가 규명되지 않은 문화적 근접성에 대한 개념을 명료히 할 수 있는 하위범주들을 텔레비전 프로그램의 국제유통 연구에 미치는 문화적 요인에 대한 다양한 개념들로부터 유추하고 종합하여 이들을 분석에 적용하고자 한다. 이런 작업을 통해 연구자는 분석대상[2]으로 선정된 한국, 중국, 홍콩/대만(공동제작)의 드라마에 나타난 형식적 유사성과 내용의 유사성을 비교분석하여 텔레비전 드라마에 나타난 문화적 근접성의 특성을 논의하려고 한다.

2. 기존 연구경향 및 이론적 논의

1) 해외 영상물의 문화적 특성에 대한 논의

텔레비전 프로그램은 국내시장보다 해외로 유통되는 경우 문화에 대한 논란을 일으킬 가능성이 크지만, 과거에 비해 문화적 지배나 영향에 대한 논란보다는 판매요인으로서 문화적 특성에 대한 관심이 배가되고 있다. 그동안 해외 유통에 대해 문화제국주의론자들은 생산국가의 문화를 담고 있는 프로그램이 소비지역에 미칠 결과를 우려하고 프로그램에 담긴 문화, 즉 프로그램의 내용을 비판하면서 '문화적 동질화 또는 문화적 지배' 개념을 제시했다. 유통 결과에 주목한 문화제국주의론자들이 많은 도전에 직면한 반면, 다원주의적 입장의 연구자들은 유통의 원인으로 국가간의 문화적 근접성을 제시하고 수용자 조

2) 일본의 트렌디 드라마가 동북아시아 시장에서 인기 있지만, 한국에 수입되지 않아 제외되었다.

사나 국가간의 지리적·문화적 관계 등을 통해 이를 설명하려 했다. 현재 이런 입장은 영상물의 해외시장 확대를 목표로 하는 각 국가에서 활발히 수용되고 있다.

영상물의 유통 원인으로 국가간의 문화적 관계에 초점을 두는 입장은 '문화적 근접성'이나 '문화적 할인'과 같은 개념을 통해 문화적으로 친숙하게 느낄 수 있는 텔레비전 프로그램이 해외시장에서 선호될 수 있다고 주장한다. 또한 유통의 결과를 가정하고 프로그램에 담긴 문화적 특성을 부각시키는 입장은 유통구조나 텍스트에 담긴 이데올로기, 가치, 라이프스타일 등에 일차적 관심을 둔다. 이들 양 입장은 텔레비전 프로그램의 국제적 유통과 관련해서 각각 수용자, 산업, 텍스트 한 영역만을 분석대상으로 설정하고, 다른 영역은 블랙박스로 남겨둔 채 양자의 입장을 비판하고 있다(Thompson, 1995).

영상물 텍스트의 외적 요인으로부터 발전시킨 '문화적 근접성' 개념은 다원주의적 시각에서 유통의 원인을 해명하기 위해 제시되었다. 헤스터(Hester, 1973)는 국가간의 문화와 역사적 유사성이 국제정보교류의 양과 방향에 영향을 미친다고 가정하고, 국가의 언어, 이민자, 여행객, 식민관계 등에 관한 장기간의 자료를 통해 이 가설을 검증할 수 있을 것이라고 제안했다.

이러한 개념은 텔레비전 프로그램의 세계적 확산을 옹호하는 풀(Pool, 1977)에 의해 논의되지만, 그의 입장을 지지하기 위해 언급되었을 뿐이다. 풀은 선진국의 프로그램을 채택하면 수입국가는 어느 정도 시간이 지나 자국의 프로그램을 발전시킬 수 있으며 문화적 요인이 이를 가능하게 한다고 주장한다. 수입국가의 수용자는 다른 조건이 같다면 지역 프로그램을 선택하게 되는데, 언어·사회적 공감대·문화적 장벽이 지역 프로그램을 보호하기 때문이다. 이러한 주장은 해외로 유통되는 프로그램의 유통체계나 내용 이외에 수입국가의 문화적 특성과 수용자에게 관심을 돌리는 계기가 되었다.

풀의 주장은 미국 시장과 근접한 남미 지역의 텔레비전 드라마인 텔레노벨라의 성공을 통해 지지받았다(Antola & Rogers, 1985). 안톨라와 로저스(Antola & Rogers, 1985)는 남미 시장과 미국의 스페인어권 수용자에게 호응을 얻은 텔레노벨라의 사례에서 같은 조건이라면 지역의 기업이 외국기업보다 문화상품 생산과 분배에 유리함을 보여주었다. 이후 텔레노벨라 현상에 대한 다양한 연구를 통해 수용자가 위치한 지역의 언어, 인종, 문화적 특성이 외국보다 자국이나 지역 텔레비전 프로그램을 선호하게 하는 것으로 나타났다(Straubhaar, 1984; Schement, Gonzalez, Lum & Valencia, 1984).

유통의 원인으로서 '문화적 근접성' 개념이 수용자의 문화적 특성을 통해 논의된 반면, '문화적 할인' 개념을 제시한 호스킨스와 미루스(Hoskins & Mirus, 1988)는 텍스트의 문화적 특성으로부터 유통의 원인을 찾고자 했다. 이들은 '프로그램이란 제작국의 문화에 기반함으로써 그 문화에서는 소구력을 지니지만, 그 밖의 문화권에 노출될 경우 프로그램이 지니고 있는 특정 스타일, 가치, 신념, 행동과 수용자와의 동일시가 어렵기 때문에 소구력이 감소되며, 더빙이나 자막처리도 이러한 소구력 감소에 영향을 미치는 요인으로 작용한다'고 하여 문화적 할인 개념을 프로그램의 구체적 특성으로부터 지적한다.

우리나라에서도 '문화적 할인' 개념은 자주 거론되고 있지만, 구체적 분석을 통해 대안으로 제시되기보다는 소개되는 데 그쳤다(김은미, 2000; 유세경 · 정윤경, 2000; 강태영, 1994). 이 개념은 뷰튼(Button, 1988)의 연구를 통해 구체성을 띠게 되었는데, 미국에서 발달한 시트콤의 경우, 1980년대 말까지 언어적 함축이나 제스처 등의 이질성이 해외시장 판매에 부정적 영향을 미치는 것으로 알려졌다. 그러나 1980년대 말부터 제작자들이 미국적 요소의 가미를 자제하는 데 주의를 기울인 〈코스비쇼〉, 〈후스 더 보스〉, 〈골든 걸스〉, 〈ALF〉와 같은 시트콤들이 해외시장 진입에 성공할 수 있었다. 반면에 미국적인 문화와 언어를 강조하는 〈아멘〉이나 〈바니 밀러〉와 같은 시트콤들은 문화적 할인 때문에 해외시장에서 여전히 외면받고 있다(Button, 1988; 유세경 · 정윤경, 2000 재인용). '문화적 할인' 개념은 해외시장 확대를 위한 전략으로서 보편적 수용자를 목표로 하는 프로그램의 내용에 초점을 둔다.

문화적 할인과 유사한 '문화적 향기'라는 개념은 상품의 특성과 유통의 관련성에 주목하지만, 비판적 시각에서 문화상품의 세계적 소비현상을 포스트모던 소비문화로 논하는 데 사용되고 있다(Iwabuchi, 1998). 이와부치(1998)는 '문화적 향기'(*cultural odour*) 또는 '문화적 무취'(*cultural odourless*)라는 개념을 한 국가의 문화적 특성에 대해서 세계적으로 구성된 상상을 토대로 설명하고 있다. 이와부치는 "문화적 향기란 특정 상품의 소비과정에서 그 상품이 어떤 국가의 문화적 모습, 그리고 그 국가의 삶의 방식에 대한 이미지나 개념이 긍정적으로 연상되는 방식이다. 어떠한 상품도 그것을 만든 국가와 다양하게 문화적으로 연상될 수 있지만, 생산국가의 라이프스타일에 대한 이미지가 그 상품의 소구력으로서 강하게 소구될 때 그 상품의 문화적 향기가 있다"라고 설명한다. 그는 일본 애니메이션의 '문화적 무취'를 시장확대의 원인으로 언급하지만 유통확대 전략으로 논의하지는 않았다. 그럼에도 이 개념은 현재 다원주의적 입장에서 주목하는 유통의 원인으로 제시될 수 있으며, 복잡해지는 세계 문화상품을 통한 문화간의 만남 자체에 주목하는 데 기여할 수 있다.

국제 프로그램 유통에서 '문화적 근접성'과 '문화적 할인' 등의 개념이 다원주의적 시각에서 경제적 측면을 고려하기 위해 논의됨으로써 유통의 원인이나 결과로서 문화적 차원에 대한 독립적 논의는 소홀했다. 이런 점을 고려할 때 국제 프로그램 유통 현상에 문화연구의 다양한 연구방법을 적용한다면 이들 개념들을 발전시키고 현실에 도움을 줄 가능성을 높일 수 있다. 국가간의 영상물 비교연구나 특정 영상물에 대한 각 지역의 수용연구가 이들 개념을 발전시키는 데 사용될 수 있다. 본 연구는 연구의 여건을 고려하여 일차적으로 동북아시아 텔레비전 드라마 텍스트 비교연구 방법을 통해 문화적 근접성에 대한 논의를 전개하고자 한다.

다음은 분석에 앞서 국제적으로 유통되는 텔레비전 드라마 형식의 보편적 특성과 내용의 문화적 특성이 문화적 근접성과 어떤 관련이 있는지 기존 논의를 살펴보고 문화적 근접성의 요소들을 추출하고자 한다.

2) 텔레비전 드라마의 보편적 특성과 문화적 특성

미국의 라디오 연속극으로부터 출발한 텔레비전 드라마는 텔레비전의 세계적 확산과정에서 지역에 따라 형식이 변형되거나 토착화되었다. 국제적으로 텔레비전 드라마의 형식은 대개 시간의 전개에 따라 이야기의 결말을 기대할 수 있는지에 따라 구분된다. 미국, 호주, 영국의 텔레비전 드라마는 대개 시간제약이 없고 이야기의 결말이 없는 개방형 시리얼즈(*open serials*)의 특성을 보이며, 남미와 아시아 등지에서 인기있는 텔레노벨라 형식은 이야기의 결말이 있는 폐쇄된 시리얼즈(*closed serials*)로 분류된다(Allen, 1995). 우리나라를 비롯한 동북아시아 지역의 텔레비전 드라마는 대부분 텔레노벨라 형식인 폐쇄된 시리얼즈를 따르지만, 현재 각 국가의 텔레비전 프로그램 장르가 혼종화되면서 이들 두 형식이 혼재하는 실정이다.

세계적으로 텔레노벨라 형식은 다양한 에피소드로 구성되지만, 기승전결 과정에 의해 결론을 예측할 수 있는 기본 서사구조를 따름으로써 전통연극, 소설, 민담의 이야기 구조와 유사하여 어디에서나 친숙하게 받아들여질 수 있다. 또한 주제나 소재 면에서 주로 시대적 제약을 받지 않는 남녀간의 사랑과 가족문제를 다룬다. 이를 통해 이러한 형식의 드라마는 지역이나 문화에 따라 배경과 등장인물을 달리하여 얼마든지 변형이 가능하기 때문에 보편적 소구력을 갖는다.

텔레노벨라는 남미와 스페인어권 문화에서 높은 인기를 얻었는데, 이는 보편적 소재와 형식, 그리고 남미의 문화적 색채가 혼종되었기 때문이다. 텔레노벨라의 보편적 소구력은 문화제국주의자들의 비판을 통해 잘 드러난다. 미국식 모델을 따르는 텔레노벨라는 서구자본주의적 가치인 소비주의를 반영하고 계급갈등을 미화시켜 문화적 지배를 받고 있는 것으로 비판받는다(Muraro, 1987, Biltereyst & Meers, 2000 재인용). 올리비에라(Oliviera, 1990)도 텔레노벨라가 제3세계 문화상품의 형식과 내용에 서구자본주의 가치를 부과하는 제국주의적 영향을 받았으며, 지역문화의 혼종화라고 비판하고 있다. 올리비에라는 미국의 제작자들이 묘사하는 미국식 라이프스타일이 브라질 텔레비전 드라마에서 브라질판으로 재현됨으로써 부과되는 서구자본주의적 가치를 지적했다. 텔레노벨라의 보수적 상업화 경향에 대한 또 다른 비판은 해외시장 확대에 따른 내용의 혼종화나 전통적 가치의 소멸에 초점을 두고 있다(Mazziotti, 1996, Biltereyst & Meers, 2000 재인용). 아르헨티나의 텔레노벨라도 미국의 드라마와 유사한데, 사랑을 주제로 전통적 여성상을 강조하고, 계급에 관계없이 누구에게나 통할 수 있는 이야기에 국한되는 것이 발견되었다. 연구자는 이러한 유사성이 보수적 가치를 수용자에게 배양한다고 지적하고 있다(Morgan & Shanahan, 1991).

그러나 유사한 형식과 소재를 바탕으로 동시대에 제작되는 텔레비전 드라마도 지역에 따라 선호되는 정도가 다름으로써 국제적 유통에서 문화적 요인이 중요하게 작용한다. 스트라바와 비스카실라스(Straubhaar & Viscasillas, 1991)는 도미니카 수용자의 텔레비전 프로그램 선호경향을 계급, 성, 연령, 교육 정도에 따라 조사했다. 이 지역의 수용자가 드라마는 인접한 멕시코, 베네수엘라, 브라질 등지에서 수입된 것을 선호하고, 영화는 미국에서 제작된 것을 선호하고 있었다. 또한 스트라바(1991)는 상파울루 등지에서도 수용자 조사를 통해 각 지역의 수용자가 미국의 텔레비전 프로그램보다 근접한 지역의 프로그램을 선호하고 있음을 밝혔다. 이를 통해 영화보다 일상적인 인간관계나 삶의 모습을 보여주는 텔레비전 드라마의 국제적 유통이 문화적 차이나 유사성에 더 민감하게 영향을 받는다고 할 수 있다.

이는 유럽에 성공적으로 진출한 남미의 텔레노벨라가 국가나 문화에 따라 진입성과가 다르게 나타난 데서도 뒷받침된다. 각 국가의 방송사 편성담당자나 구매담당자들을 인터뷰한 내용에 따르면, 문화적 거리 특히 언어장벽, 문화적 근접성의 부족, 텔레노벨라에 재현된 세계에 대한 지식의 부족 등이 텔레노벨라의 시장성과에 영향을 미치는 것으로 나타났다(Biltereyst et al., 2000). 리브스와 카츠(Liebes & Katz, 1986)의 연구에서도 수용자들은 각 문화권의 중심적 가치를 중점적으로 해독하는 경향을 보였다. 드라마의 다양한 내용 가운데 자신들의 가치와 부합되는 점들을 중요하게 여기고 그에 따라 등장인물을 평가하고 있었다. 이러한 사례들을 통해 텔레비전 드라마는 보편적 소재에 현실적 삶의 모습을 반영하는 자본주의적 가치와 문화적 특색을 혼합할 때 소구력을 높일 수 있다.

텔레노벨라 형식을 주로 따르는 아시아 지역에서도 문화적 특성이 텔레비전 드라마의 유통에 중요한 영향을 미치고 있다. 이 지역은 자체제작 프로그램 가운데 드라마를 가장 많이 편성하고 있으며, 1970년대 중반부터 인접국가의 텔레비전 드라마를 지속적으로 수입하고 있다(Chan & Ma, 1996). 이 지역의 문화적 근접성은 언어적 요인에만 기인하는 것은 아니며, 문화적 배경이 중요하게 영향을 미치는 것으로 나타났다. 영어 인구가 상대적으로 많은 홍콩, 인도, 필리핀 등지에서도 서구의 텔레비전 프로그램보다는 지역의 텔레비전 드라마가 선호되고 있는데, 아시아인은 자신의 삶과 근접하고, 아시아적 규범과 감수성을 보여주는 프로그램을 선호하는 것으로 알려졌다(Junhao Hong,

1998; Chadha & Kavoori, 2000 재인용). 특히 지역에서 텔레비전 드라마가 가장 활발히 유통되고 영화나 다큐멘터리는 아시아 이외의 지역에서 주로 수입되는 현상도 텔레비전 드라마가 수용자에게 문화적 소구력이 높은 장르임을 보여준다. 이와 함께 아시아 지역은 커뮤니케이션 장비 등의 하드웨어는 거대한 글로벌 시장으로 성장할 가능성을 갖고 있지만, 콘텐츠로는 문화시장(*cultural market*)의 특성을 보이고 있다(Goonasekera, 1998).

동북아시아 지역의 가장 큰 국가인 중국도 전체적으로 수입드라마보다 국내 드라마의 인기가 높다(한국방송개발원, 1998). 드라마에 따라 수입드라마의 인기가 압도적으로 높을 경우가 있는데, 지리언어적 요인보다 지리문화적 요인이 더 크게 작용하는 것으로 나타났다. 중국에서 높은 인기를 얻는 대만 드라마는 신의, 충성, 절제 등의 전통적 가치를 다루어 중국 수용자에게 공감을 얻고 있다(Lin & Liu, 1993, Chan, 1996 재인용). 중국의 전통적 가치에 부합하는 한국의 〈사랑이 뭐길래〉가 성공한 이유도 문화적 근접성 때문이다.

대만에서도 인접국가인 일본의 트렌디 드라마가 젊은 시청자에게 높은 인기를 얻고 있다. 대만의 수용자는 수입된 텔레비전 드라마의 경우 일본을 포함한 인접국가에서 제작된 것을 선호하고, 수입된 영화의 경우 미국에서 제작된 것을 선호하는 것으로 나타났다. 대만에서도 수입텔레비전 드라마의 경우 문화적 요인이 수용자의 선호에 중요하게 작용하고 있었다. 대만의 수용자가 인접한 아시아 국가의 텔레비전 드라마를 선호하는 이유는 드라마에서 느낄 수 있는 친숙성(*familiarity*) 때문인 것으로 나타났다(Ishii, Su & Watanabe, 1999). 대만의 수용자는 드라마에 재현된 일본인의 삶의 방식과 자신이 현실적으로 맺고 있는 인간관계가 서로 닮았기 때문에 선호하고 있었다. 또 다른 이유는 비슷하게 근대화 과정을 겪은 아시아 지역에 소구할 수 있는 일본의 근대성이 묻어 있기 때문이다(Iwabuchi, 2000).

이러한 논의를 통해 텔레비전 드라마는 유사한 소재와 형식, 동시대적 가치를 토대로 제작되지만, 그 안에 재현된 문화적 특성에 따라 각기 소구하는 정도가 다르다고 할 수 있다. 또한 세계의 수용자는 문화적 동질화가 가속화되는 동시대의 포스트모더니티를 경험한다 해도 문화적 배경에 따라 텔레비전 드라마를 각기 다르게 수용하고 있다는 점을 알 수 있었다. 이는 텔레비전 드라마의 내용이 분명한 차이가 있음을 말해 준다. 같은 시기에 방송된 일본과 미국의 텔레비전 드라마의 내용분석을 통해서 동서양의 문화적 차이가 밝혀졌다. 일본의 텔레비전 드라마는 아시아 특유의 '자기희생' 정신을 강조하고, 미국은 '개인의 행복'을 강조하고 있었다(Mikami, 1993).

지금까지 논의를 종합하여 세계의 텔레비전 드라마는 형식과 내용에 의해 차이를 구분하고, 형식은 드라마의 종결형태의 특성, 주제, 이야기 구성방식에 따라 구분됨을 알 수 있다. 그리고 드라마의 문화적 특성을 규정하는 내용은 인물과 인간관계, 인물의 도덕적 가치나 신념, 인물의 일상적 삶의 방식, 시·공간적 배경 등이 재현되는 방식으로 범주화할 수 있다. 이들 형식과 내용의 하위범주를 토대로 텔레비전 드라마의 문화적 유사성과 차이에 대한 비교분석이 가능하게 되었다.

3. 분석대상 및 연구방법

분석대상의 선정은 국가별 유통량, 시청결과, 드라마 유형의 대표성 등을 고려해야 하지만, 적절한 자료수집이 불가능했다. 이 지역의 텔레비전 프로그램 유통체계가 미흡하고 영세할 뿐 아니라 거래선이 다양하여 자료축적이 이루어지지 않은 데서 기인한다. 이런 점 때문에 연구자는 현장실무자들의 경험을 분석대상 선정의 기초자료로 사용하

게 되었다.[3)]

분석대상은 자국의 시청률이 높고 동북아시아 지역에 유통되었으며 한국에서 인기가 있었던 중국, 홍콩/대만, 한국의 텔레비전 드라마 세 편을 추천받아 선정했으며, 관련 방송사와 배급사로부터 비디오테이프와 관련자료를 입수했다.

한국의 〈별은 내가슴에〉는 1997년 3월~4월까지 MBC에서 방영되었으며, 60분짜리 16편으로 40%의 시청률을 올렸다. 1997년부터 현재까지 6개국 이상 판매되었으며, 베트남과 중국에서 높은 인기를 얻었다.

〈진정고백〉은 홍콩과 대만의 스타를 고용하여 중국어권 시장을 타겟으로 상해, 홍콩, 대만을 배경으로 1999년 10월 말 제작되었다. 47분 15초의 길이로 20편으로 제작되어, 중국 TV 2를 비롯해 40개 지역의 방송국에서 방영되었다. 홍콩에서는 TVB를 비롯 케이블에서 방영되었고 평균 29%의 시청률을 기록했다. 대만에서는 STV를 비롯 케이블에서 방영되었고, 평균 70%의 시청률을 올렸다. 한국의 드라마넷에서 1999년 11월 1일부터 방송되었다.

중국의 〈동변일출서변우〉는 50분의 길이 20편으로 북영성상영시제작공사에서 제작되었고, CCTV를 통해 상영되어 80%의 시청률을 기록했다. 이 드라마는 대만을 포함한 중국어권 시장에 판매되었으며,

---

3) Dramanet과 SDN 수입담당자, 공중파 방송의 수출담당자(MBC와 SBS 2명), 아시아지역 텔레비전 프로그램 마케팅 담당자(케미엔코와 Major Network 2명)와 면대면 인터뷰나 전화 인터뷰를 실시하여, 동북아시아 지역의 유통현황과 분석대상의 유통결과에 대해 질문했다. 〈진정고백〉을 제외한 드라마들은 2차 창구인 케이블과 위성으로 유통되어 시청률 자료에 대한 접근이 어려워 마케팅 담당자들의 증언에 따라 이 시장에서 폭넓게 유통되어 인기있었음을 밝힌다. 〈별은 내가슴에〉는 이미 중국에서 많은 인기를 얻고 있음이 널리 알려졌다. 그럼에도 이들을 선정한 시청률이나 인기도에 대한 수치를 밝힐 수 없음이 한계로 남는다.

한국의 케이블 채널 35에서 1999년 5월부터 방영되었다.

4. 텔레비전 드라마의 분석결과

1) 텔레비전 드라마 형식의 유사성

텔레비전 드라마는 보편적 호소력을 가진 특정 주제와 상황을 설정하고, 표준화된 인물과 인물들간의 갈등을 반복해서 등장시킴으로써 시청자 대중을 확보한다. 분석된 드라마 또한 이러한 정의에 충실하며 일정한 형식을 보여준다. 세 드라마는 주제, 이야기 구성방식, 종결형태의 세 범주에서 유사한 특징을 보인다.

주제 면에서 이들 드라마는 공통적으로 젊은 남녀의 사랑, 우정, 야망을 다루며 삼각관계를 중심으로 갈등과 대립을 전개하는데, 이를 해결하는 과정은 기승전결로 구성된다. 드라마의 종결은 해피엔딩과 권선징악으로 폐쇄되어 있다. 대부분 등장인물들은 선악 대비가 뚜렷하며 인물의 성격과 스타일이 정형화되었고, 이에 따라 결말을 예측할 수 있다. 이들 드라마 형식의 보편적 특성은 전형적으로 텔레노벨라의 서사구조에서 기인하지만, 이야기가 전개되는 과정에서 인물들의 관계맺는 방식과 갈등의 양상을 달리함으로써 서로 차이를 보이고 있다.

(1) 〈별은 내가슴에〉의 주제와 이야기 구성 : 극단적 선악대립과 동화의 이야기 구조

〈별은 내가슴에〉는 신분이 다른 젊은 주인공 남녀의 시련을 극복한 사랑을 주제로 한다. 인물들은 선과 악의 대비가 분명하고 친분과 사업에서 밀접한 네트워크를 형성하고 있다. 이러한 관계설정으로 로맨스와 사업적 갈등이 서로 복잡하게 얽히고, 인물들은 중심 갈등을 축

〈표 14-1〉 드라마 형식의 보편적 특성

제목	주제	서사구조	갈등의 유형	종결형태
별은내가슴에	젊은이의 신분을 극복한 사랑	기승전결의 닫힌 구조	(삼각관계) 남녀주인공과 주변인물의 신분상의 갈등 -극단적 선/악 대립	해피엔딩 권선징악
진정고백	직장인의 사랑과 성공	기승전결의 닫힌 구조(로맨스의 병렬)	(삼각관계) 남녀주인공간의 오해로 인한 갈등 -가벼운 심리적 대립	해피엔딩 권선징악
동변일출서변우	젊은이의 사랑과 배신	기승전결의 닫힌 구조	(삼각관계) 인물들의 엇갈린 애정갈등과 가치관의 갈등 -심각한 선/악 대립	해피엔딩 권선징악 인과응보

으로 대치된다. 이를 통해 중심 플롯의 전개에 초점을 두게 되고, 극단적으로 대립되는 인물에 대한 정서적 관여를 높인다.

등장인물은 선하고 관대하며 도덕적·지적 능력을 겸비한 주인공들과 도덕적·지적 능력이 부족하지만 신분의 혜택을 받는 악당들로 정형화되었다. 무능력하고 비도덕적인 악당들은 시련을 부과하고 갈등을 촉발하는 자들이며 조연이다. 능력있고 도덕적이지만 신분이 불확실하거나 부모가 부재한 선한 영웅들은 시련을 당하고 갈등을 해결하는 자들이며 주인공들이다. 완벽하지만 선천적으로 결핍된 존재인 주인공은 정서적 동일시의 가능성이 높고, 무능력하고 악하지만 혜택을 누리는 조연들은 희화화되거나 비합리적인 행동을 통해 웃음을 유발하여 시청자의 시선을 끈다. 이러한 인물설정을 통해 주인공과 조연, 영웅과 악당의 대립으로 갈등이 촉발·심화·해소되는 단순하고 선적인 전개가 가능하고, 권선징악과 행복한 결말을 예측할 수 있게 하며 웃음을 주는 동화적 이야기 구조를 보이고 있다.[4]

(2) 〈진정고백〉의 주제와 이야기 구성: 다수의 현대적 로맨스를 병치한 닫힌 구조

〈진정고백〉은 광고회사에 다니는 신세대 직장인들의 사랑과 성공을 주제로 한다. 로맨스의 갈등과 직업적 갈등이 분리되어 극적 긴장감이 미약하지만, 복수의 로맨스를 지속적으로 병치하여 긴장감의 부족을 봉합시키고 있다. 중심 플롯을 이루는 남녀간의 로맨스로 인한 갈등은 심리적 갈등이나 오해로 발생되며, 직업적 갈등은 선/악 대립에 의한 갈등이다. 다수의 로맨스로 인한 갈등과 문제해결이 반복되면서 중심 플롯으로 이야기가 수렴되고 기승전결로 전개된다.

가족관계보다는 젊은 직장인들의 인간관계가 중심적이며, 서로 다른 개성을 지닌 젊은이들의 여러 로맨스로 인한 갈등은 대부분 가볍고 큰 상처를 남기지 않는다. 반면에, 직업적 갈등은 악당의 음모와 방해로 남자주인공이 회사를 떠나게 할 정도로 심화되며, 오히려 여자주인공이 남자주인공과 로맨스를 이루는 계기를 제공하여 연인간의 갈등을 완화시킨다. 로맨스의 갈등에 개입하는 악당이 두드러지지 않음으로써 선한 인물들의 개인적 성격과 스타일이 강조되지만, 드라마의 결말

---

4) 고아인 연이(최진실)가 친아버지에 의해 친구의 딸로 입양된다. 고급의상실 디자이너인 주인 아주머니 송 여사(박원숙), 딸 이화(조미령), 아들 이반은 연이에게 적대적이다. 남자주인공 강민(안재욱)은 송 여사와 친분이 있는 강 장군의 혼외 아들이다. 강민의 친구이며 송 여사와 친분있는 남자주인공 이준(차인표)은 부모없는 재벌 손자로서 떠나간 애인 소피아(최진실)를 잊지 못한다. 강민과 이준은 우연히 연이와 친구 순애(전도연)를 만난다. 강민은 연이에게 호감을 갖고, 이준도 떠나간 애인 소피아(최진실)를 닮은 연이에게 호감을 갖는다. 어린 시절부터 강민을 좋아한 이화는 연이와 삼각관계가 되고 디자이너로서 경쟁한다. 연이는 강민의 부모와 주변인물들의 방해를 받는다. 연이는 강민을 오해하고 그와 헤어지지만, 이준의 도움으로 그를 다시 찾는다. 이준은 돌아온 애인을 만나지만 집안의 반대에 부딪치고 애인은 다시 떠난다. 이준은 애인을 찾아 떠날 결심을 하고, 무리하게 사업을 벌이던 송 여사와 그 일가는 망하게 된다.

은 권선징악과 해피엔딩이다.[5)]

(3) 〈동변일출서변우〉의 주제와 이야기 구성: 전통적 멜로드라마의 닫힌 구조[6)]

이 드라마는 젊은이들의 사랑과 배신을 주제로 자본주의체제가 도입된 중국에서 직업과 공간이 다른 두 쌍의 젊은 연인이 헤어지고 새로운 사랑을 찾는 과정을 기승전결로 전개한다. 등장인물들의 직업적 배경이 다양하지만, 주로 가족관계나 친분을 통해 서로의 로맨스와 일로 얽혀든다. 이에 따라 인물간의 감정적 대립이 극대화되고 극적 긴장감이 높아진다.

---

5) 여자주인공 허약(곽영)은 광고회사 면접시험에 가다 교통체증에 걸린다. 그녀는 우연히 남자주인공 고적안(호병)의 핸드폰을 빌려쓰고 돌려주지 못한다. 허약은 이 일로 회사 간부인 고적안에 의해 불합격되지만, 고적안을 경계하는 신임사장 주진에 의해 고적안의 부서에 배치된다. 허약은 고적안에 대한 오해를 풀게 되고 곤경에 처한 그를 돕는다. 고적안은 첫사랑 방방을 찾으려 하지만, 방방은 사촌형 걸경의 약혼녀가 되었다. 고적안과 허약은 사랑하게 된다. 고적안과 방방의 사이를 안 걸경은 결혼을 취소한다. 고적안과 방방은 우연히 만나고 이를 본 허약은 고적안을 떠나고, 오랜 친구 풍수의 청혼을 받아들인다. 허약과 풍수의 결혼소식에 고적안은 그녀를 다시 찾는다. 고적안의 친구이자 동료인 국영은 대령의 약혼자 노릇을 하다 동침하여 아이를 갖게 한다. 대령과의 결혼을 원치 않는 국영은 미모의 장연을 사랑하게 된다. 대령은 국영이 장연을 사랑함을 알고 떠나려 하지만, 대령의 사랑을 깨달은 국영이 그녀를 다시 찾는다. 이외에도 주진과 모리리와 문숙의 삼각관계, 허약과 풍수, 유웅과 허약, 유웅과 방영, 허약의 아버지 허해와 메이의 로맨스가 병치된다. 고적안을 괴롭히던 사장 주진은 문숙과 모리리에게 버림받게 된다.

6) 멜로의 특성은 유형적이고 불변의 속성을 가진 인물, 양극화된 인물설정과 인물들간의 감정적 대립, 사건중심적 내러티브, 우연성과 운명성의 강조, 가정적·사적 배경, 과다한 비극적 정서, 사랑과 도덕의 찬미, 그리고 이 모든 것을 관통하는 체제유지적 가치 등으로 요약된다(김훈순·김은정, 2000).

등장인물은 주인공 남녀 각각의 삼각관계에 개입하는 방식에 따라 선/악이 구분된다. 선/악의 대립은 순수한 사랑/전도된 사랑(전통적 사랑/자본주의적 사랑), 가난/부의 대립이다. 선한 주인공은 지고지순한 사랑을 추구하며, 악당은 연인을 소유물이나 욕망의 대상으로 여긴다. 악당은 자본주의적 가치관에 충실하여 야망있고 처세술이 뛰어나며 능력있는 남성이다. 선한 주인공은 도덕적·지적 능력을 갖추고 의리를 소중히 여기며 순수한 사랑을 추구하지만, 경제적 능력이 부족하다. 권력과 야망을 지닌 남성이 악당으로 설정됨으로써 이들의 꾀임에 빠지거나 시련을 겪는 선한 주인공들의 사랑의 상처가 과장되게 표현된다.

이 드라마는 인물의 성격과 유형에 따라 결말이 예측되는 권선징악·해피엔딩과 인과응보를 겸한 닫힌 구조를 지닌 전형적인 멜로드라마의 이야기 구조에 충실하고, 사회주의적 교훈을 담고 있다. 자본주의적 가치를 쫓는 악당은 벌을 받고, 가난한 남자의 순수한 사랑을 믿지 못하고 야망에 찬 부르주아 남성을 선택한 부르주아 여성 진단니는 후회하지만 잘못된 결혼으로 고통받는다. 예술적 재능은 있으나 경제력이 부족한 남자주인공은 실연을 당하지만 진정한 사랑을 얻는다. 악당의 꾀임으로 타락했던 가난한 연주자는 이혼당하고 감옥에 가는 벌을 받지만, 자식을 생각하는 아내에 의해 구제된다.[7]

7) 여자주인공 소남(허청)은 부정직한 젊은 기업가 오영민(이성유)과 헤어져 새 삶을 찾고, 그는 탈세혐의로 감옥에 갇힌다. 남자주인공 육건평(왕지문)은 가난한 도예가로서 인기 방송진행자인 진단니(오우연)를 사랑한다. 육건평의 매부 심굉은 오영민의 친구로서 회사를 맡게 된다. 심굉을 만나러 간 소남은 우연히 육건평을 만나게 되지만, 소남의 과거를 아는 육건평은 그녀를 무시한다. 육건평은 소남에게 사과하려 하다가 진단니에게 오해를 받게 된다. 진단니는 방송일로 오만한 사진작가 풍서구를 만나게 된다. 진단니는 풍서구의 끈질긴 구애를 받게 되고, 육건평의 사랑을 의심하는 그녀는 풍서구와 결혼하지만 행복하지 않다. 실연한 육건평은 창작능력을

세 드라마는 젊은이들의 로맨스를 중심 플롯으로 하여 갈등의 정도가 다르지만 기승전결로 전개되고, 권선징악과 해피엔딩의 도덕적 교훈을 갖춘 닫힌 구조의 텔레비전 드라마라는 점에서 형식적으로 유사하다. 또한 세 드라마 모두 등장인물의 선/악이 구분되며 인물묘사가 정형화되었고, 인물의 성격에 따라 결말이 예측되고 사랑과 도덕을 강조한다는 점에서 보편적 소구력을 지녔다.

세 드라마는 각기 젊은이들에게 소구하기 위한 장치들을 차용하는 데서 차이가 있다. 트렌디에 충실한 〈별은 내가슴에〉와 해외시장을 목표로 제작된 〈진정고백〉은 젊은이들의 로맨스를 가볍고 감각적으로 표현하기 위해 빠른 영상, 스펙터클, 감각적 배경음악을 사용하고 있다. 이들 드라마는 코미디 요소를 삽입하여 드라마의 심각성을 완화하는 특성을 보이고 있다. 반면에 〈동변일출서변우〉는 두 쌍의 연인이 헤어지고 만나는 배신의 아픔과 사랑의 고통을 무겁고 심각하게 다루고 있다. 앞의 두 드라마의 가벼움과 감각성은 시청각적 자극을 통해 〈동변일출서변우〉의 심각성과 대비되어 차이를 보이고 있다.[8] 〈별

잃고, 출감한 오영민은 소남을 찾으려 한다. 우연히 육건평의 작업실로 피신한 소남은 그와 사랑하게 된다. 오영민은 육건평을 협박한다. 육건평은 진단니를 잊지 못한 채 소남에게 구혼하지만, 소남은 이를 알고 거절한다. 오영민의 위협이 계속되자 소남은 육건평을 위해 오영민의 범법행위를 고발하고 공범이었던 자신도 구속된다. 육건평과 소남은 서로의 사랑을 확인하게 되지만 잠시 떨어지게 된다.

8) 이들 세 드라마는 세트가 아닌 야외나 실제 실내공간을 배경으로 젊은이들의 사랑과 우정을 감각적인 영상과 음악을 사용하여 제작된 트렌디 드라마적 경향을 보인다. 〈별은 내가슴에〉와 〈진정고백〉은 화려한 영상과 신세대적 감각에 소구하는 트렌디 드라마의 특성에 충실하다. 이에 비해 중국의 〈동변일출서변우〉는 젊은이를 대상으로 하고 아름다운 야외공간을 배경으로 설정했지만, 화려함과 감각적인 표현이 부족한 편이다. 앞의 두 드라마는 대화보다는 영상과 음악을 통해 시청자를 자극하는데, 빠르고 정교한 카메라의 움직임과 밝은 톤의 조명, 인물과 사건에 따라 애절하거나 경

은 내가슴에〉와 〈동변일출서변우〉는 가족관계, 로맨스, 일이 서로 복잡하게 얽혀 있고, 선/악 대립이 극대화되어 갈등이 기승전결방식에 의해 촉발·심화·해소되는 과정이 좀더 유사하다.

세 드라마는 멜로드라마의 이야기 구조를 현대의 젊은이에게 맞게 감각적으로 표현하고 있다. 트렌디 드라마 경향을 보이는 이들 드라마는 멜로드라마가 근대사회 초기에 대중적 장르로 탄생했듯이 포스트모던한 현대사회의 대중적 장르로서 동북아시아 지역에서 인기를 얻고 있다.

2) 텔레비전 드라마 내용의 유사성

(1) 인물과 인간관계 재현의 유교적 특성

극의 인물은 일정한 태도와 스타일, 그리고 세계관의 물리적 구현체이며, 근본적으로 변하지 않는 문화적 가치체계의 구현체라고 할 수 있다(샤츠, 1995). 텔레비전 드라마에 등장한 인물의 성격과 행동, 그리고 인간관계도 일정한 문화적 가치에 의해 재현되며, 인물들은 대개 일정 범주로 분류될 수 있다.

세 드라마는 인물들의 성격이 고정되어 있는데, 보편적인 도덕적 규범에 따라 인물의 선/악이 대비되고, 유교적 오륜에 기초하여 인간관계가 재현된다. 유교는 인간사회를 개인적인 관계들과 그 관계에서 비롯된 윤리적 책임이라는 견지에서 보는데, 이들 관계는 가족관계이거나 대개 가족적 전형에 의해 표현된다(줄리아 칭, 1993). 이들 유교적

쾌하게 변주한 다양한 음악의 사용 등이 공통적이다. 이들 드라마는 희극적 인물을 등장시키거나 인물의 비합리적 행동을 설정하여 웃음을 유발한다. 반면에 〈동변일출서변우〉는 카메라의 움직임이 단조롭고 샷과 시퀀스의 길이도 길며, 조명도 자연광을 사용하여 앞의 드라마에 비해 어둡고 사실적이다. 등장인물들의 성격은 진지하고, 코미디적 인물도 등장하지 않는다.

인간관계는 체면을 유지하는 방향으로 실행되어야 하며, 이를 위해 덕 있는 행동을 해야 하고 지나친 욕망은 금물이다(호프스테드, 1995). 세 드라마의 등장인물들은 이러한 행동규범에 충실한데, 이는 아시아적 가치의 기본적 특징이다(리콴유 & 자카리아, 1999). 특히 선한 인물들은 개인적 감정이나 욕망을 원만한 인간관계 유지, 공동체와의 조화, 가족의 화목 등을 위해 절제하고 덕을 베푸는 행동에 충실하다.

유교적 가치관에 따라 중심행위자인 여자주인공은 전형적인 현대적 동양 여성으로 재현된다. 여자주인공에 비해 남성주인공들은 좀더 다양하게 묘사되지만, 선과 악이 대비되며 공통적으로 붕우유신에 충실하다. 남성주인공들의 친구관계는 공통적으로 복합적인 플롯을 결합하고 갈등을 해결하는 역할을 한다. 가족관계는 주인공들의 로맨스에 개입하기 위해 설정됨으로써 부부관계는 미미하고 부모와 자식이 주된 관계인데, 이들 관계도 유교의 오륜에 따라 재현된다. 주인공들은 장유유서를 따르고 효도를 인간행동의 기본적 덕목으로 여기며, 개인보다는 가족과 부모의 명예를 소중히 여긴다. 이에 따라 주인공들의 사랑에 개입하는 가족이나 부모의 비합리적 행위도 주인공이나 주변 인물들에게 수용되고 있다.

① 여자주인공 재현의 유사성 : 온유하고 강인하며 능력있고 조화로운 여성

세 드라마는 모두 여자주인공을 중심인물로 설정했고, 여자주인공에게 사건이 발생함으로써 이야기가 전개된다. 공통적으로 여자주인공들은 아름다운 외모, 도덕성, 지성, 그리고 전문적 능력을 갖춘 여성으로 정형화되는데, 이들은 시련을 극복하고 사랑을 이룸으로써 보상을 받는다. 여자주인공들은 사적 공간인 가정에 한정되지 않은 현대적 여성으로서 자신의 일과 삶에 적극적이며, 뛰어난 능력을 갖추었고 매우 합리적이다. 그럼에도 이들은 로맨스의 갈등을 해결하는 데서 합리적이거나 전략적이지 않고, 절대적이며 순수한 사랑을 추구하고 자기 희생적이다. 조화롭고 헌신적인 여자주인공들은 연인들이 자신의 사랑을 오해하거나 알아주지 않더라도 상대방을 위해 자신의 욕구나 감정을 자제한다. 뿐만 아니라 이들은 자신으로 인해 연인이 가족이나 주변인물들과 불편해지는 것을 원하지 않으며, 무리한 방법으로 사랑을 이루려 하지 않는다. 이러한 태도는 조화와 덕을 중시하는 유교적 가치관에서 비롯되는데, 이러한 여자주인공들은 공통적으로 생머리, 크지 않은 키, 화려하지 않으며 단아하고 아름다운 외모, 단정한 옷차림으로 코드화된다.

〈별은 내가슴에〉의 여자주인공 연이는 도덕적·지적 능력을 갖추었고, 디자이너로서의 재능을 지녔을 뿐만 아니라 성실하다. 그녀는 청순하고 소박하며 궂은 일을 도맡아 한다. 그녀는 주변인물들을 자상하게 배려하며 악당들의 괴롭힘에 굴하지 않는다. 그녀는 자그마한 키, 생머리, 다소곳한 표정, 부드러운 미소, 소박한 옷차림으로 성격을 표현한다. 반면에 동갑의 악역인 이화는 짙은 화장과 파마를 하고 화려한 의상과 여러 가지 액세서리를 착용하며, 자신의 감정을 잘 드러내고 사치스럽다. 이런 이화는 도덕적이지도 않고 재능도 없으며 사랑받지도 못하고 동양적 여성스러움을 갖춘 연이와 대조된다.

연이는 일이나 자아성취를 하는 데 적극적이고 능동적이며 합리적이지만, 사랑에서는 소극적이고 자기희생적이다. 그녀는 절대적이며 순수한 사랑을 바라지만, 사랑을 이루려고 적극적으로 노력하지 않는다. 조화를 중시하는 연이는 강민의 가족들과 대립하는 것도 피하고, 강민이 자신을 부끄러워한다고 여기고 그와 헤어진다. 그러나 타인의 아픔을 참지 못하는 연이는 결국 실연으로 고통스러워하는 강민에게 돌아간다. 결국 주변인물들과 조화를 이루려 하고 자신의 감정을 자제하면서 묵묵히 참은 연이가 사랑을 이루게 된다.

〈진정고백〉의 허약은 4개국어에 능통하며 명문대학을 졸업한 능력

있는 여성이다. 허약은 덜렁대지만 솔직하고 주변사람들을 배려하며, 자신의 일에 성실하고 주체적으로 행동한다. 허약은 밝은 미소, 짧은 생머리, 화려하지 않지만 세련된 미모, 단정한 복장으로 정형화된다. 허약은 착하지만 뛰어나지 않은 외모를 지닌 제 2의 여자주인공 대령이 파마머리에 허술한 옷차림으로 재현되고, 좋아하는 남자에게 구박받는 모습과 대조된다.

허약은 사랑하는 고적안이 어려움에 처할 때마다 그를 돕고 위로하며, 고적안이 회사를 나가자 그를 따른다. 모든 일에 관대하고 합리적이며 적극적인 허약도 고적안과의 사랑에 대해선 그렇지 못하다. 허약은 고적안이 첫사랑을 잊지 못하고 다시 만난다고 오해하고, 오해를 풀려고 하기보다 헤어진다. 허약도 고적안의 절대적인 사랑을 원하면서 적극적으로 사랑을 추구하기보다는 자신의 감정을 희생하고 슬퍼할 뿐이다. 대신 자신을 좋아하는 풍수와 결혼을 결심하지만, 그녀에게 고적안이 돌아옴으로써 사랑을 이룬다. 미모가 아닌 대령은 요리와 집안일 등 가정주부로서의 역할을 누구보다 잘하는 여성으로 재현되었다. 대령도 자신을 원하지 않는 국영을 헌신적으로 사랑하고 돌보지만, 국영이 다른 여성을 사랑함을 알고 떠나려 한다. 그러나 국영이 대령의 사랑을 깨닫고 그녀와 결혼함으로써 그녀는 보상받는다.

〈동변일출서변우〉의 소남은 뛰어난 미모와 지성, 그리고 업무능력을 지녔으며, 어떠한 어려움도 극복하는 적극적인 여성이다. 잘못된 사랑의 경험이 있는 소남은 단호한 표정, 생머리, 화려하지 않은 세련된 의상, 아름답고 조용한 외모로 정형화된다. 소남은 수단과 방법을 가리지 않는 기업가 오영민으로부터 벗어날 정도로 전략적이며 대범하고, 현실 판단능력도 뛰어나다. 그러한 소남도 사랑에선 적극적이지도 않고, 자기희생적이다. 그녀도 연인의 절대적 사랑을 원하지만, 자신의 욕망이나 사랑보다 연인의 감정을 더 소중하게 여긴다. 그녀는 육건평이 자신을 사랑함에도 불구하고 그가 진단니를 잊지 못한다고 오해하고 그의 청혼을 거절한다. 그러나 소남은 오영민에게서 육건평을 구하기 위해 그를 고발하고 공범이었던 자신이 구속되는 희생을 감수함으로써 육건평과의 사랑을 확인하게 된다.

세 드라마의 여자주인공들은 모두 도덕적·지적 능력과 아름다움을 갖추었고, 사랑하는 방식도 매우 유사하다. 현대 동양 여성을 대표하는 이들 여자주인공은 일과 사랑의 방식이 대조적이다. 그녀들은 일에 대해선 적극적이고 합리적이며, 현대사회에서 필요한 능력들을 갖추었다. 그러나 사랑에 대해선 절대적이고 순수한 사랑을 추구하며, 비합리적일 정도로 진취적이지 못하다. 세 드라마는 현대사회에서 동양의 여성은 미모와 지적·전문능력을 갖추고, 사랑과 인간관계 유지를 위해 전통적 미덕에 충실해야 사회적으로 인정받을 수 있음을 보여준다. 이러한 동북아시아 여성의 고정된 이미지는 봉건과 근대와 탈근대적 상황을 동시에 경험하면서 나타난 불균형 사회에서 다중적 주체가 용인되지 않음을 의미하기도 한다(조혜정, 1998).

② 남자주인공과 인간관계의 유사성

세 드라마는 유교의 오륜에 의해 관습화된 사회관계를 재현하고 있다. 핵가족화된 자본주의 사회에서 오륜의 덕목 가운데 남성의 붕우유신이 가장 충실하게 재현된다. 남자주인공들은 여자주인공에 비해 다양하게 재현되지만, 공통적으로 친구에 대한 신뢰, 너그러움과 의리를 중시한다. 모든 남자주인공은 복잡한 인간관계의 갈등을 해결하고 조화를 유지하는 데 도움을 주는 친구를 갖고 있다. 이들 친구는 공통적으로 남자주인공인 친구의 연인에게 호감을 갖지만, 친구의 연인으로서 헌신적으로 돌본다.

〈별은 내가슴에〉의 남자주인공 강민과 이준은 절친한 친구로서 의리를 존중하고 약자를 도우며, 직업에서도 성공적이다. 직선적이지만 착한 강민은 록 가수로서 긴 머리의 반항적인 모습으로 정형화된다.

섬세하고 합리적이며 도시의 능력있는 이준은 준수한 용모에 단정하고 세련된 복장을 하며 능숙하게 영어를 구사하는 귀공자로 재현된다. 그들은 서로의 일과 사랑이 성취되도록 적극적으로 도울 뿐만 아니라 시련도 함께 겪는다. 이준은 강민이 어려움에 처할 때마다 경제적으로나 정신적으로 조건없이 도와준다. 이준과 강민의 관계는 사랑의 갈등이나 감정적 갈등을 해결하는 기본적인 관계이며, 둘의 관계를 토대로 드라마의 갈등이 해결되고 원만한 인간관계가 유지된다. 이준은 애인을 닮은 연이에게 호감을 갖지만 강민과의 관계 때문에 감정을 자제하고, 헌신적으로 연이를 돌보고 사랑을 이루도록 돕는다. 그는 강민과 자신을 괴롭힌 악당 송 여사를 용서하고 도와줌으로써 모든 인간관계가 조화를 이룰 수 있게 한다.

〈진정고백〉의 남자주인공 고적안과 국영은 서로 믿고 의지하는 절친한 회사 동료이자 친구이다. 고적안은 자상하고 섬세하며 우연히 여행지에서 만난 여인을 잊지 못하는 남성이다. 인기있는 다국적 광고회사 간부인 그는 준수한 용모에 세련된 의상을 입고 고급승용차를 타며 모던한 사무실과 아파트에서 살고 있다. 〈별은 내가슴에〉의 이준과 성격이나 외모에서 유사하게 재현된다. 고적안의 친구 국영은 못생겼지만 의리있고 마음씨 좋으며, 대범하다. 국영은 남자의 외모는 중요하지 않으며 사내대장부다움과 의리를 강조하고, 여성스러움과 미모를 선호하는 가부장적 인물이다. 국영은 한때 허약에게 호감을 보였었지만 허약과 고적안의 오해를 풀어주고, 허약과 고적안이 사랑하는 데 도움을 준다. 그는 고적안의 사랑과 삶에 대한 카운셀러로서 드라마의 갈등을 해결하고 원만한 인간관계를 유지하게 하는 해결사이다.

〈동변일출서변우〉의 남자주인공 육건평과 오영민은 서로 대립하는 인물로 친구사이는 아니지만, 이들은 모두 절대적으로 믿을 수 있는 친구를 갖고 있다. 이들 친구는 아무런 관계가 없는 연인들이 인간관계를 맺을 수 있는 고리가 되며, 이들은 드라마의 갈등을 해결하고 원만한 인간관계가 유지되도록 돕는다. 남자주인공 육건평과 그의 친구 정효무, 소남을 괴롭히는 악당 오영민과 육건평의 매부 심굉은 절친한 친구사이이다. 육건평의 친구 정효무는 매일 저녁 육건평의 첫 애인 진단니를 육건평과 함께 자신의 택시로 퇴근시킨다. 그는 진단니와 육건평의 소원해진 관계를 회복시키려고 하며, 자신이 좋아하는 소남이 육건평과 좋아하게 되자 자신의 감정을 자제하고 둘의 사랑이 이루어지도록 돕는다. 악당인 오영민은 감옥에 갇히자 자신이 믿을 수 있는 유일한 사람은 친구인 심굉뿐이라며 자신의 사업을 맡기지만, 심굉의 처남과 소남을 두고 대립하게 되면서 친구를 배신한다. 이 드라마는 악당에게도 믿을 수 있는 친구를 부여하지만, 의리를 저버리는 악당은 처벌받게 함으로써 붕우유신의 가치를 지속시킨다.

세 드라마는 남자주인공들의 친구관계를 통해 복잡한 로맨스와 사건들을 하나의 이야기로 구성하고 있으며, 이를 통해 드라마의 세계는 조화를 이루고 현상을 유지하게 된다. 남자주인공들은 모두 친구나 가족간의 의리를 중시함으로써 인간관계와 사회의 질서를 유지시키는데, 의리를 존중하는 남성은 사랑을 얻고 그렇지 않은 인물은 처벌받는다. 세 드라마에 나타난 남성이면서 어른은 동북아시아의 중산층적 주체로서 사회 유지자인데, 이들의 역할도 그들간의 의리에 충실할 때 유지될 수 있다.

③ 유교적 가족관계의 재현

가족관계는 이들 드라마의 이야기 전개에 중심적이진 않지만, 유교의 오륜에 기초하여 가족간의 인간관계를 재현하고 있고 이러한 관계가 다른 사회적 관계에도 적용되고 있다. 유교적 오륜에 의한 인간관계는 쌍방적 의무와 상호보완적 의무에 기반을 둔다. 아랫사람은 윗사람을 존경하고 윗사람은 아랫사람을 보호하고 배려해야 한다. 유교적 전통에 따라 개인은 자신보다 가족 구성원으로서의 인화와 조화를 중시한다. 개인은 가족이나 공동체 안에서 조화를 유지하기 위해 자신을 자제해야 하며, 체면, 즉 품위·자존심·명성을 유지하기 위해 조화를 이루고 은혜갚기를 중시한다(호프스테드, 1995).

〈별은 내가슴에〉에 등장하는 젊은 주인공들과 부모의 관계는 상호 의존적이다. 부모는 성인인 자식들을 끊임없이 돌보려하며 자식의 일에 개입하고, 자녀들은 부모에게 의존하거나 순종한다. 유일하게 아버지에게 반항하는 강민은 아버지의 비합리적인 행동때문에 어쩔 수 없이 반항하는 것으로 재현된다. 그의 아버지는 수단과 방법을 가리지 않고 아들의 가수활동을 방해하고 연이와의 사랑도 방해하지만, 강민은 아버지를 비난하는 선배에게 동조하지는 않는다.

가족이 없는 연이는 도움 준 분들에 대한 은혜갚기를 중요한 규범으로 삼음으로써 유교적 가족윤리를 실현하고 있다. 은혜갚기는 악당인 송 여사에 의해 요구되지만, 연이는 이를 자발적으로 수용하면서 송 여사의 괴롭힘을 참고 순종한다. 또한 부모가 없는 연이는 부모의 명예를 무엇보다 소중히 함으로써 부모와의 관계를 유지시킨다. 순종적인 연이도 생모를 모욕하는 송 여사와 몸싸움을 벌이고 이런 행동은 그녀를 오히려 정의롭게 재현한다. 부모가 없는 이준 또한 할아버지와 삼촌에게 순종하며, 악당 송 여사에게도 고분고분하다. 장유유서나 효를 중시하는 인물들의 행동규범은 악당들이 선한 주인공들에게 요구하기도 하지만, 모든 인물들에 의해 사회적 규범으로 인식되고 있다.

〈진정고백〉은 가족관계가 중심적이지 않지만, 유교적 가족주의가 중요한 행동규범이 되고 있다. 고적안의 사촌형은 형제를 한 몸으로 여기고 가족간의 의리를 요구하며, 자신의 약혼자 방방이 고적안의 첫사랑이었다는 사실에 배신감을 느끼고 결혼을 취소한다. 고적안도 이 때문에 괴로워하고 방방과의 사랑을 이루지 못한다. 가족관계가 재현되지 않는 국영도 대령을 데려가려면 돈을 내라고 하는 대령의 백부모에게 순종함으로써 장유유서와 유교적 가족관계에서 요구하는 행동규범을 존중하고 있다. 부모가 없는 대령도 은혜갚기에 충실한데, 백부모의 은혜를 갚기 위해 돈을 모으고 가짜 결혼식까지 치룬다. 부모의 명예를 존중함으로써 대령도 부모와의 관계를 유지하는데, 그녀는 부모의 묘지에서 자신을 모욕하는 국영에게 크게 화를 낸다. 허약의 아버지는 성인인 딸에게 헌신적이며 허약은 부모의 마음을 기쁘게 하려고 하는데, 이웃 사촌인 유웅이 허약때문에 집을 나가자 허약은 유웅을 찾아가 어머니를 가슴아프게 한다고 나무란다. 따라서 가족간의 의리와 효가 인물들의 중요한 행동규범으로 인식된다고 할 수 있다.

〈동변일출서변우〉도 가족관계가 중심적이진 않지만, 유교적 가족질서에 따라 구성원의 역할을 정형화하고 형제간의 우애를 강조한다. 경제적 능력이 없는 육건평은 결혼한 누나와 매형 심굉의 보살핌을 받는다. 가난한 그는 유교적 가부장의 역할을 행동규범으로 삼음으로써 스스로 갈등을 자초한다. 그는 "나이 들면 여자를 책임져야 하고 가족을 돌보아야 하는데, 마누라를 먹여 살릴 직업과 집이 없어 결혼할 수 없다"고 자책하고, 결혼을 원하는 진단니에게 적극적이지 않다. 육건평의 누나 육설아는 남편과 아이들을 위해 무용을 포기한 주부로 정형화되고, 오영민의 꾀임에 빠져 타락한 남편 심굉과 이혼하지만 자식의 명예를 위해 감옥에 갇힌 남편을 구명한다. 정효무는 가수를 지망하며 클럽에서 일하는 여동생을 걱정하고 퇴근하면 데리러가며 보살핌으로써 가부장으로서의 역할에 충실하다.

세 드라마의 가족관계는 중심적인 관계는 아니지만 사회적 인간관계가 공통적으로 유교적 가족관에 기초하여 실행되고 있다. 〈별은 내 가슴에〉와 〈동변일출서변우〉는 유교적 가족관에 매우 충실하고, 공적 관계에서도 장유유서가 중요한 행동규범이다. 또한 두 드라마의 가족들은 가족 구성원의 행동에 적극적으로 개입하고, 자신의 뜻을 관철시키려 함으로써 갈등을 일으킨다. 이렇게 촉발된 갈등은 인물들에 의해 받아들여짐으로써 주어진 현실이 된다. 〈진정고백〉의 인물들은 가족관계에서 의리와 장유유서가 중요하지만, 공적 관계에서는 장유유서가 두드러지지 않고 좀더 수평적이다.

(2) 대도시의 시·공간과 현대적 일상의 유사성

동북아시아는 공통적으로 비슷한 시기에 봉건과 근대를 경험했으며, 현재는 소비자본주의의 급속한 침투로 불균형이 심화되고 있다. 분석된 드라마도 시대적으로 매체산업이 발달한 후기산업자본주의의 현대사회와 소비가 일상화된 대도시(*metropolis*)를 공간적 배경으로 한다. 이 드라마들은 현대사회의 대도시 공간에서 요구하는 삶의 원리에 의해 강제된 인물들의 삶의 모습을 재현한다. 수직·수평의 빌딩과 도로, 빠르게 움직이는 차와 군중들이 등장인물들에게 속도감과 긴장감을 부여한다. 이를 따르기 위해 합리성과 효율성이 인물들에게 요구되며, 공간도 이 규범에 충실하게 재현된다. 이러한 공간 재현에서도 가부장적인 유교적 인간관계가 중요하게 작동하여 세 드라마의 남성과 여성의 공간이 매우 정형화되고 있다.

세 드라마의 남자주인공들은 자신의 신분, 성격, 취향을 상징적으로 재현하는 독립된 공간을 지녔지만, 여자주인공들은 가족이나 남자주인공의 공간에 부속된다. 남자주인공의 공간은 직업을 상징하는 도구나 첨단장비들이 강조된다. 여자주인공들의 공간은 독립적이지 않고 개성이나 취향을 나타내지도 않으며, 일상의 필수품들이 강조된다. 가족이나 남자주인공의 공간을 벗어난 여자주인공들은 궁핍한 장소에서 시련을 겪지만, 이는 일시적이며 현실적이지 않은 시련이다. 단지 이들 공간은 이야기가 전개되는 과정에서 그녀의 위치만을 나타낼 뿐이다.

세 드라마의 공적 공간은 인물보다는 전문적 직업을 강조하기 위한 첨단장비를 갖춘 직업공간과 바쁜 일상과 이동성을 보여주는 달리는 차와 도로, 공항, 에스컬레이터, 그리고 엘리베이터 등으로 상징되는 현대적인 이동공간으로 정형화된다.

시공간의 유사한 배치와 재현 외에도 세 드라마는 현대성을 강조하기 위해 공통적으로 서양적인 것을 서사의 전개와 관계없이 삽입하고 있으며, 서양인과 서구에 대한 정형화가 나타난다. 세 드라마 모두 서양인, 이국적인 공간, 영어를 잘하는 주인공, 서양의 상품들을 의도적으로 강조한다. 부유한 남자주인공들은 모두 독일제 고급승용차를 소유했으며, 그 상표는 인물보다 더 강조된다.[9]

세 드라마에 재현된 대도시의 일상은 유교적 전통을 토대로 유사한 근대화 과정을 겪은 동북아시아의 젊은이들이 비슷한 느낌으로 살아가고 있음을 보여준다. 특히 여성과 남성의 인물묘사에서 나타난 정형성이 공간을 재현하는 데서도 그대로 나타난다. 능력있는 동양 여성과 독립적이지 못한 여성의 공간에 대한 정형화는 여성에 대한 유교적 가치관이 지속되는 한편, 자본주의 발달로 요구되는 여성의 사회적 역할이 남성에 비해 여성에게 이중적으로 작용함을 알 수 있다. 또한 서양의 근대화된 문물을 힘의 우위로 경험한 세 나라 모두 서양적인 것을 통해 가장 발달된 현대성을 재현하는 점이 공통적이다. 이러한 대도시의 소비적 이미지와 서양의 시선을 통해 현대인의 정체성을 재현하는 세 드라마는 동북아시아의 식민화된 이미지와 오리엔탈리즘을 재생산하고 있다(조혜정, 1998).

9) 〈별은 내가슴에〉는 이탈리아의 이국적 풍경, 영어로 전화하는 장면; 초국적 광고회사를 배경으로 하는 〈진정고백〉은 외국인 출연, 널리 알려진 초국적 상품 사용; 중국의 〈동변일출서변우〉는 소남의 능력, 육건평의 도자기, 오영민의 사업능력은 모두 영어 구사능력이나 외국인들에게 인정받는지 여부로 결정된다.

5. 분석결과의 함의와 결론: 형식의 보편성과 내용의 지역성

본 논문은 텔레비전 프로그램 유통에 미치는 요인으로서 문화적 근접성을 파악하기 위해 텔레비전 드라마에 나타난 문화적 근접성의 특성을 분석했다. 분석결과 세 드라마는 동일한 매체를 통해 소비되는 동일한 유형의 프로그램이라는 특성을 토대로 대중성을 확보하기 위한 드라마의 장치를 사용하는 데서 공통적 특성을 보이고 있다. 드라마 형식의 유사성에 대한 분석에서 세 드라마는 보편적인 주제와 서사구조를 지닌 텔레노벨라 형식의 폐쇄된 시리얼즈에 충실하다. 이들 드라마는 주수용자인 젊은이에게 소구할 수 있는 사랑, 우정, 야망을 소재로 젊은이들의 갈등을 시간과 공간을 초월하는 보편적 이야기 구조인 기승전결로 전개하고 있다. 이러한 텔레비전 드라마에 나타난 형식의 보편성은 드라마가 세계적으로 가장 많이 유통되는 이유를 밝혀주며, 해외시장 개척에 있어 텔레비전 드라마에 주력해야 할 타당성을 확보해 준다.

형식의 보편적 특성을 제외하고 내용에서 나타나는 문화적 근접성은 유사한 시공간과 인물 및 영상에서 느껴지는 감각적 유사성과 가치, 규범, 인간관계가 재현되는 방식에서 나타나는 가치적 유사성으로 구분될 수 있다. 감각적 유사성은 근대의 유사한 역사적 과정에서 긴밀한 관계를 통해 성장한 각 국가의 비슷한 외모를 지닌 젊은이들이 비슷한 공간적 느낌을 제공하는 대도시를 배경으로 같은 프로그램 형식과 장치를 통해 제공되는 데서 나타난다. 이러한 감각적 유사성은 특히 트렌디 드라마의 특성에서 나타난다. 〈별은 내가슴에〉와 〈진정고백〉은 대도시의 전문직에 종사하는 젊은이들의 삶의 모습을 빠르고 밝은 영상과 음악을 통해 세련되고 화려하게 감각적으로 그려내고 있는 점에서 유사하다. 트렌디에 충실한 두 드라마는 언어나 스타의 차이를 극복한다면 자국의 것과 동일시하게 할 가능성이 높다.

텔레비전 드라마에 나타난 가치적 유사성은 드라마의 형식이나 표현양식의 특성 이외에 인물들의 관계, 관계를 지속시키는 방식, 그 관계 속에서 이루어지는 행동을 제약하는 규범의 유사성이라고 할 수 있다. 분석된 세 드라마는 다양한 직업과 인물을 재현하지만, 인간관계와 인물을 유교적 가치관을 토대로 재현하고 인물의 행동도 유교적 규범에 따라 묘사한다. 인물들의 공통된 가치관은 모두 현대적인 삶의 조건에 적응하는 데 있어 개인으로 하여금 심적 갈등을 일으키는 요인으로 작용하는 데서도 유사하다. 이는 개인의 행복이나 삶보다는 원만한 인간관계와 덕있는 삶을 중시하는 유교적 가치관과 경쟁과 합리성을 추구하는 개인주의적 가치관이 충돌함을 의미한다. 특히 〈동변일출서변우〉와 〈별은 내가슴에〉의 인간관계의 재현이나 행동규범은 유교적 가치관을 충실히 따르는데, 오륜에 기초한 인간관계가 〈진정고백〉보다 훨씬 더 전형적이고 그 양상도 수직적이다. 특히 지역이나 언어도 다르고 자본주의를 일찍 경험한 한국의 드라마가 〈진정고백〉보다 가치관 차원에서 중국과 더 유사한 점은 많은 것을 시사한다. 이는 중국도 아니면서 중국이길 기대했던 한국의 오랜 역사적 열망이 뿌리 깊이 내면화되어 규범으로 정착했고(비숍, 1994), 봉건적 특성이 극복되지 않은 채 압축적인 근대성을 경험하는 과정에서 합리적이고 수평적이기보다는 수직적인 인간관계가 더 큰 힘을 발휘했기 때문이라고 할 수 있다.

세 드라마의 문화적 근접성은 감각적 유사성과 가치적 유사성의 갈등과 혼종으로 나타난다. 감각적 유사성은 매체와 형식의 보편성을 토대로 현대사회의 소비적인 보편적 삶을 재현함으로써 대중성을 추구하는 드라마의 보편적 특성이다. 반면, 내용의 가치와 규범에서 나타나는 가치적 유사성은 동북아시아 지역의 독특한 문화와 전통을 반영하고 재생산하는 데서 나타난다. 이는 서구의 텔레비전 드라마 형식과 서구적 근대성이 아시아에 수용되는 과정에서 유교적 전통과 공존하면서 새롭지만 과거를 벗어나지 못하는 문화적 형상과 유사하다. 특히 텔레비전 드라마의 형식과 감각에서 나타나는 보편성이 지역적 가치보다 우월하지만, 새로운 형식의 매체문화나 문명이 유사한 시·공간적 경험, 인종적 특성, 공통된 가치관을 통해 형성된 지역의 문화와 갈등하면서 적응함을 보여준다. 서구적 매체문화인 텔레비전 드라마의 형식적 보편성이 오히려 동북아시아의 문화를 포섭하거나 동질화하기보다는 공통된 가치나 시공간적 경험을 토대로 이를 유사한 동북아 지역의 대중문화로 재영역화할 가능성이 높다.

그럼에도 그동안 국제커뮤니케이션 분야에서 헐리우드에 대한 관심에 비해 동북아시아 지역의 유통이나 문화에 대한 관심이 거의 없었다. 특히 언어적 문제나 미흡한 유통체계 등으로 자료접근이 쉽지 않아 이 지역에 대한 연구가 이루어지지 않았다. 이 지역에 대한 관심은 텔레비전 프로그램 수출확대에 모아졌고, 연구관심도 산업적 차원에 집중되었다. 따라서 텔레비전 드라마의 유통 증가 현상도 대부분 텍스트의 특성보다는 시장의 특성을 통해 설명되었다. 이런 점은 텔레비전 프로그램의 유통이나 지역의 문화적 특성에 대한 논의를 발전시키는데 큰 도움을 줄 수 없었다.

본 논문의 분석결과 멜로드라마 관습을 따르는 텔레노벨라 형식의 텔레비전 드라마가 보편적 소구력이 높고, 젊은이들의 소비적 감성이 드라마 텍스트를 통해 재생산되어 보편성을 획득하고 있음을 보여준다. 그럼에도 이들 드라마가 다른 지역이 아닌 동북아시아 지역에 주로 유통되는 이유는 인간관계나 인간행위의 규범적 차원에서 나타나는 지역적 특색과 규칙, 그리고 유사한 감각적 경험들이 다른 지역과 차이를 나타내기 때문이다. 이러한 차이의 특색이 문화제국주의론이나 영상산업론에서 막연하게 가정하는 문화적 차이나 유사성의 구체적인 자료일 것이다.

▪ 참고문헌

강태영(1994), "텔레비전 프로그램의 국제적 유통에 관한 연구: 경제적 측면과 문화적 함의," 《방송연구》 여름호, 방송위원회, pp. 150~190.

김은미(2000), "자국영화와 해외영화의 경제에 관한 연구: 영상물의 창구화(*windowing*)와 관련하여," 《한국언론학연구》 제 2호, 한국언론학회, pp. 6~28.

김훈순·김은정(2000), "한국 멜로영화의 장르연구: 관습의 반복과 변형," 《한국방송학보》 제 14-1호, 한국방송학회, pp. 113~154.

리콴유·자카리아(1999), "문화는 숙명이다," 이승환 외 저, 《아시아적 가치》, 전통과 현대, pp. 15~50.

문화관광부(2000), 문화관광부 내부 자료.

샤츠 토마스 저, 한창호·허문영 역(1995), 《헐리우드 장르의 구조》, 한나래.

오명환(1994), 《텔레비전 드라마 사회학》, 나남.

유세경·정윤경(2000), "국내 지상파텔레비전 프로그램의 해외판매 결정요인에 관한 연구-1997년부터 1999년까지의 해외판매를 중심으로," 《한국방송학보》 제 14-1호, 한국방송학회, pp. 209~256.

이사벨라 버드 비숍 저, 이인화 역(1994), 《한국과 그 이웃나라들》, 살림.

조혜정(1998), 《성찰적 근대성과 페미니즘》, 또 하나의 문화.

줄리아 칭 저, 임찬순·최효선 역(1993), 《유교와 기독교》, 서광사.

한국방송개발원(1998), 《영상산업의 아시아 시장 진출을 위한 수출전략 연구》, 한국방송개발원.

호프스테드 기어트 저, 차재호·나은영 역(1995), 《세계의 문화와 조직》, 학지사.

황인성(1999), "'트렌디 드라마'의 서사구조적 특징과 텍스트의 즐거움에 관한 이론적 고찰," 《한국언론학보》 제 43-5호, 한국언론학회, pp. 221~248.

Allen, R. (1995), *To be continued …: Soap opera around the world*, London: Routledge.

Antola, L., & Rogers, E. M. (1984), "Television Flows in Latin America," *Communication Research*, 11(11), pp. 183~202.

Biltereyst, D. & Meers, P. (2000), "The international telenovela debate and the contra-flow argument: A reappraisal," in *Media Culture & Society*, Vol. 22(4), pp. 393~413.

Button, G. (1988), "Laughing all the way," *World Screen News*, February, pp. 20~25.

Chan, J. M. (1996), "Television in greater China: Structure, exports, and market formation," in J. Sinclair, E. Jacka, & S. Cunningham(eds.), *Patterns in global television: Peripheral vision*, Oxford: Oxford University Press, pp. 126~161.

Chan, J. M. & Ma, E. K. W. (1996), "Asian television: Global trends and local processes," in *Gazette*, Vol. 58, pp. 45~60.

Chadha, K. & Kavoori, A. (2000), "Media imperialism revisited: Some findings from the Asian case," in *Media Culture & Society*, Vol. 22(4), pp. 415~432.

Goonasekera, A. (1998), "Transborder television: Its implications for Asia," in Anura Goonasekera & Paul S. N. Lee(eds.), *TV without borders: Asia speak out Singapore*, Asian Media Information and Communication Center, pp. 207~223

Hester, A. (1973), "Theoretical consideration in predicting volume and direction of international information flow," in *Gazette*, Vol. 19, pp. 238~247.

Hoskins, C. & Mirus, R. (1988), "Reasons for the US Dominance of the International Trade in Television Programmers," *Media, Culture and Society*, 10, pp. 499~515.

Ishii, K. Su, H., & Watanabe, S. (1999), "Japanese and U.S. programs in Taiwan: New patterns in Taiwanese pelevision," in *Journal of Broadcasting & Electronic Media*(Summer), pp. 416~431.

Iwabuchi, K. (2000), "Becoming 'culturally proximate': The a/scent of Japanese idol dramas in Taiwan," in B. Moeran(ed.), *Asian*

Media Production, Curzon Press.

Iwabuchi, K. (1998), "Marketing 'Japan': Japanese cultural presence under a global gaze," in *Japanese Studies*, Vol. 18(2), pp. 165～180.

Liebes, T. & katz, E. (1986), "Patterns of involvement in television fiction: A comparative analysis," in *European Journal of Communication*, Vol. 1, pp. 151～171.

Thompson, J. B. (1995), *The media and modernity*, Cambridge: Polity Press.

Mattos, S. (1984), "Advertising and Government Influences-The Case of Brazilian Television," *Communication Research*, Vol. 11(2), pp. 203～220.

Mikami, S. (1993), "A Cross-national comparison of the US-Japanese TV drama: International cultural indicators," in *Keio Communication Review*, Vol. 15, pp. 29～44.

Morgan, M. & Shanahan, J. (1991), "Television and the cultivation of political attitudes in Argentina," in *Journal of Communication*, Vol. 41(1), pp. 88～103.

Oliviera, O. S. (1990), "Brazilian soaps outshine Hollywood: Is cultural imperialism fading out?" in K. Nodenstreng and H. Schiller (eds.), *Beyond national sovereignty: International Communication in the 1990s*, Norwood: Ablex, pp. 116～131.

Pool, Ithiel de Sola(1977), "The changing flow of television," *Journal of Communication*, Vol. 27(2), pp. 139～149.

Schement, J. R., Gonzalez, I. N., Lum, P. &Valencia, R. (1984), "The international flow of television programs," *Communication Research*, Vol. 11(2), pp. 163～182.

Straubhaar, J. (1991), "Beyond Media Imperialism: Asymmetrical Interdependence and Cultural Proximity," in *Critical Studies in Mass Communication*, Vol. 8, pp. 39～59.

______(1984), "Brazilian Television The Decline of American Influence," *Communication Research*, Vol. 11(2), pp. 221～240.

Straubhaar, J. & Viscasillas, G. M. (1991), "Class, genre, and the regionalization of television programming in the dominican republic," *Journal of Communication*, Vol. 41 (1), pp. 53~69.

Waterman, D. & Rogers, E. (1994), "The economics of television program production and trade in far east Asia," *Journal of Communication*, Vol. 44 (3), pp. 89~111.

제 15 장

수입프로그램에 대한 노출 및 태도 비교연구: 문화적 근접성 개념을 중심으로

정 윤 경

1. 문제의 제기

1960년대 개발도상국의 텔레비전 도입과 미디어 강효과 이론의 접목은 문화제국주의라는 담론을 낳는 동력이 되었다. 새로운 매체를 통해 중심국의 문화를 일상적으로 접하게 되면서 많은 학자들은 다국적 미디어 기업에 의한 자국 문화의 황폐화와 강대국의 문화지배, 세계 문화의 동질화에 대한 깊은 우려를 표명하였고, 영상물의 일방향적 유통현상을 비판적 시각으로 개진하였다.

반세기가 지난 오늘날에도 문화제국주의는 여전히 공명되고 있으나, 최근 영상물의 국제유통과 관련하여 이루어지고 있는 논의는 여러 가지 면에서 문화제국주의가 독주하던 과거와 차이를 보인다. 우선, 과거의 논의가 정보와 커뮤니케이션의 단선적 흐름을 강조하고 이에 대한 배경을 밝히는 데 집착하였다면, 현재의 논의는 방향성보다는 상호의존적 관계를 중시하고, 복수의 문화 중심지가 지역을 분할하는 현상에 주목함으로써 문화제국주의에 대한 대안적 해석의 여지를 제공한다는 점이 특징적이다. 이러한 과정에서 수용자의 자율성을 보다 섬세히 배려하고, 해외 영상물이 지닌 강력한 효과를 유보한다는 점 역시 과거의 연구와 다른 점이라 할 수 있다. 이는 과거의 논의가 실증적인 검증절차 없이 미디어의 강력한 효과와 미디어에 포박된 수용자상을 전제하였다는 비판을 수용한 데 따른 변화로 보여진다.

특히 영상물 유통을 보다 다양한 시각으로 바라보게 만든 대표적 연구는 문화적 근접성을 강조하는 연구들이라 할 수 있다. 근접문화에 대한 선호와 수용자의 능동적 선택에 따라 중심국 영상물이 지닌 영향력이 반감된다는 이들의 주장은 주변의 현실을 통해 활발히 검증되고 있다. 이미 1980년대부터 남미에서는 근접지역에서 제작된 프로그램의 교류가 증가하였으며, 최근에는 아시아에서 권역 내 프로그램에 대한 관심이 증대되고 있다. 특히 동북아시아에서 진원하여 아시아 최강국인 일본열도까지 진출한 국내 방송프로그램은 아시아 지역의 프로그램 유통을 원활하게 만드는 견인차 역할을 하였다고 평가된다.

아시아 내에서 교류가 확대되는 현상은 국내 방송사들의 수입프로그램 편성을 통해서도 확인된다. 수년 전까지만 해도 국내에서 수입프로그램 편성의 주종을 이루던 것은 미국중심의 서구 프로그램들이었다. 그러나 이들 프로그램이 주시청시간대에서 자취를 감춘 것은 오래전이고, 편성량마저 감소되고 있는 추세이다. 이와는 달리, 최근에는 아시아에서 생산된 프로그램의 편성비중이 점차 증가되고 있다. 작년의 경우 만화 원작을 드라마한 대만 프로그램 〈꽃보다 남자〉가 국내 지상파방송을 통해 인기몰이에 성공한 바 있으며, 현재까지도 DVD, VOD 등을 중심으로 인기가 지속되고 있다. 또한 올해부터는 〈사토라레〉, 〈트릭〉, 〈고쿠센〉 등 일본 드라마가 다수 편성되어 관심을 모으고 있다. 물론 일본의 프로그램은 이보다 훨씬 전부터 〈아톰〉, 〈코난〉 등 애니메이션을 중심으로 국내 방송시장에서 확고한 입지를 굳혔다. 지상파나 케이블방송 이외에도 최근에는 인터넷이 근접국 프로그램을 소개하는 주요한 창구로 기능하고 있다.

하지만 아시아 프로그램의 편성 증가에도 불구하고 현실의 한켠에서는 서구의 프로그램이 여전히 인기를 누리고 있음이 탐지된다. 특히 패션 등 일상의 면모나 관련산업에 대한 영향력 등 사회문화적 파급효과를 고려할 때, 서구 프로그램이 지니는 영향력은 여전히 건재한 것으로 보인다. 수입프로그램 중 가장 높은 비중을 차지하는 것은 여전히 미국의 프로그램이며, 최근에는 〈섹스 앤 더 시티〉, 〈프랜즈〉, 〈CSI 과학수사대〉, 〈WWE〉 등의 프로그램을 중심으로 높은 충성도가 형성되어 있음을 볼 수 있다. 이러한 현상에 기초할 때, 근접국 프로그램은 여전히 주변적 위치에 머물고 있는 것은 아닌가라는 의문을 감추기 어렵다.

이같이 학문과 주변 현상의 흐름 간에 괴리가 발생하는 것은 지나치게 단순하고 낙관적으로 근접국 프로그램에 대한 선호를 가정하였기 때문이 아닌가 생각된다. 최근의 연구는 이러한 가정을 전제한 채, 한 단계 더 나아가 문화적 근접성을 구성하는 가치의 유사성 탐구에 몰입됨으로써 문화적 근접성을 구성하는 기본적 개념인 선호나 문화적 근접성을 수용자 차원에서 검증하는 연구는 상대적으로 빈약한 수준에 그치고 있다고 평가된다.

근접국 프로그램을 선호하는 이유나 유사한 가치탐구에 연구가 치중됨에 따라 근접국 프로그램에 대한 선호는 당연한 사실로 전제되고, 앞으로의 문화 재편에 대한 낙관적 시각이 부각되는 경향마저 적지 않다. 이는 수입프로그램의 영향력을 과대평가함으로써 현실에서 검증되지 못한 채 이념적 차원에 머물고 있는 문화제국주의 한계를 동일하게 반복하는 것이라 할 수 있다. 또한 근접성을 구성하는 가치에 치중하는 연구는 순수한 전통문화를 찾기 어려운 전 지구적 문화혼성시대라는 한계로 스스로 좌초될 가능성마저 농후하다. 물론 문화를 구성하는 가치에 대한 심도 있는 논의와 해명은 지속되어야 하겠지만, 실질적으로 근접국 프로그램의 노출과 영향력을 비근접국 프로그램과 비교함으로써 문화적 근접성 개념에 포괄된 개념과 범위들에 대한 실증적 검토가 동반되어야 할 것이다.

본 연구는 근접국 프로그램과 비근접국 프로그램에 대한 수용을 비교함으로써 문화적 근접성 실체와 개념을 보다 근본적인 차원에서 점검해 보고자 하는 목적에서 출발되었다. 과연 국내 수용자들은 근접지역에서 수입된 프로그램을 선호적으로 소비하고 있는가에 대해 분석하고, 이를 비근접 지역에서 수입한 프로그램과 비교함으로써 최근 목도되는 근접국간 교류증대와 지역 방송산업의 발전, 로컬문화의 부상이 수용자를 토대로한 문화적 근접성에서 기인하는가를 살펴볼 것이다. 또한 수용자들의 선호나 수용자들이 느끼는 근접성이 노출에 영향을 미치고 있는지를 분석하고, 근접물 수용의 결과로 형성된 태도를 근접하지 않은 지역에서 수입된 프로그램에 대한 태도와 비교해 보고자 한다.

2. 해외 프로그램의 수용에 관한 기존 논의

1) 문화적 근접성 개념과 구성요소

국제 영상물 유통을 근대 발전이론과 자유시장 논리에 입각하여 해석하던 풀(Pool, 1977)은 수용자들의 프로그램 수용과 관련하여 모든 조건이 동일할 경우 자신의 문화와 유사한 프로그램을 선호한다고 주장한다. 한 나라의 영상산업이 발전하기 위해서는 자국의 영상물을 선호하는 다수의 수용자가 존재해야 함을 설명하기 위해 마련된 이 개념은 호스킨스와 마이러스(Hoskins & Mirus, 1988)를 거치면서 문화적 할인이라는 개념에 용해된다. 문화적 할인 개념의 핵심은 프로그램에는 특정한 문화가 담겨지기 때문에 다른 문화적 환경에 노출될 경우 소구력이 감소될 수밖에 없으며, 따라서 프로그램의 질과 장르가 동일하다면 수용자들은 해외 프로그램보다는 자국 프로그램을 선호한다는 것이다. 문화적 할인은 당시 텔레노벨라의 국제적 유통을 계기로 집중적인 조명을 받았으며, 근접문화간 프로그램 교류를 설명하는 틀로 발전된다.

스트바라(1991)는 문화적 할인을 보다 수용자 중심적인 개념으로 발전시킨다. 즉, 다양한 지리언어적 또는 지리문화적 지역에 속해 있는 수용자들은 미국이 만든 보편적 프로그램보다는 자신들의 문화적 경험에 비추어 훨씬 더 친숙하고 유사한 프로그램을 선호하며, 능동적으로 선택한다는 것이다. 스트라바의 문화적 근접성 개념은 영상물 유통의 방향성이나 규모 차원이 아닌, 실질적인 수용자의 가치체계에 기반하여 문화적 수용의 특징을 설명함으로써 영상물 유통 논의에서 오랫동안 배제되었던 수용자들의 역할을 포용하는 계기가 된다. 프로그램이 수출입되는 국가간 문화가 유사할 때 수용자들이 수입프로그램을 선호적으로 수용한다고 주장하는 리(Lee, 1998)의 설명 역시 이 같은 맥락에 위치한다. 그는 미국 프로그램과 같은 글로벌 콘텐츠가 유입될 수 있는 기회는 근접국 프로그램의 수용만으로는 채워지지 않는 다양성, 질에 대한 욕구가 잔존할 경우에 국한된다고 설명한다. 수용자들이 우선적으로 선호하는 것은 자신의 문화적 코드를 공유하는 자국 제작 프로그램이며, 이와 대체할 수 있는 프로그램은 지리문화적으로 유사한 근접국 프로그램이라는 것이다.

1980년대 이후 남미를 중심으로 지역 내 프로그램 교류가 증가하고 있음이 실증적으로 밝혀짐으로써 문화적 근접성 연구는 유통연구의 집중적인 조명을 받기 시작한다. 특히 남미는 불균형적인 영상물 유통으로 인한 문화적 피폐나 경제적 의존이 심화되던 곳으로 이와 관련된 연구가 비교적 일찍부터 이루어졌다. 연구 초기부터 최근에 이르기까지 이 지역에 관한 연구들이 공통적으로 제시하는 결론은 오랫동안 남미 방송시장을 지배하던 미국 프로그램이 차츰 자국 프로그램과 지역물로 대체되고 있다는 것이다. 시청률 면에서도 자국 프로그램이나 근접국의 프로그램이 글로벌 경쟁력을 갖춘 미국 프로그램보다 높은 성과를 얻고 있음을 실증적 자료를 통해 제시한다(Schement, Gonzalez, Lum & Valencia, 1984; Antola & Rogers, 1984; Straubhaar, 1984; Straubhaar & Viscasillas, 1991; Davis, 2003).

이러한 연구의 공통점은 주변국이 자국과 지리, 언어, 문화적으로 유사한 가치를 공유하고 있음을 전제하면서, 이들 국가에서 유입된 프로그램의 양이나 편성량, 이들 프로그램에 대한 노출의 증가를 문화적 근접성의 증거로 제시하고 있다는 점이다. 즉, 문화적 근접성을 구성하는 구체적 실체들에 대한 고민 없이 외적 지표들에 근거하여 근접성과 이에 대한 선호를 단언하고 있다는 점이다. 물론 문화라는 복잡미묘한 개념을 일상의 행위와 특성으로 해체하여 명료화하는 작업은 극히 어려우며, 시도된 바도 없는 작업이라 할 수 있다(Holton, 2000). 그러나 실체가 규명되지 않은 문화적 근접성에 대한 개념을 명료화할 수 있는 하위범주들에 대한 요구가 높아짐에 따라(유세경 · 이경숙, 2001), 이후에 이루어진 연구들은 문화적 근접성을 형성하는 지표들을 개발해냄과 동시에 이 개념의 실체를 입증하는 데 주력한다. 특히 동양문화라는 고유한 자산을 지닌 아시아 지역에서 이러한 연구들이 활발히 축적된다.

아시아 지역의 국가들은 일반적으로 드라마의 편성비중이 높다는 공통점을 지니며, 이러한 이유 때문에 1970년대부터 주변국가들로부터 드라마 수요가 높게 형성되어 있던 지역으로 평가된다(Chan & Ma, 1996). 따라서 이 지역을 대상으로 한 연구들은 주로 수입 드라마 텍스트나 수용자 분석을 통하여 지리적 특성 이외의 어떠한 요인이 근접물을 선호하게 만드는가에 관심을 기울인다. 유세경과 이경숙(2001)의 연구에 의하면 아시아 권역 내에서 드라마가 상호 호의적으로 유통되는 이유는 유교사상이 지배하는 동북아의 감각, 가치, 규범적인 유사성 때문으로 해석된다. 아시아 국가에서 가장 강력한 지배력을 지닌 일본 드라마가 아시아 국가에 유통되는 이유 역시 이러한 맥락에서 해석되며(Ishii, Su & Watanabe, 1999; Iwabuchi, 1998; 2000; Su & Chen, 2000), 최근 아시아의 한류 붐 역시 이러한 조류 내에서 해석되고 있다(허진, 2002; 이창현 · 윤태진 · 손승혜, 2001).

이러한 연구들은 과거에 영구불변할 것으로 예측되었던 불균형적, 일방향적인 프로그램 유통이 궤도를 수정하고 있으며, 앞으로는 다양한 변방의 문화들이 고르게 부상할 것이라는 예측으로 연결된다. 그러나 이들 연구는 일부 아시아 국가에서 인기를 얻은 소수 드라마에 담겨진 가치의 유사성을 분석하는 데 집중하며, 오히려 근접국 프로그램에 대한 선호라는 기초적 전제의 검토는 생략하고 있음이 발견된다. 그러나 국내 수용자가 위치한 아시아는 일본의 경우를 제외하면 최근까지 자체적인 프로그램 제작력이 부족하였던 국가들이 밀집되어 있으며, 수입프로그램에 대한 제한정책이 강력하게 추진되었던 지역이다(Chadha & Kavoori, 2000). 이러한 정치, 산업적 특성에 따라 이들 지역에서 편성될 수 있는 수입프로그램은 강력한 지배력을 지닌 서구, 특히 미국 프로그램이 주류를 이루었다. 최근 근접국 프로그램의 유입이 증가한 것은 사실이지만, 여전히 이 지역 텔레비전 편성에서 압도적 비중을 차지하는 것은 미국의 프로그램이며, 수용자들 역시 미국의 프로그램을 가장 선호하고 있다고 고백하고 있는 실정이다(정윤경, 2003a). 따라서 아시아 지역의 연구들이 근접성을 구성하는 실체탐구에 몰입함으로써 아시아적 가치가 지나치게 과장되고, 이러한 결과가 나아가 로컬문화의 부상에 대한 낙관론으로 연결되는 것은 재고의 여지를 남긴다. 또한 이들 연구는 근접국이 공유하는 가치의 유사성들이 비근접국 프로그램의 수용시에는 작동하시 않는가에 대해서는 답하지 못한다. 즉, 근접국 프로그램에 담겨진 가치가 실지로 비근접국 프로그램에 담겨진 가치보다 친근하게 수용되는가에 대한 분석이 결여되어 있으며, 나아가 이 두 가지 가치들이 상호 배타적인 영역에 존재하는가에 대해서 비교검토된 바가 없다는 것이다. 또한 이러한 현상이 오랫동안 아시아 지역에서 막강한 영향력을 행사하던 서구 프로그램의 약화를 의미하는 것인가에 대해서도 유용한 해석을 제공하지 않는다.

일본, 인도, 말레이시아, 필리핀, 홍콩 등 아시아 5개국 수용자들의 수입프로그램 수용에 관한 하기와라 등(Hagiwara et al., 1999)의 연구에 의하면, 수용자들은 아시아 문화와 서구문화의 차이점을 구별하지 못하며, 동서양 가치의 혼재 속에 위치한 것으로 보인다. 또한 근접문화에 대한 정서적 유대감이나 친밀감이 전혀 형성되지 않음으로써 문화적 근접성 연구의 주장을 기각하는 것으로 나타났다. 아시아 수용자들은 서구 프로그램에 대해 지역 프로그램보다 질적으로 우수하며, 자신의 삶의 폭이나 지식확장에 긍정적 영향을 미친다고 평가하면서도 이에 대해서는 부정적 태도를 견지하는 이중적 태도를 지니고 있는 것이다. 이에 따라 연구자들은 근접문화의 소비를 촉진하는 아시아적 문화, 가치는 실존하지 않는 허구적 가치일 가능성을 배제할 수 없다고 정리한다.

이와 관련하여 양은경(2003)은 아시아 지역의 로컬 콘텐츠 수용연구는 개념적 모호함이나 콘텐츠에 담겨진 가치의 혼재 등으로 심도 있는 연구가 이루어지지 못하고 있다고 지적한다. 문화란 끊임없이 변화되고 구성되는 특성을 지님에도 불구하고 이에 관한 연구들은 문화를 탈역사적이고 본질적이며, 고정불변의 것으로 인식하는 인식론적 한계를 지니고 있다는 것이다. 앞으로의 연구들은 이러한 문화의 역동성을 고려하여 문화의 형성과정에 보다 주목해야 할 필요가 있다고 첨언한다.

따라서 문화적 근접성 연구들은 텍스트 내의 가치나 근접국의 문화 형성과정에 대한 탐구와 더불어, 그러한 가치를 담은 프로그램들이 실질적으로 수용자에게 어떻게 수용되고 있는가에 보다 세밀한 관심을 기울여야 할 것이며, 근접국 프로그램과 비근접국 프로그램의 수용을 동일선상에서 비교함으로써 보다 근본적인 차원에서 문화적 근접성을 점검하는 작업이 동반되어야 할 것으로 보인다.

2) 수입프로그램의 수용 결정요인들

문화적 근접성이 프로그램의 노출 결정요인으로 지리적, 문화적, 언어적 근접성을 강조해왔던 것과는 달리, 선택적 노출이론이나 문화계발효과이론 시각의 연구들은 수입프로그램의 수용에 대한 노출이 역동적 환경에 의해 결정됨을 주장한다. 두 부류의 연구들이 지리, 정서에 의해 형성된 문화적 근접성이 수입프로그램의 수용에 중요한 영향력을 행사하는 것으로 간주하는 것은 동일하다. 그러나 후자의 연구들은 문화적 근접성이란 프로그램의 수용을 결정하는 일개 변인에 불과하며, 이외에도 다양한 중개변인들의 역할에 주목할 필요가 있음을 인식한다(Zaharopoulos, 2003).

근접국간 텔레비전 프로그램 유통에서 문화적 근접성이 중추적 역할을 담당한다고 설명했던 스트라바조차도 문화적 근접성 이외의 영향력들이 규명될 필요가 있음에 동의한다(Straubhaar, 2003). 특히 그는 문화적 자산(*cultural capital*)의 역할에 주목한다. 문화적 자산이란 개인이 미디어를 포함한 정보원이나 기타 문화적 선택을 할 때 개입하는 식별가능한 일련의 지식이나 성향으로 정의된다. 구체적으로 교육수준, 경제적 수준, 해외여행 경험, 외국인과의 접촉 등이 문화적 자산을 구성하는 하부요인들로 설명된다. 수용자 개인은 자신이 지닌 문화적 자산에 따라 수입프로그램에 대한 노출을 결정하며, 이러한 맥락에서 근접 프로그램에 대한 수용 역시 이해되어야 한다는 것이다.

수용자 개개인의 교육수준, 경제적 배경이나 세대간 문화 차이에 의해 수입프로그램에 대한 노출과 선호가 차별적, 분절적으로 나타나고 있음은 다양한 연구들을 통해 이미 증명된 바 있다. 특히 이쉬, 수, 와타나베(Ishii, Su & Watanabe, 1999)가 대만 수용자들의 일본 및 미국 프로그램 수용에 관해 연구한 바에 의하면, 연령, 교육수준, 소득수준에 따라 각 프로그램에 대한 노출 정도가 유의한 수준의 차이를 보였으며, 각 프로그램을 선호하는 이유 역시 상당히 차별적으로 나타나고 있음이 발견되었다. 따라서 연구자들은 수입프로그램의 수용에는 수용자들의 사회적 배경뿐만 아니라 문화적 배경이 중요한 영향을 미치고 있다고 정리한다. 또한 수입프로그램의 수용과정에 다의적 해석과정이 결부됨으로써 서로 다른 효과를 낳고 있음 역시 수용자 연구를 통해 꾸준히 증명되었다(박동숙, 1995; Biltereyst, 1991; Liebes & Katz, 1990; Ang, 1985).

엘라스머(Elasmer, 2003) 역시 보다 구체적인 변인들의 개입을 주지할 필요가 있음을 주장한다. 그는 지리, 언어적 요인 이외에도 수용자 개인의 문화적 자산, 프로그램의 유용성에 대한 인식, 제작국가에 대한 호감 등 이미 형성되어 있는 수용자 각자의 스키마에 의해 수입프로그램에 대한 노출 정도가 결정된다고 설명한다. 나아가 그는 이러한 노출에 의해 수입프로그램의 효과가 나타나게 된다는 '수입프로그램의 수용성 모델'(*Model of susceptibility to imported media*)을 제시함으로써 근접성 연구와 수용자 연구 차원의 효과연구의 접점을 마련한다. 이 모델에 의하면 수입프로그램에 대한 노출은 제작지역이나 장르 유형에 관계없이 개별적 수용자가 지니는 성향들의 상호작용을 통해 발생하며, 효과 역시 이러한 과정과 별개의 변인들의 추가적 개입을 통해 축적되는 것으로 이해된다.

이 같은 연구가 시사하는 바는 수용자들의 특성에 따라 근접국 프로그램에 대한 수용이 상이하게 나타날 수 있다는 것이다. 근접국 프로그램에 대한 선호란 자동적으로 담보되는 것이 아니라, 문화, 언어,

지리 개념의 강약과 개인의 사회문화적 배경의 상충 및 보완작용을 통해 선호가 결정되고 노출로 연결되며, 효과로 가는 가교가 마련된다는 것이다.

이에 따라 근접국간 프로그램 교류 증가를 지역문화의 부상으로 이해하고, 혼성적 글로벌 문화의 도래로 예측하는 것과 같은 주장은 보다 신중을 기해야 할 것이다.

실질적으로 지금까지는 근접 프로그램의 노출에 따른 영향력을 비근접 프로그램의 수용과 비교함 없이 효과와 기계적으로 등치시켜 온 것이 사실이다. 이는 유통연구와 효과연구가 서로 다른 배경 속에서 배태되었고, 상이한 접근방식을 선호함으로써 연속성을 가지고 탐구되기 어려웠다는 점이 적지 않은 영향을 미쳤을 것으로 판단된다. 그러나 이에 관한 치밀한 연구를 결여한 채 노출과 효과를 등치시키는 것은 문화제국주의 연구들의 한계를 극복하고자 하면서도 동일한 문제를 반복하고 있는 것이라 지적된다. 즉, 수입 콘텐츠의 유통이 곧바로 이에 대한 노출이나 효과를 동반하지 않음에도 불구하고 문화제국주의 이론은 수입프로그램이 강력하고 즉각적이면서도 동일한 영향력을 지닌 것으로 가정함으로써 비판받았으며, 이러한 문제점을 교정하고자 했던 문화근접성 연구 역시 이와 동일한 오류를 반복하고 있다는 것이다(Zaharopoulos, 2003).

엘라스머와 헌터(Elasmer & Hunter, 2003)도 문화적 근접성에 입각한 연구들이 문화제국주의를 부정하고 수용자 차원에서 소비의 변화를 이해하고자 노력하였음에도 불구하고, 프로그램 흐름의 방향만을 교정하였을 뿐 검증되지 않은 영향력은 여전히 전제하는 오류를 범하고 있다고 지적한다. 따라서 지금까지 소홀했던 분야, 즉 근접국 프로그램에 대한 노출과 수용이 어떠한 결과로 연결되고 있는가에 대하여 보다 치밀한 연구가 필요하다고 주장한다. 이들이 1960년부터 1995년까지 국가간 프로그램 유통에 관한 연구를 메타분석한 바에 의하면,

수입 콘텐츠의 효과에 대한 연구는 유통의 방향과 관련된 연구에 비해 극소수에 그치며, 그나마 글로벌 프로그램의 효과에 편중되어 있다. 또한 글로벌 프로그램과 근접국 프로그램의 영향력을 비교한 연구는 전무한 것으로 보인다. 분석기간 동안 국제적인 프로그램 유통에 관해 연구한 논문은 총 177건이며, 이 중 효과에 주목한 연구는 36건에 불과한 것이다. 나머지 연구는 문화제국주의, 문화변용 등의 비판적 연구로 분류된다. 연구자들은 36건의 연구를 분석한 결과, 해외 프로그램의 영향력은 유효하지만 상당히 미약한 수준에 그치며, 그나마 효과 연구들은 직접적 인과관계를 가정하기 어려운 방법론적 문제점을 지녔다고 평가한다.

이상과 같은 논의에 근거하여 볼 때, 수입프로그램에 대한 선호나 시청, 이에 따른 효과는 지리문화적 근접성을 통해서만 설명되는 것이 아니며, 프로그램의 이동이 이루어지는 국가간의 관계, 수용자 개개인이 지닌 선험과 특징들의 상호 유기적 관계에 의해 결정된다고 정리된다. 비근접국 프로그램 수용과의 상호비교를 통해 이러한 노출이 지니는 영향력들을 보다 분명히 밝혀낼 필요가 있을 것으로 보인다.

3. 연구문제 및 연구방법

1) 연구문제

본 연구에서는 미국 등 서구에서 제작된 글로벌 프로그램의 유통이 감소되는 반면 근접지역에서 제작된 프로그램의 유통이 증가하는 현상이 국제적으로 목격됨에 따라, 국내 수용자들도 근접국에서 수입한 프로그램을 과연 선호하고 있으며, 이에 대한 노출이 높게 발생하고 있는지를 검증하고, 근접국 프로그램에 대한 노출 결정요인과 이에 대한 태도를 비근접국 프로그램과 비교해 보고자 한다.

첫 번째 연구문제에서는 근접국 프로그램과 비근접국 프로그램에 대한 전반적인 수용현황을 비교하였다. 우선, 근접국과 비근접국 프로그램에 대한 노출을 비교하고, 각각의 프로그램군에 대한 호감과 정서적 근접성을 비교하였다.

두 번째 연구문제는 각각의 프로그램군에 대한 노출을 결정하는 요인을 근접국 프로그램과 비근접국 프로그램으로 구분하여 살펴보고자 한다. 이를 위하여 독립변인인 성별, 가구 수입, 전체 TV 시청시간, 외국여행/체류경험, 선호 장르, 수용자가 프로그램에 대해 느끼는 근접성 정도, 선호도가 근접국 프로그램과 비근접국 프로그램의 노출에 어떻게 관여하는가를 비교분석하여 보았다.

세 번째 연구문제에서는 각각의 프로그램군에 대한 태도를 비교해 보았다. 일회적인 연구를 통해서 오랜 시청을 통해 축적된 프로그램의 효과를 측정하는 것은 어렵다는 선행연구의 지적에 따라, 효과 중에서도 수입프로그램에 대한 태도에 국한하여 분석하였다. 학습, 문화습득 등의 인지적 차원에 대한 태도, 사고방식, 외모 등의 정서적 차원에 대한 태도, 의식주와 같은 생활 차원의 태도, 방송산업 전반이나 제작력과 같은 산업 차원에 대한 태도의 네 가지 차원으로 구분하여 관찰하였다.

2) 분석대상

연구문제의 탐구를 위하여 본 연구에서는 해외 수입프로그램의 수용이 비교적 높게 나타나는 20대 대학생을 분석의 대상으로 선정하였다. 표본을 대학생 집단으로 한정함으로써 텔레비전 시청에 영향을 미칠 수 있는 학력차의 영향력은 최소화함과 동시에 문화사회적 변인들이 미치는 영향력을 측정하고자 하였다. 표본의 선정은 1차적으로 서울시내의 4년제 대학 중 지역적 분포가 고르게 이루어지도록 10개 대학을 추출한 뒤, 각 대학 재학생 중 서울에 거주하는 대학생을 대상으로 남녀의 비율이 고르게 이루어지도록 유의할당(*Purposive Quota Sampling*)함으로써 이루어졌다. 총 표본수는 2백 명이었다. 면접대상 중 케이블이나 위성텔레비전에 가입하지 않은 가구의 학생은 제외하였다. 이는 본 면접조사의 목적이 수입프로그램의 수용행태를 분석하기 위한 것이며, 수입프로그램에 대한 노출은 일반적으로 뉴미디어를 중심으로 이루어진다고 판단되기 때문이다. 조사기간은 2003년 7월 22일부터 7월 30일까지였다.

3) 주요 변인의 정의

(1) 근접국 프로그램과 비근접국 프로그램

근접성은 문화적 차원부터 정치, 언어, 지리에 이르기까지 다양한 차원을 포괄한다. 최근까지 이루어진 다수의 문화적 근접성 연구들은 이러한 다양한 차원 중에서도 특별히 지리적으로 가까운 지역에서 제작된 프로그램에 대한 수용자들의 선호를 증명하는 데 집중하고 있으며, 이러한 현상은 방송시장의 지역화 현상을 설명하는 증거로 채택되기도 한다(Straubhaar & Viscasillas, 1991; Su & Chen, 2000; Straubhaar, 2003; Davis, 2003 등). 본 논문은 근접국 프로그램에 대한 이 같은 전제를 실증적으로 검증하고자 하는 목적을 지니고 있으므로 지리적 근접 여부에 따라 프로그램을 구분하고자 하였다.

근접국 프로그램은 아시아에서 제작되어 국내에 수입 방송된 프로그램으로 정의하였다. 최근 국내 지상파나 케이블이 수입하는 아시아 프로그램은 일본, 중국, 홍콩, 대만, 말레이시아로 한정되어 나타난다(문화관광부, 2003).[1] 따라서 국내 수용자들이 주로 접하게 되는 아시아 프로그램은 일반적으로 우리와 문화적으로 근접해 있다고 평가되는 국가들로 이루어져 있음을 알 수 있다. 비근접국 프로그램은 아시아 프로그램을 제외한 미국, 유럽 등 선진국에서 제작되어 수입 편성된 프로그램으로 정의하였다. 문화관광부(2003)에 따르면, 국내에 유입된 비아시아 프로그램은 미국, 캐나다, 프랑스, 영국, 독일, 호주로 국한됨으로써 근접국과 확연한 지리적 차이를 지니고 있다.

(2) 프로그램 노출 정도, 선호도, 정서적 근접성

근접국 프로그램과 비근접국 프로그램에 대한 노출 정도는 시청시간을 의미하는 것으로, 뉴미디어를 통한 수입프로그램의 시청이 높은 현실을 반영하여 모든 매체의 시청이 반영되도록 하였다. 구체적으로 각각의 프로그램군에 대한 주 평균 시청일수, 하루 평균 시청일수를 지상파, 케이블, 위성텔레비전, 인터넷으로 구분하여 질문한 뒤, 평균 시청시간을 산정하는 방식으로 계산하였다.

각각의 프로그램에 대한 선호는 '전반적으로 프로그램이 마음에 든다', '전반적으로 프로그램에 대해 호감을 갖고 있다'의 두 가지 항목(5점 척도)을 통해 측정한 뒤, 합산하여 지표로 삼았다. 정서적 근접성은 5점 척도로 이루어진 7가지 항목의 측정을 통하여 도출하였다. 구체적으로 '프로그램 내용이 우리나라 정서에 맞는 편이다', '프로그램 내용에 공감이 가는 편이다', '프로그램 설정이 내가 사는 현실과 비슷하다고 생각 된다', '프로그램 내용에 이질적인 느낌이 없는 편이다', '프로그램 내용에 대해 거부감이 없는 편이다', '우리나라에도 충분히 있을 만한 일이라고 생각한다', '프로그램 내용이 쉽게 이해되는 편이다'라는 항목들의 결과를 합산하여 비교하였다.

---

1) 2003년 방송프로그램 수출입 현황 분석결과 보도자료.

(3) 인지, 정서, 의식주생활, 방송산업 차원의 태도

근접국과 비근접국 프로그램에 대한 태도는 인지, 정서, 의식주생활, 방송산업 차원 등 네 가지 항목에 대하여 질문함으로써 측정하였다. 각각의 항목은 5점 척도로 질문되었다. 우선, 인지 차원의 태도의 경우, 프로그램을 시청함으로써 얻어지는 학습이나 교육적 효과를 측정하고자 하였다. 구체적으로 '이 프로그램은 다른 문화를 이해하는 데 도움을 준다', '프로그램의 배경이 되는 나라의 언어를 배우고 싶다', '나의 안목을 넓히는 데 도움을 준다', '우리나라 어린이들이 이 프로그램을 통해 외국문화를 배우는 것도 좋다'라는 네 가지 항목을 통하여 측정하였다.

정서적 차원의 태도는 '프로그램에 등장하는 주인공의 사고방식이 부럽다', '프로그램에 등장하는 주인공의 생활방식이 부럽다', '프로그램의 주인공처럼 행동하고 싶다'의 세 가지 항목을 통하여 측정하였다.

또한 의식주생활과 관련된 태도는 '프로그램에 나오는 액세서리를 하고 싶다', '프로그램에 나오는 음식을 먹고 싶다', '프로그램에 나오는 집에서 살고 싶다', '프로그램에 나오는 곳에 가고 싶다', '프로그램에 나오는 나라에서 살고 싶다', '프로그램의 주인공과 같은 외모를 갖고 싶다'를 통하여 측정하였다.

마지막으로 방송산업 차원의 태도는 '이 프로그램은 국내 프로그램 제작기술을 발전시킨다', '이 프로그램의 수입은 국내 방송산업의 발전에 영향을 미친다', '이 프로그램은 전통문화 보전에 영향을 미친다'라는 항목으로 측정하였다.

(4) 기타 독립변인들

엘라스머(Elasmer, 2003)는 '수입프로그램의 수용성 모델'에서 성별, 가구 소득, 외국여행/체류경험, 선호 장르가 수입프로그램 노출에 관여하고 있다고 설명한다. 이에 따라 본 연구 역시 근접국 프로그램과 비근접국 프로그램의 노출에 성별, 가구 소득, 외국여행/체류경험, 선호 장르가 각각 어떠한 영향을 미치는가를 비교해보고자 하였다. 특히 장르는 보도, 드라마, 영화, 다큐멘터리, 스포츠의 더미변인으로 처리하여, 이러한 장르에 대한 선호가 각각의 수입프로그램에 어떠한 영향을 미치는가를 살펴보았다. 성별 역시 남성을 '1'로, 여성을 '0'으로 더미변인 처리하였다. 대학생으로 면접대상이 한정되었기 때문에 학력은 독립변인에서 제외하였다.

4. 연구결과

1) 근접국 프로그램과 비근접국 프로그램에 대한 노출, 선호, 근접성 비교

(1) 근접국 프로그램과 비근접국 프로그램에 대한 노출

근접국 프로그램과 비근접국 프로그램에 대한 노출 정도를 비교하기 위하여 각각의 프로그램에 대한 주 평균시청시간을 대응표본 T검정(*T-Test Pairs*)을 통해 비교분석하였다.

분석결과 국내 대학생들의 경우, 수입프로그램 중 비근접국 프로그램에 대한 노출이 근접국 프로그램보다 월등히 높은 것으로 나타났다(p〈.000). 비근접국 프로그램의 경우 일주일 평균 472.3분 정도를 할애하고 있는 것으로 나타났다. 하루 평균 한 시간 정도를 시청에 할애함을 의미한다. 근접국 프로그램에 대한 노출을 위해서도 적지 않은 시간이 할애되고 있었으나, 비근접국 프로그램의 노출에 미치지는 못하였다. 근접국 프로그램의 경우 일주일 평균 293.6분, 하루 평균 41.9분을 시청하는 것으로 나타났다. 다수의 연구를 통해 아시아 지역에서도 로컬 콘텐츠의 소비가 증가하고 있다고 보고되고 있음에도 불구하고, 국내 대학생들의 경우 여전히 비근접국 프로그램의 시청에 더 많은 시간을 할애하고 있는 것이다.

이에는 수용자 개인적인 성향뿐만 아니라 편성과 같은 구조적 요인이 적지 않은 영향을 미친 것으로 판단된다. 국내 방송시장에서 전체 시청점유율을 70% 이상을[2] 차지하는 지상파방송이 편성하는 다수의 수입프로그램이 비근접국 프로그램으로 구분되고, 케이블 역시 이러한 경향을 답습하고 있기 때문이다. 이에 따라 근접국간 유통의 증가가 아직까지는 수용자들의 소비 차원으로 연결되지 못하고 있는 것으로 해석된다. 그러나 아시아 프로그램을 규칙적으로 시청하는 대학생층이 절반 정도에 이르고, 이 중 19% 정도가 최근에 아시아 프로그램의 시청량이 늘었다고 자평하고 있음에 비추어볼 때(정윤경, 2003b), 앞으로 근접국 프로그램에 대한 노출이 증가될 개연성이 있다고 평가된다.

(2) 선호 비교

근접국 프로그램과 비근접국 프로그램에 대한 선호를 대응표본 T검정 분석결과, 두 가지 프로그램군에 대한 선호가 통계적으로 유의한 차이를 보이는 것으로 나타났다($p < .000$). 근접국 프로그램에 대한 선호는 6.0점으로, 비근접국 프로그램에 대한 선호 6.8점보다 낮게 나타났다. 기존 연구들 특히 남미를 중심으로 이루어진 연구와 문화적 근접성을 구성하는 가치에 관한 국내 연구들의 결과에 따라 막연히 전제되었던 근접국 프로그램에 대한 선호가 국내 대학생 수용자에서는 검증되지 않은 것이다.

이는 근접국 프로그램에 대한 노출이 상대적으로 부족하고, 이에 따라 근접국 프로그램에 대한 선호가 조성될 만한 충분한 시간이 주어지

2) 2003년 A.C. Nielson 자료.

지 않았기 때문으로 해석된다. 그러나 보다 근본적으로는 아시아 시장 중에서 가장 큰 시장규모를 자랑하는 일본 프로그램에 대한 국내 시장 개방이 본격화되지 않았다는 점이 원인으로 지적될 수 있을 것이다. 일본의 다큐멘터리, 보도, 스포츠 프로그램에 대해서는 2000년부터 국내시장이 개방되고 있으나, 근접국 프로그램 중 가장 인기가 높다고 평가되는 드라마의 경우 2004년 1월부터 케이블, 위성에 국한하여 개방되었기 때문이다.

이 같은 분석결과에 따라 국가의 정책이 수용자들의 취향에 상당한 영향을 미치고 있음을 추론할 수 있다. 시장개방이나 해외 프로그램의 편성 쿼터 등과 같은 규제정책이 수용자들의 프로그램 선택이나 취향을 개발하는 중요한 변인으로 작용한다는 것이다. 앞으로 일본 드라마에 대한 전면적 시장개방에 따라 국내 수용자의 변화가 주목되는 부분이다.

(3) 정서적 근접성 비교

문화적 근접성에 관한 연구들에 의하면 근접지역간 공유하는 가치의 유사성에 따라 근접국간 프로그램 교류가 추동되는 것으로 설명된다. 그러나 근접국 프로그램과 비근접국 프로그램에 대해 국내 대학생 수용자들이 느끼고 있는 정서적 근접성을 대응표본 T검정 분석결과, 국내 대학생 수용자들은 각각의 프로그램군에 대해 차이를 느끼지 않는 것으로 나타났다. 근접국 프로그램에 대한 정서적 근접성은 22.4점이었으며, 비근접국 프로그램에 대한 정서적 근접성은 22.9점으로 유사한 수준으로 나타났다.

이상과 같은 결과들은 국내 대학생 수용자들의 경우 근접국 프로그램을 비근접국 프로그램보다 선호하거나 근접하다고 평가하지 않으며, 시청시간 역시 길지 않다는 사실로 요약된다. 오히려 국내 대학생 수용자들은 지리문화적으로 이질적인 서구의 프로그램을 더 선호하며, 더 많은 시간을 시청에 할애한다는 것이다. 물론 대학생이라는 특수한 신분이 글로벌한 요소를 지닌 비근접국 프로그램에 대해 상대적으로 높은 친밀감을 형성하게 만든 것으로 이해할 수 있다. 이러한 결과가 일반적 현상인가에 대해서는 보다 넓은 계층에 대한 연구가 필요할 것이다. 그러나 대학생 등 젊은층은 앞으로의 소비를 주도할 계층임을 전제할 때, 이 같은 현상이 미래에 전복될 가능성은 그다지 높지 않다고 평가된다.

2) 근접국 프로그램과 비근접국 프로그램에 대한 노출 결정요인 비교

(1) 근접국 프로그램에 대한 노출 결정요인

수입프로그램에 대한 노출에는 문화적 근접성 이외에도 수용자들의 사회적, 문화적 배경이 영향을 미친다는 기존 연구들의 주장에 따라, 본 연구에서는 수용자들의 성별, 가구 소득, 총 TV시청시간, 외국여행/체류경험, 선호하는 장르, 각 프로그램군에 대한 정서적 근접성, 각 프로그램군에 대한 선호도가 각각의 노출에 어떠한 영향을 미치는가를 살펴보았다. 독립변인들간의 자기상관에 대한 검증을 위해 더빈왓슨(Durbin-Watson) 검정을 실시한 결과, 통계량이 2에 가까우므로 자기 상관은 무시해도 좋은 수준인 것으로 나타났다.

우선, 이러한 요인들이 근접국 프로그램의 노출에 어떻게 결부되는가를 살펴보기 위하여 시청시간을 의미하는 노출을 종속변인으로 하는 단계적 회귀분석을 실시하였다. 분석결과, 근접국 프로그램에 대한 노출에 가장 큰 영향을 미치는 요인은 총 TV시청시간인 것으로 나타났다(Beta=.22, $p < .005$). 텔레비전 시청에 많은 시간을 투입하는 수용자일수록 근접국 프로그램을 시청하는 시간 역시 길어진다는 것이다.

두 번째로 중요한 영향을 미치는 변인은 가구소득이었으며(Beta=.17, $p < .05$), 세 번째로 영향력을 행사하는 변인은 성별인 것으로

나타났다(Beta=.23, $p<.005$). 가구소득이 높을수록 근접국 프로그램의 시청이 높은 것으로 나타났으며, 여성보다는 남성이 근접국 프로그램의 시청이 많은 것으로 나타났다.

네 번째 단계에서는 드라마 장르에 대한 선호여부가 투입되었다(Beta=.17, $p<.05$). 드라마를 선호할수록 근접국 프로그램에 대한 노출이 증가함을 의미한다. 이는 기존 연구의 결과와 동일한 결과라 할 수 있다. 드라마 이외의 다른 장르에 대한 선호는 노출에 영향을 미치지 못하는 것으로 나타났다. 마지막 단계에서 종속변인에 영향을 미치는 변인으로 투입된 것은 수용자의 연령이었다(Beta=-.15, $p<.05$). 수용자의 연령이 낮을수록 근접국 프로그램에 대한 시청이 증가하는 것으로 나타났다.

이러한 결과는 근접국 프로그램 시청이 선호도나 정서적 근접성에 따라 결정되기보다는 시청시간과 같은 구조적 요인에 의해 이루어짐을 의미한다. 특히 근접국 프로그램에 대한 선호가 노출에 영향을 미치지 않는 것으로 나타난 점은 주목할 만하다. 이는 근접국 프로그램에 대한 호감은 인식적 차원의 평가에 그칠 뿐, 실질적인 시청으로 연결되지 못하고 있음을 의미한다. 앞으로 이의 원인이나 배경에 대한 심층적 탐구가 필요하다 하겠다.

(2) 비근접국 프로그램에 대한 노출 결정요인

비근접국 프로그램 노출 결정요인에 관한 회귀분석 결과는 근접국과 관련된 분석결과와 약간 다르게 도출되었다. 우선 비근접국 프로그램에 대한 노출에 가장 큰 영향을 미치는 요인이 총 TV시청시간인 점(Beta=.37, $p<.000$)은 근접국 프로그램 노출 결정요인과 동일하다. 그러나 두 번째 단계에서는 비근접국 프로그램에 대한 선호도가 영향력을 미치는 요인으로 투입됨으로써(Beta=.16, $p<.05$), 근접국 프로그램에 관한 결과와 차이를 보였다. 이외에도 수용자의 성별은 세

번째 단계에서 투입되었으며(Beta=.14, $p < .05$), 가구소득은 네 번째 단계에서 투입되었다(Beta=.14, $p < .05$). 이에 따라 비근접국 프로그램 시청시간은 총 TV시청시간이 길수록, 비근접국 프로그램에 대한 선호도가 높을수록, 여성보다는 남성이, 가구 소득이 높을수록 길게 나타남을 알 수 있다.

특히 남성의 경우, 근접국 및 비근접국 프로그램 노출 모두 여성보다 높게 나타남은 흥미롭다. 일반적으로 남성의 경우 국내 프로그램에 대한 흥미가 여성보다 낮은 반면, 다양한 해외 프로그램에 관심이 높기 때문으로 해석된다(정윤경, 2003b).

그러나 장르별 선호 여부는 비근접국 프로그램 노출에 유의한 영향을 미치지 못하는 것으로 나타났다. 이는 서구의 프로그램이 영화, 스포츠, 다큐멘터리 등 폭넓은 장르에 걸쳐 강력한 경쟁력을 확보하고 있기 때문으로 해석된다. 특히 〈프랜즈〉, 〈섹스 앤 더 시티〉로 이어지는 미국 시리즈물의 인기는 드라마 장르에 대한 비근접국 프로그램의 소비 역시 재연시킨 것으로 풀이된다.

근접국 및 비근접국 프로그램 노출 결정요인에 관한 회귀분석 결과 독립변인들의 설명력은 그다지 높지 않은 것으로 나타났다(각각, 수정된 R제곱은 .125, .137). 따라서 수입프로그램의 시청에 영향을 미치는 요인에 대한 지속적 탐구를 통하여 이에 대한 설명이 보강될 필요가 있다고 생각된다.

3) 근접국 프로그램과 비근접국 프로그램에 대한 태도 비교

각각의 수입프로그램을 시청한 경험이 있는 수용자들에게 이들 프로그램에 대한 인지, 정서, 생활, 방송산업 차원의 태도를 각각 5점 척도로 질문한 뒤, 대응표본 T검정 분석을 실시한 결과, 두 가지 프로그램군에 대해 태도는 유의한 차이를 보이는 것으로 나타났다.

우선, 인지 차원 태도의 경우, 근접국 프로그램에 대한 태도는 평균 3.2점으로 나타난 반면, 비근접국 프로그램은 평균 3.6점으로 나타났다. 수용자들이 인지하는 두 콘텐츠에 대한 효과의 차이는 0.4점에 그치나, 이는 통계적으로 유의한 차이인 것으로 분석되었다. 이는 국내 대학생 수용자들이 비근접국 프로그램의 학습 및 교육적 기능에 대하여 보다 높게 평가하고 있음을 의미한다.

정서적 차원의 태도 역시 비근접국 프로그램의 평균이 더 높게 나타났다. 비근접국 프로그램의 평균은 3.3점으로 나타났으며, 근접국 프로그램의 평균은 이보다 0.3점 낮은 3.0점으로 나타났다. 의식주생활 차원의 태도도 비근접국 프로그램(평균 3.3점)이 근접국 프로그램(평균 3.0점)보다 높은 3.3점으로 나타났다. 방송산업 차원에서 두 가지 프로그램군에 대한 태도는 평균 0.1점 차이로 나타났으나 통계적으로 유의한 차이인 것으로 나타났다.

이러한 차이가 나타나는 근본적 이유는 각각의 프로그램에 대한 노출차에서 기인한다고 볼 수 있다. 이에 따라 근접국 프로그램에 대한 노출이 비근접국 프로그램에 대한 노출보다 높다고 응답한 32명의 수용자만을 대상으로 태도의 차이를 추가적으로 비교분석하여 보았다. 우선, 이들 집단의 태도를 전체 수용자 집단과 비교하여 본 결과, 비근접국 프로그램에 대한 태도는 다소 낮아진 반면, 근접국 프로그램에 대한 태도는 큰 변화를 보이지 않는 것으로 나타났다.

그러나 대응표본 T검정 분석결과, 두 프로그램군에 대한 인지, 정서, 생활, 산업 차원의 태도는 통계적으로 유의한 차이를 보이지 않는 것으로 나타났다. 근접국 프로그램의 시청이 많은 집단은 각각의 프로그램군에 대해 차별적 태도를 보이지 않는다는 것이다.

이는 매우 중요한 발견이라 판단된다. 노출 정도에 따라 태도 등의 효과가 결정된다는 선행연구들의 주장을 입증하는 것이며, 근접국 프로그램의 시청이 증가될 경우 이에 대한 긍정적 태도가 형성될 수 있음을 의미하기 때문이다. 하지만 앞으로 근접국 프로그램에 대한 국내 수용자의 노출량이 어느 정도나 확대될 수 있을지는 미지수다. 또한 근접물에 대한 노출이 증가하더라도 이로 인해 이미 글로벌 경쟁력으로 무장한 서구 프로그램이 지니는 영향력이 어느 정도나 감소될지에 대해서도 단언하기 어렵다. 아직까지는 근접국 프로그램에 대한 선호나 정서적 근접성이 폭넓게 형성되어 있지 않기 때문이다. 현재 일부에 국한된 근접국 프로그램에 대한 시청이 전체 수용자층으로 확산되기까지는 방송사의 수입전략이나 편성이 중대한 역할을 담당할 것으로 판단된다. 물론 뉴미디어 환경을 감안할 때 인터넷, VOD, PtoP 서비스 등 개인적 노력을 통해서도 노출이 증가될 수 있겠지만, 폭넓은 확산과 소비습관 형성을 위해서는 지상파, 케이블, 위성 등 기존 매체들의 영향력이 지대할 것으로 평가된다.

5. 결 론

최근 지역간 방송프로그램 교류량이 증가함에 따라 이를 학문적 관점에서 접근, 해석해 보고자 하는 시도가 증가되고 있다. 특히 문화적 근접성 연구는 중심국에서 주변국으로 일방향적으로 이루어지던 국제 프로그램 유통이 궤도수정하게 된 원인을 해명하고자 노력하였다고 평가된다. 또한 수용자의 가치, 언어, 정서적 동질감을 토대로 프로그램에 대한 선호와 노출이 이루어짐을 설득력 있게 정리함으로써 수용자가 배제되었던 그간의 유통연구에 새로운 국면을 마련하였다고 평가된다.

그러나 이를 차용한 연구가 다수 이루어지고 있는 현실에도 불구하고 문화적 근접성 연구는 근접국 프로그램의 편성량이나 시청률과 같은 표피적 지표에 의해 측정되고, 아시아 연구의 경우 근접국간 프로그램에 나타난 가치의 유사성 탐구에 치중되어 있음이 발견된다. 이에 따라 문화적 근접성을 구성하는 기본적 개념인 선호나, 수용자 차원에서 문화적 근접성을 검증하는 연구는 미흡하다고 보여 진다. 이러한 관점에서 본 연구는 수입프로그램에 대한 노출, 선호, 태도 등을 문화적 근접성 개념을 토대로 비교함으로써 국내 수용자들에게 내재되어 있는 문화적 근접성 개념을 탐사해 보고자 하였다.

국내 대학생 수용자를 대상으로 근접국 프로그램과 비근접국 프로그램의 수용을 비교하여 본 결과, 아직까지는 국내 수용자들의 수입프로그램 시청을 문화적 근접성 개념을 통해 설명하기 어려운 것으로 나타났다. 무엇보다도 국내 대학생 수용자들은 근접국 프로그램을 정서적으로 더 가깝게 투사하고 있지 않은 것으로 나타났다. 이들이 선호하는 프로그램 역시 비근접국 프로그램이었으며, 더 많은 시간을 시청에 할애하는 프로그램도 비근접국 프로그램이었다. 각각의 프로그램군에 대한 태도분석에서도 이 같은 경향은 되풀이 되었다. 인지, 정서, 생활, 방송산업 차원에서 국내 대학생 수용자들의 태도에 더 큰 영향을 미친 것은 비근접국 프로그램인 것으로 나타났다.

국내 대학생 수용자들을 대상으로 한 연구에서 근접국 프로그램에 대한 문화적 근접성을 검증할 수 없었던 것은 국내 수용자들의 취향이 서구 친화적 토양하에서 배양되었기 때문으로 해석된다. 주변의 아시아 국가 중 프로그램을 수입할 만한 국가가 존재하지 않았기 때문에 수입프로그램의 편성은 오랫동안 비근접국 프로그램에 집중될 수밖에 없었다. 미국 등 서구 프로그램에 대한 노출이 방송전파 발사 이후 지속되었던 반면, 근접국 프로그램에 대한 노출은 비교적 최근에야 이루어지기 시작한 것이다. 따라서 국내 수용자들은 서구의 문화와 언어는 물론, 프로그램 포맷과 수사에 대해 더 높은 친밀감을 형성하였다고 생각된다. 물론 편성이라는 지엽적 요인보다는 우리의 역사나 국내 방송정책에 보다 근본적인 원인이 존재함을 지적해야 할 것이다. 특히 한반도 분쟁을 통해 형성된 서구 열강과의 우호적 관계, 이후에도 지속된 막대한 인적, 물적 교류가 아시아 근접국보다 오히려 더 돈독한 정서적 유대를 형성하게 만든 배경이 되었다고 평가된다. 방송정책 역시 아시아 국가로부터 프로그램이 유입될 수 있는 자연스런 수로를 차단해 온 것으로 평가된다. 즉, 방송산업 규모나 문화적인 면에서 국내 유입가능성이 가장 높은 일본 프로그램의 유입이 아직까지도 일부러 제한됨으로써 근접국간 교류가 증가될 수 있는 환경이 봉쇄되었다는 것이다.

이러한 의미에서 볼 때, 앞으로의 정책이나 방송편성은 국내 수용자의 수입프로그램 소비나 유통의 방향을 결정짓는 나침반이 될 것으로 판단된다. 국제적인 시장개방 흐름 속에서 국내시장의 추가적 개방정책과 방송사의 편성이 전략적으로 이루어지도록 신중을 기해야 할 것이다. 일본 프로그램 수입제한은 국내 방송산업의 경쟁력 제고라는 면에서 볼 때 어느 정도는 성과를 이루었다고 평가된다. 이제는 아시아 국가간 문화교류와 아시아 시장발전이라는 측면에서 보다 적극적으로 아시아 프로그램 교류방안을 강구할 때라고 평가된다. 3개국 정부가 주도하는 한중일 3국간 문화포럼은 이러한 점에서 의미를 지닌다고 평가되며, 앞으로 민간영역이 이러한 기능을 담당해야 할 것으로 판단된다.

본 연구를 통해 발견한 또 한 가지 흥미로운 사실은 수입프로그램에 대한 노출이 근접국 여부에 따라 각기 다른 요인들에 의해 결정된다는 점이다. 특히 근접국 프로그램에 대한 선호나 정서적 근접성이 이에 대한 노출에 영향을 미치지 않는 것으로 나타난 반면, 비근접국 프로그램에 대해서는 선호가 영향을 미치는 것으로 분석되었다. 이에 따라 아직까지 근접국 프로그램에 대한 정서나 선호는 체계적으로 구축되지 못하였으며, TV 시청량과 같은 구조적 요인에 의해 시청이 결정되는 수준에 그치고 있다고 평가된다. 반면, 근접국 프로그램에 대한 노출은 드라마 장르를 선호하는 수용자의 경우 증가하는 것으로 나타났다. 국내 수용자의 수입프로그램 수용을 분석한 본 연구에서 비록 포괄적인 문화적 근접성의 실체를 확인할 수는 없었지만, 근접국 드라마에 대한 선호 결과는 기존 연구와 맥락을 같이 하는 것으로 나타난 것이다. 비근접국 프로그램에 대해서는 장르별 선호가 영향을 미치지 않았음에도 불구하고, 드라마에 대한 선호가 근접국 프로그램 노출에 영향을 미침으로써 향후 근접국간 프로그램 유통의 핵이 드라마 장르에 있음을 확인할 수 있었다. 이에 따라 아직까지는 일본 드라마의 성과가 높지 않지만, 장기적으로 볼 때 일본 드라마에 대한 완전한 시장개방이 이루어질 경우 선호가 형성될 수 있을 것으로 판단된다. 또한 이러한 결과는 국제 프로그램 마켓이 장르에 따라 지리적으로 이원적 구조를 이루고 있음을 실증적으로 입증하는 결과라 보여진다. 드라마 시장의 경우 로컬시장이 중심을 이루고, 이외의 장르에 대해서는 글로벌 마켓이 형성되는 현재의 시장구조는 이와 같은 수용자의 선택에 기인하고 있다는 것이다.

▪ 참고문헌

박동숙(1995), "외국 방송물 유입의 문화적 영향에 대한 논의의 재고: 수용자를 중심으로한 정책 제안," 《언론연구》 봄 · 여름호, pp. 125～157.

양은경(2003), "동아시아의 트렌디 드라마 유통에 대한 문화적 근접성 연구," 《방송연구》 여름호, pp. 197～220.

유세경 · 이경숙(2001), "동북아시아 3국의 텔레비전 드라마에 나타난 문화적 근접성," 《한국언론학보》 45-3호, pp. 230～267.

이창현 · 윤태진 · 손승혜(2002), "연변 조선족의 한국방송 수용에 관한 심층면접 연구," 2001년 한국언론학대회 발표논문, 《글로벌 시대, 방송프로그램의 유통과 국가 이미지, 정체성》, pp. 107～136.

정윤경(2003a), 《아시아 수용자 연구》, 나남.

정윤경(2003b), 《방송프로그램의 수입과 수용》, 나남.
허진(2002), "중국의 한류 현상과 한국 TV 드라마 수용에 관한 연구," 《한국방송학보》 16-1호, pp. 496~529.

Ang, I. (1985), *Watching Dallas: Soap Opera and the melodramatic Imagination*, London: Methuen.
Antola, L. & Rogers E. M. (1984), "Television flows in Latin America," *Communication Research*, 11(2), pp. 183~202.
Berger, Peter L. (2002), "The Cultural dynamics of globalization," in Berger, Peter & Samuel Huntington(eds.), *Many Globalization: Cultural Diversity in the Contemporary World*, New York: Oxford Univ. Press, pp. 1~16.
Biltereyst, D. (1991), "Resisting American hegemony: A comparative analysis of the reception of domestic and US fiction," *European Journal of Communication*, 7, pp. 469~497.
Chadha K. & A. Kavoori(2000), "Media imperialism revisited: some findings from the Asian case," *Media Culture & Society*, 22, pp. 415~432.
Davis, Linda Lee(2003), "Cultural proximity on the air in Ecuador: national, regional television outperforms imported U. S. programming," in Michael G. Elasmer(ed.), *The Impact of International Television*, New Jersey: LEA, pp. 111~131.
Elasmer, Michael(2003), "An alternative paradigm for conceptualizing and labeling the process of influence of imported television programs," in Michael G. Elasmer(ed.), *The Impact of International Television*, New Jersey: LEA, pp. 157~179.
Elasmer, Michael & Hunter, John(2003), "A Meta-analysis of cross-border effect studies," in Michael G. Elasmer(ed.), *The Impact of International Television*, New Jersey: LEA, pp. 133~155.
Hagiwara, Shigeru, S. R. Joshi, R. Karthiesu, James Kenny, Paul S. N. Lee & Elena Pernia(1999), "The reasons for the US dominance of the international trade in television programmers,"

Media, Culture and Society, 10, pp. 499~515.

Holton, Robert(2000), "Globalization's Cultural Consequences," *The Annals of the American Academy of Political and Social Science*, July 2000, 570, No. 1(13), pp. 140~152.

Ishii, K., H. Su & S. Watanabe(1999), "Japanese and U.S. program in Taiwan: New patterns in Taiwanese television," *Journal of Broadcasting & Electronic Media*, 43(3), pp. 416~431.

Iwabuchi, Koichi(2000), "Becoming cultural proximate: The ascent of Japanese idol dramas in Taiwan," in B. Moeran(ed.), *Asian Media Productions*, Curzon Press.

______(1998), "Marketing 'Japan': Japanese cultural presence under a global gaze," *Japanese Studies*, 18(2), pp. 165~180.

Lee, Paul S. N. (1998), "Toward a theory of transborder television," in Anura Goonasekera & Paul Lee(eds.), *TV without borders: Asia speaks Out*, Singapore: Asian Media Information and Communication center, pp. 274~286.

Liebes, T. & E. Katz(1990), *The Export of Meaning: Cross-Cultural Readings of Dallas*, Oxford: Oxford University Press.

Pool, Ithiel de Sola(1977), "The changing flow of television," *Journal of Communication*, 27(2), pp. 139~149.

Schement, J. R., I. N. Gonzalez, P. Lum, & R. Valencia(1984), "The international flow of television programs," *Communication Research*, 11(11), pp. 163~182.

Sinclair, John, Elizabeth Jacka & Stuart Cunningham(1996), "Peripheral vision," in J. Sinclair, E. Jacka, & S. Cunningham(eds.), *New patterns in global television Peripheral vision*, New York: Oxford University Press, pp. 33~66.

Straubhaar, J. (2003), "Choosing national TV: Cultural capital, language, and cultural proximity in Brazil," in Michael G. Elasmer (ed.), *The Impact of International Television*, New Jersey: LEA, pp. 77~110.

______(1991), "Beyond media imperialism: assymetrical interdependence and cultural proximity," *Critical Studies in Mass Communication*, 8(1), pp. 39～59.

______(1984), "Brasilian television: the decline of American influence," *Communication Research*, 11(2), pp. 183～202.

Straubhaar, J. & G. Viscasillas(1991), "Class Genre and the Regionalization of Television Programming in the Dominican Republic," *Journal of Communication*, 41(1), pp. 53～69.

Su, H & Sheue-Yun Chen(2000), "The choice between local and foreign: Taiwan youths' television viewing behavior," in Georgette Wang, Han Servaes and Anura Goonasekera(eds.), *The new communication landscape: Demystifying media globalization*, London: Routedge, pp. 225～244.

Zaharopoulos, Thimios(2003), "Perceived Foreign Influence and Television Viewing in Greece," in Michael G. Elasmer(ed.), *The Impact of International Television*, New Jersey: LEA, pp. 39～56.

제 16 장

일본 청소년들의 한국 대중문화 수용과 문화적 정체성*

윤경원 · 나미수

1. 서 론

지난 반세기 동안 동아시아 지역 내 대중문화 교류는 매우 제한적이었고, 내수시장에 주로 집중했던 한국 대중문화상품이 같은 아시아 지역권에서 폭넓은 인기를 얻은 경우는 흔하지 않았기 때문에 '한류' 현상이 국내 학계와 언론에서 큰 주목을 끄는 것은 당연하다고 할 수 있다. 그렇지만, '한류' 현상을 단순히 국내 문화상품의 질적 수준향상이나 민족적 자존심의 회복에 집중해서 설명하기보다는, 보다 거시적이고 복합적인 맥락에서 파악해 동아시아 지역에서의 문화적 지구화에 대한 통찰의 계기로 삼을 필요가 있다(조한혜정, 2003). 특히 일본에서의 한국 대중문화 유통은 동아시아 시장 및 세계시장에서 주변적 위치를 차지했던 한국 대중문화가 지역 중심부로 활발하게 유입된다는 측면에서 문화적 지구화에서 나타나는 유통의 다양성과 문화적 정체성

* 본 연구는 아시아연구기금(The Asia Research Fund)의 2004년 학술연구지원으로 이루어졌음.

의 문제를 보여줄 수 있는 좋은 사례라고 할 수 있다(Pieterse, 1995).

그동안 동아시아 문화교류에 대한 국내 연구들, 특히 '한류' 연구들은 양적 증가에도 불구하고 연구의 대상, 이론 및 방법에서 여러 가지 한계를 드러내고 있는 경우가 많았다. 우선, 연구대상에서 중국이나 동남아시아에서의 한국대중문화 유통과 수용에 관한 연구들이 절대다수를 차지하고 있으며, 일본에서 '한류'에 관한 학술연구는 찾기 힘들다. 일본에서의 '한류'가 비교적 최근의 현상이라는 점을 감안하더라도 학술연구나 정책연구가 중화권 국가 대상으로 지나치게 집중되었다는 점은 아쉬운 일이다(예, 김현미, 2003b; 이은숙, 2002; 이준웅, 2003; 전성흥, 2002; 조혜영, 2003; 허진, 2002). 또한 기존 '한류' 연구들은 문화 지구화 논의를 정교하게 논증할 만한 경험적 연구가 부족했고, 수용자의 역할에 대한 조명이 제대로 이루어지지 못했다. 방법론에서도 질적 방법이나 심층인터뷰의 본격적 활용보다는 양적 방법론에 기반한 수용자 연구(이준웅, 2003)나, 텍스트 분석(손병우·양은경, 2003; 양은경, 2003), 문헌연구(조한혜정, 2003; 하종원·양은경, 2002) 등이 중심을 이룸으로써, 내부로부터의 구체적인 목소리를 담아내기에는 일정 정도 어려움이 있었다.

기존의 '한류' 연구들의 한계를 극복하기 위해서 본 연구는 대학생 수용자 집단을 대상으로 한 질적 현장연구를 실시하여 일본에서의 한국 대중문화 수용과정과 의미를 밝혀내고자 노력하였다. 일본 청소년이라는 특정 수용자 집단의 경험을 중심으로 '한류'에서 나타나는 문화지역화 현상에 대한 이해의 지평을 넓히고, 문화 지역화 과정의 가능성과 한계를 살펴보고자 하였다.

2. 일본에서의 한국 대중문화: 이론적 · 역사적 맥락

1) 문화 지역화와 문화 혼성화

일본에서의 '한류' 현상은 이론적 측면에서 보자면 문화적 지구화가 지닌 혼성화(*hybridization*)와 문화교류의 다방향성을 보여주는 사례라 할 수 있다. 경험적 차원에서 보자면, '한류'는 국제적인 대중문화 유통에서 생산지보다는 수용지로서의 주변적 역할을 해왔던 한국인들이 적극적으로 지구화에 참여하고 있다는 점을 인식하게 하는 계기가 되기도 한다(조한혜정, 2003).

최근의 문화연구는 기존의 서구중심의 문화적 담론에 대한 반성과 함께 지역적인 수준의 지구화 현상에 대한 이론적 · 경험적 관심을 집중하고 있다(예, Cvetkovich and Kellner, 1997). 기존의 논의는 미국중심의 서구 대중소비문화가 구조적 측면의 힘의 불균형을 따라 이외의 지역으로 파급된다고 주장하는 문화적 제국주의화론의 영향하에 '지역문화'가 '지구문화'에 노출되어 급격하게 독특한 성격을 잃게 된다는 문화적 동질화(*cultural homogenization*)에 주목했던 측면이 있다. 반면, 최근의 논의는 다양한 경로의 대중문화의 흐름을 목격하면서 문화적 이질화(*cultural heteronization*) 또는 문화적 혼성화(*cultural hybridization*)에 대한 분석을 경험적으로 시도하는 경향이 강하다(Robertson, 1995; Tomlinson, 1999).

최근의 문화 지구화 논의는 기존의 문화론이 경제적 요인과 같은 구조적 결정요인을 지나치게 강조하여 문화영역의 내적 동학과 수용자들의 참여를 경시하는 등의 이론적 한계를 지니고 있다고 비판한다(Golding and Harris, 1997: 5). 또한 경험적 측면에서도, 서구의 대중문화가 지역의 특수한 맥락과 접합되면서 이질화되고 다양한 형태로 전개되고 있다는 사례연구들을 제시하고 있다(예, Bennett, 2000;

Monteiro and Jayasankar, 2000). 지구화의 가속화 속에서 문화제국주의와 문화 동질화에 대한 염려에도 불구하고, 실제로 수입국가의 수용자들은 자국 문화콘텐츠나 유사문화권에서 제작된 콘텐츠를 선호하기도 하며(Chadha and Kaboori, 2000), 서구 콘텐츠를 소비하는 경우에도 매우 자국화된 방식으로 전유하여 여전히 강한 민족주의적 성향을 보여주는 경우도 많다(Epstein, 2000; Pilkington and Bliudina, 2002). 또한 브라질, 멕시코, 인도, 이집트 등의 국가들처럼 비서구지역이 대중문화 수입의 위치에만 있지 않고 독자적인 생산과 지역문화권 내에서 지속적 수출을 해온 사례들도 적지 않다(Chadha and Kaboori, 2000: 416). 브라질의 텔레노벨라나 일본의 트렌디 드라마는 비서구국가가 문화콘텐츠를 지역문화권에 수출해 온 주목할 만한 사례들이다(Biltereyst and Meers, 2000; Chadha and Kaboori, 2000; Iwabuchi, 2004). 문화적 혼성화의 입장은 지구화의 문화적 효과를 탈식민주의적인 정치학 속에서 봄으로써 주변부의 권능화(*empowerment*) 가능성을 인정하는 경향이 있다(Bhabha, 1994). 그러나 문화적 지구화가 일견 혼성화 과정처럼 보이지만 실제로는 유사-혼성화(*pseudo-hybridity*)의 전략을 통해서 결국 민족국가 단위의 문화적 정체성을 유지·강화시키기도 한다는 지적에도 주목할 필요가 있다(Iwabuchi, 1998).[1)] 즉, 급증하는 외래문화산물과의 접촉과정에서 타자성과 접합을 이루기보다는 타자성을 자문화중심주의적 방식으로 소비함으로써 내부와 외부의 경계를 유지하고 정교화하는 민족주의적 전략에 포섭되어버리기도 한다는 것이다.

또한 혼성화의 논의에 기반하여 비서구지역에서 서구문화의 수용에

1) 본 논문에서 논의되는 '혼성화'와 '유사-혼성화'에 대해 Iwabuchi(1998)는 각각 'hybridity'와 'hybridism'라는 용어를 사용한 바 있는데, 의미전달이 확실하지 않고 오해의 소지가 있어 본 논문에서는 '혼성성'과 '혼성주의' 등으로 번역하지 않고 '혼성화', '유사-혼성화'라는 역어를 사용하였다.

서 나타나는 지역화의 함의를 밝히는 사례연구들은 증가하고 있지만, 문화지역화 과정에서 지역 내에서 '주변부' 위치를 차지했던 국가의 대중문화들이 어떻게 지역이나 서구의 '중심부' 국가들에 수용되고 있는가에 대한 사례들은 많이 알려져 있지 않다. 예를 들어, 주변에서 중심으로 대중문화 흐름을 주장하는 대표적 사례인 '텔레노벨라 논쟁'(*International telenovela debates*)에서도, 브라질에서 생산되는 텔레노벨라 장르의 대중문화 생산력이 높은 지역(유럽)에서의 실태연구는 부실한 편이다(Biltereyst and Meers, 2000). 다만, 예외적으로 미국과 서유럽 등의 서구사회에서의 일본 애니메이션 수용과 같은 일부 특별한 사례에 대한 연구가 행해진 바 있다. 예컨대, 뉴위츠(Newitz, 1994)는 그의 사례연구에서, 미국 수용자들은 일본 애니메이션을 통해 양국의 문화적 차이점을 인지하고 있으며, 미국사회에서 더 이상 허용되지 않는 성차별이나 인종주의와 같은 부정적 가치들을 상상적으로 소비한다는 점을 밝혀낸다(Allison, 2000; Iwabuchi, 2002).

현재의 국내외 문화 지역화와 문화 지구화 논의를 반성적으로 검토해볼 때, 지역 수용자들이 상대적으로 문화적 생산력이 낮은 국가로부터 유입된 대중문화상품을 통해 어떻게 타문화를 개념화하고 나아가 자신들의 문화적 정체성을 재구성하는지에 대해서는 더 많은 사례연구가 필요한 실정이다. 이런 점에서 일본에서의 '한류' 현상은 대중문화가 비서구국가들 내에서 유통되면서 독특한 지역적 정체성과 접합된다는 문화적 지역화에 대한 좋은 사례를 제공할 뿐만 아니라 비서구지역 내에서 '중심'과 '주변' 사이에 존재하는 권력의 양상도 보여줄 수 있을 것으로 기대된다.

2) 일본의 '아시아로의 회귀'와 '한류'

한국 대중문화의 일본 내 수용에 대한 현장연구 결과분석에 앞서, 일본 내에서 타아시아 국가의 대중문화 수용의 역사적 배경을 간략하게 살펴볼 필요가 있다. 산업적인 측면에서 그동안 일본은 동아시아 문화적 영향력과 경제적 위치에서 중심부의 자리를 차지해왔고, 주변 동아시아 국가의 대중문화를 수용하기보다는 자신의 문화상품을 수출하는 데 있어 큰 역할을 해왔다. 한국과 홍콩 등 동아시아의 대중문화 산업 전개과정에서 일본 대중문화의 영향력이 컸다는 점은 지적되어온 바 있다(Iwabuchi, 2002; 2004; Katzenstein, 2002). 전체 규모로 보나, 질적 수준으로 보나 일본은 여러 장르의 대중문화상품에서 타아시아 국가들에 대해 지속적으로 상대우위를 점해왔다고 할 수 있다. 문화산업 규모를 예로 들자면, 2001년 현재, 문화콘텐츠산업의 규모에서 일본은 한국의 약 8배의 시장규모를 기록하는 것으로 밝혀진 바 있다(한국문화관광정책연구원, 2003). 문화콘텐츠의 질적 수준에서도 한국이나 대만 작품들이 상대적으로 작품성이 높은 일본 트렌디 드라마를 모방하고 자국화하면서 현격한 발전을 이루었다는 평가도 있었다(Iwabuchi, 2004).

그러나 일본이 동아시아 대중문화 교류에서 중심부적 역할을 해왔다고 해서, 이것이 오래전부터 동아시아 시장에 대한 대중문화 수출을 전략적으로 구상했다는 것을 의미하는 것은 아니다. 오히려 일본은 동아시아 문화시장에 놀라울 정도로 무관심한 반응을 보여왔고, 1990년대 이후 일본 대중문화의 동아시아 및 동남아시아에서의 큰 인기는 어느 정도는 의도되지 않은 성공이라고 볼 수도 있다. 일부 대중문화 장르에서 국제적 규모의 문화산업을 발전시켜 온 일본이긴 하지만, 1980년대까지는 동아시아 시장진출에 적극적 자세를 취하지 않았던 것이다. 일본의 동아시아 시장에 대한 미온적 태도는 자국시장 내의 극심한 경쟁이라는 내적 요인과 동아시아 시장의 저개발로 인한 이윤창출의 어려움이라는 외적 요인이 결합된 결과였다(Nakano, 2002).

일본은 아시아 대중문화의 수용에도 매우 소홀했다. 이는 동아시아 문화산업이 다국적 규모로 전문화되지 못한 산업적 요인이나 식민화 역사에 대한 처리문제와 연관된 아시아 국가들과의 정치적 관계 등에서도 영향받은 바 크다. 또 한편으로는 아시아 근대화 과정 내내 지속된 일본의 선발주자로서의 자긍심과 타아시아 국가에 대한 폄하의 정서가 있었다고 볼 수 있을 것이다. 일본은 오랫동안 스스로를 '근대화된 서구'와 '뒤쳐진 아시아' 사이에서 다른 하나의 범주로 규정하면서, 타아시아 국가들의 대중문화를 열등한 문화로 치부하는 경향이 있었다(Iwabuchi, 2002). 또한 세계대전 이후 미국 대중문화의 영향을 크게 받았지만, 많은 장르에서 괄목할 만한 수준으로 자국화가 이루어진 탓에 일본의 대중문화 시장 등은 해외 콘텐츠에 대한 의존도가 비교적 낮고, 동아시아로부터의 수입은 더더욱 미미한 실정이었다. 방송의 경우, 1960년대 이후 자체 TV 제작기술의 발전과 중산층들이 이해하기 쉬운 자국 프로그램에 대한 수요가 확대됨으로써 외국 프로그램의 비중이 타아시아 국가에 비해서 상당히 낮았다(정윤경, 2003; 하종원·양은경, 2002).

1990년대 들어 일본사회에서 아시아를 문화적이고 경제적으로 중요한 맥락으로 재인식하려는 이른바 "아시아로의 회귀"(*Return to Asia*)라는 대중담론과 함께, 아시아 대중문화 및 문화 일반에 대한 관심이 크게 증가했다(Iwabuchi, 2002; Wöhr, 2001). 우선, 여행기 등 아시아 문화 소개 출판물이 크게 증가한 것은 물론이고 아시아 대중문화에 관한 잡지들이 창간되기도 하였다. 또한 1990년대에 싱가포르 출신의 딕 리(Dick Lee)와 같은 일부 아시아권 가수들이 큰 성공을 거두고, 홍콩영화가 붐을 이루면서 왕비(Faye Wong)와 같은 홍콩 인기배우가 일본 트렌디 드라마나 영화에 주요 배역으로 출연하기도 하였다. 또한 최근의 일로는, 2004년 상반기에 한국 드라마 〈겨울연가〉가 NHK 채널에서 인기리에 방영되어 한국 방송스타들이 일본 시청자들에게 높은 인지도를 얻었고, 한국방송 전문 위성채널(KN TV)이 생기는 등 한국 방송과 영화에 대한 수요가 증가하고 있다. 그러나 일본 내에서 아시아권 문화에 대한 조명이 그동안 무시되었던 문화적 유사성과 역사적 관계에 대한 이해를 높여주고 있는지, 아니면 새로운 타자성의 소비에 불과한지에 대한 논쟁은 계속되고 있다(Wöhr, 2002).

한편에서는 최근의 아시아 문화 유입이 일본 내부에 예전과 다른 동아시아에 대한 관점을 불러일으키고 있다는 해석이 제기되고 있다(Iwabuchi, 2002). 최근 가속화되는 한국 대중문화의 일본 유입은 〈겨울연가〉가 2004년에만 양국 합계 약 3조 원의 경제효과를 거두었다는 분석에서도 드러나듯 규모와 파급력이 예전과 다른 것만은 틀림없으며 한국에 대한 긍정적 이미지를 증가하는 데 기여하고 있음이 지적되고 있다(현대경제연구원, 2004). 한국 대중문화를 위시한 아시아 문화의 유입 영향으로 일본 내부에서도 예전과 달리 일본과 타아시아 국가를 명확한 위계하에서 파악하기보다는 타아시아 국가들과 일본의 차이점에 대한 관심을 보이는 시각이 일본사회 내부에서 등장하고 있다는 평가도 있다. 이러한 주장에 따르면, 1980년대까지 일본 내에서의 주류적 관점은 일본과 타아시아 국가들 간에 대중문화 생산의 능력과 상품의 수준에서 분명한 질적 위계를 전제로 하고 있었지만, 1990년대 이후로는 아시아가 독자적인 문화상품을 생산해낼 수 있는 주체로서 인식되고 있다고 한다(Iwabuchi, 2002).

반면, 최근 아시아 문화의 유입이 저렴한 가격에 쉽게 소비가능한 대중문화의 유입에 지나지 않으며, 이러한 과정이 타자성을 소비함으로써 결국은 일본 내의 문화적 민족주의를 강화하는 데 일조하고 있을 뿐이라는 논의도 있다(Ivy, 1993). 이러한 주장은 최근의 한류를 위시한 동아시아 대중문화에 대한 일본 내의 반응에서도 일부 확인된 바 있다. 즉, '한류'에 대한 국내 보도는 일본 내에서 한국에 대한 이미지가 점진적으로 제고되고 있다고 강조하고 있지만(예, 〈조선일보〉 2004년 11월 9일), 일본 매체 내에서 한국에 대한 재현방식은 여전히 부정적이거나 일본에 없는 특이한 이미지들에 집중된 경향이 있다는 지적이 있다(Gössman and Kirsch, 2003). 따라서 최근의 문화 지역화를 통해 일본이 갖게 된 아시아에 관한 확장된 관심과 논의가 한국에 대한 이미지 제고에 직접적이고 장기적인 효과를 가져다줄 수 있을지에 대해서는 보다 심도 있는 경험적 연구와 논의가 필요하다고 하겠다.

3. 연구대상과 연구방법

본 논문의 기초가 된 현장연구는 2004년 4월과 6월, 두 차례에 걸쳐 총 24일간 일본 도쿄에서 실시되었다. 연구방법은 비구조화된 심층면접이 중심이었는데, 면접대상은 스스로를 한국 대중문화(TV 드라마, 영화, 대중음악)의 적극적 수용자라고 간주하는 도쿄 소재 대학 재학생들이었다. 이들은 대체적으로 영상물과 음악 모두를 수용하고 있었는데, 흥미롭게도 대중음악의 적극적 수용자들은 영상물 수용에도 적극적인 편이었다. 이들은 TV 드라마나 영화를 통해 주제음악을 알게 된 경우도 있었고, 반대로 음악이나 뮤직비디오 등을 통해서 TV 드라마나 영화 등 영상물에 대한 관심을 확대해나간 경우도 있었다. 반면, 한국 대중음악 선호도가 큰 수용자들과 달리 일부 한국 영상물 수용자들은 대중음악에는 큰 호기심을 보이지 않는 경우가 있었다.

연구에 참여한 일본 청소년들은 모두 한국 관련 학과에 재학중이거나 한국 문화 관련 동호회 회원이었다. 면접 참여자의 연령은 만 18세부터 22세 사이, 성별로는 남성 6명 여성 16명으로 총 22명이었다. 본 연구는 대학생들의 일본 대중문화 수용의 개인적 경험을 분석하기 위해 수용의 계기와 과정, 수용과정에서 체험된 문화적 정체성과 사회화의 경험, 일상 속에서 한국 대중문화의 의미 등을 중심으로 한 비구조화된 면접을 진행하였다. 특히, 본 연구는 TV 드라마, 영화, 대중음악 등 세 개의 장르에서 나타나는 장르적 특성에 주목하기보다는 이들 영상/음악 문화상품 수용의 과정과 그 과정에서 나타나는 태도의 문제에 초점을 맞췄다.

4. 한국 대중문화 수용과정

1) 접근성의 증가와 부정적 편견의 극복

많은 응답자들은 본격적으로 한국 대중문화를 접하거나 한국 여행을 하기 전에 한국에 대해 크게 무지했던 것으로 나타났다. 중등학교 후반(2000년대 초반)까지는 지리적으로나 역사적으로 일본과 밀접한 관계에 있는 나라임에도 불구하고 한국이라는 나라에 대해서 어떤 기초적 지식도 갖고 있지 않았던 경우가 많았다.

> “처음 한국에 간 게 중학교 2학년 때였어요. 그때는 한국말도 전혀 할 줄 모르고. 한국이 어디 있는지도 잘 몰랐는데, 한국으로 여행을 갔거든요. 가보니까 … 어떻게 말하면 좋을지 잘 모르겠지만 (웃음) 놀라웠어요! 왜냐면 일본사람과 얼굴이 같은데, 하는 말이 다르잖아요! 외국이니까 어쩌면 당연한데, 당시에는 그게 충격이었어요, 처음에는. 제가 중학생이었으니까. 서울에 가니까 도쿄와 똑같은데, 간판이나 말이 일본어가 아니니까. 이런 세계도 있구나 … 그렇게 느껴졌어요”(다케시: 남, 21세).

한국에 대한 구체적 정보를 얻게 된 최근까지는 한국에 관한 제한된 정보 때문에 지엽적 경험들에 근거하여 한국에 대한 부정적 편견을 갖게 된 경우도 많았다. 또한 북한과 연관하여 한국을 부정적이고 낙후한 나라로 연계시켜 사고하는 주변사람들의 영향도 있었다.

응답자들이 한국과 한국문화에 전반적인 관심을 갖게 된 계기는 학교 교육이나 독서 등을 통해 한일 간의 과거사에 대해 어느 정도 알게 된 이후부터인 경우도 있기는 했지만, 대중문화와 관련된 미디어 경험을 통해서인 경우가 많았다. 1999년 일본에서의 〈쉬리〉 개봉을 전후하여 본격적으로 한국 대중문화에 관심을 가진 응답자들도 많았고, 2002년의 월드컵과 이를 전후해 일본 연예인 초난강이 일본 공중파 TV에서 진행한 한국어 교습 프로그램 등도 큰 관심을 모은 것으로 드러났다.

요컨대, 한국 대중문화에 대한 관심이 주로 TV 매체의 보도를 통해서 촉발되는 경우가 많았다. 일본 미디어에 의한 홍보와 보도에 의해서 처음으로 한국 문화상품들을 접하게 된 것이 일반적이었다. 일단, TV 매체를 통해 촉발된 관심은 개인적으로 유지되는 경우도 있었지만 유사한 관심을 가진 친구들이나 동호회 성원들을 통해서 지속되고 강화되는 경향도 강했다. 예컨대, 〈겨울연가〉 이전에 일본 위성방송 채널을 통해 방영되었던 〈로맨스〉나 〈의가형제〉 등 한국 드라마를 접했던 응답자들도 있었는데, 한국 프로그램이 제한되어 있고 비디오 대여점 등에서 한국 영화나 TV 프로그램을 구하기 힘들던 당시에는 친구들에게 위성방송의 한국 프로그램들을 비디오로 녹화해서 관심 있는 친구들끼리 돌려보곤 했다고 한다. 그러나 점차 한국영화나 드라마를 빌려볼 수 있는 대여점이 증가하여, 최근에는 대여점을 애용하는 경우도 있었다.[2)] 이처럼 미디어나 문화상품을 통한 한국 대중문화에 대한

2) 하지만 여전히 한국 대중문화에 대한 접근은 한계가 있는 것으로 지적되고 있다. 일본 내에서 한국문화에 대한 정보획득이나 상품구매의 한계는 특히

접근성의 증가는 일본 대학생들이 한국에 대한 인식을 강화하고 편견을 제거하는 데 중요한 역할을 하는 것으로 드러났다.

2) 느슨한 하위문화의 형성

본 연구 응답자들에 따르면, 한국 대중문화의 적극적 수용자층인 청소년들은 청소년층에서 아직 소수에 지나지 않는다는 것이 공통적인 지적이었다. 국내 언론을 통해 보도된 것처럼, 한국 대중문화의 핵심적 수용자층은 중년 여성들이라고 한다. 한 응답자(리리: 여, 19세)는 자신이 속한 한국 연예인 팬클럽의 성원들이 대부분 중년 여성이라고 밝혔다.

> "아줌마들 팬은 정말 많아요. 아줌마들이 대다수인 것 같아요. 젊은 사람들 중에서는 저와 제 친구 몇 명뿐, 소수이지요. 있긴 있지만 (한국의 특정 연예인을) 따라다니거나 하는 건 아줌마들뿐이지 않을까요"(리리: 여, 19세)?

그러나 일본 청소년 또래 문화에서 소수에 속하는 한국 대중문화 수용 청소년층이 반드시 저항적이고 주변화된 하위문화로 전개되는 것은 아니었다. 이는 한국에서 최근까지 금지되어 온 일본 대중문화의 수용자층이 종종 부정적으로 인식되고 하위문화적 성격을 강하게 띠는 것

한국 대중음악 팬들에게 많았다. 예를 들어, '신화' 등 한국 대중문화에 몇 년째 큰 관심을 보이고 있는 한 응답자(류우: 남, 20세)는 "좋아하는 한국 가수들 앨범을 더 적극적으로 모으지 않는 이유 중 하나는 일본에서는 구할 수가 없기 때문이에요. 만약 일본에서 쉽게 구할 수 있다면 더 많이 사고 싶어요"라고 했다. 응답자 중 한국 가요 CD를 가장 많이(100여 장) 소유하고 있던 응답자(미에: 여, 22세)의 경우도 이 중 다수는 한국에 직접 와서 구매했다고 한다.

과 대조적이다(김현미, 2003a; Fiske, 1992; Han, 2001). 본 연구의 응답자들에 따르면, 또래집단 내에서 잘 알려지지 않은 문화를 접하고 있다고 해서 주변 친구들이 관심을 보인 경우는 있었지만, 한국 대중문화 향유 행위 자체가 또래집단 내에서 부정적 낙인의 과정을 동반하는 경우는 드물었다. 예컨대, 노래방에서 한국 노래를 종종 부르곤 한다는 일부 응답자들은 한국어를 알지 못하는 또래들과 노래방에 가서 한국 노래를 부를 때 친구들의 반응을 다음과 같이 기술하고 있다.

> "제가 한국 노래를 좋아하는 것을 아는 친구들은 '쟤가 한국 노래 부르는구나' 하고 별로 이상하지 않게 생각하고요. 한국 노래에 대해서 '잘 모르겠지만, 굉장한 것 같다'라는 반응을 보이는 친구들도 있죠. 보아의 노래 같은 것은 일본어 버전도 있고 한국어 버전도 있으니까 한국어 버전을 부르면 한국 노래를 모르는 친구들도 멜로디는 따라 할 수 있구요"(린: 여, 20세).

한국 대중문화 수용은 일본 내에서 아직까지 주변화된 문화적 취향임에도 불구하고, 강한 하위문화적 결속감으로 발전되지는 않고 있는 것으로 보인다. 본 연구에 참가한 일본 내의 한국문화 수용자들은 한국문화 수용을 특정한 하위문화로 전개시키기보다는 취향에 따라 다른 문화를 자유롭게 수용할 수 있다는 자세를 보여주고 있었다(Matthews, 2001; Polhemus, 1997). 대다수 응답자들에게 있어 대중문화 수용에서 중요한 것은 '한국 것'이나 '일본 것', 또는 '미국 것'을 찾는 것이 아니라 취향에 맞고 재미있는 문화콘텐츠의 추구였다. 이 때문에 연구자가 응답자들에게 〈쉬리〉의 흥행이 한국 경제위기 이후 〈타이타닉〉으로 상징되는 할리우드 영화로부터 자국 영화를 보호하려는 민족주의적 분위기에도 일부 기인한다는 견해(김경욱, 2003)를 들려주면서 일본이 경제난에 처하게 된다면 이런 일이 가능할지 묻자 대다수 응답자들은 일본에서는 그런 일이 가능하지 않다고 지적했다.

이런 태도는 기존의 하위문화론과 차별성을 보여준다. 즉, 이들은 문화적 기호에 따라 하나의 하위문화적 결속감을 형성하면서 자신이 옹호하는 문화 외의 다른 문화에 대해서 배타적 태도를 보이는 기존의 청소년 하위문화(*youth subculture*)의 문화수용 양태(예, Hall and Jefferson, 1976)와 다른 양상을 보여주는 것이다. 이들은 한국 대중문화라는 새로운 자원을 접하고 이것을 받아들이면서 일본문화나 서구문화 등 기존 주류의 문화적 자원들에 대해서도 특별히 배타적 태도를 취하지는 않았다. 즉, 일본의 한국 대중문화 수용자들은 취향에 따라 이합집산하는 개인화된 문화의 형태를 보여주는 경향이 있다고 할 수 있다(Ueno, 1999). 그러나 개인화된 특성을 일부 나타내면서도 동호회나 또래집단 등 오프라인 공동체를 바탕으로 정보를 공유하거나 희귀한 한국 문화상품들을 돌려보는 경우가 많았다는 점에서, 하위문화적 결속감도 일정 정도 있다고 할 수 있다.

본 연구에 참여한 일본 대학생들의 한국 대중문화 수용과정은 하위문화적이라기보다는 느슨하고 자유로우면서도 뉴미디어 테크놀로지가 적극적으로 활용되지 않고 있었다. 대부분 인터넷 이용이나 비합법적인 복제제품의 이용보다는 정규상품 구매나 합법적인 방법의 대여를 통해서 한국 문화콘텐츠를 구매하고 이용하는 경향이 강했다. 이는 비합법적 콘텐츠 소유(*piracy*)에 대한 법적 제약 및 인터넷 인프라의 부실 등 환경적 요인에서 기인하는 경우가 많았다. 또한 일본의 인터넷 사이트들이 제공하는 한국 대중문화 관련 콘텐츠들이 부족하다는 점도 중요한 원인 중 하나였다. 일본 대학생들은 한국어로 제작된 웹사이트들이 일본 것에 비해 방대한 자료를 갖고 있다고 지적하면서도, 언어적인 문제 때문에 접근하기 힘들다는 불만을 토로했다. 이 때문에 일본인들끼리의 인터넷을 통한 자료공유보다는 일단 한국인 친구 등의 협조를 통해 '벅스 뮤직'이나 '소리바다'와 같은 한국 웹사이트나 자료

공유 프로그램을 이용한 후, 또래 문화 내에서 자료를 공유하거나 한국에 가서 필요한 상품들을 구매하는 경우가 많았다.

이처럼 한국 대중문화를 이용하는 또래집단의 성격 자체가 인터넷에 기반을 두기보다는 오프라인상의 정보교류에 기반을 두는 경우가 많았다. 즉, 일본 청소년들은 한국 대중문화의 수용태도에서는 국적이나 하위문화적 정체성과 상관없이 취향을 좇는 개성화의 과정을 보여주고 있으나, 자료습득 과정에서는 느슨하나마 또래 공동체에 의존하는 하위문화적 속성을 보여주고 있는 것이다.

3) 문화적 이질성과 근접성

한국 대중문화가 일본 것과 다른 독특한 내용적 특성을 갖고 있다고 생각하는 응답자들이 많았다. 콘텐츠의 소재가 일본 것과 다르면서 서구 것에 비해서는 보다 친밀하고 편안한 느낌을 준다는 인식이 일반적이었다.

우선, 일본 대중문화와의 차이점에 대한 인식이 나타나고 있었다. 이러한 인식은 대중음악보다는 드라마나 영화장르에 대한 언급에서 더 자주 지적되었다. 일본 대중문화와 비교해 볼 때, 한국 문화콘텐츠는 소재, 구성, 정서적인 측면 등에서 차별성을 갖는 것으로 나타났다. 기존에 한국문화에 대한 지식이 많지 않던 상황에서 한국 대중문화를 선행적 이해 없이 접하게 됨으로써 차이점들이 두드러지게 나타나는 경향도 있었다. 이런 점은 일본 대중문화에서는 잘 다루어지지 않는 소재들을 다루는 한국 영상물이 공통적으로 큰 관심을 끌고 있었다는 데서 드러난다. 예를 들어, 남북 대치상황이나 기타 정치적 성향이 강한 〈JSA〉와 같은 한국영화들에 대해 흥미를 느낀다는 언급이 많았다. 일본 대중문화와의 소재상의 차이점은 한국영화에 대한 평가에서 두드러진 반면, 드라마는 소재가 일본 것과 다르다기보다는 세부적인 구성이나 이야기의 전개방식이 문화적으로 달라서 호기심을 불러일으키는 것으로 나타났다.

응답 대학생들의 견해에 따르면, 영화나 드라마 모두 일본 것에 비해 한국 것이 이해하기에 평이하다고 지적되었으며, 이러한 점은 수용자들에게 큰 호소력을 갖고 있는 것으로 나타났다.

> "일본영화들은 점점 관객들이 이해하기 힘들 게 만드는 것들이 많아지고 있는데, 한국 것들은 스토리를 이해하기도 쉽고 관객들을 많이 고려하는 것 같아요. 그래서 좋은 것 같아요"(아와이: 여, 20세).

이처럼 한국영화는 이해하기 쉽고 흥미로운 반면 일본영화는 대체로 어렵고 지루하다는 응답이 많았다. 그렇지만 이러한 반응을 한국영상매체가 일본 것보다 우수하다는 평가라고 받아들이기는 힘들다. 영화의 경우 한국영화가 질적으로 우수하다는 지적도 있었으나, 일본 것에 비해 작품성 자체가 뛰어나다고 생각하지는 않는다는 견해가 보다 일반적이었기 때문이다. 오히려 일본 영상매체들이 대중관객을 잘 고려하지 않고 지나치게 예술적이거나 특정 수용자 집단에 초점을 맞추고 있기 때문에 불만이라는 수용자들이 많았다. 즉, 한국 드라마는 작품성이나 완성도로 평가되기보다는 이해하기 쉽다는 점에서 일본 수용자들에게 소구하고 있다고 볼 수 있다.

응답자들에 따르면, 한국 영상물은 일본 드라마나 영화가 보여주지 못하는 소재를 다루면서도 한편으로는 일본인들이 이해하기 쉽고 다른 한편으로는 서구 것처럼 문화적으로 큰 차이를 보여주지 않아 호소력을 갖고 있는 것으로 보인다.

또한 일본과 한국 대중문화 사이에 뚜렷한 위계를 상정하고 있지는 않더라도, 일본 대중문화 상품이 시간적으로 선행한다는 시간적 차이는 상정하는 경우가 많았다. 한국 문화상품들은 일본 것을 따라하는 경향이 있지만, 괄목할 만한 질적 수준에 이르렀다는 인식이 일반적이었다.

그러나 일본과 한국의 대중문화 유행에 대한 시간적 선후관계가 인정되고 있다고 해서 이러한 인식이 일본 대중문화의 질적 우월성을 의미하는 것은 아니었고 유사성 역시 크게 인식되고 있었다. 특히 서구 대중문화 콘텐츠와 비교해 볼 때, 한국과 일본 대중문화 콘텐츠 사이의 유사성이 크게 지각되는 경향이 있었다. 예를 들어, 전반적으로 자국 상품이 큰 비중을 차지하는 대중음악 분야의 경우, 서구음악을 즐겨 듣는 응답자는 소수에 지나지 않았는데, 한국 대중음악이 일본 대중음악과 정서적 유사성이 많다는 견해가 많았다.

이처럼 서구문화와 비교해볼 때 한국의 영상물이나 대중음악 콘텐츠는 상대적으로 편안하고 이해하기 쉬운 것으로 받아들여지고 있었다. 즉, 한국 대중문화에 대해서는 문화적으로 근접하다는 인식이 컸다. 한국 대중문화가 일본 대학생들에게 의미하는 것은 종종 문화적으로 근접하여 심리적인 어려움 없이 소비가능한 문화상품이었다. 즉, 한국 대중문화상품은 다른 아시아 국가들의 것보다 양질이고 접근하기 쉬우면서 유사한 느낌을 준다는 인식이 컸다. 한때 홍콩 대중음악을 즐겼다는 일부 응답자들은 이제 한국 대중음악이 홍콩 것보다 상대적으로 다양하고 양질의 콘텐츠를 제공하고 있다고 언급했다. 예컨대 예전에 중화권 음악을 즐겨듣다가 한국음악으로 선호가 바뀌었다는 한 응답자(린: 여, 20세)는 "홍콩음악은 옛날 일본음악 분위기가 나요. 옛날, 아주 옛날 일본음악을 듣는 분위기예요"라고 말했다.

요컨대, 한편으로는 한국 대중문화가 지닌 일본 대중문화와의 차이점이, 다른 한편으로는 한국 대중문화가 주는 친밀성이 배합됨으로써 한국 대중문화 콘텐츠가 일본 대학생들에게 소비하기 편안한 문화콘텐츠로서 흥미를 끌고 있는 것이다. 주목할 만한 점은 일본 청소년들의 한국 문화상품 수용과정에서 일본과 한국의 근대화 과정에 놓인 '시간적 차이'가 인지되고 있다는 것이다. 이러한 시간적 차이는 이들의 한국 대중문화에 대한 호감을 증가시키는 쪽으로 기능하고 있었다.

5. 한국 대중문화 수용과 문화 혼성화

1) 노스탤지어로서의 '한류' 수용

일본 청소년들은 한국 대중문화를 통해 일본사회에 과거에 존재했다고 배웠으나 지금은 존재하지 않는 가치나 규범의 측면을 경험하고 있는 것으로 보인다. 즉, 자신들이 근대화 과정에서 잃어버렸다고 가정되는 것들의 이미지를 상상된 노스탤지어의 형태로 소비함으로써 한편으로는 일본 대중문화와의 차이점을, 다른 한편으로는 유사점을 발견하고 즐기게 되는 것이다(Iwabuchi, 2002; Nakatani, 2003).

> "(중고등학교 때) TV를 통해 HOT를 처음 접했을 때는… 다르다고 느꼈어요. 제가 패션에 관심이 많으니까, 같은 나이 남자들이 어떤 옷을 입는지 즐겨보잖아요. 그때는 HOT 보고 일본에서 '1980년대에 유행한 옷차림과 비슷하구나' 그렇게 느꼈어요. 좋다, 안 좋다 그런 느낌이 아니라. … 일본에 1980년대에 '다케노코족'(하라주쿠 앞길에서 춤추고 놀던 청소년들을 일컬음)이라고 있었는데, HOT 같은 사람들이었어요. 하라주쿠에서 춤추고 그런 것 하는 아이들이지요. 저는 TV나 책에서 보았기 때문에 일본에 과거에 그런 패션이 있었다는 것을 알고 있지요. 지금 일본에는 그런 젊은이들은 절대로 없어요. 절대로! 그러니까 일본에는 지금 없는데, 한국에는 있으니까 재밌는 거죠"(다케시: 남, 21세).

이처럼 일본과 한국의 문화적 유행 사이에 놓인 시간적 차이는 일본 대학생 수용자들에게 독특한 재미를 주기도 한다. 경험하지 못했던 자신의 역사를 동시대적으로 경험할 수 있는 자원을 제공하기 때문이다.

몬테이로와 자야산카(Monteiro and Jayasankar, 2000)는 외국 영상물 수용자들에 대한 민속지학에서, 외국 미디어 시청경험을 통해 지역 시청자들은 권력의 위계에서 자신보다 위에 위치한 '강한 타자'(*the other above*)와 '약한 타자'(*the other below*)를 상정하는 경향이 있다고 지적한 바 있다. 이러한 내면화는 일본의 '한류' 수용 대학생들에게서도 나타나고 있다. 즉, 서구(특히 미국)가 '강한 타자'로서 소비되는 반면, 한국은 '약한 타자'로서 소비되고 있었던 것이다.

특히, 한국 영상물을 통해 일본 시청자들에게 전달되는 한국의 이미지는 일본이 고도 근대화 과정에서 상실한 공동체 중심적이고 순수한 인간관계와 같은 가치들이기도 했다. 〈겨울연가〉와 같은 한국의 멜로드라마들을 통해서 '최근 일본에서는 찾아볼 수 없는 진기한 순수함'(시오리: 여, 20세)을 느끼게 된다고 지적한 응답자들이 많았다.

이처럼 '약한 타자'로서 한국의 대중문화는 일본 수용자들에게 자신들이 잃어버린 것에 대한 노스탤지어를 불러일으키기도 한다(Iwabuchi, 2002). 즉, 일본이 잃어버린 전근대적 순수성을 한국 대중문화를 통해 소비하고 있다고 볼 수 있다. 전근대적 순수성은 주로 가족주의적인 가치나 집단주의적 가치를 의미하는 경우도 많았다. 예컨대, 일본 대학생들은 한국 TV 드라마를 통해 접하게 되는 유교주의적 생활태도를 놀랍게 생각하고 있었다.

이와 같이 일본 대학생들 사이에서는 예전에 일본에 존재했던 가족주의적 전통이 더 이상 존재하지 않는다고 간주되고 있으며, 한국 드라마를 보면서 이러한 가치의 부재에 대해 인식하는 계기가 되기도 한다.

일본 대중문화에서 노스탤지어의 생산과 소비는 일본이 고도자본주의에 도달한 이후인 1980년대와 1990년대에 등장한 소비문화 내에서의 한 현상으로 분석된 바 있다(Ivy, 1993). 고도 근대화 이전의 일본에 대한 상상적 이미지를 일본 밖에서 찾아내고 재현하여 소비해내려는 현상이 가속화되었던 것이다. 이런 점에서 1990년대의 '아시아로의 회귀' 담론이나 최근의 '한류' 현상은 고도 근대화 사회에서 일종의 상상적인 과거회귀의 방식으로 타자성을 소비하는 한 예로 볼 수 있다(Ivy, 1993; Iwabuchi, 2002). 따라서 한국 대중문화가 동아시아의 청소년 수용자들에게 모던하고 창의적인 문화자본을 상징한다는 주장(Dator and Seo, 2004)이 적어도 일본의 경우에는 적절하지 않다고 하겠다.

'한류'는 고도 근대화된 일본 수용자들에게 대안적 정체성의 자원으로 기능하기보다는 비현실적인 대리만족의 역할을 한다고 볼 수 있다(Iwabuchi, 2000: 175). 예를 들어, 공동체 중심적 인간관계나 순수한 사랑과 같은 덕목을 통해 일본 수용자들이 발견하게 되는 것은 대안적 사회에 대한 열망이라기보다는 더 이상 존재하지 않고 존재할 수 없는 세계로부터 오는 쾌감과 호기심이라고 할 수 있다. 여기서 흥미로운 점은 일본이 고도 산업사회에 도달한 이후인 1980년 이후 출생한 본 연구의 대학생 수용자들에게서도 이러한 노스탤지어 추구현상이 나타나고 있다는 것이다. 이는 일본에서 1990년대를 전후하여 유행한 노스탤지어 상품들이 젊은 세대를 주소비자로 했었던 것과 유사한 맥락으로 볼 수도 있을 것이다(Ivy, 1993: 256). 즉, 최근 일본 내에서의 한국 대중문화 유입은 실제로 경험하지 않은 노스탤지어를 상상적으로 생산해냄으로써 소비욕망을 부추기는 일본과 한국 문화산업의 상품전략적 함의도 지닌다고 하겠다.

2) 지역화와 혼성화의 가능성

일본 청소년의 한국 대중문화 수용은 일본의 근대화 과정에서 서구 대중문화가 토착화되면서 혼성적 문화를 생산해낸 것과는 다른 양상을 보이고 있었다. 일본 대중문화는 그동안 서구문화를 매우 빠르게 복제하면서도 혼성화하는 지역적인 전유(*appropriation*)의 사례로 자주 제시되곤 했었다(예, Condry, 2000). 그러나 본 연구에서 한국 대중문화의 경우는 아직 일본적인 것과 섞이기보다는 이질적 형태로 타자화되고 있었고 문화적 혼종성(*cultural hybridity*)의 창출에 도달하지는 못한 단계였다.

일본 청소년들 사이에서 노스탤지어로서 '한류'의 소비는 일본적 정체성에 영향을 주지 않는 범위 내에 국한된 타자성의 소비라는 특징을 지니고 있었으며, 일본 내에서 적극적으로 전유되는 과정을 동반하지는 않고 있었다. 예를 들어, 많은 응답자들이 〈겨울연가〉 같은 순수 멜로드라마는 일본에서 리메이크될 수 없을 것이라고 언급하면서, 그것이 일본적으로 지역화되기는 힘들 것이라고 주장하고 있다.

한국 대중문화에서 재현되는 일본이 상실한 가치, 윤리, 정서 등은 이제 한국에 의해서는 생산될 수 있지만, 일본에 의해서는 생산될 수 없는 것으로 지각되고 있다. 그러나 이러한 가치들을 동경하기보다는 흥미로운 자원으로 소비하는 경향이 컸다. 한국 대중문화를 향유하는 일본 청소년들은 '약한 타자'를 적극적으로 받아들이지는 않되, 거리감을 두고 소비하는 방식으로 수용함으로써 일본적 정체성의 문제와 연계시키기를 지연하고 있는 것이다.

아울러 응답자들 중 한국 대중문화의 인기가 일본 대중문화에 주는 영향에 대해서 긍정적이거나 부정적인 견해를 제시한 경우는 거의 없었으며, 오히려 이러한 현상의 지속성에 대해서는 다소 회의적이었다. 그들에게 '한류'는 일본 대중문화의 주류에서 소비되고 영향을 행사하기보다는 새로운 주변문화의 하나로 인지되고 있었다. 일본 대학생들의 태도는 비서구 맥락에서 서구의 원전성이 모호해지면서 탈식민적인 정치적 함의를 띠게 되는 혼성화보다는, 자국문화의 핵심을 본질적으로 유지하면서 단순히 외래문화를 흡수하려는 유사-혼성화의 성격(*pseudo-hybridism*)을 띠고 있었다고 할 수 있다(Iwabuchi, 1998).

즉, 일본의 한국 대중문화 수용자들은 한국문화를 일본 대중문화로 전유하려는 혼성화보다는 지역 내로 받아들이되 지역적 문화와 적극적으로 접합시키지는 않는 수용전략을 취하고 있었다. 또한 한국 대중문화의 수용은 결국 일본 대중문화를 풍성하게 하고 문화적 선택의 폭을 넓히는 것이지 일본인의 문화적 특성이나 민족적 성격에는 영향을 주지 않을 것이라는 견해가 지배적이었다. 물론 이러한 견해만으로 '한류'가 일본문화에 영향을 전혀 미치지 못한다고 단정할 수는 없을 것이다. 그럼에도 불구하고, 본 연구에서 일본 청소년들의 한국 대중문화 수용양식이 팬덤(*fandom*)으로서의 성격이나 하위문화적 성격을 뚜렷하게 보이지 않고 있다는 점은 주목할 만하다. 즉, 이들의 한국 대중문화상품 소비는 특정한 장르나 스타를 중심으로 하고 있다기보다는 재미있고, 이해하기 쉬우며, 소비하기 쉬운 콘텐츠를 중심으로 이루어지고 있는 것이다.

요컨대, 한국 대중문화 수용이 일본 청소년들 사이에서 간접적 방식으로 일본적 정체성의 정교화에 영향을 미칠 수 있는 자원으로서의 역할을 하고 있기는 하지만, 이들에게 '한류'가 생산지(한국)를 연상시키는 특정한 상징적이고 문화적인 의미를 획득했다고 결론짓기는 아직 이르다. 본 연구에서 한국 대중문화 소비에서 한국이라는 생산지가 '한류'의 수용을 특별히 촉진하거나 간섭하지는 않았기 때문이다. 그동안 지리적으로 가까우면서도 접근하기 어려웠던 한국 대중문화를 다량으로 접하게 되면서 이들은 '한국'이라는 문화적 정체성과 한국 대중문화 상품을 강하게 연계시키기보다는 한국 대중문화가 지니는 이질적이면서도 친근한 취향만을 소비하는 경향이 강한 것으로 보인다. 이들에게 있어 문화는 국적으로부터는 별개인 듯 묘사되는 경향이 있었다.

즉, 대중문화 콘텐츠를 직접적으로 정체성이나 그 생산국가와의 결부된 역사적 경험과 연결시키기보다는 개인적 취향의 문제로 환원하는 경향이 강했다. '한류'는 '문화적 수퍼마켓'(*cultural supermarket*)으로서의 일본사회에서 하나의 새로운 소비문화 아이템에 머물러 있는 것이다(Matthews, 2001). 이 때문에 일본 내에서 '한류' 현상이 장기적인 전망을 가질 수 있는가, 또한 일본문화와 한국문화의 혼성화를 촉진시킬 것인가에 대해서 긍정적인 결론을 내리기는 쉽지 않다. 본 연구의 수용자들이 지적하고 있듯이, 한국 대중문화는 현재 일본 내에서 '한류'는 본격적으로 지역화되는 단계가 아니라 일본 대중문화와 일본적 정체성의 외부에서 소모되는 단계에 있는 것으로 보인다. 따라서 현재의 '한류' 현상은 한국 대중문화가 일본 내에서 보다 적극적으로 지역화될 때에만 문화적 혼성화의 생산적 효과를 기대할 수 있을 것이며 산업적으로도 장기적인 전망을 가질 수 있을 것이라고 생각된다.

6. 결 론

본 연구가 지적한 바와 같이 현재 일본의 대중문화 수용자의 문화지형도에서 일본의 '한류' 수용 청소년층은 주변적인 집단으로 자리잡고 있다. 그러나 이들 수용자들이 지닌 주변문화적 성격은 주류의 일본 대중문화에 대해서 저항적이거나 비판적인 성격을 띠기보다는 문화의 국적을 넘어 취향을 좇는 탈하위문화적 성격을 보여주고 있었다. 이들 수용자들에 따르면 한국 대중문화는 내적인 측면에서 일본 것과 차이점과 근접성을 모두 지니는 것으로 인식되고 있었는데, 특히 양국의 대중문화가 지닌 시간적 차이에 대한 지적들이 있었다. 특히, 한국 영상물은 일본이 근대화 과정에서 잃어버린 가치나 생활양식을 재현하고 있는 것으로 받아들여지는 경우가 많았다.

노스탤지어의 상상적 소비과정으로서 '한류' 현상은 고도 산업사회인 일본에서 동아시아 후발국가의 타자성을 수입하여 소비함으로써 자신들의 정체성을 더욱 정교화시키는 유사-혼성화(*pseudo-hybridization*)의 현상이라고 볼 수 있다. 즉, 한국 대중문화의 일본 내 수용과정은 현재 시점에서는 탈지역적 문화의 적극적 전유와 재지역화의 과정이라기보다는 단순한 수출-수입 과정에 머물러 있는 것으로 보인다. 타자로서 주변화됨으로써 주류 일본 대중문화 내에 전유되지 못하고 있는 '한류'의 현실은 한편으로는 일본 내의 수용자들 스스로에 의한 지연과 저항의 효과라고 볼 수 있지만, 다른 한편으로는 한국 대중문화 콘텐츠 자체가 갖는 일본 수용자 정서와의 부조화에서 기인하는 것이기도 하다. 따라서 향후 '한류'가 일본 수용자들에게 폭넓은 문화적 정체성의 가능성을 제공하고 지속적인 수용자층을 확보하기 위해서는, 일본 대중문화의 타자로서 소비되는 데 그치지 않고 다양한 형태로 일본 대중문화 내에 흡수되어 들어갈 필요가 있다.

본 연구에서 살펴본 것처럼, 동아시아 지역에서의 문화 지역화는 서구문화중심의 문화적 동질화론에 대한 경험적 비판의 자료를 제공하고 있다. 특히, 최근의 한국 대중문화의 일본 유입은 헤게모니적 문화가 주변지역의 문화로 침투한다는 문화적 제국주의론에 대해 의문을 제기하는 현상으로 볼 수 있다. 하지만 '한류' 현상을 문화제국주의론에 대한 반증의 사례로 단정하기에는 한계가 있다. 한국 대중문화가 여전히 일본 내부에서 주변화되고 타자화된 방식으로만 수용되고 있기 때문이다. 그간 일본 대중문화의 재현방식 속에서 아시아는 일본문화 속에 결합하여 생산적 혼성화를 이루지 못하고 지속적으로 타자화되었다는 점을 상기할 필요가 있으며(Iwabuchi, 1998), 최근의 '한류' 현상도 이러한 타자화와 유사-혼성화 과정의 일부로 볼 수 있다.

▪ 참고문헌

김경욱(2002), 《블록버스터의 환상, 한국영화의 나르시시즘》, 책세상.

김현미(2003a), "일본 대중문화의 소비와 '팬덤'(*fandom*)의 형성," 《한국문화인류학》 제 36권 제 1호, pp. 149~186.

______(2003b), "대만 속의 한국 대중문화-문화 '번역'과 '혼성화'의 문제를 중심으로," 조한혜정 외, 《한류와 아시아의 대중문화》, 연세대학교 출판부, pp. 155~178.

손병우 · 양은경(2003), "한국 대중문화의 현주소와 글로벌화 방안-한류(韓流) 현상을 중심으로-," 《사회과학연구》 제 14권, 충남대학교 사회과학연구소, pp. 147~171.

양은경(2003), "동아시아의 트렌디 드라마 유통에 대한 문화적 근접성 연구," 《방송연구》 제 57호, pp. 197~220.

이은숙(2002), "중국에서의 '한류' 열풍 고찰," 《문학과 영상》 제 3권 제 2호, pp. 31~59.

이준웅(2003), "한류의 커뮤니케이션 효과," 《한국언론학보》 제 47권 제 5호, pp. 5~35.

전성흥(2002), "대만에서의 '한류': 현황과 전망," 《동아연구》 제 42호, pp. 73~92.

정윤경(2003), 《아시아 수용자 연구》, 커뮤니케이션북스.

〈조선일보〉 2004년 11월 9일 5면.

〈조선일보〉 2004년 12월 4일 12면.

조한혜정(2003), "글로벌 지각변동의 징후로 읽는 한류열풍," 조한혜정 외, 《'한류'와 아시아의 대중문화》, 연세대학교 출판부, pp. 1~42.

조혜영(2003), "한국 체류 중국 유학생들의 한류와 한국 이미지 인식에 관한 연구," 《한국교육사회학연구》 제 13권 제 2호, pp. 209~234.

하종원 · 양은경(2002), "동아시아 텔레비전의 지역화와 한류," 《방송연구》 제 56호, pp. 67~104.

허진(2002), "중국의 한류현상과 한국 TV 드라마 수용에 관한 연구," 《한국방송학보》 제 16권 제 1호, pp. 96~529.

현대경제연구원(2004), “경제주평: 한류 현상과 문화 산업화 전략,” 12월 22일.

Allison, A. (2000), “A challenge to Hollywood? Japanese character goods hit U.S.,” *Japanese Studies*, 20(1), pp.67~88.

Bhabha, H. (1994), *The location of culture*, London and New York: Routledge.

Bennett, A. (2000), *Popular music and youth culture: Music, identity and place*, London: Macmillan.

Biltereyst D. and Meers P. (2000), “The international telenovela debate and the contra-flow argument: A reappraisal,” *Media, Culture & Society*, 22(4), pp.393~413.

Bryman, A. (2004) (2nd edition), *Social research methods*, London: Sage.

Chadha K. and Kavoori A. (2000), “Media imperialism revisited: Some findings from the Asian case,” *Media, Culture & Society*, 22(4), pp.415~432.

Condy, I. (2000), “The social production of difference: Imitation and authenticity in Japanese rap music,” in H. Fehrenbach and U. G. Poiger(eds.), *Transactions, transgressions, transformations: American culture in western Europe and Japan*, New York: Berghan Books, pp.166~184.

Cvetkovich, A. and Kellner, D. (eds.) (1997), *Articulating the global and the local: Globalization and cultural studies*, Boulder, CO: Westview Press.

Dator, J. and Seo, Y. (2004), “Korea as the wave of a future: The emerging Dream Society of icons and aesthetic experience,” *Journal of Futures Studies*, 9(1), pp.31~44.

Epstein, S. (2000), “Anarchy in the UK, solidarity in the ROK: Punk rock comes to Korea,” *Acta Koreana*, 3, pp.1~34.

Fiske, J. (1992), “The cultural economy of fandom,” in L. A. Lewis (ed.), *The adoring audience: Fan culture and popular media*, London: Routledge, pp.30~49.

Golding, P. and Harris, P. (eds.) (1997), *Beyond cultural imperialism:*

Globalization, communication and the new international order, Sage: London.

Gössmann, H. and Kirsch, G. (2003), "(De)Constructing Identities? Encounters with 'China' in popular Japanese television drama," Paper presented at MiT3: Television in transition, May 2-4, 2003. MIT.

Hall, S. and Jefferson, T. (eds.) (1976), *Resistance through rituals: Youth subcultures in post war Britain*, London: Hutchinson.

Han, S-H (2001), "Consuming the modern: Globalization, things Japanese and the politics of cultural identity in Korea," in H. Befu (ed.), *Globalizing Japan: Ethnography of the Japanese presence in America, Asia and Europe*, London: Routeldge, pp. 194~208.

Ivy, M. (1993), "Formations of mass culture," Gordon, A. (ed.), *Postwar Japan as history*, Berkeley: University of California Press, pp. 239~258.

Iwabuchi, K. (1998), "Pure impurity: Japan's genius for hybridism," *Communal/Plural*, 6(1), pp. 71~85.

Iwabuchi, K. (2002), *Recentering globalization: Popular culture and Japanese transnationalism*, Duke University Press.

Iwabuchi, K. (ed.) (2004), *Feeling Asian modernities*, Hongkong: Hong Kong University Press.

Katzenstein, P. J. (2002), "Open regionalism: Cultural diplomacy and popular culture in Europe and Asia," Paper presented at Annual Meeting of American Political Science Association, Boston, MA, August 29 -September 1.

Matthews, G. (2001), "Cultural identity and consumption in post-colonial Hong Kong," Mattews, G. and Lui, T. (eds.), *Consuming Hong Kong*, Hong Kong: Hong Kong University Press, pp. 287~317.

Monteiro, A. and Jayasankar, K. P. (2000), "Between the normal the imaginary: The spectator-self, the Other and satellite television in India'," in I. Hagen and J. Wasko (eds.), *Consuming Audiences? Production and reception in media research*, NJ:

Hampton Press, pp. 301～321.

Nakano, Yoshiko. (2002), "Who initiates a global flow: Japanese popular culture in Asia," *Visual Communication*, 1(2), pp. 229～253.

Nakatani, A. (2003), "Exoticism and nostalgia," *IIAS Newsletter*, 30, p. 2

Pieterse J. N. (1995), "Globalization as hybridization," in M. Featherstone, S. Lash and R. Robertson(eds.), *Global modernities*, London: Sage, pp. 45～69.

Pilkington, H. and Bliudina, U. (2002), "Cultural globalization: A peripheral perspective," in H. Pilkington, E. Omel'chenko, M. Flynn, U. Bliudina, and E. Starkova(eds.), *Looking west? Cultural globalization and russian youth cultures*, Pennsylvania: Pennsylvania University Press, pp. 1～20.

Polhemus, T. (1997), "In the supermarket of style," in Redhead. S. et al. (ed.), *The clubcultures reader: Readings in popular cultural studies*, Oxford: Blackwell, pp. 148～151.

Robertson, R. (1995), "Glocalization: time-space and homogeneity-heterogeneity," in Featherstone, M., Lash, S., and Robertson, R. (eds.), *Global modernities*, London: Sage Publications, pp. 24～44.

Strauss, A. and J. Corbin(1990), *Basics of qualitative research: Grounded theory procedures and techniques*, Newbury Park: Sage.

Tomlinson, J. (1999), *Globalization and culture*, Cambridge: Polity.

Ueno, T. (1999), "Techno-Orientalism and media tribalism: On Japanese animation and rave culture," *Third Text*, 47, pp. 95～106.

Wöhr, U. (2001), "Japan's 'return to Asia': History, diversity, gender," Papers presented to the 2nd International Convention of Asian Scholars, Berlin, Germany, 9-12 August.

제 17 장 동아시아 대중문화물의 수용과 혼종성의 이해*

김수정 · 양은경

1. 들어가면서

2000년대 들어서 동아시아 지역 내 미디어 유통, 특히 한국 텔레비전 프로그램의 폭발적 인기는 '한류'를 한국 대중문화뿐 아니라 아시아 지역 대중문화의 새로운 흐름을 특징짓는 키워드가 되게 했다. 정부와 문화산업계 모두 '한류'를 통한 한국 이미지의 제고와 한국 문화상품의 해외 수출시장 확장이라는 상호연관된 목적을 위해 발 벗고 나섰으며, 이러한 상황에서 학계 또한 다양한 관점 아래 많은 한류 관련 연구들을 쏟아내고 있다. 한국이라는 '지역'(*local*)에서 생산된 대중문화물이 아시아 지역 어디에서나 쉽게 발견되는 '전 지구적'(*global*) 현상이 될 수 있다는 '세계화' 경험은 누구보다도 먼저 한국인 자신에게 놀라운 충격이었다. 그렇다면 문화연구는 이러한 경험과 그 문화적 영향을 어

* 본 논문은 2005년 5월 20일 국제세미나 "아시아의 재발견: 동아시아 국가간 TV 프로그램 교류의 의미"에서 발표된 논문 "아시아의 재발견: 동아시아 국가간 TV 프로그램 교류의 의미"를 부분적으로 참고하였다.

떤 개념을 가지고 해석하고 이론화하며, 그럼으로써 진행되고 있는 현실에 하나의 문화적 실천으로 개입할 수 있을 것인가? 본 연구에서는 이러한 문제제기에 대한 답변의 실마리를 찾기 위해 '혼종성'(*hybridity*) 개념을 논의하고 이를 한류를 비롯한 동아시아의 대중문화 텍스트와 그 수용에 적용하여 재해석해 보고자 한다.

한류를 비롯한 동아시아 문화교류는 문화의 국제적 흐름을 서구문화 지배에 의한 전 지구적인 문화적 동질화로 보고 비판해 온 '문화제국주의론'과 같은 기존 논의들을 가지고 설명할 수 없는 현상이다. 즉, 지금까지 문화의 국제적 유통이 미국을 비롯한 서구 자본주의 국가들에서 개발도상국 또는 주변부 국가들로의 일방적 흐름이었던 반면, 동아시아 문화교류는 아시아에서 일본, 홍콩, 한국 등이 커뮤니케이션과 문화생산의 새로운 주체로 부상하면서 지역 내 문화유통을 주도하게 된 최근의 현상이다. 이러한 현상을 유교에 근거한 문화적 근접성(*cultural proximity*)이란 측면에서 설명하여 문화를 단일하고 고유한 본질을 지닌 대상으로 간주하는 탈역사적 접근에서 벗어나, 새롭게 이론화할 수 있는 계기를 '혼종성' 개념에서 찾을 수는 없을까? 전 지구적 요소와 지역적 요소의 혼합, 친숙한 것과 이질적인 것의 혼합, 전통과 근대의 혼합, 또는 서구와 아시아의 혼합 등을 설명하는 데서 시작되었던 '혼종성' 개념이 한류를 비롯한 동아시아 문화유통을 이해하는 데 얼마나 적절하며 또한 유용할 수 있을까? 거꾸로 '혼종성' 개념을 통한 이해가 우리의 새로운 생활질서와 존재적 조건으로서 세계화에 대한 이해를 더욱 명료화하는 데 기여할 수 있는가? 초국가적 자본주의와 서구에 의한 세계지배에 대해 저항해 온 '문화제국주의론의 붕괴가 남긴 이론적 공백'(Kraidy, 2002: 332)을 '혼종성' 개념이 채울 수 있을까?

다양한 관점의 이론적 논의들이 '혼종성' 개념을 둘러싸고 벌어지는 상황에서 혼종성의 개념틀로 한류를 비롯한 동아시아 문화유통을 해석하려는 시도는 이와 같은 새로운 문화적 흐름들을 더 명료히 인식하려는 시도일 뿐 아니라 혼종성과 관련된 이론적 논의를 심화시키는 일환이기도 하다. 본 연구는 먼저 혼종성의 개념과 논의들을 소개하고, 구체적으로 한류를 비롯하여 동아시아의 대중문화 흐름에서 나타나는 혼종성의 특성을 초국적인 대중문화 텍스트의 수용과정 속에서 살펴보고, 아울러 의도적인 혼종문화적 실천으로서 공동제작 드라마 텍스트의 혼종성에 대해서 논의할 것이다.

2. 이론적 논의: 혼종성의 문제들

세계화는 자본과 인간, 그리고 미디어와 기술에 이르기까지 다기한 형태의 이동이 다양한 층위에서 일어나면서(Appadurai, 1996) 전 지구적 차원에서 상호연결 및 상호의존의 복합적 연결을 급속히 밀도 높게 전개시키고 있다(Tomlinson, 1999: 2). 그리고 이러한 상황 속에서 탈영토화(*deterritorialization*)는 이전까지 보지 못했던 새롭고 다양한 초국가적 문화산물들을 지방의 현실에 맞게 재해석하고 소비하는 실천들을 통해 경험되고 있다. 초국적 미디어 기업들은 지역의 고유성과 대중적 취향을 살린 문화물들을 만들어내서 지역시장들을 공략하고 있고, 지역 미디어산업 역시 다양한 이질적 문화형식들을 자국의 대중문화상품 속에 녹여냄으로써 지역단위를 넘어서 세계시장에 진출하고 있다.

전 지구적인 문화와 지역문화, 중심부와 주변부 문화의 만남으로 만들어진 새로운 문화적 실천과 산물들의 성격은 미국중심의 서구문화와 제 3세계 문화의 이항적 대립구도를 전제로 한 문화제국주의론의 틀 속에서 설명되기 힘들다. 따라서 혼종성이라는 새로운 개념틀을 통해 이러한 새로운 문화현상을 설명하는 시도들이 이루어졌다. 피에터스(Pieterse, 1995: 45)는 세계화를 "전 지구적 혼합물을 부상시키는 혼종화(*hybridization*)의 과정"으로 정의할 것을 제안하면서 문화적 형식으로서의 혼종화를 "형식들이 기존의 실천들과 분리되고 새로운 실천 속에서 새로운 형식들과 결합되는 방식"으로 정의하고 있다(Rowe and Schelling, 1991: 231; Pieterse, 1995: 49에서 재인용).

혼종화로서 세계화를 정의하려는 시도는 정체성이 문화변용이나 문화번역으로 인해 항상 다면적으로 만들어지고 있음을 강조하는 것이다. 혼종 개념은 배타적 상상의 공동체나 문화의 순수성과 진정성을 강조하는 본질주의나 민족절대주의 등에 대항하여 "서로 다른 문화가 뒤섞이면서 생기는 정체성의 이중성, 경계성, 중간성을 중요시"한다(Iwabuchi, 2001: 67). 이러한 문화적 혼종성의 대표적 사례로는 1980년대 중반 이래 전 지구적인 음악산업을 통해 소개된 라틴 팝, 아프리칸 팝, 캐러비안 팝 등 이른바 '월드뮤직'을 들 수 있는데, 이는 '상업적 팝 음악'이나 '비상업적 민속음악'의 어느 한쪽으로 분류될 수 없는 독특한 혼합의 성격을 가지고 있다(신현준, 2005).

물론 혼종성 개념이 최근의 문화적 세계화 논의 속에서 처음으로 제기되고 주목받은 것은 아니다. 크레이디(Kraidy, 2002)에 따르면, 18세기 서구제국주의 식민화의 부정적인 파생물로서 혼혈인은 생물학적 차원에서 열등하고 무능력한 존재로 규정되면서 백인종 우월주의의 이데올로기를 정당화하는 데 동원되었다. 그러나 19세기 들어 비서구국가들에서 등장한 탈식민운동을 통해, 혼종성은 새로운 의미를 부여받게 된다. 일례로 라틴아메리카에서 혼종인으로서 메스티조는 국가성을 둘러싼 싸움에서 토착 원주민들과 스페인 정복자의 후손들 사이의 긴장감을 경감시키려는 시도 속에서 하나의 공식적 이데올로기로 채택되었다. 그러나 인종적 다양성을 찬양하는 가운데서도 제국주의적 관계의 잔존을 교묘하게 가리는 방식으로 혼종성이 동원되고 있다.

혼종성에 대한 새로운 개념화는 탈식민주의 문화이론의 등장과 함께 이루어졌다.[1] 대표적 논자로서 호미 바바는 혼종성 개념에 깊이 각인되어 있던 인종적 함축을 걷어내고 탈식민문학 속에서 제국주의 담론을 전복시키고 재전유하는 힘을 발견한다. 일례로, 그는 식민지 하층민(*subaltern*)이 제국주의자들을 '모방'(*mimicry*)하는 과정에서 발생하는 '혼종'을 제국적 이데올로기나 미학, 그리고 제국적 정체성을 오염시키는 하층민의 저항으로서 바라보는 것이다(Kraidy, 2002: 319). 가르시아 캔클리니(Canclini, 1995)는 국경을 일상적으로 넘어 미국으로 노동하러 가는 멕시코 노동자들이 정착해서 사는 티화나(Tijuana) 지역의 혼종성을 체계적이고 경험적으로 고찰한다. 그에 따르면 티화나는 전통이 아직 사라지지 않고 근대는 아직 도래하지 않은 듯한 세계적 근대성이 모호하게 동거하는 현장으로서, 자유주의와 권위주의가 동시에 존재하고 커피테이블 위에 토속장식품과 전위예술품의 목표가 함께 드러나는 혼종의 현장이다. 탈영토화가 파생시킨 이러한 혼종문화 자체를 멕시코 거주자들은 그들의 존재적 삶의 조건으로 삼고 살아감으로써 그 지역을 재영토화하는 문화적 실천을 보여준다.

탈식민주의적 혼종성 개념은 서구문화의 주변부 세계로의 선형적인 확산이라는 모델을 대체하는 새로운 세계화 이론의 정립에 중요한 출

---

1) 레이 초우(Rey Chow, 1998: 149~150)에 따르면 탈식민주의론의 대부분의 논쟁은 첫째, 종족과 문화사에 대한 정치적 표상과 주권을 포함한 지리적 장소의 소유권, 둘째, 착취과정에서 제국주의에 의해 체계적으로 왜곡된 토착문화전통을 재주장하는 것, 셋째, 세계 권력에서 미국에 의한 신식민주의 문제들을 둘러싸고 전개되고 있다. 그러나 그는 동아시아의 경우, 이러한 탈식민성의 문제를 공유하기는 하지만, 동아시아 국가는 몇 가지 점에서 탈식민주의론이 그리 적합하지 않다고 주장한다. 그 근거로서 유럽의 식민권력에 영토가 오랫동안 점령되지 않았고, 언어와 문화전통을 빼기지도 않았으며, 중국과 한국에서의 공식적 공산주의의 존재는 맑시즘에 기초한 탈식민주의적 비판을 끌어들이는 것을 난처하게 하며, 마지막으로 제2차 세계대전 전후로 일본이 몇몇 아시아 국가들의 영토와 경제를 침략했던 것과 같은 제국주의적 실행의 존재는 동아시아 자신이 내부에 제국주의적 요소를 지녔다는 사실을 의미한다는 것이다.

발점을 제공하였다. 이는 낭만적 민족주의나 인종주의에 기반한 문화 본질주의를 지지하는 개념들을 불안정하게 만들고 그 구별을 흐리게 함으로써 기존의 안정적 권력관계를 뒤흔들고 전복시키는 힘을 지니는 것이다. 즉, 민족, 공동체, 인종, 계급 등과 같은 기존의 경계들로부터 우리를 해방시키며 유동적인 다양한 문화적 경험들을 설명할 수 있게 한다(Pieterse, 1995: 64).

파파스터재디스(Papastergiadis, 2005)가 밝힌 것처럼, 홀(S. Hall, 2004)은 유사한 의미의 개념으로서 'creolite', 'diaspora' 개념을 'hybridity' 개념과 비교하는데, 앞서 두 개념이 '특정한 역사적 환경'과 특정 공동체의 이민 패턴에 연관되는 측면이 강한 반면, 혼종성 개념은 가장 일반적인 적용이 가능하다고 본다. 사실 혼종성 개념은 포스트 식민주의의 문제의식을 벗어난 문학이론에서도 사용되었는데, 대표적으로 문학이론가인 바흐친(Bakhtin)과 로트만(Lotman)은 언어, 문화, 지식의 변형과정을 표현하기 위해 혼종성 개념을 고안하였고, 문화적 생산과 지적 개입의 모든 수준에서 이러한 역동성의 증거를 제시하고 있다는 것이다(Papastergiadis, 2005: 56). 이처럼 혼종성 개념은 호미 바바를 비롯한 포스트 식민주의자들이 중요시하는 '이산적'(*diasporic*)이고 식민주의적 맥락을 넘어서 더 넓게 이해되고 있다.

특히 오늘날 많은 연구자들은 혼종성 개념을 세계화와 초국적인 문화 흐름에 의해 생겨난 다양한 혼합(*mix*)과정들과 그 산물로서 새로운 문화현상과 정체성을 설명하기 위해 사용하고 있다. 무엇보다도 초국가적 문화산업의 지역화 전략이 바로 혼종성을 확산해 내고 있으며, 이러한 혼종성의 특성과 경험이 바로 탈영토화된 세계문화(*globalized culture*)를 살아나가는 우리 삶의 존재적 조건이라는 것이다(Tomlinson, 1999). 즉, 혼종성은 초국적 자본이나 민족자본에 의해서 전 지구적으로 대중문화의 소비층을 확장하려는 의도로 기획된 문화생산 전략의 주요한 산물이기도 한 것이다. 구체적으로는 그러한 지역화 전략의 일환이면서, 시장확대를 비롯한 복합적 이익창출의 방식으로서 국가간 또는 지역간 문화산업 주체들간의 합작들(*coproductions*), 그리고 타국의 방송프로그램 모방이나 프로그램 포맷의 차용이 여러 문화에서 혼종성을 주요하게 양산해 내고 있다고 지적되고 있다(Kraidy, 2005).

혼종성이 이처럼 전 지구적인 것과 지역적인 것의 접합을 개념화하는 특권화된 장으로 부상되고 널리 사용되고 있지만, 혼종성은 여전히 개념적 차원에서 몇 가지 비판을 받는다. 첫 비판은 비록 혼종성이 전복적이고, 예외적이며, 주변적인 것이지만, 동시에 늘 편재해 있고, 일상적이며 주류적인 현상이라는 점에 놓인다. 모든 문화는 언제나, 그리고 어디에서나 초문화화의 과정을 경험하기 때문에 순수한 문화영역이란 없고, 이런 의미에서 혼종성은 동어반복이고 세계화는 혼종문화의 혼종화에 지나지 않는 것이 되어버린다. 즉, "세계화 과정에 독특한 것으로서 '혼종성'의 개념이 주는 유용성은 무엇인가, 모든 역사적 문화들이 항상 혼종적이었다면, 도대체 새로운 것이 무엇인가?"라는 질문은 이러한 비판을 잘 요약한다(Tomlinson, 1999: 144).

두 번째 비판은 혼종성 개념의 모호성, 바꾸어 말해 극단적인 개방성이 예상치 못한 자의적이고 배제적인 폐쇄를 가져올 수 있다는 점이다. 특히 혼종성이 "부르주아 자본주의와 근대성 담론의 일부로 포섭되면서 혁명적 잠재력을 거의 갖지 못하게"(Van der Veer, 1997: 104) 되거나 문화적 혼합이나 혼종이 기업의 수사학으로 이용되어 자본에 의한 지방시장의 포획을 정당화하는 데 이용되는 것이다. 크레이디(Kraidy, 2002)가 분석한 것처럼 혼종성은 〈워싱턴포스트〉와 같은 권위지가 세계 여러 국가에서 발견되는 미국 대중문화의 인기를 설명하는 손쉬운 개념으로 '기업 다문화주의'(*corporate multiculturalism*) 이데올로기에 봉사하는 것이 된다. 따라서 문화적 혼종화가 무비판적으로 '탈제국주의' 혹은 '탈식민'으로 쉽게 등치되어 사용되는 경우, 초국적 문화산업이 세계화라는 이름으로 민족적 전통을 상품화/사물화하여 세계적 자본으로 포섭하는 양상을 모호하게 만들어버릴 위험이 존재한다는 것이다(Dirlik, 2000; 2001). 일본의 경우는, 혼종성 자체가 또 다른 '유동적 문화본질주의'로 변환되어 아시아에서 일본의 우월성과 독특성을 주장하는 담론으로 봉사하기도 했다(Iwabuchi, 2001). 따라서 혼종성에 대한 순진한 낙관론을 갖거나 혼종성 자체에 진보적 정치성을 본질적으로 부여하는 것은, 혼종성이 "세계화라는 자유시장에서 문화적 차이를 상품화"하는 전략이자 수사로 기능할 위험(Papastergiadis, 2005: 47)과 제국주의의 우월성과 지배를 유지하는 이데올로기에 봉사하는 것으로 전락시킬 수 있다.

그러나 크레이디(2002: 323~324)는 혼종성에 대한 이러한 비판들이 발전된 논의로 나아가지 못하는 것을 비판하면서, 혼종성이 초국적 자본주의의 전유에 취약하지만, 개방성을 지닌 전 지구적으로 편재하는 현상이라는 데 동의한다면, 혼종성 개념을 단순히 기술적 수준에서 사용하는 것에서 벗어나야 한다고 주장한다. 그리고 혼종성을 세계화와 지역화, 탈구와 혼합의 이중적 힘들을 특징지을 수 있는 새로운 문제틀로서 재개념화할 것을 제안한다. 이를 위해서는 혼종성이 단지 전 지구적인 것과 지역적인 것의 상호작용의 산물로서가 아니라 '커뮤니케이션 실천'으로서 이해되어야 할 필요가 있다고 본다. 이러한 점에서 본 저자들은 혼종성을 '상이한 사회문화적 영역에 속한 요소들이 접촉이나 상호작용을 통해 문화요소의 내용이나 형식의 혼합 및 변형으로 생성해내는 새로운 초문화적 양식 또는 실천'으로 정의하고자 한다. 물론 상이한 문화접촉과 상호작용이란 말이 평화적이고 상호교류적인 것을 의미하는 것은 아니다. 오히려 한 사회가 타사회에 가한 식민지화나 강탈, 점령 등과 같은 강제적 권력행사의 과정이 이러한 혼종화 생성의 역사적 과정이곤 했다. 따라서 강제성을 지닌 위계적 권력행사의 잠재성이나 가능성을 무시하지 않으면서도, 혼종성의 실천이 20세기 후반 급속히 진행되는 전 지구화의 지배적 문화현상으로서 등장하고 있으며, 한류 역시 이러한 맥락에서 인식·파악할 수 있다는 점을 다시 한번 강조하고자 한다. 우리는 혼종성을 하나의 초문화적 실천으로서 개념화하여 여타의 사회정치적, 경제적 실천들과 혼종성의 문화실천의 상호 구성관계를 봄으로써 초국적 문화지형의 복합적이고 역동적인 권력관계를 조망할 수 있다고 본다.

한편 혼종성 개념은 새로운 문화적 실천들을 통해 부상하는 다양한 문화적 정체성들의 성격을 규명하는 데 유용하다. 세계화 과정은 기존의 국가와 민족의 경계 내의 특정 지역에 기초하여 단일하고 안정적으로 여겨진 문화적 정체성을 파편화하고 다중적이고 유동적으로 만들면서 여러 정체성들의 경합과 새로운 정체성의 형성을 낳는다(Barker, 1997; Hall, 1992). 예컨대 힙합과 같은 대중음악 형태를 둘러싸고 형성되는 청소년문화에서와 같이 부상하는 새로운 문화에서 동일시를 파악하는 데 있어서 혼종성 개념은 유용할 수 있다. 다양한 정체성들의 경합이 의미하는 바는 단순히 피상적 포스트모더니스트들이 말하듯이 유희(*play*)와 같이 개인이 원하는 대로 정체성을 취사선택할 수 있음을 뜻하지 않는다. 정체성의 경합은 자아를 둘러싼 지배적 담론들과 기존의 권력관계에 의해 구조화되고 한계지어진다(김수정, 2003).

이러한 점들을 종합해 볼 때 혼종문화적 실천은 그 자체로 해방적이거나 훈육적인 것이 아니라 헤게모니 투쟁의 장으로 간주되어야 하고, "헤게모니가 단지 재생산될 뿐만 아니라 재형상화되는 방식에 주목해야" 한다(Pieterse, 1995: 57). 즉, 혼종문화적 실천이 어떤 맥락 속에서 이루어지고 있으며, 여타의 다른 권력관계들을 어떻게 접합 또는 위계화시키는 효과를 낳는가가 중요한 문제로 제기되어야 한다. 그리고 모든 혼종성이 똑같은 것으로 취급되는 상대주의를 넘어서서 "혼종성들간의 차이"가 조사되어야 하는 것이다(Shohat, 1992: 109~110).

여성들이 동아시아 대중문화의 주요 소비주체로 부상하는 동아시아 대중문화의 맥락에서 본다면, 국제커뮤니케이션 과정에서 가장 안정적이고 영향력 있는 문화적 정체성으로서 동원되는 '민족정체성'이 각 사회에서 성별 권력관계의 수행이자 효과로서 '성별정체성'과 관계 맺는 방식을 살펴보는 것은 혼종성에 대한 적절한 접근 중의 하나일 수 있다. 즉, 아시아 대중문화물의 혼종성이 기존의 사회문화적 권력관계를 허무는 새로운 정체성을 형성하는가, 아니면 단지 혼종성에 대한 비판자들의 지적처럼 문화산업 자본이나 기존의 지배권력을 더욱 공고히 하는 방향으로 작용하는가는 지속적으로 고찰되어야 할 중요한 질문이다.

3. 대중문화물의 소비·수용의 맥락에서 혼종성의 정치학

한류를 비롯한 동아시아 문화교류의 중심에는 상업적 대중문화가 놓여 있다. 애초에 미디어 기업의 치밀한 국제화 전략에 의해 만들어진 산물이든 또는 의도되지 않는 사이에 발생한 초국적 흐름이 되었든 간에, 국가간 경계를 넘어서 이루어지는 문화소비는 항상 문화변용과 문화번역의 과정을 수반한다. 대중문화 상품이 자국의 생산맥락으로부터 벗어나 다른 지역의 수용자들과 새로운 정치, 사회, 문화적 맥락 속에서 연결될 때 생겨나는 문화적 혼합의 양면적이고 복합적인 성격을 이해하기 위해 한국 방송프로그램의 초국적 수용 및 한국 수용자의 일본 대중음악의 수용 등 일련의 연구사례들을 혼종성의 문제틀로서 접근해 보고자 한다.

한국이나 일본의 트렌디 드라마가 아시아에서 유통되는 양상에 대한 연구결과들을 보면(양은경, 2003; Chua, 2004), 트렌디 드라마는 1990년대 이후 동아시아의 경제성장에 힘입어 부상한 신흥 중산층들의 의식과 새로운 문화적 욕구를 표현함으로써 폭넓은 인기를 끌었다. 한국의 트렌디 드라마가 일본의 트렌디 드라마를 모방 또는 표절했다는 지적들에 대해 이동후(2003)는 "한국의 트렌디 드라마의 출현이 단순히 일본 드라마의 '수입'으로나 '기계적 이식'으로 설명될 수 없다고 주장한다. 한국 트렌디 드라마 제작진의 '일본 대중문화에 대한 참고'의 분위기 이상으로 '한국 TV산업과 자본주의 소비문화의 빠른 확산, 신세대의 출현, 전통적인 문화관행 등의 변화에 의해 조건'지어진 '지역문화 내에서의 문화적 잡종성의 전개과정'을 보여주는 것으로서 설명한다. 비록 드라마를 통해 재현되는 새로운 삶의 태도와 가치는 상당부분 자본주의 소비문화와 서구 개인주의의 가치들이고 현대인들의 보편적 삶의 모습과는 거리 있는 특정 계층의 삶일 수 있지만, 여기에 혼재되어 드러나는 한국의 가족관계 모습이나 혼전 순결과 같은 '성적 표현에서의 전통적 가치'는 대중문화물의 혼종성을 드러낸다.

한국 내 혼종적 대중문화물로서 성격을 지닌 '트렌디 드라마'의 일본에서의 열광적 수용의 대표적 예로서 〈겨울연가〉 드라마의 수용 연구들을 보면, 이러한 혼종성이 역시 일본이라는 다른 사회문화적 맥락에서 접합되어 새롭게 해석되고 받아들여지는 것을 볼 수 있다. 즉, 일본의 4, 50대 기혼 여성들에게 한국 드라마에서 그려지는 가족간의 사랑과 효와 같은 가치는 일본에서는 잃어버린 혹은 존재하지 않는 색다른 매력으로서, 그러나 개인주의적 서구문화보다 훨씬 더 친밀성을 느끼는 요소로 받아들여지고 있다. 또한 그것은 한국과 한국문화에 대한 이해의 지평을 넓히고, 관심과 인식에서도 큰 변화를 가져다주는 경험이 될 뿐 아니라 현재 일본사회가 직면해 있는 후기자본주의의 다양한 문제점들을 비판적으로 성찰하는 기회를 제공한다(유키에, 2005; 권연수, 2005).

이처럼 혼종적 대중문화 텍스트의 초국적 수용은 타문화에 대한 이해뿐만 아니라 자신이 속한 사회의 부정적 요소들을 발견할 수 있는 잠재적 가능성을 보여주기도 한다. 1990년대의 일본 드라마에서 나타난 젠더규범과 섹슈얼리티를 둘러싼 새로운 해석은 동아시아의 많은 젊은 여성들에게 새로운 정체성의 형성을 위한 자원으로 활용되었다. 트렌디 드라마들은 남성에 종속적이지 않고 독립적이고 능동적으로 일과 사랑을 추구하지만, 여전히 한 남성에 대한 일편단심을 갖고 있는 여성 캐릭터를 만들어냈다(Mamoru, 2004). 이러한 여성상은 젠더관계나 성규범에 대한 전통적 가치와 서구화된 가치가 혼재하는 아시아 국가들의 다양한 맥락 속에서 여성 수용자들이 자신들이 처한 사회적 위치에 대한 저항과 대안적 가치창출의 자원으로서 활용되기도 하였다.

한 예로서, 싱가포르의 중국계 여성들에 의한 일본 드라마 소비 연구의 결과를 보면, 결혼과 출산을 장려하기 위해 다양한 차별화 정책을 펼치는 싱가포르 정부정책으로 차별받는 싱글 여성들에게 일본 드라마 속의 여성 캐릭터는 감정이입과 선망의 대상이 된다. 이들은 드라마가 아시아의 여성을 다루고 있다는 점을 강조함으로써 서구적인 자유주의의 가치신봉에 대한 사회적 비판으로부터 스스로를 방어하고, 드라마 속에 그려진 삶의 스타일을 자신들이 처한 억압적인 삶에 대한 아시아적 대안으로 받아들인다(MacLachlan & Chua, 2004). 즉, 아시아인으로서 일본 여성이 여성의 전통적 성역할로서 간주되는 결혼과 출산과 무관하게 '서구적 자유주의'의 삶을 산다는 것 자체가 싱가포르 중국계 여성들에게는 색다른 혼종적 모습으로 다가온다. 권위주의적 정치문화를 가지고 있는 싱가포르라는 수용자 자신의 사회적 맥락에서 그러한 혼종적 텍스트는 여성의 선택과 권리를 주장할 수 있는 해독방식으로 새롭게 접합되어 수용되는 것이다.

한편 대만에서 1990년대 초 일본 트렌디 드라마인 〈도쿄, 러브스토리〉가 인기를 끌었을 때, 수용자들은 그 드라마의 여주인공이 서구적 가치나 미국풍을 느끼게 하는 '개방적이고 적극적인 태도'와 동시에 미국 드라마에서 발견하는 '연애게임'의 인상과는 정반대의 '연애의 진지함,' '한결같음,' 그리고 '성실함'의 태도에 매력을 느낀다고 말한다. 즉, 일본 드라마 텍스트에서 대만 수용자들은 '대만 드라마가 흔히 강조하는 여성의 헌신, 정절, 충성이라는 전통적 가치관'과는 다른 그러나 완전히 미국화를 느끼지 않게 하는 혼종적 특성에 매료되는 것이다(Iwabuch, 2001).

외국의 생산물에서 어떤 즐거움을 찾는가는 수용자들 개인의 선택에 달려 있지만, 이러한 소비에 대한 평가는 사회적 담론으로부터 자유롭지 못하다. 이러한 상황에서 외국 드라마 소비행위 자체는 이들이 속한 사회의 다양한 가치와 이데올로기에 대한 도전이나 저항으로 여겨질 수도 있다. 하야시(Hayashi, 2005)의 연구에 따르면, 2004년, 〈겨울연가〉가 일본의 40대 이상 여성들에게 폭발적 인기를 얻자, 이러한 현상에 대해 일본 내 주요 잡지들은 두 개의 지배적 담론 프레임을 생산해냈다. 하나는 일본이 한국보다 우수하다는 식의 '민족주의'였고 또 다른 하나는 〈겨울연가〉의 수용자들을 '신경증적이고 어리석으며, 소녀 취향적 중년 여성'으로 폄하하는 '성차별주의'적 담론들이었다.[2] 특히 반(*anti*)여성적 담론들은 자주 극단적인 민족주의 정서와 함께 섞여 나타났다. 일본 우익 민족주의자들 입장에서는 과거 자신들의 식민지였던 한국의 드라마, 그리고 특히 한국 남성주인공에 대한 일본 여성의 매료를 방관하고 있기는 힘들었으리라고 생각한다. 하야시(Hayashi, 2005)는 TV프로그램이나 뉴스 잡지의 형태로 제도적으로 생산되는 '집단적 담론'은 팬 잡지나 인터넷 팬 게시판, 팬레터 등에서 표출되는 팬들의 의견보다 훨씬 사회적으로 영향력이 있음을 지적하면서, 〈겨울연가〉의 성공은 이미 일본에서 여러 층위에서 매우 정치화되고 있다고 평가한다. 이러한 담론지형 속에서 일본의 여성 수용자들이 여전히 〈겨울연가〉의 팬임을 공공연하게 말하고 적극적으로 수용

---

2) 잡지의 헤드라인은 모두 다섯 개의 지배적 담론유형으로 나뉘어 분석 집계되었는데, '민족주의', '성차별주의', '인간 흥미', '시장', 그리고 '기타'였다. 조사된 일곱 개의 주간잡지 중 〈아시히〉는 인간 흥미적 담론에서 가장 높은 수치를 보였다(Hayashi, 2005: 54).

행위를 한다는 것은, 자국 사회의 민족주의 및 성차별주의적 인식에 대한 일종의 저항이며 비판적인 성찰의 기회를 갖는 것이라 할 수 있다. 〈겨울연가〉의 붐이 커다란 상업적 잠재력을 보이자, 일본 현지의 미디어산업들이 초기의 태도와 달리 — 특히 잡지 〈아에라〉와 우익적 정치성향을 지닌 후지 TV가 주도적으로 — 한류 방송시간대를 특집 편성하거나 잡지 전체를 한류 특집으로 기획하는 등의 행보를 보여주는 한국 드라마의 초국적 수용은 현지의 정치적 힘과 자본의 논리와 복합적으로 관계 맺는 속에서 나타나는 양면성과 모순성을 잘 드러내준다.

대중문화상품이 수입국의 문화적, 산업적 필요에 따라 다양한 방식으로 재가공되는 방식, 즉 문화번역 역시 혼종문화적 실천의 정치성을 잘 보여준다. 다언어 국가의 경우 초국가적 문화물을 어떤 자국어로 번역하는가는 대중문화의 혼종화 과정이 그 문화물의 이용자들간의 위계적 차이와 접합되는 것을 보여준다. 싱가포르 단일국가 내에서도 말레이나 인도 같은 소수민족은 같은 민족인 다른 수입국가의 프로그램을 선호하고 소비하는 양태를 보이는데, 여기서 언어는 이러한 문화물의 선호에 영향을 미치는 주요한 요인으로 역할한다(Chua, 2004). 그래서 설사 이들 소수언어민족이 한국이나 여타 동아시아 지역에서 수입되는 문화물을 소비하고자 해도 그것이 지배적인 중국어인 만다린어로 더빙됨으로써, 수입된 프로그램의 소비에서 배제되게 된다. 게다가 이는 단지 언어적 소수자의 위치만이 아니라 계급구조에서 하위층이라는 위치와 결합되기 때문에 그들의 초국가적 문화물의 수용이 언어를 매개로 하여, 하위민족 권력관계뿐 아니라 계급권력관계와 접합되어 중요한 문화정치의 효과를 가져온다.

대만에서 한류가 수용되는 과정에 대한 김현미(2003b)의 연구는 수입국 미디어 산업의 필요에 따라 대중문화상품의 '원전'을 둘러싼 다양한 혼종문화적 실천이 이루어지는 과정을 잘 보여준다. 한국 트렌디 드라마의 '일본적 혼종성'은 그동안 일본 트렌디 드라마에 익숙한 대만 시청자들에게 친숙하게 다가갈 수 있었고, 특히 민남어로 더빙됨으로써 저소득층이나 지방사람들을 대거 끌어모을 수 있었다. 한국 드라마의 현지화는 다양한 수준에서 이루어진다. 성우들에 의한 더빙은 자국의 대중적 취향에 맞게 다양하게 각색된 대본을 갖고 이루어지고 오역도 흔히 생겨난다. 또한 드라마에 삽입된 OST 대신 자국의 노래를 삽입하기도 한다. 드라마의 앞과 중간, 뒷부분 등이 광고주나 음반회사에게 판매되어 타이틀과 엔딩 크레디트를 자국 가수의 노래로 대체하기도 한다. 또한 드라마의 파생상품들이 활발하게 제작된다. 대본을 각색한 소설, 드라마의 명장면과 배우들로 구성된 사진집, 드라마 VCD 등이 판매된다. 문화상품의 수입에서 이루어지는 이와 같은 재가공 작업은 더 이상 고정되고 완결된 형태의 의미를 담지한 문화생산물의 국가간 이전이 불가능해지고, 텍스트에서 의미의 불안정과 균열과 틈들이 생겨남으로써 예상치 못한 다양한 해석의 가능성, 새로운 의미실천들을 낳을 가능성들이 더욱 커졌음을 보여준다고 하겠다.

그렇다면 외국의 대중문화가 한국에 수용되는 과정에서 나타나는 혼종성의 특징들은 무엇일까? 일본 대중문화의 한국 수용에 대한 김현미(2003a)의 연구에 따르면, 전통적 성역할과 이분법적 젠더 이미지가 고착되어 있는 한국 사회와는 대조적으로, 일본 가수들의 성별성에는 성별 혼성이 눈에 띈다고 한다. 예를 들어 X-Japan이라는 록 밴드를 하나의 문화적 텍스트로 본다면, 그들은 '록음악이 전통적으로 상징하는 남성성과 저항성을 강하게 드러내면서도, 화장과 머리치장 등의 외양에서는 여성적 이미지를 결합'하고 있다. 이러한 양성적 특성 또는 성별 경계지우기는 남녀의 성역할 구별을 분명히 하는 전통적 관습과 가치에 직접적으로 도전하는 문화행위다. 서구 내부에서 본다면, 양성적 특성이 전근대사회에서는 주변화되거나 억압되었던 문화실천이었다면, 현대에서는 모든 사물과 현상의 정체성을 분명히 구분짓고 경계를 나누는 근대주의의 논리에 도전하는 포스트모던 문화실천으로 이해될 수 있을지 모른다. 그러나 아직까지 아시아의 많은 국가에서 이러한 성별의 경계를 흐리는 양성적 문화실천은 터부시되는 것이고, 한국에서도 역시 서구 일각의 방종적 모습으로 받아들여지고 있다. 그런데 이러한 성별구분을 흐리는 서구의 록문화가 일본 록밴드에 의해 재현됨으로써 서구와 아시아의 혼종성은 한국 수용자들에 의해 '일본의 선진성과 세련미'의 결과로 이해하고 모방된다. 김현미(2003)는 이러한 텍스트의 소비가 한국이라는 지역의 문화가 제공해 줄 수 없었던 문화적 상상력과 자원을 제공해 준다는 점에서 소비자들에게는 '수행성'에서 오는 전복의 힘을 제공해 줄 수 있다고 평가한다. 이들 팬들은 자국의 문화 텍스트와 수입된 일본의 문화 텍스트의 '차이'를 발견하고, 후자를 일상에서 모방함으로써 다시 자신과 여타 한국 음악 팬들 간의 '차이'를 발생시킨다. 이러한 차이에 대한 인식과 차용의 실천은 X-Japan 밴드와 같은 일본텍스트의 팬들간에 공유되는 '동질성'을 확인하고 정체성을 구성하게 한다.

X-Japan의 음악성에 대한 우위적 평가에 따른 동일시를 논외로 하고, 이들 팬이 단지 '스타일의 차이'에 기초하여 정체성을 구성한다는 가정을 하면, 어떤 이들은 이것이 일순간의 유행 같은 모방에 불과하다고 평가할지도 모른다. 그러나 가부장제가 중심적인 사회조직 원리 중 하나로 작용하는 한국사회에서 이러한 서구 스타일이 아시아인에 의해 재현된 혼종적 '스타일의 차이와 그러한 차이의 실천적 차용'은 경직된 성별 경계를 넘나들며 경계 자체를 문제화하고 희화화하는 실천을 하는 것이 된다. 타문화물의 스타일 수준에서의 단순한 차용은 성역할과 가치에 대한 진지한 도전이기보다는 피상적 모방에 불과하다는 비판이 제기될 수 있지만, 그러한 평가는 어떤 의미에서는 거꾸로 수용자들이 실천할 수 있게 해주는 방어막이 될 수도 있다. 여하간, 남성이 여성의 스타일이나 이미지를 흉내내면 비하나 조롱거리의 대상이 될 수 있는 한국사회에서 그러한 실천은 여성의 외피를 지닌다는

것의 한국적 의미를 경험하는 기회이면서, 구별되는 스타일을 통한 자긍심은 기존의 '여성의 모습'이 지니는 의미들을 교란시키는 데 기여할 수 있다.

지금까지 살펴본 바와 같이 동아시아 대중문화 흐름의 다양한 양상들은 문화적 텍스트가 초국적으로 소비되는 과정에서 현지의 수용자나 미디어산업 또는 정치적 힘 등의 다양한 권력들과 상호접합되면서 그 사회의 지배적 담론과 공모하거나 혹은 저항이나 전복의 힘으로 작동하고 있음을 보여준다. 오늘날 동아시아의 문화유통은 미디어산업의 추동력에 힘입어 이전까지 분리된 문화적 실천으로 존재해 온 것들을 다양한 방식으로 연결시키고 있으나, 여전히 이러한 연결로부터 소외되고 배제되는 지역과 집단들이 생겨나고 있다는 양면성이 주목되어야 할 것이다. 또한 초국적인 미디어 수용은 아시아의 대중들이 자국 사회를 비판적이고 성찰적으로 바라보고 인접 국가들에 대한 새로운 이해와 관심을 갖게 하는 계기이지만, 때로는 주류적이고 지배적인 사회적 세력이나 가치들과 공모하고 이를 재생산하는 문화적 실천으로서의 한계도 지님을 알 수 있다.

4. 대중문화 텍스트에서 혼종성의 정치학

세계화 맥락에서 벌어지는 빈번하고 일상적인 초국가적 문화 흐름에서 각국의 대중문화물은 점차 더 많이 다양한 형식으로 혼종화되고 있음을 발견할 수 있다. 최근 초국적으로 유통되는 상당수의 혼종문화들은 의도적으로 기획된 혼종화 전략의 산물이라고 할 수 있다. 이러한 혼종화된 문화물의 제작은 그 주체와 동기에서 세 가지로 구분지어 볼 수 있는데, 첫 번째는 세계화된 시장을 목표로 자본이 문화상품으로의 교환가치를 높이려는 목적 아래 지역에 쉽게 수용될 수 있도록 혼종성을 가미하는 것이고, 이는 흔히 유럽연합(EU)에서 공동제작이나 초국적기업의 현지화 전략에서 주로 드러난다.[3] 미국의 현지화 전략은 지역 출신의 리포터에 의해 지역민의 관심사를 영어로 전달하는 CNN의 사례에서와 같이 비교적 잘 알려져 있다. 아시아 내 미디어 기업들의 현지화 전략의 대표적 사례는 일본 문화산업들이 중국이나 대만의 반일감정을 건드리지 않도록 일본색을 탈색하고 혼종적 문화물을 보급한 것에서 찾을 수 있다(Iwabuch, 2001).

때로는 대중문화의 개별 생산자나 행위자들의 '모방'을 통해 의도적으로 혼종성을 포함하는 경우도 발견된다. 이것은 표면적으로는 특정 스타일을 통해 타문화 행위자로부터 자신을 구별해 내려는 자기 정체성의 구축 동기에서 나타난다. 1980년대 일본의 팝 가수의 노래, 댄스, 헤어스타일, 표정, 이름 등이 여러 동아시아 국가들의 아이돌(*Idol*)들에 의해 직접적으로 모방되던 것을 그 예로 들 수 있다(Iwabuch, 2001: 128). 그러나 일견 개인적으로 보이는 이러한 스타일의 혼종성은 개인적으로도 상업적 동기에서 추동될 뿐 아니라 무엇보다도 현대 대중문화 생산자들이 대형 엔터테인먼트 기업에 의해 관리되고 있다는 점에서 자본에 의한 의도적 혼종성 전략에 포함할 수 있다. 그 단적인 예로서 일본 아벡스(avex)사와 한국 에스엠(SM)기획의 공동 프로듀스로 등장한 가수 보아(BoA)를 들 수 있다. 그녀는 한국 출신으로서 일본에서 성공률을 높이기 위해 '무국성'(*nationless*)의 이미지를 구축하고, 2001년 일본에 본격적으로 진출해서 지금까지 높은 인기를 끌고 있다(유키에, 2005). 이러한 국적의 모호함, 언어의 혼용, 문화적 혼종에 더해서 소년도 소녀도 아닌 보아의 무성애(*sexless*)적 이미지(김예란, 2004)는 그녀의 음악뿐 아니라 대중문화

---

3) 합작의 여러 이점에 대해서는 이를 잘 정리해 놓은 캐나다 미디어 경제학자들인 맥파든과 호스킨스, 그리고 핀(McFadyen, Hostkins, and Finn, 1998)의 논문을 참고.

생산자인 그녀 자체를 하나의 혼종화된 텍스트로 만들어내는 사례를 보여준다. 라틴아메리카의 사례로서는 멕시코에서 두 번째로 큰 방송사인 TV 아즈테카(Azteca)가 영국의 세계적 문화상품인 유아 방송프로그램인 〈텔레토비〉(*Teletubbies*)를 계약하는 데 실패하게 되자, 자체적으로 그러한 포맷을 모방하여 멕시코의 문화적 맥락에 맞춘 〈텔레초비〉(*Tele Chobis*)를 만들면서, 미국과 영국의 문화적 상징과 기호들을 전통적으로 멕시코를 상징하는 기호들과 섞어 '문화적 혼종성'을 창출해 낸 것을 들 수 있다. 비록 저작권 침해로 곧 방영불가 되었지만, 크레이디는 〈텔레초비〉에서 강조되는 멕시칸적임(*Mexicanness*)이 실제로는 영국 고안자들의 정신 및 그 문화물의 형식과 멕시코적 요소들의 문화적 혼종으로서 구성되어 있음을 지적한다(Kraidy, 2005).

두 번째는 국가간의 정치적 목적이 우선되어서 중국과 일본, 또는 한국과 일본과 같이 제국주의적 침략에 의해 역사적으로 대립되어 온 국가의 정부들이 혼종적 문화물의 생산을 화해적 외교 차원에서 이뤄내는 것이다. 이것은 시장확대를 위한 국가관계 개선이라는 효과가 그 의도에 내포되어 있다는 점에서 궁극적으로 첫 번째의 자본주도의 혼종화와 일면 보완적이기까지 하다. 2002년 월드컵의 공동개최를 앞두고 우호적인 관계개선을 위해 한·일 양국이 혼종화된 작품으로서 합작물을 만든 것을 그 대표적 예로 들 수 있다.

세 번째는 문화생산자의 삶의 표현이자 비판적 의식의 산물로서 문화물의 혼종화다. 인적 이동의 세계화 풍경으로서, 자의든 타의든 '고국'으로 불리는 지역을 떠나 새로운 사회와 문화에 다시 자신의 뿌리를 심으려는 이민자나 후손들이 생산해 내는 문화물의 특성으로서 혼종화다. 두 개의 문화에 소속되면서도 어느 한 문화에도 온전히 소속될 수 없는 '경계 위에 거주하는' 이들이 생산해 내는 혼종화된 문화물은 흔히 비교문화적 시각과 주변인으로서의 비판적 관점이 드러나 있다. 아직까지 한국 내에서 생산된 것으로서 널리 알려진 것은 부족하지만, 재일교포나 재미교포가 만들어낸 많은 영화에서는 기존의 질서에 대한 비판적 시각을 담지한 혼종화된 문화물들을 볼 수 있다. 세계적으로는 대만에서 태어나 미국에서 자란 이민자로서 할리우드에서 성공한 앙 리(An Lee) 감독이 만들어낸 〈와호장룡〉 영화의 혼종성 사례를 들 수 있다(Wang & Yeh, 2005).

앞서 언급했지만 이러한 혼종성의 생산양식을 결코 상호배타적인 결과물이나 실천으로 봐서는 안 된다. 혼종화의 생산은 그 자체가 과정적인 문화적 실천으로서 맥락과 주체세력들간의 지속적 교섭에 의해 그 특성이 변화될 수 있다. 일례로서 서구 대중음악과 다양한 아시아 전통음악을 창조적으로 융합해서 서구와 아시아라는 이분법적 구도를 벗어난 것으로 높이 평가받으며 일본 가요계를 뒤흔들었던 싱가포르 음악가 딕 리가 이후 소니의 부사장이 되면서 일본 자본의 전 지구적 미디어산업의 대표자로서 아시아와 서구문화 융합을 추진하는 것을 볼 수 있다(Iwabuch, 2001). 따라서 아시아간 문화교류에서 이렇게 다양하게 나타나는 혼종성의 성격을 살펴보기 위해서는 이론적 배경에서 논의한 바처럼, 이러한 혼종성을 구성하면서 동시에 혼종성에 의해 재구성되는 권력의 지형을 살펴보아야 한다. 이를 위해 여기서는 한·일 합작드라마를 혼성문화적 실천의 한 사례로 놓고 혼종성과 권력의 상호 구성 양상을 살펴보고자 한다.

2002년에 시작된 3편의 한·일 합작드라마는 일차적으로 범아시아적 문화콘텐츠를 개발하고 문화상품의 소구시장을 확장하려는 미디어산업의 적극적 기획으로서 혼성적 실천이지만, 동시에 친선과 상호이해라는 공식적 표명 아래 기획되었던 것에서 예상되듯이 국가간의 복잡한 권력관계를 내포하고 있다. 이뿐 아니라 특히 대부분의 합작 드라마들이 국경을 초월한 남녀 주인공의 사랑을 다루고 있다는 점에서 이러한 국가간 권력관계는 드라마 속의 성의 권력관계와 접합되는 특성을 보인다. 세 편의 합작물들은 2002년 양국의 지상파방송으로 동시 방영된 〈프렌즈〉(2002)를 시작으로, 〈소나기, 비 갠 오후〉(2002)와 〈별의 소리〉(2004) 등이다. 이동후(2004)와 유키에(2005)의 분석에 따르면, 이들 드라마는 부드럽고 헌신적인 젊은 한국인 남자와 여성적 미덕을 지닌 젊은 일본인 여성이 주요 갈등으로서 제시되는 한·일 간의 언어적·문화적 차이를 순수한 초국적 사랑으로 극복한다는 전형적 서사로 구성되어 있고, 양 국가의 내수시장에 소구될 수 있도록 한국과 일본적 요소—예를 들어 자연경치, 전통적 의례, 장소 등—를 최대한 혼합하여 동일시의 지점을 넓히고자 하는 전략을 사용하고 있다. 그리고 공통적인 한국 남자와 일본 여성 간의 로맨스라는 구도를 통해 일본군 위안부와 기생관광이라는 역사적 경험과 집단적 상흔이 새겨진 한·일의 적대적 관계를 드라마라는 상상적 지평에서 최대한 치유하려는 전략은 불평등한 국가간 권력관계를 성을 둘러싼 불평등한 권력관계로 치환함으로써 해결하는 것이다(유키에, 2005; 이동후, 2004).

이러한 합작물에서 드러나는 혼종성은 피에터스가 말하는 혼종성의 상호연관된 세 수준에 비춰 살펴볼 수 있다. 그 첫 번째 수준의 혼종성은 외래적 요소를 포함한 결과로서 정체성에서 드러나게 되는 차이의 가시적 표현이고, 두 번째 수준의 혼종성은 문화적 차이가 자연화되거나 중립화되는 과정이며, 세 번째 수준의 혼종성은 문화적 혼종의 과정이 시간이 지나면서 의식적으로 활용되는 정도가 변하는, 즉 비판적 의식형태에 이르는 것과 연관된다(Papastergiad, 2005: 40 재인용). 이에 비춰보면, 한·일 합작 드라마들에서 가장 먼저 눈에 띄는 것은 한 작품 속에서 외국의 세팅과 소품들에서 드러나는 이질적 요소들의 혼재로서 혼종성이다. 더 많은 눈요기를 제공하려는 제작이 세계화되면서, 특히 초국가적 자본에 의해 문화생산이 주도되어 주요 제작국이 아닌 외국이 등장하는 프로그램들이 양산되고 있고 그 결과 혼종적 콘텐츠가 늘어가고 있다. 제작과정까지 함께 이뤄졌던 한·일 합작의 경우, 양 국가의 전통적 생활양식이나 가치를 드러내는 소품, 의상, 가옥, 그리고 양국의 언어가 그대로 발화되는 방식 등을 통해서 외래적 요소들의 혼합은 체계적으로 계획, 조직되었다. 작품의 주요 구성장치들로서 이러한 세팅과 도구들은 각 등장인물들의 정체성을 대변하는 것으로 드러나고, 따라서 다른 국적을 지닌 남녀 주연들이 상대방의 세팅에 들어갈 때마나 발생되는 '문화적 차이의 가시적 표현'은 바로 피에터스(2001)가 지적한 혼종성의 첫 번째 수준을 드러낸다.

특히 여기서, 배역을 통한 '국가의 젠더화'라는 일관된, 독특한 방식은 바로 합작 드라마의 형식을 구조화하는 핵심이다. 이전에는 경험해보지 못한 이질성은 단지 이러한 드라마 형식에서만 드러나는 것이 아니라, 한국과 일본 간의 권력관계에 대한 집단적 기억에 익숙하지 않은 한국의 리더십이 한국 남자와 일본 여자의 사랑관계로서 은유된다는 점에서도 존재한다. 이러한 드라마 형식의 이질성과 잠재의식 속에서 느껴지는 낯선 역사 기억이 러브스토리라는 보편적 주제에 의한 친숙성으로 불완전하게 봉합되어 있다. 즉, 가해자로 기억된 일본이 순종적인 주체로서 여성화되어 있고, 피해자로서 기억된 한국이 여성을 보호하는 주체로서 남성화되어 한국과 일본의 관계는 국제적 로맨스의 내러티브 속에서 자연화되고, 친화적 관계가 된다. 피에스터스가 지적한 두 번째 수준의 혼종화 구성과정은 바로 잠재의식화되어 있는 한·일 간의 포스트식민주의의 특수한 관계가 사랑이라는 일반적 관계와 한·일 합작 드라마에서 접합되는 방식이다.

마지막으로, 본 논문은 이러한 분석에서 한 걸음 더 나아가, 이러한 혼종성이 비판적 의식으로까지 이어질 수 있는 가능성을 지적하고자 한다. 먼저 현실의 두 국가간의 권력관계가 이러한 젠더 배역을 통해 상상적 영역에서 완전하게 역전되어 한국이 위계적 관계를 형성하게 되지는 않는데, 이는 한국이 카리스마나 근육질로 표현되는 '남성성'이 느껴지는 남성이 아니라 부드러운, 즉 여성화된 모습으로 재현되었기 때문이다. 즉, 국가가 남성의 전형화로서 사나이다움으로(Mosse, 1985, 정현백, 18~29쪽에서 재인용) 재현되지 않고, 비록 성별은 남성이지만 여성화된 남성상으로 재현되었다는 것은 민족주의나 국가성의 정체성에 기반한 권력관계의 완전한 전복을 막고 균형을 유지하는 장치가 존재함을 뜻한다.

한편, 민족정체성을 성 정체성으로 치환함으로써 힘의 균등성을 회복하여, 양국의 수용자 모두에게 로맨스를 통한 섞임 속에서 초국가적인 새로운 정체성으로의 화해를 이뤄내려 했던 의도와는 달리, 두 주인공이 국적으로 이분화되고 성별로 더욱 대비됨으로써 민족국가 정체성이 전면에 드러나서 계속적 차이를 부각시키게 된다. 결과적으로 민족정체성의 부각은 오히려 수용자의 동일시를 막게 된다. 이러한 점에서 국적에 따른 남녀 배역의 분할전략은 목표를 달성하지 못한 실패한 전략이며, 이는 현실에서 세 편의 드라마 모두 시청자들의 외면을 받았던 점에서 징후적으로 드러난다.

그러나 구조적 복합성은 여기서 그치지 않고 또 다른 전복의 틈을 제공한다. 그 첫 번째는 드라마의 상상적 공간에서의 경험과 감정이입이 현실의 권력구조에서 허락되지 못했던 것들을 새롭게 경험할 수 있는 차원과 계기를 마련해주기도 한다는 점이다. 한·일 합작 드라마의 경우, 일본 여성이 피식민국으로서 또는 약소국의 남성으로서 한국 남자를 로맨스 파트너로 생각해 본다는 것은 현실에서의 한·일 국가의 역사적 관계 속에서는 쉽게 꿈꿔볼 수 없었던 경험을 통해 상상적 유대를 경험하는 것이다. 두 번째는, 한국 여성과 일본 여성 모두 불평등한 성의 관계가 만연한 현실에서 부드럽고 헌신하는 남성성을 함께 바라고 상상하는 것을 통해서 국가를 넘어서 여성의 공통된 욕망을 발견하고 여성의 상상적 유대의 지점이 될 수도 있는 것이다. 이러한 맥락에서 혼종성을 비판적 의식형태에 도달하게 하는 잠재적 가능성을 지닌 것으로 볼 수 있다.

정리해 보자면, 국가간 합작 드라마를 통한 의도적인 혼종적 텍스트의 생산은 한편으로는 결코 기존의 권력관계에서 분리되어 자유롭고 임의적으로 생산될 수 있는 상상의 공간이 아님을 보여준다. 그리고 이러한 텍스트와의 만남으로서 상상적 공간에서 의미의 경험은, 특정 권력관계 — 예컨대, 한·일관계 — 에는 교정이나 전복의 경험이 될 수 있어도, 동시에 다른 권력관계에서는 기존의 불평등 — 예컨대 전형화된 성의 이미지와 불평등한 남녀관계 — 을 온존시키고 당연시하는 다면적 효과를 가져올 수 있는 것이다. 따라서 혼종적 텍스트의 정치성은 민족국가 권력관계나 성 권력관계라는 특정 방식으로, 또는 단일한 효과로 환원될 수 없는 복합적 형태로 작동하고 있음이 인식되어야 한다. 혼종적 텍스트의 정치성을 권력관계의 복합적 구조화로서 고려함 없이 혼종화된 텍스트 그 자체에서 어떤 정치적 함의를 직접적으로 찾으려는 노력은 헛된 것일 수 있다.

5. 나가면서

본 연구는 혼종성이라는 개념틀을 가지고 한류로서 상징화되면서 진행되는 아시아 내의 대중문화 유통을 수용과 텍스트의 맥락에서 적용, 분석하고자 시도했다. 이러한 작업은 한국이라는 로컬에서 생산된 대중문화가 아시아 지역에서 '글로벌'한 현상으로 경험되는 상황을 기존의 문화제국주의론이 설명해 내지 못한다는 문제의식에서부터 출발했다. 국제커뮤니케이션과 문화연구에서 이론적 방향타의 상실은 현재 이루어지는 많은 문화연구들이 한류의 인기나 성공요인에 대한 분석에 집중하고, 상대적으로 초국적 문화 흐름의 문화론적 함의에 주목하는 연구들이 큰 진척을 이루지 못하는 상황에 부분적으로 기여했다고 생각한다. 대중문화물의 인기나 성공요인을 찾는 작업 역시 당대의 지배적인 문화적 취향과 정서를 읽는 데 상당한 의의를 지닌다. 그러나 대중적 오락영화의 역사를 일례로 생각해 보더라도, 너무도 상황적이고 우연적인 인기의 요소를 성공한 텍스트의 사례나 스타를 토대로 보편 공식처럼 찾아내겠다는 것은 즐거움의 영원한 '미스테리 박스'(*mystery box*)와 씨름하는 것과 같다고 생각한다. 따라서 그러한 씨름보다는 현재 진행되는 문화교류가 문화적 세계화의 맥락 속에서 가지는 의미를 조망하고, 문화적 생산과 유통과 소비를 둘러싼 사회의 제반 권력관계의 맥락 내에 위치시켜 이해하려는 노력이 필요하다고 본다.

동아시아 문화유통에 대한 이해를 위한 하나의 이론적 분석틀로서 제안한 '혼종성' 개념은 대중문화물의 텍스트 구성의 특정 서사전략이나 초국적 자본의 현지화 전략으로 환원 또는 포섭될 위험을 지닌다. 전 지구적 자본의 현지화 전략으로서의 혼종성은 자본이 이윤을 발견할 수 있는 곳에서만 선택적이고 차별적으로 이뤄지는 혼종성이라는 점에서 자본에 반하는 요소는 배제하는 방식으로 혼종성의 구성요소와 형식을 제한하려고 하기 때문이다. 또한 이에 못지않게 동아시아 대중문화 교류 속에서 우리가 경계해야 되는 것은 초문화를 계속적으로 민족국가에 귀속시켜 본질적이고 근본적인 것으로 고정시키려는 국가정책적 문화시도와 같은 역류적 힘들이다.[4)]

---

4) 이러한 점에서 우리는 '한류'(*Korean Wave*)에 대한 명칭 역시 조심스럽게 바라보아야 한다. '한류'라는 용어는 그 기원에 대한 설명이 조금씩 다르지만, 국내가 아닌 타아시아 국가들에서 시작된 용어다. 이러한 용어가 이제 전 지구적 문화 흐름의 아시아적 현상을 대표하는 기호로 사용되고 있다(허진 · 이치한, 2002; 김현미, 2003b: 158). 그러나 한국인들과 한국정부의 '한류' 용어의 사용방식은 주로 '한류'에 생산 수출국으로서 문화산물의 기원을 밝히는 국가적 딱지를 붙이고, 한국 대중문화의 아시아에서의 성공을 홍보하고자 하는 한국정부의 민족주의적, 경제적 욕망을 가시적으로 드러낸다. 즉, 국가적 외교/경제적 이해라는 민족/국가주의는 문화산업자들의 욕망과 어우러져 미디어에 '한류'라는 이름을 장식하고, 동아시아

이러한 위험들이 현존함에도 불구하고 '혼종성' 개념이 필요로 되는 것은 이것이 세계화 맥락에서 발생되는 피할 수 없는 문화적 현실이라는 사실 때문이다. 그리고 보다 적극적으로는, 혼종성 개념이 '순수성'과 '고유함'을 기반으로 문화적 경계를 구획짓고 배타적 권력을 휘두르는 기존 질서를 교란시키는 문화적 실천이 될 수 있기 때문이기도 하다. 즉, 동아시아에서 교류되는 다양한 대중문화의 소비를 통해 형성되는 혼종성은 그것이 내포하는 다층적 지점들로 인해 기존의 권력지형을 변화시킬 수 있는 가능성을 지닌다. 또한 전통과 근대와 탈근대의 가치가 혼재되어 기묘하게 접합되어 나타나는 삶의 모습들이 복합화된 대중문화의 형식과 장르들 속에서 재현되어 상호교류됨으로써 생산과 소비의 맥락에서 동시대적 문화의 혼종경험을 공유하게 하며 새로운 이해의 지평을 열 수 있다.

따라서 혼종성 개념의 유용성은 혼종성에 대한 본질적 찬양에 빠지지 않고 권력관계에 접합되는 구체적 양상을 사회/역사적 맥락에서 꿰뚫어보려는 노력에서 찾아질 수 있다.

에서의 상호교류라는 맥락적, 상호이해적 인식은 억눌러진다. 어디서 제작되고 어디를 거쳐 어디서 더빙되고 가공되었는지 알 수 없을 만큼 대중문화물의 기원이 모호해지고, 그 경로가 복잡해지며, 또한 텍스트 자체가 탈국적으로 혼종화되는 것을 특성으로 하는 이러한 초국적 문화현상을 계속적으로 '한류'로 한정해 부르는 것 역시 묘한 아이러니가 아닐 수 없다.

▪ 참고문헌

권연수(2005), “소비되는 욘사마, 순수와 명품 사이,” 김영순 · 박지선 외, 《겨울연가: 콘텐츠와 콘텍스트 사이》, 다할 미디어.

김수정(2003), “정체성들의 경합: 한인 2세들의 종교적 정체성의 우위성,” 《언론과 사회》 제 11권 3 · 4호(2003 여름 · 가을호), pp. 144∼185.

김수정 · 양은경(2005), “동아시아 문화교류와 정체성의 정치학,” 한국언론학회 주최 국제세미나 “아시아의 재발견: 동아시아 국가간 TV 프로그램 교류의 의미”, 2005. 5. 20.

김예란(2004), “텔레비전과 몸의 정치학: 소녀 육체의 미디어 표상,” 《프로그램/텍스트》 제 10호, pp. 33∼52.

김현미(2003a), “일본 대중문화의 소비와 ‘팬덤’의 형성,” 《한국문화인류학》 제 36권 제 1호, pp. 149∼186.

______(2003b), “대만 속의 한국문화-문화 ‘번역’과 ‘혼성화’의 문제를 중심으로,” 조한혜정 외, 《‘한류’와 아시아의 대중문화》, 연세대학교 출판부, pp. 155∼178.

신현준(2005), “K-pop의 문화정치(학): 가요 민족주의로부터 팝 아시아주의 속으로,” 성공회대학교 동아시아 연구소 주최 국제세미나 “아시아 대중문화 연구”, 2005. 2. 22. 서울 2005.

양은경(2003), “동아시아 트렌디 드라마의 유통에 대한 문화적 근접성 연구,” 《방송연구》 2003년 여름호, pp. 197∼220.

이동후(2004), “한일 합작드라마의 ‘초국적 상상력’(*transnational imaginations*): 그 가능성과 한계,” 《한국방송학보》 제 18권 제 4호, pp. 358∼397.

______(2003), “한국 트렌디 드라마의 문화적 형성-탈국가적 문화수용 양식을 중심으로,” 조한혜정 외, 《‘한류’와 아시아의 대중문화》, 연세대학교 출판부, pp. 125∼154.

정현백(2001), “민족주의와 페미니즘-비교사적 고찰을 중심으로,” 《페미니즘 연구》 제 1호, pp. 9∼52.

허진 · 이치한(2002), "한류 현상과 한 · 중 문화교류," 《21세기 동아시아의 과제와 전망》, 창원대학교 출판부.

히라타 유키에(2005), 《한국을 소비하는 일본-한류, 여성, 드라마》, 책세상.

Ang, I. (1985), *Watching Dallas: Soap Opera and Melodramatic Imagination*, London: Methuen.

Appadurai, A. (1996), *Modernity at Large: Cultural Dimensions of Globalization*, Minneapolis: University of Minnesota Press.

Barker, C. (1997), *Global Television : An Introduction, Blackwell*, 하종원 · 주은우 공역(2001), 《글로벌 텔레비전》, 민음사.

Chua, B. H. (2004), "Conceptualizing an East Asian popular culture," *InterAsia Cultural Studies*, 5(2), pp. 199~221.

Canclini, G. (1995), *The hybridity cultures*, minneapolis: Univ. of Minnesota.

Chow, R. (1998), *Ethnics after Idealism: theory-culture-ethnicity reading*, Bloomington: Indiana Univ. Press.

Dirlik, A. (2001), "Markets, Culture, Power: The Making of a 'Second Cultural Revolution' in China," *Asian Studies Review*, 25(1), pp. 16~39.

______(2000), *Culture Against History?: The Politics of East Asian Identity*, 정문길 · 최원식 · 백영서 · 전형준 공편(2000), 《발견으로서의 동아시아》, 문학과 지성사.

Hall, S. (2004), "Creolite and the Process of Creolization," in O. Enwezor, C. Basualdo and U. M. Bauer(eds.), *Creolite and Creolization: Platform3: Documenta11*, Kassel: Hatje Cantz Publishers.

______(1992), "The Question of Cultural Identity," in S. Hall, D. Held and T. McGrew(eds.), *Modernity and its Futures*, Cambridge: Polity Press.

Hayashi, K. (2005), "Assessing the Popularity of 'Winter Sonata': How do Women's Emotions Affect the Public Sphere in Japan?" Cultural Industry and Cultural Capital Seminar in Seoul(28 Feb.

2005), pp. 40~58.

______(2001), *Transnational Japan*, 히라타 유키에 · 전오경 공역(2004), 《아시아를 잇는 대중문화》, 또 하나의 문화.

Kraidy, M. M. (2005), *Hybridity or the Cutlural Logic of Globalization*, PA: Temple Univ. Press.

______(2002), "Hybridity in Cultural Globalization," *Communication Theory*, 12(3), pp. 316~339.

Maclachlan, E. & Chua, G. (2004), "Difining Asian Femininity: Chinese Views of Japanese TV Dramas in Singapore," in Iwabuchi, K. (ed.) (2004), *Feeling Asian Modernities*, Hong Kong Univ. Press.

Mamoru, I. (2004), "The Representation of Feminity in Japanese Television Dramas of the 1990s," in Iwabuchi, K. (ed.) (2004), *Feeling Asian Modernities*, Hong Kong Univ. Press.

McFajyen, S., Hostkins, C. & Finn, A. (1998), "The effects of cultural differences on the international co-production of television programs and feature films," *Canadian Journal of Communication*, 23(4).

Papastergiadis, N. (2005), "Hybridity and Ambivalence: Places and Flows in Contemporary Art and Culture," *Theory, Culture & Society*, 22(4), pp. 39~64.

Pieterse, J. N. (1995), "Globalization as Hybridization," in M. Featherstone, S. Lash, and R. Robertson(eds.), *Global Modernities*, London: Sage, pp. 45~68.

Rowe, W. & Schelling, V. (1991), *Memory and Modernity: popular culture in Latin America*, London: verso.

Shohat, E. (1992), "Notes on the 'post-colonial'," *Social Text*, 31/32, pp. 99~113.

Tomlinson, J. (1999), *Globalization and Culture*, Chicago: The Univ. of Chicago Press.

Van der Veer, P. (1997), "The enigma of arrival: Hybridity and authenticity in the global space," in P. Werbner & T. Moddod (eds.), *Debating cultural hybridity : Multi-cultural identities and the politics of anti-racism*, London:Zed Books, pp. 90~105.

Wang, G. & Yeh, E. (2005), "Globalization and hybridization in cultural products: The cases of Mulan and Crouching Tiger, Hidden Dragon," *International Journal of Cultural Studies*, 8(2), pp. 175~193.

제 18 장

해외 위성TV에 관한 연구: 외국인 대상의 비상업적 TV방송을 중심으로

김 명 중

1. 서 론

1970년대 후반부터 방송이 인공위성을 사용하여 공간적 한계를 극복할 수 있게 되자 단파를 이용한 해외 라디오방송 서비스가 점차 위성을 이용한 TV방송 서비스로 확대되고 있다. 종전의 단파라디오 방송은 대부분 프로파간다의 일환으로 정부나 국영 또는 공영방송사에 의해 주도적으로 이루어졌다. 그러나 글로벌 위성방송이 일반화되고, 그리고 인터넷을 이용한 방송접속이 가능해져 이제 단파방송을 전용수신기로 시청하는 비율은 미미한 정도다. 이것은 1900년대 초반 동서냉전시대에 이데올로기 선전의 도구로 출발한 단파라디오 방송시대가 방송통신 기술의 발달로 점차 종막을 고해가고 있음을 보여주고 있다. 반면에 각국은 다음과 같이 다양한 목적하에 위성을 이용해 TV방송의 글로벌 서비스를 하고 있다.

인쇄매체의 경우 국제적인 메이저 뉴스통신사간 글로벌 경쟁이 치열하였으나, 21세기 디지털시대에는 해외 위성TV를 통한 글로벌 영상

정보 경쟁체제가 더욱 가속화되고 있다. 본 연구의 대상은 현재 위성을 통해 활발하게 이루어지고 있는 글로벌TV 가운데, 이윤창출을 목적으로 하지 않는 비상업적 해외 TV방송으로 설정하였다. 이를 위해 먼저 다양한 글로벌 TV방송의 유형을 살펴보고, 그리고 전 세계의 글로벌 TV방송 중 상업방송과 해외동포 방송을 제외한 모든 국가의 해외 위성TV 방송을 분석하였다. 그래서 적어도 2개 대륙 이상으로 방송하는 총 12개국의 해외 TV방송을 국가별 채널운영 현황, 채널운영 주체, 방송목적, 재원, 목표시청자와 시청자 현황, 그리고 프로그램 편성과 제작 중심으로 살펴보았다.

이 연구의 목적은 우리나라의 해외방송 현황을 진단해 보고 아울러 외국 11개 국가의 해외방송 현황을 비교분석함으로써 우리나라 해외방송의 문제점과 발전방안을 제시하는 데 두고 있다. 이것은 바로 막대한 공적 자금이 투입되는 해외방송의 효율성을 제고하기 위한 것이다.

한편 주제의 특성상 연구방법은 우선 문헌자료를 활용하였으며, 각국의 최신 현황자료를 국내외 방송사로부터 직접 또는 인터넷이나 정기간행물을 통해 확보하였다. 또한 연구자가 글로벌 위성방송 현장에서 실제로 기획하고 추진하였던 사례들도 많은 참고자료로 활용하였다. 그런데 일부 폐쇄적인 국가에서는 일반적 자료마저도 공개하지 않는 한계를 보여주고 있다. 한편 본 연구결과는 세계 각국의 해외방송 전략을 파악하고 방향을 찾아내는 데는 매우 유용하지만 각국의 현황자료가 시시각각 변화하고 있기 때문에 실태에 관한 데이터는 마치 스냅사진과 같은 한계를 갖고 있다.

2. 글로벌 위성TV방송의 유형

1) 상업적 서비스

상업적 서비스는 막대한 자금력과 차별화된 콘텐츠, 그리고 세계 공용어인 영어를 기반으로 전 세계 대상의 위성방송 서비스를 통해 수익을 창출하기 위해 이루어지는 것이다. 이 유형의 대표적 예는 미국의 뉴스전문채널인 시엔엔(CNN)이다. 시엔엔 인터내셔널(CNN International)은 1980년에 미국 애틀랜타에 테드 터너(Ted Turner)가 설립한 CNN의 국제뉴스 전문채널이다. 터너는 1970년 애틀랜타 단파방송국을 매입하여 케이블 뉴스 방송국으로 바꾸고, 이를 다시 하루 24시간 국내외 뉴스만을 전문으로 방송하는 슈퍼스테이션 체제의 텔레비전 방송사로 개편하였다. 그래서 1985년 9월부터 인텔샛(Intelsat)을 이용하여 해외 뉴스 발신을 시작했으며, 1991년에 아시아 전역과 중남미 전역으로 확대했다.

위성을 통해 전 세계를 대상으로 방송하는 이 채널은 세계 220여 개국에서 1억 5천만 명 이상이 시청하고 있다. CNN이 세계적으로 명성을 얻게 된 것은 1991년 걸프전 때 이라크에서 생생한 현지상황을 전 세계에 전달하면서부터 가장 성공적인 뉴스채널이 되었다. 그런데 1996년 타임워너사(Time Warner Company)가 CNN의 모기업인 터너 방송시스템을 인수하였는데, 2003년 예산은 5억 6천만 달러였다(CNN Information: 2006: 11).

또한 미국의 스포츠, 어린이, 다큐멘터리, 영화, 오락 등 다양한 장르의 전문채널들이 각국의 위성방송이나 케이블방송 파트너들과 협력을 통해 현지화 전략을 추진함으로써 많은 이익을 내고 있다. 아시아에서는 루퍼트 머독(Rupert Murdock)이 운영하는 홍콩의 스타(Star TV)가 상업적 목적을 위해 아시아 전역에 다양한 채널을 운영하고 있다.

2) 국제여론 주도와 국가브랜드 마케팅

1990년대 중반부터 디지털 위성방송이 도입되어 위성사용료가 현저하게 저렴해져 글로벌 서비스가 더욱 활발해지기 시작하였다. 이 연장선상에서 각국은 영상정보를 통해 지구촌에 자국의 이미지를 제고하고 국제사회를 향해 국가간 이해가 충돌하는 문제에 대해서는 정부의 공식적 목소리를 내는 국가홍보 방송이 본격적으로 활성화되기 시작하였다.

이 같은 현상은 크게 두 가지로 나타나고 있다.

첫째는 미국의 CNN International과 영국의 BBC World가 국제뉴스의 주도권을 잡고 세계의 뉴스를 일방적으로 지배하는 현상에 대응하기 위해 여러 나라와 지역에서 자국의 시각으로 국제뉴스를 보도하기 위해 뉴스전문채널을 설립한 것이다. 왜냐하면 CNN International과 BBC World는 앵글로 아메리칸적 시각에서 국제뉴스를 다루고, 그리고 서방 강대국의 입장만을 대변한다는 비판이 제기되기도 하였기 때문이다.

프랑스는 2006년 12월 6일 24시간 TV뉴스채널인 France 24의 방송을 시작한다. France 24는 미국과 영국의 시각에 편중된 세계 여론주도층에게 프랑스의 목소리를 전달함으로써 국제사회에서 프랑스의 영향력을 확산하고, 차세대 여론주도층에게 프랑스의 이미지를 제고시키는 것을 목표로 하고 있다(국정브리핑, 2006. 11. 8). 한편 러시아도 2005년에 영어로 국제뉴스를 전문적으로 제공하는 러시아판 CNN인 러시아 투데이(Russia Today) 채널을 런칭하였으며, 2006년 말에는 아랍어 뉴스채널도 시작할 계획이고, 더 나아가서는 스페인어 채널도 준비하고 있다. 또한 카타르의 알 자지라 인터내셔널(Al Jazeera International)도 2006년 11월 15일 영어 뉴스채널을 출범시켰다. 이 방송이 내건 기치는 "다양한 시각의 뉴스를 제공하고 개발도상 세계로부터 개발국들로 정보를 역류시키겠다"는 것이다(〈중앙일보〉 2006.

11. 11, 25)

중남미에서도 자신들의 시각에서 중남미의 문제를 보도하기 위해 남미의 CNN을 표방한 텔레수르(Telesur)를 2005년에 출범시켰다. 중동의 방송시장을 두고도 국제 TV뉴스의 전쟁이 매우 치열해지고 있다.

미국의 아랍어채널인 알 후라(Al Hurra)는 카타르의 아랍어 뉴스채널인 알 자지라(Al Dschasira)에 대응하기 위해 2004년에 방송을 시작하여 미주지역을 제외한 전 세계로 방송하고 있다. 영국의 BBC도 2007년부터 아랍어채널인 BBC 아라빅 텔레비전 서비스(BBC Arabic Television Service)를 시작할 예정이다(Elter & Hofmann, 2006: 4~24).

둘째는 국제사회를 향해 자국의 국가 이미지를 제고하기 위해 방송하는 해외 TV채널의 등장이다. 이 채널들은 뉴스도 방송하지만 문화, 교육, 오락, 그리고 다큐멘터리 등 다양한 장르의 프로그램으로 종합편성을 한다.

이처럼 국가홍보와 국가브랜드 마케팅의 일환으로 공적 기관에 의해 이루어지는 글로벌 방송은 한국의 아리랑TV, 중국의 CCTV-9, 일본의 NHK World, 독일의 DW-TV, 프랑스의 TV 5 등 수없이 많다. 이들은 전적으로 영어 또는 영어와 자국어 및 기타 언어 등을 동시에 사용하기도 한다. 그러나 특정 국가가 현실과 괴리감이 있는 일방적 영상정보를 위성을 통해 국제사회를 향해 대대적으로 노출시킨다 하여도 반드시 긍정적 효과가 나타난다고 볼 수 없다.

3) 권역 내 국가간 국제정보, 문화교류

주변국 또는 같은 대륙이나 동일 언어권의 공영방송사들이 공동으로 위성을 통해 방송하는 것으로서 주로 유럽에서 이루어지고 있다. 예를 들면, 독일어권 공영방송사인 독일의 ARD와 ZDF, 오스트리아의 ORF, 그리고 스위스의 SRG가 공동으로 독일어 정보문화채널인 드라이 샛(3 SAT) 채널을 운영하고 있다. 또한 프랑스, 벨기에, 스위스, 캐나다의 퀘벡 등 프랑스어권의 공영방송사들도 프랑스어 문화채널인 TV 5에 공동으로 참여하고 있다. 이밖에도 유럽대륙에서는 뉴스와 스포츠 채널들도 EU 회원국 방송사들이 공동으로 참여하여 운영하고 있다.

4) 해외동포 대상

중국, 이탈리아, 인도, 한국, 터키 등 많은 국가들은 수백만에서 수천만에 달하는 해외동포들이 있다. 그래서 이들은 조국으로부터 해외동포들에게 신속, 정확한 영상정보를 체계적이고 지속적으로 제공함으로써 조국에 대한 이해를 돕는다. 이것은 해외동포들을 하나의 방송네트워크에 수용함으로써 민족적 정체성과 공동체의식을 유지, 강화시키게 된다. 이들은 주로 공영방송사나 공익기관에 의해 모국어를 통해 방송하는데, 한국, 일본, 중국, 이탈리아, 스페인, 터키 등 30개에 가까운 국가들이 해외동포용 TV채널을 운영하고 있다.

5) 특수목적

앞에서 언급한 글로벌 서비스 유형 외에도 특수목적을 위해 방송되는 것도 있다. 예를 들면, 미국의 해외 주둔군을 위한 글로벌 방송서비스가 있다. 또한 복음전파의 수단으로서 이루어지는 글로벌 종교방송들이 있는데, 한국의 경우 온누리교회가 위성을 통해 전 세계를 향해 방송하고 있다.

3. 우리나라의 비상업적 글로벌 TV방송 현황과 문제점

1) 아리랑 TV

우리나라의 해외방송을 담당하는 아리랑TV의 운영주체는 1996년 문화관광부 산하에 설립된 (재)국제방송교류재단이다. 1997년 2월 아리랑TV는 국내 영어방송부터 시작한 뒤 1999년 8월 아시아, 태평양 지역을 대상으로 한 해외방송을 본격적으로 시작하였고, 2000년 9월 유럽과 미주지역으로 방송권역을 확대해 글로벌 방송의 면모를 갖추게 되었다. 또한 2004년 10월부터는 아랍어 위성방송서비스를 추가로 런칭하여 2006년 3월 현재 세계 188개국 5천3백만 가구가 현지의 위성방송 플랫폼사업자나 케이블TV 사업자를 통해 아리랑TV를 수신하고 있다.

아리랑TV의 서비스 목적은 TV방송을 통해 지구촌에 대한민국의 국가 이미지를 제고함으로써 총체적인 국가경쟁력을 강화시키는 데 있다. 또한 이를 통해 우리 경제와 문화의 세계화에 기여하는 것이다. 아리랑TV의 주시청자는 각국의 현지인이며 한국어를 못하는 교포 2~3세도 대상으로 삼고 있다(김명중, 2002: 105~135).

아리랑TV의 조직은 2본부, 12개 팀이며 인력은 2006년 11월 현재 209명이다. 아리랑TV가 글로벌 서비스를 위해 임차 사용하는 위성은 미국의 PAS-2, -8, -9, -10, 그리고 유럽의 핫버드 3(Hotbird 3)와 아스트라 1E(Astra 1E) 및 아랍의 아랍샛 2D(Arabsat 2D)이며 이밖에도 여러 나라의 현지 위성방송 플랫폼사업자(미국의 에코스타, 프랑스의 TPS 등)를 통해 방송되고 있다. 또한 62개국의 1,407개 케이블방송사업자들이 아리랑TV를 수신하여 가입자에게 재송신하고 있다.

아리랑의 방송언어는 영어, 중국어이고 국내 구입 드라마 등은 한국어가 오리지널 사운드이다. 또한 아랍지역의 시청자들을 위해서는 1

일 6시간씩 아랍어로 방송하고 있다. 아리랑TV는 종합편성채널로서 뉴스보도, 교양, 오락 등 다양한 장르의 프로그램을 방송하고 있다. 전 세계 5천3백만 수신가구를 대륙별로 살펴보면 아시아/태평양지역이 2,620만, 유럽 1,330만, 미주 700만, 그리고 중동/아프리카가 650만 등이다. 또한 51개국의 1,016 호텔의 16만여 객실에서도 시청이 가능하다.

아리랑TV의 2006년도 총예산은 약 439억 원이다. 먼저 수입 면에서 살펴보면 전체의 약 58%를 방송위원회의 방송발전기금으로부터 TV제작비, 위성망 임차료 및 라디오 제작비 명목으로 지원받고 있다. 나머지 경상비로 쓰이는 42%는 자체자금으로 마련해야 한다. 이는 광고와 협찬, 프로그램 판매 및 수신료 수입, 임대 및 부대사업, 기금적립금의 이자수입 및 기금전입금으로 충당하고 있다(아리랑TV 자료 2006. 11).

2) KBS 월드(KBS World)

KBS World는 2003년 7월 1일에 개국하였는데, 1일 24시간 국제위성을 통해 방송하여 현지 위성방송사업자나 케이블방송사업자를 통해 원칙적으로 유료로 수신되고 있다. KBS World의 프로그램은 지상파 1TV와 2TV의 프로그램을 재활용하고 뉴스는 실시간 방송을 하고 있다. 분야별 편성비율은 보도 20%, 교양 40%, 드라마와 오락 30%, 그리고 기타 10%이다.

이 채널의 방송목적은 전 세계 한민족 네트워크를 구축하며 한국문화의 세계화 및 KBS와 코리아(KOREA)의 브랜드가치를 제고하는 데 두고 있다. 2004년 7월부터 드라마와 다큐멘터리의 일부 프로그램에 영어 자막방송을 실시하고 있으며, 2005년 12월부터는 15분짜리 영어 뉴스방송도 하고 있다. 2005년 9월에는 미국의 위성방송 플랫폼인 에

코스타(Echostar), 그리고 2005년 11월에는 프랑스의 위성방송 플랫폼인 TPS와 채널전송 계약을 체결해 양국의 위성방송 가입자들이 이 채널을 수신할 수 있다.

2006년 6월 26일부터는 아랍위성인 ArabSat 2D를 이용해 중동 전역에 방송해 이집트를 포함한 중동과 북아프리카 22개국에서도 수신이 가능하다. 이처럼 KBS는 전 세계적인 위성망을 구축하는데, 아리랑TV가 글로벌 방송네트워크와 거의 동일하게 진입하고 있다.

KBS World는 각국의 케이블 SO와 위성방송사업자에게 프로그램을 제공하기 때문에 영상에 스크램블을 걸어 방송한다. KBS World는 2006년 7월 현재 미국, 일본, 프랑스, 베트남 등 34개국 2,874만 시청가능 가구를 확보한 것으로 밝히고 있다. 또한 오스트레일리아, 프랑스, 러시아 등 12개국의 36개 호텔에서도 수신이 가능하다. 한편 KBS는 2004년 9월에 미국 현지법인인 KBS America를 개국하였는데, 이 회사는 미주지역의 KBS World 네트워크와 함께 시청자 확대를 위한 임무를 맡고 있다(KBS 월드 자료, 2006. 7).

4. 외국의 비상업적 글로벌 TV방송

1) 미 국

미국은 국제적인 TV활동을 지속적으로 확대하고 있어 국영 해외TV와 라디오를 위한 예산은 전년도 5억 9천 2백만 달러에서 2006년에는 6억 5천 2백만 달러로 증가될 것으로 전망된다. 더 나아가 2007년에는 4.3%를 늘려 6억 7천 백만 달러로 증액할 계획이다(Elter & Hofmann, 2006: 5).

미국의 대외방송을 감독하는 기구인 방송이사위원회(BBG: *Broad-*

casting Board of Governers)는 1994년에 설립되어 산하 방송사들의 전문적 독립성 보호를 위한 방화벽 역할을 하고 있다. BBG는 미국정부의 지원을 받는 모든 비군사적, 국제방송 서비스를 감독하는데, 현재 VOA(Voice of America), 알 후라, 라디오/TV 마르티(Radio/TV Marti)를 비롯하여 여러 개의 라디오 방송사가 속해 있다. 이 기구는 1999년 10월 1일부로 독립연방기구로 위상이 변화했는데, 위원은 총 9명으로 구성된다. 이 중 1명은 국무장관이 당연직으로 임명되며, 나머지 8명은 대통령이 지명하여 상원의 인준을 받는다. 이들은 초당적 인사들로서 저널리즘, 방송, 공보와 국제문제 전문가들로 구성된다(BBG Information, 2006.11). BBG는 국제적 TV활동을 "테러와의 전쟁"을 지원하기 위해 이슬람 세계로 더욱 확대하려고 한다. 2001년 이후 BBG는 중동의 방송시간을 매년 4배 이상 늘려 5만여 시간에 달한다. BBG는 중동 TV네트워크를 통해 아랍TV방송인 Al Hurra와 이 채널의 지류채널인 알 후라 이라크(Al Hurra Irak)를 지원하고 있다. Al Hura는 아랍어 채널로서 2004년도 예산은 2004년에 8,050만 달러에 달했다. 이 채널은 뉴스를 비롯하여 오락과 스포츠프로그램으로 편성되는데, 서비스 지역은 중동, 아프리카, 유럽, 아시아-태평양지역이다. 유럽지역까지 방송을 확대하는 것은 유럽에 사는 4천만 명의 무슬림을 대상으로 하기 때문이다. 알 후라가 사용하는 위성은 ArabSat 2B/C/D, Nilesat 101, Intelsat 701/907, NSS(New Skies Satellites) 703이다. 이 채널의 가시청 가구수는 22개국의 약 7천만 가구이며 자체조사에 의하면 주당 시청자수는 2,130만이라고 밝히고 있다. 2004년 2월부터 중동에서 방송되기 시작한 뉴스중심채널 Al Hura는 이제 16시간에서 24시간체제로 일일 방송시간을 늘릴 계획인데, 프로그램의 40%를 국제 프로그램공급업자로부터 구입한다.

시 BBG의 감독하에 운영되는 방송사인 VOA는 1942년에 설립되었는데, 22개의 다양한 언어로 방송하고 있으며, 2006년도 예산은 TV

와 라디오를 합해 총 1억 6천 6백만 달러이다. 채널은 뉴스, 문화프로그램을 제공하는데, 서비스 지역은 유럽, 아프리카, 아시아·태평양 지역, 남·중·북미와 중동이다. 이를 위해 사용하는 위성은 AsiaSat 2, Galaxy 3C, Hot Bird 3, Intelsat 701/907, NSS 703/806, Telstar 12, Eutelsat W5이며 주당 시청자수는 약 2천 5백만 명으로 자체집계하고 있다. 이 방송사의 TV활동이 아프카니스탄, 파키스탄, 베네수엘라, 그리고 특히 이란에서 확대될 계획이다. 이란에서는 지금까지 30분짜리 방송대신에 매일 페르시아어로 4시간짜리 프로그램을 방송할 예정이다. 아프카니스탄을 위해서는 다리어(*Dari*)와 파슈토어(*Pashto*)로 새롭게 1시간짜리 프로그램을 방송하게 된다. 이를 위해서 2007년도 VOA 예산이 최소한 5% 정도 증가하게 되어 있다. VOA의 TV프로그램은 자체제작과 구입물로 채워지는데, 이들은 미국의 삶의 방식, 문화, 그리고 자연에 관한 것들이다.

Al Hura와 VOA는 모두 무료(*Free-to-Air*)로 시청한다. Al Hura는 북아프리카와 중동에서는 위성의 Ku밴드를 이용해 방송하기 때문에 보통의 위성안테나로 직접수신이 가능하나 타지역에서는 C밴드로 방송되기 때문에 대형 위성안테나가 필요하다. 그리고 VOA는 유럽에서는 Ku밴드로 방송되어 수신이 용이하나 다른 지역에서는 C밴드로 방송되어 대형 수신안테나가 필요하다(Elter & Hofmann, 2006: 4~5).

2) 영 국

1991년에 BBC 월드 서비스를 변형시켜 BBC 월드 서비스 텔레비전(BBC World Service Television)으로 설립된 뒤, 1995년에 이름을 바꾼 뉴스, 정보채널 BBC World는 공영방송 BBC의 자회사로서 전 세계를 대상으로 24시간 영어방송을 하고 있다. BBC의 자체 운영원칙에 따라 독자적으로 100% 지분을 소유한 자회사 채널은 BBC 커머셜

홀딩스(BBC Commercial Hildings)라는 지주회사에 속해 있다. 그래서 BBC 월드와 BBC 월드와이드는 이 지주회사가 소유하고 있다. BBC 월드를 제외한 모든 BBC 소유 상업채널들과 조인트 벤처 채널들은 BBC 월드와이드가 소유하거나 일정한 지분참여를 통해 운영에 참가한다(〈해외방송정보〉, 2005. 12: 20~22).

BBC 월드는 뉴스를 중심으로 편성하면서 토크 쇼, 경제, 그리고 스포츠 프로그램도 일부 편성한다. BBC 월드의 연간 예산에 대해서는 공식적 자료를 제공하지 않고 있다. 서비스 지역은 유럽, 아프리카, 아시아, 오스트레일리아, 중동, 남미, 중미, 그리고 북미지역 등 지구촌 전체를 대상으로 하고 있다. BBC World가 사용하는 위성은 Astra 1E, Hot Bird 1/6, Nilesat 101, PAS2(PanAmSat 2), Telekom 1, Thor 2, NSS 7, Galaxy 13/Horizons 1 등이다. 이 방송의 도달범위는 약 2백 개 국가와 지역이며 가시청 가구수는 2억 7천 9백만에 달한다. 독일의 국가홍보방송인 DW의 미디어 연구결과에 따르면 실제 시청자수는 주당 9천 백만 이상으로 나타났다.

BBC World는 BBC 프로그램을 특별가격에 구입하고 있음에도 불구하고 많은 부채를 안고 있다. BBC News는 뉴스의 대부분은 BBC World를 위해 독점 제작하고 있다. BBC World는 무료이며, 유럽에서는 Ku밴드로 방송되고 있어 일반 위성안테나로 수신할 수 있다(Elter & Hofmann, 2006: 7). BBC World의 재원은 광고수입과 현지 위성과 케이블방송사업자들이 부담하는 수신료이다(〈해외방송정보〉, 2005. 12: 22). BBC World는 많은 국가의 현지 위성방송 플랫폼사업자들을 통해서 유료서비스로 제공되고 있다.

한편 1932년부터 존재하는 BBC는 2005년 10월에 월드서비스 분야에서 자신의 역사상 가장 큰 변화에 착수하였다. 즉, 2007년 초에 일단 하루 12시간씩 아랍어 위성뉴스채널인 BBC World Arabic Television 서비스를 별도로 시작할 계획이다. 여기에 소요되는 연간 예산은 약 2천 8백만 유로에 달할 것으로 예상하고 있는데, 이는 영국의 외무부가 제공하는 3억 5천만 유로의 기존 연간 월드서비스 예산에서 지원된다.

BBC의 아랍어 TV 뉴스채널의 주시청자는 중동(약 1억 3천 2백만 명)과 유럽(약 4천만 명)에 거주하는 1억 7천 2백만 명의 무슬림들이다. BBC는 이미 1994년에 BBC Arabic Television을 설립했었으나 2년 만에 사우디아라비아의 투자그룹과 편집상의 의견차이로 중단되었다. BBC는 이 아랍어 채널로서 중동의 알 자리라(Al Daschasira), 알 아라비아(Al Arabiya) 채널들과 경쟁하고, 그리고 이슬람세계에서 BBC의 의미를 더욱 강화하려고 한다. 왜냐하면 BBC World 서비스가 이라크 전쟁기간 동안에 많은 지역에서 공신력의 큰 손상을 입었기 때문이다. BBC 아랍어 TV채널의 프로그램은 주로 BBC 본사에서 제작하나 중동의 뉴스는 현지에서 채용한 특파원들이 제작하게 된다. 이 밖에도 지난 수년 동안 BBC World 서비스는 특히 중동과 이슬람 세계를 위한 라디오와 온라인 서비스에 투자하였다. 여기서는 인도네시아어, 페르시아어, 우르두어(Urdu), 그리고 아랍어 서비스를 우선적으로 확장하였다. 2001년부터 서비스하는 BBC의 인터넷 사이트(BBCArabic.com)는 매월 천 7백만 건의 방문이 이루어지고 있다(Elter & Hofmann, 2006: 6~7).

3) 독 일

독일에는 앞에서도 언급한 독일어권 3개국 공영방송사들이 공동으로 운영하는 3 SAT라는 정보문화채널이 있다. 이 채널은 나중에 참여한 독일의 ARD를 제외한 3개국 3개 방송사들이 1984년 12월에 시험방송으로 시작해 3년 후인 1987년에 정규방송으로 전환하였다(김명중, 1990: 73~75). 현재 독일 ZDF에 본부를 둔 이 채널은 독일어권 국가의 방송서비스로서 유럽지역에만 방송하고 있기 때문에 여기서는 자세한 논의를 생략한다.

독일의 글로벌 위성TV는 DW(Deutsche Welle)가 운영하는 DW-TV인데, 독일어와 영어가 기본이 되며 해당 지역 윈도우별로 아랍어, 스페인어 및 기타 언어로 일부 프로그램을 방송한다. 예산은 2005년에 7천만 유로였으며, 프로그램은 뉴스와 정보, 그리고 문화로 구성되어 있다. DW-TV는 전 세계를 대상으로 Astra1F/1E, Hotbird 6 Digital, Nilesat 101, Asiasat 3, Intelsat 707, PAS-9, AMC-1 등 8개 위성을 사용하고 있다. DW-TV의 도달가구는 2억 천만이며, 시청자수는 DW가 2005년에 조사한 바에 따르면 주당 2,850만 명이다(Elter & Hofmann, 2006: 8).

해외 공영방송사로서 법적 지위가 확고하게 부여된 DW는 세금에 의해 재원이 조달되는데, 다양한 임무와 목적을 갖고 있다. 즉, 중앙유럽으로부터 제공되는 정보를 통해 영미중심의 국제뉴스에 대한 대안 채널의 역할을 수행하며 독일과 유럽의 문화를 전 세계에 전파하고 아울러 유럽의 컨텍스트 속에서 독일을 조망한다. 또한 독일어를 확산시키고, 자유스러운 민주주의의 가치를 전달하고, 그리고 인권을 위해 노력하며 해외 시청자들에게 독일에 대한 긍정적 이미지를 형성하는 것도 중요한 목적이다(DW-Information, 2006.8). DW는 연방방송사로서 행정이사회(Verwaltungsrat)와 방송이사회(Runfdunkrat)가 있으며, 편성상 독립성을 유지한다(김명중, 2000). DW는 베르린에서 동독을 대상으로 방송하였던 RIAS(미국점령지역방송) TV의 제작수단을 독일통일 이후인 1992년에 인계받았다. 그래서 DW는 옛 수도인 본(Bonn)의 본사에서 다양한 언어로 해외 라디오방송을 하는 반면에, 수도 베를린에서는 TV방송을 실시하고 있다.

DW-TV는 하루 24시간 방송체제인데, 기본프로그램을 매시간 독일어와 영어로 바꿔가면서 방송한다. 이 채널은 분명한 방송편성표를 갖고 있다. 매시간 30분짜리 뉴스방송(프로그램명: '*Journal*')으로 시작하며, 뒤이어 30분짜리 프로그램이 방송되는데, 이는 정치, 경제, 문화, 사회, 스포츠 분야의 매거진방송, 다큐멘터리와 토크 쇼 같은 프로그램 요소로 구성된다. DW-TV는 대부분의 프로그램을 자체제작하고, 부분적으로 다큐멘터리나 기타 방송물을 공영방송사인 ARD와 ZDF 및 상업제작사로부터 구입한다. DW-TV가 라틴아메리카에서는 2시간짜리 스페인어 윈도우(*Fenster*) 프로그램을 방송하고 있다. 아프카니스탄을 위해서는 DW-TV가 각각 10분짜리 뉴스를 다리어와 파슈투어로 제작하고 있다. 이 프로그램은 재송신 또는 직접수신을 통해 아프카니스탄에서 주간 42%의 시장점유율을 기록하고 있는데, 소요비용은 외무부에서 이미 2006년 중반까지 마련해 주었다. DW-TV는 이 뉴스제작을 2006년중에 라디오 텔레비전 아프카니스탄(Radio Television Afghanistan) 방송사에 넘겨줄 예정이다. DW-TV는 유럽방송사로서는 최초로 아랍어로 진행하는 뉴스프로그램을 방송하는데, DW-TV의 다큐멘터리와 매거진 방송을 일부는 자막, 일부는 동시녹음을 해 보강할 계획이다. 이 아랍어 윈도우는 매일 3시간씩 방송되고 있다. DW의 임무계획에 따르면, 이 아랍어 TV프로그램을 중기적으로 확대할 계획이다. DW는 1998년 이후 예산이 계속 줄어들었는데, 2006년에 처음으로 2백만 유로가 증가하였다. DW는 프로그램의 변화를 풍부하게 할 수 있도록 하기 위해, 국내 공영방송사들과 특별한 조건으로 포맷에 맡는 프로그램을 확보할 수 있도록 현재 협상중이다.

DW-TV는 전 세계적으로 무료이다. 유럽, 독립국가연합(CIS)의 대부분, 아랍지역에서는 위성의 Ku-밴드를 이용하기 때문에 보통의 위성안테나로 수신이 가능하다. 그러나 미주, 아시아, 아프리카, 그리고 오스트레일리아에서는 C-밴드를 이용하기 때문에 대형 위성안테나가 필요하다. 또한 인터넷을 통해서도 DW-TV를 시청할 수 있다. 이밖에도 DW-TV는 미국, 아르헨티나, 멕시코, 오스트레일리아, 남아프리카, 캐나다, 말레이시아, 영국 등에서는 현지의 위성방송 플랫폼을 통해 유료로 수신할 수 있다. 핀란드에서는 DW-TV가 케이블을 통해 전국적으로 재전송되고, 미국에서는 타임워너(Time Warner)의 케이블방송사 몇 곳에서(예: 뉴욕) 시청이 가능하다. DW-TV가 케이블재전송이 활발하게 이루어지는 국가들은 아르헨티나, 브라질, 칠레, 가나, 체코, 헝가리, 폴란드, 루마니아, 불가리아, 멕시코, 슬로바키아 등이다. 인도의 봄베이, 마드라스, 뱅갈로를 비롯한 수많은 지역, 그리고 파키스탄의 여러 지역 케이블네트워크를 통해서도 수신이 가능하다. 카자흐스탄과 우즈베키스탄에서는 DW-TV를 지상파로도 수신이 가능하며, 홍콩에서는 아시아 최대 광대역포털인 PCCW, 그리고 아랍에미리트연합에서는 이 비전(E-Visions)을 통해 시청할 수 있다(Elter & Hofmann, 2006: 9).

4) 프랑스

프랑스어권 위성TV 채널인 TV 5는 1984년 2월 TV 5 Europe이라는 이름으로 설립되었다. 원래 이 채널의 아이디어는 1983년 프랑스 외무부의 문화부서에서 나왔다(Paul Prey, 1984: 22). 여기에는 프랑스의 공영방송사인 TF 1, 앙텡 드(Antenne 2), FR 3와 스위스 공영방송 SRG, 벨기에 공영방송 RTBF 등 5개 방송사가 연합하여 설립해 TV 5라 명명하였다. 그후 1986년 6월에 캐나다의 불어사용지역인 퀘벡지역의 TV방송사 컨소시엄인 CTQC(consortium de télévision Québec-Canada)가 추가로 합류하였다(Kim Myung Joong, 1989: 158~159). 이처럼 TV 5는 초기 유럽지역을 위한 채널에서 출발하여 1988년에는 TV 5 Québec-Canada, 그리고 1991년에는 TV 5 Afrique를 설립하였고, 1996년부터는 송출지역을 아시아와 태평양지역으로 확대하였다. 그래서 2001년 6월에는 창사멤버인 5개지역 정부의 동의를 얻어 모든

TV 5 방송을 TV 5 Monde (월드의 의미) 로 구조개편을 단행하였다 (〈해외방송정보〉, 2004. 7: 37). 이제 TV 5는 프랑스-벨기에-스위스, 유럽, 아프리카, 중동, 아시아, 남미, 미국, 그리고 캐나다 등 8개 채널을 거느리고 있다(http://www. tv5. org/2006/11/8).

TV 5 Monde의 지분을 살펴보면, TV 5에 참여하는 프랑스의 3개 공영TV방송사가 47. 39%로 가장 많은 지분을 갖고 있으며, 프랑스와 독일이 공동으로 운영하는 문화채널인 아르테(Arte) 의 프랑스 파트너인 Arte France가 12. 50%를 차지하고 있다. 그리고 스위스의 SSR이 11. 11%, 벨기의 RTBF가 11. 11%, 캐나다의 Radio Canada (6. 67%) 와 Tele Québec (4. 44%) 이 합해 11. 11%를 차지하고 있고, 기타 5개 주주들의 지분은 총 4. 79%이다(〈해외방송정보〉, 2004. 7: 37). 캐나다의 퀘백, 아프리카, 라틴아메리카, 카리브해 연안, 아시아, 유럽 등에 다양한 현지화 채널을 갖고 있는 TV 5는 하루 24시간체제로 방송하고 있다. 프랑스어로 프랑스의 문화예술 프로그램을 소개하는 TV 5는 불어사용권의 정체성, 정신, 언어, 그리고 가치를 반영하는데, 프랑스어는 유럽인의 25% 이상이 말하거나 공부한 것을 포함하여 전 세계의 2억 천만 명이 사용하고 있다(http://www. tv5. org/2006/11/8).

TV 5는 총 52개의 위성중계기를 사용하고 있고, 그리고 6천여 개의 케이블네트워크로 재분배되고 있다. 그래서 TV 5의 가시청 가구는 1억 6천만 가구이며, 165개국의 350만 호텔객실에서도 수신이 가능한데, 200여 개 국가에서 매일 평균 2천 4백만 명, 그리고 주당 평균 7천 2백만 명이 이 채널을 시청한다. 그래서 TV 5 Monde는 시청가구가 MTV보다는 적고 CNN보다는 많아 세계에서 두 번째로 큰 네트워크이다(http//www. uvek. admin. ch/2006/10/30).

TV 5는 상업방송에 대한 대안채널로서 탄생하였고, 이것은 국제방송의 틈새시장을 대상으로 하고 있다. TV 5는 하루 16번의 뉴스를 비롯하여 정보, 다큐멘터리 필름, 오락, 스포츠, 음악 등 종합편성을 하고 있다(http://www.tv5.org/2006/11/8). 그런데 TV 5는 프랑스어권 공영방송사들이 이미 방송한 것을 재편성하여 방송하기 때문에 재방송이 거의 대부분을 차지한다. 나머지 부족한 부분인 영화, 픽션물, 다큐멘터리, 스포츠 등은 외부에서 구입하기도 하는데, 특히 아프리카 제작사들에게서 구입하는 것도 상당수 있다. 현재는 프로그램에 프랑스어, 영어, 아랍어, 스페인어, 포루투갈어, 네덜란드어, 독일어, 스웨덴어 등 총 8개 언어로 자막을 제공하기도 한다(〈해외방송정보〉, 2004.7: 37). TV 5 예산의 3분의 2가 관련 정부부처인 외무부와 커뮤니케이션부로부터 충당되고 나머지는 그 외 3개국의 방송사들이 부담하는데, 2002년도 예산은 8천 9백만 유로였다(〈해외방송정보〉, 2004. 7: 38).

한편 프랑스는 TV 5 외에 프랑스 뉴스 전문채널을 출범시킨다. 프랑스는 AFP 뉴스통신, 라디오 프랑스 인터내셔널(RFI: *Radio France International*), TV 5와 같은 국제적 채널들을 보유한 세계적인 여론 선도국이다. 그럼에도 불구하고 프랑스는 24시간 국제뉴스전문 TV방송을 새로 설립하였다. 이 같은 배경에는 2002년 제 2차 이라크 전쟁이 끝난 후, 프랑스 내에서는 국제적 분쟁에 관해 국제사회에 프랑스의 목소리를 전달할 마땅한 국제 TV뉴스채널이 없었다는 비판이 강력하게 제기되었다(http://www.france24.com/2006/11/5). 그래서 국제사회의 TV뉴스 분야에서 BBC와 CNN의 지속적인 지배에 대응하기 위해 2002년 프랑스 대통령 자크 시락(Jaques Chirac)은 CNN에 버금가는 프랑스 뉴스채널(CNN a la francaise)의 기본계획을 정부가 마련하도록 지시하였는데, 이 채널은 BBC와 CNN에 경쟁할 수 있을 정도가 되어야 하고, 그리고 프랑스적 시각에서 세계를 보고, 프랑스의 가치를 전파해야 한다고 강조하고 있다. France 24의 프랑스어 채널은 케이블과 위성을 통해 프랑스에서 수신할 수 있게 된다.

국제정보와 뉴스에 중점을 두는 프랑스 해외TV서비스인 France 24

가 2006년 12월 6일에 방송을 시작할 계획이다. 이 서비스는 2개 채널을 통해 이루어지는데, 한 개 채널은 전적으로 프랑스 콘텐츠만을 제공하게 되고, 그리고 다른 하나는 많은 비중의 영어프로그램(약 75% 계획)을 제공하려고 한다(Elter & Hofmann, 2006: 10). 장차 스페인어와 아랍어 프로그램도 제공할 계획이다. 이 방송의 초기에는 유럽, 아프리카, 중동을 서비스 지역으로 삼게 되나 점차 프랑스 영향권에 있는 대륙뿐 아니라 미주와 아시아로도 방송망을 확대할 계획이다. 주요 타겟 오디언스로는 전 세계 인구의 25~30%에 해당하는 여론주도층을 설정하고 있다. 특히 젊은층들이 기존의 CNN International이나 BBC World와 같은 앵글로 색슨 방송의 시각과 다른 관점의 견해도 듣고 싶어한다는 점을 착안, 프랑스식의 토론문화를 통해 다양한 여론을 전달할 계획이다(http://www.france24.com/2006/11/5). 중기적으로는 역시 아랍어와 스페인어 프로그램도 계획하고 있고, 그리고 방송지역도 남미, 아시아, 그리고 북미까지 확대하려고 한다. France 24의 편집을 위해서는 130명의 기자가 일하게 된다. 새로운 이 방송은 세금으로 재원을 충당하는데, 첫해의 예산은 8천만 유로가 편성되었다. France 24의 운영자는 프랑스 최대의 상업방송사인 TF 1과 공영방송사인 FT(France Télévision)가 각각 50%씩 책임을 맡는다. France 24는 인터넷으로도 수신할 수 있게 된다. 프랑스 24의 편집부는 TF 1의 특파원 사무실과 자체 뉴스채널 LC 1, 공영방송 France 2와 France 3 채널의 특파원 및 프랑스의 뉴스통신사 AFP, 그리고 해외 라디오채널인 Radio France International의 자료를 프로그램 제작시에 활용한다. France 24 방송서비스는 Amos, ArabSat, Astra1/2, Hot Bird, Nile Sat, NSS 7, Eutelsat W3/4 위성을 이용할 예정이다(Elter & Hofmann, 2006: 10).

5) 중 국

중국의 국영 중앙TV방송사인 CCTV(China Central Television)는 1958년에 설립되었는데, 12개 이상의 채널을 운영하고 있다. 중국의 국제방송은 3개 채널을 통해 이루어지고 있는데, 전 세계 5천만 화교들을 대상으로 중국어 방송을 하는 CCTV-4, 영어로 전 세계를 대상으로 방송하는 CCTV-9(CCTV International), 그리고 스페인어와 프랑스어로 글로벌 방송을 하는 CCTV-E&F 채널이 있다. 그러나 CCTV-4는 해외동포 대상이므로 여기서는 논외로 한다. 영어채널인 CCTV-9는 2000년 9월에 방송을 시작하여 2004년 5월에 완전한 글로벌 방송으로 발전하였는데, 뉴스를 비롯하여 문화와 교육프로그램으로 편성하며, 연간 예산은 공개하지 않고 있다.

이 채널의 서비스 지역은 아시아-태평양지역, 유럽, 중동, 아프리카, 남·중·북미 등 지구촌 전체를 대상으로 하고 있고, 이를 위해 AsiaSat 3S/4, Eurobird 1, Galaxy Sat 3C/11, Hot Bird 2/6, Nilesat 101, PAS 9/10, Optus B1, Telstar 18, Thor 3 위성들을 사용하고 있다. CCTV-9의 가시청 가구수는 120개 국가와 지역의 4천 5백만 가구이다. 한편 스페인어와 프랑스어로 방송하는 CCTV-E&F의 예산도 공개되지 않는데, 이 채널도 뉴스를 비롯하여 문화와 교육프로그램을 주로 편성한다. 이 채널의 서비스 지역은 아시아-태평양지역, 유럽, 중동, 아프리카, 남·중·북미 등인데, 이를 위해 AsiaSat 3S, Galaxy Sat 3C, PAS 9/10 위성들을 사용하고 있다. 이 채널의 가시청가구나 시청자수에 대한 자료는 공개하지 않고 있다. CCTV 9와 E&F 모두 하루 24시간 방송하는데, E&F 채널은 4시간마다 스페인어와 프랑스어로 바꿔가며 방송하고, 프로그램은 주로 CCTV 방송사로부터 받는다. 중국에서는 미디어 검열 때문에 CCTV 방송사의 프로그램 내용은 대부분 중국정부에 의해 감시되고 통제된다. 이 2개 채널

모두 미국에서는 디쉬 네트워크(Dish Network)를 통해 수신될 수 있다. 추가적으로 CCTV 9는 미국, 아시아, 러시아 등에서 몇몇 현지 위성방송 플랫폼사업자들을 통해 유료로 시청이 가능하다. 또한 CCTV 9는 유럽, 미국, 아시아, 그리고 중동에서 몇몇 현지 위성플랫폼사업자들을 통해 유료로 시청이 가능하다. 한편 CCTV E&F는 주로 C-밴드를 이용하기 때문에 대형 위성안테나가 있어야 무료로 수신이 가능하나 CCTV 9는 대부분 Ku-밴드를 이용해 보통의 안테나로도 수신이 가능하다(CCTV-Information, 2006. 8. 15; Elter & Hofmann, 2006: 20~21).

6) 일 본

일본의 해외위성TV 서비스는 NHK 월드TV(NHK World TV), NHK의 프로그램 공급채널인 NHK 월드 프리미엄(NHK World Premium), 그리고 북미와 유럽의 현지법인을 통한 TV채널인 재팬TV(Japan TV)와 JSTV(Japan Satellite TV)가 있다. NHK는 공영방송사로서 수신료에 의해 재원이 조달되는데, 일본의 국제위성방송 NHK World TV를 운영하고 있다. 이 채널은 PAS 8/9/10의 3개 위성을 통해 일본어와 영어로 하루 24시간 전 세계를 대상으로 뉴스와 정보 및 프로그램을 제공하고 있는데, 원칙적으로 무료이다(http://www.nhk.or.jp/2006/11/8).

NHK World TV의 서비스 지역은 아시아·태평양지역, 유럽, 중동, 아프리카, 남미와 중미, 미국 등인데 가장 큰 문제는 위성의 C밴드를 이용하기 때문에 직접수신을 위해서는 직경 4.5m의 대형 안테나가 필요하다. NHK World TV의 연간예산은 6천 3백만 유로이며, 이 중 제작예산은 연간 29억 엔이다. NHK World의 가시청 가구수는 7천 2백만으로 보고 있는데(Elter & Hofmann, 2006: 22), 실제 수신가구는 매우 미미한 실정이어서 통계자료를 제시하지 않고 있다. 일본의 외무성 홍보문화교류부가 2005년 12월부터 3개월 동안 조사한 114개국의 국제방송 시청형태 결과를 보면 다음과 같다. 지상파TV, 케이블, 위성방송 등 가정에서 일반적 수단을 통해 수신가능한 국제방송의 종류를 조사한 결과, CNN은 114개국 중 113개국에서 시청가능하며, BBC는 111개국, TV5는 100개국, DW는 79개국, CCTV9은 61개국, 아리랑TV는 63개국이며 일본의 NHK World는 12개국에 머물고 있다. 또한 114개국의 220개의 호텔을 대상으로 일본대사관이 조사한 '대표적인 호텔과 국제방송 시청가능 현황'에 따르면, CNN은 207, BBC는 186, TV5는 156, DW는 93, NHK는 91, CCTV-9는 61, 아리랑TV는 45개로 나타났다(Kaiko Forum, 2006: 58~63). 1995년부터 송출하고 있는 NHK World TV는 재외 일본인들을 위한 가교를 마련함과 동시에 일본에 대한 국제적 이해를 촉진시키려 한다. 1일 24시간 방송하는 이 채널의 편성은 다양한 NHK의 일본어 프로그램에서 선택한 것, 몇 개의 영어 뉴스프로그램, 그리고 문화, 과학, 자연에 대한 매거진 프로그램 및 일본어 프로그램으로 이루어진다. 몇 개의 프로그램은 영어 자막방송이나 오리지널 음성방식으로 제공된다. 영어방송 비율은 일본어 방송에 비해 지난 몇 년 동안 꾸준히 증가하여 약 3분의 2 정도인데, 앞으로 글로벌 방송으로 전환하기 위해 2008년 말까지 영어방송 비율을 100%로 늘려 외국인 대상의 채널로 특화하기로 결정하였다. 그래서 영어뉴스를 매시 정각에 제공하고, 독자적인 영어프로그램을 제작하며 아울러 장르도 다양화할 계획이다(〈해외방송정보〉, 2006.9: 34).

뉴스는 NHK World TV가 자체제작한다. 영어 매거진 방송의 일부는 자체제작하고 일부는 NHK 방송을 영어로 번역한 것이다. NHK의 국제적 프로그램 전송과 프로그램 제작을 위한 예산은 라디오와 TV를 합해 약 1억 유로에 달한다(Elter & Hofmann, 2006: 22). 한편 NHK

월드 프리미엄은 NHK의 자회사인 NHK 정보네트워크(NHK JOHO Network)를 통해 아시아, 태평양지역의 위성방송사업자나 케이블TV 사업자에게 계약을 통해 유료로 프로그램을 공급한다(〈해외방송정보〉, 2005.12: 8). 이 채널의 편성은 하루 24시간 뉴스와 정보프로그램, 드라마와 일본의 팝음악 등 오락프로그램, 그리고 어린이용 프로그램과 스포츠 등 다양한 NHK의 프로그램으로 이루어진다(http://www.nhk-jn.co.jp/2006/11/8). 또한 JNG(Japan Network Group)가 운영하는 미국 현지채널인 Japan TV는 NHK와 이토추상사(Itochu Corporation)가 주요 주주인데, 미국과 캐나다를 대상으로 NHK 프로그램과 극소수의 민간방송 프로그램으로 종합편성하여 방송하고 있다. 그리고 런던에 소재한 JSTV는 NHK 엔터프라이즈 21, 마루베니 유럽(Marubeni Europe), 마이코(MICO: *Media Inetrnational Corporation*), JAL 등이 주요 주주이다. 방송지역은 유럽과 중동, 북아프리카와 중앙아시아 등이며, 방송편성은 JSTV와 마찬가지이다. 북미와 유럽에 있는 이 일본어 채널들은 매일 NHK World TV 프로그램의 7시간 30분 분량을 방송한다(〈해외방송정보〉, 2005.12: 8~16). NHK World TV는 또한 라틴아메리카와 아시아에서 유료TV로 시청이 가능한데, 이를 제공하는 플랫폼사업자는 디렉TV 라틴아메리카(DirecTV Latin America), 스카이 멕시코(Sky México), 아스토로 누산타라(Astro Nusantara) 등이다(Elter & Hofmann, 2006: 22).

7) 러시아

러시아는 국제사회에서 차지하는 정치적 비중과 원유가 고공행진으로 인한 지속적 경제발전으로 국제사회에서의 정치경제적 영향력이 증대되고 있다. 그래서 러시아 역시 미국과 영국에 대응할 수 있는 글로벌 TV서비스의 중요성을 절감해 러시아 자체의 뉴스뿐만 아니라 세계적 뉴스를 글로벌 위성TV를 통해 확산하려 한다. 이러한 배경 속에서 러시아 투데이가 탄생했는데, 이는 국영 뉴스통신사인 라이-노보스티(RAI-Novosti)의 자회사이다. 이 채널은 2005년 9월에 시범방송을 시작하였고 3달 후인 12월 10일에 본방송을 시작하였다. 이 글로벌 TV 뉴스채널을 위해서는 약 6백 명의 직원이 일하는데, 40개 독립제작사들과 다큐멘터리 제작을 위해 협력하고 있다.

프로그램 제작형태를 보면 약 85%는 자체제작이고 나머지는 외주제작이다. 이 방송의 운영자금은 세금에서 50%, 그리고 나머지 50%는 '러시아 은행'의 대출금으로 마련하고 있으며, 2005년 예산은 약 3천만 달러였는데, 2006년에는 7천만 달러로 예상된다. Russia Today는 2005년 12월부터 하루 24시간 뉴스와 다큐멘터리 프로그램을 영어로 방송하고 있는데, 매시간 러시아와 세계에서 발생한 국제뉴스를 비롯하여 비즈니스, 문화, 스포츠, 그리고 과학주제들을 다룬다(http://www.russiatoday.ru/2006/11/10). 이 채널은 북미, 캐나다, 멕시코를 위해서는 IA(Intelsat Americas) 5 위성을 이용하고, 유럽을 위해서는 Hotbird 6, 그리고 아시아, 아프리카, 오스트레일리아, 뉴질랜드를 위해서는 타이콤 3(Taicom 3)을 각각 이용하여 5개 대륙의 백개국을 커버하고 있다. 이 방송서비스는 무료이며 위성의 Ku-밴드를 이용하고 있기 때문에 보통의 위성안테나로 수신이 가능하다.

이 방송 역시 인터넷을 통해서도 시청이 가능하고 몇몇 케이블 네트워크를 통해서도 재전송된다. 러시아의 시청자들은 NTV-plus 사업자의 베이직 패키지에 가입하면 이 채널을 시청할 수 있다. 이 채널은 가시청가구나 실제 시청자수에 관한 정보를 제시하지 않기 때문에 정확한 자료는 알려져 있지 않다(http://www.russiatoday.ru/2006/11/10). Russia Today는 대규모 국제 뉴스방송사들과 프로그램으로 어깨를 나란히 하는 시도를 하고 있는데, 영어, 그리고 아랍어 채널을 통해 전 세계 뉴스를 러시아로부터 '러시아적 관점'에서 보여주려고 한다. Russia Today의 두 가지 가장 중요한 공식적 목표는 외국으로 러시아에 관한 정보를 더 많이, 객관적으로 전파하고, 그리고 세계에 러시아아적 시각을 제공하는 것이다. 국영 뉴스통신사인 RAI Nowosti와 국영TV채널 TV 라씨야(TV Rossija)가 Russia Today 프로그램의 기본이 되고 있어 러시아 지역에 있는 취재기자들로부터 지속적으로 영상취재 자료를 받는다. 그리고 이 채널은 런던, 파리, 예루살렘, 워싱턴, 카이로에 특파원 사무실을 운영하고 있으며, 세계의 다른 지역으로도 네트워크를 강화하려는 계획을 갖고 있다. 러시아에서는 미디어가 국가의 통제하에 놓여 있어, 비판자들은 Russia Today가 특히 외국미디어의 보도를 모스크바 정부의 입맛에 따라 수정하게 될 것이라고 우려하고 있다. Russia Today는 일일 24시간체제의 독립적 아랍어 TV 뉴스채널인 '러시아 투데이 아라빅'(Russia Today Arabic)을 2006년 말에 방송을 시작할 계획이며, 더 나아가 일일 24시간 방송체제의 스페인어 채널도 계획하고 있다(Elter & Hofmann, 2006: 12~13).

8) 이집트

이집트의 나일 TV 인터내셔널(Nile TV International)은 이집트의 두 번째 위성TV 뉴스 네트워크이며 프로그램을 외국어인 영어, 프랑스어, 히브리어로 방송한 첫 번째 아랍 위성채널이다. 나일TV 인터내셔널은 뉴스에 가장 큰 비중을 두고 있는데, 이 채널의 운영목적은 이집트와 세계에 있는 외국인들을 대상으로 이집트의 문화, 경제, 관광과 예술세계를 보여주고, 그리고 외국어를 통해 이문화간 건설적 대화를 하기 위한 것이다. 또한 아랍과 중동 및 글로벌 이슈 등에 대한 이집트 정부와 이집트인의 관점을 전파하고 현대적 이집트의 이미지를 보여주며 아울러 이슬람의 진정한 이미지를 확산시키기 위한 것이다(http//en.wikipedia.org/wiki/Nile-TV/2006/11/5).

이 채널은 Hot Bird 6, Nilesat 101, Intelsat 10-02 위성들을 이용해 전체 아랍권, 중동, 북아프리카, 유럽, 그리고 미국까지 커버하고 있다. 이집트에서는 지상파를 이용해 방송되고 있어 이집트인뿐만 아니라 이집트 거주 외국인들도 다른 이집트채널과 마찬가지로 이를 시청할 수 있다(http://www. niletv. net. tf/2006/11/8). 이 채널은 이집트 국영방송인 ERTU(Radio & Television Union)의 일부인데 1994년에 4시간짜리 방송으로 시작하여 현재는 하루 16시간씩 방송하고 있다. 여기서는 주로 영어로 방송하나 일부 프랑스어로도 방송하고, 2002년 1월부터는 히브리어도 추가되었다. 이 히브리어 프로그램은 처음 하루에 30분에서 출발하여 2시간으로 확대되었다. 이 채널은 주로 ERTU의 프로그램을 재활용하며, 매시간 뉴스방송과 토크 쇼 등 일부 프로그램은 직접 제작한다. Nile TV International은 무료로 수신할 수 있으며, 위성의 Ku-밴드를 이용하고 있기 때문에 보통의 위성안테나로 수신이 가능하다(Elter & Hofmann, 2006: 18~19).

9) 카타르

인구 62만 6천 명밖에 안 되는 중동의 소국인 카타르의 도하에 있는 알 자지라(Al Dschasira) 방송은 카타르 국왕 하마드 빈 칼리파 알 타니 일가가 투자해 1996년 설립했다. 즉, 이 채널은 통치자로부터 해마다 3천만 달러씩 보조를 5년간 받다가 독립한 아랍어 뉴스·정보채널이다. 이는 아랍어로 TV뉴스 방송을 제공하는 글로벌 채널인데, 연간 예산은 약 1억 2천만 달러에 달한다. 아랍어로 '반도'라는 뜻을 지닌 알 자지라 방송은 1996년 11월 방송을 시작한 뒤 2001년 9·11 테러 이후 알카에다의 오사마 빈 라덴을 독점 취재하면서 세계적 위성TV로 확고하게 자리잡았다. Al Dschasira 방송은 설립 이후 가장 견고한 방송이자 가장 논란이 많은 아랍어 TV네트워크로 발전하였다. 알 자지라는 성역 없는 보도를 통해 독재가 횡행하는 중동의 정치개혁을 이끌고 있어 제 3세계의 대안언론으로 확고하게 자리잡았다. 그래서 미국의 경제전문지 〈포브스〉도 2006년 11월호에서 이 방송을 아랍권 최고의 브랜드로 평가하였다(〈문화일보〉, 2006. 11. 1). 이 채널이 사용하는 위성은 ArabSat 2C/2D/3A, Eurobird 1, Hot Bird 3, Nilesat 101, Eutelsat Sesat, Astra 1E, Intelsat 907 등이며, 서비스 지역은 중동, 유럽, 북아프리카, 미국, 캐나다, 라틴아메리카, 아시아, 오스트레일리아이다. 이 채널의 일일 시청자수는 중동에서 4천만, 유럽에서 8백만, 미국에서 20만으로 자체 집계하고 있다. 방송 10년을 맞은 알 자지라는 2006년 11월 15일 하루 24시간 영어뉴스를 방송하는 알 자지라 인터내셔널(Al Jazeera International)을 유럽, 북미, 아시아, 중동지역을 대상으로 방송을 시작하였다. 이 새로운 방송을 위해 약 2백 명의 직원이 일하는데, 이 중에는 BBC와 CNN의 유명 진행자들과 전 미국 해군의 대변인 등도 스카우트 되었다. Al Dschasira는 이 영어채널로서 서방에서의 채널 이미지를 개선하고, CNN과 BBC에 맞서 경쟁하며 국제적 시청자들에게 특히 중동문제에 관해 아랍적 시각에서 정보를 제공하려고 한다. 워싱턴, 런던, 도하, 그리고 콸라룸푸르에 있는 4개 스튜디오가 이 영어채널에 대한 책임을 맡는데, Al Dschasira의 전 세계 40개 지국도 이용한다. 이 영어채널은 초기에는 카타르 정부에 의해 재원이 지원되나 3년에서 5년 정도가 지나면 손익분기점에 도달해야 한다. Al Dschasira 역시 거의 전적으로 카타르 정부에 의해 재원이 조달되고 있으며 광고수입은 전혀 없다. 이 아랍어 방송은 창립 9주년이 지난 2005년까지도 항상 적자만을 기록하여, 또 다시 민영화에 대한 논의가 일고 있다.

Al Dschasira 보도는 이라크, 사우디아라비아, 튀니지 등 여러 아랍 정부들의 마음에 들지 않는다. 왜냐하면 전제적 아랍정권의 반대자들에게 발언의 기회를 주기 때문이다. 그래서 Al Dschasira는 사우디아라비아를 비롯한 여러 국가에서 지속적으로 방송금지나 활동금지와 같은 조치를 당하고, 또한 이 지역에서 가장 큰 사우디아라비아 광고시장에서도 배제되어 있다. 미국정부는 Al Dschasira를 반서방적이고 반미적 보도를 하고 있다고 비난한다. 워싱턴에 의해 임명된 이라크의 정부평의회는 이 방송에 대해 이라크에서 활동금지를 명하였다. 알자리라는 무료방송이고 주로 간단한 Ku-밴드 위성안테나로 수신이 가능하다. 미국에서는 Al Dschasira를 디시 네트워크(Dish Network)의 유료 아랍패키지의 일부로서 시청이 가능하다. 영국에서는 Al Dschasira를 스카이 디지털(SkyDigital)을 통해, 그리고 아프리카에서는 멀티초이스 아프리카(Multichoice Africa), 그리고 아시아에서는 아스트로 누산트라(Astro Nusantara)와 텔레컴 비전(Telcom Vision), 중동에서는 예스(Yes)와 ADD를 통해 유료TV로 수신이 가능하다. Al Dschasira 그룹은 이미 한 개의 어린이 채널과 한 개의 스포츠채널을 운영하고 있다. 더 나아가 한 개의 다큐멘터리 채널도 계획하고 있다(Elter & Hofmann, 2006: 14~15).

10) 두바이

알 아라비아(Al Arabiya)는 아랍어로 중동, 아프리카, 유럽, 남미와 중미, 미국 등을 대상으로 방송한다. 이 채널은 뉴스를 중심으로 정치적인 토크 쇼, 다큐멘터리 등으로 프로그램을 편성하는데, 시청자에 대한 구체적 데이터를 제시하지 않고 있다. 이 채널의 연간 예산은 약 6천 5백만 달러이며, 사용하는 위성은 ArabSat 2C/2D/3A, Hotbird 6, Nilesat 102, Intelsat 907, PAS 9 등이다.

알 아라비아는 두바이시티에 본사를 두고 있는데, 중동에서 가장 성공적인 뉴스방송사에 속한다. 2003년 3월 이 방송사는 3억 달러를 가지고 방송을 시작했는데, 자금은 사우디에 의해 통제되는 범아랍 TV

방송사인 MBC(Middle-East-Broadcasting Centre), 레바논의 하리리 그룹(Hariri Group), 그리고 사우디아라비아, 쿠웨이트, 걸프국가들의 여러 투자자들이 마련하였다. 미확인 보도에 따르면, 그 사이에 쿠웨이트 투자자가 탈퇴하여 알 아라비아의 지분소유 그룹이 변화했다고 한다(Elter & Hofmann, 2006: 16). 알 아라비아는 향후 5년 동안 투입될 3억 달러의 자금을 사우디아라비아, 레바논, 쿠웨이트, 아랍에미리트연합(UAE) 등지의 민간투자자들로부터 충당할 계획이다. 이 방송은 알 자지라에 비해 상대적으로 독립된 자유언론의 틀을 갖춘 민간방송을 지향하고 있으나, 이제 겨우 3년이 지난 터라 성공 여부를 평가하기에는 아직 이르다. 알 아라비아의 주요한 인적 자원은 아랍방송들에서 경험이 많은 인물들로 채워져 아랍인의 정서를 충분히 이해하고 표현할 수 있다고 보고 있다(〈미디어오늘〉, 2006. 11. 8). 알 아라비아는 알 자리라에 대한 직접적 경쟁자로서 설립되었는데, 각종 시청자조사에 따르면, 선호도 면에서 알 자지라를 앞서는 것으로 나타나고 있다. 미국 국무부의 시청자 조사결과, 이라크에서는 알 아리비아가 이미 알자리라보다 더 많은 시청자를 확보하고 있다. 이라크에서 위성수신 안테나를 보유한 37%가 알 아라비아를 선호하는 뉴스채널로 꼽았고 알 자지라는 26%에 달했다(Elter & Hofmann, 2006:16). 2006년 3월 프랑스계 조사전문기관인 입소스(IPSOS-STAT)의 분석결과에 따르면, 알 아라비아는 27.3%의 시청률을 기록하며 16.7%를 차지한 알 자지라를 10% 이상이나 앞질렀다. 사우디아라비아에서는 30.34%를 차지해 8.91%에 그친 알 자지라를 3배 이상이나 크게 앞질렀다. 2006년 7월 레바논 전쟁 관련 뉴스 시청률 조사에서도 알 아라비아는 40%의 시청률을 기록하며 알 자지라를 앞섰다. 알 아라비아는 매월 평균 17%의 시청률을 기록하며 알 자지라를 5% 정도 앞서고 있다(〈미디어오늘〉, 2006. 11. 8). 알 아라비아는 뉴스에 중점을 두면서 또한 라이프스타일, 과학, 스포츠 등을 포함하는 프로그램 편성으로 전 세계에 있는 아랍 시청자들에게 다가가려고 한다. 이 방송은 뉴스와 다큐멘터리 등을 자체제작하지만, 동시에 일부 다큐멘터리 프로그램을 구입함으로써 젊은 아랍 감독들을 지원한다. 미국정부는 여러 차례 알 아라비아의 보도에 대해 불만을 표시하였고, 이라크에서는 활동금지 조치를 취하였다. 이는 알 아라비아도 알 자리라와 마찬가지로 미국의 이익에 대해 적개심을 갖고 있다고 보기 때문이다. 알 아라비아는 무료인데, 위성의 Ku-밴드를 이용하고 있기 때문에 보통의 소형 안테나로 수신이 가능하다. 미국에서는 이 방송을 Dish Network의 유료채널로 시청이 가능하다(Elter & Hofmann, 2006: 16).

11) 베네수엘라

텔레수르(Telesur: Televisión del Sur)는 베네수엘라의 카라카스(Caracas)에 소재한 최초의 국영 범라틴아메리카 뉴스채널로서 남미의 알 자지라로 불린다. 이 채널은 중남미 국가에서 미국과 영국의 뉴스채널들이 국제뉴스를 독점하는 것에 맞서 중남미 국가들의 시각에서 뉴스를 보도할 목적으로 방송을 시작하였다(〈한겨레신문〉, 2005. 7. 27). 이 방송은 스페인어로 미주와 서유럽, 그리고 북아프리카와 카리브 연안을 대상으로 NSS 806 위성을 이용해 뉴스와 다큐멘터리 프로그램을 제공하는데, 시청자수에 관한 자료는 제시하지 않고 있다. 2005년 7월 하루 4시간짜리 스페인어 프로그램으로 출범한 이 채널은 2005년 11월에 하루 24시간 방송체제로 전환하였다. 이 방송사의 초기 투자자본은 250만 달러인데, 여기에는 베네수엘라 정부(51%), 아르헨티나 정부(20%), 쿠바 정부(19%), 우루과이 정부(10%)가 참여하고 있다(〈서울신문〉, 2005. 7. 26). 브라질도 이 채널의 프로그램 공급에는 참여하고 있으나, 고정된 참여비율을 갖고 있지는 않다. 왜냐하면 브라질은 독자적으로 포르투갈 언어로 국제 TV방송사를 설립할 계획을 갖고 있기 때문인데, 이 채널은 텔레수르와 협력할 계획이다. 텔레수르는 참여한 4개 국가의 세금을 출범재원으로 생각하였는데, 장기적으로는 상업방송이 되려고 하나 구체적 예산계획서는 아직 마련되지 않고 있다. 텔레수르는 일차적으로 CNN에 대한 라틴아메리카의 경쟁자이자 맞대응의 산물로서 미국 CNN방송에 대한 스페인어 판이라 볼 수 있다. 이 채널의 프로그램은 뉴스, 정치보도, 인터뷰와 토론방송, 그리고 다큐멘터리 등으로 편성되는데, 단계적으로 타지역으로도 가시청권을 확대하려고 한다. 텔레수르는 자체 프로그램을 여러 나라에서 제작하고 일부는 구입하기도 하는데, 아랍의 뉴스채널 알 자리라와 협력협정을 체결하였다. 이 협정은 기자와 TV 기술진의 교육시 프로그램 내용과 경험 교환에 관해 규정하고 있다. 비판자들은 텔레수르를 국제언론에서 자주 부정적으로 묘사되는 베네수엘라의 좌파 대통령 우고 차베스(Hugo Chavez)를 위한 프로파간다 방송으로 보고 있다. 미국은 텔레수르에 대한 대응책으로 한 개의 법 초안을 마련하였는데, 이는 BBG가 베네수엘라에 대한 대응채널을 마련하는 내용을 담고 있다. 텔레수르는 스스로 독립적 방송이라고 말하고 있으나 중립적이지는 않다. 텔레수르는 무료인데, 다만 위성의 C-밴드를 이용하고 있기 때문에 대형 위성안테나가 있어야 직접수신이 가능하다. 이 채널은 베네수엘라에서 여러 케이블 네트워크를 통해 재전송되고 있으며, 전체 라틴아메리카와 카리브 연안에서는 위성방송 플랫폼사업자인 DirecTV Latin America를 통해 유료TV로 시청할 수 있다(Elter & Hofmann, 2006: 24).

5. 비상업 해외TV방송 분석

1) 국가별 채널 현황

NHK 방송문화연구소가 세계 80개국을 대상으로 조사한 결과 2006년 현재 42개국에서 국제방송을 실시하고 있다(Gaiko Forum, 2006. 9: 59). 그런데 순수한 해외동포 대상의 채널을 제외하고 2개 대륙 이상으로 방송하는 비상업적 국제 위성TV를 분석하면 다음과 같다. 전적으로 영어를 이용해 전 세계 시청자들에게 방송서비스를 제공하는 TV 채널은 영국의 BBC 월드, 중국의 CCTV-9, 아리랑TV, 러시아 투데이, 알 자지라 인터내셔널 등 5개 채널이 있으며, France 24가 2006년 말에 방송을 시작할 계획이다. 이 중에서도 국제 뉴스전문채널들을 제외하면 한국의 아리랑TV와 중국의 CCTV-9만이 종합편성을 하는 채널이다. 이밖에 영어를 절반 이상 사용하는 채널로는 독일의 DW-TV, 일본의 NHK 월드 TV, 이집트의 나일 인터내셔널 등이 있다. 한 가지 특징적으로 나타난 현상은 아랍어 국제채널의 경쟁이 매우 치열하며, 이는 갈수록 더욱 심화될 전망이다. 미국의 알 후라, 카타르의 알 자지라, 두바이의 알 아라비아 등 아랍어 별도채널이 있고, 그리고 DW-TV와 아리랑TV는 별도채널은 아니지만 일정 시간을 아랍어로 방송하는 서비스를 22개 아랍권 국가들을 대상으로 내보내고 있다. 게다가 France 24, 러시아의 Russia Today, 그리고 BBC 월드는 각각 2006년 12월과 2007년 초에 아랍어 채널을 런칭할 계획이다. 중요한 산유지역이자 분쟁지역인 아랍권을 대상으로 TV를 통한 국제정보전은 갈수록 더 치열해질 것으로 예상된다.

2) 채널운영 주체

해외방송을 운영하는 주체별로 살펴보면, 공영 또는 국영방송사가 겸영 또는 별도 법인을 설립하여 운영하는 모델, 해외방송을 전담하는 독립적 방송사가 운영하는 모델, 그리고 여러 국가가 공동으로 설립하여 운영하는 모델이 있다. 첫째 공영 또는 국영방송사가 직영하는 모델은 우리나라의 KBS, 중국의 CCTV, 일본의 NHK, 이집트의 ERTU이다. 그러나 공영방송사가 운영하더라도 별도의 법인이 해외방송을 담당하는 곳은 영국의 BBC이다. 둘째, 해외방송을 위한 전담방송사가 운영하는 모델은 한국의 아리랑TV, 미국의 알후라와 VOA, 독일의 DW-TV, 러시아의 러시아 투데이 등이다. 셋째, 여러 국가의 방송사나 기업들이 공동으로 투자하여 공동으로 운영하는 모델은 프랑스의 TV 5, 두바이의 알 아라비아, 그리고 베네수엘라의 텔레수르 등이다. 이처럼 해외방송의 운영주체는 다양하게 나타나는데, 지상파 겸영 또는 계열운영방식은 콘텐츠의 저렴한 확보가 가능하고 운영상의 비용을 최소화할 수 있는 장점이 있다. 그러나 프로그램의 기획단계에서부터 국내 시청자들을 대상으로 한 것은 해외 시청자들에 소구하는데 상당한 한계가 있을 수밖에 없다. 국내 시청자와 해외 시청자의 방송욕구가 근본적으로 다르고, 그리고 해외 시청자의 경우 자국 방송을 우선적으로 시청하면서 해외채널을 보완적으로 시청하기 때문에 여러 가지로 불리한 요인들이 많다. 다만 영국의 BBC처럼 국제적 공신력, 막강한 해외특파원망, 그리고 국제사회에서 최고급 프로그램으로 통용되는 다큐멘터리 등을 이미 전 세계에 판매하여 해외 시청자들에게 익숙한 경우에는 예외라 볼 수 있다. 독자적인 해외방송사 운영은 프로그램의 기획, 편성, 제작 등이 처음부터 해외 시청자들을 대상으로 이루어지기 때문에 수용자들의 눈높이에 맞춰 방송을 만들어 낼 수 있다. 물론 해외 시청자의 경우 대륙별, 지역별, 그리고 계층별로 욕구가 다양해 이들은 모두 통합하는 데는 분명히 한계가 존재한다. 반면에 콘텐츠 확보 면에서 볼 때, 막대한 비용을 들여 제작한 우수한 프로그램을 지상파 방송사로부터 독립방송사가 저렴하게 확보하는 데는 프로그램 판매의 세계화로 많은 어려움이 있다. 한편 다국 공동의 프로젝트로서 공통의 이익을 위해 방송하는 것은 확실한 아이덴티티를 전제로 한다. 예를 들면, 프랑스어, 스페인어, 아랍어처럼 분명한 언어적 공통점이 존재해야 하며 또한 운영비용을 모두가 공통으로 분담하기보다는 프랑스, 베네수엘라, 두바이 등 주도적으로 컨소시엄을 끌고갈 수 있는 중심국가가 필요하다. 이 채널들은 언어문화적 동질성을 바탕으로 글로벌 방송을 하지만, 타언어권까지 확산되는 데는 한계가 있다.

3) 방송목적

분석대상 해외 방송사들의 방송목적은 다음과 같이 세 가지로 요약될 수 있다.

첫째, 방송을 통한 국가브랜드 마케팅 기능으로서 국가 이미지 제고를 위한 홍보방송의 역할이라고 볼 수 있다. 이러한 방송들은 국제사회에 자국의 정보, 문화, 예술, 그리고 삶의 방식 등에 관한 다양한 프로그램을 종합편성하여 제공한다. 물론 해당 국가와 직접적 관련이 있는 국제적 이슈에 대해서는 자국 정부의 공식적 목소리를 전달하는 중요한 수단이기도 하다. 이러한 역할을 하는 채널로서는 한국의 아리랑TV, 중국의 CCTV-9, 독일의 DW-TV 등이다.

둘째, 국제 뉴스전문채널로서 글로벌 또는 지역관련 국제적 이슈에 대해 각자의 시각에서 분석, 보도, 논평하는 것이다. 여기에는 영국의 BBC, 러시아의 러시아 투데이, 이집트의 나일 TV 인터내셔널, 카타르의 알 자지라 인터내셔널, 두바이의 알 아라비아, 그리고 남미의 텔레수르이다. 여기에 France 24도 곧 출범할 계획이다. 이처럼 상업방송인 미국의 CNN과 영국의 BBC가 국제 뉴스시장을 과점하는 상황에 러시아와 프랑스가 국제사회의 정치, 경제적 영향력 강화를 위해 뛰어든 형국이다. 이것은 세계 뉴스전문 통신사 분야에서 강세를 나타내고 있는 미국, 영국, 프랑스, 그리고 러시아 등이 뉴스전문 해외 위성TV에서도 마찬가지로 직접적 경쟁체제에 진입했다고 볼 수 있다. 여기에 아랍지역의 특성을 감안해 아랍의 방송사들이 아랍 관련 뉴스에 대해서는 아랍인의 시각이 중요하다는 인식하에 알 자지라와 알 아라비아가 영미의 뉴스전문 TV채널에 정면 도전하고 있다.

셋째는 공영방송사들이 해외동포를 대상으로 서비스하면서 점차 영어방송 비율을 확대해 해외 현지 시청자들을 확보하려는 것이다. 여기에는 KBS와 NHK 등이 대표적인 것으로서, 자칫 두 가지 목적을 모두 달성하려다 크나 큰 시행착오를 겪어 두 가지 모두를 충족시키지 못할 우려가 크다. 이미 일본의 경우 NHK 월드가 막대한 비용을 지출하면서도 이 같은 방식의 해외방송 효과가 미미하다는 진단을 내려 정부 차원에서 대대적 개혁을 위한 청사진을 내놓은 상태이다.

4) 재 원

해외방송의 재원은 목적상 정부의 예산 또는 공적 기금에 의해 마련되거나 공영 또는 국영방송사 겸영시에는 국고 또는 TV수신료 및 광고에 의해 마련되는 방송사 본예산에서 충당한다. 그러나 국제적 브랜드파워가 막강한 BBC월드의 경우에는 해외 방송사업자들로부터 받는 수신료 및 광고로 충당하며, 아리랑TV의 경우에는 40% 이상을 자체 수입으로 마련하고 있다.

5) 목표 시청자와 시청자 현황

해외 채널의 특성상 타겟 시청자는 전 세계를 대상으로 하나 일부 영어방송이 아닌 채널의 경우에는 몇몇 대륙으로 한정해 위성망을 구성하여 방송한다. 해외채널 중 가장 많은 시청자를 확보하고 있는 것은 영국의 BBC 월드이다. 일본 외무성이 114개 해외공관을 통해 조사한 자료에 따르면, 시청자가 위성을 통해 직접수신하는 것을 제외하고 현지의 케이블이나 위성TV 사업자들을 통해 수신이 가능한 국가수 면에서는 BBC 월드, TV-5, DW-TV, CCTV, 아리랑TV, 알 자지라, VOA, KBS 월드, 그리고 NHK 월드 순으로 나타났다(Gaiko Forum, 2006. 9: 60). 각 방송사 또는 관련기관에서 제시한 가시청자 가구나 시청자를 살펴보면, BBC 월드가 220개국의 2억 7천 9백만 가구에서 시청이 가능하며, 주당 실제 시청자수가 9천 백만으로 단연 선두이다. 이어 DW-TV가 2억 천만 가구에 주당 2,850만 명이 시청하고 있으며, TV 5가 1억 6천만 가시청가구에 일일 평균 2천 4백만 명이 시청하고 있어 실제 시청자수 면에서는 TV 5가 DW-TV를 훨씬 앞서고 있다.

6) 프로그램 편성과 자체제작

해외방송은 크게 세 가지 유형의 편성을 하는데, 이는 종합편성, 뉴스전문 편성, 그리고 정보와 문화중심 편성 등이다. 종합편성을 하는 채널은 아리랑TV, CCTV-9와 E&F, TV 5, 알후라 등이며 정보와 문화 등에 중점을 두는 채널은 DW-TV, NHK 월드 TV이고, 그리고 BBC 월드, 러시아 투데이, 알 자지라 인테내셔널, 텔레수르 등은 뉴스에 중점을 두는 전문채널이다.

6. 우리나라 글로벌 TV방송의 문제점

1) 아리랑TV와 KBS 간 해외방송의 중복

우리나라의 해외방송은 그동안 아리랑TV가 전담해왔다. 그래서 아리랑TV를 운영하는 국제방송교류재단에는 KBS, MBC, SBS 등 모든 지상파TV 방송사들이 출범시 출연금을 부담하였고, 이사로서 참여하고 있다. 이것은 대한민국을 국제사회에 마케팅하는데, 국가적 차원에서 지상파 3사의 우수 프로그램을 활용하기 위한 것이었다. 그러나 해외동포를 위한 방송서비스를 하는 KBS가 기존 콘텐츠 일부에 영어자막 방송을 늘려가고, 그리고 아리랑TV가 구축한 위성망과 거의 동일한 해외위성망을 구축함으로써 많은 문제점이 야기되고 있다. 즉, 아리랑TV와 KBS World가 유사한 목적을 가지고 중복적으로 해외시장에 나가는 것은 국가적 차원에서 볼 때 많은 낭비요소가 있으므로 범정부적 차원의 교통정리가 필요한 실정이다.

2) 아랍어 방송서비스의 불충분

아리랑TV가 2004년 10월부터 아시아 방송사로서는 최초로 아랍어 방송서비스를 시작하였는데, 방송시간은 겨우 하루 2시간 분량을 2번 재방송해 6시간씩 방송하고 있다. 그러나 아랍의 시청자들을 최우선적으로 고려한 맞춤형 프로그램은 이보다 훨씬 부족한 현실이다. 아리랑TV가 아랍어 방송서비스를 시작한 이유는 다음과 같다.

첫째, 산유국들이 많은 아랍은 우리나라의 원유 파이프라인으로서 전략적으로 매우 중요한 지역이다. 따라서 방송을 통한 산유국외교를 지원할 필요가 절실했다.

둘째, 이라크에 우리 군대를 파병했기 때문에 아랍권 국가들에 대한 이해를 구해야 할 필요가 있었다. 즉, 한국 군대는 침략군으로서 이라크에 파병된 것이 아니라 재건부대로 한국전쟁 이후 재건의 경험을 되살려 이라크 재건에 기여하는 것이라는 것을 알려야 할 필요가 있었다.

셋째, 왜 한국의 젊은이들이 이라크에 군복을 입고 갈 수밖에 없는가를 아랍권에 이해시키고, 그리고 아랍을 인정하고 이해하려는 국가라는 이미지를 형성할 필요가 있었다.

넷째, 아랍지역에서 한국의 경제적 이익실현을 전방위적으로 지원할 수 있는 TV방송이 필요하였다. 아랍에서는 고유가로 인해 엄청난 건설공사들이 발주되어 우리나라의 연간 건설수주액이 백억 달러 내외로 예상되는 시점에서 아랍권 국가를 대상으로 한 아랍어 방송서비스는 한국에 대한 전반적인 친화력을 높이는 데 매우 큰 역할을 할 수 있기 때문에 필요하였다.

이처럼 아랍채널의 전략적 중요성을 감안할 때 첫 방송시간의 확대가 반드시 필요한 시점이다.

3) 취약한 아리랑 TV의 콘텐츠 경쟁력

아리랑TV의 콘텐츠 제작비용이 지상파TV의 대하드라마 한 편 제작비에도 미치지 못하는 열악한 상황에서 콘텐츠의 국제경쟁력 강화는 매우 중요한 과제이다. 아리랑국제방송의 설립당시 자체제작 외에 많은 제작비가 투입되는 드라마 등은 지상파TV 3사의 우수 프로그램 중 해외방송에 적합한 것을 선별하여 세계의 시청자들에게 보여주기로 결정하였다. 그래서 출범 초기에는 비교적 프로그램 협조가 잘 이루어졌으나 수년 전부터 한류 확산으로 인한 프로그램 해외판매 확대와 KBS의 정책변경으로 아리랑TV가 국내 지상파 방송사로부터 콘텐츠를 확보하는 데 많은 어려움에 처해 있다. 현재는 MBC와 계약을 체결하여 드라마(국내 방영 후 3~5년 경과된 것)를 구입하고 있으며 뉴스는

MBC와 YTN, 그리고 다큐멘터리 등은 국내 프로그램공급업자(PP)와 독립제작사들로부터 구입하고 있다. 그래서 아리랑TV가 해외 시청자들에게 더 강력하게 어필할 수 있는 콘텐츠를 경제적으로 확보하는 것이 매우 중요하다.

7. 결론 및 제언

해외 위성TV가 일반화되어 시간이 갈수록 국가간, 채널간 경쟁은 치열해질 것이다. 남북이 분단되어 긴장이 고조되고 있고, 주변 강대국들과는 역사왜곡 등의 문제가 상존해 있으며, 그리고 국가경제의 ⅔를 해외시장에 의존하는 우리나라로서는 국제사회를 향한 TV방송이 어느 나라보다도 중요하다. 따라서 앞에서 지적된 우리나라 해외방송의 문제점을 해결하고 효과를 극대화하기 위한 과감한 조치가 다음과 같이 이루어져야 할 것이다.

첫째, 정부가 해외방송에 대해 공공방송사간 확실한 역할분담과 조정 또는 통합을 통해 최소한 해외방송의 비효율성과 중복을 바로잡아야 한다. 자유주의 국가에서 지상파TV 방송사가 해외방송을 겸영하는 경우 성공한 예는 찾아보기 어렵다. 이미 일본의 NHK 해외방송 서비스는 대수술을 받기로 되어 있고 프랑스도 공민영 방송이 공동으로 글로벌 뉴스채널에 도전하고 있다. 물론 영국의 BBC World TV가 가장 성공적인 것으로 알려져 있지만, 이 경우에는 BBC 본사에서 독립된 별도의 회사가 운영하고, 본래 영어가 모국어라는 장점, 콘텐츠의 국제경쟁력과 공신력, 그리고 BBC에 대한 국제적 브랜드 파워 등이 작용한 것이라고 본다. 그런데 만일 KBS가 해외방송의 주도권을 잡기 위해 과도한 해외시장 진입경쟁을 하게 된다면 과당경쟁으로 문제가 심각하게 제기될 것이다. 따라서 어떤 방식의 해외방송체제가 우리나라에 가장 효율적이며 국가마케팅에 도움이 되는가를 냉정하게 평가하여 추진해야 할 것이다.

그러나 분명한 것은 KBS의 한 부서가 해외방송을 담당하는 것은 실패할 가능성이 매우 높다. 해외방송은 결코 국내방송의 연장이 아니라 완전히 다른 사람을 대상으로, 완전히 다른 욕구에 부응하기 위해, 국내방송과는 다른 프로그램으로 소구해야 하기 때문에 대부분의 콘텐츠가 기획단계에서부터 달라야 한다. 따라서 아리랑TV와 KBS World가 통합되어 KBS의 독립적 회사로 운영되든지, 아니면 독일의 DW-TV처럼 아리랑TV를 해외방송공사로 법적 위상을 확고히 하든지 아니면 아리랑TV는 해외 시청자를 대상으로 하고 KBS는 해외동포들을 대상으로 하도록 역할분담을 하던지 간에 현명한 판단이 이루어져야 한다. 그런데 분명한 것은 국민이 부담하는 TV수신료를 해외 시청자들을 위한 서비스에 사용하는 것은 현행법상 상당한 법적 논쟁을 불러일으킬 우려가 크다. 한편 지난 2005년 하반기에는 이해찬 총리주재의 관계장관회의에서 아리랑TV의 국정홍보처 이관문제를 논의하였으나 실익이 없기 때문에 이관하지 않는 것으로 결론내렸었다.

아리랑TV는 패권주의적 시각이 아닌 해외 시청자의 입장에서 프로그램을 기획, 제작, 방송 및 사후관리를 통해 국제정치와 외교, 경제통상, 문화, 관광분야에서 대한민국의 국가이익을 실현하기 위한 방송이므로 해외에서 보는 채널을 만들어 세련된 국익정보을 제공하는 것이 매우 중요하다. 국내 시청자용 국정홍보 프로그램에 영어자막을 추가하여 방송한다고 하여도 세계 시청자들은 이해하기도 어려울 뿐만 아니라 관심의 대상도 아니다. 아리랑TV가 국가기관이 직접 운영하는 채널의 성격을 갖게 될 경우 해외에서 프로파간다 방송으로 인식될 우려가 높아 채널 신뢰도에 큰 타격이 예상된다. 또한 아리랑TV의 해외 수신가구 확대를 위한 글로벌 마케팅(현지 위성방송사나 케이블TV 방송사를 통한 재송신 계약체결) 전략은 아시아 문화의 창으로 포지셔닝

하여 비아시아권에서 약진하고 있는데, 국정홍보처로 소속을 이관할 시 채널 정체성의 약화로 아리랑TV 채널의 신규시장 진입과 기존 시장 방어에 막대한 어려움이 야기될 것이다. 아리랑TV는 미국의 CNN International, 영국의 BBC World처럼 국력과 막대한 자금력을 기반으로 수많은 해외 특파원망을 활용한 국제뉴스 채널과는 방송여건과 출발점이 근본적으로 다르며 또한 방송목적도 완전히 차별화되어 있다고 보아야 한다. 따라서 국제사회를 향한 대한민국발 뉴스전문채널의 등장은 충분히 고려해 볼 수는 있으나 영미를 비롯한 경쟁채널들의 확고한 시장선점으로 국제경쟁력을 확보하기 위해서는 막대한 비용과 시간이 소요될 것으로 생각된다.

둘째, 국제정치, 경제적으로 매우 중요한 방송 중의 하나인 아리랑TV의 아랍어 방송서비스는 매우 시의적절하게 도입되었으나 앞으로 방송시간을 늘려가면서 현지 시청자가 증가할 수 있도록 현지 마케팅 활동을 더욱 활발히 수행해야 한다. 앞에서도 살펴본 바와 같이 아랍지역을 대상으로 한 각국 방송사들의 관심은 지대하며, 해외방송사간 이 지역에서의 경쟁은 갈수록 치열해 질 전망이다. 따라서 우리의 아랍어 방송이 실질적 경쟁력을 갖출 수 있도록 과감한 투자가 반드시 필요하다.

셋째, 아리랑TV 콘텐츠의 전반적 수준향상이 절대적으로 필요하다. 그러나 제한된 재원으로서 질적 수준을 획기적으로 향상시키는 것은 명백한 한계가 있기 때문에 지상파TV 방송사들과의 유기적 협력이 전제되어야 한다. 물론 국내 지상파TV 프로그램이 모두 해외방송에 적합한 것은 아니나 막대한 비용을 들여 제작한 프로그램의 일부는 글로벌 방송에도 손색이 없는 경우가 있다. 따라서 합리적 방법과 비용으로 글로벌 콘텐츠를 확보할 수 있는 구체적 대안이 모색되어야 한다. 이를 위한 방법 중의 하나가 지상파 방송사들이 참여하는 해외방송 프로그램협의체를 구성하여 운영하는 것도 바람직할 것이다. 물론

이 협의체를 통해 인기 있는 한류 프로그램을 아리랑TV가 곧바로 공급받는 것은 어렵지만, 문화, 교양 등 해외방송에도 적절한 다양한 콘텐츠를 확보할 수 있을 것이다.

▪ 참고문헌

김명중(2002), "한국 TV방송의 세계화 방안에 관한 연구," 《방송연구》 제 55호.

______(2000), "아리랑TV 발전을 위한 독일 해외 위성TV: 'Deutsche Welle' 벤치마킹 연구," 《아리랑TV 연구보고서》, 아리랑TV.

______(1995), "외국 위성 프로그램의 세계시장 전략: 독일의 사례," 《한국방송학회 학술발표논문집》.

______(1990), "공영방송의 위성TV 참여와 이용," KBS 뉴미디어 시리즈, KBS.

아리랑TV(2006), "아리랑TV 현황"(2006. 11. 자료).

KBS(2006), "KBS 월드 자료"(2006. 7).

KBS 편, 〈해외방송정보〉, 2004. 7/2005. 12/2006. 9.

국정브리핑, 2006/11/8.

〈문화일보〉, 2006/11/1.

〈한겨레신문〉, 2005/7/27.

〈서울신문〉, 2005/7/26.

〈미디어오늘〉, 2006/11/8.

Kim, Myung Joong(1989), *Satelliten Fernsehen in Europa*, Frankfurt et al.: Preter Lang Verlag.

Elter, Lina & Hofmann, Max(DW ed.)(2006), *Internationale Medienaktivitäten im Fernsehbereich*, Berlin: DW-TV.

Paul Prey(1984), "TV 5: a french-language satellite television," *EBU Review, Programmes, Administration, Law*, Vol. 35, No. 3.

Kaiko Forum(2006. 9), Vol. 218.
CNN(2006. 11), CNN Information.
http://www. bbg. gov(검색일: 2006. 11. 5).
http://www. cctv. com(검색일: 2006. 11. 5).
http://www. cnn. com(검색일: 2006. 11. 5).
http//en. wikipedia. org(검색일: 2006. 11. 5).
http://www. france24. com(검색일: 2006. 11. 5).
http://www. nhk-jn. co. jp(검색일: 2006. 11. 8).
http://www. nhk. or. jp(검색일: 2006. 11. 8).
http://www. niletv. net. tf(검색일: 2006. 11. 8).
http://www. tv5. org(검색일: 2006. 11. 8).
http://www. russiatoday. ru(검색일: 2006. 11. 10).
http://www. uvek. admin. ch(검색일: 2006. 11. 8).
http://www. voanews. com(검색일: 2006. 11. 10).

제 19 장 초국적 사회운동과 인터넷 네트워크의 역할

김 은 규

1. 머리말

지구적 시민사회 영역에서는 인터넷을 매개로 하는 새로운 유형의 사회운동 네트워크가 주요한 흐름을 형성하고 있다. 1990년대 중반 이후, '초국적 사회운동'이라 불리는(Tarrow, 2001; Fisher et al., 2005) 전 지구적 범위의 사회운동이 출현하였으며, 이러한 사회운동들은 주로 인터넷을 매개로 진행되고 있다. 초국적 사회운동은 신자유주의적 세계화에 저항하면서 '대안적 세계화' 혹은 '지구적 사회정의'를 주장한다. 또한 초국적 사회운동은 단일국가적인 차원이 아니라 전 지구적인 사회운동 그룹들의 연대로 발현되며, 이들의 조직화와 동원은 인터넷을 통해 이루어지고 있다는 특징을 보여준다. 요컨대, 초국적 사회운동은 신자유주의적 세계화에 대항하기 위한 전 지구적 수준의 집단적 연대이며, 인터넷을 통해 촉진되고 있다.

인터넷을 매개로 하는 초국적 사회운동의 분기점으로 주목되는 것은 1999년 11월 시애틀에서 전개된 WTO 회담 반대투쟁이다. 세계 각지에서 집결한 미디어 활동가 및 사회운동 활동가들은 회담이 시작되기 6개월 전부터 시위의 중심센터로서 기능할 인터넷 네트워크를 준비하였고, '시애틀 독립미디어센터'(IMC: *Independent Media Center*, 이하 IMC)라는 인터넷 네트워크를 출범시켰다. 회담 기간 동안 시위 참여자들은 시애틀 IMC를 통해 자신들의 의견을 개진함과 아울러 각종 시위의 조직화 및 동원을 전개했다. 이후 대안적 세계화를 주장하는 초국적 사회운동은 신자유주의적 국제기구의 회담이 진행될 때마다 회담이 열리는 바로 그 도시에서 조직되었고, 그 조직화에는 IMC 네트워크가 중심적 역할을 수행했다. 더불어, 시애틀 IMC에서 출발했던 IMC 네트워크는 세계 각지에서 전개된 초국적 사회운동과 더불어 그 자체적으로 증식했으며, 현재에는 150여 개가 넘는 지역 IMC들의 네트워크 연합체로 성장했다.

2. 초국적 사회운동과 디지털 연대

1) 지구시민사회와 초국적 사회운동

1980년대 '포스트모더니즘'이라는 용어가 시대적 관심을 모았던 주된 용어였다면, 1990년대 이후에는 '세계화'(*globalization*)라는 개념이 우리의 일상을 지배하고 있다. 특히 세계무역기구(WTO)가 출범한 1995년은 세계화의 원년으로 인식되는 실정이다. 세계화는 개별국가 또는 개별사회의 삶이 점증하는 국제사회의 상호의존성에 더욱 크게 영향받는 상황을 의미한다(Giddens, 1990: 64). 또한 세계화는 사회·문화적 차원에서 지리적 속박이 줄어드는 사회적 과정이며, 사람들이 점차적으로 자신들이 움츠러들고 있음을 자각하는 사회적 과정이다(Waters, 1995: 3). 요컨대, 세계화란 국가간의 상호작용이 증대하고, 그 결과 개인의 삶이 초국가적 차원의 질서에 더욱 크게 영향받는 상황이며, 이러한 기초 위에서 초국가적인 지구촌 질서가 독자적 실재성을 획득해가는 과정이다(조희연, 2001). 한편 세계화 흐름 속에서 더욱 부각되는 것은 신자유주의라는 개념이다. 마르틴과 슈만은 신자유주의의 함의가 "시장은 좋은 것이고 국가는 나쁘다"는 것이라고 한마디로 정의하고, 이의 대표적 정책기조는 탈규제화, 무역과 자본이동의 자유화, 공공기업의 민영화 등으로 나타난다고 정리한다(Martin & Schumann, 1997: 34). 결국 신자유주의적 세계화란 자본의 질서에 기초하여 사회·문화·정치·경제적 질서를 지구적으로 통합하는 과정인 것이다.

세계화는 그 자신과 함께 행동주의자들에게 기회와 강요를 창출하는 '정치적 기구의 확장'(Smith & Johnston, 2002) 및 '민주적 변화를 위한 투쟁의 가능성'(Hardt & Negri, 2000)을 가져왔다. 즉, 세계화는 한편으로는 신자유주의적 국제기구의 강화를 가져왔지만, 다른 한편으로는 이에 저항하는 활동가들의 초국적 연대기구 역시 발전시켜온 것이다.

실제로, 세계화가 급속히 진행되던 1990년대 중반 이후, 신자유주의적 국제기구(WTO, IMF, 세계은행 등)와 다국적 체제에 대항하는 시민저항이 세계 각 지역에서 진행되었다. 1998년에는 다자간투자협정(MAI) 반대투쟁, 1998~1999년에는 G7 정상회담을 겨냥한 개발도상국 외채탕감운동이 진행됐다. 또한 1998~1999년에는 ATTAC(외환거래 과세운동 시민연합) 등을 중심으로 신자유주의 반대 국제회의들이 전 세계 활동가들을 대규모로 결집시켰다. 이런 일련의 국제적 회의와 투쟁들은 1999년 11월 30일 뉴라운드 출범을 선포하려던 세계무역기구(WTO) 각료회의 개회식을 무산시킨 미국의 시애틀 시위에서 절정에 이르렀다. '시애틀 전투'(*the Battle of Seattle*)라고도 불리는 1999년 WTO 반대시위에서 전 세계에서 모여든 6만여 명의 활동가들은 도심을 점령하여 거대한 인간 사슬을 만들고 WTO 해체를 외치며 격렬한 시위를 전개했다(참세상, 2002).

시애틀 시위 이후, '대안적 세계화'[1]를 주장하는 국제적 동원은 점점 위력을 더해갔다. 2000년 4월 미국 워싱턴에서 열린 세계은행·IMF 춘계회의, 2000년 9월 체코 프라하에서 열린 세계은행·IMF 연차회의, 2001년 4월 캐나다 퀘벡에서 열린 미주자유무역지대(FTAA) 정상회담, 2001년 6월 스웨덴 예테보리의 유럽연합 정상회담, 2001년 7월 이탈리아 제노바에서 열린 G8[2] 정상회담, 2002년 3월 스페인 바르셀로나의 유럽연합 정상회담, 2003년 9월 멕시코 칸쿤 제 5차 WTO 각료회의[3] 등이 모두 국제적으로 모여든 대안적 세계화 운동 활동가들의 격렬한 시위에 맞닥뜨려야 했다(Alest & Walgrave, 2004: 102~103).

신자유주의적 세계화와 더불어 나타나는 새로운 사회운동의 형태는

---

1) 이러한 일련의 시위는 애초 반세계화(*anti-globalization*) 운동으로 명명되었다. 반세계화는 인간의 삶과 환경에 부정적 영향을 미치는 신자유주의적 세계화에 대한 저항을 의미한다(Alest & Walgrave, 2004). 그러나 반세계화라는 명칭은 오해와 혼란의 여지가 존재했다. 즉, 반세계화 운동은 신자유주의적 세계화에 대한 반대라는 의미를 담고 있음에도 불구하고, 세계화 자체에 대한 반대라는 오해의 여지를 담고 있다는 것이다. 여기에는 반세계화 운동 자체가 초국적으로 세계화되는 측면이 있기에, 반세계화 운동이라는 표현에는 그 자체적인 모순을 내포하는 여지도 존재했다. 때문에 보다 적절한 명칭에 대한 논의가 진행되는 가운데, '반신자유주의' 또는 '민주적 세계화'라는 명칭이 사용되기도 했다. 이후 1999년 시애틀 저항 이후부터는 '대안적 세계화 운동'이라는 명칭이 사용되고 있으며, 특히 무역정의와 발전을 강조하는 측에서는 '지구적 사회정의운동'(*global social justice movement*)이라는 명칭이 사용되고 있다(Kavada, 2005).

2) G8: 미국, 캐나다, 영국, 프랑스, 독일, 이탈리아, 일본, 러시아.

3) 특히 칸쿤시위의 경우, 한국 사회운동 진영에서는 전농/농민연대, 민주노총, WTO 반대국민행동, 민중연대 등 소속단체 회원들 2백여 명이 칸쿤시위에 참가했으며, 시위과정에서 한국농업경영인 집행위원장 이경해 씨가 반세계화를 주장하며 죽음으로써 저항하기도 했다.

단일국가 규모나 지역적 단위가 아니라 초국가적이라는 특징을 나타낸다. 태로(Tarrow, 2001: 11)는 이를 초국적 사회운동(*Transnational Social Movement*)이라고 명명하며, 이를 "권력자들에게 대항하는 지속적 상호작용에 관계되어 있거나, 신자유주의적 국제기구 또는 다국적 기업에 대항하는, 적어도 두 개 국가 이상의 구성원들이 사회적으로 결집된 그룹들"이라고 정의한다. 이 같은 그의 정의는 '사회변화 목표'라는 측면에서 사회운동에 대한 정의를 내리는 기존의 논의에 대한 비판에서부터 출발한다. 그는 사회운동에 대한 기존의 정의는 제도화되고, 수동적이며, 봉사적인 그룹을 포함하는 위험성을 가지고 있다고 지적한다. 때문에 사회운동에 대한 정의는 운동의 목표를 기준으로 파악하기보다는 사회운동이 일상적으로 연계되어 있는 저항적 정치활동 속에서 그들의 행동에 의해 파악되어야 한다는 것이다. 이에, 그는 사회운동을 권력자들에게 대항하는 지속적 상호작용에 관계된 사회적으로 결집된 그룹들이라 정의하고, 초국적 사회운동은 적어도 두 개 국가 이상의 구성원들이 이러한 사회운동에 관여하는 것이라고 정의하고 있는 것이다.

초국적 사회운동은 세계화 혹은 전 지구화의 진행과 더불어 형성된 지구시민사회(*global civil society*)와 지구적 공공영역(*global public sphere*)의 출현 및 확산을 반영한다. 지구시민사회란 국가, 시장 사이에 놓인 일국적 사회, 일국적 정체, 일국적 경제를 넘어서 존재하는 사회적 영역으로 정의된다(Anheier & Themudo, 2002: 155). 지구시민사회는 국민국가들로부터 자유로운 행위자들, 지구문화의 전파와 확산에 따른 세계적 정체성의 형성, 초국적 행위에 의한 다차원적 국제연대의 조성을 통해 이루어진다. 나아가, 지구시민사회는 개인, 집단 등이 국가의 경계를 넘어 의사소통을 가능케 하는 초국적 담론공간, 즉 지구공공영역을 형성한다(임현진·공석기, 2004: 6). 초국적 행위자들과 그 조직은 이러한 지구공공영역의 행위주체 및 행위공간으로서 기능하며, 전 지구적 가치, 규범, 이념들이 공유되고 실천되는 동력으로 작용하는 것이다.

초국적 사회운동은 획일성, 폐쇄성, 지역 이기성 등으로부터 벗어나 다양성, 개방성, 탈물질주의, 자율성 등을 활성화할 수 있는 기반을 제공한다는 점에서 주요한 의미를 제공한다(윤민재, 2005: 109). 또한 초국적 사회운동은 자원동원과 정체성 형성의 측면에서 다양한 형태를 통해 초국적 활동과 지역운동 사이의 연계를 강화한다. 이는 첫째, 초국적 사회운동이 사회적으로 합의된 국제규범을 일탈한 지역정치에 대해 일시적으로 압박을 가하고 이를 교정시키는 역할로 나타난다. 둘째, 초국적 사회운동은 지역정부 또는 개별국가가 국제규범에 부합하는 정책을 만들고 실천할 수 있도록 장기간에 걸친 사회화를 촉구하기도 한다. 셋째, 초국적 사회운동과 지역운동은 두 운동간의 지속적 네트워크를 형성함으로써 국경을 넘는 정체성 형성과 그에 필요한 지적, 물적 자원을 제공하는 하부구조를 구축한다(임현진·공석기, 2003: 81~83). 이러한 활동을 통해 초국적 활동은 지구시민사회의 활성화를 위한 토대와 정체성을 제고하는 것이다.

세계화 혹은 전 지구화 과정에서 나타난 초국적 사회운동은 사회운동의 유사성이라는 측면을 나타내기도 한다. 사회운동의 유사성은 전 지구화 모델, 구조적 친화성 모델, 확산모델로 분류된다(Giugni, 2002). 전 지구화 모델은 지구적 차원에서 일어나는 변화에 대해 사회운동들이 유사한 대응을 보임으로써 사회운동의 유사성이 증대되고 있다는 설명이다. 구조적 친화성 모델은 전 지구화 속에서 민주적 가치의 공유로 정치적 기회구조의 유사성이 증대됨으로써 단일국가를 가로지르는 사회운동의 유사성이 증대되고 있다고 강조한다. 확산모델은 직접적 혹은 비직접적인 커뮤니케이션 채널의 발달로 다른 지역의 사회운동 경험과 특성을 차용하는 가능성을 사회운동의 유사성 측면에서 설명한다. 요컨대, 세계화는 초국적 기회를 창출하고, 각기 다른 나라에서 구조적 친화성을 형성하며, 확산과정을 촉진한다는 점에서 사회운동의 유사성을 증대하고 있다는 것이다.

결국 초국적 사회운동은 개별국가 단위나 산업시대에 나타났던 산업사회형 사회운동과는 조직, 행동, 문화 등의 측면에서 구분된다. 예컨대 산업사회형 사회운동 모델은 주로 개별국가 단위에서 통합된 행위자들이 동질적 혹은 배타적 구조 속에서 주로 국가권력을 대상으로 하는 지속적, 장기적 행동이라는 특성을 보이고 있다. 이에 반해, 초국적 사회운동은 일국의 단위를 넘어서 전 지구적 차원에서 진행되며, 전 지구적 규범과 가치관의 문제를 초점으로 한다. 또한 행위주체들 역시 초국적 행위자들이기에 다차원적이고 느슨한 연계구조를 유지하며, 지역문제나 전 지구적 문제에 대한 단기적 캠페인을 위한 일시적 동맹의 행동양식을 나타낸다. 국가 경계를 넘어서는 이슈와 행위자들에 의한 연대이기에 초국적 사회운동의 문화 역시 이들을 담아내기 위한 다양성, 통합성의 성격을 나타낸다. 이와 같은 산업형 사회운동 모델과 초국적 사회운동 모델을 정리하면 〈표 19-1〉과 같이 제시될 수 있다.

〈표 19-1〉 산업사회형 사회운동과 초국적 사회운동

	산업사회형 사회운동	초국적 사회운동
범 위	개별국가 단위	전 지구적
의 도	국가권력 대상	전 지구적 규범과 가치
조 직	통합된 행위자	다차원적, 느슨한 네트워크
행 동	지속적, 장기적 행동	지속적 연대 활동 또는 단기 캠페인적 일시적 동맹
문 화	동질적, 배타적	다양성, 통합성

자료: 엠네스티 인터내셔널(2000), 《지구화와 사회운동》, 345쪽 참고 재구성.

2) 초국적 사회운동과 인터넷의 역할

일련의 초국적 사회운동에서 가장 주목받는 사례는 1999년 시애틀에서 이루어진 WTO 반대시위 '시애틀 전투'다. 이는 6만여 명의 활동가들이 시위에 참가하였고, 격렬한 시위 속에서 WTO 각료회의의 개막식이 저지되었을 정도로 성공적인 저항이 이루어졌다는 측면에만 있는 것이 아니다. 초국적 사회운동에 대한 많은 논자들은 1999년의 시애틀 전투가 '인터넷이라는 테크놀로지로 무장'한 가운데 신자유주의적 세계화에 대항한 국제적 사회운동의 분기점이었다는 것에 주목하고 있다(Kidd, 2003; Tarrow, 2001; Atton, 2003; Kahn & Kellner, 2004; Morris, 2004; Fisher et al., 2005; Kavada, 2005). 이는 특히 시애틀 시위과정에서 설립된 독립미디어센터(IMC)의 역할과 기능이 주목되면서 더욱 부각되는 지점이다.

사회운동에서 새로운 커뮤니케이션 기술, 특히 인터넷 활용은 정보자본주의와 신자유주의에 대한 두 가지 대응으로 조명될 수 있다(Atton, 2003). 첫째, 국제화된 자본에 대한 폭넓은 사회경제적 투쟁에서 인터넷을 통한 실천은 세계화된 자본에 대한 세계화되고 급진적인 민주주의 투쟁으로 고려될 수 있다. 운동의 목적과 실천은 근본적으로 세계적으로 도달하며, 지역적 투쟁의 중요성이 표출되는 동안, 오직 그 지역에 있는 사람들뿐만 아니라 그 투쟁으로부터 무엇인가를 배울 수 있는 사람들을 위해, 전술과 전략을 재맥락화하고 동시에 그들로부터 도덕적, 경제적, 정치적 지지를 끌어낸다는 것이다. 둘째, 새로운 커뮤니케이션 기술의 전개는 새로운 사회운동의 조직화에 대한, 특히 기존의 사회운동미디어에서 나타나지 않았던 수준에서 생산의 급진화를 통하여, 예시적 운동형태를 제공한다는 것이다. 이 같은 지적은 초국적 사회운동의 특성과 이들의 조직화에 기능하는 인터넷의 역할을 압축적으로 설명한다. 요컨대, 대안적 세계화 운동과 같은 초국적 사회운동은 세계화된 자본의 폭력에 대한 민주주의적 투쟁이며, 인터넷은 그 자체의 테크놀로지적 특성 속에서 이들의 전략 전술을 매개함과 더불어 세계적 지지와 연대를 이끌어내는 역할을 수행하고 있다는 것이다.

인터넷이 세계적 저항을 조직화하고 그 참여자들에게 조직화를 위한 정보를 제공하는 핵심적 역할을 수행하고 있다는 사실은 사회운동과 인터넷의 관계라는 맥락에서 몇 가지 주요 논점을 제시한다. 첫째, 초국적 사회운동의 참여자들이 어떻게 서로 소통하고 정보를 나누는가에 대한 것이다. 이에 대한 대답은 비교적 명료하다. 탈중심적, 개방적, 상호작용적 커뮤니케이션 매체라는 인터넷은 개인 또는 집단의 의사소통을 위한 툴(*tools*)을 제공한다. 이메일과 디스커션 리스트, 뉴스그룹과 같은 비동기식 회의시스템, 채팅시스템, 인스턴트 메신저시스템 등은 거리와 시간에 구애받지 않고 행위자들의 소통을 가능케 해준다. 실제 이러한 논점에 대한 일련의 연구는 이를 뒷받침한다. 예컨대 피셔(Fisher et al., 2005: 116~118)는 초국적 저항에 참가하는 참여자들의 대부분은 이메일과 웹사이트를 통해 시위 이벤트에 대한 정보를 얻었으며, 나아가 인터넷을 통해 시위의 이슈, 시위 도시에서의 숙박, 교통수단, 그리고 다른 참가자들과의 협조사항을 알게 되었음을 보여준다. 더불어, 초국적 사회운동에 관계된 지역운동조직들 역시 인터넷을 통해 초국적 사회운동 연대기구와 그들의 회원들을 연결시키고 있음을 보여준다. 또한 카바다(Kavada, 2005)는 초국적 사회운동에 대한 매개가 면대면과 같은 직접적 커뮤니케이션과 더불어 이메일과 웹사이트 같은 인터넷 애플리케이션 매개 커뮤니케이션에 의해 이루어지고 있음을 보여주고 있다.

둘째, 인터넷은 동원, 조직화라는 측면에서 초국적 사회운동의 규모와 영역에 영향을 미친다는 것이다. 초국적 사회운동의 동원과 조직화는 전 지구적 규모의 동원이 특정 이슈에 따라 특정 상황과 장소에서 대규모로 이루어지는 형태를 보여준다. 이 과정에서 인터넷은 서로 다른 국가에 위치한 시위 참여자들간의 연결 메커니즘을 제공함으로써, 저항기간 혹은 사전 준비단계의 국제적 역할분담과 집결을 촉진시킨다(Aelst & Walgrave, 2004). 참여자들은 평소 개별국가 단위 속에서 개별조직의 일원으로 존재하지만, 이들은 인터넷 네트워크를 통해 항시적으로 연결되어 있다. 그리고 초국적 시위가 조직화되면 인터넷 네트워크를 매개로 사전준비, 시위방식 등의 조직화가 체계적으로 진행되는 가운데, 지구적 규모의 동원이 이루어진다. 가상공간의 활동이 물리적 공간으로 이어지는 '사이버 행동주의'가 발현되는 것이다. 사이버 행동주의는 단순히 가상공간에서만 일어나는 행위뿐만 아니라 온라인에서 물리적 공간으로 활동가들을 이끄는 과정 혹은 경로를 일컫는다(Elin, 2003). 요컨대, 인터넷은 초국적 사회운동의 행위자들이 다차원적이고 느슨한 네트워크를 유지하면서도 전 지구적 동원과 조직화를 가능케 하는 기제로 작용하는 것이다.

셋째는 인터넷이 초국적 사회운동의 공동체적 정체성의 발전 및 조화에 어떻게 기능하는가라는 문제다. 인터넷은 신뢰와 연대에 대한 개인간의 관계를 발전시킬 뿐 아니라, 집단의 정체성 차원에서 지리적 규모를 확장함으로써 국제적 연대의 주요한 수단으로 작용한다. 인터넷에 의해 국제적으로 조직된 초국적 사회운동은 공동의 목표에 접근하지만, 참여자들의 동질적 이데올로기에 의존하지 않는다. 하지만 인터넷은 이데올로기적으로 다양한 참여자들의 연대를 증진시키고, 때로는 일시적이지만 수평적인 동맹과 연대를 구성하도록 기능한다(Donk et al., 2004). 또한 초국적 사회운동이 하나의 이데올로기로 구성된 조직이 아닐지라도, 이들이 공동의 목표를 위한 네트워크로 작용하는 것은 인터넷이 지닌 본질적 속성에 기인한다(Bennett, 2004). 인터넷의 상호작용적, 탈집중적, 시공간의 비동시적 특성은 느슨하고 비권위적인 국제적 연대를 효율적으로 조직할 수 있도록 하기 때문이다. 즉, 초국적 사회운동이 다양한 이념적 지형의 참가자들을 토대로 하고 있음에도 불구하고, 이들을 국제적 규모로 조직화하고 연대를 신장하도록 하는 것은 느슨한 조직구조 속에서 역동적 의사소통을 언제 어디서나 가능토록 하는 인터넷의 특성에 기반하고 있다는 것이다.

3. 독립미디어센터 네트워크의 커뮤니케이션 구조와 실천

1) IMC 네트워크의 역사와 배경

독립미디어센터(IMC)는 탈중심화된 지구적 독립미디어 네트워크다. 1999년 시애틀 IMC가 첫 출발한 이후, 초국적 사회운동과 결합하면서 그 자체적으로 증식해왔고 현재도 증식하고 있다. 2005년 8월 현재, 30여 개 이상의 국가에 156개의 지역 IMC가 설립되어 있으며, 이들은 상호연결되면서 세계 전 대륙을 포괄하는 IMC 네트워크를 구축하고 있다.

최초의 IMC는 1999년 시애틀에서 설립되었다. 당시 시애틀은 WTO 제 3차 각료회담의 11월 개최를 예정하고 있었다. 이에 WTO에 반대하고 대안적 세계화를 주장하는 활동가들은 6개월 전부터 시애틀에 집결하면서 시위를 조직하고 있었다. 활동가들은 '자본에 대항하는 축제'(*Carnival Against Capital*)라는 슬로건 아래 1999년 6월부터 홍보활동을 전개했으며, 이는 '시애틀 전투'라 불리는 11월 WTO 정상회담 기간 동안의 강렬한 시위로 이어졌다(Kahn & Kellner, 2004: 87). 이 과정에서 미디어 활동가들은 시위의 조직과 홍보를 위해 시애틀 미디어센터를 조직했다. 3개월 정도라는 짧은 기간이었지만, 미디어 활동가들은 오직 3만 달러의 기부금과 대여된 장비를 가지고 웹이라는 가상공간에 멀티미디어 뉴스룸을 탄생시켰다(Tarleton, 2000). 시애틀

IMC는 WTO 저항에 대한 광범위한 보도들을 인쇄물과 웹을 통해 제공하는 가운데, 초국가적 사회운동의 분수령을 제시하는 독특한 틀을 제공했다. 시애틀 IMC는 인터넷을 통해 인쇄물, 오디오, 비디오, 사진 등 다양한 미디어 양식들을 아우르면서, 풀뿌리적 미디어 활동과 초국적 사회운동의 유기적 결합을 일구어낸 것이다.

시애틀 IMC 이후, 많은 연구자와 활동가들은 IMC 네트워크가 대안적 세계화 운동 등과 같은 초국적 사회운동에서 동원의 기제를 제공하고 있다는 사실에 주목했다(Fisher et al., 2005; Morris, 2004; Aelst & Walgrave, 2004; Smith, 2001). 요컨대, 인터넷은 지구적 저항을 대중화시키는 데 도움을 주었을 뿐 아니라, 그 잠재력을 증가시키는 기제라고 평가한다. IMC 네트워크가 구축되었던 직접적 계기는 1999년 WTO 회담에 저항했던 활동가들의 노력과 그 현실화된 실체인 시애틀 IMC가 밑바탕이 되고 있다. 하지만 보다 본질적으로는 적어도 네 가지 유형의 사회운동, 즉 풀뿌리 미디어 프로젝트, 자유소프트웨어 운동, 급진적 민주주의, 초국적인 대안적 세계화운동의 실천적 전략이 결합하고 있다(Kidd, 2003; Moris, 2004).

첫째, IMC는 풀뿌리 미디어 프로젝트의 경험적 실천을 밑바탕으로 하고 있다. IMC 네트워크는 독립 비디오, 커뮤니티 라디오, 소출력 라디오, 퍼블릭 액세스 운동 등 기존의 민주적 미디어 실천들을 결합시키는 것이었고, 이들의 실천적 경험을 통해 기획, 자금조달, 생산장비 등에 대한 노하우를 배우는 한편, 그 자체를 활용했다.

둘째, IMC 네트워크는 자유 소프트웨어 프로그래밍을 적용하고자 하는 인터넷 프로그래머들이나 이들의 자원봉사에 의존한다. 자유 소프트웨어 실천가들은 그들의 운동가치를 IMC 네트워크 문화에 결합시켰다. 그들은 공동체적 생산코드와 자원코드의 공유 속에서 IMC 네트워크 운영의 토대를 제공하고 있다.

셋째, IMC는 인터넷을 활용하는 급진적 민주주의 실천사례에서 영감을 받은 것이었다(Morris, 2004: 328). 이의 대표적 사례로는 1990년대 중반 멕시코 치아파스(Chiapas) 지역에서 진행된 사파티스타 운동을 들 수 있다. 사파티스타에 의한 인터넷 활용의 중요성은 인터넷을 통해 담론적 실천을 증진했다는 것이다(Ford & Gil, 2001). 이들의 인터넷 활동은 담론적 실천을 위한 영역으로서 공공영역의 개념을 반향하는 것이었다. 인터넷을 통한 커뮤니티를 통해 사파티스타 그룹은 문화간 담론을 고무시켰고 세계적인 지지를 이끌어냈으며, 자신들의 메시지를 주류 미디어에게 명확히 전달했다. 이러한 경험에 고무되어 인터넷을 통한 연대라는 네트워크화된 그룹들이 생겨나기 시작했으며, IMC 역시 이러한 사파티스타의 실천을 계승하고 있다는 것이다.

넷째, 시애틀 IMC가 WTO 회담에 저항하기 위한 하나의 실천양식으로 조직되었듯이 IMC 네트워크는 대안적 세계화운동과 밀접히 결합하고 있다. 이는 세계 민중의 풀뿌리적 보도를 담보한다는 IMC의 운영원리와 맞닿는 지점이다. 즉, IMC 조직가와 참여자들은 대안적 세계화와 운동의 활동과 그 맥락을 같이하고 있으며, IMC 네트워크를 통해 주류 미디어가 담보하지 못하는 지구정의운동의 가치를 표현한다는 것이다.

이상의 역사적 배경에서 보여지듯, IMC 네트워크는 인터넷을 활용한 급진적 사회운동에 고무되어 출발했으며, 여기에는 자유소프트웨어 활동가들, 대안적 세계화운동 활동가들, 민주적 미디어 활동가들이 결합되어 있는 새로운 양식의 미디어 실천이다. IMC 네트워크는 초국적 사회운동을 표현하는 하나의 수단인 한편, 그 자체적으로 하나의 초국적 사회운동인 것이다.

2) IMC의 운영원리와 네트워킹 구조

> "인디 미디어는 독립 미디어들의 공동체적 조직이며, 수많은 저널리스트들이 풀뿌리적이고 비영리적인 보도를 제공한다. 인디 미디어는 진보적이고, 정확하며, 진실에 대해 열정적인 보도를 창출하는 민주적인 미디어 아울렛이다"(indymedia. org. uk).

IMC는 웹사이트를 통해 자신들의 성격을 위와 같이 정의하고 있다. 이 같은 정의는 IMC가 단일 미디어가 아니라 공동체적으로 운영되는 네트워크 조직이며, 풀뿌리적 시각과 비영리적 내용을 추구하고 있음을 분명히 밝히고 있다. IMC의 임무에 대한 언급은 'IMC 네트워크 연합헌장제안'(*Proposed Charter of the Confederate Network of IMC*: 이하 Charter)에 명시되어 있다. 헌장은 IMC 단일체의 원리, 멤버십 기준, 네트워크 구조, 의사결정 구조, 편집정책 등을 담고 있다.

(1) 다양성과 접근성의 맥락, 하나: 공개적 퍼블리싱

인터넷과 연결될 수 있는 장소에 있다면 누구나 IMC에 자신이 직접 제작한 기사를 문서, 사진, 비디오 등의 다양한 형식을 통해 게재할 수 있다. 실제, 1999년 11월의 시애틀 시위에서는 세계 각지에서 모인 활동가들이 자신들의 여건에 따라 시위에 대한 정보를 제공했으며, 이에 따라 페이지뷰 기록은 백만에 다다르기도 했다. 또한 2001년 7월 제노아에서 진행된 G8에 대한 저항기간 동안에는 천만 페이지뷰를 기록하기도 했다(Morris, 2004).

이처럼 누구나 IMC 네트워크에 자신이 직접 제작한 기사를 실을 수 있는 이유는 IMC 네트워크가 '공개적 퍼블리싱'(*open publishing*) 원리에 입각해 있기 때문이다. IMC 네트워크는 사람들이 자신의 기사나, 분석, 정보를 게재함으로써 그 스스로 미디어가 되는 것을 장려한다.

IMC 네트워크의 기술자원 봉사자인 아니손(Arnison)은 공개출판은 뉴스의 생산과정이 독자들을 위해 투명한 것을 의미한다고 강조한다.

> "기사 자원의 공개적 접근 속에서 기사를 위해 공헌할 수 있고, 즉각적으로 볼 수 있다. 독자들은 타인들에 의해 이루어지는 기사 편집 결정과정을 볼 수 있다. 그들은 편집결정이 어떻게 진행되었는지 볼 수 있으며, 이에 참여할 수도 있다"(Arnison, 2001).

이는 공개적 퍼블리싱이 자유 소프트웨어 운동과 맥락을 같이 하고 있음을 보여준다. 자유 소프트웨어 운동의 기본정신은 소프트웨어는 무료여야 하며 이용자들은 자신들의 사이트에서 이를 변경할 수 있다는 것이다. 이처럼 뉴스 역시 공개적으로 생산, 분배되어야 하며, 정보와 포럼의 자유로운 접근을 제공하는 무료 소프트웨어여야 한다는 것이다.

(2) 다양성과 접근성의 맥락, 둘: 하이브리디티 뉴스전송과 웹사이트

IMC 네트워크에서는 자신이 원하는 초국적 저항의 정보에 대해 접근할 수 있다. 예컨대 2005년 9월 24일에 전개된 워싱턴, 로스앤젤레스, 런던, 도쿄 등 세계 각지에서 전개된 초국적 반전시위 정보에 접근하고자 한다면, IMC 네트워크는 문서, 사진, 비디오 등 다양한 정보형식과 지역 IMC들의 연결구조를 통해 세계 각지의 반전시위에 대한 정보를 제공해준다. 이처럼 전 지구적 범위의 내용을 다양한 정보형식을 통해 제공할 수 있는 것은 IMC 네트워크가 하이브리디티(*hybridity*) 기술적 특성에 기반하고 있기 때문이다.

IMC 네트워크는 기사전송, 지역 IMC 및 프로젝트의 조직화, 의사소통 및 정책의 구체화 등 미디어 실천과정에서 하이브리디티 기술 특성을 십분 활용하고 있다. IMC의 웹사이트들은 각 지역 IMC, 프로젝트 IMC 등을 서로 연결하면서 하나의 포털로서 기능을 수행한다. IMC 웹사이트의 기본적 요소는 전 지구적 뉴스의 전송, IMC 네트워크간의 연결, IMC 네트워크 및 조직화 과정에 대한 정보, 문서 데이터베이스, 계획된 저항에 대한 공지 등으로 구성된다.

〈표 19-2〉 IMC 웹사이트(indymedia.org)의 주요 링크 구조

링 크	내용 및 특성
뉴스 전송	각 지역에서 제공된 뉴스 전송
지역(*local*) IMC	▪세계 각 지역에 설립된 IMC: 총 156개 지역 미국 지역 58개, 유럽 지역 43개, 남아메리카 지역 17개, 오세아니아 지역 12개, 캐나다 지역 11개, 아시아 지역 10개, 아프리카 지역 5개
지역(*regional*) IMC	▪특정 지역 담당 및 지역별 연대 예) 미국 indymedia. us/오세아니아 oceania. indymedia
프로젝트 IMC	매체별 프로젝트: print/radio/satellite/video
토픽 IMC	특정 이슈 집중: biotech. indymedia
Process	▪네트워크 운영 및 조직관련 discussion: 특정 이슈에 대한 포럼 indymedia fag: IMC 네트워크에 대한 소개 mailing lists: IMC 참여자들의 메일 리스트 process & imc docs: IMC 조직방법 및 관련문서 tech: IMC 기술지원에 대한 사항 volunteer: 자원봉사 안내 및 참여 방법
문서(*Archive*)	특집기사, 뉴스 DB
참여(*participate*)	about: IMC 소개 link: 세계 주요 대안미디어 네트워크와 연결 support: 인디미디어 지원 upcoming event: 예정된 주요 행사나 시위 공지
Publish	참여자들이 자신의 기사를 게시하는 통로(*tool*)

(3) 다양성과 접근성의 맥락, 셋: 탈중심화된 유기체적 네트워크 구조

2005년 7월 스코틀랜드 글렌이글스에서 G8 정상회담이 개최됨에 따라 영국 독립미디어센터(indymedia UK)는 'World G8 2005'라는 특별 세션을 웹사이트에 개설했다. 이를 위해 영국 IMC는 센트럴 에딘버러와 글래스고 지역에 독립미디어센터를 한시적으로 운영했으며, 이 안에서 다양한 그룹으로 구성된 활동가들의 협력을 촉진했다. 또한 영화/비디오팀, 사진팀, 오디오팀 등을 꾸려 다양한 정보를 생산했으며, 모바일미디어센터를 운영하기도 했다. 이를 통해 영국 IMC는 G8 정상회담에 저항하는 각종 자료와 정보들을 전 지구적으로 전달했다(Indymedia. org. uk). 영국 IMC의 이 같은 활동은 IMC 네트워크가 탈중심화된 유기체적 네트워크 구조로 운영되고 있음을 보여주는 하나의 사례다.

IMC 네트워크는 세계 각 지역에 설립되어 있는 지역 IMC들의 네트워킹 연합체다. IMC 네트워크는 크게 네 가지 영역으로 구분된다. 첫째는 세계 각 지역에 설립되어 있으면서 해당 지역의 주요 이슈를 담당하는 '지역(*local*) IMC'다. 지역 IMC는 2005년 8월 현재, 미주 지역 58개, 유럽 지역 43개, 남아메리카 지역 17개, 오세아니아 지역 12개, 캐나다 지역 11개, 아시아 지역 10개, 아프리카 지역 5개로 총 156개의 지역 IMC가 분포되어 있다. 둘째는 지역 연대적 활동이나 특정 지역의 이슈를 공유하기 위한 '지역(*regional*) IMC'다. 예컨대 11개의 지역 IMC들이 분포되어 있는 오세아니아 지역을 아우르는 오세아니아 IMC(oceania. indymedia. org), 미국 전역을 담당하는 US IMC(indymedia. us) 등이 이에 해당한다. 셋째는 다양한 미디어 양식 속에 기반한 '프로젝트 IMC' 그룹이다. 이는 문서, 라디오, 비디오, 위성 등 구체적인 미디어 플랫폼 속에서 지속적으로 특별한 이벤트를 위한 미디어를 창조하기 위한 것이다. 프로젝트 IMC에는 Print IMC, Radio IMC, Satellite IMC, Video IMC가 현재 활동하고 있다. 넷째는 특정 이슈에 대한 집중적 조명을 위한 'Topic IMC'다. 예컨대 2001년 9월 11일과 같은 주요 이슈가 발생했을 경우, 이에 대한 뉴스 전송과 풀뿌리적 시각을 위한 토픽 IMC가 형성된다. 현재에는 biotech. indymedia IMC가 운영중이다.

위와 같은 유기체적 구조에서 무엇보다도 중요한 특징은 IMC 네트워크가 탈중심화된 네트워킹이라는 것이다. 모든 개별 IMC들은 평등성과, 탈중심성, 자율성에 기초해 있다. 이들의 강점은 참여자들과 자원을 자체적으로 조직하고, 그 조직을 자율적으로 운영하는 것으로부터 비롯된다. 그리고 이러한 개별 IMC들의 네트워킹은 전 지구적 규모의 정보와 자원을 생산하고, 분배하며, 촉진한다(IMC, 2001b: Principle). 이처럼 탈중심화된 구조는 전 지구적 네트워크 속에서 초국가적인 뉴스생산과 분배를 이루어내는 한편, 해당 지역에 대한 이슈의 집중, 지역간의 연대 등을 원활하게 이루어낼 수 있도록 하는 IMC의 특징을 지원한다.

유기체적 네트워크 구조에서 보여지는 또 하나의 장점은 프로젝트 IMC, 토픽 IMC의 운영에서 보여지듯, 다양한 미디어 실천의 조직화와 이슈적 연대를 시의적절하게 가능케 한다는 것이다. 우선 프로젝트 IMC는 각 유형별 미디어 실천의 원숙한 경험 속에서 콘텐츠의 생산과 분배를 조직한다. 예컨대 radio.indymedia 프로젝트는 전 지구적인 풀뿌리 독립라디오의 실천들을 묶어내는 플랫폼으로 기능하고 있으며, satellite.indymedia 프로젝트는 오랫동안 민주적 TV활동을 위해 노력해온 Free Speech TV 그룹의 노하우를 IMC 네트워크에 결합하는 형식이다. Video 프로젝트 역시 그동안 다양한 그룹의 비디오 활동가들에 의해 축적된 콘텐츠를 제공한다. 한편 토픽 IMC는 세계적으로 논쟁을 야기하는 특정 이슈에 대해 집중적이고도 광범위한 정보를 제공하고, 이를 전 지구적으로 배포한다.

(4) 평등성의 맥락 : 민주적 의사소통구조

지역 IMC들이 세계 각 지역에서 설립됨에 따라 IMC 네트워크는 급속도로 확장되었다. 이에 IMC의 운영원리에 대한 가이드라인을 필요로 하게 되었고, IMC 네트워크는 내부적으로 이를 위한 논의를 전개한 바 있다. 18개월의 논의를 걸쳐 작성된 네트워크 연합헌장의 초안은 2001년 4월, 70여 명의 지역 IMC 대표적 참여자들이 샌프란시스코에 모여 진행한 '언론자유회의'를 통해 논의되었다. IMC는 이러한 헌장 초안은 논의 출발점으로 제시된 것이며, 완결된 문서를 의도하지 않는다고 명시하고 있다(IMC, 2001b: Principle). 이는 IMC 참여자들의 다양한 의견을 지속적으로 수렴할 것임을 천명하는 것이다. 이러한 과정은 IMC의 의사소통구조에 대한 하나의 단면을 보여준다.

일반적으로 IMC 네트워크의 의사소통 방법은 메일링 리스트, 인터넷 채팅 토론, 전화, 컨퍼런스, 면대면 미팅 등을 통해 진행된다. 이러한 의사소통 과정에서 중추적인 역할을 수행하는 것은 메일링 리스트다. 메일링 리스트는 네트워크의 의사소통을 위한 주요 토대로서 주요 정책과 기술적 과정의 논의를 위해 기능한다. 전체 6백여 개가 넘는 메일링 리스트는 34개의 하위 카테고리로 분류되어 지역, 참여자의 성격, 주제에 따라 접근할 수 있도록 되어 있다. 영역, 지역별로 범주화된 메일링 리스트는 누구든지 손쉽게 접근하여 원하는 상대와 의사소통을 진행할 수 있도록 IMC 웹페이지에 공개되어 있다. 메일링 리스트는 이에 따라 협동적인 지역연대나 미디어 설립, 법적·재정적 이슈, 회합 등을 위한 주요한 포럼으로 작동한다. 개별 그룹간 혹은 사안별 관련 그룹간에 논의를 진행할 수 있도록 특성지어져 있는 이러한 소통구조는 IMC 네트워크의 탈중심화된 민주적 구조를 반영한다.

이 같은 민주적 의사소통구조는 IMC가 평등성의 맥락을 유지하고 있음을 보여준다. '누가 결정하는가?'에서 IMC는 참여자들의 전체적 합의를 지지한다. IMC가 의사결정 구조로 제안하는 '지구대변인회의'

는 개별 IMC들이 파견한 대표자들이 전체적 합의를 이끌어내기 위한 장치다. IMC의 대표적 의사소통구조인 메일링 리스트는 '참여자들의 소통은 어떻게 이루어지는가?'라는 측면에서 평등성을 보여준다. 기술적 주제, 사회적 이슈 등 관심사안에 따라 참여자들은 언제든지 소통의 범위를 엮어낼 수 있고 또 이에 참여할 수 있다. 기술적 수단이 평등성을 담보하는 것은 아니지만, IMC 네트워크는 기술적 요소를 통해 소통의 평등성을 일구어내고 있다.

▪ 참고문헌

백욱인(2001), "네트와 사회운동," 홍성욱 · 백욱인 엮음, 《2001 사이버스페이스 오디세이》, 창비, pp. 48～68.

앰네스티 인터내셔널(2000), "지구화와 사회운동," 조효제 편역, 《NGO의 시대》, 창비, pp. 348～369.

윤성이(2001), "인터넷 혁명과 시민운동의 새로운 전개," 한국정치학회 라운드테이블 발표문.

윤영민(2000), 《사이버공간의 정치》, 한양대출판부.

윤민재(2005), "네트워크 시대의 사회운동," 《담론 21》 제 8권 제 2호, pp. 93～129.

임정수(2003), "대안매체로서 인터넷에 대한 연구," 《한국언론학보》 제 47권 제 4호, pp. 34～59.

임현진 · 공석기(2004), "지구시민사회의 도전: 국가간 국제체제와 자본주의 세계경제와의 역학관계," 제 2회 한국NGO학회 · 한국NPO학회 공동학술회의 발표문.

______(2003), "NGO/NPO 연구의 최근 동향: 초국적 사회운동을 중심으로," 《NGO 연구》 제 1권 제 1호, pp. 69～95.

정연정(2001), "인터넷과 시민운동," 언론개혁시민연대 토론회 자료집: 인터넷시대, 미디어와 시민사회, pp. 31～46.

______(2000), "미국 시민이익집단 활동과 인터넷 이용," 《한국정치학회

보》 제 34집 제 4호, pp. 337～358.

조희연(2001), "신자유주의, 세계화, 대안행동," 조희연 편, 《NGO 가이드: 시민사회운동과 엔지오 활동》, 한겨레신문사, pp. 48～69.

참세상(2002. 5. 2), "신자유주의 세계화를 반대하는 국제연대"(http://www.newscham.net).

황용석·김재영·정연정(2000), 《인터넷 시대의 새로운 정치환경》, 커뮤니케이션북스.

Aelst, P., & Walgrave, S. (2004), "New media, new movements?: The role of the internet in shaping the 'anti-globalization' movement," in Donk, W., Loader, B., Nixon, p. & Rucht, D. (eds.), *Cyberprotest: New media, Citizens and Social movements*, London: Roytledge, pp. 97～122.

Anheier, H., & Themudo, N. (2002), "지구시민사회의 조직형태," 조효제·진영종 편역, 《지구시민사회: 개념과 현실》, 아르케, pp. 153～176.

Arnison, M. (2001), "Open publishing is the same as free software," (http://www.cat.org).

Atton, C. (2003), "Reshaping Social Movement Media for a New Millennium," *Social Movement Studies*, 2(1), pp. 3～15.

Baber, B. (1998), *A Place for US: How to Make Society Civil and Democracy Strong*, New York: Hill & Hughes.

Bennett, W. (2004), "Communicating global activism: Strengths and vulnerabilities of networked politics," in Donk, W., Loader, B., Nixon, p. & Rucht, D. (eds.), *Cyberprotest: New media, Citizens and Social movements*, London: Roytledge, pp. 124～146.

Castells, M. (2001), *The Internet Galaxy: Reflections on the Internet, Business, and Society*, London: Oxford University; 박행웅 역(2004), 《인터넷 갤럭시》, 한울.

Donk, W., Loader, B., Nixon, P., & Rucht, D. (2004), "Social movement and ICTs," in Donk, W., Loader, B., Nixon, P. & Rucht, D. (eds.), *Cyberprotest: New media, Citizens and Social movements*, London: Roytledge, pp. 1～25.

Elin, L. (2003), "The Radicalization of Zeke Spier," in McCaughey, M. & Ayers, M. (eds), *Cyberactivism: Online Activism in theory and practice*, New York: Routledge, pp. 97～114.

Eyerman, R., & Jamison, A. (1991), *Social Movement: A Cognitive Approach*, Cambridge: Polity.

Fisher, D. et al. (2005), "How do Organization Matters? Mobilization and Support for Participant at Five Globalization Protests," *Social Problems*, 52(1), pp. 102～121.

Ford, V., & Gil, G. (2001), "Radical Internet Use," in Downing, J. (eds.), *Radical Media: Rebellious Communication and Social Movement*, Thousand Oaks: Sage, pp. 201～234.

Giddens, A. (1990), *The Consequences of Modernity*, Cambridge: Polity Press.

Giugni, M. (2002), "Explaining cross-national similarities among social movement," in Smith, J. & Johnston, H. (eds.), *Globalization and Resistance*, Boston: Rowman & Littlefield, pp. 13～21.

Habermas, J. (1962), *Strukturwandel der Öffentlichkeit*, Frankfurt: Suhrkamp; 한승완 역(2001), 《공론장의 구조변동》, 나남.

Habermas, J. (1984), "The theory of communication action," Vol. 1: Reason and the rationalization of society(T. McCarthy, trans.), Boston: Beacon Press(Original work published 1981).

Habermas, J. (1987), "The theory of communication action, Vol. 2: Lifeworld and System(T. McCarthy, trans.), Boston: Beacon Press(Original work published 1981).

Habermas, J. (1992), *Faktizität und Geltung*, Frankfurt: Suhrkamp; 한상진·박영도 공역(2007), 《사실성과 타당성》, 나남.

Hardt, M., & Negri, A. (2000), *Empire*, Cambridge: Harvard University Press.

Hyde, G. (2002), Independent Media Centers: Cyber subversion and the alternative Press [On-line]. First Monday, 7(4) (http://www.firstmonday.org).

IMC. (2001a), Proposed Charter of the Confederated Network of IMC 〔On-line〕(http://global. indymedia. org).

IMC. (2001b), Principle of Unity 〔On-line〕(http://global. indymedia. org).

Kavada, A. (2005), "Exploring the role of the Internet in 'movement for alternative globalization': the case of the paris 2003 European Social Forum," *Westminster papers in Communications and Culture*, 2(1), pp. 72~95.

Khan, R., & Kellner, D. (2004), "New Media and Internet activism: from the 'Battle of Seattle' to blogging," *New media & Society*, Vol. 6(1), pp. 87~95.

Kidd, D. (2003), "Indymedia. org: A new communications commons," in McCaughey, M. & Ayers, M. (eds.), *Cyberactivism: Online Activism in theory and practice*, New York: Routledge, pp. 47~69.

Martin, H., & Schumann, H. (1997), *Die Globalisierungsfalle*, 강수돌 역 (1997), 《세계화의 덫》, 영림카디널.

Morris, D. (2004), "Globalization and Media Democracy: the Case of Indymedia, in Douglas, S. & Peter, D. (eds.), *Shaping the Network Society*, MITPress, pp. 325~352.

Poster, M. (2001), *What's the matter with the Internet*, Minnesota: University of Minnesota Press.

Preston, P. (2001), *Reshaping communications: Technology, Information and Social Change*, London: Sage.

Resnick, D. (1998), "The Normalisation of Cyberspace," in Toulouse, C. & Luke, T. (eds.), *The Politics of Cyberspace*, London: Routledge, pp. 48~68.

Salter, L. (2003), "Democracy, New Social Movement, and the Internet: A Habermasian Analysis," in McCaughey, M. & Ayers, M. (eds.), *Cyberactivism: Online Activism in theory and practice*, New York: Routledge, pp. 117~144.

Smith, J. (2001), "Cyber Subversion in the Information Economy," *Dissent*, 48(2), pp. 48~52.

Smith, J., & Johnston, H. (2002), "Globalization and Resistance," in Smith, J. & Johnston, H. (eds.), *Globalization and Resistance: Transnational Dimensions of Social Movements*, New York: Rowman & Littlefield, pp. 1~12.

Tarleton, J. (2000), "Protesters develop their own Global Internet News Service," *Mark Nieman Report*, 54(4), pp. 53~55.

Tarrow, S. (2001), "Transnational Politics: Contention and Institutions in International Politics," *Annual Review of Political Science*, 4, pp. 1~20.

Waters, M. (1995), *Globalization*, London: Routledge.

독립미디어센터: www. indymedia. org
영국 독립미디어센터: www. indymedia. org. uk
참세상: www. newscham. net

제 20 장 국가 이미지와 한류

황 상 재

1. 국가 이미지의 중요성

산업사회에서는 경제력, 군사력 등 물리적 힘이 중요했다면, 정보화사회에서는 정보가, 미래사회에서는 이미지를 비롯한 소프트 파워가 더욱 중시되는 사회가 도래하였다. 국가 이미지가 국가경쟁력과 직결되어 있다는 인식이 높아지면서 많은 나라들이 앞다투어 자국의 국가 이미지를 높이기 위한 노력을 경주하고 있다. 식민지 경험이 많은 강대국들은 이미 오랜전부터 자국의 국가 이미지가 피식민지국의 국민들에게 미치는 영향이 지대함을 알고 자국의 이미지를 체계적으로 관리하기 위하여 많은 노력을 기울였다.

국가 이미지란 단순한 이미지로 끝나는 것이 아니다. 국가 이미지가 상표나 기업에 대한 이미지와 연계돼 소비자들의 제품구매에 적지 않은 영향을 주는 '보이지 않는 손'의 역할을 수행하고 있다는 많은 연구결과에서 알 수 있듯이 국가 이미지는 국가 브랜드를 형성하는 중요한 요소다.

국가 이미지는 개인이나 기업의 이미지와는 달리 정치, 경제, 사회, 문화 등 여러 분야의 요인들이 복합적으로 작용하여 형성된다. 다양한 요인들이 복합적으로 작용하여 형성된 국가 이미지는 한번 형성되면 쉽게 변화하지 않는 속성을 지니고 있다. 국제사회에서 한국의 국가 이미지는 급속한 한국의 경제, 사회발전에도 불구하고 20세기 말까지 부정적인 이미지에서 크게 벗어나지 못하고 있었다. 6·25전쟁의 비참함, 독재정권 시절에 폭력으로 얼룩진 정치사회제도, 남북 대치상황으로 인한 불안한 사회 등이 국제사회에서 한국하면 떠오르는 이미지였다.

하지만 21세기 들어서면서 부정적 이미지 일변도였던 한국의 국가 이미지가 2002년 월드컵 개최와 한류의 인기에 힘입어 점차 긍정적인 방향으로 전환되고 있다. 이 장에서는 국가 이미지와 한류에 관한 내용을 주로 살펴보았다.

2. 국가 이미지 정의와 국가 이미지 형성에 미치는 요인들

월터 리프만(Walter Lippman)에 따르면 이미지란 인간이 어떤 대상에 대해 머리 속에 가지고 있는 영상이라고 규정하면서 이미지에는 선입견과 편견이 내재되어 있다고 한다. 반면에 보울딩(Boulding, 1959)은 이미지는 "대상에 대해 갖는 마음 속의 그림이고 또 대상에 대해 자신이 맞는다고 믿는 모든 것, 즉 주관적 지식"이라고 정의하고 있다.

특정 국가에 투영된 이미지, 즉 국가 이미지에 대한 관심은 다양한 학문분야에서 제기되었다. 그 중 가장 많은 관심을 가진 분야는 마케팅으로 특정 국가에 대한 이미지가 그 나라 상품구매에 미치는 영향에 관한 연구에서 시작되었다.

국가 이미지를 마케팅 관점에서 본 나가시마(Nagashima, 1970)는 특정 국가의 제품에 대하여 기업인이나 소비자가 부여하는 심상, 명성과 전형성을 국가 이미지라고 정의한다. 그는 이러한 관점에서 국가 이미지는 대표상품, 국가 특성, 경제, 정치적 환경, 역사와 전통 등 여러 변인들에 의해 형성된다고 하였다. 국가 이미지를 특정 국가의 제품에 대한 선입견과 마케팅의 강, 약점에 대한 토대 위에 소비자들이 특정 국가 제품으로부터 형성하고 있는 총체적 인식(Roth & Romeo, 1992)이라는 정의도 마케팅 관점의 정의라고 할 수 있다.

한편 홀(Hall, 1986)과 같은 커뮤니케이션 학자들은 국가 이미지란 어떤 국가 혹은 그 나라 국민들에 대해서 사람들이 지니고 있는 일반적 묘사 혹은 어떤 국가 또는 그 나라 국민들에 대해서 사람들이 일반적으로 사실이라고 믿는 것이라 정의하고 있다.

한편 마틴과 이로그부(Martin & Eroglu, 1993)는 심리학, 정치학, 사회학, 마케팅 문헌에 근거하여 국가 이미지를 정의하였는데, 본문에서는 이들의 정의를 받아들여 국가 이미지를 "사람이 특정 국가에 대해서 가지는 기술적, 추론적, 정보적 차원의 신념들의 총합"으로 규정하였다.

특정 국가에 대하여 지니는 기술적, 추론적, 정보적 차원의 신념들의 총합인 국가 이미지는 어떻게 형성되는가? 많은 연구들이 국가 이미지는 국가의 경제적 발전, 정치적 분위기, 문화적 발전, 국가의 크기, 인구밀도, 인종과 같은 요소들뿐만 아니라 여행과 상품구매를 통한 직접적인 경험 또는 매스미디어 접촉을 통한 간접적인 경험 등 여러 요인들에 의해서도 영향받는다고 밝히고 있다.

국가의 크기, 인구밀도 또는 인종과 같은 객관적 요소는 시간의 변화에 따라 거의 변화하지 않기 때문에 국가의 이미지를 구성하는 상수인 반면에 여행과 상품구매 경험 또는 매스미디어를 통한 간접적인 경험은 대상국가와 이미지 형성자에 따라 달라지는 변수라 할 수 있다. 인도라는 동일한 국가를 여행해도 어떤 여행자는 성자의 나라라는 이미지를 품고 오는 반면에 어떤 여행자는 무질서하고 혼돈스러운 국가라는 이미지만 갖고 온다.

이처럼 국가 이미지란 객관적인 것과 주관적인 요소가 혼재되어 있다. 개인의 경험에 기초하는 주관적 요소를 보면 여행과 같은 대인접촉, 미디어 접촉, 그리고 상품접촉을 통해 주로 형성된다.

먼저 대인적 접촉을 통한 국가 이미지 형성은 개인이 타국을 방문 또는 그 나라 사람 또는 조직 등과 접촉함으로써 타국에 대한 이미지를 형성하는 경우다. 개인의 직접적인 경험은 다른 어떤 요인보다 그 사람으로 하여금 접촉한 국가에 대한 기술적, 추론적, 정보적 차원의 신념들의 총합인 국가 이미지에 중요한 영향을 미친다.

개별 국가에 대한 서적이나 뉴스, 영화와 같은 미디어를 통한 간접적인 경험을 통해서도 국가 이미지 형성에 많은 영향을 받는다. 특히 대중매체를 통해 전달되는 국가 이미지는 현실을 왜곡하고 과장하는 대중매체의 속성을 지니고 있다. 더불어 대중매체를 통한 국가 이미지는 지구촌의 대중매체를 지배하는 소수국가의 이해를 반영하기 때문에 대중매체를 통해서 형성된 국가 이미지는 현실을 반영하지 못하는 경우가 많다.

끝으로 상품과 서비스에 대한 접촉을 통한 이미지 형성은 특정 국가의 제품과 서비스를 경험함으로써 그 국가에 대한 이미지를 형성하는 것이라고 할 수 있다.

평소 중국에 대한 호의적인 이미지를 가지고 있어도 구매한 중국제 상품의 질이 기대에 미치지 못할 때 중국에 대한 호의적 이미지는 감소될 수밖에 없다.

국가 이미지는 이처럼 매우 복잡한 요소에 의해 형성되지만, 한번 형성된 국가 이미지는 고정적이지 않고 유동적이며, 좋은 이미지를 만들기 위해서는 많은 시간과 노력이 필요한 특성을 갖고 있다(김휘석, 2002; 이규완, 2001). 국가 이미지를 새롭게 형성하는 데는 많은 노력과 비용, 시간을 필요로 하지만 어렵게 형성된 이미지도 순식간에 망가질 수 있다는 것도 국가 이미지의 특성이다.

3. 국가 이미지의 영향

전술한 것처럼 국가 이미지가 국제경쟁력에 중요한 영향을 미치기 때문에 각국 정부는 국가 차원에서 자국의 국가 이미지를 제고시키기 위해 많은 노력을 경주해왔다. 긍정적인 국가 이미지가 국가경쟁력 제고에 미치는 영향을 보면, 경제적인 측면에서는 자국 상품과 서비스의 국제경쟁력에 기여한다는 점이다. 긍정적인 국가 이미지가 상품과 서비스에 투영됨으로써 상품에 대한 가치를 높인다.

삼성과 LG 가전제품은 이미 세계 최정상의 제품으로 인식되어 국제시장에서 높은 가격으로 판매되고 있으나 한국제품으로 아는 소비자보다는 일본제품으로 인식하는 소비자가 많다고 한다. 코트라와 산업정책연구원의 '2007 국가브랜드 맵' 조사를 보면 동일한 품질이라도 한국산은 100, 미국·일본산은 149, 독일산은 155를 받는 것으로 조사됐다. 삼성, LG가 한국 회사임을 모르는 미국사람이 24%였으며 캐나다는 66%, 인도, 필리핀은 44%나 됐다.

브랜드 조사기관인 안홀트 지엠아이(Anholt-GMI)가 2006년도 발표한 한국의 브랜드 파워는 조사대상 35개국 중 25위로 러시아, 헝가리, 브라질, 아르헨티나 등에도 뒤졌다. 국가 이미지의 저평가는 우리 국민이 제대로 대접받지 못하고 우리 제품이 제값을 받지 못함을 의미한다.

긍정적인 국가 이미지는 21세기 굴뚝 없는 최첨단 산업이라는 관광사업 활성화에 기여한다. 관광업은 부가가치 높은 환경친화산업이라고 일컫는다. 특히 21세기 세계화 시대에 운송수단의 발달로 관광사업은 다른 어떤 사업보다 빠른 속도로 성장하고 있는데, 국가의 긍정적 이미지는 세계 각국으로부터 관광객을 모으는 데 크게 기여한다. 관광지에 대한 이미지 형성에는 여러 가지 요소가 작용하지만 이 중 미디어 또는 영화를 통한 뉴스와 대중문화는 한 지역의 이미지를 단기간 내에 극적으로 변화시킬 수 있다. 이러한 사례로는 동아시아 국가에서 한류에 힘입어 한국 드라마의 주요 촬영지에 동아시아 관광객들이 급증한 데에서도 알 수 있다.

끝으로 국제사회로부터 호의적인 이미지를 지닌 국가는 그렇지 못한 국가보다 특정한 외교정책에 대한 국제사회의 지지를 받을 가능성이 높다. 또한 다수 국가가 협상을 벌일 때 국제사회에서 좋은 이미지를 지닌 국가는 그렇지 못한 국가보다 많은 국가로부터 지지를 받을 가능성이 높다.

4. 한국의 국가 이미지

세계 미디어 시장의 최강자인 미국은 영화, 드라마, 잡지, 뉴스 매체 등을 통해 미국에 대한 긍정적 이미지를 확대 재생산하는 반면에, 한국은 전 세계 주류 미디어에서는 물론 미국에서조차도 거의 주목을 받지 못하거나 주목을 받아도 과거의 정형화된 이미지에서 크게 벗어나지 못하는 실정이다.

미국인들에게 비친 한국 또는 한국인에 관한 이미지를 연구, 조사한 결과를 보면 미국인들은 한국에 대하여 잘 알고 있지 못할 뿐만 아니라 긍정적인 면보다 부정적인 면이 많은 나라로 인식되고 있다(한국갤럽조사연구소, 1995; 한국방송광고공사, 1996; 신호창, 1999; Coleman, 1997). 미국인들에게 한국과 관련하여 연상되는 것으로 전쟁, 군사적 위협, 빈곤, 비민주, 사회적 불안정 측면이 높게 나타났다.

미국을 포함한 외국 미디어에 투영된 한국 이미지를 보면 조사대상이 된 국가의 미디어 특성에 따라 어느 정도 차이는 있지만 한국에 대한 공통된 이미지가 반영되어 있음을 알 수 있다.

첫째, 국제사회에서 한국에 대한 인지도가 낮을 뿐만 아니라 낮은 인지도도 긍정적인 면보다 부정적인 면에 많았다. 하지만 2000년도 들어서면서 한국에 대한 인지도도 높아졌을 뿐만 아니라 과거에 부정적인 이미지 일변도에서 긍정적인 이미지가 상존하는 긍정적인 방향으로 변화하였다.

둘째, 한국과 북한에 대한 이미지가 분리되지 않고 중첩되어 나타난다. 남한과 북한을 구분하여 인식하기보다는 한국이라는 단일개념으로 인식의 틀을 형성하고 있음을 보여주는 것으로 이해할 수 있다. 남한과 북한이라고 구분하여 명시하는 경우는 북핵사건과 같은 특수한 상황에서만 나타난다.

셋째, 가장 관심이 많은 기사 주제는 전쟁 및 안보와 관련된 내용이다. 그러나 근래에 들어오면서 경제와 문화의 비중이 상대적으로 높아지고 있다(MacDonald, 1986; Moon, 1993; Coleman, 1997).

넷째, 한국의 이미지를 연상시키는 단어를 보면, 6·25전쟁, 분단국가, 월드컵, 인터넷 등이다. 이는 6·25전쟁이 끝난 지 50년이 지났음에도 불구하고 국제사회에서 한국 이미지에는 6·25전쟁의 이미지가 투영되어 있음을 알 수 있다. 군사안보와 관련된 주제를 언급한 경우는 물론이고 정치, 사회, 문화 등 전쟁과 직접적으로 연관되지 않는 주제를 다루는 경우에서도 6·25전쟁이 연상되는 내용을 언급하는 경향이 있다.

다섯째, 선진국에 비해 동아시아 국가에서 한국 이미지는 빠른 속도로 긍정적인 방향으로 바뀌고 있다.

영화 속에 투영된 한국 또는 한국인의 이미지는 방송과 신문과 같은 뉴스 매체에 투영된 이미지보다 더 부정적이다. 6·25전쟁은 한국에 대한 부정적인 이미지를 심는 데 큰 역할을 했음을 알 수 있다. 그 후에도 한국에 대한 부정적인 이미지에서 크게 변화하지 않고 있다. 주인공인 한국교포가 운영하는 상점을 난장판으로 만들고 한국인을 비하하는 듯한 대사로 일관하고 있는 조엘슈마허 감독의 〈폴링다운〉이 대한민국, 한국인에 대한 부정적인 이미지를 반영하는 대표적인 영화라 할 수 있다.

더 나아가 1990년대 이후부터는 영화 속에서 북한은 핵무기를 보유한 테러국가라는 정형화된 이미지가 고착되고 있다. 2000년 들어서면서부터는 한국 이미지 중에서 저가지만 그럭저럭 쓸 만한 상품을 만드는 나라라는 이미지가 추가되고 있다. 이는 할리우드 영화시장에서 한국시장의 비중이 늘어나고 삼성과 같은 세계적인 대기업의 노력으로 영화 속에서 한국의 이미지가 개선되는 추세를 반영하는 것이라 해석할 수 있다.

5. 한류와 국가 이미지

'한류'의 개념에 대한 정의는 매우 다양하다. 한류 자체가 의도되지 않은 국제간 문화유통이라는 측면도 있지만 아직 가변적이고 현재 진행형의 문화현상이라는 점에서 비롯된 면이 크다. 그러나 그간 제시된 한류의 정의를 보면 확산지역이나 보급된 문화 콘텐츠를 기준으로 정의하는 경우가 많다.

한류가 중국을 비롯해 중화문화권에서 활발한 관계로, 중화문화권을 중심으로 한 동아시아에서 유행하는 문화현상으로서 지역적 수준의 문화현상(정상철, 2001), 중국 대륙에서 대중가요, TV 드라마, 영화 등 한국의 대중문화가 큰 인기를 끄는 현상(이치한 · 허진, 2002)으로 초기에는 정의하는 경우가 많았다.

그러나 한류가 중국에 국한되지 않고 동아시아 각국으로 확산되면서 동아시아 지역에서의 한국 대중문화 붐(Jeon & Yoon, 2005), 중국을 비롯하여 대만, 베트남, 홍콩 등 동아시아 지역에서 한국의 대중문화가 선풍적인 인기를 끌고 있는 현상(김정수, 2002), 중국과 동남아, 일본 등 중화권 및 아시아 지역에서 일고 있는 한국 대중문화 열기(조혜영 · 손미정 · 최금해, 2002), 중국, 홍콩, 대만, 일본, 베트남 등지에서 젊은 청소년들을 중심으로 한국의 음악, 드라마, 패션, 게임, 음식, 헤어스타일 등 대중문화와 한국 인기연예인을 동경하고 추종하며 배우려고 하는 문화현상(김설화 2002; 한은경, 2005) 등으로 정의하기도 한다.

이들 정의를 종합해보면 한류는 대상지역이 중국에 머물지 않고 아시아에서 세계로 점차 확산되고 있고, 분야도 드라마, 영화, 음악 등 대중문화에서 음악, 패션 등 여러 분야로 확대되고 있으며, 대상층도 청소년에 국한되지 않고 타계층으로 넓어지고 있음을 알 수 있다. 따라서 한류란 해외에서 한국의 드라마, 영화, 음악 등 한국의 대중문화가 보급되고 이에 대한 관심과 호감을 불러일으키는 문화현상이라고 정의할 수 있겠다(유재웅, 2007).

한류의 확산 정도와 관련, 문화관광부의 보고서에 의하면 한류가 중국, 일본, 대만에서 동남아, 멕시코, 러시아 등으로 지역이 확산되고 있고, 선호계층도 20~30대 젊은 여성층에서 40~50대 남녀 중년층까지 확산되고 있다고 분석하고 있다(문화관광부, 2005).[1]

고정민(2005)은 나라마다 각기 다른 한류의 확산현황을 〈그림 20-1〉에서 보듯이 단계별로 구분해 보고 있다. 그의 한류확산 4단계론을 적용해 본다면, 중국, 베트남 등은 한국상품 구매단계에 이르러 한류

1) 문화관광부가 국무회의(2006. 1. 17)에 보고한 자료에 의하면, 촬영지 방문 등 한류의 직접적 수요에 의한 연간 외래 관광객이 약 60만 명(2005년 추정 외래 관광객은 6백만 명), 관광수입 약 6천억 원에 달했다고 한다.

〈그림 20-1〉 국가별 한류 확산의 단계

대중문화 유행	파생상품 구매	한국상품 구매	'한국' 선호
드라마, 음악, 영화 등 한국의 대중문화와 한국 스타에 매료되어 열광하는 단계	드라마, 관광, DVD, 캐릭터상품 등 대중문화 및 스타와 직접적으로 연계된 상품을 구매하는 단계	전자제품, 생활용품 등 일반적인 한국상품을 구매하는 단계	한국의 문화, 생활양식, 한국인 등 '한국' 전반에 대해 선호하고 동경하는 단계

자료: 고정민(2005), "한류 지속과 기업의 활용방안," *CEO information* 503호.

의 확산이 가장 심화되어 있는 지역이며, 일본, 대만, 홍콩 등은 파생상품 구매단계, 멕시코, 이집트, 러시아 등은 대중문화 유행단계이다(한은경, 2005).

다양한 영역에서 한류가 한국의 국가 이미지에 영향을 미치고 있지만 한류의 대표적인 분야는 TV 드라마이다. 한국 드라마는 미국과 일본의 상업적 요소를 세련되게 표현하고 있으면서도 동양적 사고와 정서, 친근한 인물형상을 통해 공감대를 형성했으며, 동양적 도덕률에 근거하여 재구성함으로써 동체서용(東体西用)의 실천모델을 제시함으로써 아시아에서 한류열풍을 주도하고 있다.

그동안 한국 이미지 형성에 있어 문화가 차지하는 비중이 매우 낮았다. 하지만 한류의 빠른 확산과 인기에 힘입어 한국 이미지 형성에 문화가 차지하는 비중이 늘어나고 있다.

성균관대학교 국가브랜드 경영연구소가 발표한 한국의 국가 이미지에 대한 조사결과를 보면 조사대상의 절반이 넘는 52.4%가 "한국하면 문화가 떠오른다"고 대답했다. 문화 관련 항목 중에서는 음식(51.8%), 월드컵(17.8%), 영화·드라마(10.9%) 순으로 이미지가 강한 것으로 나타났다. 또한 높아지는 한국의 이미지에 걸맞게 한국상품의 경쟁력도 좋은 평가를 받는 것으로 조사됐다. 한류에 대한 이 같은 반응을 반영해서인지 한류가 한국에 대한 국가 이미지에 긍정적 영향을 미치고 있다는 것이 일반적 분석이다(이준웅, 2003; 유재웅, 2007).

▪ 참고문헌

강경태(2003), 《뉴욕타임스 기사에 나타난 한국 국가 이미지 변화》, 동아시아국제정치학회(구영남국제정치학회).

고정민(2005), "한류 지속과 기업의 활용 방안," *CEO Information*, 503호, 삼성경제연구소.

김상민(2003), "할리우드 영화에 나타난 한국: 이미지의 왜곡과 변화," 《미국사연구》, pp. 241~268.

김설화(2002), "중국의 '한류'현상과 그 수용에 관한 연구," 서울대학교 석사학위논문.

김정수(2002), "한류현상의 문화산업정책적 함의: 우리나라 문화산업의 해외진출과 정부의 정책지원," 《한국정책학회보》 제 11권 제 4호.

김휘석(1998), 《국가 브랜드 이미지 제고 방안》, 산업연구원.

신호창(1999), "해외홍보 및 광고전략 수립을 위한 1995~1997 미국 언론에 나타난 국가 이미지에 관한 고찰," 《광고연구》 제 44호.

염성원(2003), "한국의 국가 이미지 연구동향에 관한 연구," 《광고학연구》 제 14권 제 3호.

염성원(2003), "한국의 국가 이미지 연구동향에 관한 연구," 《광고학연구》.

유재웅(2007), "한국 드라마 시청이 국가 이미지 형성에 미치는 영향: 중국 및 일본 시청자 조사를 중심으로," 한양대학교 박사학위논문.

이규완(2001), "미국, 일본, 스위스, 독일, 프랑스의 국가 이미지와 상품이미지의 변화에 관한 연구: 1984년과 2001년의 비교," 《광고학연구》, 제 12권 제 4호.

이준웅(2003), "한류의 커뮤니케이션 효과: 중국인의 한국 문화상품 이용이 한국에 대한 인식과 태도에 미치는 영향," 《한국언론학보》 제 47권 제 5호.

이치한 · 허진(2002), "한류(韓流) 현상과 한 · 중 문화교류," 《중국연구》, 30.

정상철(2001), 《한국 대중문화산업의 해외진출을 위한 지원방안 연구-한류(韓流)의 지속화 방안을 중심으로》, 한국문화정책개발원.

조혜영 · 손미정 · 최금해(2002), 《중국 청소년들의 한류 인식 실태에 관한 연구》, 한국청소년개발원.

채예병(2006), "한류가 한국관광 이미지에 미치는 영향 연구: 일본인 관광자들을 대상으로," 《관광정책학연구》 제 12권 제 1호, pp. 63~78.

한은경(2005), "한류의 소비자 지각상 경제적 파급효과: 한류 파생 문화산업 및 한국 소비재산업에 대한 영향력을 중심으로," 《한국방송학보》 제 19권 제 3호, pp. 325~360.

Boulding, K. E. (1959), "National Image and International System," Journal of Conflict Resolution.

Hall, C. P. (1986), "National images: A conceptual assessment," Paper presented to the International Communication Association, Boston.

Jeon, G. C. & Yoon, T. J. (2005), "Realizing the Korean Wave into an Asiatic Cultural Flow," 《한국방송학보》 19-3S.

Martin, I. M., & Eroglu, S. (1993), "Measuring a multi-dimensional construct: Country Image," *Journal of Business Research*, 28, pp. 191~210.

Nagashima, A. (1970), "A comparison of Japanese and U.S. attitudes toward foreign products," *Journal of Marketing*, 34(1), pp. 68~74.

Roth, M. S. & Romeo, J. B. (1992), "Matching product category and country image perceptions: A framework for managing country-of-origin effects," *Journal of International Business Studies*, 23(3), pp. 477~498.

산업자원부(2007), 《2007 국가브랜드 맵》.

Anholt-GMI(2006), *Nation Brand Index*.

찾아보기

(용 어)

ㄱ ~ ㄴ

ㄷ ~ ㄹ

ㅅ ~ ㅇ

ㅈ ～ ㅊ

기 타

찾아보기

(인 명)

ㅁ ~ ㅂ

ㅅ ~ ㅇ

ㅈ ~ ㅌ

ㅍ ~ ㅎ

필자소개

(가나다 순)

Bertram Gross 뉴욕대학 교수

John Tomlinson 영국 퀸스랜드대학 교수

Kusum J. Singh 캘리포니아대학 커뮤니케이션학과 교수

Robert L. Stevenson 노스캐롤라이나대학 신문방송학과 교수

Robert S. Fortner 칼빈대학 Communication Arts and Science 교수

Thomas L. McPhail 미주리대학 신문방송학과 교수

김명중 호남대학교 신문방송학과 교수
현 한국방송광고공사 감사, 독일 뮌스터대학 박사

김수정 충남대학교 언론정보학과 교수
캘리포니아대학(샌디에이고) 박사

김은규 우석대학교 신문방송학과 교수
중앙대학교 박사

나미수 전북대학교 신문방송학과 조교수
영국 버밍엄대학 박사

박기순 성균관대학교 신문방송학과 명예교수
오하이오대학 박사

심 훈 한림대학교 언론정보학부 교수
텍사스대학(오스틴) 박사

양은경 충남대학교 언론정보학과 교수
서울대학교 언론정보학과 박사

유세경 이화여자대학교 언론홍보영상학부 교수
텍사스대학(오스틴) 박사

윤경원 캐나다 맥길대학교 동아시아학과 객원교수
영국 버밍엄대학 문화연구학과 박사

이경숙 한국디지털대학교 언론영상학과 부교수
고려대학교 신문방송학과 박사

이남표 충남대학교 언론정보학과 강사
성균관대학교 박사

전범수 한양대학교 신문방송학과 교수
뉴욕주립대학(버팔로) 박사

정윤경 순천향대학교 신문방송학과 교수
이화여자대학교 신문방송학과 박사

정재민 서울여자대학교 언론홍보영상학부 교수
플로리다대학 박사

조항제 부산대학교 신문방송학과 교수
서울대학교 언론정보학과 박사

황상재 한양대학교 신문방송학과 교수
텍사스대학(오스틴) 박사

나남커뮤니케이션스 ⑤

주) 나남 나남의 책은 쉽게 팔리지 않고 오래 팔립니다 2008

843 현대사회복지 실천이론
말콤 페인/서진환(성공회대)·이선혜(중앙대)·정수경(전주대) 공역
844 산업복지론
조흥식(서울대)·김진수(강남대)·홍경준(성균관대) 공저
845 사회복지정책의 이해
김태성(서울대) 저
846 의료사회사업론
윤현숙(한림대)·김연옥(서울시립대)·황숙연(서울대강사) 공저
847 현대사회학이론
조나단 터너/정태환(고려대) 외 역
849 현대일본의 사회운동론
정진성(서울대) 저
851 지훈육필시집
조지훈 저
853 미군정기 신문의 사회사상
김민환(고려대) 저
854 포르노에도 텍스트가 있는가
윤혜준(한국외국어대) 저
856 세계화와 복지국가
송호근(서울대) 편
857 눈으로 보는 한국광고사
신인섭(한림대)·서범석(세명대) 공저
860 사회복지실천기술론
김혜란(서울대)·홍선미(한신대)·공계순(호서대) 공저
861 사회복지실천기술연습
Barry Cournoyer/김인숙(가톨릭대)·김용석(가톨릭대) 공역
863 사회복지개론
김상균·최일섭·최성재·조흥식·김혜란 공저
864 고령화 사회의 도전
임춘식(한남대) 저
865 인터넷시대의 취재와 보도
남시욱(세종대) 저
867 인간·종교·국가
이문영(경기대) 저
868 옥외광고론
서범석(세명대) 저
869 공론장의 구조변동
위르겐 하버마스/한승완(국가안보정책연구소) 역
871 불과 한국인의 삶
김형국(서울대) 편
872 주체·의미·문화
김덕영(한국디지털대) 저
873 장정5 - 다시 대륙으로
김준엽(前 고려대총장) 저
874 인터넷 저널리즘과 여론
강미은(숙명여대) 저
875 중국 농민공과 국가 - 사회관계
이민자(서강대강사) 저
881 코드: 사이버공간의 법이론
로렌스 레식/김정오(연세대) 역
883 현대신문학
서정우(前 연세대) 편
884 사회복지 윤리와 철학
김상균(서울대)·오정수(충남대)·유채영(연세대) 공저
885 사회복지의 역사
감정기(경남대)·최원규(전북대)·진재문(경남대) 공저
887 매스커뮤니케이션 이론
데니스 맥퀘일/양승찬·강미은·도준호 공역
888 양방향 TV
김대호(인하대) 저
892 백범일지
김 구 저
894 수화의 이해와 실제 - 초급과정
이준우(나사렛대) 저
898 한국 지방자치와 민주주의
안청시(서울대) 외
899 예산론
윤성식(고려대) 저
900 광기의 역사
미셸 푸코/이규현 역
902 상상의 공동체
베네딕트 앤더슨/윤형숙(목포대) 역
903 한국언론과 명예훼손소송
이광범(판사) 외
906 가족과 레질리언스
프로마 월시/양옥경(이화여대) 외 역
910 함께 이루는 남녀평등
심영희(한양대) 외
917 이봉창 평전 - 항일투쟁의 불꽃
홍인근(前 동아일보) 저
918 사회복지개론
표갑수(청주대) 저
919 젠더연구
크리스티나 폰 브라운 외/탁선미 외 역
920 '탈주술화' 과정과 근대: 학문, 종교, 정치
막스 베버/전성우(한양대) 역
922 실전기자론
박진용(대구매일) 저
923 기사쓰기, 이렇게 공부하라
이재경(이화여대) 편
924 한국의 문화변동과 가치관
임희섭(고려대) 외
926 대통령과 권력
로버트 윌슨/허용범(조선일보) 역
930 수화의 이해와 실제 - 중급과정
이준우(나사렛대) 저
931 정치리더십과 한국 민주주의
정윤재(한국정신문화연구원) 저
932 대통령 비서실장론
함성득(고려대) 저
934 인간이라는 자연의 미래: 자유주의 우생학 비판
위르겐 하버마스/장은주(영산대) 역
938 인간커뮤니케이션
홍기선(고려대) 저
939 한국1950: 전쟁과 평화
박명림(연세대) 저
940 혼돈과 질서의 만남
C. 라오/이재창(고려대)·송일성(성신여대) 역
941 의료개혁과 의료권력
조병희(서울대) 저
942 미국통상정책과 대응전략
오영호(산업자원부) 저

경기도 파주시 교하읍 출판도시 518-4 TEL : 031)955-4600 FAX : 031)955-4555 www.nanam.net

나남커뮤니케이션스 ⑥

주) 나남 나남의 책은 쉽게 팔리지 않고 오래 팔립니다 2008

943 **위대한 피아니스트**
쇤베르크/윤미재(이화여대) 역
944 **한국인 이해의 개념틀**
조긍호(서강대) 저
946 **민족과 국가**
로버트 거/이신화(고려대) 역
954 **일본-성장과 위기의 정치경제학**
손 열(중앙대) 저
957 **광고매체기획론**
박현수(단국대) 저
958 **정보체계론**
권기헌(경희대) 저
959 **미디어와 정보사회**
오택섭(고려대)·강현두(前서울대)·최정호(울산대) 공저
963 **영상콘텐츠산업론**
공용배(단국대) 저
968 **콘텍스트 브랜딩**
아쿠츠 사토시·이시다 시게루/휘닉스커뮤니케이션즈 마케팅플래닝 본부 역
970 **사회과학데이터 분석법 I**
최현철·오택섭(고려대) 공저
971 **사회과학데이터 분석법 II**
최현철·오택섭(고려대) 공저
972 **노사관계와 국가경쟁력**
이원덕(한국노동연구원) 외
973 **기호학 마케팅 커뮤니케이션**
장마리 플로슈/김성도(고려대) 역
975 **경제사**
김준호(대전대) 저
976 **영상이미지의 구조**
주창윤(서울여대) 저
978 **언론과 명예훼손 소사전**
이재진(한양대) 저
981 **지역사회복지론**
표갑수(청주대) 저
982 **미디어 인터뷰**
박성희(이화여대) 저
984 **세계화와 문화**
존 톰린슨/김승현(고려대)·정영희(고려대 강사) 공역
986 **한국저널리즘 관행연구**
이재경(이화여대) 저
987 **정책평가기법-편익분석론**
김홍배(한양대) 저
988 **리영희: 살아있는 신화**
김만수(대전대 강사) 저
989 **방송·통신융합 이해**
김국진(정보통신정책연구원) 저
990 **장애인복지실천론**
김미옥(이화여대) 저
995 **카피라이팅론**
김동규(동명정보대) 저
996 **반민특위 연구**
이강수(정부기록보존소) 저
997 **저널리즘: 위기·변화·지속**
이민웅(한양대) 저
999 **광고 What & How**
이화자(호남대) 저
1004 **폭력과 싸우고 근본주의와도 싸우기**
김진석(인하대) 저
1006 **사회구조와 행위**
김용학(연세대) 저
1007 **사회복지 질적 연구방법의 이론과 활용**
에드먼드 셔먼·윌리엄 리드 편/유태균(숭실대)·이선혜(중앙대)·서진환(성공회대) 공역
1008 **한말애국계몽운동의 사회사**
신용하(前 서울대) 저
1009 **한국의 문화유산**
최정호(前 연세대) 저
1010 **증보 신채호의 사회사상연구**
신용하(前 서울대) 저
1014 **커뮤니케이션 이론**
세버린·탠카드/박천일(숙명여대)·강형철(숙명여대)·안민호(숙명여대) 공역
1015 **학교와 사회복지실천**
한인영(이화여대)·홍순혜(서울여대)·김혜란(서울대) 공저
1019 **사회복지연구조사방법론**
김환준(계명대) 저
1022 **민주주의는 실패한 신인가**
한스헤르만 호페/박효종(서울대) 역
1023 **일상문화읽기: 자기성찰의 사회학**
일상문화연구회
1025 **환경이 아프면 몸도 아프다**
시민환경연구소 환경보건위원회 편
1026 **브레이크아웃**
마틴 러스/임상균(ING은행) 역
1027 **수화의 이해와 실제**
이준우(나사렛대)·남기현(나사렛대) 공저
1030 **비언어적 커뮤니케이션론**
김우룡(외대)·장소원(서울대) 공저
1031 **대통령의 무혈혁명**
조용중(성곡언론문화재단 이사) 저
1035 **한국권력구조의 이해**
진영재(연세대) 편저
1036 **영원한 재야 대인 홍남순**
홍남순평전 간행위원회 편
1038 **한국사회 이해의 새로운 패러다임**
송호근(서울대) 편
1042 **강대국 국제정치의 비극**
존 미어셰이머/이춘근(자유기업원 부원장) 역
1043 **사회복지실천이론의 이해와 적용**
연세사회복지실천연구회 역
1045 **표류하는 한국경제, 활로는 없는가**
윤건영(연세대) 외 공저
1048 **남북경제통합론**
박상봉(미래한국신문) 저
1049 **질병의 사회심리학**
알랜 래들리/조병희(서울대)·전신현(한국디지털대) 공역
1051 **영상경제학**
브루스 M. 오웬·스티븐 S. 와일드맨/최양수(연세대) 역
1052 **현대 중국의 대외경제정책**
오용석(경성대) 저
1054 **세상은 꿈꾸는 사람들의 것이다: 참여연대 실천경영론**
박원순(아름다운 재단) 저

경기도 파주시 교하읍 출판도시 518-4 TEL : 031)955-4600 FAX : 031)955-4555 www.nanam.net

나남커뮤니케이션스 ⑦

주) 나남 나남의 책은 쉽게 팔리지 않고 오래 팔립니다 2008

1055 **사회과학 데이터 분석법 ③: 인자분석·Q방법론·MDS·생존분석·LISREL**
오택섭·최현철(고려대) 공저

1056 **시각영상 커뮤니케이션**
신항식(홍익대 겸임교수) 저

1058 **범죄학 이론**
로널드 L. 에이커스·크리스틴 S. 셀러스/민수홍(경기대) 외 공역

1059 **공영방송론: 한국의 사회변동과 공영방송**
강형철(숙명여대) 저

1060 **한국의 내일을 묻는다**
정범모(한림대 석좌교수) 저

1063 **뛰는 스포츠, 나는 마케팅**
에비즈카 오사무/휘닉스커뮤니케이션즈마케팅 플래닝본부 역

1064 **9·11의 충격과 미국의 거대전략**
존 L. 개디스/강규형(명지대) 역

1065 **에로스와 문명**
허버트 마르쿠제/김인환(고려대) 역

1066 **대한민국 어디로 가야 하나**
김진현(세계평화포럼이사장) 외 공편

1068 **변화하는 세계 바로보기**
하영선(서울대) 외 공저

1069 **21세기 동북아 국제관계와 한국**
이승철(한양대) 외 공저

1071 **한국 원민족 형성과 역사적 전통**
신용하(한양대 석좌교수) 저

1073 **김일성시대의 중소와 남북한**
오진용(포스코경영연구소 연구자문위원) 저

1074 **한국전쟁과 미국 외교정책**
윌리엄 스톡/서은경(AFX NEWS) 역

1075 **한국 경제의 인프라와 산업별 경쟁력**
이근(서울대) 외 공저

1076 **열린 통상대국**
안세영(서강대) 외 공저

1077 **인적 자원의 확충과 보호**
안종범(서울대) 외 공저

1078 **한국사회의 세대문제**
박재홍(경상대) 저

1079 **사람이 나라의 미래**
중앙인사위원회 편

1080 **가족복지론**
김연옥(서울시립대) 외 공저

1081 **시각영상기호학**
신항식(홍익대 겸임교수) 저

1082 **천도반대운동의 사회학**
김형국·최상철(서울대) 공편

1083 **디지털시대의 방송미디어**
김규(서강대 명예교수)·전환성(청주대)·김영용(서강대) 공저

1084 **도시와 인간**
여홍구(한양대) 외 공저

1085 **김대중 정권의 흥망**
〈비화 국민의 정부〉 동아일보 특별취재팀 저

1086 **정책·행정 서비스의 업그레이드**
송하중(경희대) 외 공저

1088 **사회복지조사방법론**
최성재(서울대) 저

1090 **프로젝트 청계천: 갈등관리 전략**
황기연·변미리(서울시정개발연구원)·나태준(연세대) 공저

1091 **한국영화 정책사**
김동호(동서대 객원교수) 외 공저

1094 **시각영상 세미나 ③, ④**
신항식(홍익대 겸임교수) 저

1097 **떠날 것인가 남을 것인가**
앨버트 O. 허쉬만/강명구(아주대) 역

1099 **영화마케팅 PR론**
이수범(인천대) 저

1101 **재벌의 사업구조와 경제력 집중**
송원근(진주산업대)·이상호(참여사회연구소) 공저

1102 **재벌의 재무구조와 자금조달**
이윤호(순천대) 저

1103 **재벌의 소유구조**
김진방(인하대) 저

1104 **재벌의 경영지배구조와 인맥 혼맥**
김동운(동의대) 외 공저

1105 **재벌의 노사관계와 사회적 쟁점**
강신준(동아대) 외 공저

1106 **동아시아 안보공동체**
한용섭(국방대) 외 공저

1107 **법·정치와 현실**
안경환(서울대) 외 공저

1108 **비교빈곤정책론**
김상균·조흥식(서울대) 외 공저

1109 **사회복지자료분석론**
최성재(서울대) 저

1110 **설득 커뮤니케이션**
김영석(연세대) 저

1111 **지역사회복지론**
감정기(경남대) 외 공저

1113 **새로운 한국경제발전사**
이대근(성균관대) 외 공저

1114 **현대중국의 이해**
김익수(고려대) 외 공저

1116 **새로운 제국-중국**
로스 테릴/이춘근(자유기업원 부원장) 역

1118 **한국현대사: 진실과 해석**
전상인(서울대) 외 공저

1123 **학문의 조건**
정범모(한림대 석좌교수) 저

1124 **한국 보수세력 연구**
남시욱(세종대 석좌교수) 저

1125 **미국의 대전략: 외교정책과 군사전략**
로버트 J. 아트/김동신(前국방부장관)·이석중(국방대) 공역

1126 **위기의 교육과 교육시장**
앤드류 코울슨/서은경(AFX NEWS) 역

1128 **지역사회복지실천론**
강철희(연세대), 정무성(숭실대) 공저

1129 **사회복지정책론**
이태복(사) 인간의 대지 이사장), 심복자(사) 인간의 대지 상임이사) 공저

1130 **공정거래정책혁신론**
신광식(연세대 겸임교수) 저

1131 **의사소통행위이론 1, 2권**
위르겐 하버마스/장춘익(한림대) 역

1135 **일본의 국가전략과 안보전략**
배정호(통일연구원 선임연구위원) 저

경기도 파주시 교하읍 출판도시 518-4 TEL : 031)955-4600 FAX : 031)955-4555 www.nanam.net

나남커뮤니케이션스 ⑧

주) 나남 나남의 책은 쉽게 팔리지 않고 오래 팔립니다 2008

1138 **땅은 사유재산이다**
김정호(자유기업원 원장) 저
1139 **디지털시대의 방송편성론**
한진만(강원대), 심미선(순천향대) 외 공저
1140 **직업으로서의 학문**
막스 베버/전성우(한양대) 역
1141 **사회문제와 사회복지**
표갑수(청주대) 저
1142 **파워브랜드를 만드는 광고전략**
김원규(Communications 'of Cours') 저
1143 **미국법 오해와 이해**
이수형(동아일보) 저
1145 **후진타오 시대의 중국정치**
조영남(서울대) 저
1146 **한국언론인물사상사**
조맹기(서강대) 저
1148 **한국의 법문화**
김정오(연세대) 저
1151 **정보화시대의 신성장국가론**
홍성걸(국민대), 윤석만(포스코) 외 공저
1152 **마케팅커뮤니케이션의 통합과 온광고론**
김일철(동의대), 돈 E. 슐츠(미국 노스웨스턴대) 공저
1153 **복지국가의 태동**
송호근(서울대), 홍경준(성균관대) 공저
1155 **황우석사태와 한국사회**
김세균·최갑수(서울대), 홍성태(상지대) 외 공저
1156 **민족일보연구**
김민환(고려대) 저
1157 **노예의 길**
프리드리히 A. 하이에크/김이석(국회예산정책처) 역
1158 **종교사회학의 이해**
이원규(감리교신학대) 저
1159 **방송대본 이렇게 써라**
한소진(드라마 작가) 저
1160 **여성과 자유**
웬디 맥엘로이 편/서은경(AFX NEWS) 역
1167 **한국 세기 뛰어넘기**
권태준(前 서울대) 저
1168 **정신보건과 사회복지**
양옥경(이화여대) 저
1171 **도선국사 풍수비법**
리귀홍(전통풍수지리학회장) 저
1174 **인간·경제·국가 ①, ②**
머레이 N. 라스바드/전용덕(대구대), 김이석(국회예산정책처) 공역
1176 **공공의료제도의 치명적 위험**
리처드 A. 엡스타인/안진환(인트랜스번역원) 역
1179 **다시 광장에서**
송호근(서울대) 저
1181 **민주주의와 법원의 위헌심사**
존 하트 일리/전원열(대법원 재판연구관) 역
1188 **현실주의 국제정치학**
이춘근(자유기업원 부원장) 저
1189 **복지재정과 시민참여**
김태일(고려대), 박정수(이화여대), 이재원(부경대) 외 공저
1190 **직업으로서의 정치**
막스 베버/전성우(한양대) 역
1191 **북미핵협상**
남찬순(순천향대 초빙교수) 저
1193 **유학자의 성찰**
윤사순(고려대 명예교수) 저
1196 **디지털 크로스로드**
조나단 넥터라인, 필립 와이저 공저/정영진(법무법인 율촌 변호사) 역
1198 **상상력에 엔진을 달아라**
임헌우(계명대) 저
1199 **역사에 대한 예의**
전진우(동아일보) 저
1201 **광고카피창작론**
김병희(서원대) 저
1203 **자원봉사론**
남기철(동덕여대) 저
1204 **부와 빈곤의 역사**
존 P. 파월슨/권기대(돌 미디어 대표) 역
1205 **IPTV**
김국진(미디어미래연구소 소장), 최성진(서울산업대) 공저
1206 **경제사회학이론**
박길성(고려대), 이택면(한국여성개발원) 공저
1216 **친구와의 서신 교환선**
니콜라이 고골/석영중(고려대) 역
1217 **민주시민의 도덕**
로버트 프리먼 버츠/김해성(강원대) 역
1218 **다른 것이 아닌 것**
니콜라우스 쿠사누스/조규홍(한국중세철학회) 역
1219 **세계시민주의와 민족국가**
프리드리히 마이네케/이상신·최호근(고려대) 공역
1220 **폭력에 대한 성찰**
조르주 소렐/이용재(전북대) 역
1224 **기사쓰기 워크북**
하준우(동아일보) 저
1225 **서구자유주의의 융성과 쇠퇴**
앤서니 아블라스터/조기제(진주교대) 역
1228 **글로벌 브랜드 커뮤니케이션**
마리케 드 무이/김유경(외대)·전성률(서강대) 역
1233 **휴머니즘론**
박호성(서강대) 저
1235 **이념의 힘**
복거일(소설가) 저

경기도 파주시 교하읍 출판도시 518-4 TEL : 031)955-4600 FAX : 031)955-4555 www.nanam.net